?KUNST! 1

ARCHITEKTUR_BILDNERISCHE_MITTEL_COMPUTERKUNST
DESIGN_DRUCKGRAFIK_EPHEMEREKUNST_FARBE_FILM
FOTOGRAFIE_KUNSTVERMITTLUNG_MALEREI_PLASTIK
VIDEO_WOHNEN/UMWELT_ZEICHNUNG

Gernot FIGLHUBER
Stefanie GUSERL
Wilhelm DABRINGER

Mit Bescheid des Bundesministeriums für Bildung vom 14. November 2017, GZ BMB-5.034/0063-IT/3/2016, gemäß den derzeit geltenden Lehrplänen als für den Unterrichtsgebrauch
für die 5.–6. Klasse
an allgemein bildenden höheren Schulen – Oberstufe
im Unterrichtsgegenstand Bildnerische Erziehung (Lehrplan 2017)
geeignet erklärt.

Dieses Schulbuch wurde auf Grundlage eines Rahmenlehrplans erstellt; die Auswahl und die Gewichtung der Inhalte erfolgen durch die Lehrerinnen und Lehrer.

Schulbuchnummer Buch: 185111

Schulbuchnummer Buch + E-Book: 185998

Autorenteam und Verlag bitten, alle Anregungen und Vorschläge, die dieses Lehrbuch betreffen, an folgende Adresse zu senden:
Verlag Hölder-Pichler-Tempsky GmbH
1090 Wien, Frankgasse 4
E-Mail: service@hpt.at

1. Auflage 2018 (1,00)

Satz: Ing. Ingrid Eder, Type & Publish KG, Brunn am Gebirge
Druck und Bindung: Brüder Glöckler GmbH, Wöllersdorf
ISBN: 978-3-230-04561-4

Vorwort

Bildende und angewandte Künste sind wesentliche Elemente der menschlichen Kultur. Wir schaffen genaue oder nach unseren Vorstellungen veränderte Abbilder unserer Umwelt, interpretieren oder gestalten diese. Dabei nutzen wir sämtliche Medien, die uns zur Verfügung stehen: Malerei, Zeichnung, Druck und Fotografie, Plastik, Installation und Architektur, Video und Film etc.

Kunst kann für uns selbst entstehen; es kann aber auch sein, dass wir sie schaffen, um anderen Menschen etwas mitzuteilen. Sie ist ein nicht wegzudenkender Bestandteil menschlicher Existenz und Kommunikation. Dieses Buch will die Auseinandersetzung mit Kunst und das Verständnis für die Werke der Malerei, Architektur, Video- und Designkunst usw. fördern und dadurch zu eigener kreativer Tätigkeit anregen.

„Kunst 1" ist in kleine Abschnitte gegliedert, die in sich abgeschlossen sind. Zu jedem Einzelkapitel sind **Querverweise** zu themenverwandten Kapiteln angeführt. Auf diese Weise wird die Kompetenz des vernetzten Denkens gefördert und dazu angeregt, sowohl zeitliche als auch mediale Querverbindungen und Vergleiche anzustellen.

Darüber hinaus gibt es zu jedem Kapitel kompetenzorientierte **Aufgabenstellungen** zur Bearbeitung des jeweiligen Themas. Folgende vier Kompetenzen, die unterschiedliche Zugänge zu Kunst bieten, werden geschult:

V A R S	Aufgaben zu „**Bilder verstehen**" regen dazu an, Bilder in ihrem Kontext zu erfassen, und ermöglichen das Erarbeiten von Fachvokabular.
V A R S	Die Aufgaben zu „**Bilder analysieren**" leiten dazu an, das Bildmaterial mit dem Text in Verbindung zu setzen, bzw. im Text nicht vorhandene Informationen im Zusammenhang und mit Hilfe von Bildbeispielen zu erschließen.
V A R S	Die Aufgaben zu „**Bilder reflektieren**" fördern die selbständige Auseinandersetzung. Es wird angeregt, das vorgestellte Text- und Bildmaterial in Bezug zur eigenen Umwelt zu setzen, aktuelles Vergleichsbildmaterial zu suchen bzw. Vergleiche mit anderen Bildbeispielen des Schulbuchs zu ziehen.
V A R S	Die Aufgaben zu „**Bilder schaffen**" leiten dazu an, Gedanken, Vorstellungen und Wahrnehmungen bildhaft darzustellen und eigene künstlerische Arbeiten zu entwickeln. Kompetenzen in der visuellen Rezeption und der bildhaften Umsetzung eigener Vorstellungen werden geschult.

Die Lektüre der Texte verbunden mit den Querverweisen und Aufgabenstellungen lässt die Vielfalt der menschlichen Kreativität erfahren und begreifen und in Bezug zum eigenen Erfahrungskontext setzen.

Inhalt

Bildnachweis

S. 2 (1): Pollock: Jutaku. Japanese houses. London, 2015. | S. 3 (1): Fotolia/ivan kmit | S. 3 (2): Fotolia/R.M. Nunes | S. 4 (1): Fagg/Sington: Brücken, Burgen, Pyramiden. Freiburg, 1983. | S. 4 (2): Pollock: Jutaku. Japanese houses. London, 2015. | S. 4 (3): Fotolia/ahau1969 | S. 4 (4): NASA/Clouds AO/SEArch | S. 5 (1): Flon: Der große Bildatlas der Architektur. München, 1990. | S. 5 (2): Fotolia/dani3315 | S. 5 (3): Fotolia/Gina Sanders | S. 5 (4): Prospekt Wienerberger | S. 6 (1): Stefanie Guserl (Verlag HPT) | S. 6 (2): Jodidio: Building a new Millenium. Köln, 2000. | S. 6 (3): Fotolia/Kisa_Markiza | S. 6 (4): Fotolia/Valery Shanin | S. 7 (1): EXPO2000, Architektur. Hannover, 2000. | S. 7 (2): Fotolia/Christina Booth | S. 7 (3): Fotolia/Ian Woolcock | S. 7 (4): Der Standard, 19. Jänner 2016. | S. 7 (5): Jodidio: Architecture Now! 2. Köln, 2002. | S. 8 (1): Fotolia/Fotoschlick | S. 8 (2): Fotolia/LianeM | S. 8 (3): Fotolia/Dmytro Surkov | S. 8 (4): Fotolia/johnmerlin | S. 8 (5, 6): Khalili Nader | S. 9 (1): Fotolia/Mapics | S. 9 (2): Architektur aktuell 6/00 | S. 9 (3): Fotolia/photo 5000 | S. 9 (4): Fotolia/irisphoto1 | S. 10 (1): Fotolia/andersphoto | S. 10 (2): Fotolia/fotolismthai | S. 10 (3): Fotolia/photofranz56 | S. 11 (1): Fotolia/FLIEGER67 | S. 11 (2): Dimster: Die neue Österreichische Architektur. Köln, 1995. | S. 11 (3, 4): Architektur aktuell 145/99 | S. 12 (1, 2): Peichl: Bauten, Projekte, Meisterschule. Wien, 1981. | S. 12 (3): Karikaturenmuseum Krems | S. 13 (1): Fagg/Sington: Brücken, Burgen, Pyramiden. Freiburg, 1983. | S. 13 (2): Fotolia/NoraDoa | S. 13 (3): Fotolia/photo 5000 | S. 13 (4): Broschüre Rolls-Royce, 2004 | S. 14 (1): Fotolia/usu79 | S. 14 (2): Wikimedia Commons/Franz Xaver (Lizenz: Namensnennung – Weitergabe unter gleichen Bedingungen 3.0 nicht portiert) | S. 14 (3, 4): Wikimedia Commons/Dnalor 01 (Lizenz: Namensnennung – Weitergabe unter gleichen Bedingungen 3.0 Österreich) | S. 15 (1): Fotolia/A. Karnholz | S. 15 (2): Wikimedia Commons/Arad Mojtahedi (Lizenz: gemeinfrei) | S. 16 (1): Fotolia/ayazad | S. 16 (2): Wikimedia Commons/omar_chatriwala (Lizenz: Namensnennung 2.0 generisch) | S. 16 (3): GEO (Hamburg) 8/77 | S. 17 (1): Wikimedia Commons/Berthold Werner (Lizenz: Namensnennung – Weitergabe unter gleichen Bedingungen 1.0 generisch) | S. 17 (2): Fotolia/mg1708 | S. 17 (3): Plurigraf: Das Heilige Land. Narni, o. J. | S. 18 (1): Fotolia/Givaga | S. 18 (2): Fotolia/Photocreo Bednarek | S. 18 (3, 4): Reichhold/Graf: Bauwerke, die Geschichte schrieben. Augsburg, 2002. | S. 18 (5): Fotolia/Vanhacker | S. 18 (6, 7): Wundram: Palladio. Köln, 1988. | S. 19 (1): Wien aktuell 12/78 | S. 19 (2, 3): Baufachverlag: Wiener Bauten. Wien, 1975. | S. 20 (1): Fotolia/borisb17 | S. 20 (2): Fotolia/borisb17 | S. 20 (3): Toman: Die Kunst der Gotik. Köln, 1998. | S. 21 (1): Amsoneit: Contemporary European Architects. Köln, 1991. | S. 21 (2, 3): Nerdinger: Konstruktion und Raum. München, 2002. | S. 22 (1–4): Cohen: Le Corbusier. Köln, 2004. | S. 23 (1, 2): Nerdinger: Konstruktion und Raum. München, 2002. | S. 23 (3, 4): Muck: Kunst für und ohne Kirche. Wien, 1983. | S. 24 (1–9): Haus der Architektur Graz: Wettbewerb Kunsthaus. Graz, 2003. Wettbewerbe 193. Wien, 2000. | S. 25 (1): Fotolia/jochenL.E. | S. 25 (2): art (Hamburg) 12/03 | S. 25 (3): Fotolia/Gerd Lutz | S. 25 (4): Fotolia/Vladislav Gajic | S. 26 (1): Kuittinen: Street Art Reloaded. Neue Kunst von der Straße. London, 2015. | S. 26 (2): Stefanie Guserl (Verlag HPT) | S. 26 (3, 4): Kuittinen: Street Art Reloaded. Neue Kunst von der Straße. London, 2015. | S. 27 (1): Minguet: Murals. Large-scale illustration. Barcelona, 2017. | S. 27 (2): Kuittinen: Street Art Reloaded. Neue Kunst von der Straße. London, 2015. | S. 27 (3): Mock: Banksy in New York. New York, 2014. | S. 27 (4): Kuittinen: Street Art Reloaded. Neue Kunst von der Straße. London, 2015. | S. 30 (1): Griffin; Harper; Trigg; Williams: The 21st-Century Art Book. London, 2014. | S. 31 (1): Griffin; Harper; Trigg; Williams: The 21st-Century Art Book. London, 2014. | S. 31 (2, 3): Hagen: Bildbefragungen. 100 Meisterwerke im Detail. Köln, 2017. | S. 31 (4): Koch (Hrsg.): Foto:Box. Die bekanntesten Fotos der Welt. Köln, 2014. | S. 31 (5): Hagen: Bildbefragungen. 100 Meisterwerke im Detail. Köln, 2017. | S. 31 (6): Albertina Wien (Hrsg.): Egon Schiele. Wien, 2017. | S. 32 (1): The Yorck Project: 10.000 Meisterwerke der Malerei. DVD, 2002. | S. 32 (2, 3): Nerdinger (Hrsg.): Perspektiven der Kunst. Von der Karolingerzeit bis zur Gegenwart. München, 1994. | S. 33 (1): Letze (Hrsg): Photorealism. 50 Years of Hyperrealistic Painting. Ostfildern, 2013. | S. 33 (2): The Yorck Project: 10.000 Meisterwerke der Malerei. DVD, 2002. | S. 33 (3, 4): Parks: Kunst verstehen von A–Z. Analyse, Technik, Praxis. Berlin, 2016. | S. 34 (1): Wikimedia Commons/Mefusbren69 (Lizenz: gemeinfrei) | S. 34 (2): Parks: Kunst verstehen von A–Z. Analyse, Technik, Praxis. Berlin, 2016. | S. 35 (1): Wikimedia Commons/Cinzing (Lizenz: gemeinfrei) | S. 35 (2): The Yorck Project: 10.000 Meisterwerke der Malerei. DVD, 2002. | S. 35 (3): Koch (Hrsg.): Foto:Box. Die bekanntesten Fotos der Welt. Köln, 2014. | S. 36 (1): Wikimedia Commons/Alonso de Mendoza (Lizenz: gemeinfrei) | S. 36 (2): Parks: Kunst verstehen von A–Z. Analyse, Technik, Praxis. Berlin, 2016. | S. 37 (1): Holzwart: 100 contemporary artists. Köln, 2009. | S. 37 (2): Koch (Hrsg.): Foto:Box. Die bekanntesten Fotos der Welt. Köln, 2014. | S. 37 (3): Wikimedia Commons/Barfoos (Lizenz: gemeinfrei) | S. 38 (1): Fotolia/by-studio | S. 38 (2): La Pompe: Copy Paste. How Adertising Recycles Ideas. Luxemburg, 2016. | S. 38 (3): Wikimedia Commons/Quibik (Lizenz: gemeinfrei) | S. 39 (1, 3): Koch (Hrsg.): Foto:Box. Die bekanntesten Fotos der Welt. Köln, 2014. | S. 39 (2): Wolf: Caspar David Friedrich 1774–1840. Der Maler der Stille. Köln, 2015. | S. 40 (1): Klant/Schulze/Walch: Grundkurs Kunst 1. Hannover, 1988. | S. 40 (2): Montana Möbelprospekt, 2000 | S. 40 (3): art (Hamburg) 11/00 | S. 41 (1): Herzig: Ausstellungskatalog. Wien, 1974. | S. 41 (2): Astuy: Paintings. Paris, 1994. | S. 42 (1): Wikimedia Commons/Hgrobe (Lizenz: gemeinfrei) | S. 42 (2): The Yorck Project: 10.000 Meisterwerke der Malerei. DVD, 2002. | S. 43 (1): Buchholz; Zimmermann: Pablo Picasso. Köln, 1999. | S. 43 (2): Wikimedia Commons/Papa Lima Whiskey 2 (Lizenz: gemeinfrei) | S. 43 (3): Constantine: Vincent van Gogh visits New York. New York, 1983. | S. 46 (1): Ars electronica Katalog. Linz, 1984. | S. 46 (2, 3): HP; IBM | S. 47 (1): ACM Siggraph 89. Computer Art in Context. Headington Hill Hall, 1989. | S. 47 (2): Galloway: art ware. Kunst und Elektronik. Düsseldorf, 1987. | S. 47 (3): Ars electronica Katalog. Linz, 1984. | S. 48 (1, 2, 3): Kloskowski: Photoshop Ebenen. Photoshops wichtigstes Werkzeug genau erklärt. München, 2008. | S. 48 (4, 5): Stefanie Guserl (Verlag HPT) | S. 49 (1, 2): La Pompe: Copy Paste. How Adertising Recycles Ideas. Luxemburg, 2016. | S. 49 (3): Vienna Paint Plakat, 2003 | S. 50 (1, 2): Leopoldseder; Schöpf; Stocker (Hrsg.): Prix Ars Electronica. CyberArts 2012. Ostfildern, 2012. | S. 50 (3): Filmplakat | S. 50 (4, 5): Widemann: 1000 favorite websites. Köln, 2003. | S. 51 (1): DVD-Cover | S. 51 (2): Leopoldseder: Prix Ars Electronica 90. Linz, 1990. | S. 51 (3): Wikimedia Commons/bsittler (Lizenz: Expat) | S. 51 (4): Spiel-Cover | S. 52 (1): Handbuch für Nobel Replace Tapered® und Replace Select™ Tapered | S. 52 (2): Wikimedia Commons/UCRL and Forrest Hoffman and Jamison Daniel of Oak Ridge National Laboratory (Lizenz: gemeinfrei) | S. 52 (3): GEO kompakt 2/05 | S. 52 (4): Das Handbuch für Notfall- und Rettungssanitäter, 2005 | S. 53 (1, 2, 3): Prospekt Ars Electronica Center | S. 53 (4): Leopoldseder; Schöpf; Stocker (Hrsg.): Prix Ars Electronica. CyberArts 2012. Ostfildern, 2012. | S. 54 (1, 2): Jodidio, Philip: Zaha Hadid. Köln, 2016. | S. 54 (3): Der Standard, 11. März 2017. | S. 55 (1): MQ, Pressematerial | S. 55 (2, 3): Elbphilharmonie, Pressmaterial, © Herzog & de Meuron / bloomimages | S. 56 (1): Martin Hanl (Verlag HPT) | S. 56 (2): Martin Hanl (Verlag HPT) | S. 56 (3): Fotolia/Monstar Studio | S. 56 (4): Fotolia/Ocskay Bence | S. 57 (1): Hirsch; Stocker (Hrsg.): The practice of art and science. Ostfildern, 2017. | S. 57 (2): Stefanie Guserl (Verlag HPT) | S. 58 (1): Griffin; Harper; Trigg; Williams: The 21st-Century Art Book. London, 2014. | S. 58 (2): Stefanie Guserl (Verlag HPT) | S. 59 (1, 2): Manco: Big Art. Small Art. London, 2014. | S. 59 (3, 4): Hirsch; Stocker (Hrsg.): The practice of art and science. Ostfildern, 2017. | S. 60 (1): Screenshot www.tuwien.ac.at | S. 60 (2): Screenshot www.nintendo.de | S. 61 (1, 2): Leopoldseder; Schöpf; Stocker (Hrsg.): Prix Ars Electronica. CyberArts 2012. Ostfildern, 2012. | S. 61 (3–5): Leopoldseder; Schöpf; Stocker (Hrsg.): Prix Ars Electronica. CyberArts 2012. Ostfildern, 2012. | S. 64 (1): Menardi: Schätze des Tiroler Volkskundemuseums. Innsbruck, 1992. | S. 64 (2): Wikimedia Commons/Vassil (Lizenz: gemeinfrei) | S. 64 (3): Fotolia/MStock | S. 65 (1, 2): art (Hamburg) 9/03 | S. 65 (3): Bauscher-Weiden, Firmenprospekt | S. 66 (1): Der Standard, 18. September 2003. | S. 66 (2, 4): Löbach: Industrial Design. München, 1976. | S. 66 (3): Garth: The Eccentric Teapot. London, 1989. | S. 67 (1): Schönwandt Rudolf: German Design. Dortmund, 1990. | S. 67 (2): Fotolia/fkurtcan01 | S. 67 (3): Schönwandt Rudolf: German Design. Dortmund, 1990. | S. 67 (4): Vitra Museum: 100 Masterpieces. Weil, 1995. | S. 68 (1): Rudofsky: Sparta/Sybaris. Salzburg, 1987. | S. 68 (2, 3): Borschüre Arbeiterkammer | S. 69 (1): Sembach u.a.: Möbeldesign des 20. Jh. Köln, o. J. | S. 69 (2): Sand: Workshop Zeichnen. Strichmännchen. Freiburg, 2014. | S. 69 (3): Schäfer-Schuchardt: Die figürliche Steinplastik des 11.–13. Jahrhunderts in Apulien. Bari, 1987. | S. 69 (4): Fotolia/photobalance | S. 69 (5): Warncke: De Stijl. Köln, 1990. | S. 70 (1–4): Martin Hanl (Verlag HPT) | S. 71 (1, 2): Descharnes; Neret: Salvador Dali. Das Malerische Werk. Köln, 1993. | S. 71 (3): Sembach u.a.: Möbeldesign des 20. Jh. Köln, o. J. | S. 71 (4): Stefanie Guserl (Verlag HPT) | S. 71 (5): Descharnes; Neret: Salvador Dali. Das Malerische Werk. Köln, 1993. | S. 72 (1): Koch (Hrsg.): Foto:Box. Die bekanntesten Fotos der Welt. Köln, 2014. | S. 72 (2, 3): La Pompe: Copy Paste. How Adertising Recycles Ideas. Luxemburg, 2016. | S. 73 (1–3): La Pompe: Copy Paste. How Adertising Recycles Ideas. Luxemburg, 2016. | S. 74 (1, 2): Stefanie Guserl (Verlag HPT) | S. 74 (3): Invacare Deutschland, Katalog | S. 75 (1): Fotolia/klesign | S. 75 (2): Fotolia/fotohansel | S. 75 (3): Fotolia/bluvalentina | S. 75 (4): Der Standard, 7. Jänner 2016. | S. 76 (1, 2): Der Standard, 25. Oktober 2015. | S. 76 (3): Der Standard, 4. Jänner 2017. | S. 76 (4): Der Standard, Rondo, 5. April 2016. | S. 77 (1): Wikimedia Commons/Denelson83 (Lizenz: gemeinfrei) | S. 77 (2): Der Standard, 19. Mai 2015. | S. 77 (3, 4): Van der Vlugt: Life histories of 100 famous logos. Amsterdam, 2012. | S. 77 (5): Wikimedia Commons/Wdwdbot (Lizenz: gemeinfrei) | S. 78 (1): Vavra: Die Suche nach dem verlorenen Paradies. Europäische Kultur im Spiegel der Klöster. St. Pölten, 2000. | S. 78 (2): Korthaus: Grundkurs Typografie und Layout. Für Ausbildung und Praxis. Bonn, 2016. | S. 79 (1): Stefanie Guserl (Verlag HPT) | S. 79 (2): Korthaus: Grundkurs Typografie und Layout. Für Ausbildung und Praxis. Bonn, 2016. | S. 82 (1): Schedel: Weltchronik 1493. Reprint Köln, 2001. | S. 82 (2): Menardi: Schätze des Tiroler Volkskundemuseums. Innsbruck, 1992. | S. 82 (3): Amann: Das Ständebuch. Frankfurt/M., 1568. | S. 83 (1): Wikimedia Commons/Mefusbren69 (Lizenz: gemeinfrei) | S. 83 (2): Künstlerhaus Wien: Katalog Victor Slama. Wien, 1975. | S. 83 (3): Historischer Geldschein, Land Salzburg | S. 84 (1–5): Wolfgang Tambour (Verlag HPT); Großes Lexikon der Grafik. Köln, 1989. | S. 85 (1): Koschatzky: Die Kunst der Grafik. Salzburg, 1972. | S. 86 (1–4): Wolfgang Tambour/Wilhelm Dabringer (Verlag HPT) | S. 87 (1): Kunstforum Wien: Japan, die fließende Welt. Wien, 1991. | S. 88 (1–5): Wilhelm Dabringer (Verlag HPT); Großes Lexikon der Grafik. Köln, 1989. | S. 89 (1): Krohm; Nicolaisen (Hrsg.): Martin Schongauer. Druckgraphik im Berliner Kupferstichkabinett. Berlin, 1991. | S. 90 (1–5): Wilhelm Dabringer (Verlag HPT); Großes Lexikon der Grafik. Köln, 1989. | S. 91 (1–3): Klant; Schulze; Walch: Grundkurs Kunst 1. Hannover, 1988. | S. 92 (1–5): Großes Lexikon der Grafik. Köln, 1989. | S. 93 (1): Adriani: Toulouse-Lautrec. Köln, 1987. | S. 94 (1–5): Wilhelm Dabringer (Verlag HPT); Großes Lexikon der Grafik. Köln, 1989. | S. 95 (1–3): Osterwold: Pop Art. Köln, 1992. | S. 98 (1): Stooss; Ruelfs (Hrsg.): Rollenbilder – Rollenspiele. München, 2011. | S. 98 (2): Wikimedia Commons/Niplos (Lizenz: gemeinfrei) | S. 98 (3): Edition Salzgeber: Caravaggio. DVD, 2006. | S. 99 (1): Der Standard, Rondo, 15. September 2015. | S. 99 (2): Wikimedia Commons/Kaho Mitsuki (Lizenz: gemeinfrei) | S. 99 (3): Wikimedia Commons/Mizunoryu, Jacob Ehnmark (Lizenz: Namensnennung 2.0 generisch) | S. 99 (4): Der Standard, 15. Jänner 2016. | S. 100 (1): Manco: Big Art. Small Art. London, 2014. | S. 100 (2): Wikimedia Commons/PancoPinco (Lizenz: gemeinfrei) | S. 101 (1): Griffin; Harper; Trigg; Williams: The 21st-Century Art Book. London, 2014. | S. 102 (1): Fotolia/szirtesi | S. 102 (2): art (Hamburg) 6/02 | S. 102 (3): Ruhrberg u.a.: Kunst des 20.Jahrhunderts. Köln, 1998. | S. 103 (1–3): Baal-Teshuva: Christo and Jeanne-Claude. Avec des photographies de Wolfgang Volz. Köln, 2004. | S. 104 (1): Ginkgo Press (Hrsg.): Installation Art Now. - Guangzhou, 2013. | S. 104 (2, 3): Manco: Big Art. Small Art. London, 2014. | S. 105 (1): EIKON #81/2013 | S. 105 (2–4): Griffin; Harper; Trigg; Williams: The 21st-Century Art Book. London, 2014. | S. 108 (1): Eucker; Walch: Farbe. Hannover, 1988. | S. 109 (1): Wilhelm Dabringer (Verlag HPT) | S. 109 (2): Universität für angewandte Kunst: Katalog Itten. Wien, 1974. | S. 110 (1): Ruhrberg u.a.: Kunst des 20.Jahrhunderts. Köln, 1998. | S. 110 (2): F. Kocevar/Wilhelm Dabringer (Verlag HPT) | S. 110 (3): Husslein/Boeckl: Eremiten – Kosmopoliten. Wien, 2004. | S. 111 (1): Adriani (Hrsg.): Die Kunst des Handelns. Meisterwerke des 14. bis 20. Jahrhunderts. Ostfildern, 2005. | S. 111 (2): Griffin; Harper; Trigg; Williams: The 21st-Century Art Book. London, 2014. | S. 111 (3): Damus: Kunst im 20. Jahrhundert. Von der transzendierenden zur affirmativen Moderne. Reinbek bei Hamburg, 2000. | S. 112 (1): Fotolia/D. Ott | S. 112 (2): Fotolia/juripozzi | S. 112 (3): Fotolia/Sofia Zhuravetc | S. 112 (4): Fotolia/Andrey Burmakin | S. 113 (1): Fotolia/Maridav | S. 113 (2): Griffin; Harper; Trigg; Williams: The 21st-Century Art Book. London, 2014. | S. 113 (3): Wilhelm Dabringer (Verlag HPT) | S. 114 (1): Milka Schokoladetafel-Verpackung | S. 114 (2): T-Mobile Werbefolder | S. 114 (3): Wiener Journal 12/04 | S. 115 (1): Favela Painting Infomaterial | S. 115 (2): Griffin; Harper; Trigg; Williams: The 21st-Century Art Book. London, 2014. | S. 115 (3): Mauger: Colours of Arabia. The Painters' Garden. Köln, 2001. | S. 115 (4): Fotolia/LAURA | S. 115 (5): Manco: Big Art. Small Art. London, 2014. | S. 116 (1): Fotolia/Elisabeth | S. 116 (2): Fotolia/Andreas Tille (Lizenz: Namensnennung – Weitergabe unter gleichen Bedingungen 4.0 international) | S. 116 (3): Wien leuchtet Werbematerial | S. 117 (1–4): Ginkgo Press (Hrsg.): Installation Art Now. - Guangzhou, 2013. | S. 117 (5): Manco: Big Art. Small Art. London, 2014. | S. 120 (1): Fotolia/Helmut Brands | S. 120 (2): Fotolia/Juulijs | S. 120 (3): Fotolia/Morphart | S. 121 (1–3): Schneider: 1001 Movies. London, 2003. | S. 122 (1): Schneider: 1001 Movies. London, 2003. | S. 122 (2): o. A.: Great Movie Graphics. Massachusetts, 1975. | S. 123 (1): Filmplakat international | S. 123 (2): Connexion Film: AKIRA. DVD, 1987. | S. 123 (3): Filmplakat international | S. 124 (1–5): Universal Pictures Germany: The Danish Girl. DVD, 2016. | S. 125 (1–3): Bouzereau: Star Wars. Nürnberg, 1999. | S. 126 (1): D. Bordwell, K. Thompson: Film Art. An Introduction, – McGraw-Hill, 2004. | S. 126 (2): Filmplakat | S. 127 (1–4): Filmplakate | S. 128 (1): International Classics: Michelangelo: Inferno und Ekstase. DVD, 2005. | S. 128 (2): Arthaus: Frida. DVD, 2011. | S. 128 (3): Alamode Film: Lautrec: Der Maler von Montmartre. DVD, 2005. | S. 129 (1): Prokino: Mr. Turner. DVD, 2015. | S. 129 (2): Good!movies: Renoir. DVD, 2013. | S. 129 (3): Alamode Film: Egon Schiele: Tod und Mädchen. DVD, 2017. | S. 132 (1–3): Westlicht: Photographica Auction. Wien, 2003. | S. 132 (4): Stefanie Guserl (Verlag HPT) | S. 132 (5): Klant; Schulze; Walch: Grundkurs Kunst 1. Hannover, 1988. | S. 133 (1): Kunstforum (Köln) 171 | S. 133 (2): Koch (Hrsg.): Foto:Box. Die bekanntesten Fotos der Welt. Köln, 2014. | S. 133 (3): NASA | S. 134 (1): Klant; Schulze; Walch: Grundkurs Kunst 1. Hannover, 1988. | S. 134 (2): art (Hamburg) 1/99 | S. 135 (1): art (Hamburg) 8/99 | S. 135 (2): Letze (Hrsg): Photorealism. 50 Years of Hyperrealistic Painting. Ostfildern, 2013. | S. 135 (3): Koch (Hrsg.): Foto:Box. Die bekanntesten Fotos der Welt. Köln, 2014. | S. 136 (1): Fotolia/Andreas Gruhl | S. 136 (2–4): Koch (Hrsg.): Foto:Box. Die bekanntesten Fotos der Welt. Köln, 2014. | S. 137 (1): Fotografie des 20. Jhd. Köln, 1996. | S. 137 (2, 4): Koch (Hrsg.): Foto:Box. Die bekanntesten Fotos der Welt. Köln, 2014. | S. 137 (3): Descharnes; Neret: Salvador Dali. Das Malerische Werk. Köln, 1993. | S. 138 (1): Böhm u.a.: Kulturtagebuch. Braunschweig, 1984. | S. 138 (2): Life (Hrsg.): Fotos eines Jahrzehnts. Hamburg, 1989. | S. 139 (1): Fotografie des 20. Jhd. Köln, 1996. | S. 139 (2): Siepmann: Montage. John Heartfield. Berlin, 1977. | S. 139 (3): Hemus: Dada's Women. London, 2009. | S. 139 (4): Demos u.a.: Vitamin Ph. New Perspectives in Photography. London, 2010. | S. 139 (5): art (Hamburg) 2/98 | S. 140 (1–3): Husslein-Arco; Nollert; Rollig: Valie Export. Zeit und Gegenzeit. Köln, 2010. | S. 141 (1): art (Hamburg) 12/03 | S. 141 (2): Demos u.a.: Vitamin Ph. New Perspectives in Photography. London, 2010. | S. 141 (3, 4): Koch (Hrsg.): Foto:Box. Die bekanntesten Fotos der Welt. Köln, 2014. | S. 144 (1): Wikimedia Commons/Papergirl (Lizenz: gemeinfrei) | S. 144 (2): Fotolia/Krugloff | S. 144 (3): Der Standard, 23. März 2017. | S. 144 (4): Österr. Museum für angewandte Kunst, Wien | S. 145 (1): Wikimedia Commons/Jean-Christophe BENOIST (Lizenz: Namensnennung 3.0 nicht portiert) | S. 145 (2, 3): Stefanie Guserl (Verlag HPT) | S. 145 (4): Fotolia/parsadanov | S. 146 (1): Fotolia/Gerhard1302 | S. 146 (2): Wikimedia Commons/ChrisiPK (Lizenz: gemeinfrei) | S. 146 (3): Fotolia/helgereinke | S. 147 (1, 3): Wilhelm Dabringer (Verlag HPT) | S. 147 (2): Roccati (Hrsg.): The Fondation Louis Vuitton by Frank Gehry. A Building for the Twenty-First Century. Paris, 2014. | S. 147 (4): Manco: Big Art. Small Art. London, 2014. | S. 148 (1): art (Hamburg) 12/02 | S. 148 (2): art (Hamburg) 2/04 | S. 148 (3): Der Standard, 16. Mai 2017. | S. 149 (1): Spiegel Special 12/1996 | S. 149 (2): Stefanie Guserl (Verlag HPT) | S. 149 (3): Fotolia/bluemap | S. 149 (4): Fotolia/annakazimir | S. 150 (1): Wilhelm Dabringer (Verlag HPT) | S. 150 (2): Plakat Zoom Kindermuseum | S. 150 (3): Fotolia/romanple | S. 151 (1, 4): Logos arte; 3:sat | S. 151 (2): Cover ray | S. 151 (3): Cover EIKON | S. 151 (5): Cover art | S. 151 (6): Cover Photonews | S. 152 (1): Wilhelm Dabringer (Verlag HPT) | S. 152 (2): Wikimedia Commons/Videro (Lizenz: gemeinfrei) | S. 152 (3, 4): Manco: Big Art. Small Art. London, 2014. | S. 152 (5): trend 4/03 | S. 153 (1, 3): Wilhelm Dabringer (Verlag HPT) | S. 153 (2): Werbematerial ORF | S. 153 (4): Wikimedia Commons/Andreas Praefcke (Lizenz: Namensnennung 3.0 nicht portiert) | S. 156 (1–3): Die Zeit 40/1992 | S. 157 (1): Fotolia/Zerbor | S. 157 (2): Fotolia/womue | S. 157 (3): Fotolia/antiksu | S. 157 (4): Fotolia/Atypique | S. 157 (5): Fotolia/undrey | S. 157 (6): Fotolia/Lucky Dragon | S. 158 (1): Günther Povaly/Wilhelm Dabringer (Verlag HPT) | S. 158 (2, 4): Grafische Sammlung Albertina Wien. Katalog, 2003. | S. 158 (3): Friedrich (Hrsg.): Maria Lassnig. Im Möglichkeitsspiegel. Ostfildern, 2009. | S. 159 (1): Groiß: Der Maler des Himmels. Altenmarkt, o. J. | S. 159 (2): Wikimedia Commons/Uoaei1 (Lizenz: Namensnennung – Weitergabe unter gleichen Bedingungen 4.0 international) | S. 160 (1, 2): Druml: Butterfly. Ausstellungskatalog. Nötsch, 2003. | S. 161 (1): Toman: Die Kunst der Gotik. Köln, 1998. | S. 161 (2, 3): Hartmann (Hrsg.): Fuchs über Ernst Fuchs. Bilder und Zeichnungen von 1945–1976. München, 1977. | S. 162 (1, 2): Anati: Höhlenmalerei. Düsseldorf, 2002. | S. 163 (1, 2): Eucker; Walch: Farbe. Hannover, 1988. | S. 164 (1): Fraenger: Grünewald. Dresden, 1985. | S. 164 (2): Romanelli: Venedig. Köln, 1997. | S. 165 (1): Vigne: Ingres. München, 1995. | S. 165 (2): The Yorck Project: 10.000 Meisterwerke der Malerei. DVD, 2002. | S. 166 (1): Düchting: Kandinsky. A Revolution in Painting. Köln, 2000. | S. 166 (2): Ruhrberg: Art of the 20th Century. Part I. Painting. Köln, 2000. | S. 166 (3): Deicher: Piet Mondrian. Köln, 1994. | S. 167 (1–3): Ritter: Aktionismus. Klagenfurt, 1988. | S. 167 (4): art (Hamburg) 4/99 | S. 168 (1): Kunsthistorisches Museum: Das flämische Stillleben. Wien, 2002. | S. 169 (1): Toman: Die Kunst der Gotik. Köln, 1998. | S. 170 (1): Koja (Hrsg): Amerika. München, 1999. | S. 170 (2): Hollmann: Die Kunst der Augentäuschung. München, 2004. | S. 171 (1): Osterwold: Pop Art. Köln, 1992. | S. 171 (2): Museum modernen Kunst Stiftung Ludwig, Wien, o. J. | S. 172 (1): Klant; Schulze; Walch: Grundkurs Kunst 1. Hannover, 1988. | S. 173 (1): Katalog Landesmuseum Kärnten | S. 174 (1): Kalitina: Claude Monet. London, 2004. | S. 175 (1, 2): Husslein/Boeckl: Eremiten – Kosmopoliten. Wien, 2004. | S. 176 (1): Klant; Schulze; Walch: Grundkurs Kunst 1. Hannover, 1988. | S. 176 (2): Yerasimos: Konstantinopel. Paris, 2000. | S. 176 (3): Belvedere, Zeitschrift für bildende Kunst (Wien) 2/03 | S. 177 (1–3): Descharnes; Neret: Salvador Dali. Das Malerische Werk. Köln, 1993. | S. 178 (1): Klant; Schulze; Walch: Grundkurs Kunst 1. Hannover, 1988. | S. 178 (2): Stooss: Maria Lassnig. Verschiedene Arten zu sein. Zürich, 2003. | S. 178 (3): Universität für Angewandte Kunst: Die Moderne oder die Überwindung eines Begriffs. Wien, 1994. | S. 179 (1): art (Hamburg) 2/04 | S. 179 (2): Klant; Schulze; Walch: Grundkurs Kunst 1. Hannover, 1988. | S. 179 (3): Husslein/Boeckl: Eremiten – Kosmopoliten. Wien, 2004. | S. 180 (1–3): Kunstforum Wien: Tamara de Lempicka. Wien, 2004. | S. 181 (1): Wiener Schule des Phantastischen Realismus. Tokio, 1972. | S. 181 (2): Feuerstein/Hutter u.a.: Moderne Kunst in Österreich. Wien, 1965. | S. 184 (1, 2): Baum; Rombold: Expression und Meditation. Sammlung Rombold. Linz, 1999. | S. 184 (3): Wikimedia Commons/DIMSFIKAS (Lizenz: Namensnennung – Weitergabe unter gleichen Bedingungen 3.0 nicht portiert) | S. 185 (1): Griffin; Harper; Trigg; Williams: The 21st-Century Art Book. London, 2014. | S. 185 (2): art (Hamburg) 4/98 | S. 185 (3): Fotolia/lucag_g | S. 186 (1): Fotolia/Zack Frank | S. 186 (2): Wilhelm Dabringer (Verlag HPT) | S. 186 (3): Toman: Die Kunst der Gotik. Köln, 1998. | S. 186 (4): Fotolia/NoraDoa | S. 187 (1): Ginkgo Press (Hrsg.): Installation Art Now. - Guangzhou, 2013. | S. 187 (2, 3): Klant; Walch: Bildende Kunst 2. Hannover, 1993. | S. 188 (1–4): Brinkmann; Wünsche: Bunte Götter. München, 2004. | S. 189 (1, 2): Ruhrberg u.a.: Kunst des 20. Jahrhunderts. Köln, 1998. | S. 189 (3): Griffin; Harper; Trigg; Williams: The 21st-Century Art Book. London, 2014. | S. 189 (4): Ruhrberg u.a.: Kunst des 20. Jahrhunderts. Köln, 1998. | S. 190 (1): art (Hamburg) 9/02 | S. 190 (2): Postkarte König, Köln | S. 191 (1, 2): Postkarte Hofstetter, Ried | S. 191 (3, 4): Dias Pfarre Kefermarkt | S. 192 (1): Coughlan: Michelangelo und seine Zeit. Amsterdam, 1971. | S. 192 (2): Schuler: Europäische Skulpturen. München, 1991. | S. 193 (1): Zanella: Bernini. Rom, 1993. | S. 193 (2): Fotolia/wjarek | S. 194 (1): Fotolia/AboutLife | S. 194 (2): Fotolia/wusuowei | S. 194 (3): Fotolia/efired | S. 194 (4): Fotolia/skampixelle | S. 195 (1): Fotolia/Reinhold Einsiedler | S. 195 (2): Fotolia/studali | S. 195 (3): Fotolia/Alexander Bartek | S. 196 (1, 2): Wilhelm Dabringer (Verlag HPT) | S. 196 (3): Fotolia/awfoto | S. 196 (4): Fotolia/photo 5000 | S. 197 (1–4): Bush: Duane Hanson. Stuttgart, 1990. | S. 198 (1): Martin (Hrsg.): Das endlose Rätsel. Dalí und die Magier der Mehrdeutigkeit. Ostfildern, 2003. | S. 198 (2): Warncke; Walther: Picasso. Köln, 1997. | S. 198 (3): Manco: Big Art. Small Art. London, 2014. | S. 199 (1): art (Hamburg) 10/99 | S. 199 (2): Griffin; Harper; Trigg; Williams: The 21st-Century Art Book. London, 2014. | S. 199 (3): Fotolia/PackShot | S. 200 (1, 2): Klant; Walch: Bildende Kunst 2. Hannover, 1993. | S. 200 (3): Osterwold: Pop Art. Köln, 1992. | S. 201 (1): Museum modernen Kunst Stiftung Ludwig. Wien, o. J. | S. 201 (2): art (Hamburg) 11/97 | S. 201 (3): Griffin; Harper; Trigg; Williams: The 21st-Century Art Book. London, 2014. | S. 202 (1): Meyer-Büser, Orchard (Hrsg.): Aller Anfang ist Merz. Von Kurt Schwitters bis heute. Stuttgart, 2000. | S. 202 (2): Weibel: Inszenierte Kunstgeschichte. Wien, 1989. | S. 202 (3): Der Standard, 13. Juni 2016. | S. 203 (1): Griffin; Harper; Trigg; Williams: The 21st-Century Art Book. London, 2014. | S. 203 (2): Der Spiegel 21/1993 | S. 203 (3): Grosenick (Hrsg.): Women Artists in the 20th and 21st Century. Köln, 2001. | S. 203 (4): Messer; Schulze; Wolter: Jean Dubuffet 1901–1985. Stuttgart, 1990. | S. 204 (1): Manco: Big Art. Small Art. London, 2014. | S. 204 (2): Der Standard, 18. April 2017. | S. 205 (1, 2): Griffin; Harper; Trigg; Williams: The 21st-Century Art Book. London, 2014. | S. 206 (1): Ruhrberg u.a.: Kunst des 20. Jahrhunderts. Köln, 1998. | S. 206 (2): Sotriffer: Bildhauersymposion St. Margarethen. Wien, 1966. | S. 206 (3): Griffin; Harper; Trigg; Williams: The 21st-Century Art Book. London, 2014. | S. 207 (1): Manco: Big Art. Small Art. London, 2014. | S. 207 (2): Griffin; Harper; Trigg; Williams: The 21st-Century Art Book. London, 2014. | S. 207 (3): Kaltsas: Sculpture in the National Archeological Museum, Athens. Athen, 2002. | S. 207 (4): Museum des 20. Jh.: Alberto Giacometti. Katalog. Wien, 1978. | S. 208 (1): Postkarte Editions des Musees Nationaux, Paris | S. 208 (2): Postkarte Galerie Welz, Salzburg | S. 208 (3, 4): Keyenburg: Von der Plastik zur Objektkunst. Hannover, 1986. | S. 209 (1): Postkarte Plurigraf, Narni | S. 209 (2): Ruhrberg u.a.: Kunst des 20. Jahrhunderts. Köln, 1998. | S. 209 (3, 4): Klant; Walch: Bildende Kunst 2. Hannover, 1993. | S. 210 (1): Postkarte Joanneum, Graz | S. 210 (2): Postkarte Kunsthistorisches Museum, Wien | S. 211 (1): Fotolia/Vlada Z | S. 211 (2): Fotolia/starush | S. 211 (3): Fotolia/Francesco Galiero | S. 211 (4): Fotolia/Andrew | S. 212 (1): Wikimedia Commons/Hans Weingartz (Lizenz: Namensnennung – Weitergabe unter gleichen Bedingungen 3.0 Deutschland) | S. 212 (2): Wikimedia Commons/Manfred Werner (Lizenz: Namensnennung – Weitergabe unter gleichen Bedingungen 3.0 nicht portiert) | S. 212 (3): Fotolia/samich | S. 212 (4): Wilhelm Dabringer (Verlag HPT) | S. 213 (1): Der Standard, 3. April 2004. | S. 213 (2): Die Zeit 51/2004 | S. 213 (3): Der Standard, 30. Mai 2005. | S. 213 (4): Wikimedia Commons/Gugerell (Lizenz: CC0 1.0 Verzicht auf das Copyright) | S. 216 (1): Fotolia/oscity | S. 216 (2): Meigh-Andrews: A History of Video Art. New York; London, 2014. | S. 216 (3): Griffin; Harper; Trigg; Williams: The 21st-Century Art Book. London, 2014. | S. 217 (1): Stooss: Nam June Paik. Stuttgart, 1991. | S. 217 (2): Kunstforum (Köln) 10 | S. 217 (3): Meigh-Andrews: A History of Video Art. New York; London, 2014. | S. 218 (1, 2): Stooss: Nam June Paik. Stuttgart, 1991. | S. 219 (1, 2): Kunstforum (Köln) 10 | S. 220 (1): art (Hamburg) 2/01 | S. 220 (2, 3): Griffin; Harper; Trigg; Williams: The 21st-Century Art Book. London, 2014. | S. 220 (4): art (Hamburg) 3/05 | S. 221 (1): art (Hamburg) 6/04 | S. 221 (2, 3): art (Hamburg) 3/05 | S. 221 (4): Griffin; Harper; Trigg; Williams: The 21st-Century Art Book. London, 2014. | S. 222 (1, 2): Kunstforum (Köln) 107 | S. 222 (3): Kunstforum (Köln) 85 | S. 223 (1): Protokolle (Wien) 27/82 | S. 223 (2): Gioè; Sossai: Sounds & Visions. Artists' Films and Videos from Europe. Mailand, 2009. | S. 224 (1–3): Bódy; Weibel: Clipp Klapp Bum. Von der visuellen Musik zum Musikvideo. Köln, 1987. | S. 225 (1–3): Bódy; Weibel: Clipp Klapp Bum. Von der visuellen Musik zum Musikvideo. Köln, 1987. | S. 226 (1): Bódy; Weibel: Clipp Klapp Bum. Von der visuellen Musik zum Musikvideo. Köln, 1987. | S. 226 (2–4): Sony Music: Michael Jackson. DVD, 2001. | S. 226 (5, 6): Bódy; Weibel: Clipp Klapp Bum. Von der visuellen Musik zum Musikvideo. Köln, 1987. | S. 227 (1): Music Express 1/88 | S. 227 (2): Palm Pictures: The Work of Chris Cunningham. DVD, 2003. | S. 230 (1, 2): Stefanie Guserl (Verlag HPT) | S. 230 (3): Fotolia/Christiane | S. 230 (4): Pollock: Jutaku. Japanese houses. London, 2015. | S. 230 (5): Fotolia/rajidrc | S. 231 (1–5): Varnedoe: Wien 1900. Köln, 1987. | S. 232 (1–3): Roccati (Hrsg.): The Fondation Louis Vuitton by Frank Gehry. A Building for the Twenty-First Century. Paris, 2014. | S. 233 (1–5): Roccati (Hrsg.): The Fondation Louis Vuitton by Frank Gehry. A Building for the Twenty-First Century. Paris, 2014. | S. 234 (1): trend-profil extra 2/89 | S. 235 (1–6): trend-profil extra 2/89 | S. 236 (1–4): Warncke: De Stijl. Köln, 1990. | S. 237 (1): Wikimedia Commons/Raunaq Gupta (Lizenz: Namensnennung – Weitergabe unter gleichen Bedingungen 3.0 nicht portiert) | S. 237 (2): Wikimedia Commons/Surfsupusa (Lizenz: gemeinfrei) | S. 237 (3): Wikimedia Commons/Jeffrey Neal at the English language Wikipedia (Lizenz: Namensnennung – Weitergabe unter gleichen Bedingungen 3.0 nicht portiert) | S. 237 (4): Wikimedia Commons/ (Lizenz: CC0 1.0 Verzicht auf das Copyright) | S. 238 (1–3): Becker; Steiner; Wang: Architektur i. 20. Jh. Österreich. München, 1995. | S. 239 (1–3): Aufbau 9/10, 1972 | S. 240 (1): Kurier 8/04 | S. 240 (2): Kurier 4/05 | S. 241 (1): Göderitz; Rainer; Hoffmann: Die gegliederte und aufgelockerte Stadt. Wien, 1957. | S. 241 (2): Fotolia/hykoe | S. 241 (3): NÖ gestalten, Broschüre der NÖ Landesregierung, St. Pölten | S. 241 (4): Fotolia/Waldteufel | S. 242 (1): Wien aktuell 5/85 | S. 242 (2, 3): NÖ gestalten, Broschüre der NÖ Landesregierung, St. Pölten | S. 243 (1–9): NÖ gestalten, Broschüre der NÖ Landesregierung, St. Pölten | S. 244 (1): Fotolia/navintar | S. 244 (2): Postkarte Santori, Lucca | S. 244 (3, 4): Heinemann: Hist. Marktplatz Hildesheim. Hildesheim, 1990. | S. 244 (5): Wilhelm Dabringer (Verlag HPT) | S. 245 (1, 2): Flon: Der große Bildatlas der Architektur. München, 1990. | S. 245 (3): Wikimedia Commons/FML (Lizenz: gemeinfrei) | S. 246 (1–3): Pöttler: Erlebte Baukultur. Stübing, 1989. | S. 246 (4): Fotolia/JFL Photography | S. 247 (1): Wienerberger: Brick Award 04. München, 2004. | S. 247 (2): Fotolia/André Franke | S. 247 (3): Dimster: Die neue Österreichische Architektur. Köln, 1995. | S. 250 (1): Anati: Höhlenmalerei. Düsseldorf, 2002. | S. 250 (2): Postkarte Akad. Druck und Verlagsanstalt, Graz | S. 250 (3): Sterz 80. Graz, o. J. | S. 250 (4): Fotolia/patronestaff | S. 251 (1, 3): art (Hamburg) 5/05 | S. 251 (2, 4): Grafische Sammlung Albertina Wien. Katalog, 2003. | S. 252 (1, 2): Grafische Sammlung Albertina Wien. Katalog, 2003. | S. 253 (1, 2): Grafische Sammlung Albertina Wien. Katalog, 2003. | S. 253 (3): Rattemeyer u.a.: Vitamin D2. New Perspectives in Drawing. London, 2013. | S. 253 (4): Grafische Sammlung Albertina Wien. Katalog, 2003. | S. 254 (1, 2): Grafische Sammlung Albertina Wien. Katalog, 2003. | S. 255 (1): Grafische Sammlung Albertina Wien. Katalog, 2003. | S. 255 (2): Nagl Auktionen. Stuttgart, 2004. | S. 256 (1–3): Wiedemann (Hrsg.): Illustration Now 3. Köln, 2009. | S. 256 (4): Stefanie Guserl (Verlag HPT) | S. 257 (1–4): Warncke: Picasso. Köln, 1997. | S. 258 (1, 2): Schapiro: Vincent van Gogh. Köln, 2002. | S. 254 (1): Letze; Buchsteiner: Leonardo da Vinci. Ostfildern, 2000. | S. 260 (1): Grandville: Entwürfe einer anderen Welt. München, 1970. | S. 260 (2): Cover Charlie Hebdo, 2015 | S. 260 (3): Haderer; Hader: Sehr verehrte Österreicher. Wien, 1987. | S. 261 (1): Disney: Ich, Donald Duck. Köln, 1974. | S. 261 (2): Feiffer: The great comic book heroes. Washington, 1965. | S. 261 (3): Rivière: Studierst du noch, oder lebst du schon? München, 2016. | S. 262 (1): Navratil: Art brut und Psychiatrie. Wien, 1999. | S. 262 (2): Hauser: Im Hinterland des Herzens. Wien, 2001. | S. 263 (1): Postkarte Museum der Moderne, Salzburg | S. 263 (2): Schuler: Karl Anton Fleck. Wien, 2005. | S. 266 (1): Fotolia/bereta | S. 266 (2): Wilhelm Dabringer (Verlag HPT) | S. 266 (3): Anati: Höhlenmalerei. Düsseldorf, 2002. | S. 266 (4): Wikimedia Commons/Jebulon (Lizenz: CC0 1.0 Verzicht auf das Copyright) | S. 266 (5): Fotolia/Dieter Hawlan | S. 266 (6): Fotolia/homocosmicos | S. 266 (7): Fotolia/Antonio Gravante | S. 266 (8): Holle G.: Holle Kunstgeschichte. Erlangen, 1989. | S. 266 (9): Fotolia/andreacionti | S. 267 (1): Parkland Kunstgeschichte. Stuttgart, 1975. | S. 267 (2): Propyläen Kunstgeschichte. Berlin, o. J. | S. 267 (3): Fotolia/jarek106 | S. 267 (4, 5): Kunsthistorisches Museum Wien. Führer durch die Sammlungen. Wien, 1988. | S. 267 (6): Fotolia/fotofritz16 | S. 267 (7): Propyläen Kunstgeschichte. Berlin, o. J. | S. 267 (8): Fotolia/camerawithlegs | S. 267 (9): Fotolia/ros images | S. 268 (1): Baldass u.a.: Romanische Kunst in Österreich. Wien, 1962. | S. 268 (2): Fotolia/Rebel | S. 268 (3): Fotolia/Thomas Oser | S. 268 (4): Bellosi: Giotto. Scala Istituto Fotografico. Florenz, 1981. | S. 268 (5): Fasching; Sotriffer: Kunstwerke Österreichs. Innsbruck, 1978. | S. 268 (6): Fotolia/franke182 | S. 268 (7): Sassoon: Da Vinci und das Geheimnis der Mona Lisa. Köln, 2006. | S. 268 (8): Schuler: Europäische Skulpturen. München, 1991. | S. 268 (9): Fotolia/photogolfer | S. 269 (1): The Yorck Project: 10.000 Meisterwerke der Malerei. DVD, 2002. | S. 269 (2): Hess; Hirschfelder (Hrsg.): Renaissance, Barock, Aufklärung. Kunst und Kultur vom 16. bis zum 18. Jahrhundert. Heidelberg, 2010. | S. 269 (3): Fotolia/lemtal | S. 269 (4): The Yorck Project: 10.000 Meisterwerke der Malerei. DVD, 2002. | S. 269 (5): Knab: Daniel Gran. Wien, 1977. | S. 269 (6): Fotolia/Turi | S. 269 (7): Charles; Carl: Rokoko. New York, 2010. | S. 269 (8): Mrazek; Neuwirth: Wiener Porzellan. 1718–1864. Wien, 1971. | S. 269 (9): Seeger: Stadtpalais und Belvedere des Prinzen Eugen. Wien, 2004. | S. 270 (1): Kleßmann: Die deutsche Romantik. Köln, 1991. | S. 270 (2, 3): Bürgersinn und Aufbegehren (Ausstellungskatalog). Wien, 1988. | S. 270 (4): Wikimedia Commons/Quibik (Lizenz: gemeinfrei) | S. 270 (5): art (Hamburg) 1/99 | S. 270 (6): Klant; Walch: Grundkurs Kunst. Hannover, 1993. | S. 270 (7): Carlucco: École de Paris. Paris, 1981. | S. 270 (8): Fotolia/aaron90311 | S. 270 (9): Weihsmann: Jugendstilbauten in Wien. Wien, 1981. | S. 271 (1): Muller: Lexikon des Expressionismus. Köln, 1993. | S. 271 (2): Droste: Bauhaus. Köln, 1993. | S. 271 (3): Klant; Walch: Grundkurs Kunst. Hannover, 1993. | S. 271 (4): Aufbrüche – Österreichische Malerei und Plastik der 50er Jahre (Ausstellungskatalog). Wien, 1994. | S. 271 (5): Guerrilla Girls: Confessions of the Guerrilla Girls. New York, 1995. | S. 271 (6): art (Hamburg) 12/96 | S. 271 (7): Holzwart: 100 contemporary artists. Köln, 2009. | S. 271 (8): Manco: Big Art. Small Art. London, 2014. | S. 271 (9): CDROM-COOP Himmelblau, Foto: Gerald Zugmann, Montage: Armin Hess

1.1 Über das Bauen

Architektur erleben und verstehen

Einflüsse auf die Form eines Bauwerkes ...

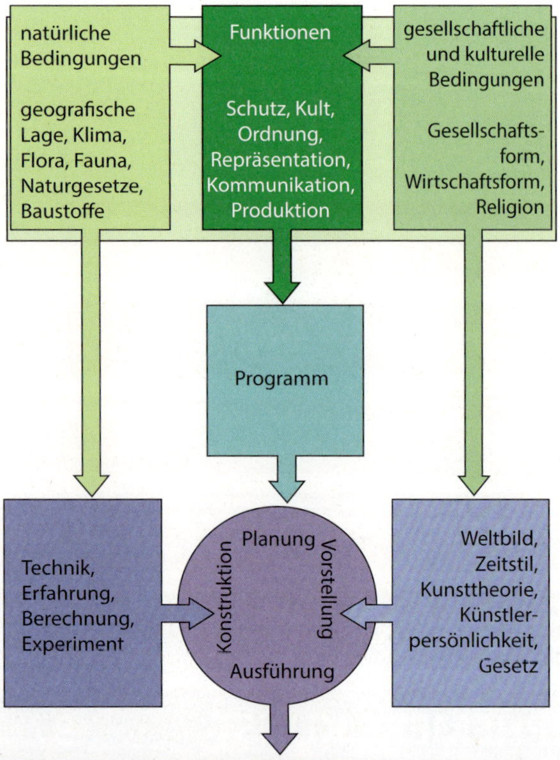

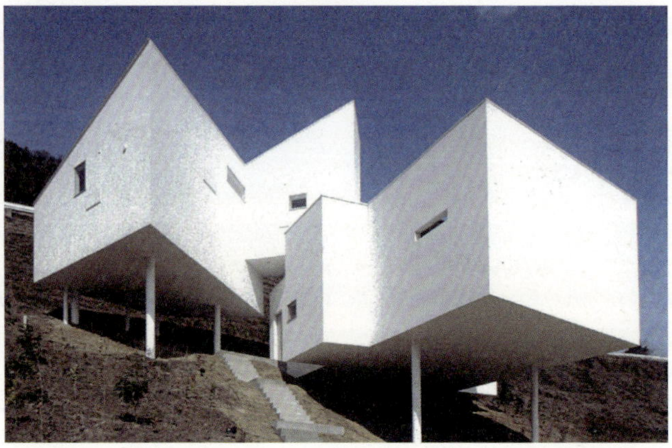

Von gebauter, gestalteter Umwelt sind wir umgeben, in ihr leben und wohnen wir. Die sichtbaren, greifbaren und begehbaren Ergebnisse des Bauens nennt man Architektur (griech. archein = anfangen, anführen, unternehmen; tekton = erfinden, bilden, bauen). Im Gegensatz zu anderen Hervorbringungen der Kunst können wir die gebaute und gestaltete Umwelt – auch wenn sie uns nicht interessiert – nicht einfach von uns wegschieben oder dem musealen Bereich zuordnen. Bauen greift in unseren Lebensraum, den aller Menschen, aller Lebewesen ein. Das reicht vom Kinderzimmer über das Wohnhaus bis hin zur Siedlung, zum Dorf, Markt, zur Stadt und betrifft ganze Regionen, letztlich alle bewohnten, aber auch unbewohnten Gebiete der Erde.

Zunächst dienten Bauwerke dem Schutz vor den Elementen, vor Bedrohungen durch wilde Tiere und vor feindlichen Menschen. Andere Funktionen kamen hinzu. Totenkulte, religiöse Vorstellungen oder der Wunsch der Bauherren, ihre Position innerhalb der Gesellschaft darzustellen, führten zu entsprechenden Bauformen.

Die Grafik gibt einen Überblick über die vielfältigen Einflüsse, die die Form eines Bauwerks bestimmen.

Natürliche und gesellschaftliche Bedingungen und die gewünschten Funktionen führen zu einem Programm, in dem die Absichten definiert werden. Die Planung muss bei der Wahl der Konstruktion technische und wirtschaftliche Erkenntnisse berücksichtigen. Die endgültige Form ist das Ergebnis der Erfindungsgabe der Architektin oder des Architekten sowie der soziokulturellen Einwirkungen und Bedingungen.

Um die Qualitäten von Architektur nicht nur zu empfinden, sondern auch zu verstehen, ist Wissen über die Entstehung und Nutzung von Bauwerken notwendig. Die Kenntnis der technischen Möglichkeiten zur Zeit der Erbauung und der Art, wie diese Möglichkeiten eingesetzt wurden, tragen zur objektiven Beurteilung des jeweiligen Bauwerks bei. Warum die Erbauer eines Gebäudes eine bestimmte Form gewählt haben, erschließt sich uns aus der Kenntnis des jeweils herrschenden Weltbildes. Religion, Philosophie, Tradition, Kunsttheorie und Künstlerpersönlichkeit, Interessen der Auftraggebenden und Vorschriften der Gesellschaft führen im Zusammenwirken zur endgültigen Form.

Querverweise

→ 14.1 *Jeder Mensch wohnt:* Villa, Parkbank, Hausboot

→ 14.2 *Darstellungsmöglichkeiten:* Die Vorstellungen von Räumen sichtbar machen – am Beispiel Frank Gehry

→ 14.7 *Wohnung und Wohnumgebung:* Man wohnt nicht nur in der Wohnung

→ 14.10 *Idealstadt – Stadtplanung:* Anlagen mit genauen Planungsvorgaben

Architektur schafft in der Regel Körper und Raum. Ein Bauwerk kann daher in seiner Gesamtheit nur erlebt werden, wenn es sowohl außen als auch innen erfahren wird. Wie ein Gebäude erlebt wird, hängt wesentlich von den subjektiven Empfindungen der Betrachterin oder des Betrachters, den Vorlieben für und Abneigungen gegen Formen und Materialien ab.
Der Baukörper kann schwer und erdrückend, aufgelockert und leicht, abweisend und bedrohlich oder einladend und freundlich wirken. Er kann monoton oder reich gegliedert sein, breit gelagert oder in die Höhe strebend.
Ein massiges Gebäude aus Stein kann kalt und abweisend, aber auch fest gefügt, solide und sicher auf uns wirken, ein luftiges aus Glas und Metall offen und einladend oder kalt und ungemütlich.
Ähnliches gilt für Räume. Die Eindrücke, die hier auf uns wirken, werden im Wesentlichen durch die Proportionen, die verwendeten Materialien sowie durch Farbe, Licht, Temperatur, Akustik und Gerüche hervorgerufen. Ein heller, nur von transparenten Wänden umgebener Raum kann den Eindruck von Weite und Freundlichkeit vermitteln, aber auch ein Gefühl der Unsicherheit auslösen. Ein höhlenartiger Raum mit kleinen Öffnungen nach außen kann uns anheimelnd oder beengend erscheinen. Echo kann in einer Kirche dazu beitragen, die Weite und Besonderheit des Raumes angenehm zu erleben, in einem dunklen Gang jedoch Angstzustände hervorrufen. Modergeruch kann die Schönheit eines Stiegenhauses beeinträchtigen, der Duft eines guten Essens kann über bauliche Unzulänglichkeiten hinwegsehen lassen.
Auch das Wissen um Funktionen und die Geschichte von Räumen kann Gefühle und Verhalten beeinflussen. In Sportstadien ist Schreien „normal", in Gängen lautes Sprechen. In sakralen Räumen flüstern wir, Räume, in denen Menschen gequält und getötet wurden, lassen uns verstummen.

Abb. Seite 2 unten: Hiroyuki Arima + Urban Fourth: 8008, Japan, 2011
Abb. oben: Tuffsteinkegel mit Wohnhöhlen, Kappadokien, Türkei
Abb. unten: Campingplatz am Mount Everest

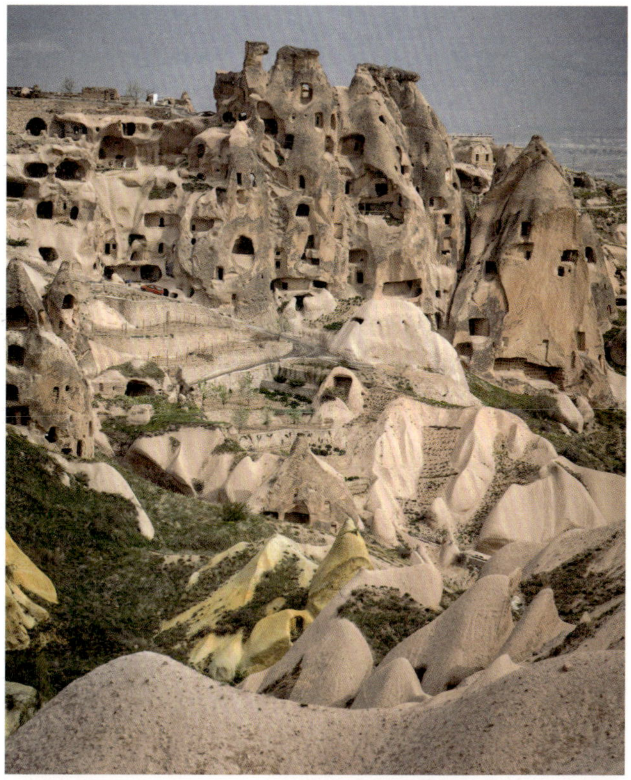

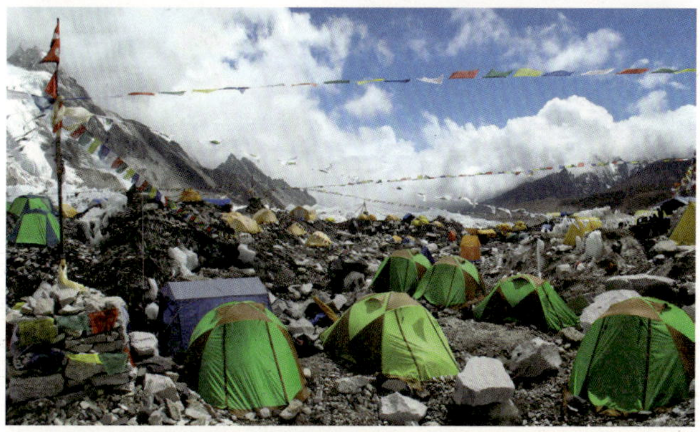

Aufgabenstellungen

Welche Funktionen übernimmt Architektur? Fallen dir neben den bereits im Buch erwähnten noch weitere ein? Erstelle eine Auflistung mit möglichen Funktionen aktueller Gebäude.	V
Welche Elemente nehmen Einfluss auf die ästhetische Form eines Gebäudes?	V
Im Text wird beschrieben, dass Baukörper schwer und abweisend oder leicht und freundlich wirken können. Suche im Buch nach Abbildungen, die gemäß deinem Eindruck so beschrieben werden können. Welche gestalterischen Aspekte können den jeweiligen Eindruck erwecken?	A
Sieh dir den Stadtplan deines Wohnorts an. Wo befinden sich Plätze, zentrale Punkte, dichte Bebauungen? Welche Gebäude befinden sich dort? Wo befinden sich Wohngebiete, kulturelle Einrichtungen, Verwaltung, Krankenhäuser, eventuell sogenannte alternative Szenen?	R

1.2 Material und Technologie

Bauen mit Materialien, die vor Ort zur Verfügung stehen

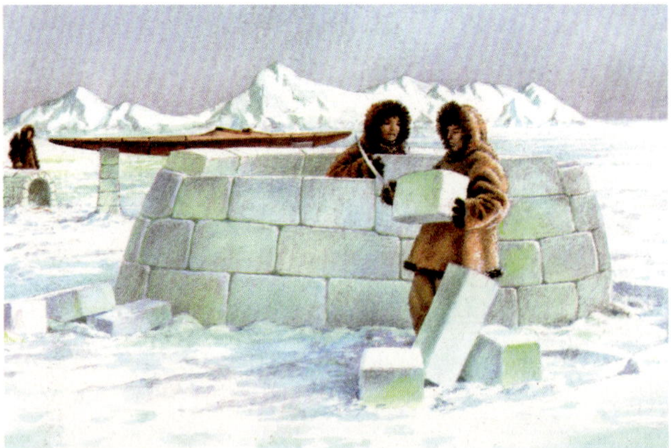

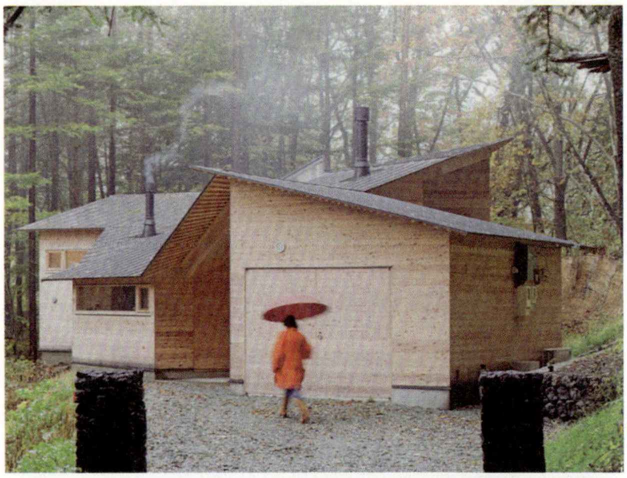

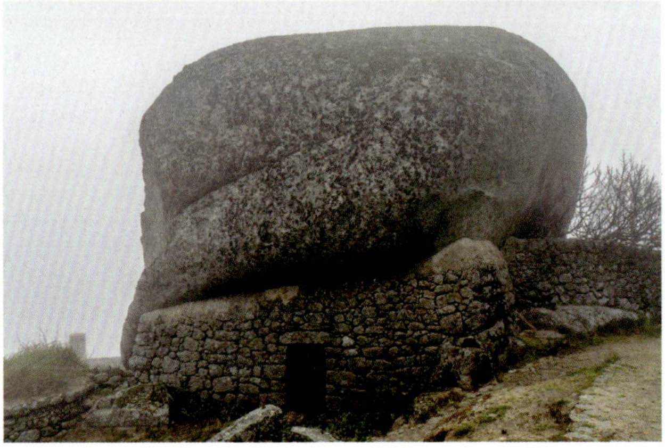

Es ist verständlich, dass Menschen zur Errichtung von Bauwerken zunächst auf leicht erreichbare Materialien zurückgreifen und sich Transportwege ersparen. Diese pragmatische Überlegung ist ein wesentlicher Grund dafür, dass sich regionale Baukulturen entwickelt haben.
Wenn nur Schnee und Eis zur Verfügung stehen, liegt es nahe, daraus unter Zuhilfenahme einfacher Sägen eine Behausung, ein Iglu, zu errichten. Wenn gerade wachsende Nadelbäume zur Verfügung stehen, kann ein Blockhaus die beste Lösung sein.
Naheliegend ist es auch, in einer fast baumlosen, aber an Steinen reichen Landschaft herumliegende Steinbrocken zu nutzen. In diesen Gegenden, z. B. in einigen Regionen der Iberischen Halbinsel, wurden Felsformationen als Bauelemente in die Baukonstruktion integriert. Eine mögliche Besiedelung des Mars stellt Menschen und Technik auch bezüglich der Wohnsituation vor große Herausforderungen. In einem Wettbewerb dazu wurde die Idee eines aufblasbaren Iglus (Konzept von Forschern am *NASA Langley Engineering Design Studio*) als weiterentwicklungswert eingestuft. Auf dem Planeten steht ausreichend Wasser (in gefrorener Form) zur Verfügung. Die Hülle des Iglus, die später mit Wasser gefüllt wird, wäre leicht zu transportieren. Eine große Wasserschicht bietet zudem Schutz vor kosmischer Strahlung, was einen zusätzlichen Vorteil darstellt.

Abb. links oben: Bauen mit Eis und Schnee: Iglu
Abb. links Mitte: Bauen mit Holz: Koji Tsuitsui: InBetween House, Japan, 2010,
Abb. links unten: Bauen mit Stein: Monsanto, Portugal
Abb. rechts unten: Entwurf für Iglu „Mars Ice Dome" auf dem Mars

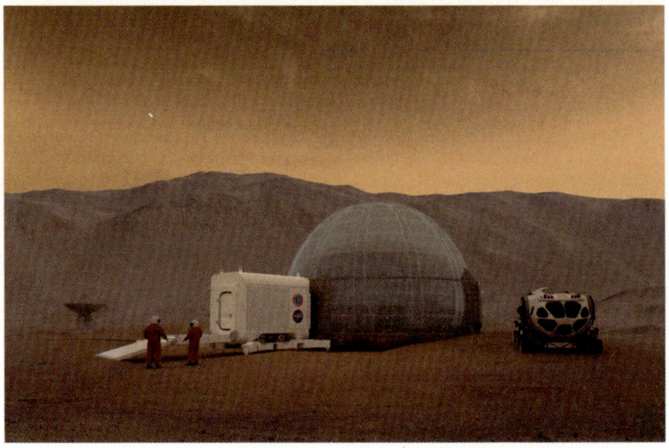

Querverweise

→ *1.7 Industrialisiertes Bauen:* Bauen mit Fertigteilen

→ *14.1 Jeder Mensch wohnt:* Villa, Parkbank, Hausboot

Ein fast überall verfügbares Baumaterial ist Lehm. Lehm ist in feuchtem Zustand leicht formbar, und man kann ihm durch stützende Materialien (Äste, Stroh, Sand usw.) eine gewisse Stabilität verleihen. Die Abbildung oben rechts zeigt das Aufziehen frei modellierter Mauern. Der Lehm wird in nahe gelegenen Gruben gewonnen, gemischt und mit den Füßen geknetet. Ein Gehilfe wirft dem Maurer kleine Portionen zu, die dieser auf die bestehenden Teile „aufmodelliert". Bei entsprechender Witterung trocknet der Lehm rasch an, und es kann kontinuierlich weitergearbeitet werden. Ton lässt sich auch leicht in Formen pressen. Der dabei entstehende Ziegel wird getrocknet und bis zur weiteren Verarbeitung gelagert. Durch die genormte Größe der vorbereiteten Bauelemente ist es zwar nicht möglich, vollkommen frei zu arbeiten, dafür aber rascher. Durch Brennen wird Lehm gehärtet und gegenüber Feuchtigkeit unempfindlich. Der gebrannte Ziegel (Backstein) gilt als besonders umweltfreundliches Baumaterial und dämmt Temperaturen und Schall. Moderne Ziegel werden industriell in vielen Varianten und mit großer Passgenauigkeit gefertigt und können mit geringem Mörtelbedarf versetzt werden.

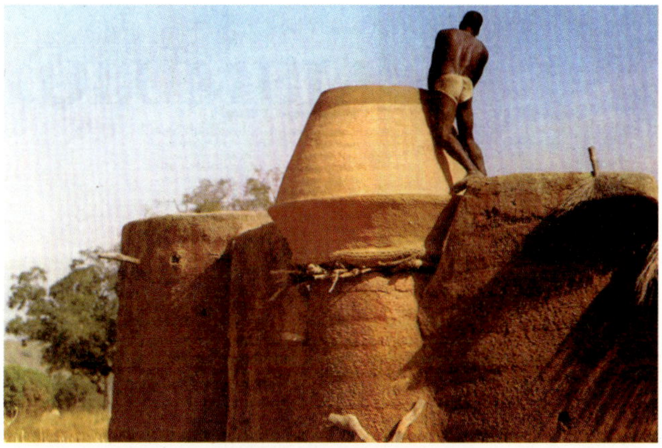

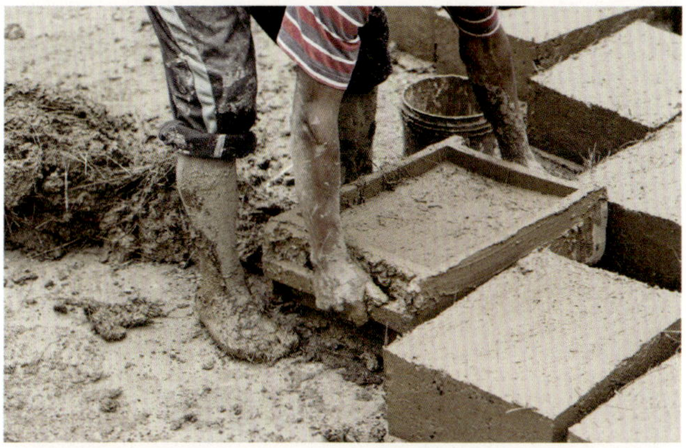

Abb. rechts oben: Modellieren einer Speicherwand, Dahomey
Abb. rechts Mitte: Gestampfter Lehm wird in Holzrahmen in Form gepresst und an der Sonne getrocknet
Abb. links unten: Mehrschalige Ziegelmauer mit Kerndämmung
Abb. rechts unten: Versetzen von passgenauen Ziegeln

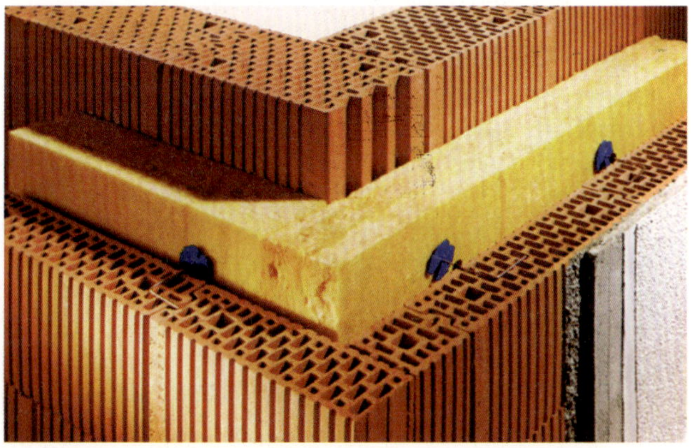

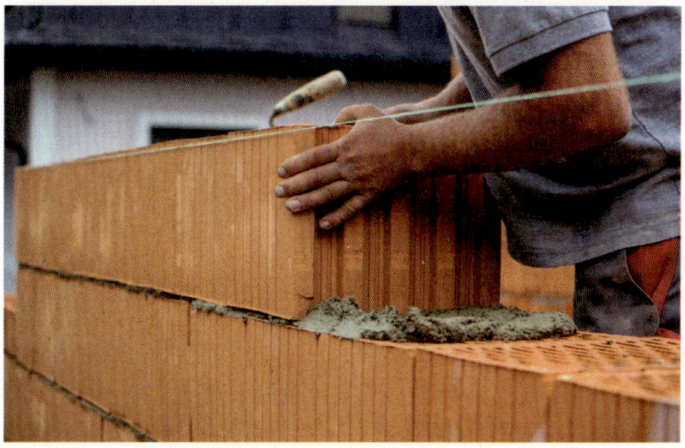

Aufgabenstellung

Welche Materialien werden in deiner Region traditionell in der Konstruktion eingesetzt? Inwieweit hat das Klima Einfluss auf die Bauweise (Material, Form)?

1.3 Beton

Sand + Zement + Wasser – das wichtigste Baumaterial der Gegenwart

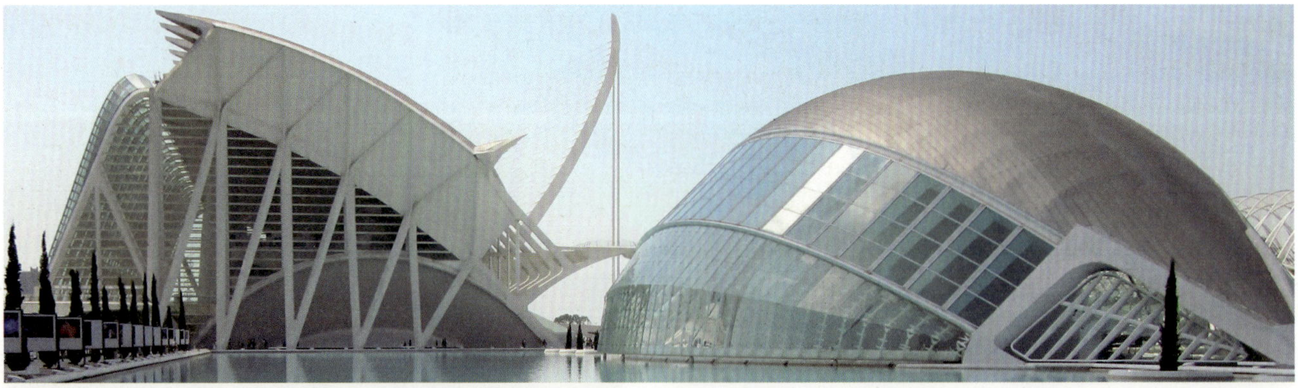

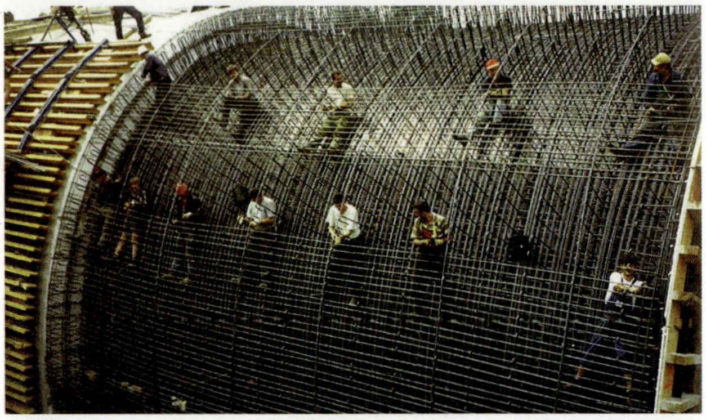

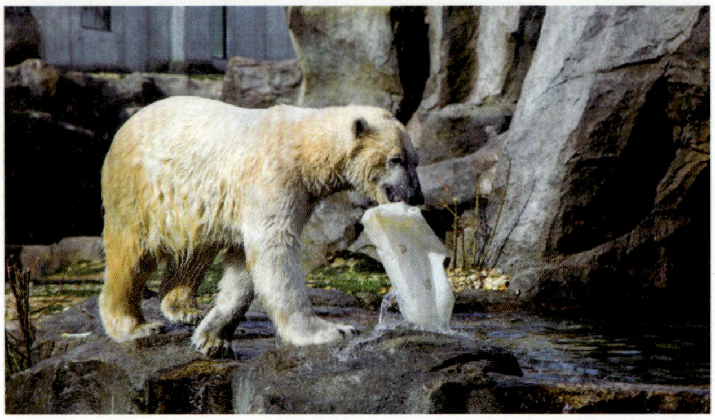

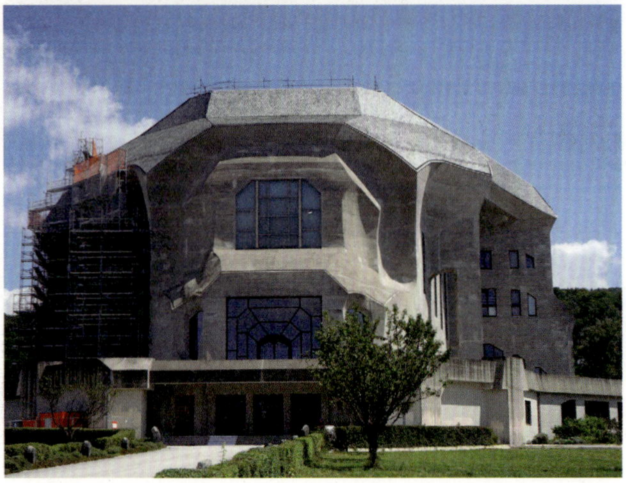

Beton, eine Mischung aus Sand, Schotter, Zement und Wasser, ist seit der Antike bekannt. Er ist ein druckbelastbarer „Kunststein". Neu erfunden und weiterentwickelt wurde er im 19. Jahrhundert. Beton verhält sich bei Temperaturschwankungen ähnlich wie der auf Zug belastbare Stahl. Die Kombination – „Stahlbeton" – ist universell einsetzbar, kann auf Druck und Zug belastet und in beliebige Formen gegossen werden. Stahlbeton ist der dominierende Baustoff der Gegenwart.

Abb. oben: Gebäudekomplex von Santiago Calatrava und Félix Candela: Ciudad de las Artes y de las Ciencias, 1994–2005, Valencia
Abb. links Mitte: Verlegung einer Stahlbewehrung, 1994
Abb. rechts Mitte: Künstliche Felsen, Zoo Schönbrunn, Wien
Abb. links unten: Rudolf Steiner: Goetheanum, 1924, Dornach (Schweiz)

Querverweis

→ *1.5 Massivbau:* Holzstamm auf Holzstamm, Stein auf Stein, Sand auf Sand

Aufgabenstellungen

V A R S — Wie wird ein Bauelement aus Stahlbeton hergestellt und welche Eigenschaften bringt diese Bauweise mit sich?

V A R S — Suche nach weiteren Gebäudeentwürfen des Architekten *Santiago Calatrava*. Welche Strukturen/Elemente kehren in seinen Arbeiten oft wieder? Was zeichnet seine „Handschrift" aus?

V A R S — Auch der brasilianische Architekt *Oscar Niemeyer*, wichtiger Vertreter der architektonischen Moderne, setzte in seinen Arbeiten Stahlbeton ein. Welche Beispiele kannst du dafür finden?

1.4 Papier, Luft und Membrane

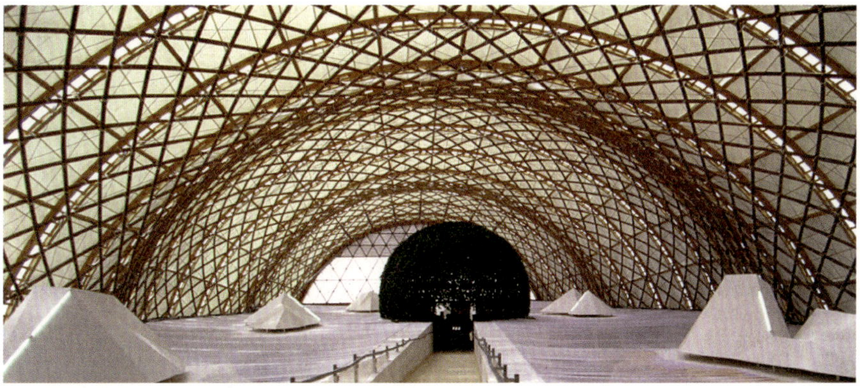

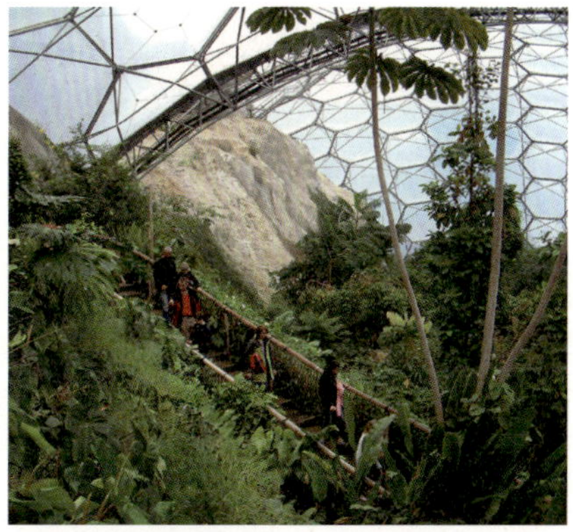

Neben Stahl und Beton, Glas und – natürlich – Holz gibt es eine breite Palette von Materialien, deren Möglichkeiten noch zu erproben sind. Verschiedene Kunststoffe haben sich nach vielen Fehlschlägen inzwischen als brauchbar und haltbar erwiesen und werden ständig weiterentwickelt. Dünne, leichte, widerstandsfähige und preisgünstige Membranen gewinnen zunehmend an Bedeutung. Mit ihnen lassen sich auch große Bauvolumen überdachen. Als Hülle für die tragende Luft sind uns Kunststoffe in der Form von Tennishallen und Hüpfburgen vertraut, als Baumaterial für transportable Hochzeitskirchen sind sie ungewöhnlich. Auch Papier und Pappe ermöglichen erstaunliche Konstruktionen. Der japanische Architekt *Shigeru Ban* entwickelt damit Notunterkünfte für Erdbebenopfer ebenso wie eine Halle für eine Weltausstellung.
Die 2016 fertiggestellte, als „Cinderella-Kirche" bekanntgewordene Konstruktion in Taiwan überrascht durch ihre für Kirchen ungewöhnliche Form. Die mit 17 Meter Höhe und 10 Meter Breite verhältnismäßig kleine Kirche soll den Tourismus beleben und Heiratswillige nach Chiayi im Südwesten Taiwans locken. Sie besteht aus einer Stahlkonstruktion mit 320 blauen Glasplatten.

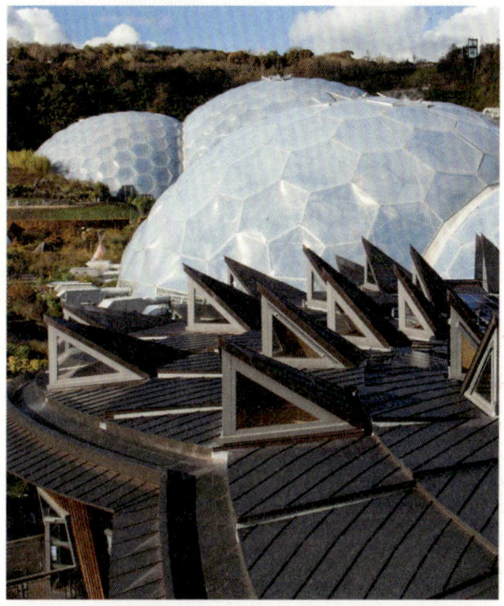

Abb. links oben: Shigeru Ban: Japanischer Pavillon, Karton und Papier, 90 x 45 m, Expo 2000
Abb. rechts oben und Mitte: Nicholas Grimshaw: The Eden Project (künstliche Klimazonen), 1998–2000, GB, Ansicht und Inneres einer Kuppel
Abb. links unten: Inflatable Church, Polyester, PVC und Luft
Abb. rechts unten: „Cinderella-Kirche", 2016, Taiwan

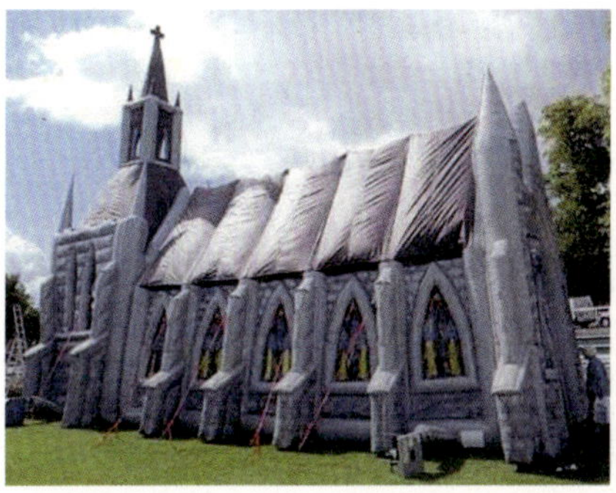

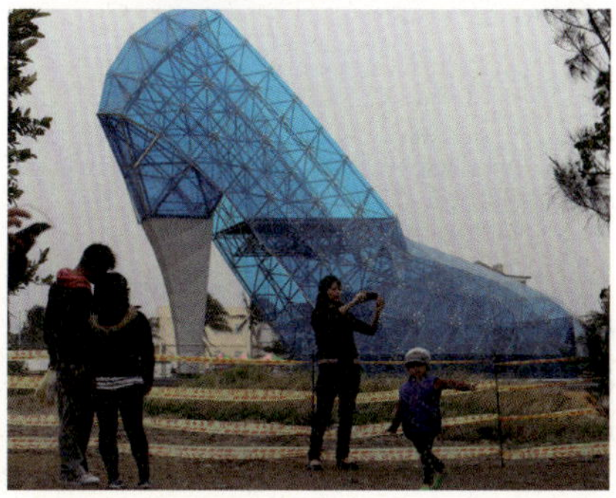

Querverweise

1.6 Skelettbau: Stützen und Träger

1.10 Schein und Sein und Träumen: Nicht jedes Bauwerk, das wie ein Tempel aussieht, ist auch einer

1.15 Demonstration von Technik und Konstruktion: 13. Jahrhundert: Die gotische Kathedrale von Beauvais

Aufgabenstellung

Welchem Konstruktionsprinzip unterliegt der Bau von Membranen? Erkläre dieses Prinzip anhand der Abbildungen.

1.5 Massivbau

Holzstamm auf Holzstamm, Stein auf Stein, Sand auf Sand

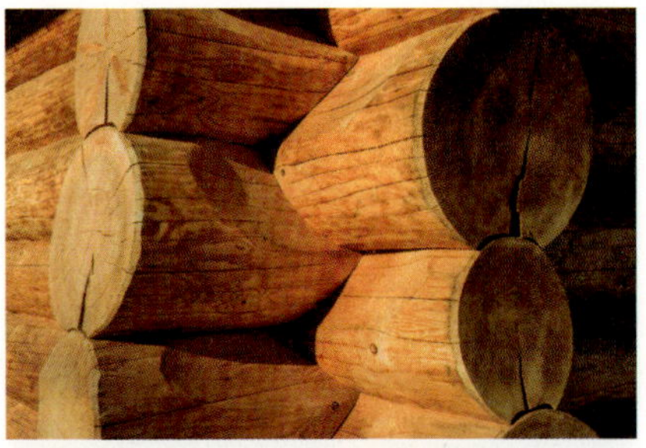

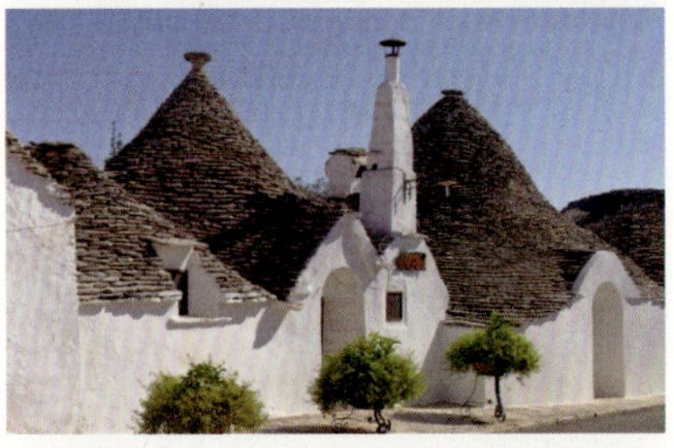

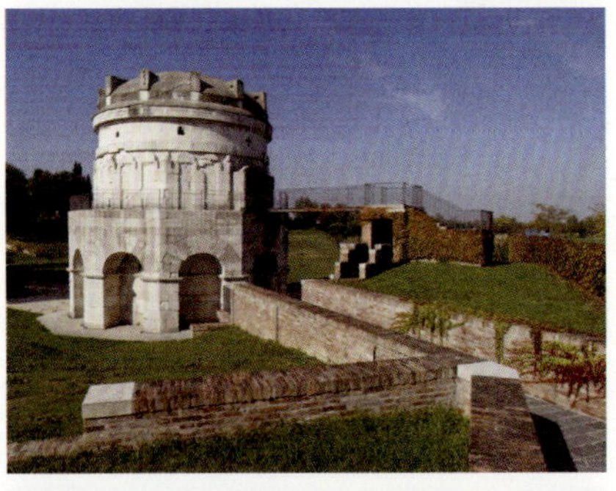

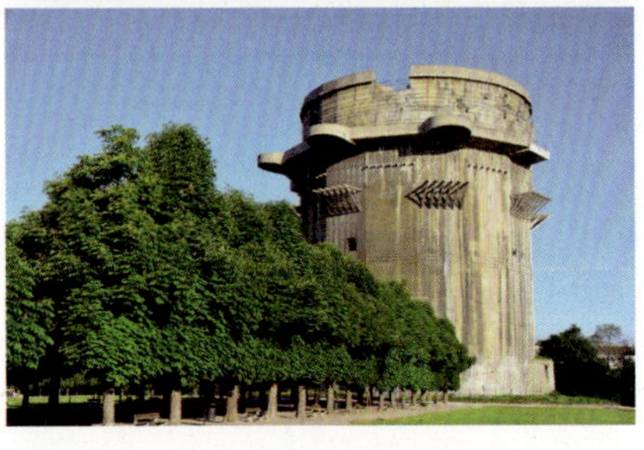

Die heute am weitesten verbreiteten Bauweisen, der Massivbau und der Skelettbau, gehören von ihrem konstruktiven Prinzip her zu den frühesten Erfindungen der Menschen.

Der Massivbau hat sich im Laufe der Jahrhunderte kaum verändert: Die raumabschließenden Wände bestehen aus festen, meist schweren Materialien, die in ihrer ganzen Länge die Lasten von Decken, Gewölben und Dächern aufnehmen können.

Bei den Fassaden dominiert die Fläche. Die meist kleinen Fensteröffnungen sehen wie herausgeschnitten aus, die Gebäude wirken oft schwer und abweisend.

Es gibt keinen wesentlichen konstruktiven Unterschied zwischen einem Iglu aus Schneeziegeln, einem Blockhaus aus Baumstämmen, einem Haus mit einem Dach aus innen leicht vorkragenden Steinplatten und einem normalen Einfamilienhaus aus Ziegeln oder Beton. Beim Grabmal des Theoderich und beim Flakturm gab es gewichtige Gründe für die Wahl dieser Bauweise. Die Steinmauern des Grabmals mit ihrem aus einem Stein herausgehauenen „Deckel" sollten die Dauerhaftigkeit zeigen und sichern. Der für den Flakturm (Flak = Fliegerabwehrkanone) verwendete Stahlbeton sollte im Zweiten Weltkrieg Bombenvolltreffer aushalten. Wegen seiner Stabilität dachte man nach dem Krieg aus Kostengründen erst gar nicht daran, das Bauwerk abzureißen. In Wien wird ein Flakturm als Aquarium genutzt: das Haus des Meeres. Es ist denkbar, dass diese Bauten das Alter der Pyramiden erreichen.

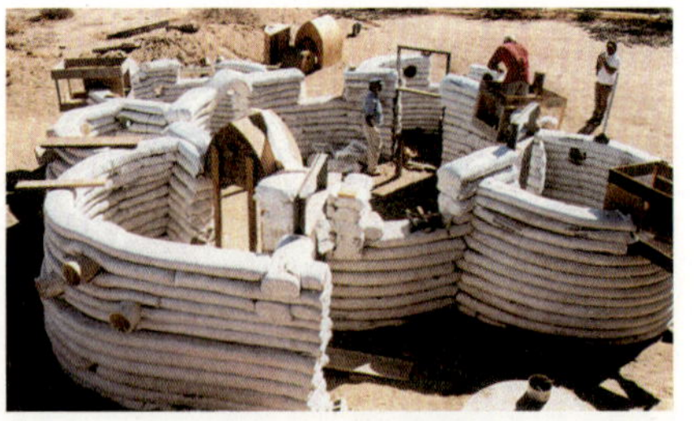

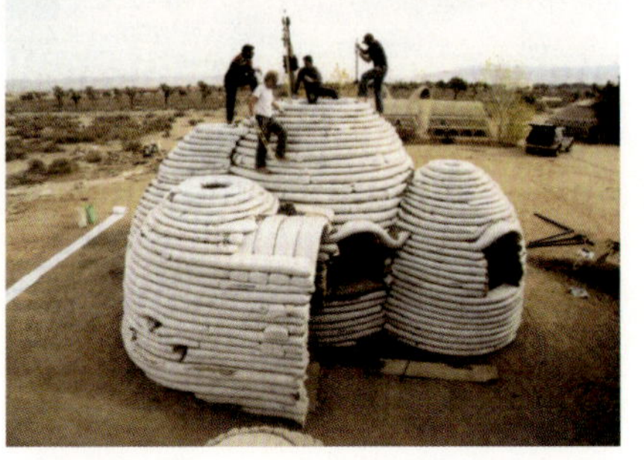

Das Vorhaben, dauerhaft und massiv mit Sand zu bauen, erscheint auf den ersten Blick eigenartig. Der iranische Architekt *Nader Khalili* entwickelt Bautechniken für Katastrophengebiete. Sein Konzept: Sand gibt es überall, wir brauchen Säcke und intelligentes Know-how. Sollte diese Methode erfolgreich sein, könnte im Katastrophenfall auf Zelte verzichtet werden.

Abb. links, von oben nach unten: Holzbau, Eckverbindung mit runden Stämmen; Trulli, Wohnhäuser mit steinernen Kragkuppeln, Apulien; Mausoleum des Theoderich, um 520, Ravenna (Kuppelstein 300 t); Flakturm, Stahlbeton, 1943, Wien

Abb. rechts oben: Nader Khalili: Notunterkunft, 2004, Kunststoffsäcke, Sand und Stacheldraht zum Stabilisieren

Querverweise

→ *1.3 Beton:* Sand + Zement + Wasser – das wichtigste Baumaterial der Gegenwart

→ *1.6 Skelettbau:* Stützen und Träger

Aufgabenstellungen

A Gehe verschiedene Gebäude, die du kennst (z. B. dein Wohnhaus, Schule, Theater etc.), in Hinblick auf ihre Bauweise durch. Welche sind massiv gebaut? Welche weisen eine Skelettbauweise auf? Woran kannst du dies erkennen?

V Wie kann das Material Holz sowohl in der Massiv- als auch Skelettbauweise verwendet werden? Was würde sich in der Konstruktionsverwendung ändern und daraufhin im Erscheinungsbild? Vergleiche dies in den Abbildungen der Kapitel „1.5 Massivbau" und „1.6 Skelettbau".

1.6 Skelettbau

Stützen und Träger

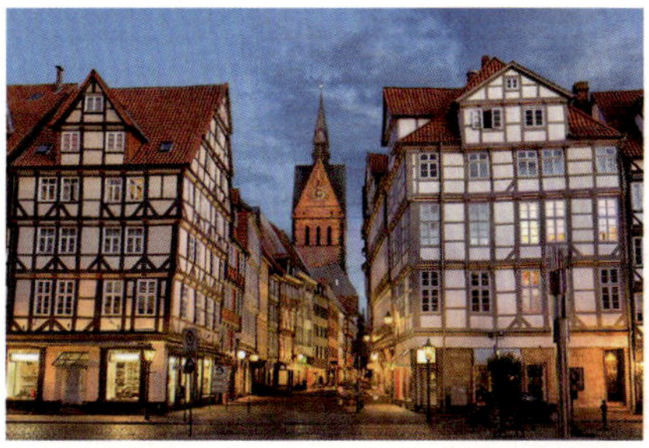

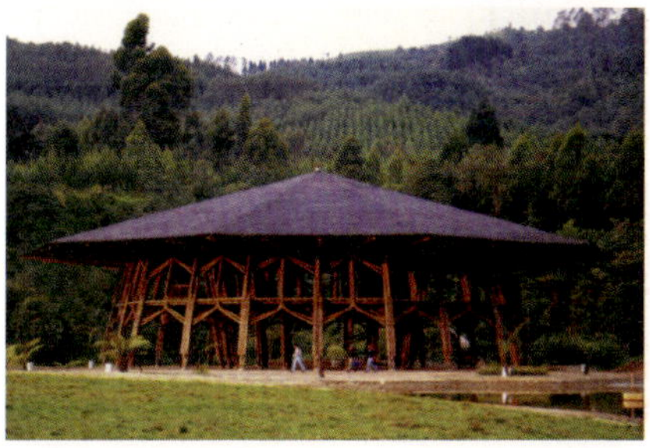

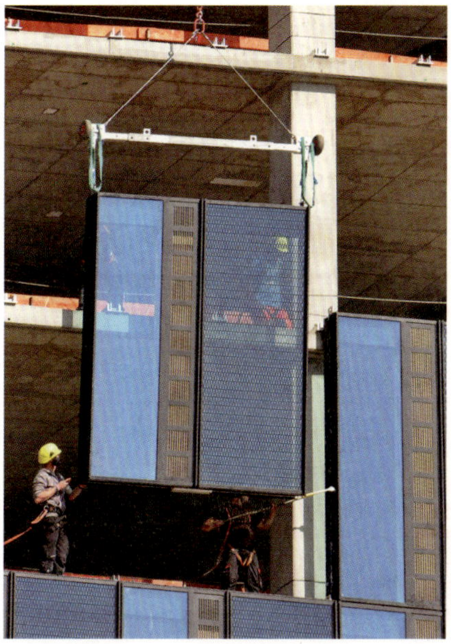

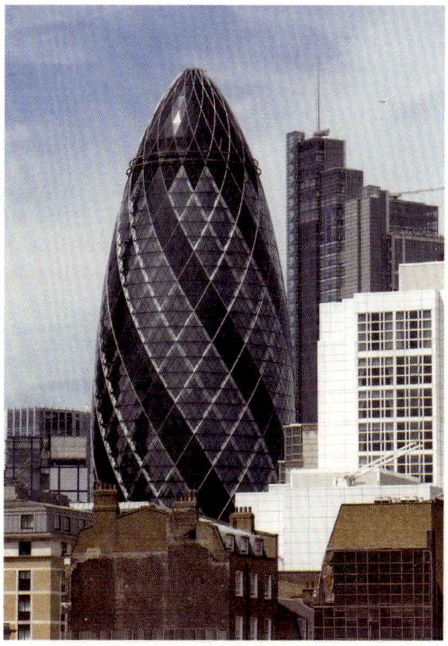

Beim Skelettbau sind der Raumabschluss (die Wand) und die tragende Struktur nicht identisch. Senkrechte Stützen und waagrechte Träger geben dem Bauwerk seine Festigkeit. Darauf kann auch ohne Wände ein schützendes Dach gesetzt werden, die Räume dazwischen sind frei gestaltbar. Zwischenwände können aufgestellt und ohne Gefahr für die Stabilität des Gesamtbaus wieder entfernt werden. Der geringere Materialbedarf reduziert das Gewicht der Bauteile. Außenwände können auch aus nicht tragendem Material bestehen. Der kolumbianische Architekt *Simón Vélez* verwendet für die Tragstruktur Bambus.

Die heutigen Hochhäuser sind ohne Kern im Stahlbetonskelettbau nicht denkbar. Die vorgefertigten Fassadenelemente werden in die dafür vorgesehenen Halterungen eingehängt und haben keinerlei statische Funktion. Das für solche „Vorhangwände" (Curtain-Walls) gewählte Material prägt das Bild, das wir von diesen Bauten gewinnen sollen: Glaswände lassen sie leicht erscheinen, dünne Steinplatten oder Ziegelplatten erwecken den Eindruck eines soliden, gemauerten Hauses.
Energieeffizienz spielt eine immer größere Rolle in der Bauweise. Der Londoner „Swiss Re Tower" (2004) von *Norman Foster* ist besonders energiesparend konzipiert. Die Bürobereiche sind an der Außenwand, im Inneren befindet sich ein Energie- und Wasserversorgungsbereich. Ein durchdachtes Ventilationssystem verringert den Gebrauch von Klimatechnik.

Abb. links oben: Beispiel von Fachwerkhäusern: Altstadt Hannover
Abb. links unten: Simón Vélez: ZERI-Pavillon, Bambus, Kolumbien
Abb. Mitte: Montage einer Curtain-Wall, Wien
Abb. rechts: Norman Foster: Swiss Re Tower, 2004, London

Querverweise

1.4 Papier, Luft und Membrane

1.15 Demonstration von Technik und Konstruktion: 20. Jahrhundert: Die Hongkong und Shanghai Bank von Norman Foster

Aufgabenstellungen

In welchem Konstruktionspunkt unterscheidet sich der Skelettbau vom Massivbau? Versuche anhand dieses Unterschieds für beide eine Definition zu finden. (A)

Warum ist die Skelettbauweise in erdbebenbedrohten Gebieten der Massivbauweise vorzuziehen? (R)

Aufgrund seiner formalen Ähnlichkeit wird der Londoner Tower, der den Beinamen „The Gherkin" hat, oft mit dem etwa zeitgleich konstruierten „Torre Agbar" in Barcelona verglichen. Recherchiere zu diesem Beispiel. Welche Bedeutung hat die Glasfassadengestaltung des spanischen Beispiels? (R)

1.7 Industrialisiertes Bauen

Bauen mit Fertigteilen

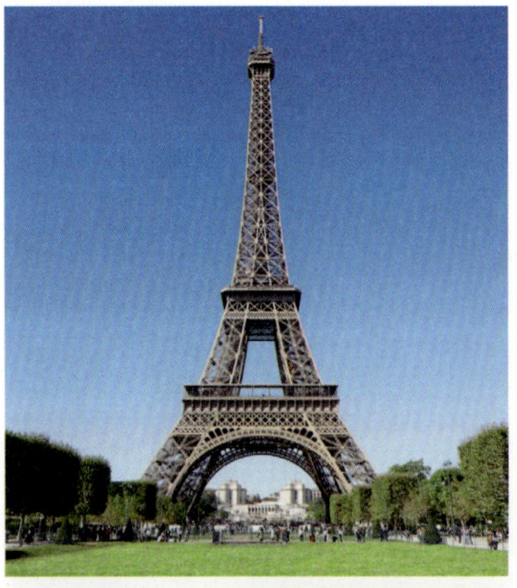

Vorgefertigte Elemente erleichtern und beschleunigen die Arbeit am Bauplatz. In der Konstruktion des Eiffelturms zum Beispiel spielten Vorproduktion der Einzelteile und Arbeitsteilung eine entscheidende Rolle. Für dessen Konstruktion ließ der Architekt *Gustave Eiffel* Einzelteile vorproduzieren und dann vor Ort in Paris zusammenbauen. Dank dieser effizienten Methode konnte der Turm in knapp zwei Jahren (1887–1889) zeitgerecht für die Weltausstellung fertiggestellt werden.

In der Mitte des 20. Jahrhunderts erhofften sich Architektinnen, Architekten und Bauherren von der industriellen Vorfertigung größerer Bauelemente eine höhere Produktivität, Senkung der Baukosten und Verringerung der Winterarbeitslosigkeit im Baugewerbe. Weiters konnten Betonplatten für Fassadenelemente und Innenwände in Fabrikhallen unabhängig vom Wetter produziert und bei günstiger Witterung am Bauplatz rasch zusammengesetzt werden. Als Hauptnachteil können wohl die beschränkte Formenvielfalt und Uniformität ganzer Siedlungen genannt werden. Diese aufzuheben wird teilweise bis heute versucht (z. B. Farbeinsatz).

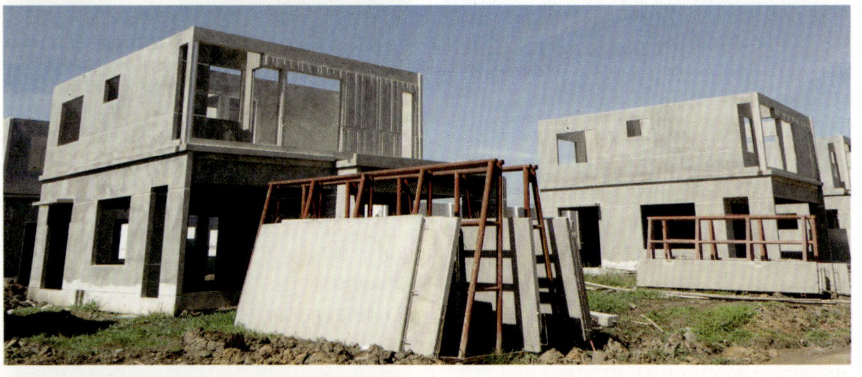

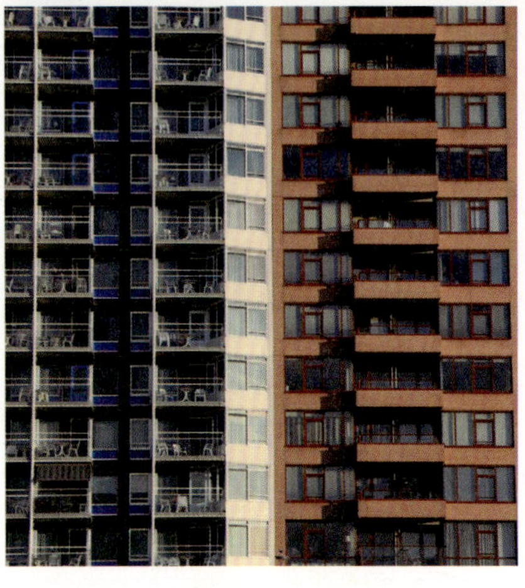

Der Architekt *Reinhard Gieselmann* beschreibt 1978 die Ergebnisse solcher Bauweise folgendermaßen: „Die Fassaden der unplastischen Zeilen sind nur durch das Netz der Fugen gegliedert, die beim Zusammensetzen der wenigen Betonteile entstehen. Die Herstellung großer, gleich gesichtiger Siedlungen kann als eine organisatorische Leistung gewürdigt werden. Ob aber künftige Generationen mit diesen Wohnungen einverstanden sein werden, bei deren Errichtung eindeutig das Moment der quantitativen Wohnbedarfsdeckung im Vordergrund stand, beginnt man sich inzwischen bereits zu fragen."

Es entwickelte sich ein Bewusstsein für die ästhetischen Nachteile dieses uniformen Bauens, welche auch Auswirkungen auf die soziale Struktur der Gesellschaft haben. Einige dieser Siedlungen, in denen viele Menschen auf wenig Raum leben (und daher günstigeres Wohnen ermöglicht wird), entwickelten sich zu sogenannten sozialen Brennpunkten, wie zum Beispiel einige HLM-Komplexe (frz. Abkürzung für „Habitation à Loyer Modéré" = „leistbares Wohnen") in den Randbezirken von Paris. Inwieweit darauf in aktuellen Projekten Rücksicht genommen wird, ist abhängig von Bauherren, Architekturteams und nicht zuletzt vom zur Verfügung stehenden Geld. In diesem Zusammenhang sind die Begriffe „Sozialer Wohnbau" und „Wohnbauförderung" zu nennen, wobei es um leistbares, sozial angenehmes Wohnen geht.

Abb. oben: Gustave Eiffel, Eiffelturm, 1887–89, Paris

Abb. Mitte: Fertigteilhäuser in der Aufbauphase

Abb. unten: Beispiel einer Hochhauswohnanlage

Querverweis

→ *14.6 Genossenschaftsbau und Sozialwohnung:* Zwei Möglichkeiten, auf Wohnungsnot zu reagieren: Beispiel Wien

Aufgabenstellungen

- **A** Nenne die Vor- und Nachteile von Bauen mit Fertigteilen.
- **R** Gibt es Hochhaussiedlungen in deiner näheren Umgebung? In welchem Jahr wurden sie gebaut? Gibt es Aspekte, mit denen versucht wird, eine monotone Ästhetik zu unterbinden?

1.8 Das Beste für die Besten – der Konsumtempel

Hans Holleins Kaufhaus am Stephansplatz in Wien

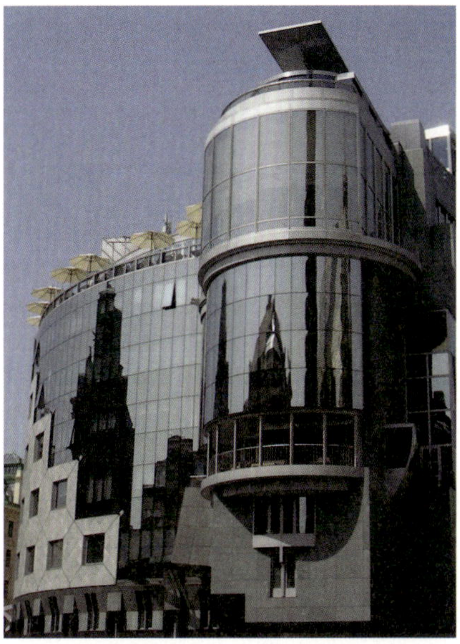

1985–1990 erbaute der österreichische Architekt *Hans Hollein* im Zentrum Wiens ein luxuriöses Einkaufszentrum. Wie selten ein Bauwerk, war dieses Gebäude von seiner Planung an Thema der öffentlichen Diskussion. Grund dafür war die exponierte Lage gegenüber dem Stephansdom. Mit vielen Modellen, die immer wieder ausgestellt oder in den Medien diskutiert wurden, arbeitete sich der Architekt an die Form heran, die seinen Vorstellungen und den wirtschaftlichen Interessen der Auftraggebenden entsprach und letztlich, trotz aller Widerstände, akzeptiert wurde.
Hollein benützte dabei so gut wie alle denkbaren Baustoffe und stützte sich auf alle Errungenschaften moderner Bautechnologie. Stahl- und Stahlbetonkonstruktionen wurden hierbei mit gebogenem, verspiegeltem Glas sowie Metallen, Kunststoffen und Steinplatten verschiedenster Herkunft verkleidet. Die Vielfalt der verwendeten Materialien zeigte sich vor allem im Inneren. Hier sollten die Besucherinnen und Besucher die Umgebung vergessen – sie befinden sich in einer Kunstwelt, in einem „Konsumtempel".
Der Grundriss zeigt, wie sparsam *Hollein* mit dem vorhandenen Volumen umging. Dieser orientiert sich an den historisch gewachsenen Baulinien und den durch die angrenzende U-Bahn-Station vorgegebenen Räumen. Ein mehrstöckiger Erker vergrößert die Gastronomiefläche auf dem kleinen, aber sehr teuren Grundstück.
Als Kern und Hauptattraktion war eine Erlebnishalle zum Flanieren und als sozialer Treffpunkt geplant. Ursprünglich wurde das Atrium künstlich so beleuchtet, dass es einem natürlichen Tageslicht-Rhythmus entsprach. Nichtsdestotrotz konnte das Konzept nicht den gewünschten finanziellen Erfolg erzielen und floppte. 2002 wurde der Innenbereich durch einen bekannten Modekonzern völlig umgebaut. Von *Holleins* ursprünglicher Idee der Innengestaltung blieb nichts mehr übrig, auch wenn spätere Abänderungen mit ihm besprochen wurden. Im Spannungsverhältnis zu den historischen Gebäuden der Umgebung lange diskutiert, hat sich das unkonventionelle Gebäude mittlerweile als weiteres Wahrzeichen der Stadt etabliert. Und auch wenn der Innenraum nicht seine ursprüngliche Funktion als Treffpunkt einnehmen konnte, so ist der Platz vor dem Haas-Haus doch zentraler Treffpunkt geworden. Damit konnte *Hollein* seinem städtebaulichen Auftrag der Neustrukturierung des Gesamtplatzes Rechnung tragen.

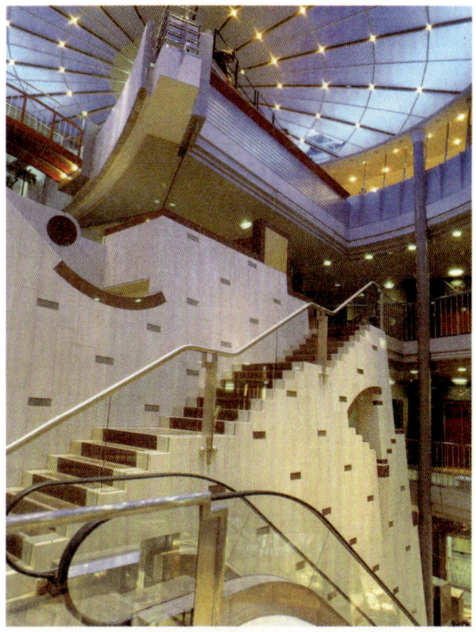

Abb. links oben: Hans Hollein: Haas-Haus, 1985–1990, Wien, Ansicht vom Stephansplatz

Abb. rechts oben: ursprüngliche Halle mit Abendstimmung

Abb. Mitte und rechts unten: Hans Hollein: Haas-Haus, 1985–1990, Wien, Schnitt und Grundriss mit Halle (farbig markiert)

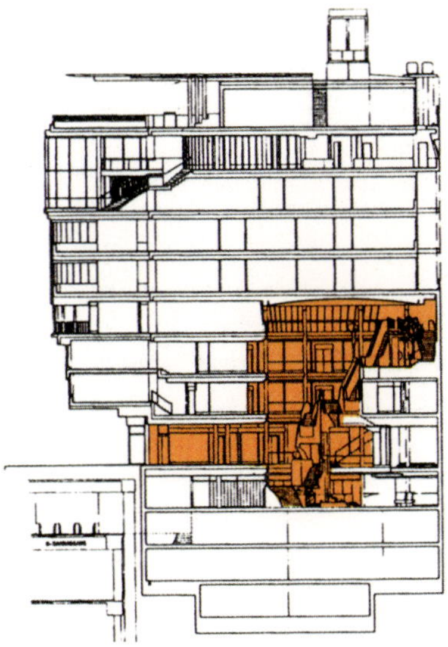

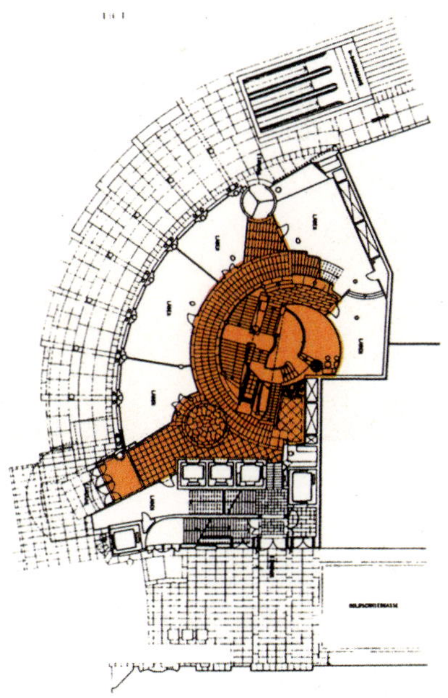

Querverweis

14.12 Platz für die Gegenwart: Kreativ und sorgsam mit dem architektonischen Erbe umgehen

1.9 Sprechende Form oder neutrale Kiste

Verrät die Form etwas über den Inhalt eines Bauwerks?

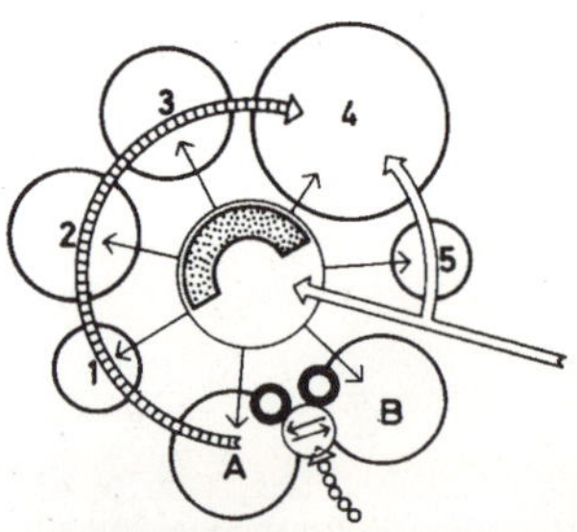

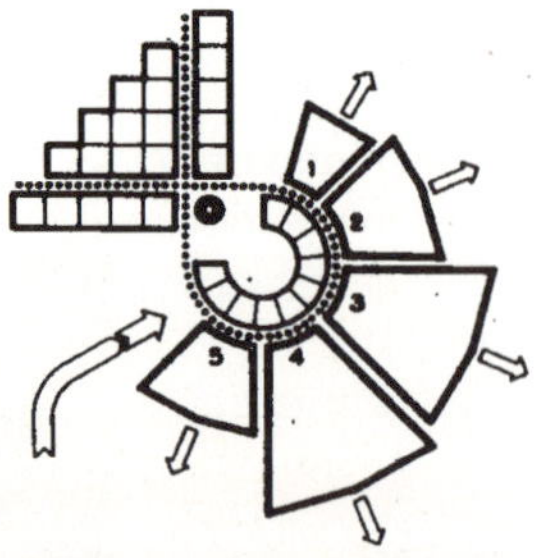

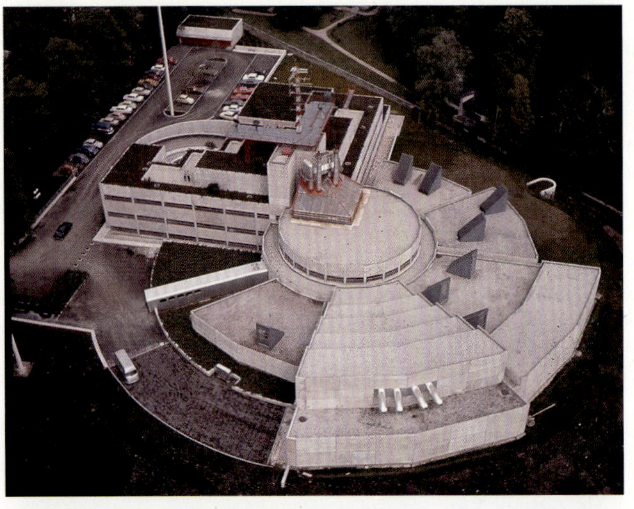

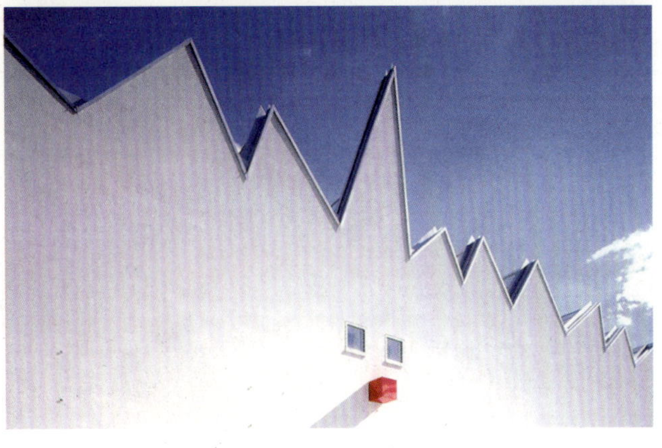

Soll das Gebäude genau auf eine Aufgabe hin gestaltet werden und das auch zeigen oder soll es ein möglichst neutraler Behälter für möglichst viele verschiedene Funktionen sein? Manche Bauherren wünschen sich ein Gebäude, das vor allem viel Raum für vorhandene oder noch anzuschaffende Maschinen bietet und möglichst preisgünstig umzubauen ist. Andere wollen einen Bau haben, der nicht nur einer genau definierten Funktion entspricht, sondern darüber hinaus auch ein unverwechselbares Erscheinungsbild hat.

1968 wurde vom Österreichischen Rundfunk nach zweijähriger Vorbereitung ein Architekturwettbewerb für den Neubau mehrerer ORF-Landesstudios ausgeschrieben. Ziel dieses Wettbewerbes war es, einen Bautyp zu finden, der es den Technik- und Redaktionsteams ermöglichen sollte, an allen Standorten rasch und ohne Orientierungsprobleme zu arbeiten. Gleichzeitig sollten diese Bauwerke auch nach außen wirken und das Image des Unternehmens verbessern und prägen.

Der Architekt *Gustav Peichl* trennte die einzelnen Arbeitsbereiche klar voneinander und stellte sie in einen logischen Zusammenhang, um die Wege der Mitarbeiterinnen und Mitarbeiter möglichst kurz zu halten. Die Bereiche wurden um eine Zentralhalle herum wie Tortenstücke „angedockt" – Erweiterungen nach außen konnten je nach Bedarf und Standort problemlos realisiert werden.

Dieses Baukastensystem erlaubte auch eine kostengünstige industrielle Serienfertigung einzelner Elemente. Das äußere Erscheinungsbild der Studios – das natürlich keinen regionalen Bautraditionen folgt – erinnert ein wenig an Raumschiffe. Die sichtbaren Betonteile sind silbrig gestrichen; die „Eisenbahnfenster" mit ihren abgerundeten Ecken und die rot beschichteten oder metallisch glänzenden Aufbauten verstärken die Botschaft „Technik".

Für das Karikaturmuseum in Krems wählte *Peichl* eine Fassade mit einem Clowngesicht als Botschaft nach außen. Sie sagt nichts über den inneren Aufbau des Hauses, will aber Assoziationen zum „Inhalt" vermitteln.

Abb. oben u. Mitte: Gustav Peichl: ORF-Landesstudio Salzburg, 1969–1972, Organisationsschema, Grundkonzept, Luftaufnahme
Abb. unten: Gustav Peichl: Karikaturmuseum Krems, 2000

Querverweis

→ *1.10 Schein und Sein und Träumen:* Nicht jedes Bauwerk, das wie ein Tempel aussieht, ist auch einer

Aufgabenstellung

VA RS

Peichl hat die Räume in den ORF-Landesstudios gemäß ihrer Funktion und für ein effizientes Arbeiten angeordnet. Wie verhält sich die Aufteilung in deinem Schulgebäude? Wie würdest du ein Schulgebäude strukturieren? Erstelle dazu Grundriss-Skizzen.

1.10 Schein und Sein und Träumen

Nicht jedes Bauwerk, das wie ein Tempel aussieht, ist auch einer

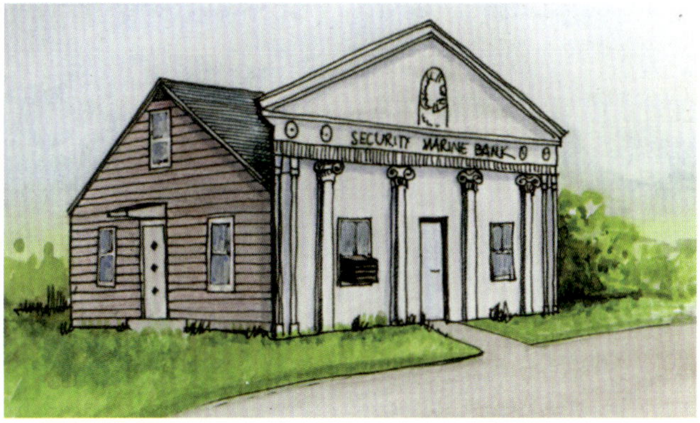

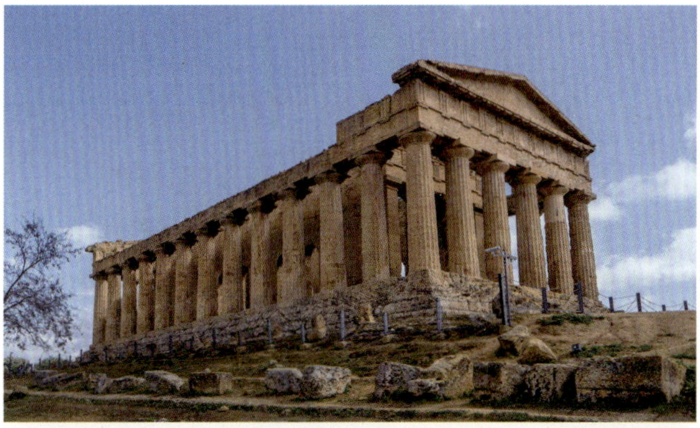

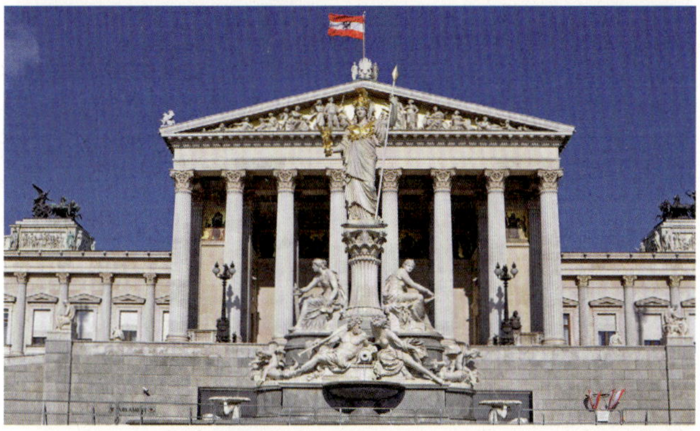

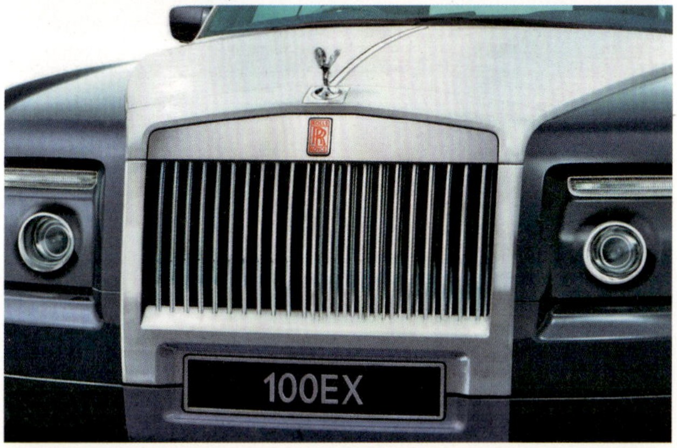

Das Motiv des griechischen Tempels – Stufenpodest, Säulen, Gebälk und Giebeldreieck (Tympanon) – war zunächst Kultbauten und anderen wichtigen öffentlichen Gebäuden vorbehalten. Die Römer übernahmen es und verwendeten es, um z. B. dem unansehnlichen Rundbau des Pantheons eine eindrucksvolle Eingangsfassade zu verleihen und es als Tempel auszuweisen. Ab der Renaissance diente die Tempelfassade auch zur Aufwertung privater Bauten. Bei Kirchen war das Motiv – obwohl „heidnisch" – häufig verwendete Fassadendekoration (St. Peter in Rom, Karlskirche in Wien).
Im Historismus (19. Jahrhundert), der Stilelemente aus allen Epochen übernahm, schmückte man damit beispielsweise Parlamentsgebäude, um auf Griechenland als den Ursprung der modernen Demokratie hinzuweisen oder um ein Kunstmuseum zu einem „Tempel der Kunst" aufzuwerten.
Im 20. Jahrhundert taucht das Motiv auch als dekoratives Architekturzitat auf. Als Kühlergrill eines Luxusautos und als Scheinfassade einer Bank soll es wohl Tradition, Dauerhaftigkeit und Sicherheit signalisieren.

Abb. links oben: Security Marine Bank, Wisconsin, um 1970, Rekonstruktion
Abb. rechts oben: Parthenon, 5. Jh. v. Chr., Tempel der „jungfräulichen (parthenos) Athena" auf der Akropolis, Athen
Abb. rechts Mitte: Theophil Hansen: Parlamentsgebäude, 1874–1983, Wien
Abb. rechts unten: Rolls-Royce: 100EX, Concept Front, 2004

Querverweise

1.9 Sprechende Form oder neutrale Kiste: Verrät die Form etwas über den Inhalt eines Bauwerks? ←

1.14 Mehrere Bauten, ein Konzept: Zentralbauten ←

Aufgabenstellung

Vergleiche die Parlamentsgebäude bzw. Regierungssitze mehrerer Länder. Welche weisen die vorgestellte Architekturform auf? (Frankreich, Großbritannien, Spanien, USA, Russland, China, Marokko etc.) V A R S

1.11 Herrschaftsarchitektur

Burg, Festung, Gefängnis, Vernichtungslager

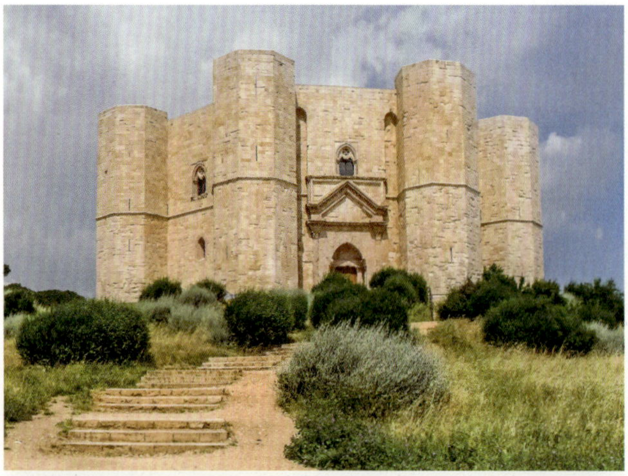

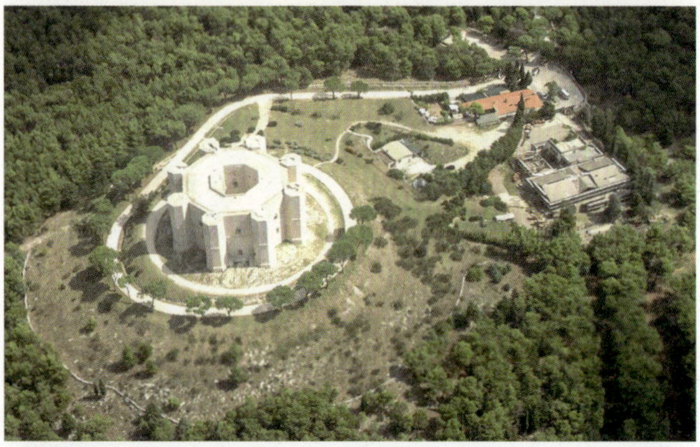

Bauwerke, die mit ihren Mauern vor menschlichen Feinden Schutz bieten, haben seit dem Beginn der Sesshaftigkeit und Besitzbildung allergrößte Bedeutung gehabt. Burgen waren in Kriegszeiten oft Zufluchtsort für die Bevölkerung, vor allem aber Wohnsitz der Herrschenden, die damit ihren Untertaninnen und Untertanen Macht und Unangreifbarkeit demonstrierten.

Um 1230 ließ sich Kaiser Friedrich II. in Apulien das „Castel del Monte" als einen idealen – und wahrscheinlich nie benützten – Herrschersitz errichten. Der geometrisch perfekte Zentralbau steht massiv und abweisend auf einem Hügel, ermöglicht die Kontrolle der Umgebung und zeigt klar, dass man uneingeladen unwillkommen ist.

Eine abschottende Architektur bedeutet nicht nur keinen Einlass, sondern auch kein Entfliehen. Ab 1938 wurde in Mauthausen (Oberösterreich) mit dem Material eines nahe gelegenen Steinbruchs eine burgartige Anlage errichtet. Dieser Bau ist aber nicht irgendein Gebäude, sondern das größte Konzentrationslager auf österreichischem Boden. Hier wurden Menschen systematisch misshandelt und vernichtet. Würden wir dieses Bauwerk nur nach den Kriterien der Funktionalität und der Konstruktion beurteilen, könnte es als gelungen gelten. Der geschlossene Charakter lässt in diesem Fall weder unerwünschte Eindringlinge hinein noch Gefangengehaltene hinaus. Die intendierte Funktion der Abschottung des Gebäudes ist damit auf brutale Weise erfüllt. Dieses Beispiel zeigt uns, wie wichtig es für das Verständnis von Architektur ist, Informationen über die Vorgänge, die sich an dem entsprechenden Ort ereignet haben, zur Beurteilung heranzuziehen.

Abb. links oben und Mitte: Castel del Monte, um 1230, Apulien, Ansicht und Luftbild

Abb. links und rechts unten: Konzentrationslager Mauthausen, 1938–1945, Gedenkstätte

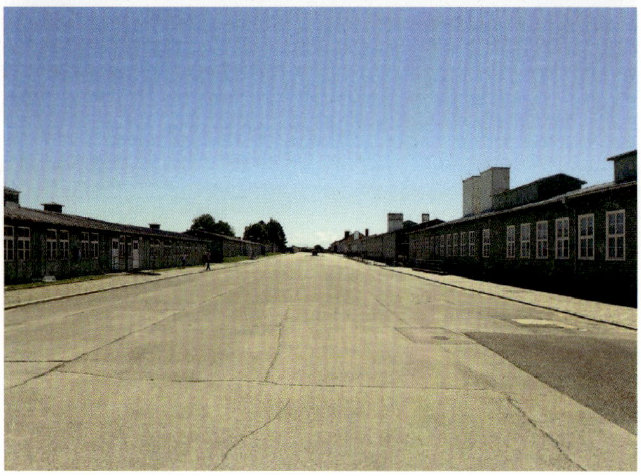

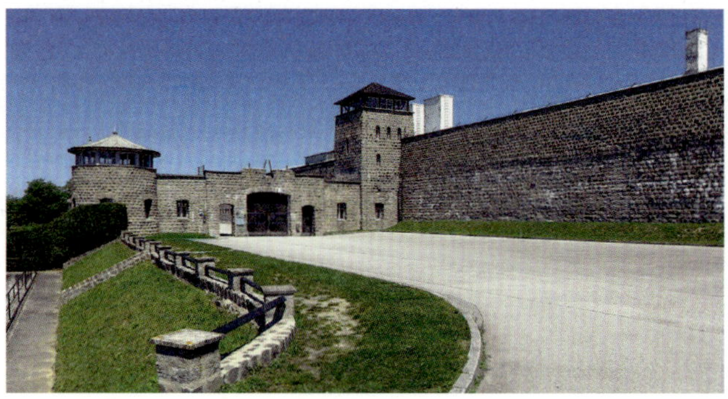

Querverweise

→ *1.12 Repräsentationsarchitektur:* Barockschloss, Sportanlage, Selbstinszenierung

→ *12.17 Plastiken als Ausdrucksmittel von Politik:* Irritierend und ausgesetzt – zerstört, umgeformt und kaum bemerkt

Aufgabenstellung

V A R S Kannst du anhand der Abbildungen einen Grundriss des „Castel del Monte" anfertigen? Um welche geometrische Grundform handelt es sich?

1.12 Repräsentationsarchitektur

Barockschloss, Sportanlage, Selbstinszenierung

Im Gegensatz zu Burgen haben Schlösser in erster Linie repräsentative Funktion. Ihre meist weitläufige Planung schließt die Natur nicht aus, sondern macht sie als Park zum wichtigen Bestandteil des architektonischen Konzepts.
Das Sommerschloss Belvedere des Prinzen Eugen, das von *Joh. Lukas von Hildebrandt* erbaut wurde, gilt als eine der schönsten Barockanlagen (Fertigstellung 1723). Der Bauherr hatte als erfolgreicher Feldherr die Gefahr eines neuerlichen Einfalls durch das Osmanische Reich gebannt und konnte es sich finanziell leisten, diesen weitläufigen Sommersitz außerhalb der Stadtmauern Wiens errichten zu lassen. Dieser besteht aus einem ca. 1 km langen Garten, dem Wohnpalast (Unteres Belvedere) und dem Oberen Belvedere, welches als „Festsaal" konzipiert das Wohngebäude an Größe und Ausstattung übertrifft. Gemälde und Plastiken dienten nicht nur als Schmuck, sondern sollten ihn und seine Taten ins rechte Licht rücken. Die repräsentative Qualität des Festsaales und der Anlage bewies sich auch 1955 bei der Unterzeichnung und Präsentation des österreichischen Staatsvertrags.
Auch die Anlage für die Olympischen Sommerspiele in München (1972) von *Günter Benisch* und *Otto Frei* hat als Sportaustragungsort repräsentative Funktion. Denn mit den transparenten Zeltdächern aus Drahtnetzen und Kunststoffplatten kontrastiert der Eindruck von Leichtigkeit mit den wuchtigen nationalsozialistischen Bauten der Olympischen Spiele 1936 in Berlin. Das Architekturkonzept symbolisiert die ideologische Distanzierung der demokratischen Bundesrepublik Deutschlands von der Vergangenheit.
Die „Palm Islands" in Dubai (VAE) stellen eine Inszenierung von technischem Fortschritt und Reichtum dar. Das Prestigeprojekt im Meer in Form von abstrahierten Palmen stellt die Konstruktionsteams und die Umwelt vor zahlreiche Herausforderungen: u. a. Wasseraustausch, Sandverfestigung und Beeinträchtigung des Ökosystems.

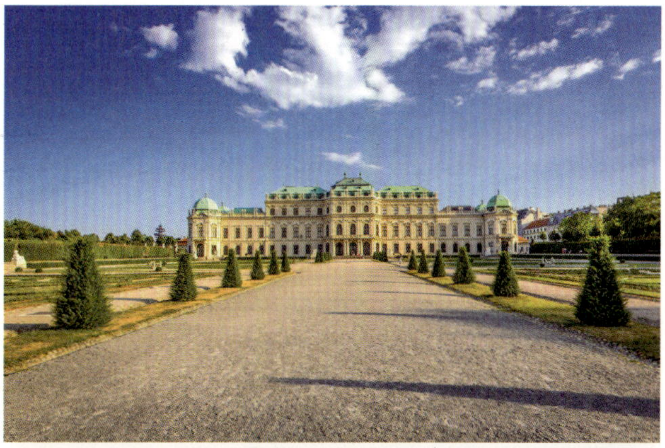

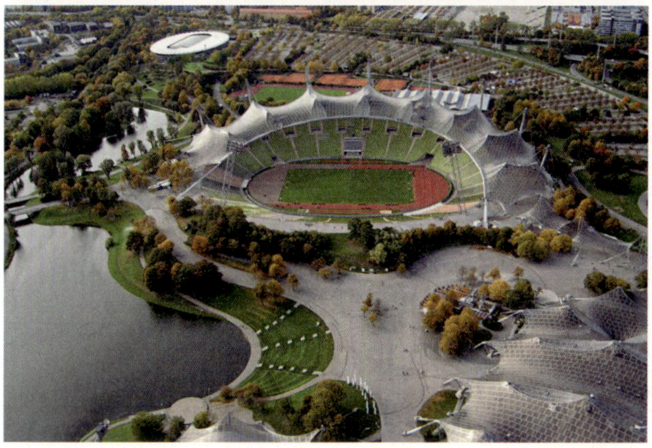

Abb. oben rechts: Joh. Lukas von Hildebrandt: Schloss Belvedere, 1700–1723, Wien
Abb. Mitte rechts: Günter Benisch, Otto Frei: Sportanalage für die Olympischen Spiele in München, 1968–1972, Luftaufnahme der Anlage

Querverweis

1.11 Herrschaftsarchitektur: Burg, Festung, Gefängnis, Vernichtungslager

Aufgabenstellungen

Beschreibe in kurzen Worten die Geschichte des Belvederes. Weißt du, wofür es heute verwendet wird? (V)

Recherchiere nach Bildbeispielen der Olympischen Spiele 1936 in Berlin und vergleiche sie mit entsprechendem Bildmaterial von 1972 in München. Wie wird die im Text beschriebene Gegenüberstellung von Diktatur und Demokratie architektonisch umgesetzt? (R)

Repräsentation bedeutet auch, wie jemand oder etwas gesehen werden soll. Welche Gebäude deines Wohnortes/deiner Landeshauptstadt befinden sich auf Postkarten bzw. im Internet? Und aus welcher Perspektive wurden sie fotografiert? (R)

Wähle ein Gebäude oder eine Skulptur in deinem Wohnort aus. Erarbeite eine Fotoserie, in der das Objekt dynamisch/statisch/hip etc. wirkt. Überlege dir, welchen Eindruck du erzielen möchtest. Welche bildnerischen Mittel können die gewünschte Wirkung unterstützen? (S)

1.13 Bauten für Kult und Religion

Die Kaaba in Mekka

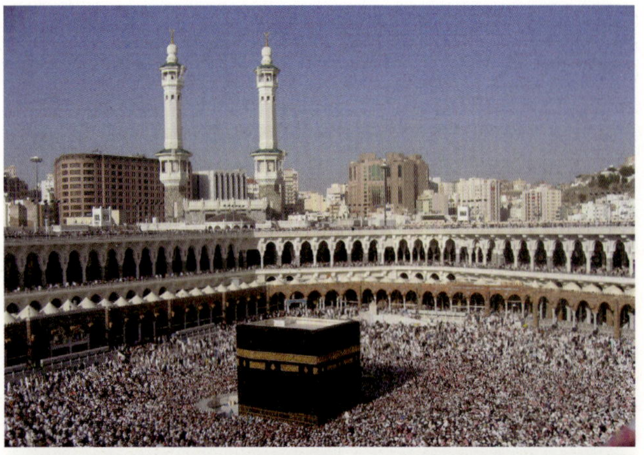

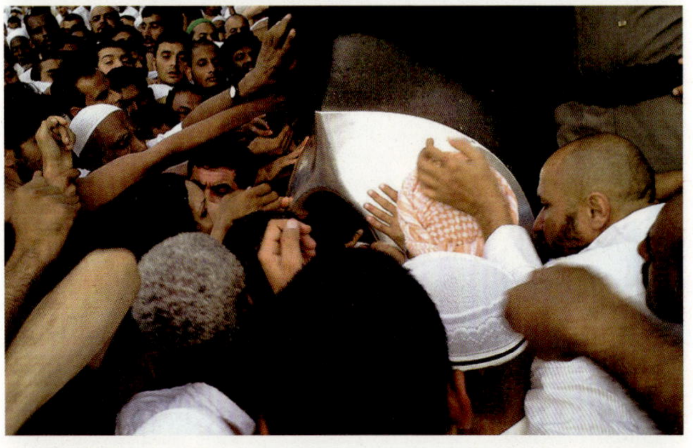

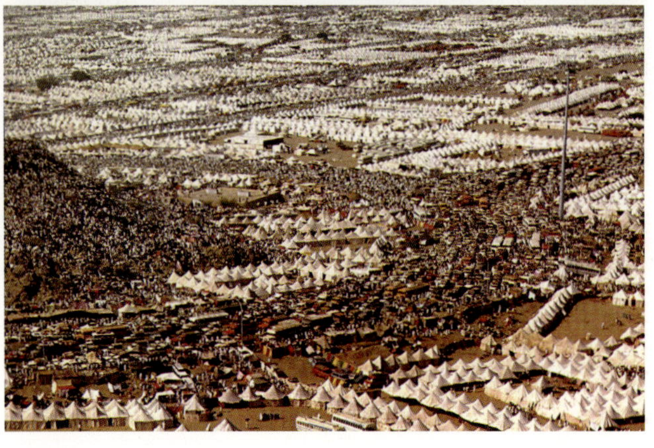

Kultbauten beziehen ihre Bedeutung weniger aus ihrer architektonischen Gestaltung, sondern vor allem aus Glauben und Tradition. Sie sind in allen Religionen Orte der Verehrung und das Ziel von Menschen, die sich vom Besuch dieser Stätten Besinnung, eine Begegnung mit der Gottheit oder Hilfe erwarten. Besucherinnen und Besucher, die Kultbauten aus Neugierde oder Kunstinteresse besichtigen, sollten sich darüber klar sein, dass sie dabei religiöse Handlungen stören können.

Die Kaaba im Hof der Großen Moschee in Mekka ist eines der Zentren des Islam. Ursprünglich befand sich an dieser Stelle ein Heiligtum für drei weibliche Gottheiten. Die Kaaba war damals eine würfelförmige Holzhütte, die den „Schwarzen Stein" schützte. Dieser Stein wird verehrt, weil der Erzengel Gabriel ihn seit der Sintflut aufbewahrt und an Abraham übergeben haben soll. Später, unter den Kalifen, den Nachfolgern des Propheten Mohammed, wurden die Bretter und Balken der Kaaba durch Steinquader ersetzt, und der Schwarze Stein wurde an der Südostecke des Heiligtums neben dem Eingang eingemauert.

Das Bauwerk selbst ist 11 m hoch und mit einem schwarzen Tuch verhüllt. Das Innere ist bis auf drei Holzsäulen, die das Dach stützen, leer.

Gläubige Musliminnen und Muslime umrunden im Rahmen ihrer Pilgerfahrt nach Mekka die Kaaba siebenmal, küssen danach den mit Silberblech gefassten Stein und bieten sich damit Allah als Dienerinnen und Diener an. Der Besuch Mekkas findet überwiegend zum Opferfest statt. Diese Konzentration von Menschen hat einen gigantischen organisatorischen Aufwand und den Bau großer Zeltstädte für die Pilgerinnen und Pilger zur Folge. In diesen einfachen temporären Bauten wohnen Reiche neben Armen. Alle Menschen sind zumindest hier gleich. In diesem Zusammenhang erhält auch ein einfaches Zelt eine religiöse und gesellschaftspolitische Funktion.

Abb. oben: Innenhof der Großen Moschee mit der Kaaba, Mekka (Saudi-Arabien)

Abb. Mitte: Pilger am silbergefassten Stein an der Südostecke der Kaaba

Abb. unten: Pilgerzelte im Tal vor Mekka

Querverweise

→ *1.14 Mehrere Bauten, ein Konzept:* Zentralbauten

→ *11.5 Funktionen der Malerei:* Künstler-Handwerker und Totenkult: Ägypten

→ *11.5 Funktionen der Malerei:* Kunst und Andacht: Altarbilder

→ *12.5 Aus dem Holzblock:* Der Kefermarkter Altar

Die Grabeskirche in Jerusalem ist deshalb für das Christentum so bedeutend, weil sich der Überlieferung nach innerhalb ihrer Mauern Golgatha (die Stätte der Kreuzigung Christi) und das Grab des Gekreuzigten befinden sollen. Nach der Anerkennung des Christentums gab der römische Kaiser Konstantin 326 den Auftrag, „mit reicher und königlicher Pracht einen Bau zu errichten, um die hochheilige Stätte des Todes und der Auferstehung des Erlösers dem Blick und der Verehrung aller darzubieten" (Vita Const. III, 25). Dazu wurde ein an dieser Stelle errichteter römischer Tempel zerstört und hernach der ursprüngliche Felsboden freigelegt. Die dabei entdeckte Grabkammer wurde vom umliegenden Fels befreit und bildete als kleine Kapelle das Zentrum eines Kuppelbaus. Ein Vorhof und eine anschließende Basilika bezogen Golgatha in den Komplex ein. Das Bauwerk wurde mehrmals zerstört und teilweise wieder aufgebaut. 1009 ließ Kalif Hakim auch das eigentliche Grab abbrechen; die Kreuzfahrer errichteten an derselben Stelle die heute noch bestehende Kopie. Für die Gläubigen hat der Ort dadurch nichts von seiner Bedeutung verloren.

Abb. rechts oben: Vorplatz und Fassade der Grabeskirche, Jerusalem
Abb. rechts unten: Inneres mit dem freigestellten Grab
Abb. links unten: Rekonstruktion der heiligen Stätten und ihrer Lage in der Grabeskirche

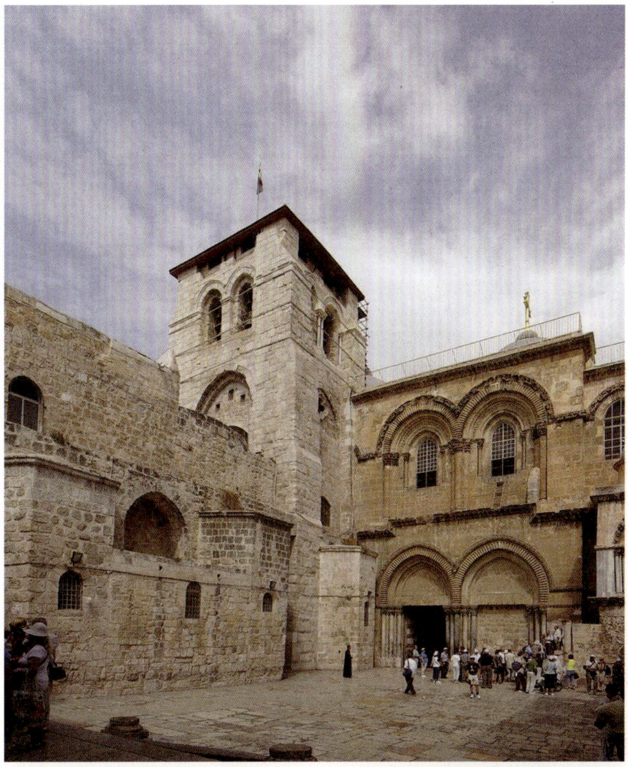

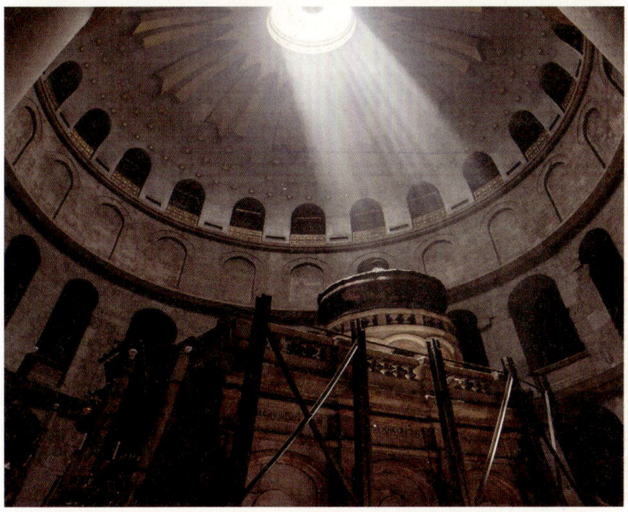

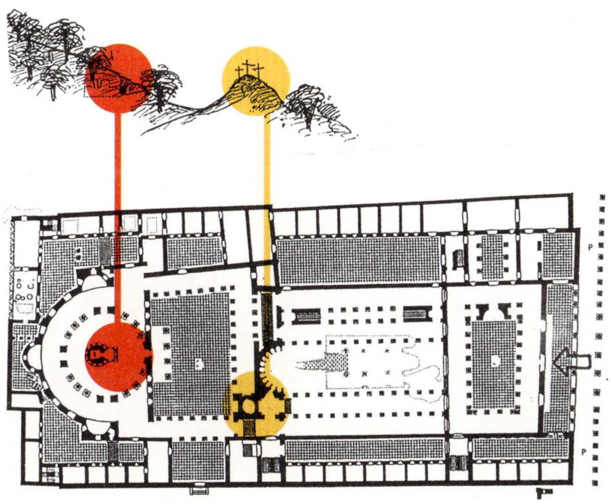

Aufgabenstellungen

Wie wurden die Kaaba und der schwarze Stein architektonisch aufbereitet, um sie den Menschenmassen zugänglich zu machen?

Beschrifte den abgebildeten Grundriss der Grabeskirche in Jerusalem mit den im Text erwähnten Begriffen: Vorhof, Grabstätte, Basilika, Golgatha, und erkläre dabei deren Bedeutung.

Wie sieht eine „typische" Kirche aus? Gibt es wiederkehrende architektonische Elemente, die notwendig sind, um einen Bau als Kirche erkennbar zu machen? Setze deine Überlegungen in Bezug zu weiteren Beispielen im Buch (z. B. in den Kapiteln 1.4, 1.15 und 1.16).

1.14 Mehrere Bauten, ein Konzept

Zentralbauten

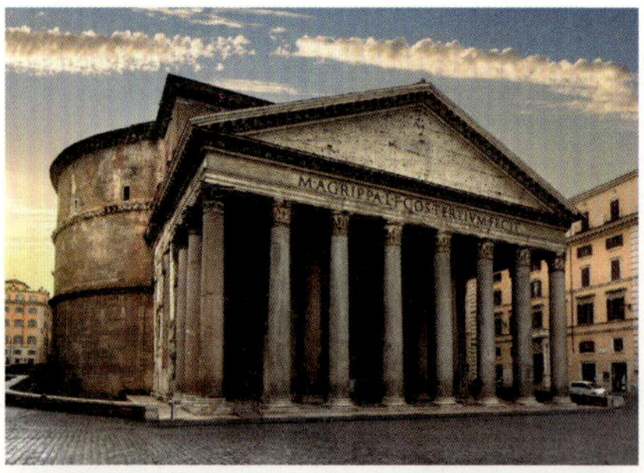

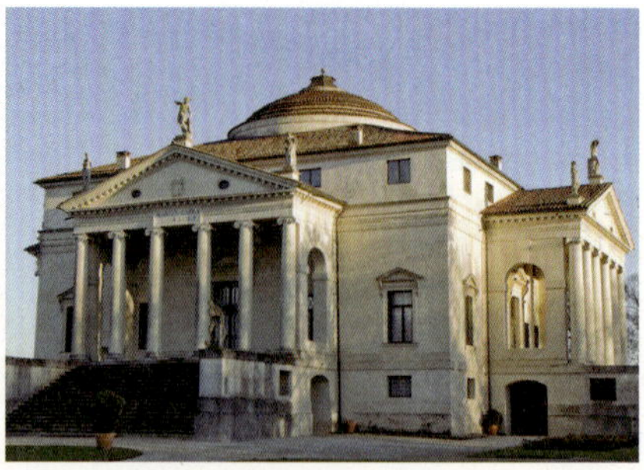

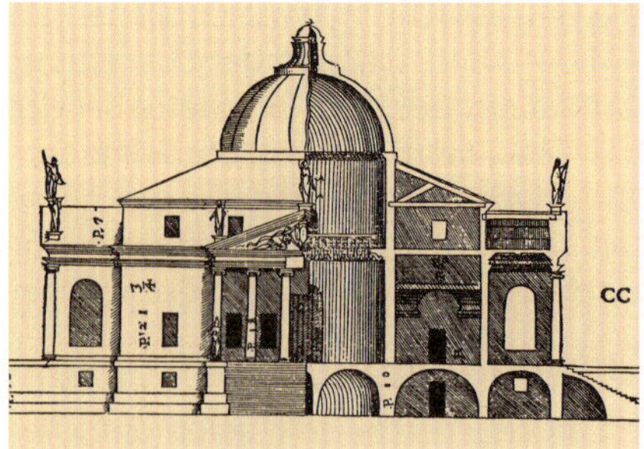

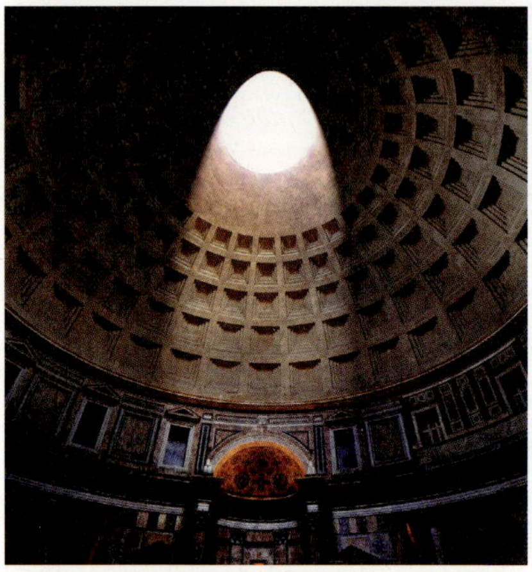

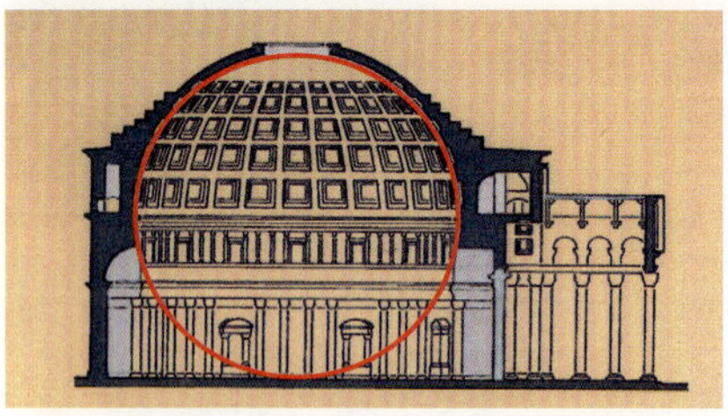

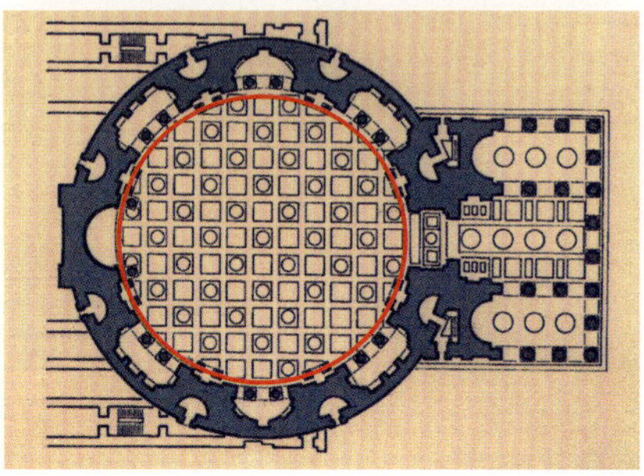

Zentralbauten zwingen dem Publikum keine Blick- und Wegrichtung auf, sie betonen die Mitte des Raumes. Die Raumbegrenzung ist rundum gleichwertig. Das Pantheon in Rom, ein Rundbau aus Ziegeln und Gussbeton, gilt als eines der schönsten Beispiele des Zentralbaus und wurde um 120 n. Chr. errichtet. Vor seiner Umwandlung in eine christliche Kirche war es ein Heiligtum für alle Götter des römischen Reiches. Ein Mauerzylinder mit einem Durchmesser von 43,3 m trägt eine Halbkugelkuppel, deren Scheitel eine Höhe von ebenfalls 43,3 m hat. Denkt man sich die Halbkugel nach unten in den Zylinder zur Vollkugel vervollständigt, dann berührt sie den Boden.

Der Raum wird durch eine 8,7 m weite Öffnung in der Mitte der Kuppel erhellt. Sich hier für den Lauf des Sonnenlichts Zeit nehmen zu können, ist ein Erlebnis eigener Qualität.

Im Pantheon sind zahlreiche Persönlichkeiten (z. B. *Raffael*) bestattet. Auch jüngere Bauten mit dieser Funktion werden als Pantheon bezeichnet.

Abb. links, von oben nach unten: Pantheon, 120 n. Chr., Rom: Fassadenansicht, Innenraum, Schnitt und Grundriss

Abb. Mitte, rechts oben und unten: Andrea Palladio: Villa Rotonda, 1566–1570, Vicenza: Ansicht, Schnitt und Grundriss

Die Villa Rotonda wurde 1550 von *Andrea Palladio* für einen hohen Beamten des päpstlichen Hofes entworfen und 1566–1570 bei Vicenza erbaut. Die Villa ist kein Wohnhaus, eher eine Bühne. Der im Grundriss quadratische Zentralbau hat als Zentrum einen hohen Kuppelraum. Dieser Mittelsaal ist Treffpunkt der Gäste, Musiksaal und Ort für gelehrte Diskussionen. Von hier aus kann man durch vorgelagerte Säulenhallen in die vier Himmelsrichtungen hinausblicken: rundum eigenes Land, im Zentrum der Besitzer und Gastgeber. Im Hauptgeschoß gibt es neben dem Hauptsaal noch vier Appartements mit je zwei Zimmern. Küche, Speicher und Schlafräume befinden sich im Sockelgeschoß und im Obergeschoß.

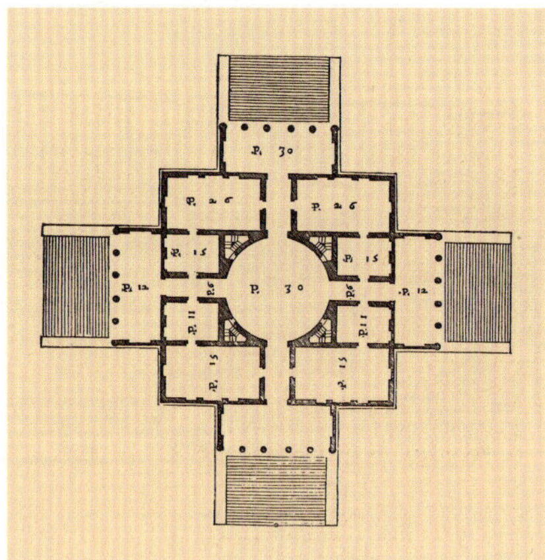

Querverweis

→ *1.10 Schein und Sein und Träumen:* Nicht jedes Bauwerk, das wie ein Tempel aussieht, ist auch einer

Das Seelsorgezentrum am Baumgartner Spitz in Wien (1960–1965) von *Georg Gsteu* ist um ein Zentrum, den Altar der Kirche, angelegt. Dieser steht in der Mitte eines quadratischen Raumes, der aus vier „Schachtelecken" besteht. Die sich kreuzenden Lichtbänder zwischen den Eckelementen betonen die Mitte des Raumes noch zusätzlich. Außen wird das Thema durch die für das Gemeindeleben notwendigen Funktionsbauten und den Glockenturm erweitert. Ihre Diagonalen treffen einander wiederum am Altar.
Pantheon und Seelsorgezentrum sind auch wegen der bei ihrer Erbauung jeweils angewendeten modernen Bautechnik interessant. Die sichtbaren und zur Mitte hin zarter werdenden Rippen verraten, dass Architekten und Statiker versucht haben, den Materialaufwand gering zu halten. Beim Pantheon wurden die Möglichkeiten des zur Kuppel entwickelten Bogens und des römischen Gussbetons genutzt; *Gsteu* verwendete Stahlbeton, weil dieser auf Zug belastbar ist und ausladende Konstruktionen erlaubt.

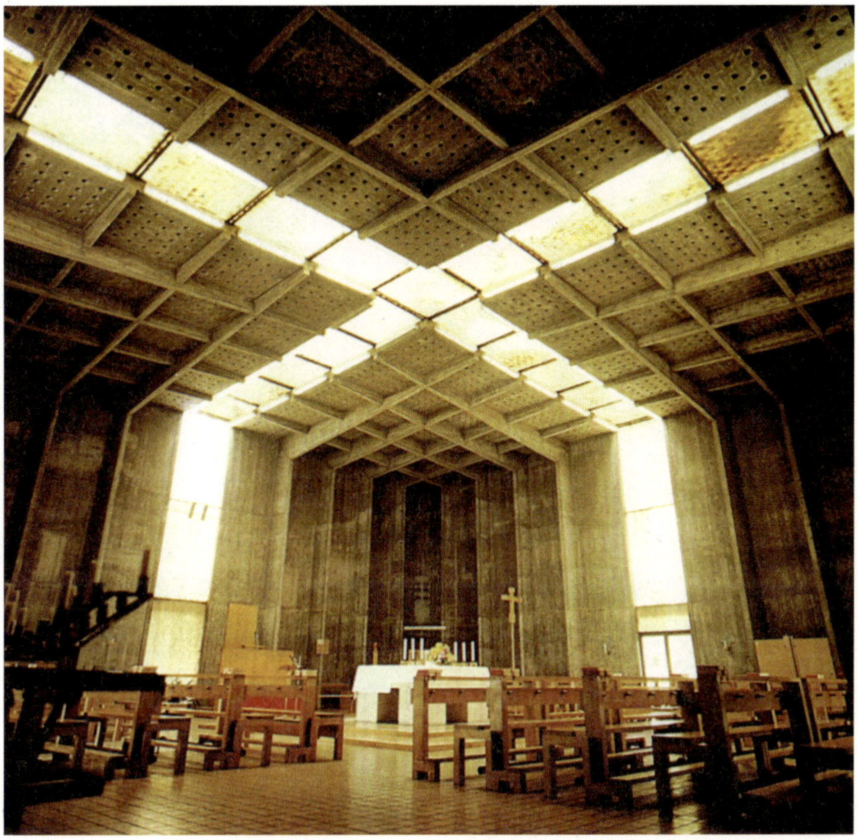

Abb.: Georg Gsteu: Seelsorgezentrum Baumgartner Spitz, 1960–1965, Wien
oben: Innenraum der Kirche
links unten: Grundriss der Gesamtanlage
rechts unten: Schema der Betonkonstruktion der Kirche

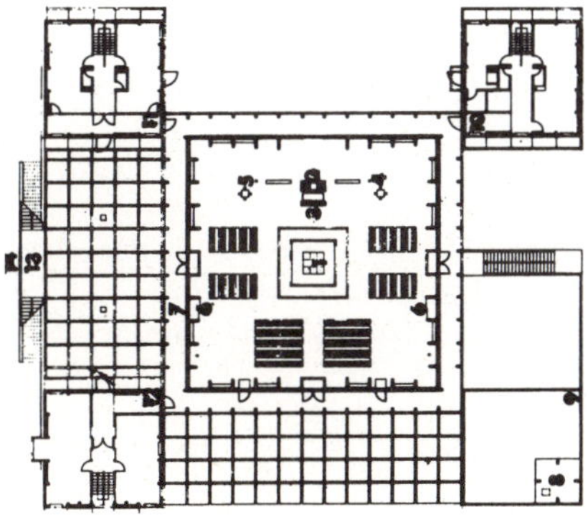

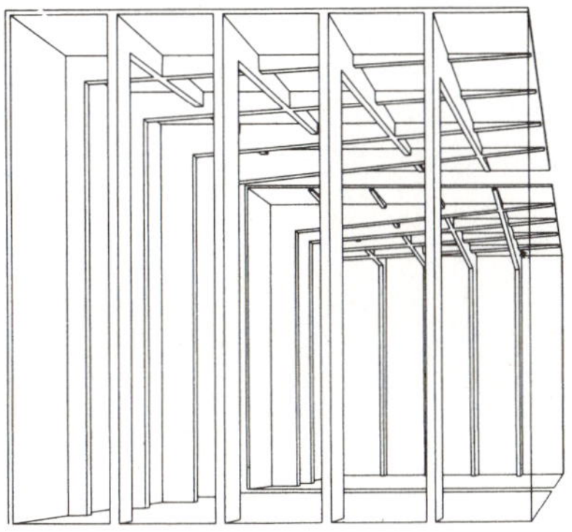

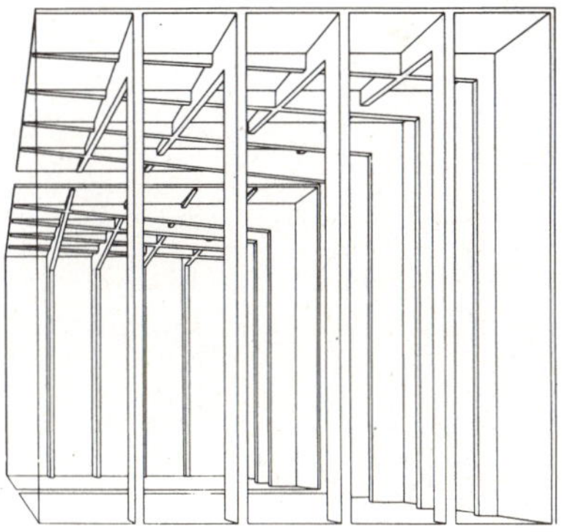

Aufgabenstellungen

Was versteht man unter einem Zentralbau? Welche Beispiele werden angeführt? V A R S

Welche Grundrisse sind demnach für einen Zentralbau möglich? V A R S

Erkläre anhand der Abbildungen die architektonischen Besonderheiten des Pantheons in Rom. V A R S

1.15 Demonstration von Technik und Konstruktion

13. Jahrhundert: Die gotische Kathedrale von Beauvais

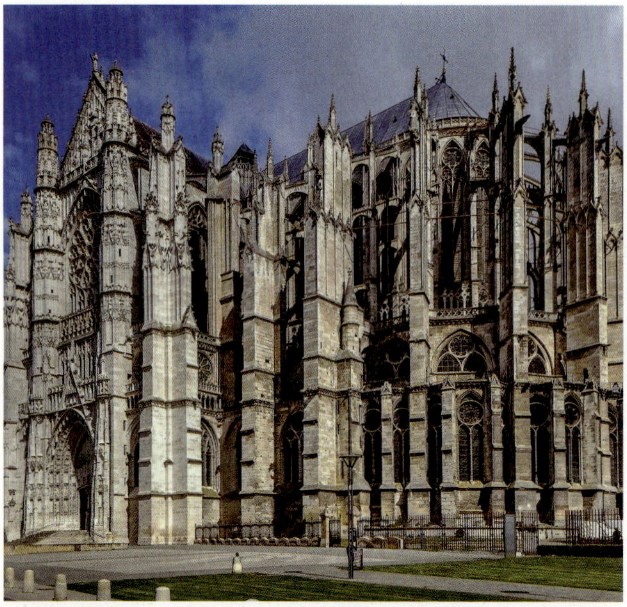

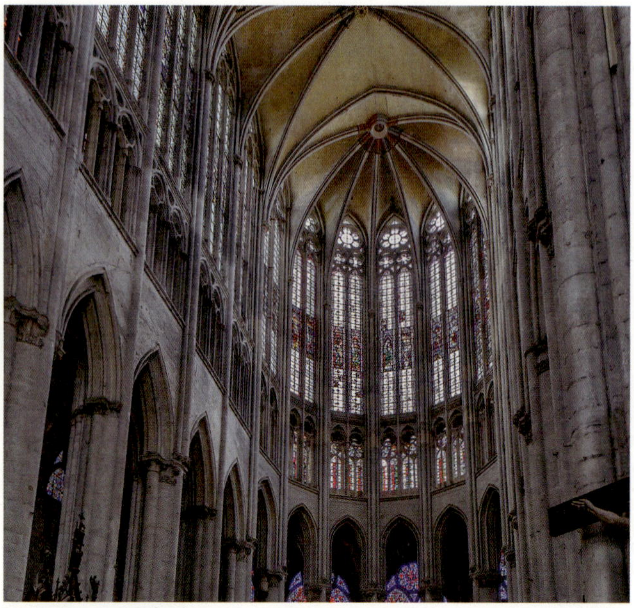

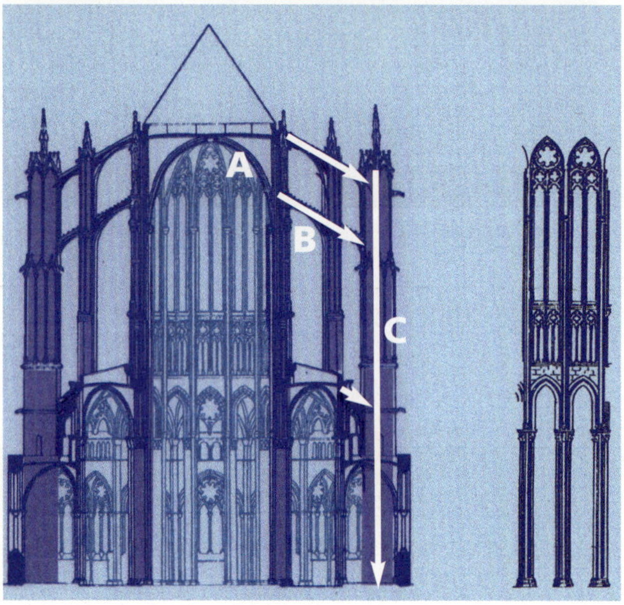

Die Baumeister der gotischen Kathedralen standen vor dem Problem, dass man von ihnen immer größere, höhere und von noch mehr Licht durchflutete Räume verlangte. Diesem Verlangen nachzukommen, war nur möglich, wenn es gelang, die Masse der Mauern zu reduzieren und den Druck der Gewölbe (A) durch entsprechende Konstruktionen abzuleiten. Dies geschah über Strebebögen (B) und Strebepfeiler (C). Dadurch verschwindet der eigentliche Baukörper – Chor und Kapellen – hinter einem Wald von Pfeilern und Bögen. Die Konstruktionsteile bestimmen das äußere Erscheinungsbild und ermöglichen große Glasflächen.
In Beauvais wurden die Grenzen der bewährten Erfahrungswerte überschritten und der erste Bau stürzte ein.

Abb.: Kathedrale Saint-Pierre, begonnen 1225, Wiederaufbau 1284 und 1573, Beauvais, Frankreich, Außenansicht und Innenansicht, schematische Darstellung der Konstruktion und der Kraftverläufe

Querverweise

→ *1.6 Skelettbau:* Stützen und Träger

→ *12.5 Aus dem Holzblock:* Der Kefermarkter Altar

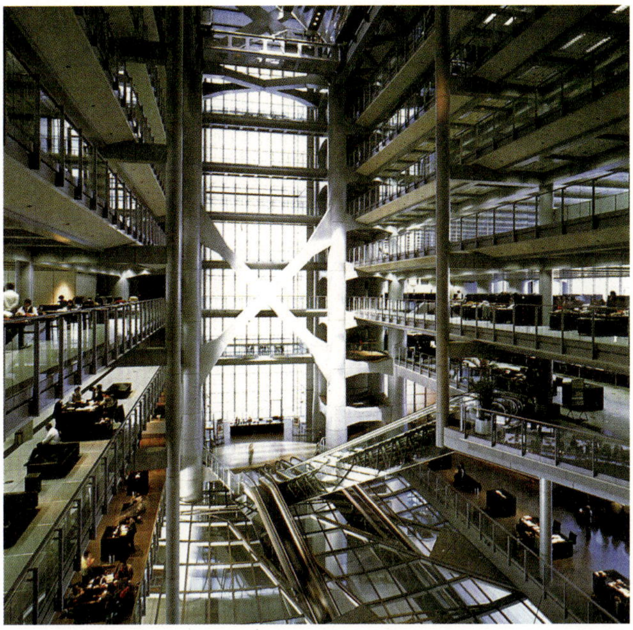

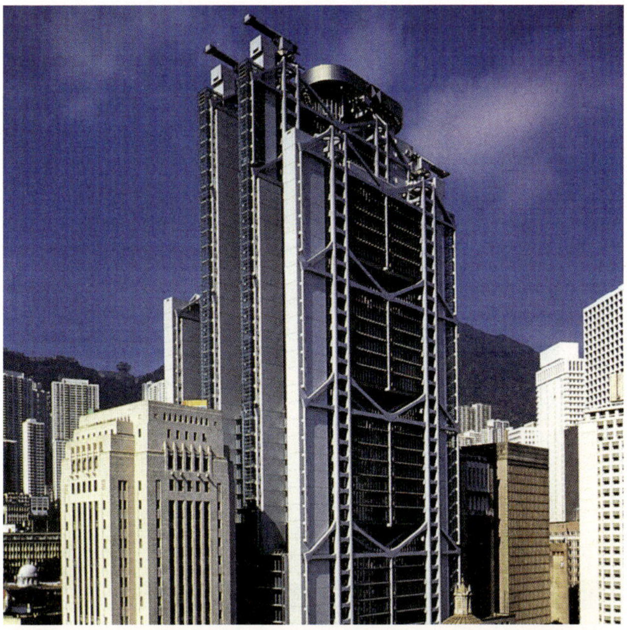

Der Bauherr der Hongkong and Shanghai Bank wünschte sich einen flexibel nutzbaren Bürobau. Nach außen sollte er die Zukunftsorientiertheit des Unternehmens signalisieren und sich von den konservativen Hüllen der Konkurrenz abheben. Der Architekt entschied sich für eine demonstrative Zurschaustellung der Tragstruktur und der perfekten Technik. Acht Masten aus jeweils vier Röhren tragen das Gebäude, an „Brücken", die das Gebäude versteifen, sind in den Ebenen 11, 20, 28, 35 und 41 die darunter liegenden Geschoße aufgehängt. Die technischen Anlagen, Treppen, Lifte und Sanitäranlagen liegen außen. Dadurch kann das Innere des Bauvolumens auch für zukünftige Bedürfnisse freigehalten werden.
Weitere architektonisch interessante Gebäude aus *Fosters* Büro sind die Glaskuppel am Berliner Reichstag (1999), der Swiss Re Tower (siehe Kapitel „1.6 Skelettbau") und das ringförmige Gebäude Apple Park (2017) in Kalifornien.

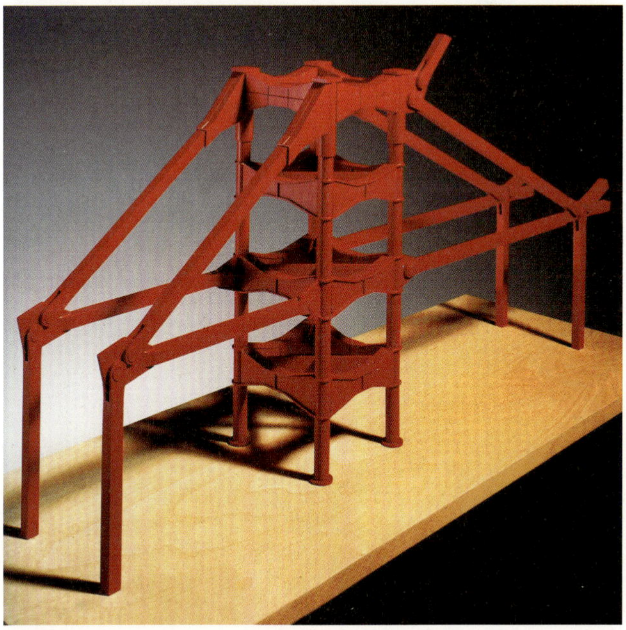

Abb.: Norman Foster: Verwaltungsgebäude der Hongkong und Shanghai Bank, 1981–1986, Hongkong, Blick in die zentrale Halle, Ansicht und Konstruktionsprinzip

Aufgabenstellung

Erstelle eine Plakatpräsentation zur Architektur gotischer Kathedralen. Recherchiere dafür folgende im Text erwähnte bzw. erklärte Begriffe: Gewölbe, Strebebogen, Strebepfeiler, Chor, Kapellen. Weitere für (gotische) Kirchenbauten zentrale Termini sind: dreischiffige Basilika, Lang- und Querschiff, Spitzbogen, Kreuzrippengewölbe, Maßwerkfenster, Fialen, Krypta und Vierung. Suche nach geeignetem Bildmaterial (Grundrisse und Ansichten), das deine Vorstellung des Fachvokabulars hilfreich unterstützt. Welche Kirchenbeispiele sind für die Epoche prägend? Achte bei der Präsentation auf eine sinnvolle Layoutgestaltung.

VA
RS

1.16 Architektur als Bildhauerei, Bildhauerei als Architektur

Le Corbusier

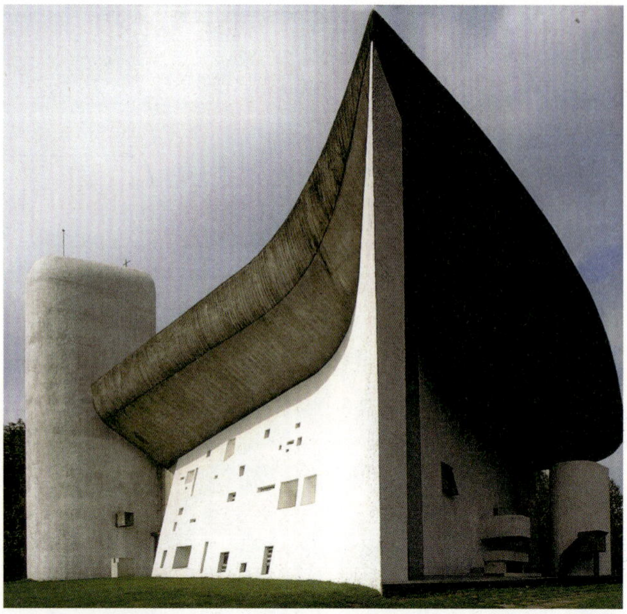

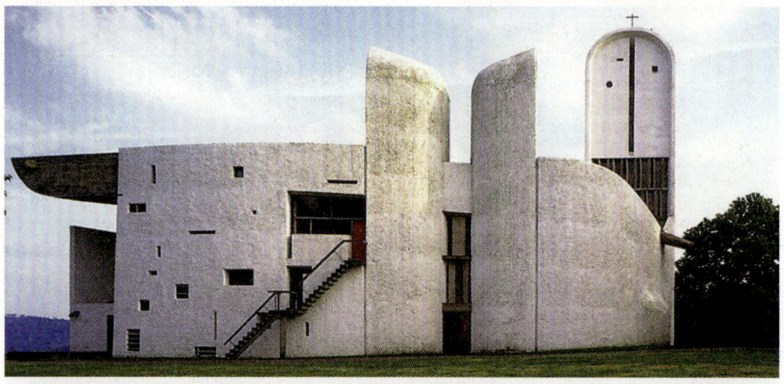

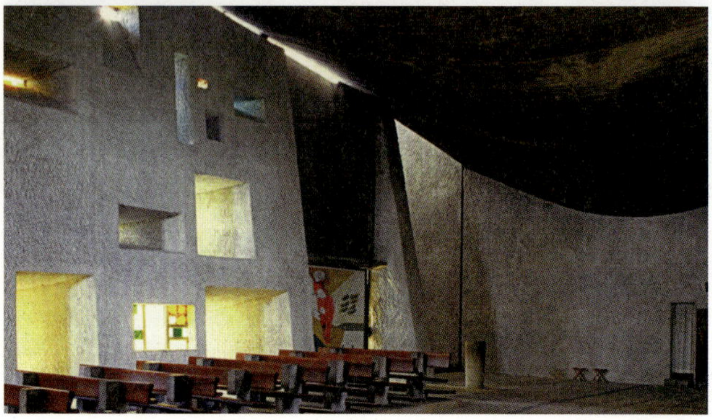

Beim Großteil unserer gebauten Umwelt steht der Nutzen im Vordergrund. Die nach außen wirkende plastische Form kann zwar ansprechend sein, hat sich jedoch der Funktion unterzuordnen. Immer wieder entstehen aber auch Einzelbauten, bei denen die zeichenhafte Form alle anderen Ansprüche in den Schatten stellt.

Die hier vorgestellten Beispiele aus dem 20. Jahrhundert stehen hart an der Grenze zwischen Architektur und Plastik.

Die vom Schweizer Architekten *Le Corbusier* erbaute Wallfahrtskirche Sainte-Marie-du-Haut, eine der Ikonen der Architekturgeschichte, ist eigentlich nur eine Kapelle von 13 x 25 Metern Größe. Die mächtige Form des den Bau dominierenden hochgebogenen Daches lässt sie vor allem auf Fotos bedeutend größer erscheinen. Die Form kann (in Anspielung auf die Arche Noah) als Schiffsrumpf interpretiert werden. Unter dem vorkragenden Dach befinden sich ein Altar und eine Kanzel für die Tausenden von Gläubigen, die sich an Wallfahrtstagen auf dem Platz vor der Kirche versammeln.

Der Innenraum bietet etwa zweihundert Menschen Platz und erhält sein spärliches Licht durch kleine, farbig verglaste, schießschartenartige Fenster. Deren scheinbar regellose Anordnung orientiert sich am wechselnden Sonnenstand und verändert so ständig die Stimmung des höhlenartigen Raumes.

Abb.: Le Corbusier: Kirche Sainte-Marie-du-Haut, 1950–1955, Ronchamp, Ansicht, Innenraum und Grundriss

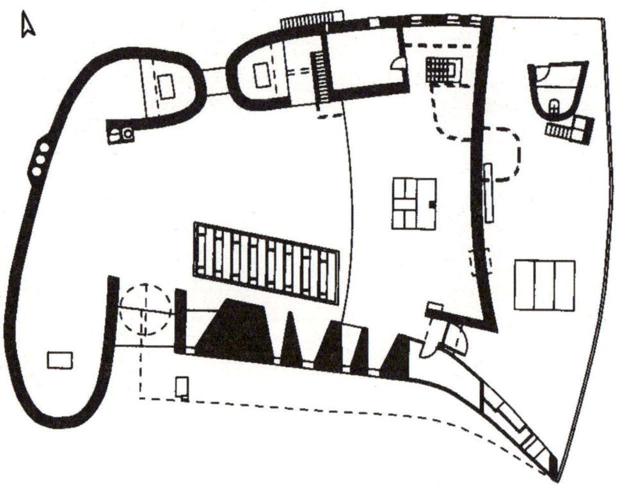

Querverweise

→ *12.13 Körper und Raum*

→ *12.16 Anwendungsbereiche und Funktionen von Plastik:* Geräteplastik und Bauplastik

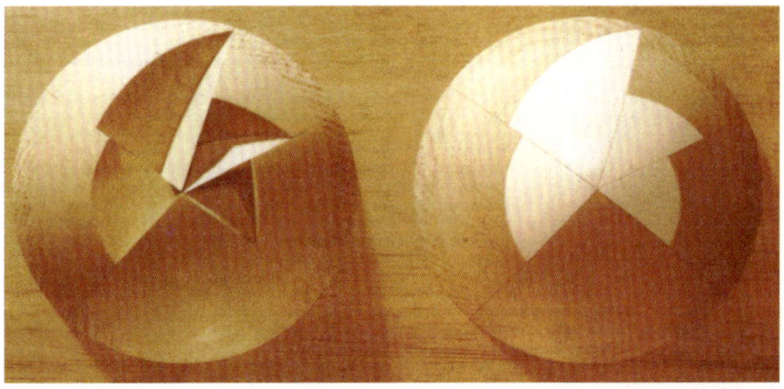

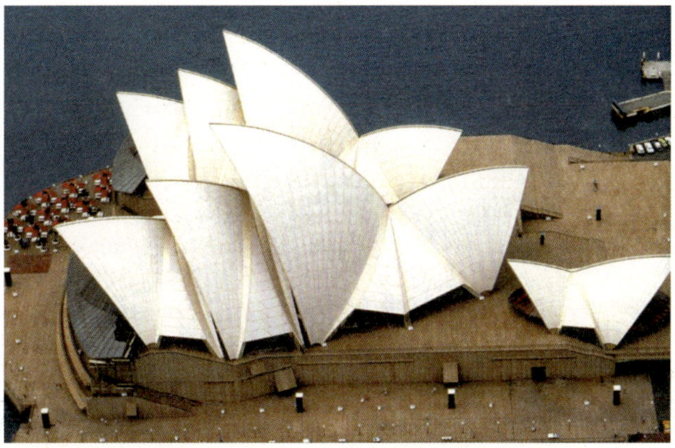

Das Opernhaus Sydney des Dänen *Jorn Utzon* war das Siegerprojekt eines Wettbewerbs im Jahre 1956 und zählt durch seine unverwechselbare Form zu den bekanntesten Bauwerken des 20. Jahrhunderts. Riesige Schalen aus Fertigbetonteilen, die mit weißen Keramikplatten verkleidet sind und die verschiedensten Interpretationen (Muscheln, Segel usw.) erlauben, prägen das Erscheinungsbild. *Utzon* schied 1966 nach schwerwiegenden Differenzen mit den Bauherren aus der Bauführung aus; technische und finanzielle Probleme verzögerten die Fertigstellung bis 1972.

Was der österreichische Bildhauer *Fritz Wotruba* als „Kirche" entwarf, ist eigentlich eine sakrale Monumentalskulptur, die erst durch Betondecke und Verglasung als Gemeindekirche verwendbar wurde. Die massigen, aufeinander gestapelten Quader des allgemein als „Wotrubakirche" bezeichneten Bauwerks sollten ursprünglich in Stein und nicht, wie es dann der Fall war, in Beton realisiert werden. So wie „Ronchamp" kommt auch die „Wotrubakirche" durch ihre isolierte Lage auf einem Hügel zu besonderer Geltung. Die ursprünglich geplante Bebauung der Umgebung mit einem Kloster und einer Schule wurde aufgegeben, um die Wirkung der Kirche nicht zu beeinträchtigen.

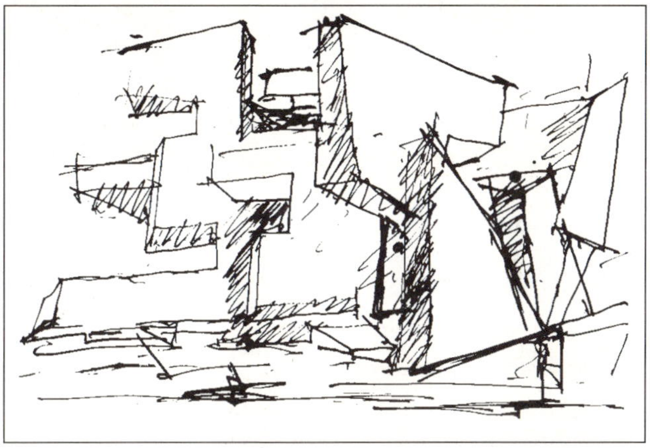

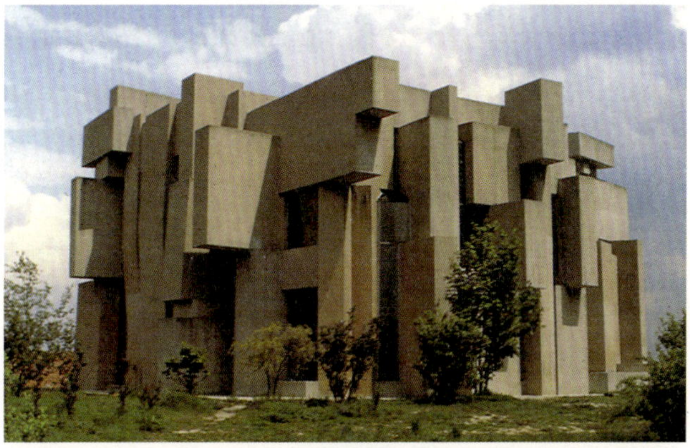

Abb. oben: Jorn Utzon: Opernhaus, 1956–1972, Sydney, Ansicht und Modell der sphärischen Schalengeometrie
Abb. rechts Mitte und unten: Fritz Wotruba: Kirche „Zur Heiligsten Dreifaltigkeit", 1974–1976, Wien; Zeichnung, 1966, Bleistift auf Papier, 52 x 67 cm, Wotruba-Archiv, und Ansicht des realisierten Bauwerks

Aufgabenstellung

Architektur bedeutet immer Arbeiten mit dem Raum. Die auf dieser Seite vorgestellten Beispiele sind besonders „skulptural". Suche nach weiteren Abbildungen der Gebäude und versuche diese mithilfe des Kapitels „12.13 Körper und Raum" näher zu beschreiben.

1.17 102 Entwürfe und ein Auftrag

Architekturwettbewerbe am Beispiel der Kunsthalle in Graz

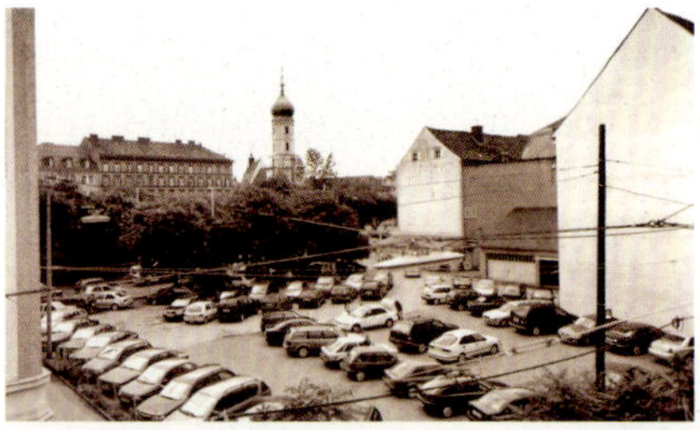

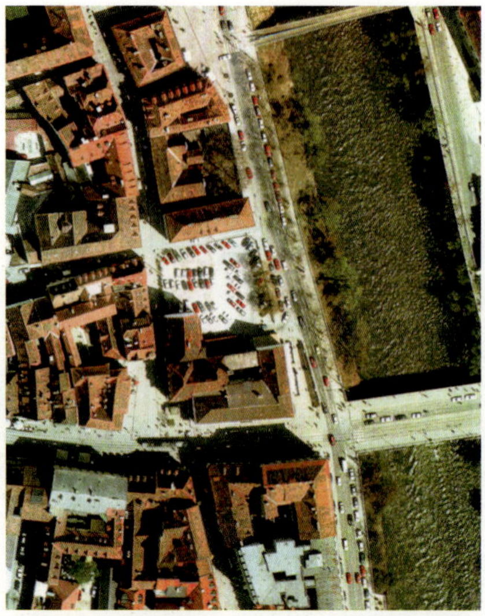

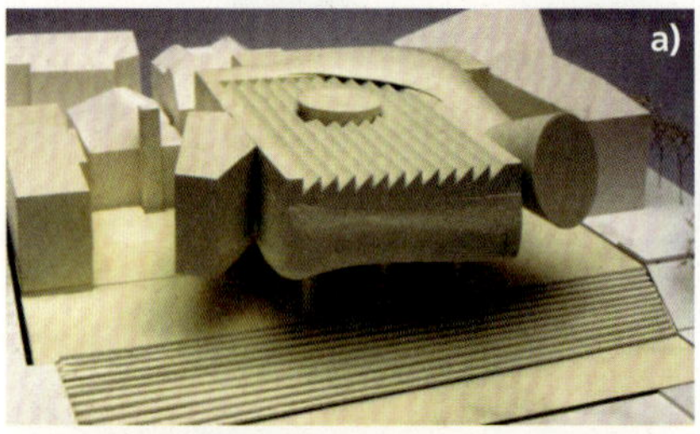

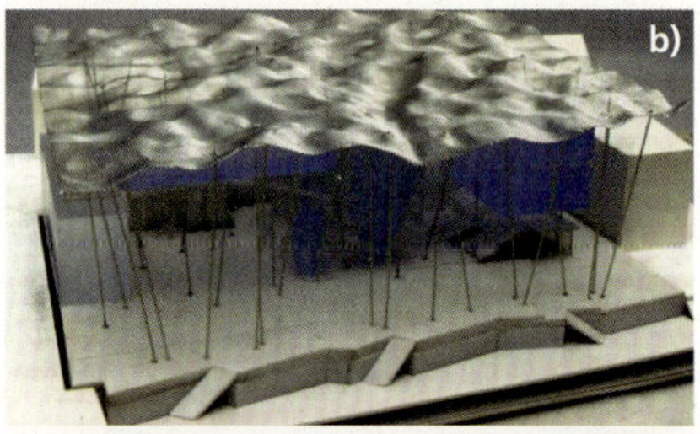

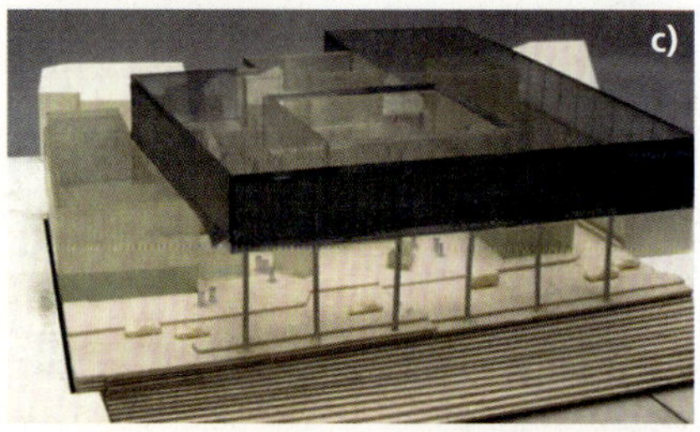

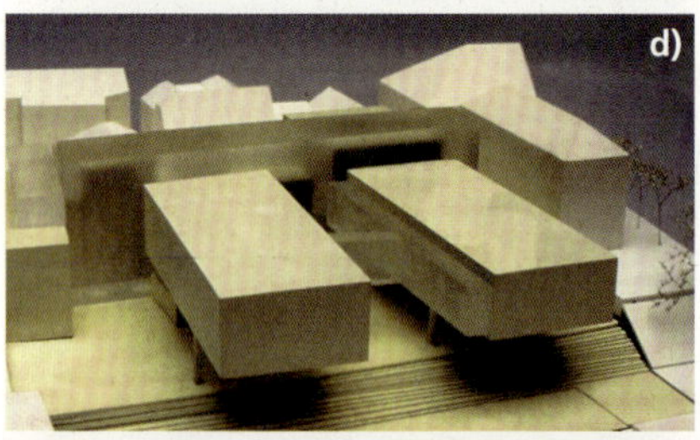

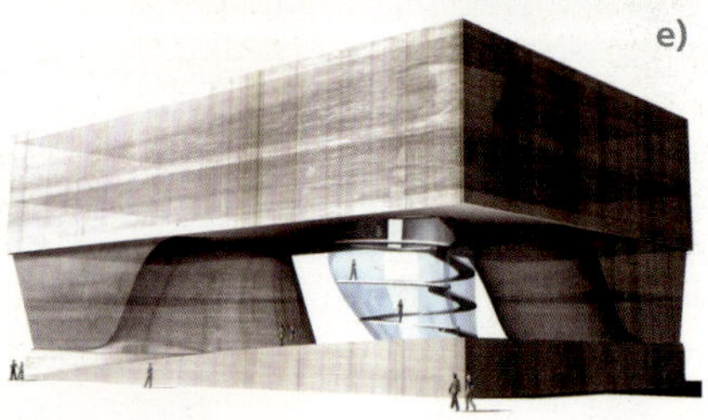

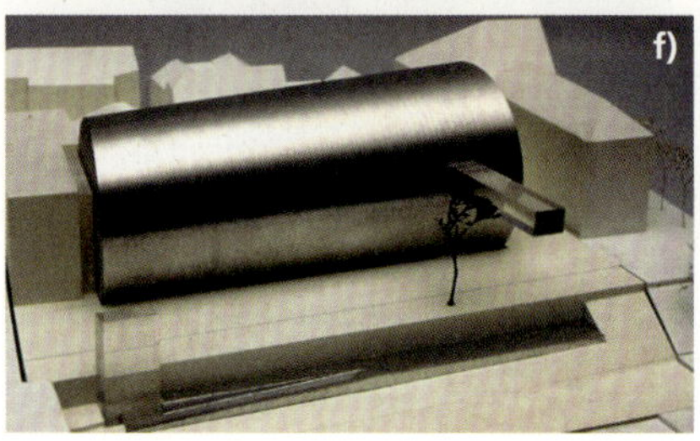

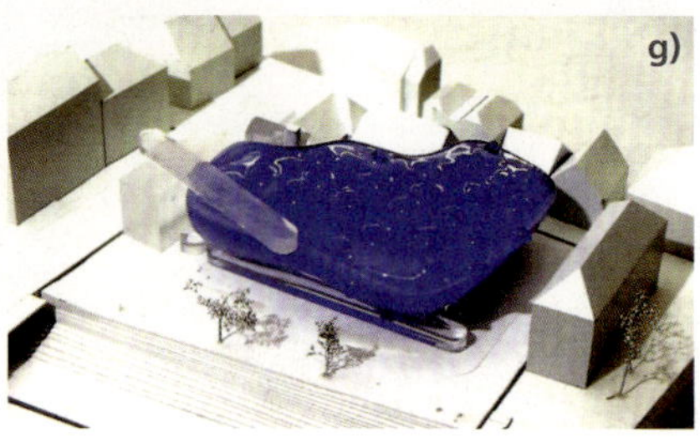

Im Rahmen des Projekts „Graz 2003, Kulturhauptstadt Europas" beschloss die Stadtgemeinde die Errichtung einer Ausstellungshalle. Der Bau sollte „symbolhaft für einen offenen zukunftsorientierten Geist aus der historischen Stadtlandschaft in die Zukunft ragen" *(BM. A. Stingl)*. Nach der Festlegung des Bauplatzes wurde ein internationaler Architekturwettbewerb mit einem Anforderungsprofil ausgeschrieben. 102 Architekturbüros reichten ihre Beiträge ein. *Cook & Fournier* wurden von der Jury auf den ersten Platz gereiht und mit der Planung beauftragt.

Das Architektenteam konnte seine Vision vermitteln. Die Realisierbarkeit war aber noch ungeklärt und erforderte den Einsatz von Ingenieur-, Statik-, Materialtechnikbüros usw. So konnte die geplante „Haut" zu guter Letzt aus sphärischen Glasplatten realisiert werden. Wirtschaftsfachleute waren dazu da, die Baukosten im vorgesehenen Rahmen zu halten und bei dem Architektenteam Abstriche von seinen ursprünglichen Vorstellungen zu erzwingen. Die Kosten aufwändiger Kulturprojekte provozieren immer wieder Kritik und eine Diskussion über die Sinnhaftigkeit solcher Ausgaben. In Graz scheint es gelungen zu sein, die Bürgerinnen und Bürger der Stadt mit einer umfassenden Informationspolitik von der Bedeutung dieser Investitionen zu überzeugen. Graz hat Tag und Nacht ein neues Wahrzeichen. Die Lichtelemente der Haut können inzwischen auch über Internetbeiträge beeinflusst werden.

Abb. oben: Der Bauplatz, Ansicht und Luftaufnahme

Abb. unten: Kunsthaus Graz, einige Wettbewerbsbeiträge: a) Coop HimmelB(l)au (A), b) N17Architektur (A), c) Itsuko Hasegawa (JP), d) Markus Spiegelfeld (A), e) urban-FILTER.com (A), f) Pernthaler/Tinchon (A), g) Cook/Fournier (GB)

Abb. Seite 25: Peter Cook und Colin Fournier: Kunsthalle Graz, 2003, Virtuelle Simulationen und Ansichten des realisierten Bauwerks

Querverweise

1.4 Papier, Luft und Membrane

14.11 Der Vergangenheit eine Zukunft: Denkmalschutz, Ensembleschutz und Weltkulturerbe

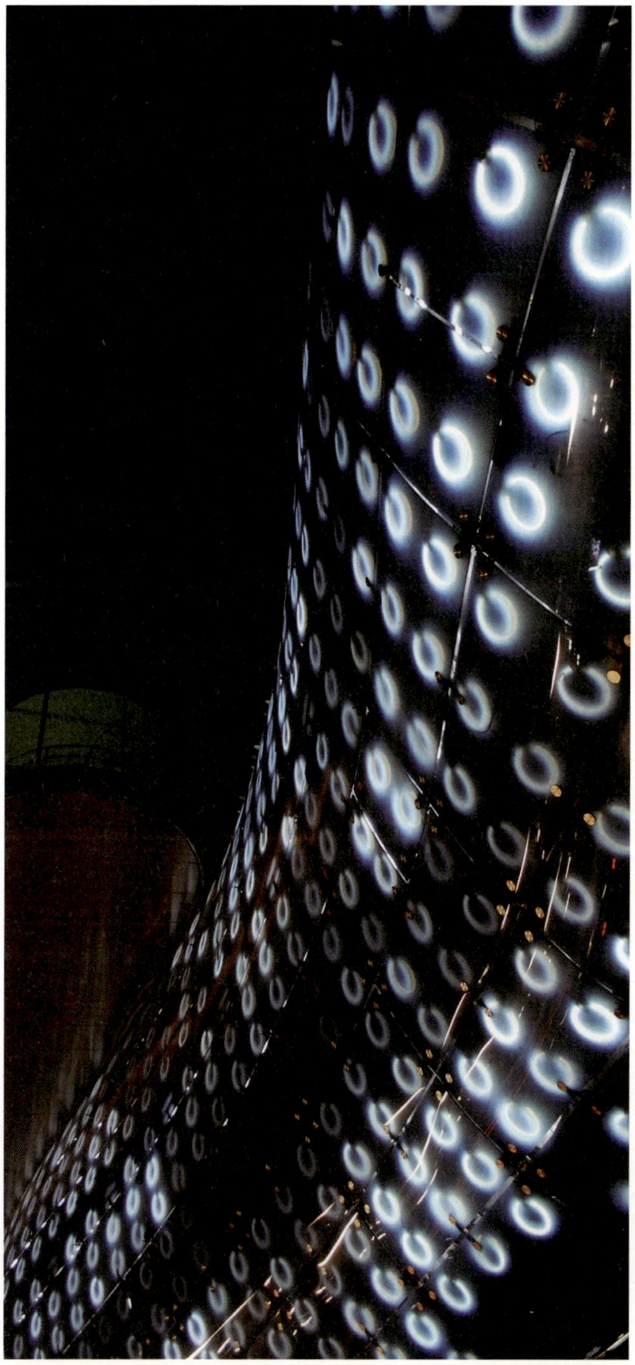

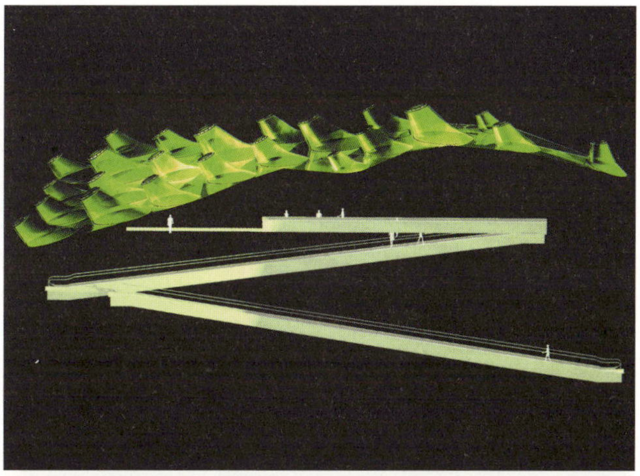

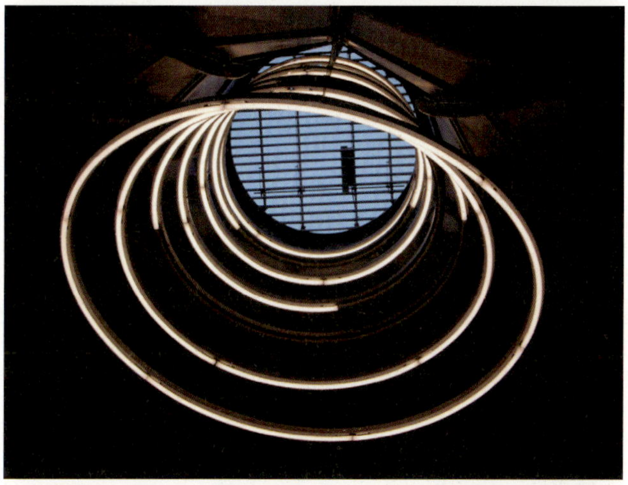

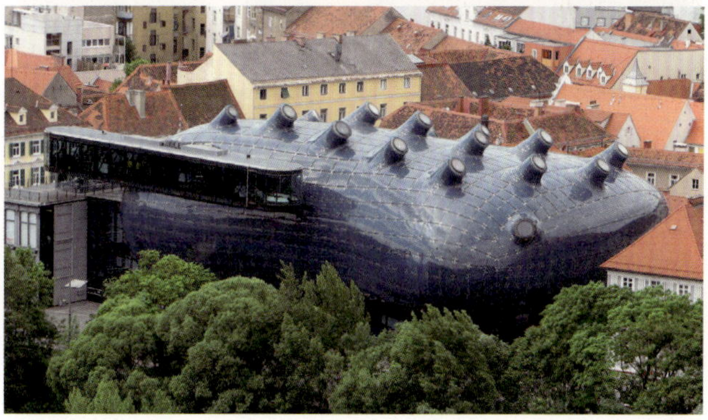

Aufgabenstellung

Ähnlich wie das in Kapitel „1.4 Papier, Luft und Membrane" vorgestellte Objekt von *Nicholas Grimshaw* ist auch die Grazer Kunsthalle ein Beispiel der sogenannten „Blob-Architektur". Vergleiche die beiden Architekturbeispiele. Was haben sie gemeinsam? Kannst du daraus ableiten, was man unter Blob-Architektur versteht? Überprüfe deine Überlegungen anhand von weiteren Informationsquellen und suche nach zusätzlichen Beispielen.

1.18 Urban Art

Die Straße wird zum Kunstraum

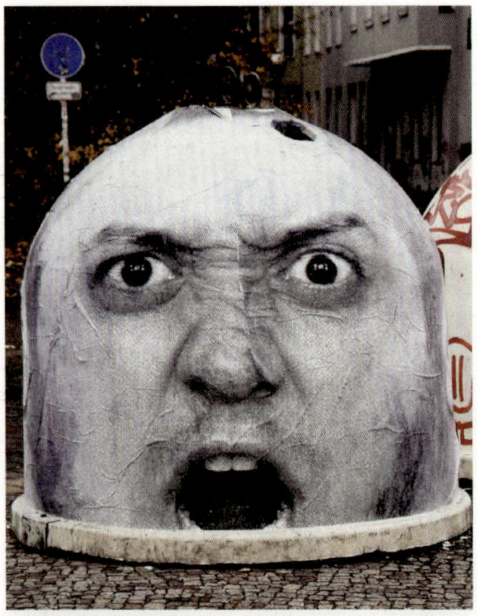

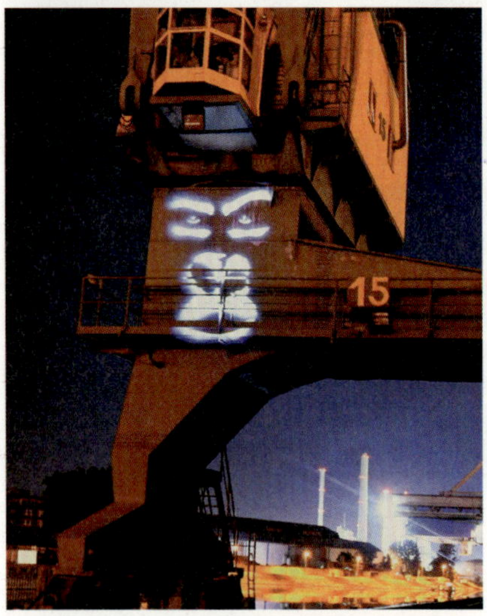

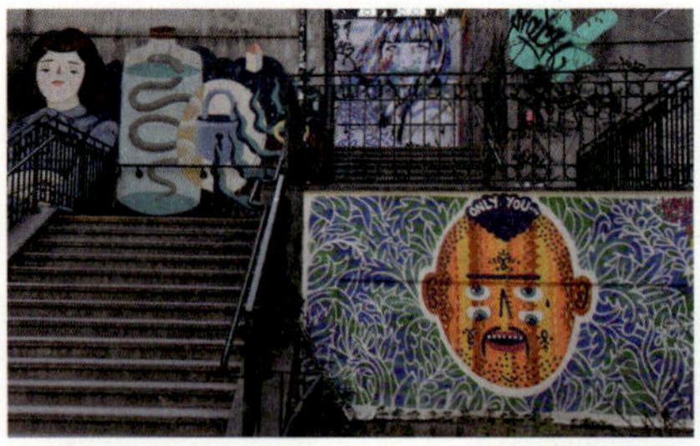

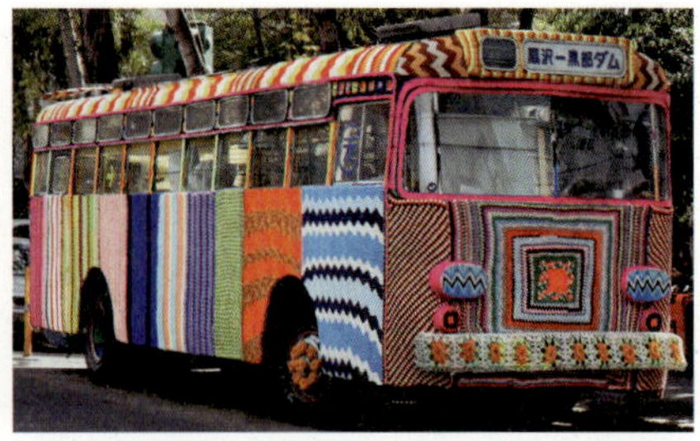

Keith Haring stellt mit seinen 1980 begonnenen „Subway Drawings" wohl einen der bekanntesten frühen Street-Art-Künstler dar. Er wurde mit seinen illegal angebrachten Kreidezeichnungen auf Werbetafeln, die nicht genutzt wurden und daher mit schwarzer Farbe übertüncht waren, berühmt. Der Faktor des ungefragten „Inbesitznehmens" ist bis heute ein wesentlicher Aspekt von Urban Art. Urban Art wird als Sammelbegriff für unterschiedliche Kunstphänomene im städtischen Umfeld verwendet. Darunter fallen Graffiti, Schriftzüge (Tags), Scratching, Etching, Schablonengraffiti, großformatige Lichtinstallationen, eingestrickte Parkbänke, Moos-Graffiti u. v. m. Die Urban-Art-Szene ist stark von Ideen zu gesellschaftlicher und/oder politischer Kritik, Fragen nach der Kommerzialisierung von Kunst und Infragestellung von Eigentum von Räumen geprägt. Themen und Gestaltung sind oft vom urbanen Raum inspiriert, die Arbeiten müssen unweigerlich auf den zur Verfügung stehenden Raum eingehen. Dabei sind zweidimensionale Bearbeitungen mit Sprühdosen, Stickern oder Schablonen ebenso inbegriffen wie die Erweiterung um den dreidimensionalen Raum durch Eingehen auf Objekte wie Gehsteige, Ampeln etc. Die Texanerin *Magda Sayeg* gilt als Begründerin des Guerrilla-Strickens. Angefangen mit kleinformatigen Überstrickungen von Objekten ist sie heute vor allem für ihre überdimensionalen Strickarbeiten bekannt. Ihr eingestrickter Bus in Mexiko-Stadt hat Kultstatus in der Szene. Ein weiterer Aspekt von Urban Art ist, dass sie fast immer temporären Charakter hat: Wie lange bleibt diese Kunst sichtbar?

Abb. links oben: Mentalgassi: Metalheads, Berlin (D), 2007, mit Fotos überklebte Recycling-Container
Abb. links unten: GorillaLighting: Reinhafen, Karlsruhe (D), 2012, Lichtprojektion
Abb. Mitte oben: Neue Capistranstiege, Wien
Abb. rechts oben: Magda Sayeg: Bus, Mexiko-Stadt (MEX), 2008, Wolle

Querverweise

→ *6.4 Mit der Landschaft arbeiten:* Land Art

→ *7.8 Farbiges Licht im Raum:* Licht in der Architektur

→ *10.5 Kunst im öffentlichen Raum:* Vom Gemeindebau bis zum Event

→ *11.3 Das Fresko:* Farbe und feuchter Mörtel

→ *11.5 Funktionen der Malerei:* Zauber und Magie: Höhlenmalerei

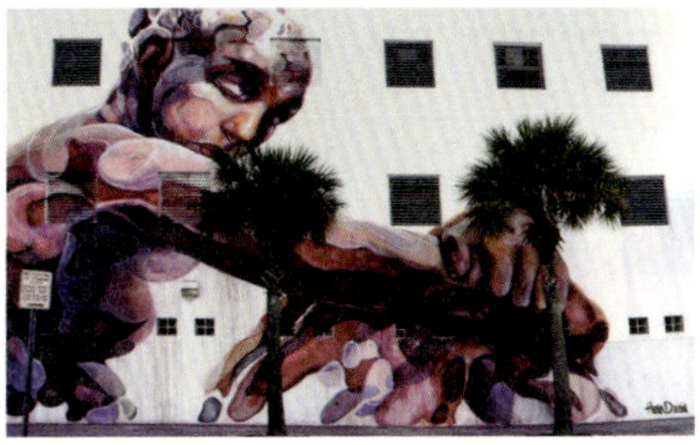

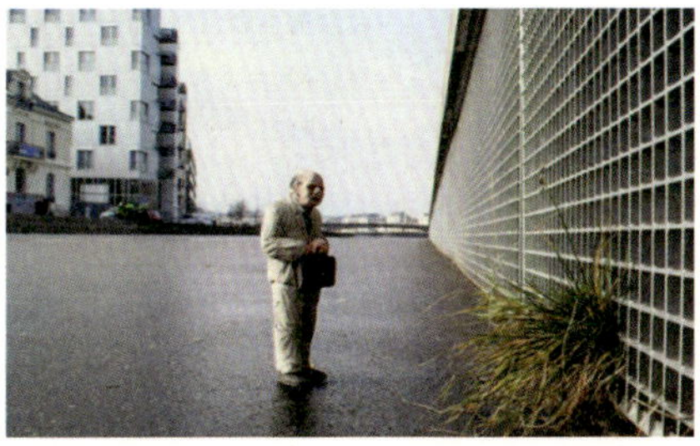

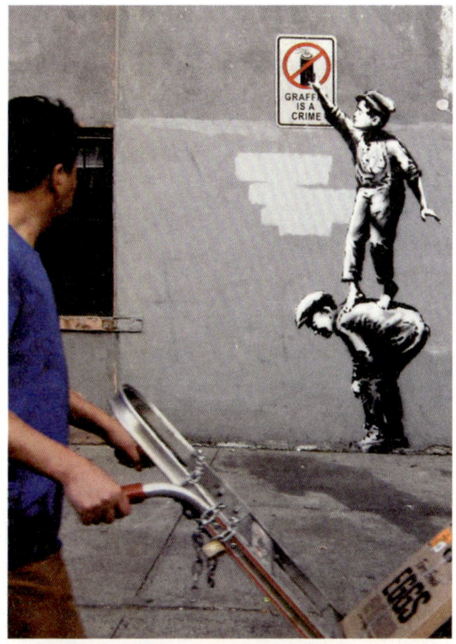

Urban Art befindet sich in einem Spannungsverhältnis zwischen Stadtverschönerung und -verschandelung, bis hin zu Vandalismus. Eigenmächtig angebrachte Kunst im öffentlichen bzw. im zwar öffentlich zugänglichen, aber in Privatbesitz befindlichen Raum kann juristische Folgen nach sich ziehen, weshalb oftmals unter Pseudonym oder überhaupt anonym gearbeitet wird. Der britische Künstler *Banksy* machte sich mit seinen Schablonen-Graffiti einen Namen. Seine wahre Identität versucht er bis heute unter dem Pseudonym *Banksy* zu verbergen.
Nahm Urban Art ihren Ausgangspunkt in der Underground-Szene, ist diese Kunstrichtung mittlerweile im regulären Kunstbetrieb angekommen. Kunstschaffende, die auf der Straße begonnen haben, stellen nun auch in Galerien und Museen aus und ihre Werke werden kommerziell gehandelt. Von Stadtverwaltungen werden sogar offizielle Aufträge vergeben. Trotz dieser Entwicklung hat sich Urban Art das Image von freier, kompromissloser Kunst bewahren können. Urban Artists sind Künstlerinnen und Künstler, die nicht vom etablierten Kunstmarkt „gemacht" wurden. Bei der Verwendung der Materialien gibt es keine Einschränkungen. Der südafrikanische Künstler *R1* arbeitet zum Beispiel mit Dosen, Autoreifen, Plastikflaschen. Die Bearbeitung von Räumen und Objekten zieht stets die Frage nach Anarchie, Illegalität und (Un-)Ordnung nach sich. Urban Art ist herausfordernd und stellt eine Provokation für die öffentliche Meinung dar, denn nicht alles wird als Kunst gesehen, nicht alles ist Kunst. Letzten Endes stellt Urban Art erneut die Frage: Was ist Kunst?

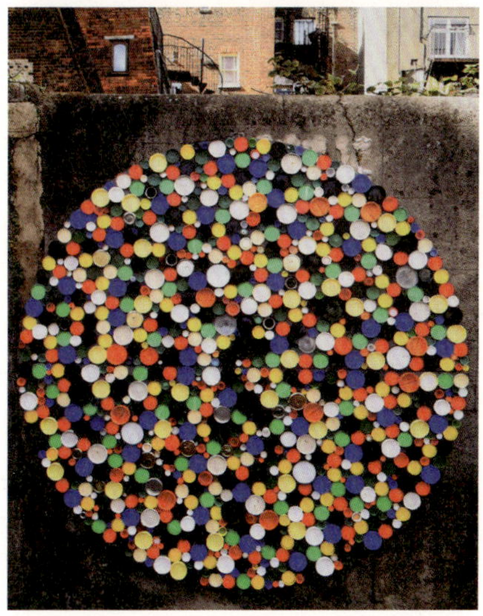

Abb. links oben: Paola Delfin: Combustion, Miami (USA)
Abb. Mitte oben: Isaac Cordal: Remembrances from Nature, Nantes (F), 2013, bemalter Zement
Abb. rechts oben: Banksy: Graffiti is a Crime, New York (USA), 2013, Schablonengraffiti geht auf bereits vorhandenes Verbotsschild ein
Abb. rechts unten: R1: Colour Wheel, England, 2012, Flaschenverschlüsse aus Plastik

Aufgabenstellungen

Erkläre anhand der Abbildungen, welche Strömungen in der Urban Art zu finden sind. Definiere zentrale Aspekte dieser Kunstrichtung.

Wähle eine Richtung der Urban Art aus und erstelle dazu eine Präsentation mit weiteren Beispielen.

2.1 Zum Aufbau eines Bildes

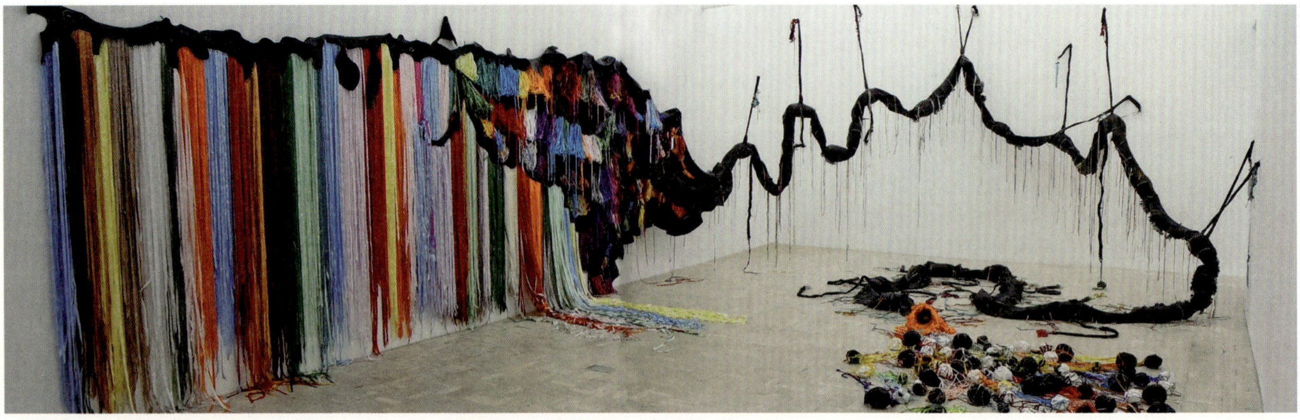

In der Kunst spricht man, in Anlehnung an die Musik, von der Komposition eines Bildes. Die Bildkomposition umfasst die Anordnung der einzelnen Bildelemente auf dem Bildgrund (Papier, Stein, Bildschirm ...) und deren Verhältnisse zueinander.
Nicht nur die Bildgestaltung in klassischen Kunstmedien wie Ölgemälden, Zeichnungen oder Fotografien kann analysiert werden, sondern auch Bilder aus unserem Alltag, z. B. Werbung und Pressefotos und Teilaspekte von Video- und Rauminstallationen, Architektur und Filmen, können auf ihren Aufbau hin untersucht werden. Für dreidimensionale Kunstwerke sind zusätzliche Analysekriterien zu beachten, denn hier treten bildliche Aspekte in Bezug zum Raum. Eine Komposition kann nicht zuletzt auch durch die Präsentation (Hängung, Passepartout, Rahmen bzw. Beziehung zwischen mehreren Arbeiten) beeinflusst werden, die nicht immer von den Kunstschaffenden vorgegeben ist.
Bereits die Wahl des Materials hat entscheidenden Einfluss auf die Bildkomposition: Ein Kugelschreiber bietet z. B. andere Ausdrucksmöglichkeiten als ein Pinsel. Jedoch nicht nur die Materialwahl selbst, sondern auch die unterschiedlichen Einsatzmöglichkeiten des Materials tragen zur Komposition bei: Öl- oder Acrylfarben können lasierend oder pastos aufgetragen werden, mit dem Bleistift sind feine Schraffuren oder gleichmäßig übergehende Hell-Dunkel-Darstellungen möglich. Dabei spielt auch die Oberflächenstruktur des Bildgrundes eine entscheidende Rolle.
Der Punkt stellt die kleinste grafische Einheit dar. Das nächstgrößere Gestaltungsmittel, das Künstler/innen einsetzen können, ist die Linie. Die Gestaltung von Flächen kann zu einem dynamischen, aggressiven oder ruhigen Eindruck beitragen. Farben und Kontraste sind weitere wichtige Gestaltungselemente.
Die Kombination einzelner oder mehrerer dieser Elemente ergibt den Rhythmus innerhalb eines Bildes, der den Blick der Betrachterin oder des Betrachters lenkt. Bei Zeichnungen kann man gut feststellen, dass der Bildrhythmus sehr stark von der Linienführung abhängt, die eine bestimmte Richtung angibt. In der Malerei ist es die Pinselführung und der Grad an pastosem Farbauftrag, der Bildflächen in Bewegung setzen kann. Besonders deutlich wird dies in Himmelsdarstellungen: Horizontale Linien wirken statisch, beruhigend – aufbrausende Wolkenformationen werden auch mithilfe der Pinselführung dynamisiert. In „Potsdamer Platz" von *Ernst Ludwig Kirchner* (1880–1938) wird nicht nur durch die Perspektivwahl der Eindruck erzeugt, dass den Figuren der Boden unter den Füßen weggezogen wird, sondern auch durch die deutlich sichtbare Pinselführung. Rhythmus kann außerdem durch die Wiederholung ähnlicher Formen und Farben entstehen. Die Wahl des Formats ist ebenfalls in der Kompositionsanalyse zu beachten. Ein Quadrat kann ausgleichend wirken, ein besonders breites horizontales Rechteck unterstreicht Ruhe, ein extremes Hochformat wiederum kann Beengtheit vermitteln.
In der abstrakten Kunst ist es ganz zentral, wie die einzelnen Komponenten zueinander in Beziehung gesetzt sind. Gestaltungselemente werden selbst Thema des Bildes. Nicht übersehen werden darf, dass natürlich auch die sogenannte gegenständliche Kunst auf einem Zusammenspiel verschiedener Gestaltungsmittel beruht – auch wenn man bei diesen Bildern oft geneigt ist, sich nur auf das Dargestellte zu konzentrieren.

Querverweise

→ *11.2 Das Aquarell:* Farbe, Wasser und Papier

→ *11.4 Die Ölmalerei:* Pastos und lasierend

→ *12.13 Körper und Raum*

→ *15.1 Die Zeichnung:* Begriffsklärung und Möglichkeiten

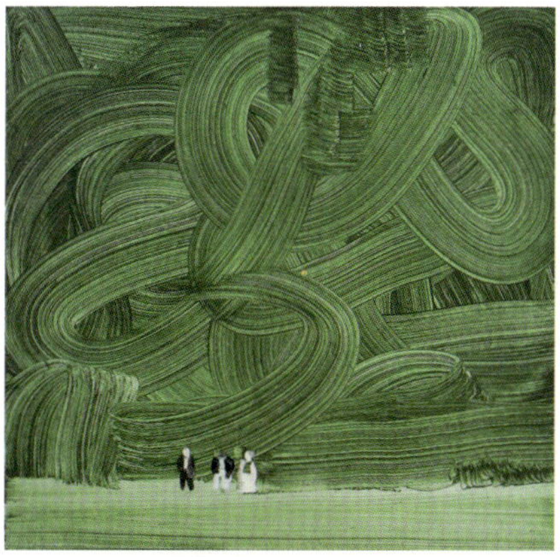
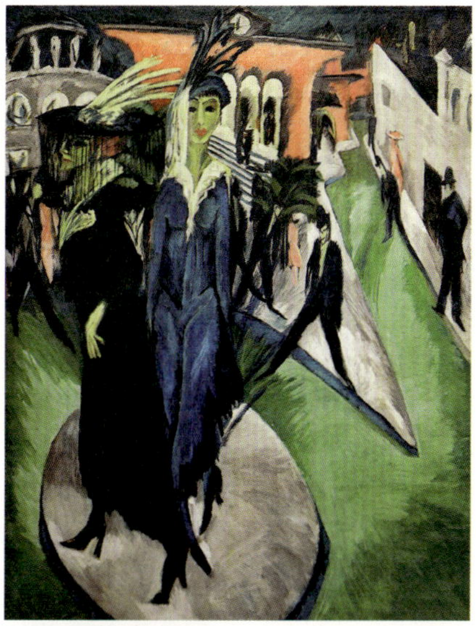
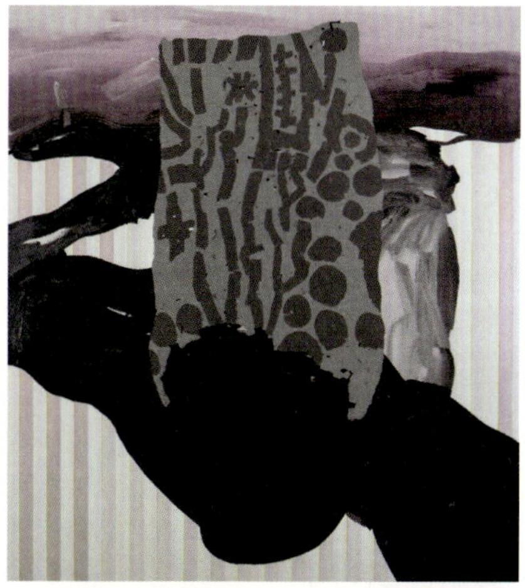
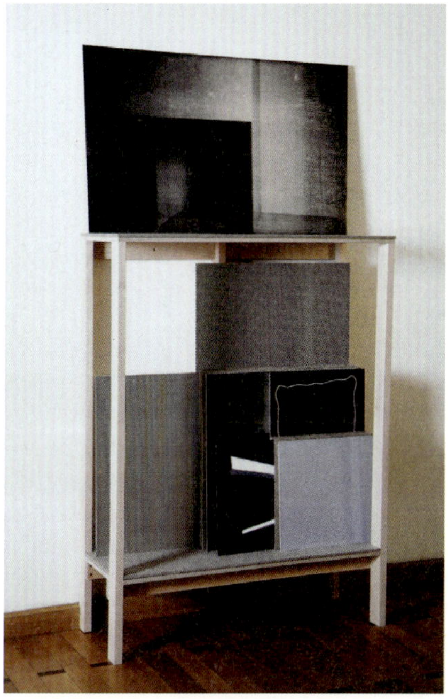
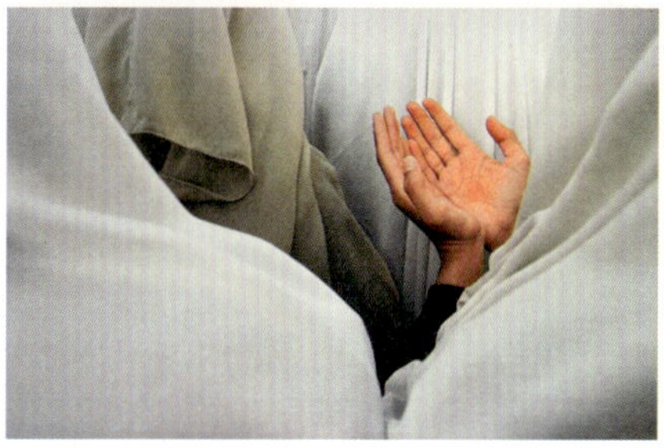
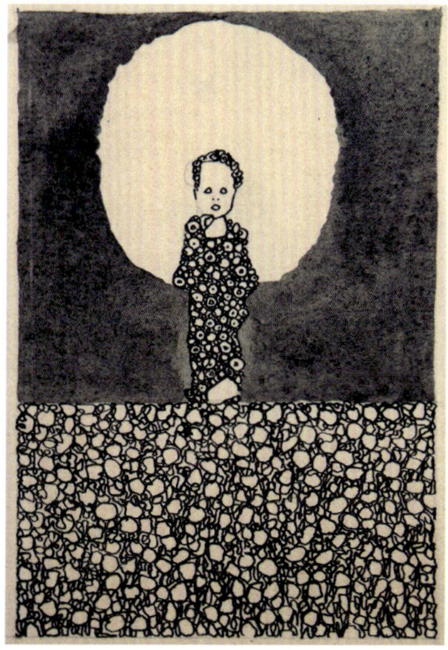

Abb. Seite 30: Nicholas Hlobo: Ndize (Tail), 2012, 840 x 3 07 cm, Bänder, Stahl, Gummibänder, Leder
Abb. oben links: Wilhelm Sasnal: Shoah (Forest), 2003, 45 x 45 cm, Öl auf Leinwand
Abb. unten links: R. H. Quaytman: Constructivismes, Chapter 13 (with Painting Rack), 2009, Druckstock, Öl, Holz
Abb. oben Mitte: Ernst Ludwig Kirchner: Potsdamer Platz, 1914, 200 x 150 cm, Öl auf Leinwand
Abb. Mitte: Alexandra Boulat: Pakistan, 2001, Fotografie
Abb. oben rechts: Charline von Heyl: Slow Tramp, 2012, 208,3 x 182,9 cm, Öl, Acryl und Kohle auf Leinwand
Abb. unten rechts: Egon Schiele: Kind mit Nimbus auf einer Blumenwiese, 1909, Bleistift, mit Tusche laviert, auf Zeichenpapier, 15,7 x 10,3 cm

Aufgabenstellung

Definiere den Begriff „Bildkomposition". Welche Grundelemente kannst du nennen? Welche Aspekte bezüglich Materialwahl sind zu beachten? Beziehe die Abbildungen auf dieser Doppelseite in deine Reflexionen mit ein.

2.2 Der Blick ...

... im Bild – ... ins Bild – ... aus dem Bild

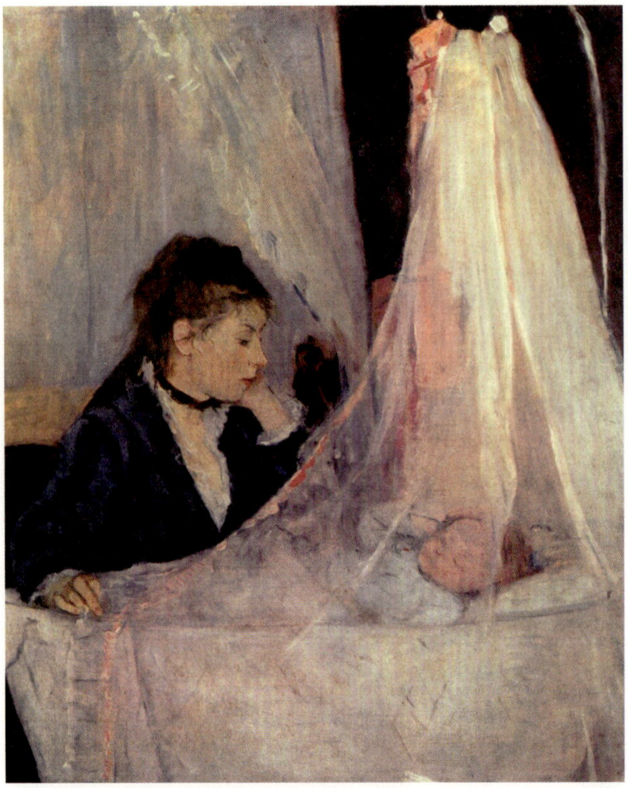

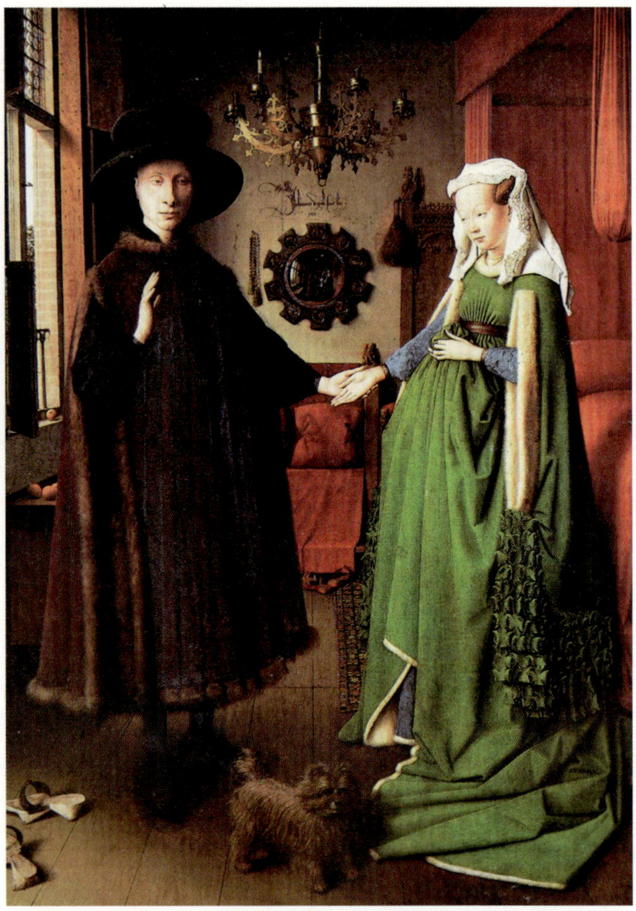

Wenn wir ein Bild betrachten, ist es so, als würden wir es Stück für Stück abtasten. Wir schauen von einem Element zum nächsten, springen vielleicht in eine ganz andere Ecke – man spricht von Blickführung. Einzelne Kompositionselemente leiten uns, wie zum Beispiel Umrisslinien eines Objekts. Oft gibt es ein auffälliges Objekt oder dargestellte Personen, die automatisch die Aufmerksamkeit auf sich ziehen. Wo sind diese im Bild positioniert? Zentral in der Mitte oder an den Bildrand verschoben? Werden eher horizontale oder vertikale Strukturen im Bild betont? Vielleicht sind es auch schräg angelegte Elemente, die das Bild dominieren. Darüber hinaus können auch sogenannte Blicklinien entstehen, wo gar keine durchgängige Verbindung besteht. Solche Verbindungslinien stellen wir zwischen einzelnen Elementen her, die die gleiche Farbe, Form oder Richtung besitzen. Wohin wir unseren Blick lenken lassen, hängt auch von den Blickrichtungen dargestellter Personen ab. In der Bildbetrachtung neigt man dazu, dorthin zu sehen, wo die dargestellten Figuren hinschauen. In dem Gemälde von *Berthe Morisot* (1841–1895) folgen wir dem Blick der Mutter auf das friedlich schlafende Kind. Der Faltenwurf unterstützt die Konzentration auf das Kind und die Mutter-Kind-Beziehung.

Nicht nur der Blick im Bild, sondern der Blick ins Bild bzw. aus dem Bild heraus hat über die Jahrhunderte zahlreiche Kunstschaffende beschäftigt. Wo befindet sich die Betrachterin oder der Betrachter und wer betrachtet das Bild überhaupt? In *Jan van Eycks* Gemälde überrascht ein unscheinbares Detail. Im Spiegel an der Rückwand ist nicht nur der abgebildete Raum samt Brautpaar zu sehen, sondern zwei zusätzliche Figuren. Darüber steht in geschwungenen Lettern: „Johannes de Eyck fuit hic 1434." („Johannes Eyck war hier 1434.") Das Gemälde zeigt also nicht nur den Raum im Bild, sondern auch jenen vor dem Bild und verrät uns in diesem Fall etwas über den Künstler selbst.

Abb. oben: Berthe Morisot: Die Wiege, 1872, Öl auf Leinwand, 56 x 46 cm
Abb. unten: Jan van Eyck: Hochzeit der Arnolfini, 1434, Öl auf Holz, 82,2 x 60 cm + Detail

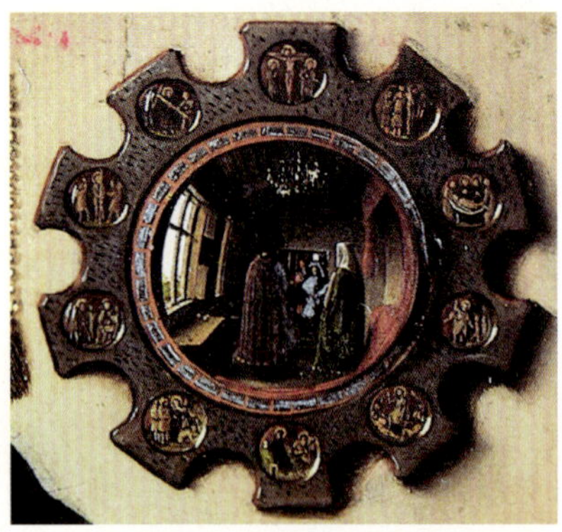

Aufgabenstellungen

V A R S	Erkläre, was unter den Begriffen „Blickführung" und „Blicklinien" verstanden wird. Welche Blicklinien sind in *Morisots* Gemälde auffällig? Zeichne den Bildaufbau in einer Skizze nach.
V A R S	Erläutere anhand des Gemäldes von *Jan van Eyck* die Kategorien Raum und Betrachterstandpunkt im zweidimensionalen Bild.

Der Punkt gilt als kleinste grafische Einheit. Er kann als Gestaltungsmittel bedingt durch das Material eingesetzt werden, wie zum Beispiel im Mosaik, das vor allem in der Antike und in Europa bis zur Bevorzugung der Freskomalerei Böden und Wände schmückte. Durch die Farbanordnung dieser „Pixel" kann sogar Räumlichkeit suggeriert werden. Die zeitgenössische Künstlerin *Liza Lou* (*1969) ist bekannt für ihre Glasperlen-Bilder und -Rauminstallationen. Von einem entfernten Standpunkt wirken sie flächig, erst bei genauem Hinsehen erkennt man die Einzelpunkte. Dieser optische Effekt, dass einzelne Bildpunkte in der Entfernung als Farbfläche wahrgenommen werden, wurde von vielen Kunstschaffenden im Lauf der Kunstgeschichte in unterschiedlicher Weise thematisiert. *Georges Seurat* gilt als wichtigster Vertreter des Pointillismus (frz. *point* = Punkt). Diese Strömung (um 1889–1910) entwickelte sich aus dem Impressionismus, welcher sich seinerseits bereits mit der unterschiedlichen Wirkung von Farbe auseinandergesetzt hatte. *Seurat* interessierte sich dafür, wie zwei Farben nebeneinander wirken können und setzte seine Bilder aus lauter kleinen Farbpunkten zusammen. Wenn man unterschiedliche Farbpunkte aus einiger Distanz betrachtet, verschmelzen sie zu einem Gesamteindruck bzw. beeinflussen sie einander. Ein heller Punkt neben vielen schwarzen wirkt noch heller. Grün neben Gelb erscheint bläulicher. Diesen Effekt kann man auch bei großen Plakatwänden feststellen. Wenn man direkt davorsteht, erkennt man die einzelnen Punkte, aus denen sich das Motiv zusammensetzt. Beim Weiterweggehen ergibt sich eine Farbfläche, deren Farbeindruck sich von den Einzelpunkten unterscheiden kann.
Der amerikanische Künstler *Chuck Close* (*1940) geht in seinen großformatigen Porträts von Fotos aus, die er mittels Raster in kleinste Einheiten teilt und so die Farbpunkte für seine Arbeiten ermittelt.

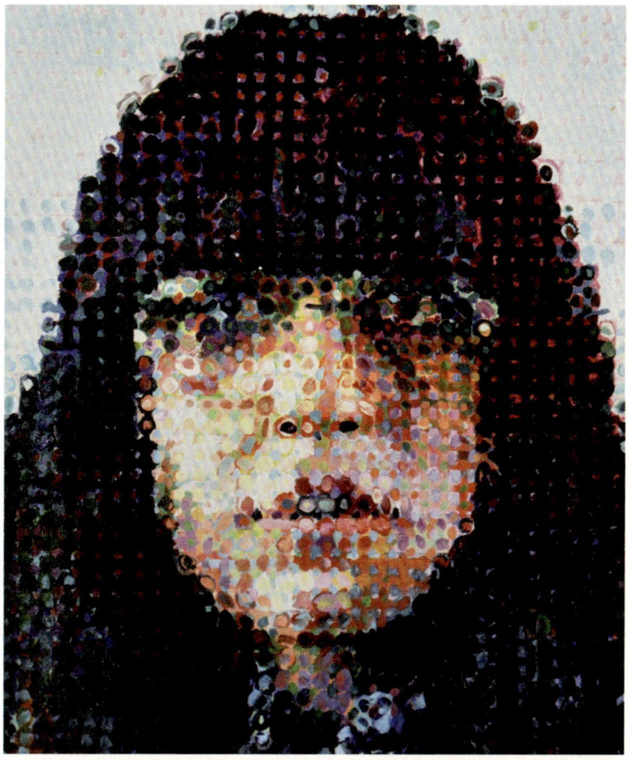

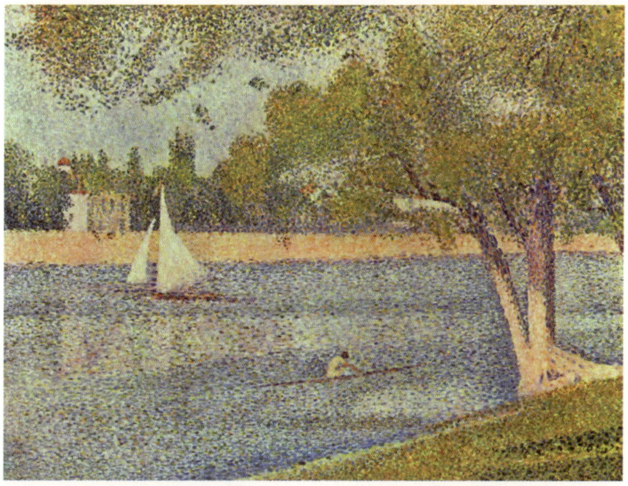

Abb. oben: Chuck Close: Susan, 1987, Öl auf Leinwand, 61 x 51 cm
Abb. Mitte: Georges Seurat: La Seine à la Grande-Jatte, printemps, 1888, Öl auf Leinwand
Abb. unten: Liza Lou: Küche, 1991–1996, Glasperlen, Küche in Originalgröße + Detail

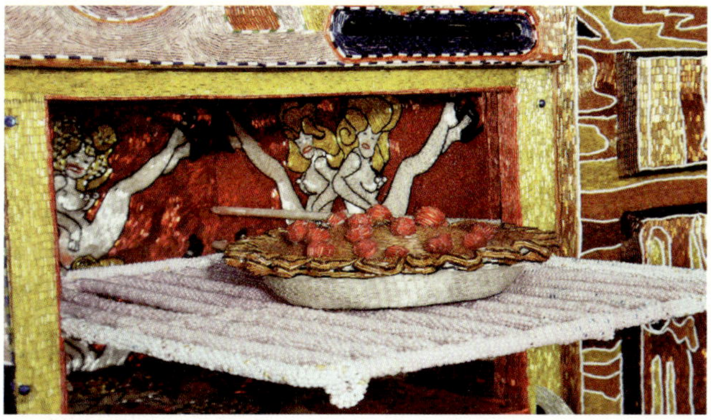

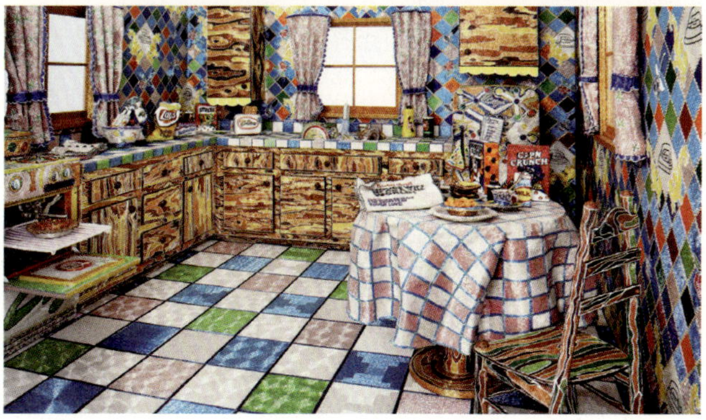

Aufgabenstellung

Worin unterscheidet sich der punkthafte Aufbau des Impressionismus von dem des Pointillismus? Vergleiche mit den Kapiteln „11.7 Bildgattung Landschaft: Impressionismus" und „2.6 Farben und Kontraste" (Quantitätskontrast).

2.4 Die Linie

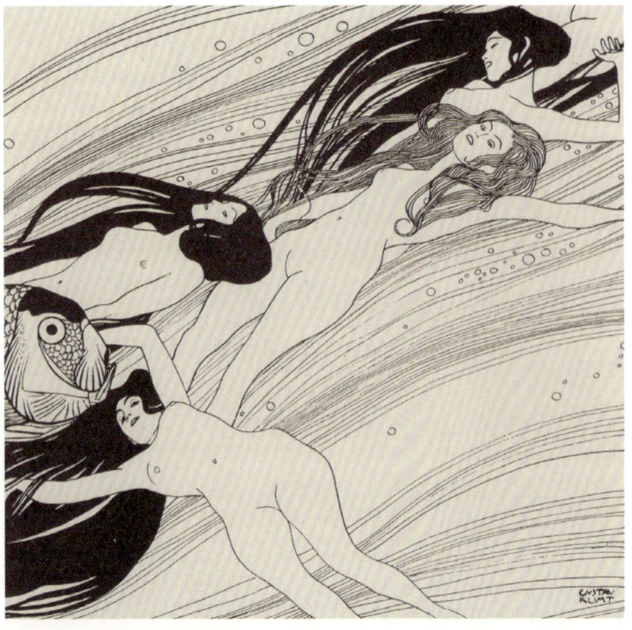

Abb. oben: Gustav Klimt: Fischblut, 1898, Tusche
Abb. unten: Eugène Delacroix: Wagenlenker, Feder und schwarze Tinte mit Wasserfarbe auf Velin 17,3 x 37 cm

Die Linie gilt als das wesentliche Gestaltungsmerkmal der Zeichnung. Je nachdem, wie die Linie geführt wird (geschwungen, in einem Zug, verwackelt etc.) und wo sich die Linie „hinbewegt", kann die Bildkomposition unterschiedlich wirken. Gerade Linien können einen statischen Eindruck erwecken, schräge Linien hingegen Dynamik. Ebenso kann eine Schräge aber auch Instabilität suggerieren. Darüber hinaus können in der Gestaltung Schraffuren eingesetzt werden.

Mit einfachen Umrisslinien der Körper und den fließenden als Linien dargestellten Wellen erreicht *Gustav Klimt* in diesem Jugendstil-Beispiel eine bewegte Komposition. Die Frauen schwimmen scheinbar schwerelos im Wasser. Keine Horizontlinie unterteilt den Raum in ein Oben und Unten. Die Körper sind vom Bildrand angeschnitten und ihre Bewegung führt diagonal durch das Bild.
In der Zeichnung von *Eugène Delacroix* (1798–1863) werden die Figuren durch die Linienführung in Bewegung gesetzt. Der lockere Strich, der die Umrisse andeutet und mit anderen Linien überlappt, die schemenhafte Darstellung, die sich nicht in Details verliert, und die teils offen gelassenen Linien – dieses schnelle Skizzieren deutet Bewegung an. Durch die variierende Strichstärke erhält das Blatt zusätzlich Raumtiefe.

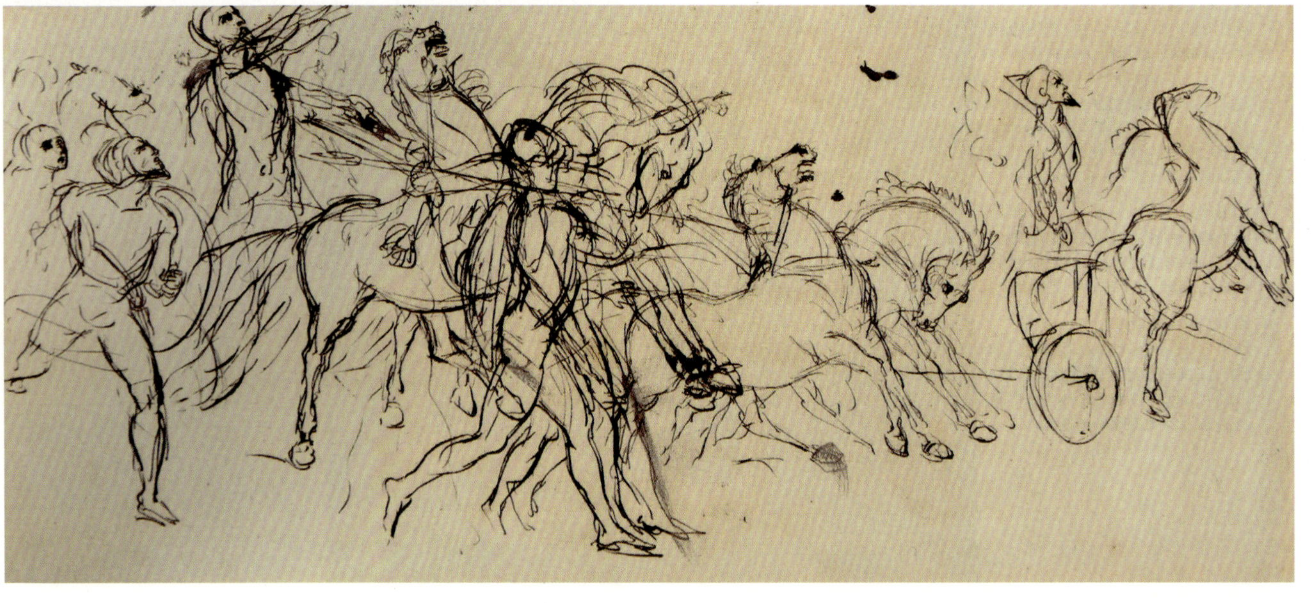

Aufgabenstellungen

V A R S — Beschreibe anhand der Abbildungen, durch welche bildnerischen Möglichkeiten der Linie Dynamik ins Bild gebracht werden kann.

V A R S — Erarbeite ein Fotoprojekt, in welchem du dich mit der Linie auseinandersetzt. Überlege dir, inwieweit Abstraktion in deiner Arbeit eine Rolle spielt.

2.5 Die Fläche

Der Einsatz der Fläche als Gestaltungsmittel hängt zum einen von der Form, Größe und Wiederholung und zum anderen von der Farbwahl ab. So kann mit runden, harmonischen Formen ein friedlicher Eindruck erweckt werden, mit spitzen Formen hingegen Aggressivität oder Bedrohlichkeit. *Franz Marc*, der neben *Kandinsky* zum Kreis des Blauen Reiter gehörte, wurde mit seinen Tiermotiven (u. a. Pferde, Tiger, Kühe) bekannt. In dem Gemälde „Tierschicksale" (1913) dominieren spitze Formen, die in Schrägen quer durcheinander wie Pfeile angeordnet sind. Die gewählte Farbpalette ist düster. Mit dem Kontrast der dunklen Farben zu dem grünlichen Gelb und gedämpften Rot und Blau wirkt das Bild bedrohlich und unheilvoll. Der Titel unterstreicht in diesem Fall den Eindruck. Anders verhält es sich mit dem zwei Jahre früher entstandenen Bild „Die großen blauen Pferde". Auch hier wird der Eindruck von Dynamik und Bewegung erzeugt – diesmal aber auf andere Weise. Die Farbgebung ist klar und in sich weitgehend homogen. Im Gegensatz zu den dumpfen Farben in „Tierschicksale", kommen im Pferdebild vor allem die sogenannten Primärfarben zum Einsatz. Die Formen der Pferde sind geschwungen. Durch die schwingende Formwiederholung im Hintergrund wirkt auch dieses Gemälde rhythmisiert. Dynamik wird in diesen beiden Beispielen auf unterschiedliche Weise erzeugt und erzielt auch unterschiedliche Wirkungen.

Die Bildkomposition von „Martinique, 1. Januar 1972" des aus Budapest stammenden Fotografen *André Kertész* (1894–1985) macht das Foto beinah zu einem abstrakten Bild in verschiedenen Grauschattierungen. Himmel, Meer und Glasscheibe sind als Flächen scharf begrenzt. Die vertikale „Linie" (Abschluss der Glasfläche) und die horizontale „Linie" (des Meeres) beruhigen, die leicht schräge Linie der Balkonbrüstung hingegen führt ins Bild hinein. Die Präzision der Bildkomposition beruht auch auf dem Rechteck, das sich dem goldenen Schnitt annähert, und findet sich in der akkuraten Titelangabe wieder.

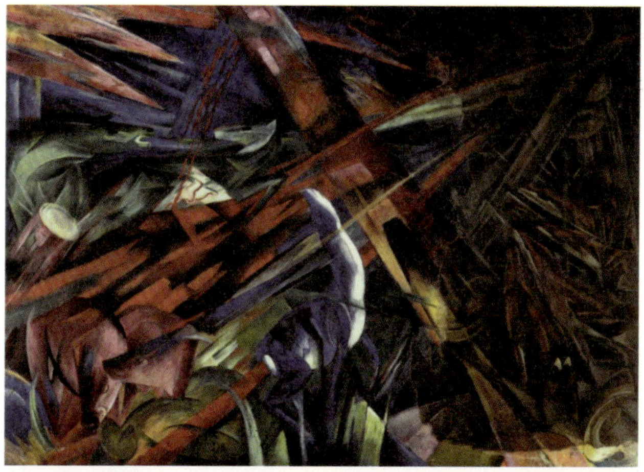

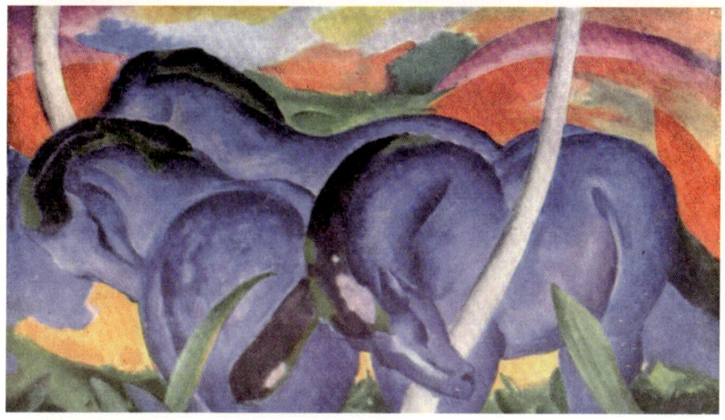

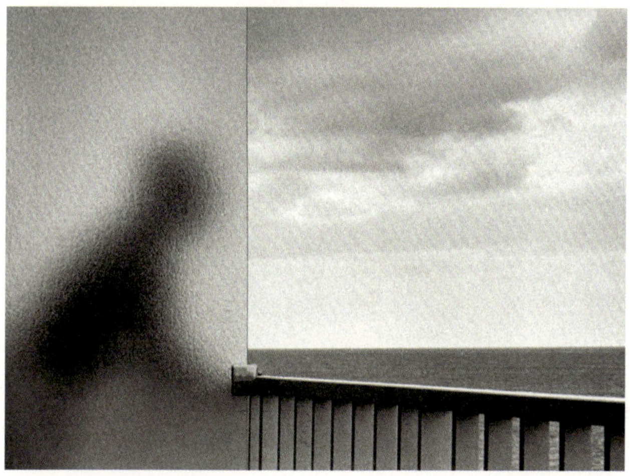

Abb. oben: Franz Marc: Tierschicksale, 1913, Öl auf Leinwand, 195 x 263,5 cm

Abb. Mitte: Franz Marc: Große blaue Pferde, 1911, Öl auf Leinwand, 105 x 181 cm

Abb. unten: André Kertész: Martinique, 1. Januar 1972, Schwarz-Weiß-Fotografie

Querverweise

2.8 Symmetrie und Bildebenen

7.3 Farbensehen: Blau – eine Farbe

Aufgabenstellungen

Erkläre in eigenen Worten den letzten Satz des ersten Absatzes anhand der beiden Abbildungen. Mit welchen formalen Elementen wird auf „unterschiedliche Weise" die „unterschiedliche Wirkung" erzielt?

Suche im Buch nach weiteren Beispielen, in denen dir der Einsatz von Fläche interessant erscheint. Überlege, welche formale Umsetzung dabei dein Interesse geweckt hat.

2.6 Farben und Kontraste

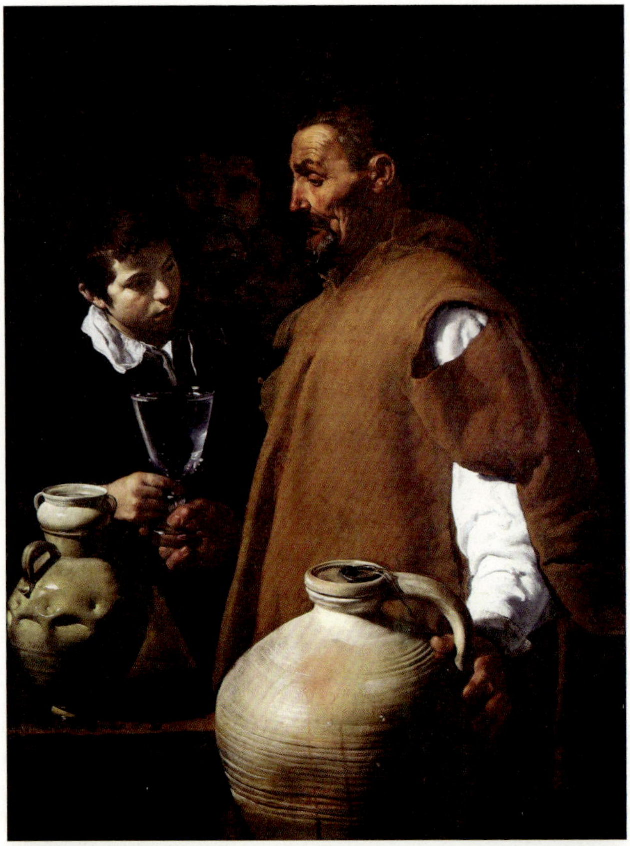

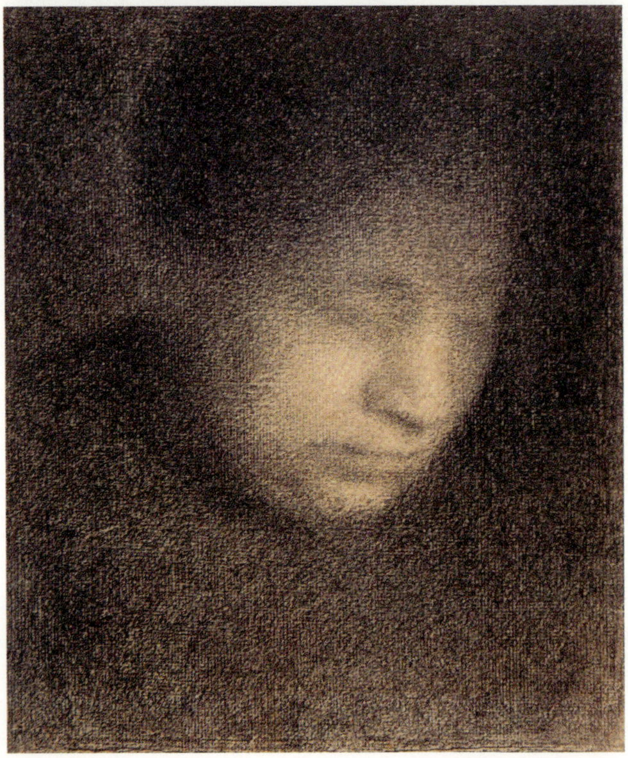

Im Kapitel „7.2 Farbkreis – Farbmischung" wird das Kreismodell von *Johannes Itten* vorgestellt. *Itten* geht davon aus, dass sich Farben in ihrer Wirkung beeinflussen. Daher ist es entscheidend, welche Farben kombiniert, wie sie nebeneinandergesetzt werden und in welcher Quantität. Insgesamt hat er sieben Farbkontraste näher definiert:

1. Farbe-an-sich-Kontrast
Dieser Farbkontrast entsteht bereits, wenn zwei unterschiedliche Farben nebeneinandergesetzt werden. Der Kontrast ist dabei am größten, wenn es sich um die Grundfarben handelt. In dem Bild „Die großen blauen Pferde" von *Franz Marc* (siehe dazu Kapitel „2.5 Die Fläche") ist dieser Kontrast sehr gut zu erkennen. Damit das Bild nicht bunt wirkt, dominiert meist eine Farbe, wie in diesem Fall Blau.

2. Hell-Dunkel-Kontrast
Durch den Hell-Dunkel-Kontrast kann Stimmung und Räumlichkeit erzeugt werden. Räumlichkeit kann jedoch nicht nur dadurch erzielt werden, dass eine Fläche immer dunkler oder heller wird, sondern entsteht auch, weil hellere Farben nach vorne tendieren, während dunklere Farben in den Hintergrund überzugehen scheinen. In dem Bild des spanischen Barockkünstlers *Diego Velázquez* wird der Tonkrug durch einen starken Hell-Dunkel-Kontrast besonders bauchig. Das Volumen des Gefäßes wird durch die Schattierung fast greifbar. Die Delle unten links wird mit einem dunkleren Schatten erzeugt. Der Bursch, der nach dem Glas greift, beugt sich mit dem Oberkörper nach vorne. Sein Gesicht und sein rechter Kragen werden von links hell beleuchtet. Er hebt sich vom dunklen Hintergrund gut ab, tritt förmlich heraus. Die dritte Figur im Hintergrund ist kaum zu sehen. Ohne besondere Hell-Dunkel-Modulierung verschwindet sie. Dieses Gemälde ist übrigens auch für seine täuschend echten Wassertropfen auf dem Krug berühmt.
In Landschaftsdarstellungen ist der Hell-Dunkel-Kontrast oft umgekehrt: In der Ferne wird es immer heller, bis die Bäume, Berge etc. endgültig verschwinden (siehe dazu die Ausführungen zum Qualitätskontrast auf Seite 39).

Abb. oben: Diego Velázquez: Der Wasserverkäufer von Sevilla, 1620, Öl auf Leinwand, 106,7 x 81 cm
Abb. unten: Georges Seurat: Die Mutter Seurats, 1882/83, Conté-Stift auf Papier, 30,5 x 23,3 cm

Seite 37:
Abb. oben rechts: Cecily Brown: Couple, 2003/04
Abb. unten rechts: Alex Webb: Vor der Blauen Moschee während des Ramadan, Istanbul, 2001
Abb. unten links: Van Gogh: Caféterasse am Abend, 1888, Öl auf Leinwand, 81 x 65,5 cm

3. Komplementärkontrast

Komplementärfarben sind jene Farben, die auf *Ittens* Farbkreis einander gegenüberstehen: Rot – Grün, Gelb – Violett und Blau – Orange. (In anderen Einteilungsschemata werden auch die Paare Gelb – Blau, Cyan – Rot, Purpur – Grün genannt.) Wenn ein Farbenpaar in einem Bild verwendet wird, verstärken sich die beiden Farben in ihrer Wirkung. *Vincent van Gogh* (1853–1890) hat in vielen seiner Bilder, wie z. B. in „Caféterasse am Abend", den Komplementärkontrast von Blau/Blauviolett und Gelb/Orange angewendet.

Die britische Malerin *Cecily Brown* (*1969) wurde in den 1990er-Jahren mit expressiven Gemälden mit teils erotischen Themen berühmt. In dem Bild „Couple" inszeniert sie mit lebendigem Pinselstrich ein Liebespaar im Grünen. Das rote T-Shirt bildet einen auffälligen Kontrast zu der grünen Umgebung. Auch der Quantitätskontrast ist hier auffällig.

In den Fotografien von *Alex Webb* stellen intensive Farben und Farbkontraste ein wiederkehrendes Element dar. Die Gegenüberstellung der grünlich wirkenden Hauswände mit dem roten Platz im Hintergrund erzeugen ein starkes Spannungsverhältnis.

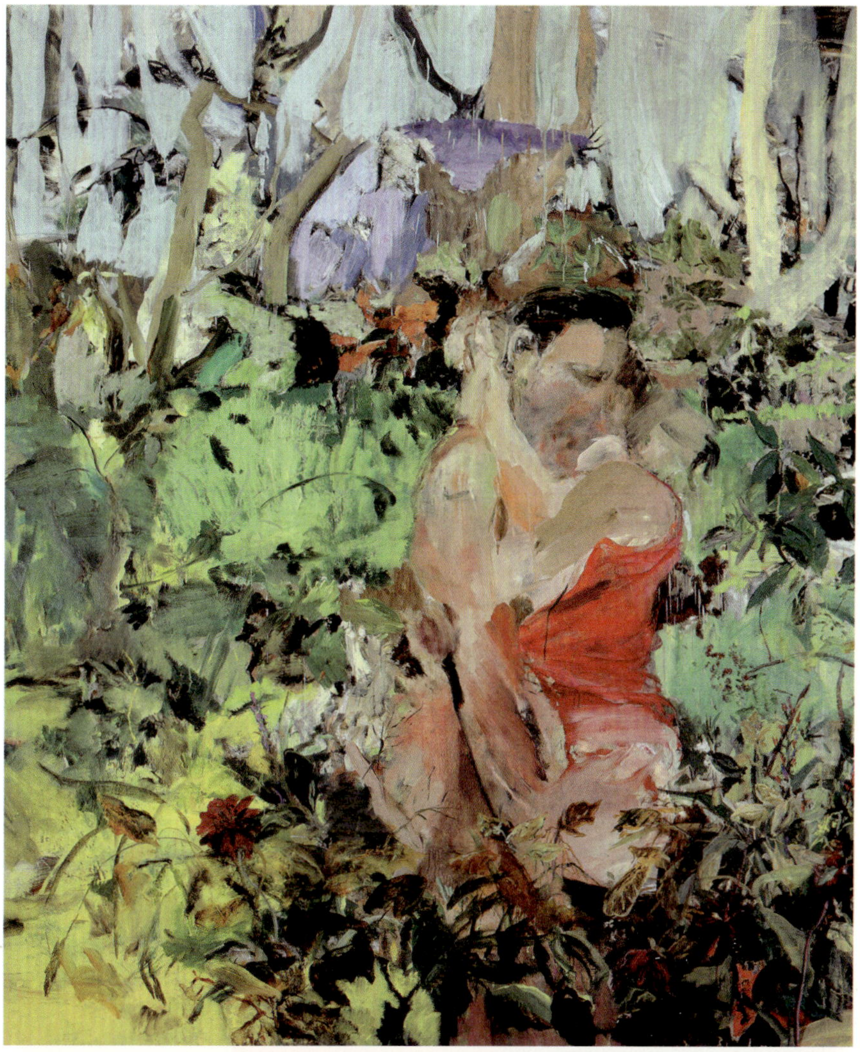

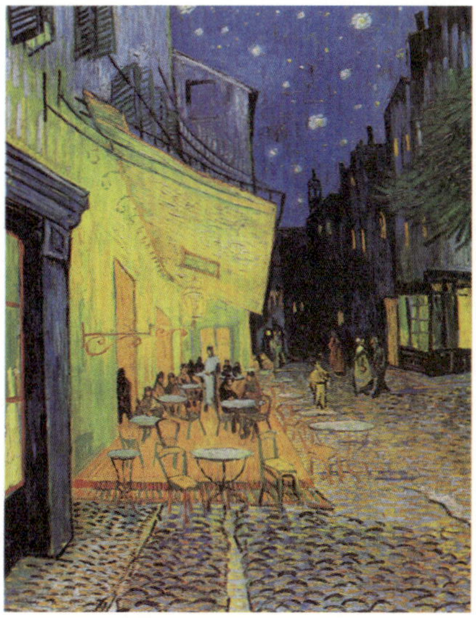

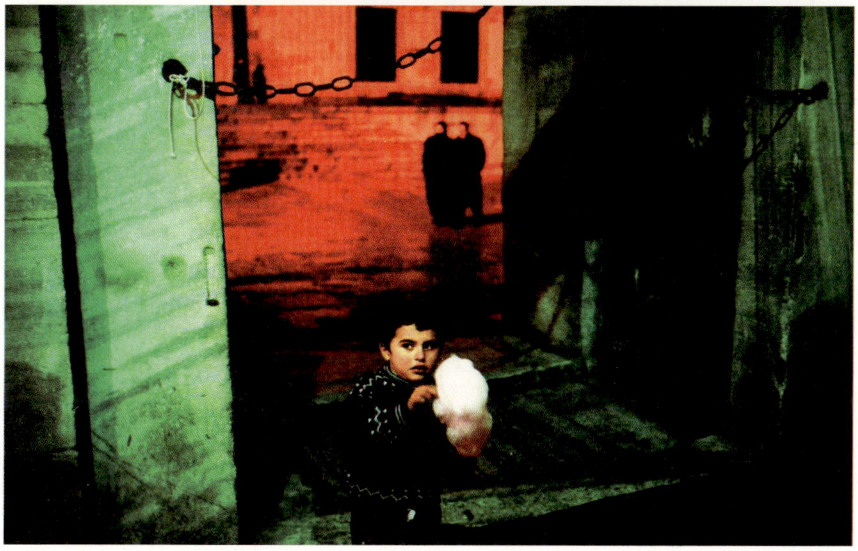

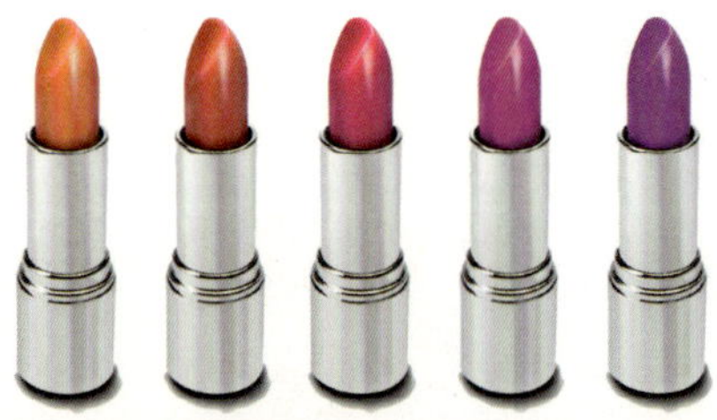

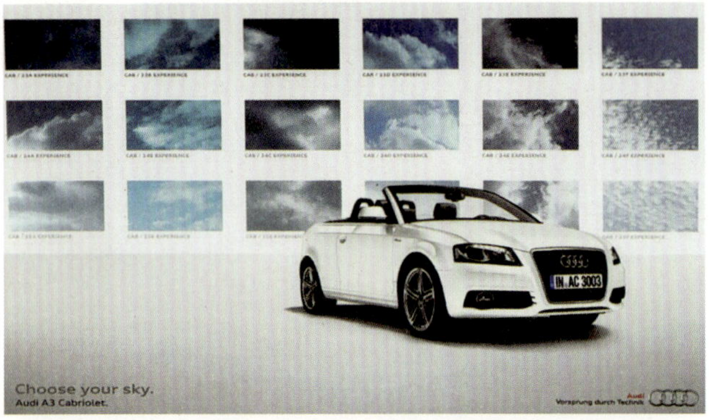

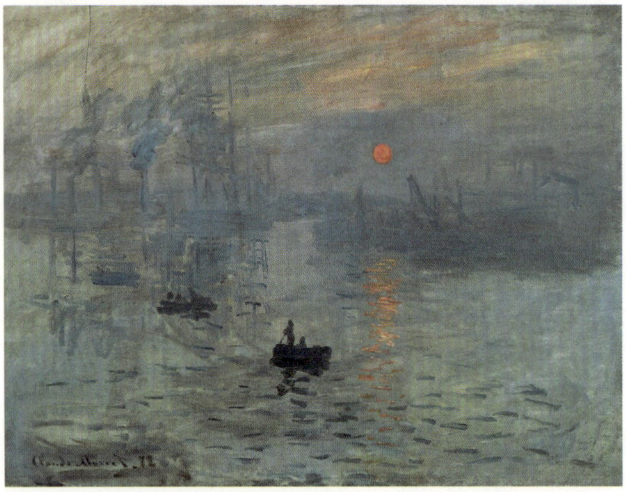

Abb. oben: Wärmere und kältere Farbtöne eines Lippenstifts
Abb. Mitte: Fred & Farid Paris: Choose your sky for Audi A3 Cabriolet, 2011, Frankreich
Abb. unten: Monet: Impression, soleil levant, 1872, Öl auf Leinwand, 48 x 63 cm

4. Kalt-Warm-Kontrast

Farben haben unterschiedliche Wirkungen auf uns. Wir können zwischen sogenannten warmen und kalten Farben unterscheiden. Rot und Orange zum Beispiel gelten als warme Farben. Blau und Türkis als kalt. Warme Farben können kühler wirken, wenn ein wenig von der kühlen Farbpalette beigemischt wird bzw. umgekehrt. In der Werbung bedient man sich dieser Wirkung: Ein klares Blau oder ungebrochenes Weiß bei Reinigungsmitteln suggerieren Frische. Autowerbungen lassen das angepriesene Objekt oft durch wilde Landschaften mit dramatisch blauem Himmel fahren.

Der Kalt-Warm-Kontrast hat jedoch noch einen zweiten Effekt. Warme Farben tendieren, ähnlich wie helle Farben, dazu, „nach vorne zu kommen". Blaue Töne wirken weiter weg. Wenn man in einer Landschaft Richtung Horizont schaut, kann man dies überprüfen. Der Renaissance-Künstler *Raffael* wendet den Kalt-Warm-Kontrast in seinem Bild „Madonna im Grünen" (1506) an (siehe dazu Kapitel „2.9 Statisch und bewegt"). Auch in der Fotografie von *Carl de Keyser* (Seite 39) ist dieser Farbkontrast festzustellen. Die Berge in der dritten Bildebene wirken blau im Gegensatz zu dem warmen Ocker im Vordergrund.

5. Quantitätskontrast

Bei diesem Kontrastmuster wird einer kleinen Farbmenge eine große gegenübergestellt. Dadurch geht der kleinere Bereich nicht unter, sondern wird – im Gegenteil – sogar besonders betont und zieht Aufmerksamkeit auf sich. *Claude Monets* Gemälde „Impression, soleil levant" (frz. „Eindruck, Sonnenaufgang") von 1872 gilt als eines der berühmtesten Gemälde seiner Zeit. Über dem Hafen von Le Havre geht die Sonne auf. Was den Künstler daran interessiert, ist ein momentaner Eindruck. So wie der Impressionist das Licht wahrnimmt, möchte er es wiedergeben. Der Pinselduktus verleiht der Komposition leichte Bewegung. Die Sonne in warmem Rot sticht aus der blauen Fläche von Meer und Himmel heraus (siehe Kalt-Warm-Kontrast). Nur im Wasser und ein wenig in den Wolken sind Lichtreflexionen zu sehen. Aufgrund seiner Skizzenhaftigkeit wurde das Bild von zahlreichen Zeitgenossen vehement kritisiert („Eine Tapete im Urzustand ist ausgearbeiteter als dieses Seestück"). Letztendlich gab das Werk aber einer ganzen künstlerischen Strömung ihren Namen: dem Impressionismus.

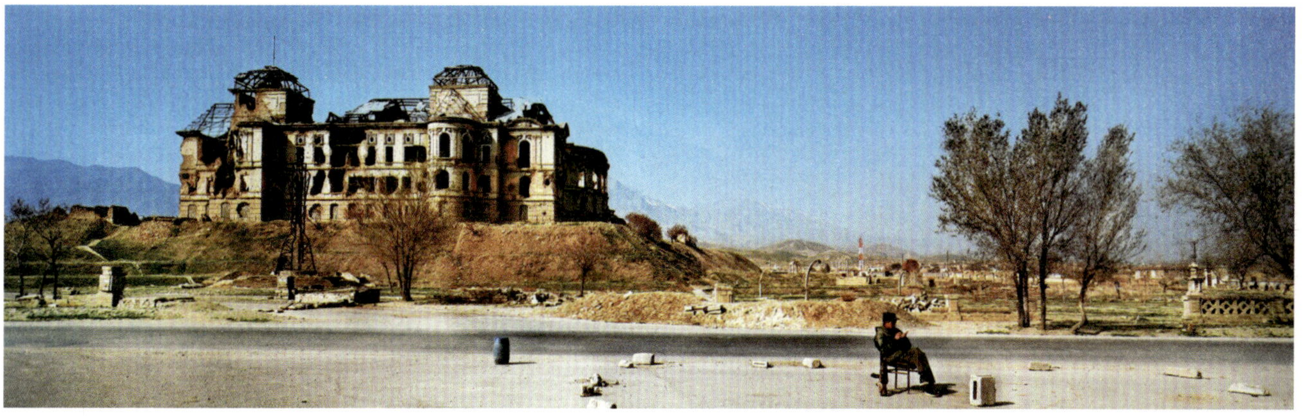

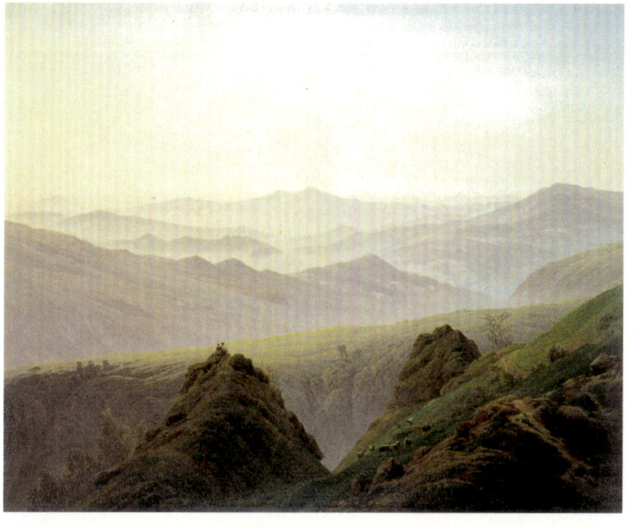

6. Qualitätskontrast

Beim Qualitätskontrast unterscheidet man zwischen gesättigten intensiven Farben und gebrochenen, manchmal auch schmutzig wirkenden Farben. Dieser Kontrast ist häufig in der Landschaftsmalerei vorzufinden, wobei er oft mit einem Hell-Dunkel-Kontrast kombiniert wird. *Caspar David Friedrich*, einer der Hauptvertreter der deutschen Romantik (Ende 18. Jh. bis Mitte 19. Jh.), ist für seine Landschafts- und Meeresdarstellungen bekannt. In dem abgebildeten Beispiel sieht man, dass die Intensität der Farben mit der scheinbaren Entfernung abnimmt. Die Berge verschwinden, bis man sie nicht mehr mit dem Auge ausmachen kann. Dieses Verblassen nennt man auch Luftperspektive. In der Fotografie von *Thomas Höpker* ist diese ebenfalls festzustellen.

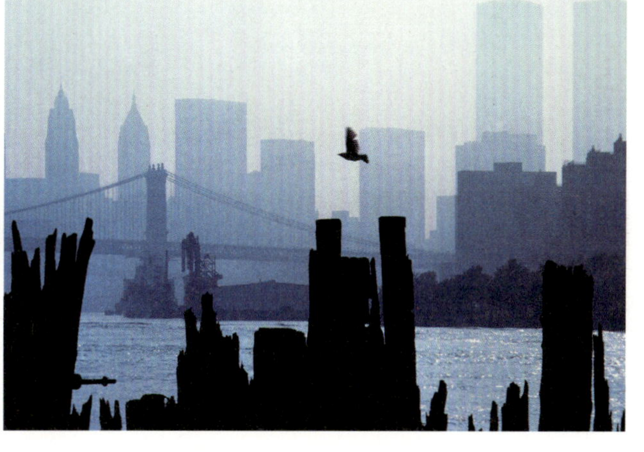

7. Simultankontrast

Vom Simultankontrast war schon im Kapitel „2.3 Der Punkt" (*Georges Seurat*) die Rede. Der Kontrast entsteht, weil auch nebeneinanderliegende Farben aufeinander Einfluss in ihrer Wirkung ausüben. Am leichtesten ist das festzustellen, wenn man z. B. eine blaue neben eine weiße Fläche legt. Das Gehirn impliziert im Weiß die Gegenfarbe zum Blau und lässt die eigentlich weiße Fläche dadurch gelblich-orange wirken. Eine rote Fläche wird wärmer, wenn sie von blauer Farbe umgeben ist, da durch das Blau seine Komplementärfarbe „mitgesehen" wird. *Monets* rote Sonne steigt umso stärker als wärmender Lichtbringer aus der kühlen Nacht.

Abb. oben: Carl de Keyzer: Afghanistan, 2003
Abb. Mitte: Caspar David Friedrich: Der Morgen im Gebirge, 1822/1823
Abb. unten: Thomas Höpker: Blick auf die Skyline von Manhattan, New York, 1983

Aufgabenstellungen

Fasse die hier vorgestellten Kontraste in eigenen Worten zusammen und recherchiere nach möglichen Bildbeispielen dazu. Erstelle ein Plakat, auf welchem du nochmal alles festhältst. V A R S

Reflektiere deine eigenen Arbeiten bezüglich der Bildgestaltung. Welche Aspekte erscheinen dir nach durchgeführter Analyse als gut gelungen und warum? Welche Bereiche würdest du jetzt eventuell anders gestalten? V A R S

2.7 Der Raum auf der Leinwandfläche

Zentralperspektive

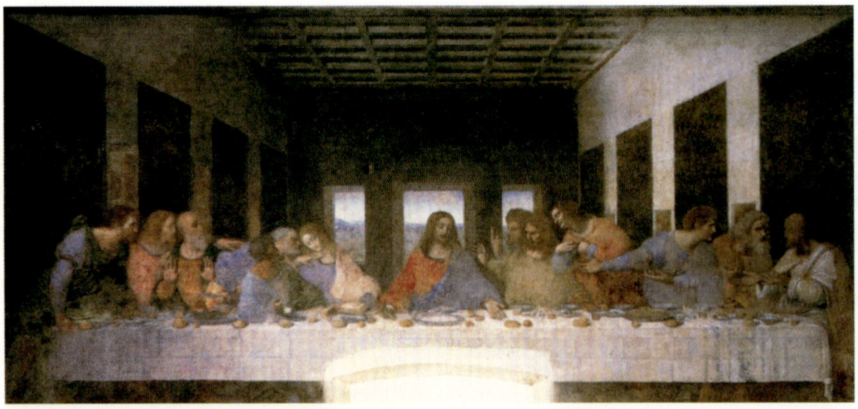

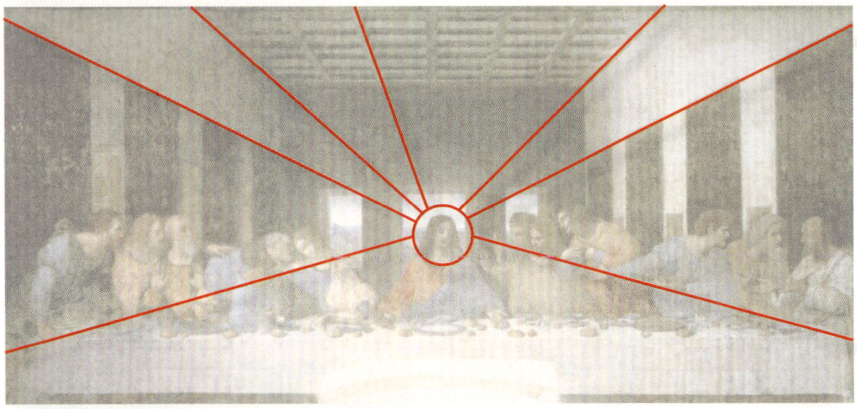

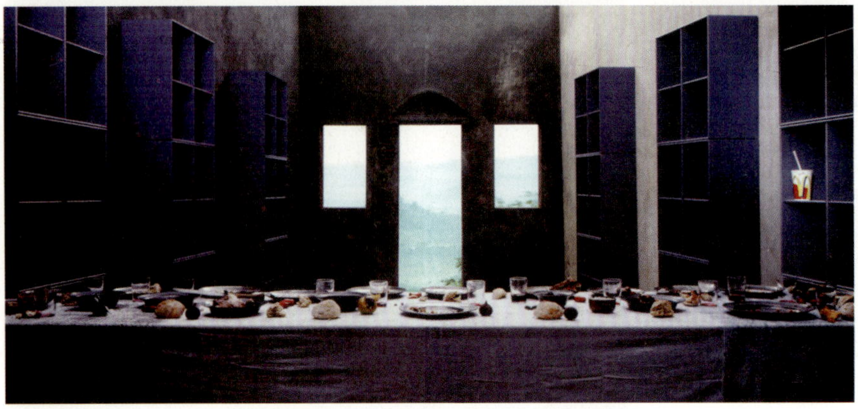

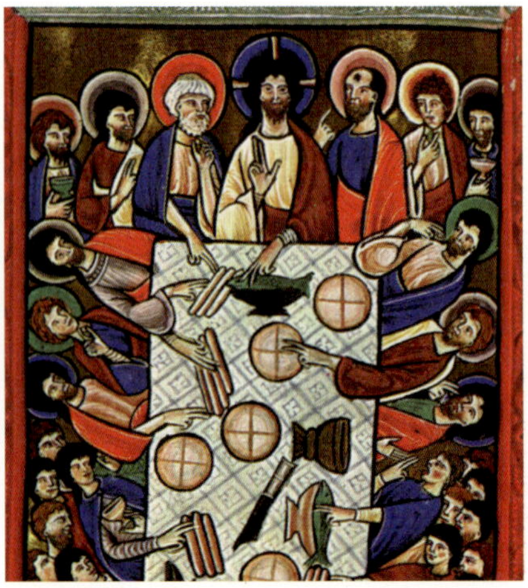

Komposition bezeichnet eine Ordnung der Bildelemente auf einer Bildfläche. Es gibt bestimmte Kompositionsregeln, die in verschiedenen Epochen entwickelt wurden, aber nicht zu allen Zeiten von Bedeutung waren, wie an Raumdarstellungen gut zu erkennen ist. Im Psalter um 1200 steht eine der Realität entsprechende Raumwiedergabe nicht im Vordergrund. Im Gegensatz dazu führte im 15. Jahrhundert der Wunsch danach zur Entwicklung der Zentralperspektive. Diese erlaubt eine Anordnung der Bildelemente, die größtmögliche Raumillusion hervorruft. Die Tiefenlinien laufen auf einem Punkt des Horizontes zusammen. Verkürzungen sind berechenbar.

Abb. rechts oben: Psalter aus Gloucester: Abendmahl, um 1200, Bayerische Staatsbibliothek, München

Abb. links oben: Leonardo da Vinci: Das letzte Abendmahl, 1495/97, Wandbild, 460 x 880 cm, Sta. Maria delle Grazie, Mailand

Abb. links unten: Montana Möbelprospekt, 2000

Querverweise

→ *11.5 Funktionen der Malerei:* Zauber und Magie: Höhlenmalerei – Künstler-Handwerker und Totenkult: Ägypten

→ *14.2 Darstellungsmöglichkeiten:* Die Vorstellungen von Räumen sichtbar machen – am Beispiel Frank Gehry

Aufgabenstellung

VARS Wie hat sich die Raumdarstellung im Laufe der Zeit verändert? Welche Veränderungen in der Weltanschauung jener Zeit kann die Entwicklung der Fluchtpunktperspektive mitbedingt haben?

Das Kompositionsschema der Symmetrie kann jegliche geometrische Form umfassen, eine Kreiskomposition bedeuten, aber auch eine Wiederholung von Bildelementen nach geometrischen Regeln. In dem Gemälde von *Wolfgang Herzig* treffen sich die in den raumführenden Linien beinahe in der Mitte des Bildes. Der symmetrische Bildaufbau wird zusätzlich verstärkt durch klare vertikale Linien und die Raumdekoration (Lampe und Flaschen). Auch die Figur des Kellners in Frontalansicht ist symmetrisch komponiert. Was die symmetrische Harmonie „stört" ist, dass er nach rechts gerückt und somit sein linker Arm angeschnitten ist. Dieser wird im Bild von einem weiteren Kellner „ergänzt". Auch die Schrägführung des rechten Tischs überrascht aufgrund der gewählten Perspektive.

Bildebenen, also die Einteilung eines Bildes in Vorder-, Mittel- und Hintergrund, sind direkte Folgen der Entdeckung der Perspektive. Eine Einteilung in Bildgründe ist besonders für die Entwicklung der Landschaftsmalerei von Bedeutung, in der auch ohne architektonische Hilfselemente zur perspektivischen Darstellung Raumtiefe erzeugt werden soll.

Mit übereinander gelegten, aber eindeutig definierten Bildebenen erreicht die Malerin *Christy Astuy* eine überraschende Tiefenillusion. Sowohl das gleichsam schwebende Kind, als auch der tapetenartige Hintergrund bestehen aus mehreren Bildebenen. Neben der Verbindung von Diagonalen und Vertikalen, die den Hintergrund bestimmen, sind es die Bildebenen, die in raffinierter Anordnung die Illusion und Tiefe des Raumes erzeugen.

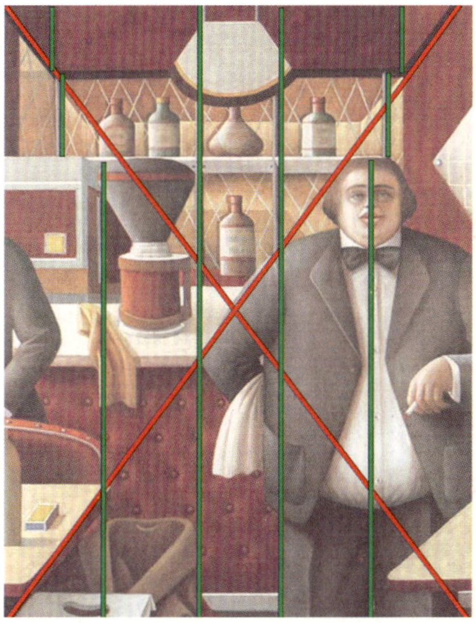
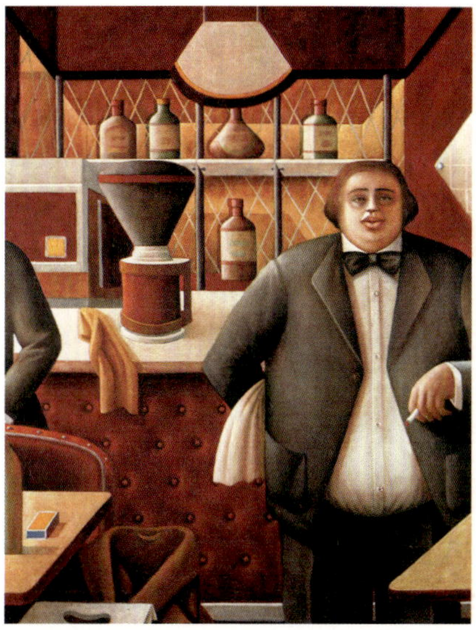

Abb. oben: Wolfgang Herzig: Espresso Girardi, 1974, Öl auf Leinwand, 120 x 90 cm, Privatsammlung, diagonaler Rasteraufbau vor horizontalen und vertikalen Bildachsen
Abb. unten: Christy Astuy: Angel, 1993, Öl auf Leinwand, 120 x 100 cm, Privatsammlung. Verdeutlichung des Bildaufbaus durch Darstellung der Schichtung wichtiger Bildebenen. Hinter den markierten Bildordnungen der Beispiele sind auch noch andere Ordnungsstrukturen auffindbar.

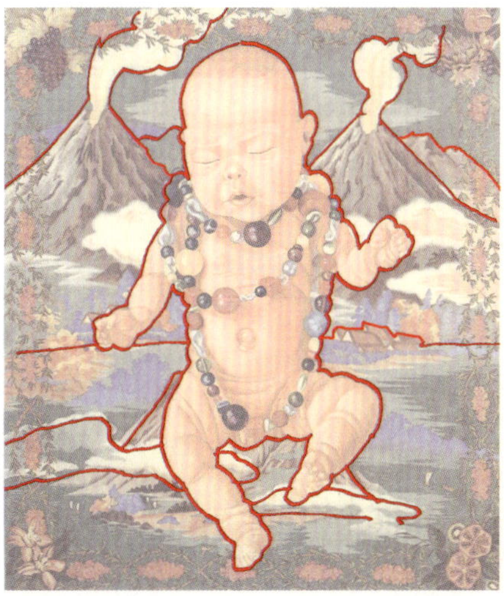
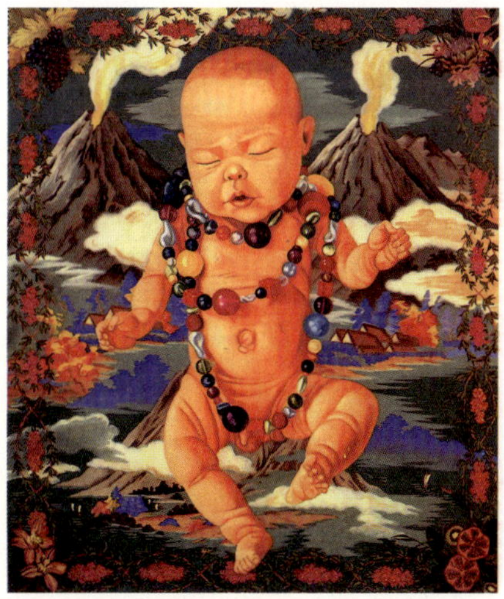

Aufgabenstellung

Analysiere den Bildaufbau von *Wolfgang Herzigs* Gemälde „Espresso Girardi". Inwieweit ist die Komposition als symmetrisch zu bezeichnen? Welche Elemente „stören" dieses Prinzip? Aus welchen Gründen, glaubst du, hat sich der Künstler für diese „Brüche" in der Bildsymmetrie entschieden?

2.9 Statisch und bewegt

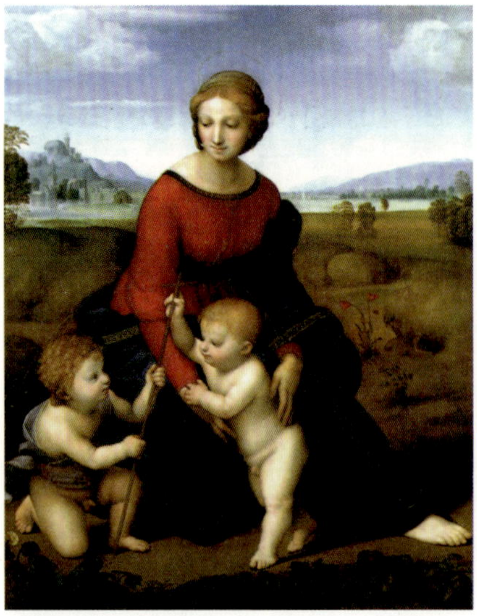

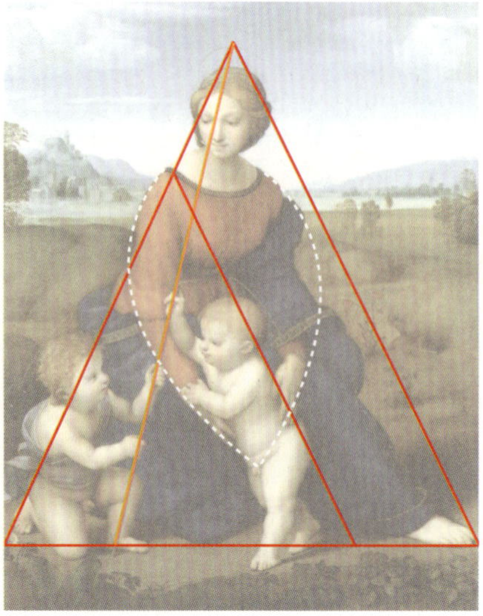

Abb. oben: Raffael: Madonna im Grünen, 1505/06, Öl auf Holz, 113 x 88 cm, KHM, Wien, und darüber gelegtes Kompositionsschema der Figura Piramidale
Abb. unten: Mathias Grünewald: Verspottung Christi, 1503, Alte Pinakothek, München, und darüber gelegte Kompositionslinien. Der dahinter liegende Bildaufbau aus den zwei Diagonalen ist dadurch weniger sichtbar.

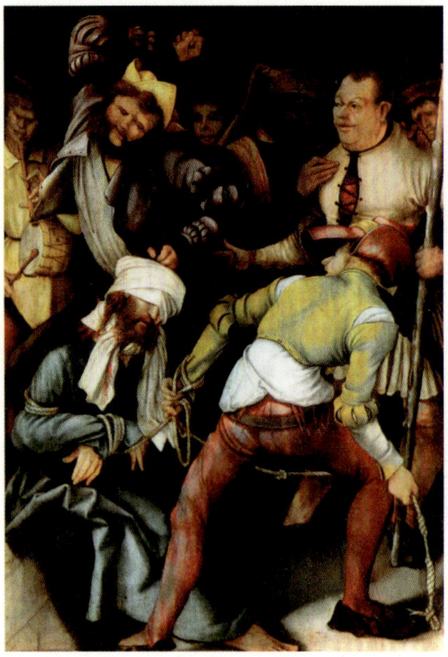

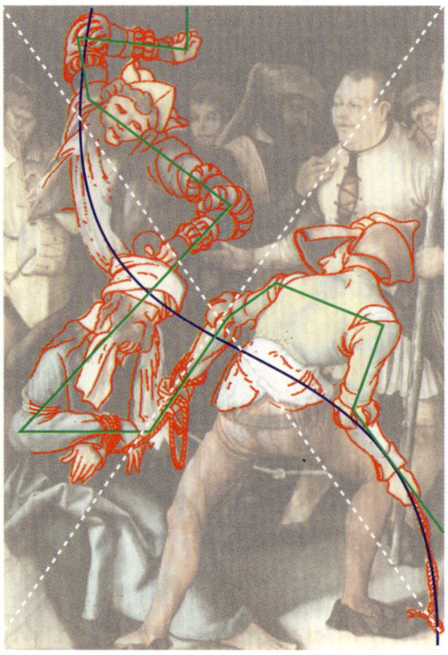

Bildkompositionen können auch eine rhythmische Gestaltung beinhalten. Diese kann dazu dienen, die Darstellung von Bewegung zu unterstützen, sie kann Bilder statisch ‚beruhigen', aber auch Bildteile von anderen abgrenzen.
Der Begriff „Figura Piramidale" beschreibt die Anordnung einer Figurengruppe in Form einer Pyramide. Die „Figura Piramidale" wurde vor allem in der Hochrenaissance und in religiösen Szenen verwendet. Auf dem höchsten Punkt der Pyramide steht die wichtigste darzustellende Person, etwa ein Heiliger oder eine Madonna. Auch *Raffael* hat dieses klassische Schema für seine „Madonna im Grünen" verwendet, wobei die Außenpyramide die ganze Gruppe, die Innenpyramide die Kleingruppe umschreibt.
Im Bild einer „Verspottung Christi" von *Mathias Grünewald* zeigt die Strichzeichnung, wie die drei Hauptfiguren durch den rhythmischen Bewegungsablauf miteinander besonders eng in Beziehung gesetzt werden. Die rhythmische Bewegung beginnt links oben mit der erhobenen Faust des Schergen, setzt sich in Richtung des Hauptes Christi fort und endet rechts unten mit der rechten Hand des zweiten Schergen. Gleichzeitig bewirkt diese dynamische Darstellung eine Abgrenzung gegen die den Hintergrund bildende Figurengruppe.
Diese rhythmische Komposition bildet eine Diagonale, die fast das Bild teilt, und verstärkt die Wirkung der Bildebenen.

Querverweis

→ *2.2 Der Blick …:* … im Bild – … ins Bild – … aus dem Bild

Aufgabenstellung

V A R S Beschreibe anhand der beiden abgebildeten Gemälde, welche Bildelemente zu einem statischen bzw. dynamischen Eindruck beitragen.

2.10 Ein Kompositionsbeispiel und wie später darauf reagiert wird

„El tres de mayo de 1808" von Francisco de Goya

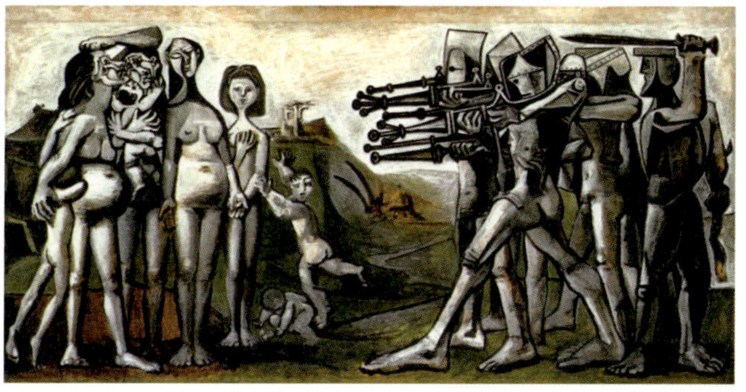

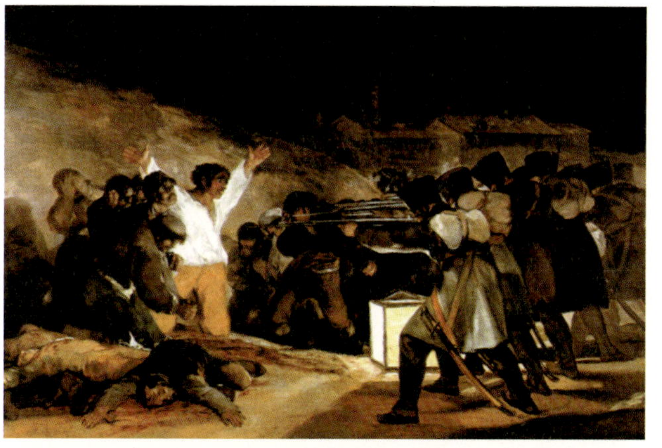

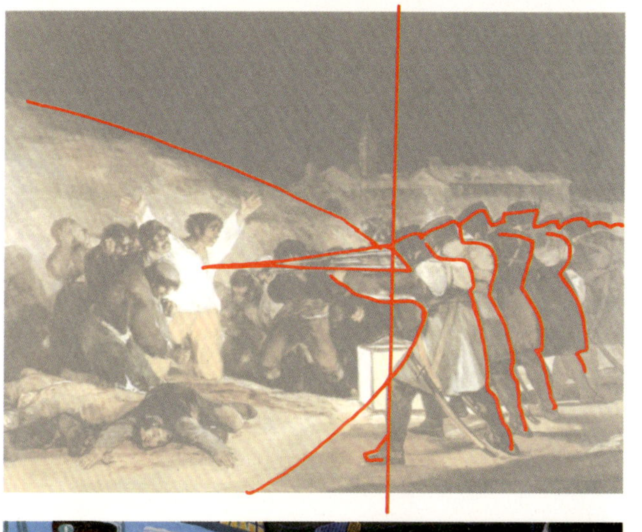

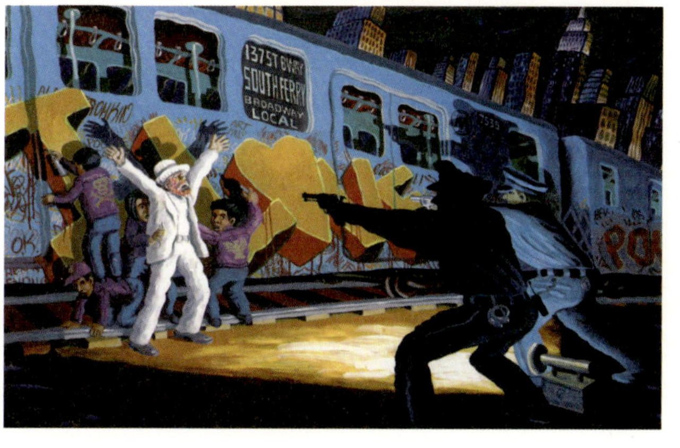

Die „Erschießung der Aufständischen" von *Francisco de Goya* (1746–1828) enthält ein einfaches, aber effektvolles Kompositionsschema, das oft von anderen Kunstschaffenden übernommen oder variiert wurde. Das Bild dokumentiert die Erschießung der Aufständischen, die gegen die Besatzung Spaniens durch die Franzosen rebelliert hatten. *Goya* hält den Moment des Stillstandes, Zielens und atemlosen Wartens auf den Tod fest, in dem die Grausamkeit des Vorgehens am eindringlichsten zur Geltung kommt.
Die zentrale Figur erhebt ihre Arme zur Diagonale und wird so zu einem Kreuz, dem Zielpunkt der Kugeln und Blickpunkt für die Betrachterin bzw. den Betrachter. Das aus der im Halbdunkel liegenden Szene herausbrechende Weiß des Hemdes verstärkt die Aufmerksamkeit und ist zugleich altes Symbol für Unschuld und Reinheit. Die blitzenden Gewehrläufe, die aus der geschlossenen anonymen Reihe der Soldaten ragen, sind als Horizontale der Geste der zentralen Figur entgegengesetzt, ebenso die Ordnung der Soldatenreihe, die in einheitlicher Schrittstellung und Haltung gegen die in Angst bewegte Gruppe der Aufständischen mächtig und aggressiv wirkt. Durch den Einsatz starker Hell-Dunkel-Kontraste unterstreicht die Bildkomposition die Dramatik der Szene.

Abb. oben: Pablo Picasso: Massaker in Korea, 1951, Öl auf Sperrholz, 109 x 209 cm, Musée Picasso, Paris
Abb. rechts oben und Mitte: Francisco de Goya: Der 3. Mai 1808, 1818, Öl auf Leinwand, 266 x 345 cm, Museo del Prado, Madrid, und darüber gelegtes Kompositionsschema
Abb. rechts unten: Greg Constantine: Defending New Wave Art, 1983, Gouache

Aufgabenstellungen

Welche Konstruktionselemente werden in den beiden jüngeren Gemälden aufgenommen? Woran erkennt man, dass sie sich auf *Goya* beziehen? **A**

Recherchiere zur Rezeption von *Goyas* Gemälde. Warum haben *Picasso* und *Constantine* gerade diese Bildkomposition für ihre Bildthemen gewählt? Was bedeutet die jeweilige Neukontextualisierung? **R**

3.1 Die Anfänge der digitalen Kunst

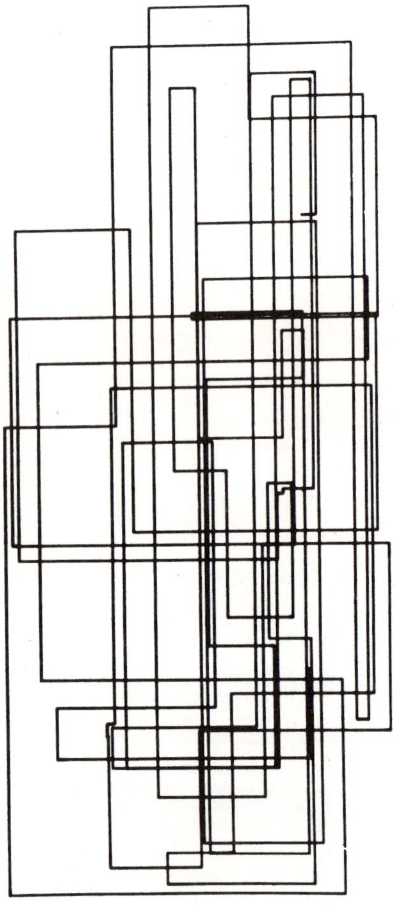

Der Ausdruck Computergrafik stammt von *William A. Fetter*, einem Forscher des Flugzeugherstellers Boeing in Renton, Washington, der damit seine rein technischen, computererzeugten Plotterzeichnungen eines Flugzeugcockpits bezeichnete. Ab 1960 standen leistungsfähige Computer und grafische Ausgabegeräte zur Verfügung. Die unübersichtlichen Zahlenlisten der Ausgabegeräte wurden bald als unzulänglich empfunden, und so suchte man nach Möglichkeiten, die Ergebnisse in Form von Diagrammen, Kurven und Plänen auszugeben.

Die ersten grafischen Ausgabegeräte waren programmgesteuerte Zeichentische. Dabei lag das Papier auf einer Schreibplatte, darüber hinweg wurde über eine Schiene ein programmierter Stift geführt, der sich auf Befehl hob und senkte.

Die ersten Computergrafiken waren also Zeichnungen, die mit Hilfe von Tuschfedern oder Zeichenstiften zu Papier gebracht wurden. Bald jedoch begnügte man sich nicht mehr mit Kurven oder Blockbildern, man erzeugte komplizierte mathematische Gebilde wie etwa räumlich oder perspektivisch dargestellte Körper, Verkehrswege, Schnitte durch Bauelemente usw. An diesem Punkt der Entwicklung, da man sich in der Mathematik und Programmierung mit neuen gestalterischen Aufgaben konfrontiert sah, entstand zwangsläufig auch der Wunsch, mit geometrischen Gebilden frei zu experimentieren.

Die beiden Deutschen *Frieder Nake* und *Georg Nees* sowie der Amerikaner *A. Michael Noll* organisierten 1965 an der technischen Hochschule in Stuttgart die erste Ausstellung computergenerierter Kunst.

Die frühe Computergrafik von *Michael Noll* ist eine Plotterzeichnung, deren einfacher Titel „Vertikal-Horizontal" sich nicht nur auf die Komposition, sondern auch auf die umständliche Arbeitsweise damaliger Plotter bezieht.

1968 wurde im New Yorker Museum of Modern Art die Arbeit „The Machine as Seen at the End of the Mechanical Age" von *Pontus Hulténs* präsentiert. Computergrafik hatte in die repräsentative Museumslandschaft Eingang gefunden. Ab dieser Zeit fand ein reger Gedanken- und Projektaustausch zwischen Kunst, Technik und Wissenschaft statt. So wurden z. B. Kunstschaffende herangezogen, um wissenschaftliche Ausstellungen visuell zu gestalten.

1968 gab es am Institute of Contemporary Art in London eine Ausstellung, bei der sowohl Computerzeichnungen und Videoskulpturen ausgestellt waren als auch Computer-Gedichte und Synthesizermusik präsentiert wurden.

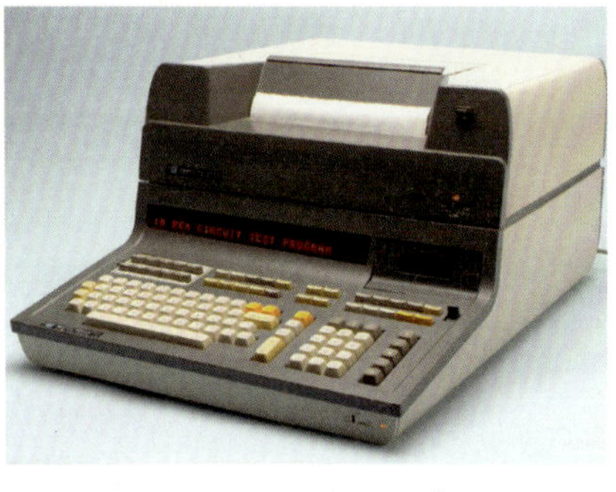

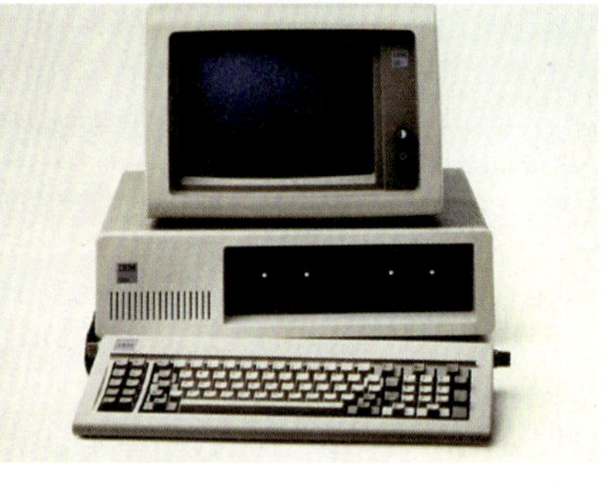

Abb. oben: A. M. Noll: Vertikal-Horizontal, 1964, Computergrafik

Abb. Mitte und unten: hp 9830, der erste „desktop all-in-one" Computer, 1972; IBM PC, 1981

Querverweise

3.2 Digitale Bildbearbeitung

3.7 Computer und Kunst

13.7 Das Musikvideo: Von der Andersartigkeit zum Konsumfaktor

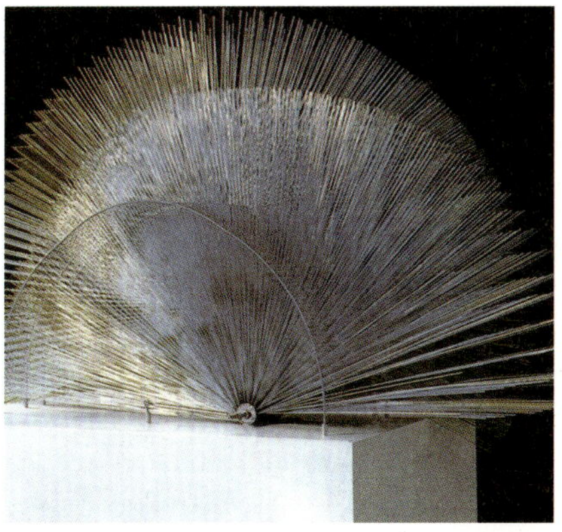

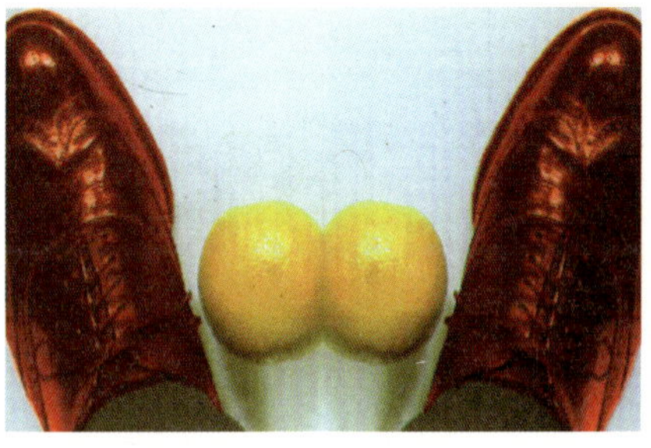

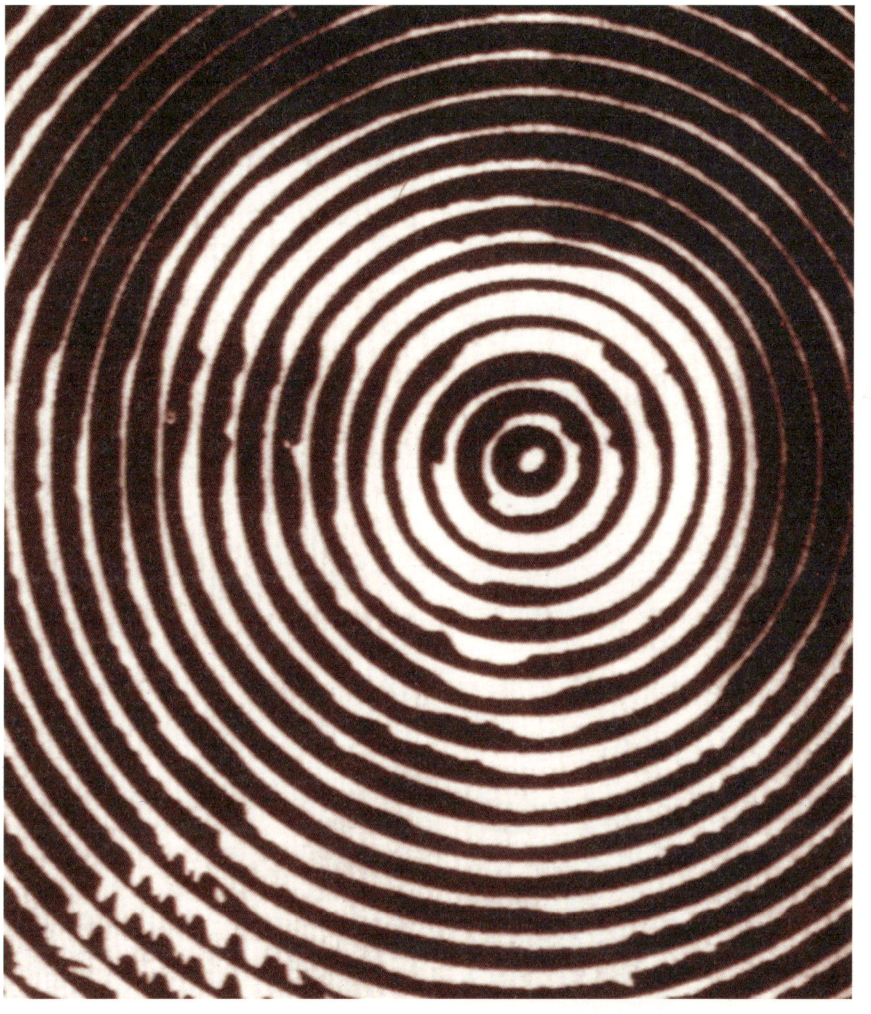

Abb. rechts oben: Manfred R. Schroeder: Circles around Eye, um 1970, eines der ersten Beispiele für picture processing
Abb. links oben: Wolfgang Zach: Skulptur 2/86, 1986, bewegliches Drahtobjekt, 80 x 120 x 80 cm
Abb. links unten: Terry Rosen, The Ruby Slippers, 1987, computerbearbeitetes Foto, 16 x 20 cm

Um 1970 wurde ein Verfahren entwickelt, das Kunstschaffende begeistert aufnahmen. Picture Processing lautete das Zauberwort, und es ermöglichte ihnen, Fotovorlagen auf elektronischem Wege zu verfremden. Freilich war dies zu Beginn eine äußerst komplizierte Prozedur, aber schließlich war Picture Processing nicht für Künstlerinnen und Künstler, sondern für den wissenschaftlich-technischen Arbeitsbereich geschaffen worden. Der Physiker *M. R. Schroeder* beschäftigte sich intensiv mit digitaler Sprachcodierung und nutzte die technischen Neuentwicklungen auf seine Weise. Aus einem gewissen Abstand betrachtet, erkennt man das Gesicht einer Frau, um deren rechtes Auge konzentrische Kreise angeordnet sind. Diese Kreise selbst bilden die Kreisrasterstruktur des ganzen Bildes.
Der Bremer Bildhauer *Wolfgang Zach* schuf komplizierte, bewegliche Drahtobjekte. Die Skulptur ändert bei jeder Änderung der Lichtverhältnisse ihr Aussehen und produziert dann unterschiedliche computergesteuerte Nadeldruckzeichnungen.
Die Fotoarbeit des New Yorker Künstlers *Terry Rosen* ist ein Beispiel für den Beginn digitaler Bildbearbeitungen. Sie besteht aus einer vertikalen Spiegelung einer Bildhälfte.

Aufgabenstellung

Wann entstanden die ersten computergenerierten Bilder und wie sahen diese aus? Aus welchen technischen Gegebenheiten erklärt sich deren Ästhetik?

3.2 Digitale Bildbearbeitung

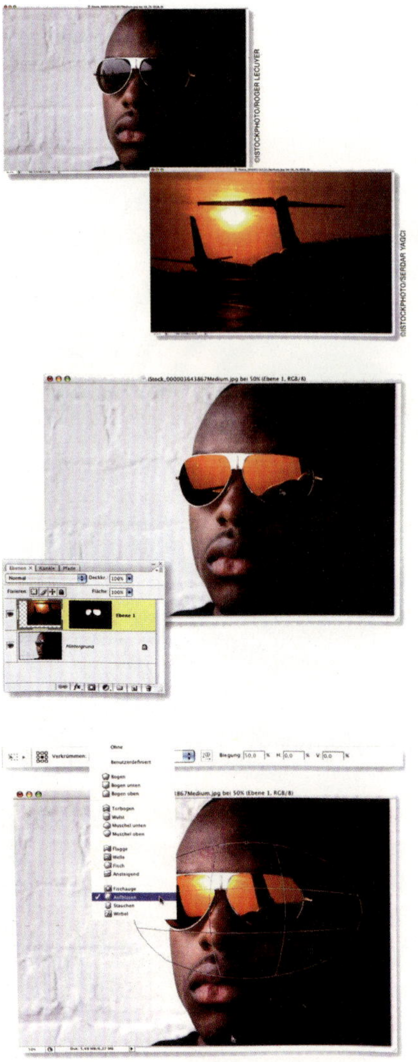

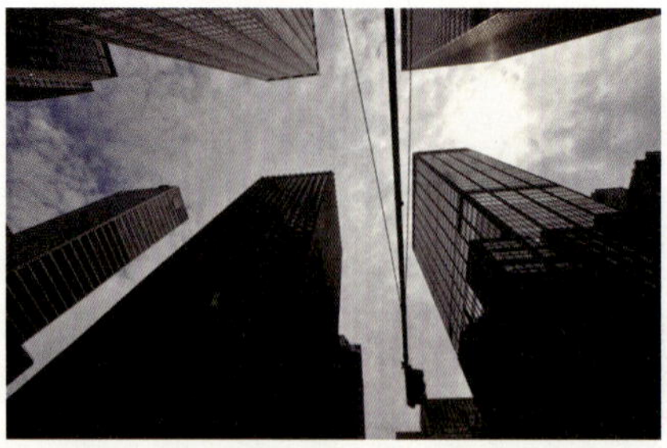

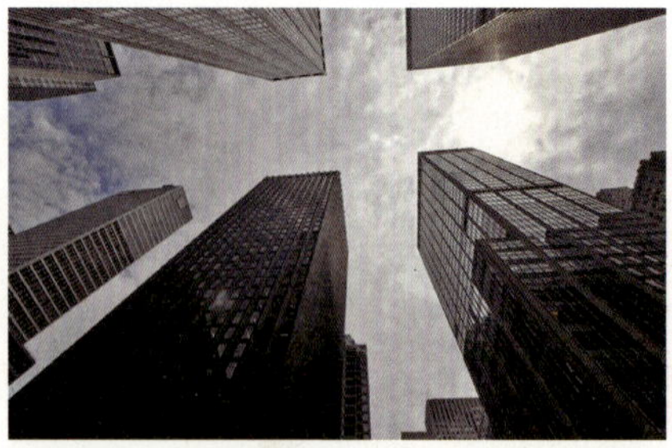

Abb. links: *Bearbeitung einer Sonnenbrille, Erklärung aus dem Buch „Photoshop Ebenen" von Matt Kloskowski*

Abb. rechts oben: Entfernung eines störenden Ampel-Masts und Veränderung des Hell-Dunkel-Bereichs (vorher – nachher)

Die digitale Bildbearbeitung ist mittlerweile schon soweit in unserer Bild-Umgebung integriert, dass sie uns in den meisten Fällen gar nicht auffällt. Im Groben kann man zwei zentrale Funktionen der digitalen Bildbearbeitung feststellen. Zum einen werden Bilder retuschiert, optimiert, das heißt, an Vorstellungen angeglichen, die mit etwas Fantasie in der realen Welt möglich sind. Zum Beispiel werden physiologische Unzulänglichkeiten (Gesichtsfalten, Hautunreinheiten) verändert. Dies geht soweit, dass Beine verlängert oder Augen vergrößert werden. Dabei sind keine Grenzen in der Bearbeitung gesetzt. Übertrieben angewendet, führt dies meist eher zu kuriosen Resultaten. Digitale Bildbearbeitung kann auch technische Aufnahmefehler korrigieren oder verbessern. Darunter fallen Bildanpassungen wie das Korrigieren von Tonwerten, das Intensivieren von Farben, das Schärfen von Kontrasten, das Verändern von Helligkeit oder schlicht das Entfernen eines störenden Elementes im Bild. Auch stürzende Linien bei Architekturaufnahmen können, sofern sie nicht bewusst eingesetztes Gestaltungselement sind, entzerrt werden.
Zum anderen können mithilfe der digitalen Bildbearbeitung Bilder komponiert werden, die unsere Sehgewohnheiten herausfordern. Ungewöhnliche Elemente werden miteinander kombiniert, in perspektivisch nicht möglich wirkende Zusammenhänge gesetzt, sodass neue Welten erschaffen werden. In der Werbung wird mit beiden Tendenzen gearbeitet, um die Aufmerksamkeit möglicher Kundinnen und Kunden auf sich zu ziehen. In der Architektur werden Bildbearbeitungen zur Visualisierung möglicher Projekte eingesetzt. Auch im Bereich der Fotografie als Kunstmedium ist der Einsatz von digitalen Programmen zur Bearbeitung nicht wegzudenken.

Ein wesentlicher Punkt in der digitalen Bildbearbeitung ist die Überprüfung der Grunddaten der gewählten Bildvorlage sowie deren Festlegung für das gewünschte Ziel, das neue Bildresultat. Diese Daten sind Bildgröße, Auflösung, Farbmodus und Dateiformat und sollten gemäß der Verwendung des Bildes angepasst werden. Die Bildgröße kann zum Beispiel in cm angegeben sein. Die Auflösung wird durch die Anzahl der Pixel (= Picture Elements) festgelegt. Je mehr Pixel ein Bild aufweist, desto höher ist die Bildqualität. Um ein Bild in etwa A4-Größe zu drucken, sollte es 300 dpi (dots per inch, d. h. Punkte/Pixel pro Zoll) betragen. Ein Bildschirm-Screenshot erzeugt 72 dpi. Der Farbmodus (RGB oder CMYK) wird gemäß der Endausgabe (digitale Verwendung oder Druck) gewählt. Bereits bei der Fotoaufnahme gibt es unterschiedliche Dateiformate, die die Qualität des Bildes beeinflussen. Eine RAW-Datei lässt in der digitalen Bildbearbeitung mehr Möglichkeiten

Querverweise

3.5 Computer und Architektur

3.7 Computer und Kunst

4.8 Werbung für Designobjekte: Was wird hier verkauft?

7.2 Farbkreis – Farbmischung

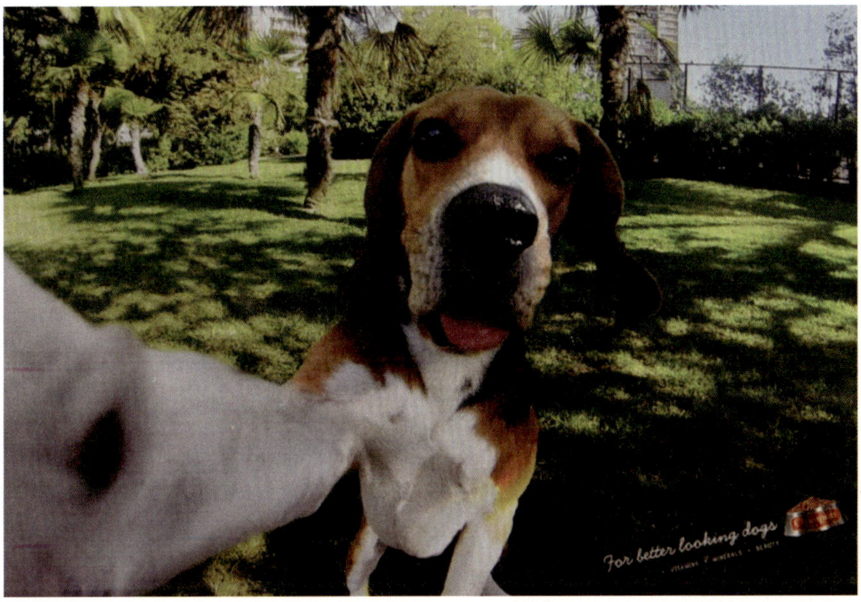

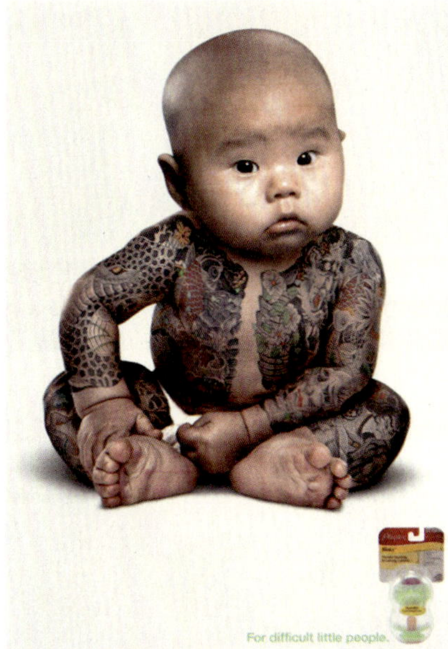

zu, als z. B. eine JPG-Datei, da in der RAW-Bilddatei jene Daten, die der Bildsensor aufnimmt, unkomprimiert gespeichert werden. Der Vorteil von JPG ist die mögliche Verringerung der Dateigröße, wodurch allerdings Details verloren gehen können. Hier ist eine Abwägung gemäß der Bearbeitung bzw. Verwendung des Bildes notwendig.
Um ein digitales Bild zu bearbeiten bzw. neu herzustellen, gibt es verschiedene Programme. Mittlerweile gibt es zahlreiche vereinfachende Apps für Handyfotos. Im professionellen Bereich wird meist Photoshop von Adobe verwendet. GIMP kann eine kostenlose Alternative dazu darstellen.

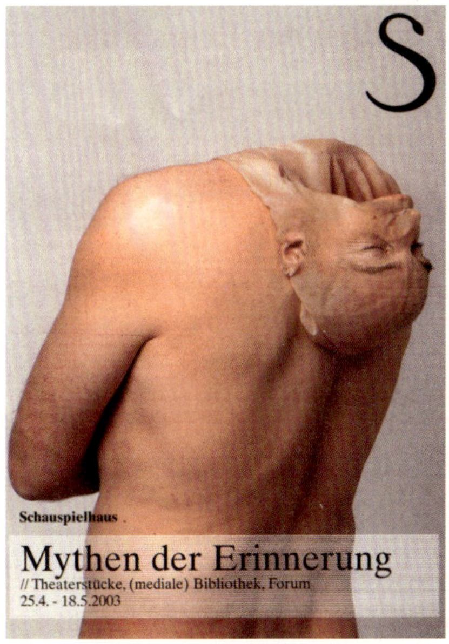

Abb. links oben: Werbung zu Hundefutter Champion Pet Food, Chile, 2013
Abb. rechts oben: Werbung zu Playtex Baby Schnuller, USA, 2013
Abb. rechts unten: Jung von Matt, Vienna Paint: Flyer für das Schauspielhaus Wien, 2003

Aufgabenstellungen

Aus welchen Elementen bestehen die Grunddaten eines digitalen Bildes? Was bedeutet eine niedrige bzw. hohe Auflösung für die Qualität einer Abbildung bei gleicher Bildgröße bzw. welche ästhetischen Konsequenzen resultieren daraus?

Inwieweit kann die digitale Bildoptimierung, insbesondere des menschlichen Körpers, das Selbstbild beeinflussen? Bis zu welchem Grad kann diese „Optimierung" natürlich wirken? Wie ist deiner Meinung nach gesellschaftspolitisch damit umzugehen?

Wähle ein von dir aufgenommenes Foto aus und analysiere es zuerst in Hinblick auf Verbesserungsmöglichkeiten. Führe anschließend mit einem Bildbearbeitungsprogramm die notwendigen Korrekturen durch. Erarbeite in einem nächsten Schritt eine Bildkomposition, die auf mehreren, verschiedenen Bilddateien aufbaut.

3.3 Computeranimation

Die menschliche Mimik als digitale Herausforderung

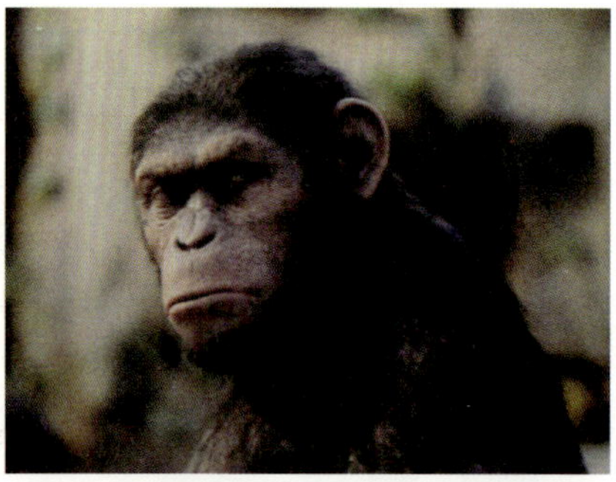

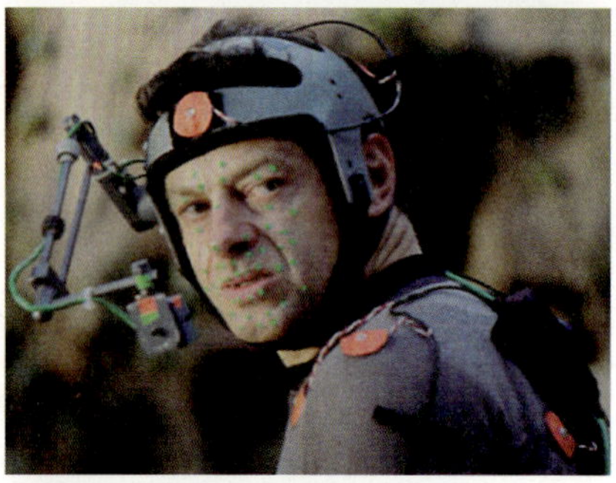

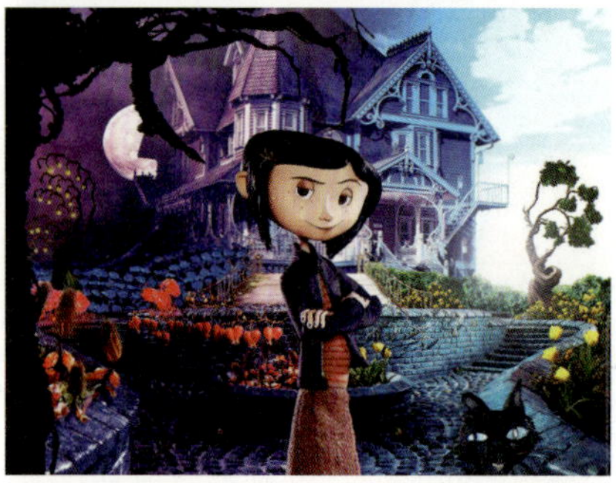

Abb. links oben und Mitte: Performance-Capture-Verfahren für Planet der Affen, 2011, USA

Abb. links unten: Filmplakat zu Coraline, 2009, USA

Abb. Mitte und rechts oben: Glenn Dean: digitaler Aufbau eines Kopfes, Animation, 2001, USA

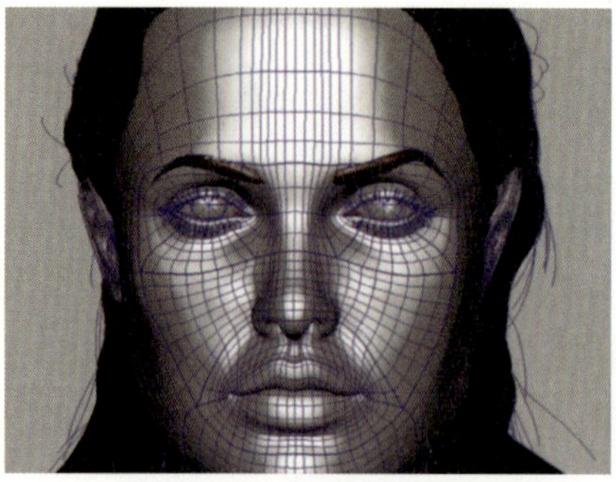

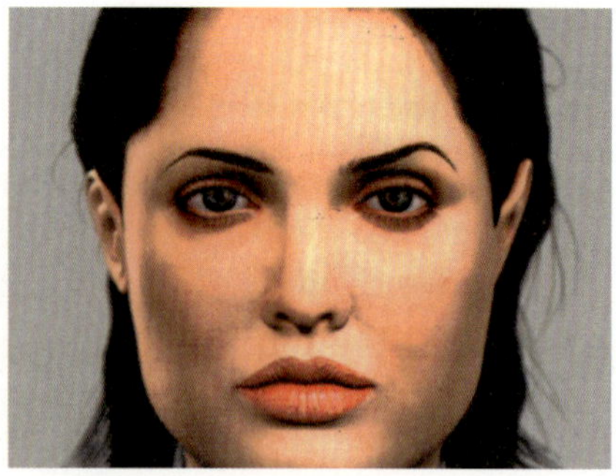

Die größten Probleme, denen die Computergrafikerinnen und -grafiker auch heute noch gegenüberstehen, liegen im Bereich der Hardware, denn schon zur Erzeugung einer kurzen Sequenz braucht man wegen der riesigen Zahl von Einzelbildern (1 Sekunde entspricht 25 Einzelbildern) enormen Speicherplatz und sehr schnelle Rechner. Für die Umsetzung des Films „Avatar" (2009), der bis heute als der wirtschaftlich erfolgreichste gilt, waren in etwa 180 Terabyte Speicherplatz notwendig. Der zweite Teil (2020) soll ein Datenvolumen von 12 Petabyte (2.000 Terabyte) aufweisen.

Die Darstellung der menschlichen Mimik stellte lange Zeit eine besonders schwer zu bewältigende Herausforderung dar, weil der Ausdruck von Emotionen durch ein komplexes Zusammenspiel einzelner Gesichtsbereiche entsteht. Die Abbildung der Arbeit von *Glenn Dean* zeigt einen Versuch, menschliche Mimik künstlich zu erzeugen. Das Gesicht sieht noch maskenhaft aus. „Avatar" ist nicht nur aufgrund des enormen Speichervolumens hervorzuheben, sondern ebenfalls für Weiterentwicklungen des Motion-Capture-Verfahrens (Erfassen von Bewegung) zum Performance-Capture-Verfahren, das auch Mimik miteinschließt. Auch in dem Film „Planet der Affen: Prevolution" (2011) wurden – im Gegensatz zu den vorangegangenen Teilen – die Affen nicht mit Maske inszeniert, sondern mithilfe des Performance-Capture-Verfahrens zu Leben erweckt. Das technisch sehr aufwändige Verfahren ermöglicht eine weitgehend authentische Wiedergabe von Gefühlsregungen.

In den letzten Jahren lässt sich neben der Perfektionierung von digitalen Animationen eine Tendenz feststellen, dass die Kombination von digitalen Bildern und analog hergestellten in den Vordergrund rückt. Der Animationsfilm „Coraline" (2009) wurde mit Figurenpuppen aus dem 3D-Drucker in mühevoller Einzelarbeit hergestellt. Die Hauptfigur Coraline soll dabei über 208.000 Gesichtsausdrücke, die durch Teilkombinationen von Elementen der Gesichtsoberhälfte (Augen-, Stirnbereich) und unteren Hälfte (Mundbereich) ermöglicht wurden, verfügen. Anschließend wurden die einzelnen Bilder digital zum Film zusammengefügt. Der Eindruck des Handgemachten ist für den Film zentral – ähn-

Querverweise

→ *3.1 Die Anfänge der digitalen Kunst*

→ *8.1 Ein Film bedeutet bewegte Bilder:* Visuelle Experimente lich wie in dem Spiel „Lumino City", das als App verfügbar ist.

Animation leitet sich vom lateinischen „animare" (= „zum Leben erwecken") ab. Zeichentrickfilme sind wohl die bekanntesten Animationsfilme, welche durch die Aneinanderreihung von gezeichneten oder gemalten Einzelbildern hergestellt werden. Für einen 90-minütigen Film benötigt man rund 130.000 Einzelbilder. Die Walt Disney Studios produzierten zahlreiche Klassiker. Mittlerweile sind auch japanische Anime bei uns bekannt. Mit dem digitalen Fortschritt entstanden auch computergenerierte Animationsfilme. Ein Meister der Computeranimation ist *John Lasseter*. Er produziert Animationsfilme, ist aber durch seine computeranimierten Kurzfilme bekannt geworden. In seinem Film „Luxo Junior" (1986) sind zwei Schreibtischlampen die Hauptdarsteller, die in der Handlung des Films menschliche Verhaltensweisen annehmen. „Toy Story" (1995), ebenfalls unter seiner Regie, stellt einen der frühesten computergenerierten Langfilme dar. Das Animationsstudio Pixar hat mehrere bekannte Animationsfilme produziert, u. a. „Cars" (2006), „WALL-E" (2008), „Merida – Legende der Highlands" (2012). Einer der neuesten Filme, „Findet Dorie" (2016), bezieht sich auf „Findet Nemo" (2003). PDI Dreamworks kreierten 2001 den ersten der erfolgreichen Animationsfilme „Shrek" (R.: *A. Adamson, V. Jenson*). Parallel dazu arbeitet Aardman Animation mit Plastilin und „Stop-Motion-Verfahren", wie z. B. in „Chicken Run" (2000, R.: *P. Lord, Nick Parck*).

Bereits mit Aufkommen der ersten Computer versuchte man, Spiele zu entwickeln. Klassiker wie „Pong" (1972) oder „Pac-Man" (1980) sind auch heute noch bekannt. Sie unterscheiden sich in ihrer zweidimensionalen Darstellung von modernen Beispielen, die zum Teil sehr realitätsnahen Darstellungen entsprechen. Diese Unterhaltungsform hat sich zu einem großen Industriezweig mit zahlreichen Arbeitsmöglichkeiten entwickelt (Spielentwicklung, Grafikdesign, Musik, Verkauf). Einige werden sogar als Spielfilme umgesetzt, wie 2001 Lara Croft von „Tomb Raider" mit *Angelina Jolie* oder „Assassin's Creed", zu dem bereits mehrere Verfilmungen angedacht wurden und Ende 2016 der erste in die Kinos kam.

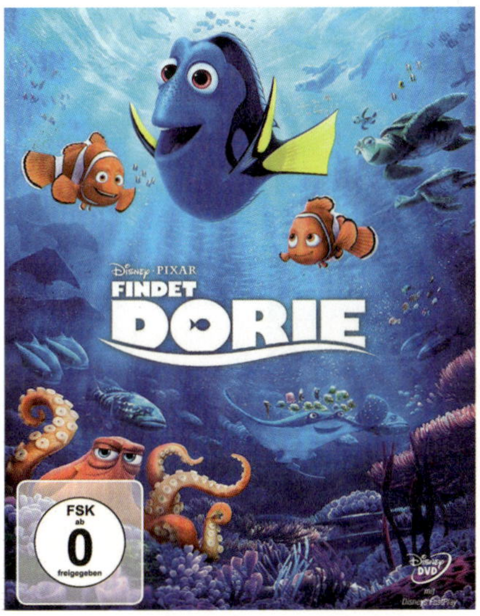

Abb. links: Findet Dorie, 2016, DVD-Cover
Abb. rechts oben: John Lasseter: Luxo Junior, 1986, Still eines Kurzfilms
Abb. rechts Mitte: Computerspielklassiker Pac-Man
Abb. rechts unten: Assassin's Creed

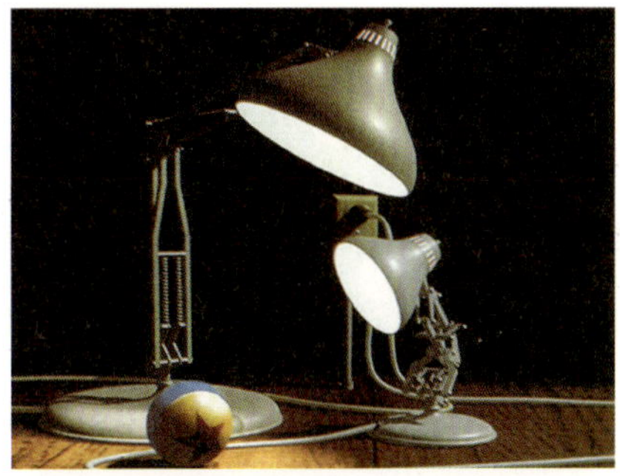

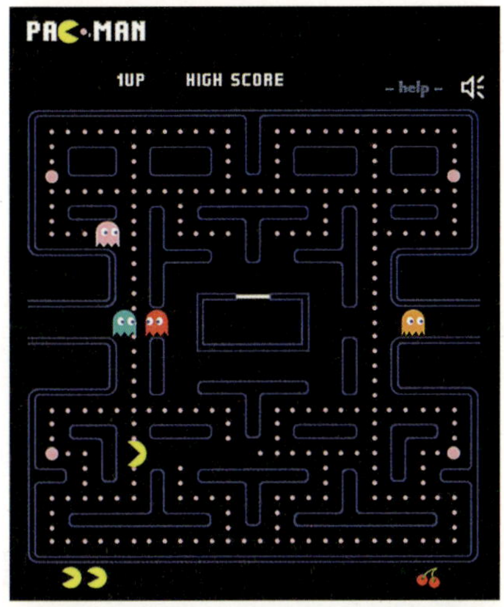

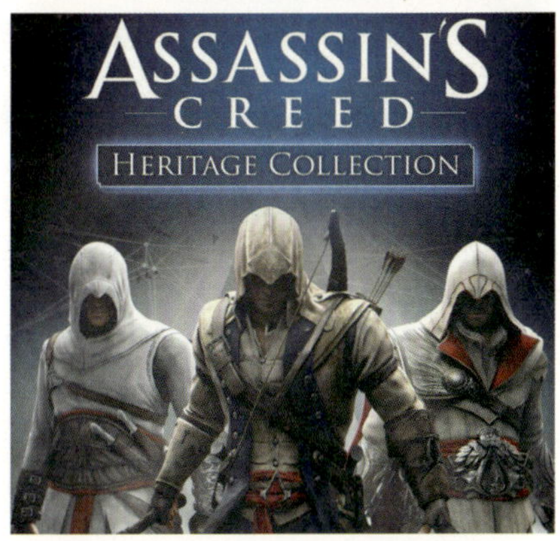

Aufgabenstellungen

Erkläre anhand der Abbildungen, vor welchen Schwierigkeiten Computergrafikerinnen und -grafiker bei der Darstellung von menschlicher Mimik stehen. Recherchiere nach weiteren Informationen zum Performance-Capture-Verfahren. Wie funktioniert dieses genau?

Sieh dir den zweiminütigen Film „Luxo Junior" an (auf einer Videoplattform, wie z. B. YouTube). Welche Möglichkeiten wurden hier gewählt, um einer Lampe, die klarerweise kein Gesicht mit Mimik hat, menschliche Züge zu verleihen? Worin bestehen die Unterschiede zwischen der „erwachsenen" Lampe und Junior? Wähle aussagekräftige Filmstills und suche nach Bildbeispielen, die mit der jeweiligen Mimik/Gestik verwandt sind.

Wähle selbst einen Gegenstand aus und skizziere eine kurze Sequenz, ähnlich wie bei „Luxo Junior". Erstelle daraus einen kurzen Stop-Motion-Film.

3.4 Computer und wissenschaftliche Anwendungen

Scientific Visualisation

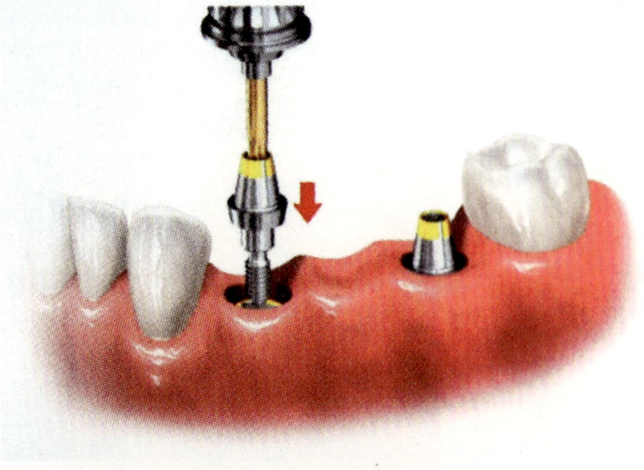

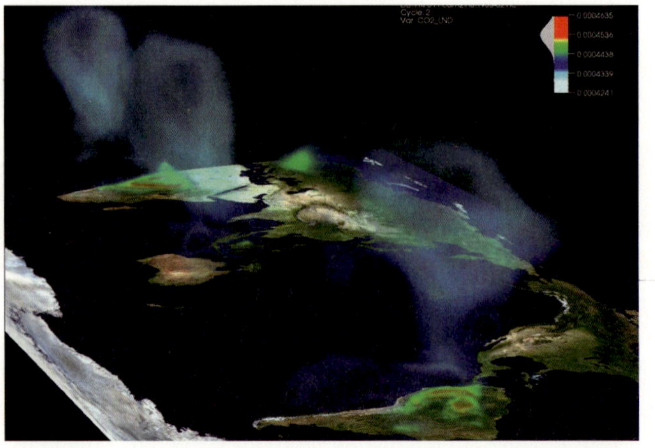

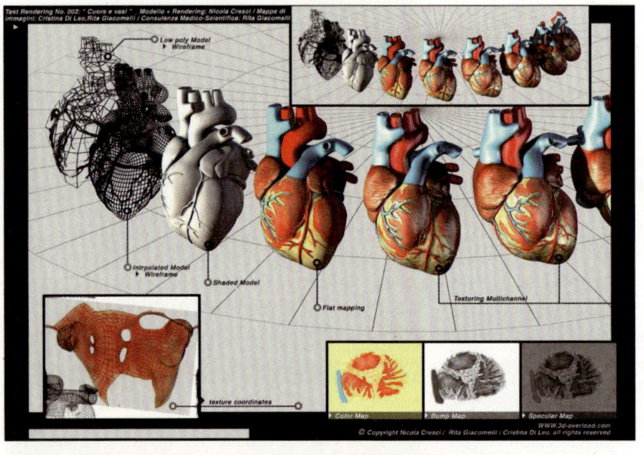

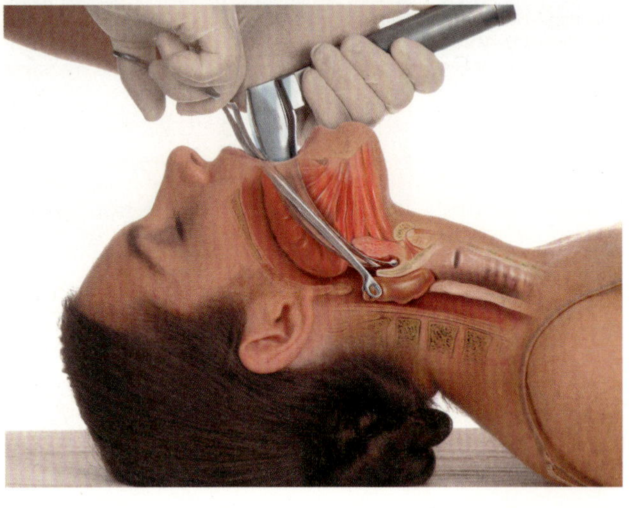

Die digitale Visualisierung hat auch in den wissenschaftlichen Bereich Einzug gehalten: Die detailgetreuen Zeichnungen von früher wurden von Computergrafik und -animation abgelöst, die in der Sichtbarmachung komplizierter Vorgänge in den Bereichen Technik und Wissenschaften zur Anwendung gelangen. Man nennt dies Scientific Visualisation, kurz SciVis. Während unter dem Begriff Presentation Graphics, womit man SciVis nicht verwechseln sollte, in erster Linie die Darstellung und Kommunikation von wissenschaftlichen Resultaten verstanden wird, handelt es sich bei SciVis um die grafische Darstellung von Daten. Wissenschaftlerinnen und Wissenschaftlern aus den Bereichen Medizin, Biologie, Technik, Meteorologie, Archäologie u. v. m. wird so ermöglicht, innerhalb des visualisierten Systems des Forschungsgegenstandes zu arbeiten und zu forschen. SciVis ist ein hoch spezialisierter interdisziplinärer Bereich im weiten Feld der Visualisierung. Er umfasst Forschungsfelder wie Computergrafik, Image Processing und High Performance Computing. Primär für die Wissenschaft gedacht, kann sich anhand innovativer Bilder durchaus auch ein Zusammentreffen zwischen Wissenschaft und Kunst ergeben, wenn diese von Kunstschaffenden aufgegriffen und weiterbearbeitet werden.

Abb. rechts oben: Forrest Hoffman, Jamison Daniel (Oak Ridge National Laboratory): Visualisierung des CO_2-Ausstoßes im Februar 1900, 2007

Abb. links oben: Befestigung von Abutments auf Implantaten

Abb. links Mitte: Nicola Cresci (Modell und rendering): cuore e vasi, 2004

Abb. links unten: Gerhard Pucher: Fotoillustration für Notfall- und Rettungssanitäter, 2005

Querverweis

→ *15.6 Die Studie:* Das wissenschaftliche Interesse bei Leonardo da Vinci

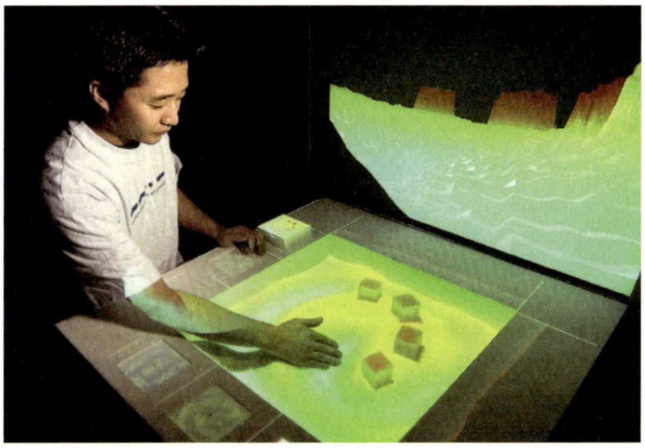

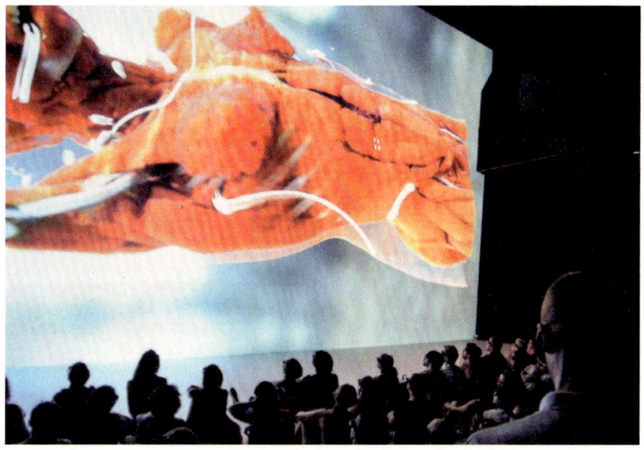

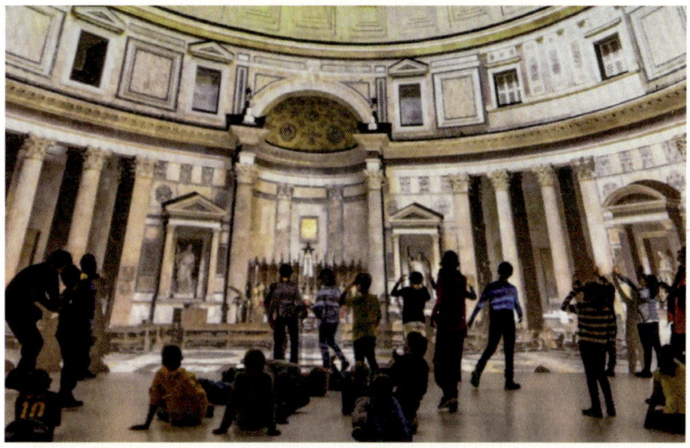

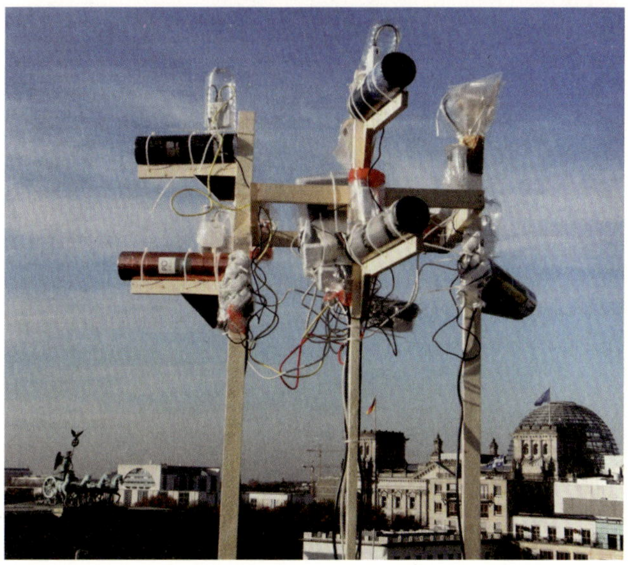

Das Ars Electronica Center in Linz kann als Schnittstelle zwischen modernen Technologien, Kunst und Vermittlung gesehen werden. Ziel ist es, wissenschaftliche Erkenntnisse dem Publikum öffentlich zugänglich zu machen und adäquat näherzubringen. Zentrale Themen des Museums sind technologische Entwicklungen und inwieweit diese auf das einzelne Individuum, die Gesellschaft und Kunst einwirken. Im Vordergrund steht dabei das Erfahren neuer Technologien durch selbstständiges Ausprobieren. Dabei arbeiten Kunstschaffende, Technikerinnen und Techniker sowie Museumsvermittlerinnen und -vermittler eng zusammen. Eine Besonderheit stellt dabei der Raum Deep Space 8K dar, in dem zwei- und dreidimensionale Projektionen (16 x 9 m) zum Beispiel in den Weltraum führen, Kulturstätten in neuen Perspektiven zeigen oder einen überdimensional großen menschlichen Körper über das Publikum schweben lassen. Durch die Computersimulation sind „Zooms" bis ins Innere des Körpers möglich. Der Einsatz von 3D-Brillen ist dabei erforderlich.
Schon seit 30 Jahren veranstaltet das Ars Electronica Center einen jährlichen Wettbewerb in den Bereichen Wissenschaft und Kunst in Verbindung mit neuen computerunterstützten Technologien/Darstellungen. Der Prix Ars Electronica stellt einen Fixpunkt in der Kommunikation von neuen Technologien und der Vernetzung Interessierter und Anwender/innen dar, was alleine die Zahl der Teilnehmenden von über 3.677 im Jahr 2017 bestätigt.

Abb. links oben: Selbstständiges Entdecken der Ausstellungsexponate
Abb. rechts oben und Mitte: Deep Space 8K
Abb. rechts unten: Christoph Wachter und Mathias Jud, „Can you hear me?", Preis in der Kategorie „Interactive Art+". In der Arbeit geht es um freie Meinungsäußerung und Politik.

Aufgabenstellungen

Was versteht man unter SciVis und wozu dienen sie?

Kannst du die architektonische Visualisierung im Dark Space identifizieren? Um welches Gebäude handelt es sich? (Hinweis: Im Kapitel „1 Architektur" ist das Gebäude beschrieben.)

Könntest du (in einer Gruppe) einen Wettbewerbsbeitrag für den Prix Ars Electronica entwickeln? Sieh dir dazu die Beispiele vergangener Jahre auf der Homepage an.

3.5 Computer und Architektur

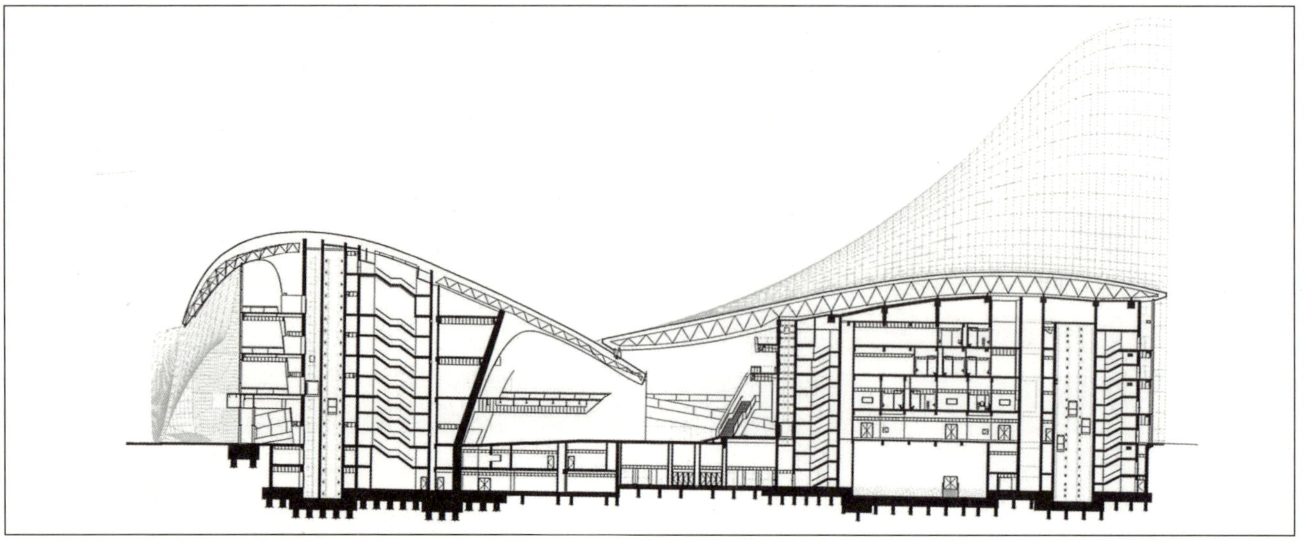

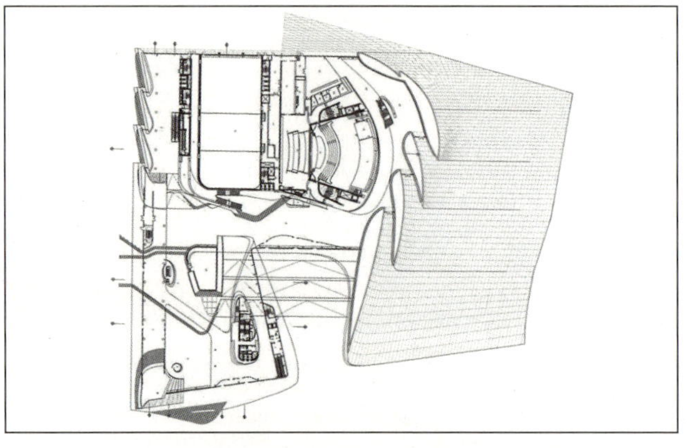

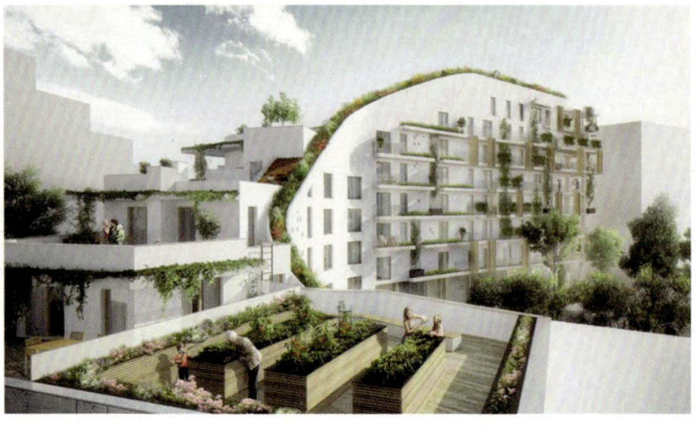

Computer sind aus heutigen Architektur- und Ingenieurbüros nicht mehr wegzudenken, auch wenn der Traum von einem Programm, das auf Zuruf einen fertigen Entwurf liefert, wohl ein Traum bleiben wird. Spezielle Softwarepakete werden für die Kommunikation zwischen den Teams der Vermessung und Planung, für Entwurfsarbeiten, Detailplanung, statische und wirtschaftliche Berechnungen und für Präsentationen eingesetzt. Einmal errechnete Formen können direkt in Produktionsbetriebe bzw. in computergenerierte Produktionsroboter übermittelt werden. Diese schneiden, fräsen, formen und montieren die passgenauen Teile. Ähnlich wie in der Automobilindustrie werden auch auf den Baustellen immer mehr Maschinen anstatt Menschen eingesetzt. Es stellt sich die Frage, ob in Zukunft vollautomatische Baustellen, die nahezu ohne menschliche Arbeitskräfte auskommen, realistisch sind. Zu den bekanntesten Programmpaketen gehören ArchiCAD (CAD = Computer Aided Design) und AutoCAD. Durch die Vernetzung über AEC (Architecture/Engineering/Construction) mit Professionisten und der Bauführung können unvorhergesehene Probleme während des Baues gelöst, eingearbeitet und sofort wieder an die Baustelle irgendwo auf der Welt übermittelt werden. Datenbanken bezüglich der Eigenschaften und Kosten von Baustoffen stehen ebenso zur

Abb. oben und Mitte: Zaha Hadid: Kulturzentrum Heydar Aliyev, Grund- und Aufriss
Abb. unten: Planung der Seestadt Aspern, Wien

Querverweise

1.17 102 Entwürfe und ein Auftrag: Architekturwettbewerbe am Beispiel der Kunsthalle in Graz

14.2 Darstellungsmöglichkeiten: Die Vorstellungen von Räumen sichtbar machen – am Beispiel Frank Gehry

Verfügung wie solche zu standardisierten Bauteilen. Ein einmal errechnetes digitales Modell lässt sich für alle denkbaren Zwecke verwenden. Komplexe Konstruktionen können anhand von Schichtaufnahmen wie mit einem Computertomografen untersucht werden. Teile können herausgenommen, verändert, neu montiert und in nicht lineare supermediale Verbindungen aus Standaufnahmen und Video überführt werden. Auftraggebende, Anrainerinnen und Anrainer sowie Finanzierende erwarten möglichst früh anschauliche Darstellungen ihrer geplanten Projekte. Da komplexe Baupläne das Vorstellungsvermögen von Laien oft überfordern, zeichnen Architektinnen und Architekten oft aufwändige Perspektiven oder bauen Modelle. Heute können mit computergestützten Systemen Gebäude fotorealistisch gestaltet und in allen nur möglichen Lichtsituationen präsentiert werden. Möchte der Bauherr sehen, wie seine Fassade im Sonnenlicht aussieht oder wie sich die Lichtstimmung in den Räumen innerhalb eines Tages oder zwischen den Jahreszeiten ändert, kann dies berechnet und visuell dargestellt werden. Computergenerierte Visualisierungen werden auch Renderings genannt. Für dreidimensionale Modelle kommt mittlerweile auch vermehrt der 3D-Drucker zur Anwendung.

Fotos von Oberflächen und Baustoffen können maßstäblich verändert und auf den Flächen montiert werden. In interaktiven Programmen können der Weg durch das Gebäude und die Blicke wie bei einem Videospiel auch selbst gesteuert werden. Architektursimulationen dienen auch der Prüfung, ob ein Bauwerk optisch in eine bestehende Baulücke oder in die Landschaft passen wird. Dazu gibt es die Technik der Modelleinblendung. Bei diesem Verfahren werden perspektivisch aufeinander abgestimmte Aufnahmen vom virtuellen Modell und der Realität fotomontageähnlich montiert. Die Möglichkeiten der modernen Technologien haben auch Einfluss auf die Art und Weise, wie Architektur gedacht wird. Sie lenken das Interesse der Entwerferinnen und Entwerfer auf eine vollkommen neue Formensprache, deren Geometrien nicht mehr planbar sind, sondern nur noch maschinell errechnet werden können.

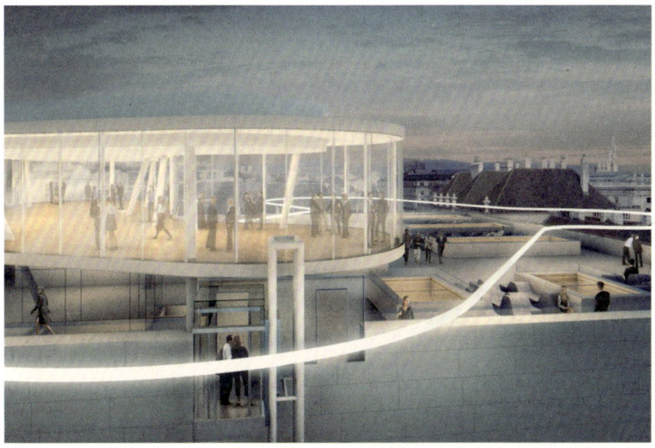

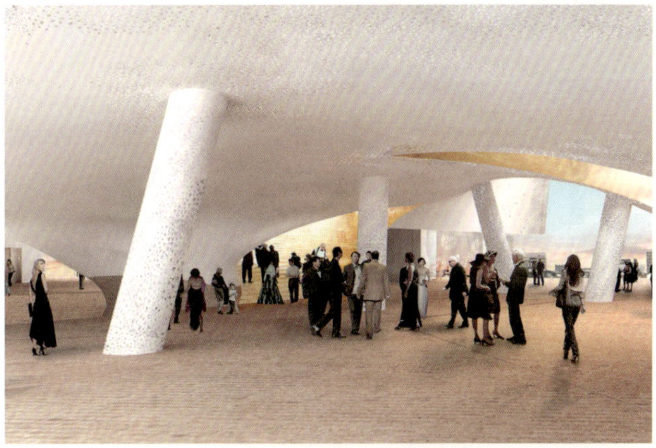

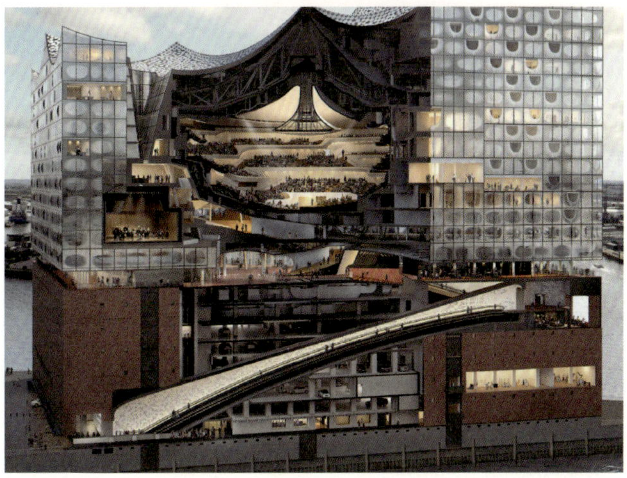

Abb. oben: Laurid Ortner: MQ Libelle, Rendering-Entwurf, 2018 in der Genehmigungsphase, Lichtinstallation von Brigitte Kowanz
Abb. Mitte und unten: Herzog & de Meuron: Elbphilharmonie, 2016, Innenraum-Rendering und offene Querschnittsgrafik (ermöglicht gleichzeitige Außen- und Innenraumdarstellung)

Aufgabenstellungen

Welche Möglichkeiten der Raumdarstellungen haben Architektinnen und Architekten derzeit?

Inwieweit und durch welche formalen Mittel haben Architektinnen und Architekten dadurch Möglichkeiten, ein Gebäude gemäß den Vorstellungen von Auftraggebenden zu inszenieren? Inwieweit kann dies auf die positive Bewertung vonseiten möglicher Anrainer/innen, Stadtverwaltung etc. Einfluss nehmen?

3.6 Computer und Design

Computerprogramme im Designprozess

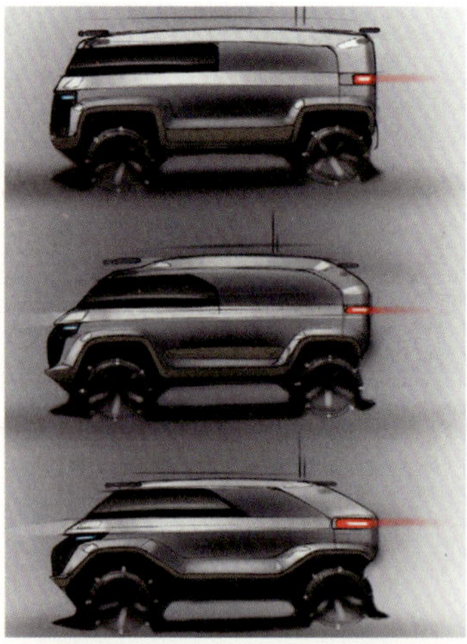

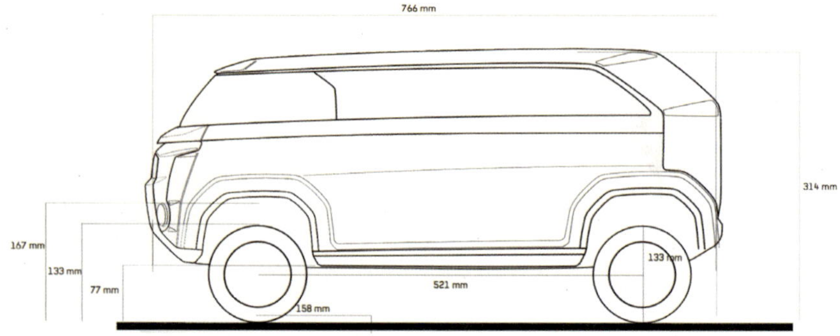

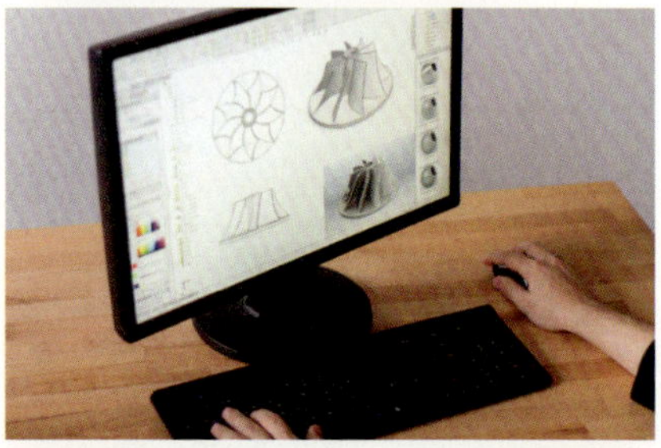

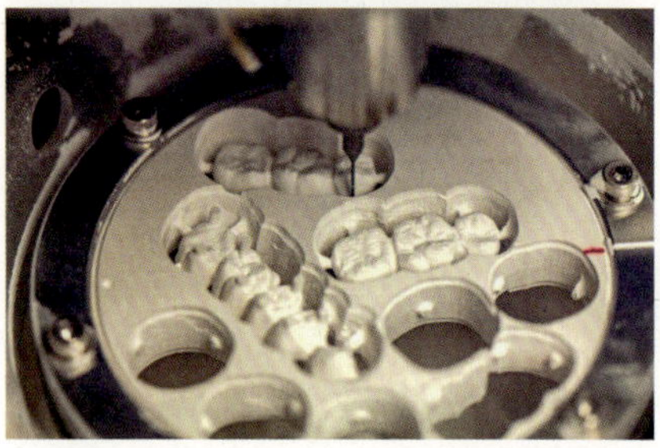

Abb. oben: Martin Hanl, Studentenprojekt an FH Johanneum, 2010, erste Designentwürfe mit dem Einsatz von Graphic Tablet, Wacom Cintiq und Adobe Photoshop, Plan mit detaillierten Angaben mithilfe der Programme SolidWorks von Dassault Systèmes und Adobe Illustrator

Abb. Mitte: CAD-Programm mit unterschiedlichen Ansichten eines Objekts

Abb. unten: Beispiel einer CAD/CAM Dental Milling Machine

Der Begriff des Designs umfasst unterschiedliche Berufssparten, die unterschiedliche Arbeitsmittel einsetzen. Ein Arbeitsmittel ist allerdings in fast allen Branchen nicht mehr wegzudenken – der Computer mit speziellen Programmen. Erste Skizzen werden z. B. mit Graphic Tablets und Bildprogrammen (z. B. Adobe Photoshop) hergestellt. Inzwischen kommen professionelle Tablets dem Zeichnen mit Bleistift und Papier sehr nahe. Um Pläne und dreidimensionale Ansichten zu entwerfen, wird auf CAD-Programme zurückgegriffen. CAD steht für „computer-aided design", also computerunterstützte Konstruktion. Wurden früher CAD-Programme nur als Hilfsmittel zur Herstellung von Plänen verwendet, werden diese heute standardmäßig eingesetzt und als 2D-CAD bezeichnet. Sie unterscheiden sich von 3D-CAD-Programmen, mit denen man virtuelle dreidimensionale Objekte entwerfen kann. Auch physikalische Eigenschaften wie Materialverhalten, Reaktionen auf Umwelteinflüsse etc. können dabei miteinbezogen und kontrolliert werden. Je nach Anwendungsbereich (Architektur, Maschinenbau, Vermessungswesen, Produktdesign, Zahnmedizin, Textilindustrie u. v. m.) gibt es spezifische CAD-Programme.

Bilder aus unterschiedlichen Programmen können wiederum miteinander kombiniert werden. Dreidimensionale virtuelle Objekte werden z. B. zur Anschauung in Umgebungsbilder eingefügt (Architekturrenderings, Kapitel 3.5). Die Beherrschung mehrerer Programme ist daher notwendig.

Eine Weiterentwicklung von CAD stellt CAM dar. CAM ist die Abkürzung für „computer-aided manufacturing", womit die computergesteuerte Fertigung von Objekten gemeint ist. Die Verbindung von CAD und CAM nennt man CIM (Kürzel für „computer-integrated manufacturing"). Die auf dem Bildschirm entworfenen Objekte können direkt von am Computer angeschlossenen Maschinen erzeugt werden. Mit der Entwicklung von 3D-Druckern ist nun die direkte Übersetzung vom virtuellen Entwurf zum tatsächlichen Objekt möglich.

Querverweise

→ *3.4 Computer und wissenschaftliche Anwendungen: Ars Electronica Center in Linz: Museum der Zukunft*

→ *3.5 Computer und Architektur*

→ *4.6 Produktgestaltung:* Designerinnen und Designer gestalten unsere Umwelt

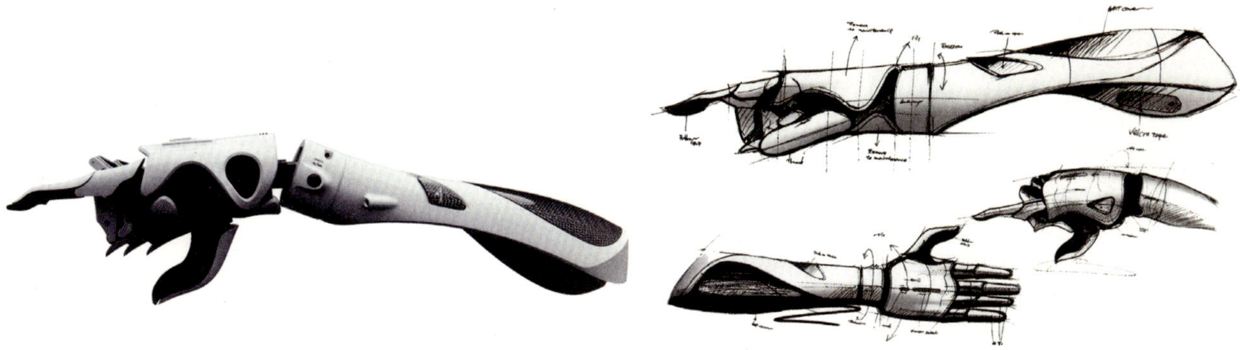

Objekte, die mithilfe eines 3D-Druckers entstehen, werden schichtweise aufgebaut. Verwendete Materialien können Kunststoff, Keramik, Metall oder Kunstharze sein. Dabei ist so gut wie jede erdenkliche Form, die mittels CAD-Programmen erstellt wurde, „ausdruckbar". Die Einsatzmöglichkeiten sind vielfältig: in Forschung, Industrie oder in Kunst und Architektur. Für Architekturmodelle erweist sich der 3D-Drucker als besonders hilfreich. Die von *Antoní Gaudí* entworfene Basilika „Sagrada Familia" soll 2026 (zum 100. Todestag des Architekten) fertiggebaut sein. Zahlreiche Modelle dienen der Visualisierung komplexer Formen. In der Bauhütte befinden sich 3D-Drucker und Modelle. Mit einem Fenster wird der Öffentlichkeit Einblick gewährt.
3D-Drucker werden mittlerweile nicht nur zur Erstellung von Modellen (z. B. in den Bereichen Architektur, Design, Medizin etc.) eingesetzt, sondern Objekte selbst stellen das fertige Endprodukt dar. HACKberry ist eine als Opensource zugängliche Armprothese, die mithilfe eines 3D-Druckers hergestellt werden kann. Alle technischen Daten (3D CAD file, Software Code, Materialliste etc.) werden öffentlich zugänglich gemacht. An diesem Beispiel wird deutlich, wie Technik, Funktionalität und Design zusammenspielen können. HACKberry und Vorgängermodelle haben zahlreiche internationale Designpreise gewonnen.
Im Linzer Ars Electronica Center wird ein 3D-Drucker vorgeführt und kann in Workshops ausprobiert werden.

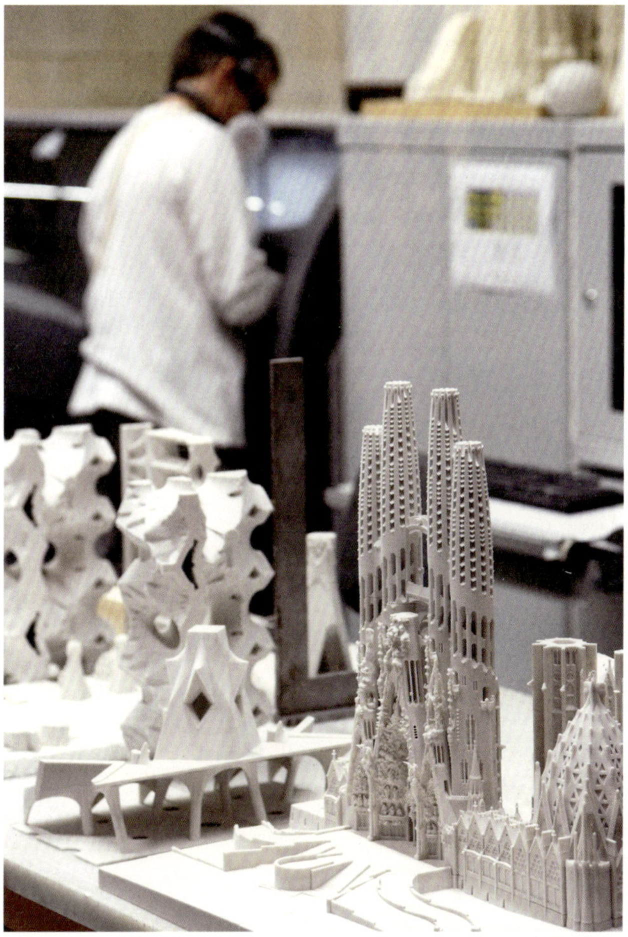

Abb. oben: Rendering und Skizze der Prothese HACKberry
Abb. rechts: Bauhütte der Sagrada Familia mit Modellen

Aufgabenstellung

Welche Programme und Arbeitsmittel kommen im Prozess der Designentwicklung zur Anwendung?

3.7 Computer und Kunst

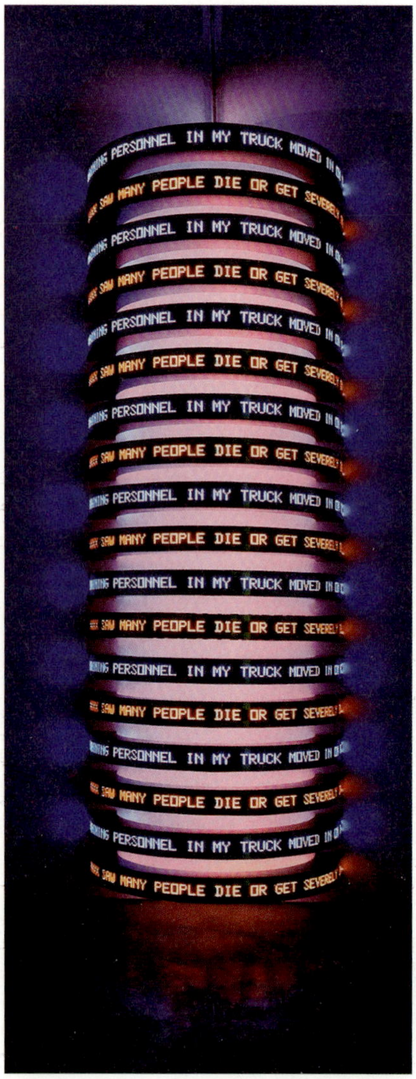

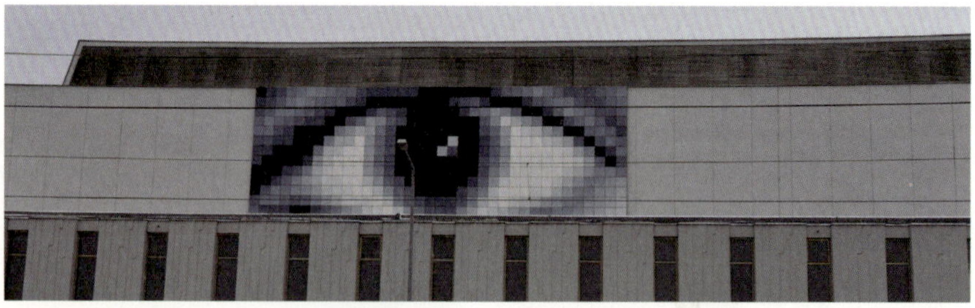

Abb. rechts: *Robert Adrian X: Picassos Auge, 1990, Tafelbild, 240 x 540 cm, Fassadenbild aus Fliesen, 1992, nach computergeneriertem Foto*

Abb. links: *Jenny Holzer: Monument, 2008, 18 LED Lampen mit blauen, roten und weißen Dioden, H 402,1 cm*

Den Computer in ihren Schaffensprozess einzubeziehen, bedeutet für bildende Künstlerinnen und Künstler nicht, ihre gewohnten Materialien und Arbeitsmethoden aufzugeben. Es ergibt sich vielmehr ein direkter Einfluss der digitalen Technologien auf die traditionellen Kunstmedien Malerei, Grafik, Bildhauerei und Architektur bzw. auf das apparative Medium Fotografie. Viele Kunstschaffende greifen auf Digitalkameras, Handys, Grafiktablets etc. zurück, um für ihre Arbeiten Skizzen anzufertigen oder sich Notizen zu machen. Die digitale Bildgestaltung kann dadurch auch das analoge fertige Werk dementsprechend formal mitkreieren, da der kreative Schaffensprozess durch neue Bildfindungsmöglichkeiten erweitert wird.

Abgesehen von ihrer Funktion als Hilfsmittel können digitale Geräte als Arbeitsmittel eingesetzt werden, die keiner Übersetzung in ein traditionelles Medium wie Zeichnung oder Malerei mehr bedürfen. Auf diese Aspekte der Bilderarbeitung und -darstellung geht die dreiteilige Arbeit „Picassos Auge" von *Robert Adrian* (1935–2015) bereits 1990 ein.

Den ersten Teil stellt das computergenerierte Abbild des linken Auges *Pablo Picassos* dar, das auf einem Monitor gezeigt wird. Den zweiten Teil der Arbeit bildet ein riesiges Tafelbild im Format 240 x 540 cm. Dieses nimmt die Struktur der digitalen Pixel auf und überträgt diese in einzelne gemalte Quadrate. Die letzte Variation des Motives besteht in einer weiteren Vergrößerung und dem Schritt aus der Galerie hinaus auf die Fassade eines Industriebaus. Auf dem Bildschirm sind die Einzelteile leuchtende Pixel, im Tafelbild gemalte Flächen und auf der Fassade einzelne Fliesen.

Die amerikanische Künstlerin *Jenny Holzer* wurde in den 1970ern durch markante Schriftzüge mit politischen Themen im öffentlichen Raum bekannt. Dabei setzte sie auf mehrere Medien, wie Plakate, Aufkleber, T-Shirts wie auch LED-Leuchtbänder. In der Arbeit „Monument" (2008) greift sie diese politischen und sozialkritischen Aussagen wieder auf und erreicht mit der Rekontextualisierung im Museum eine neuerliche Auseinandersetzung mit brisanten Themen.

Querverweise

→ *3.1 Die Anfänge der digitalen Kunst*

→ *10.5 Kunst im öffentlichen Raum:* Vom Gemeindebau bis zum Event

→ *12.3 Plastik, Skulptur und Installation:* Begriffsklärung

→ *13.3 Video: Internationale Tendenzen:* Projektionen – Installationen – Narrative Inszenierungen

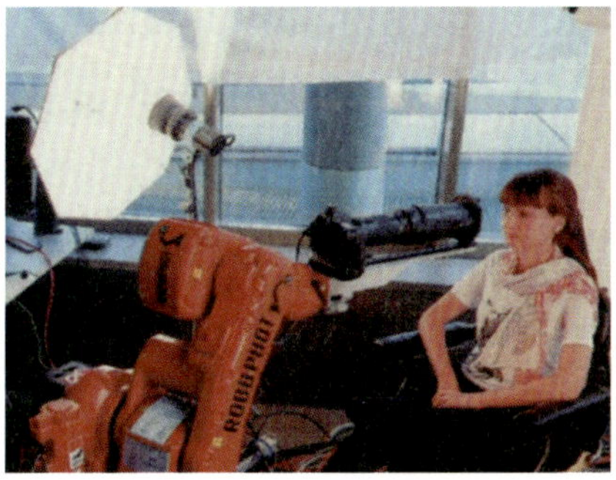

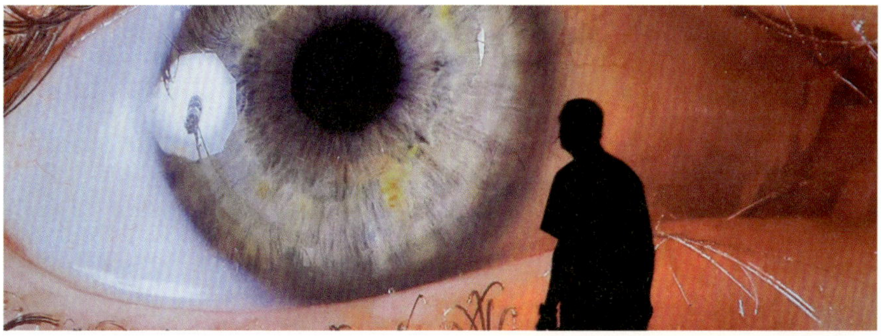

Die Arbeit „Crown Fountains" (2004) von *Jaume Plensa* in Chicago besteht aus zwei 15 Meter hohen sich gegenüberstehenden Türmen, die mithilfe von Leuchtdioden Gesichter von Einwohnerinnen und Einwohnern der Stadt zeigen. Es handelt sich zugleich um einen Brunnen, denn in regelmäßigen Abständen wird ein Wasserstrahl aus den Mündern der projizierten Gesichter zur Attraktion vieler spielender Kinder und anderer Zuschauerinnen und Zuschauer. Das Objekt ist ein moderner Wasserspeier. Auch in seinen neuesten Arbeiten greift der Künstler auf digitale Medien zurück.

Die 14 m hohe Kopfplastik eines Mädchens beruht auf digitalen Fotoaufnahmen, die durch Computermodelling zu einem vereinfachten ikonischen Porträt geformt wurden. Anschließend wurde maschinell ein Prototyp erstellt, den der Künstler bis zum fertigen Werk weiterbearbeitete.

Einige Kunstwerke werden gar nicht mehr von der direkten Hand einer Künstlerin oder eines Künstlers hergestellt. Nicht der Mensch bearbeitet das Material, sondern programmierte Maschinen führen die Arbeit aus. In der Fotoarbeit „Face Cartography" nimmt sich *Daniel Boschung* aus dem Arbeitsprozess ganz heraus und überlässt diesen einem mit spezieller Software ausgestattetem Industrieroboter. Der hyperrealistische Eindruck wird durch 600 Einzelaufnahmen mit insgesamt über 900 Millionen Pixel erzeugt.

Um künstliche Intelligenz nachzuweisen, werden Experimente mit Computern durchgeführt. Sie setzen sich mit Kreativität ohne menschliches Zutun auseinander. Der Computer als neues künstlerisches Genie?

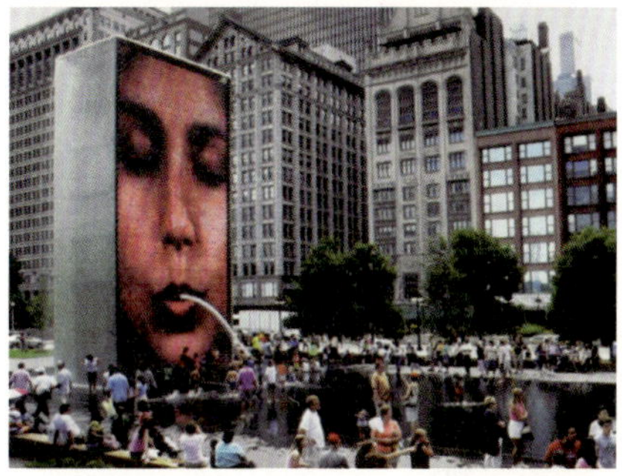

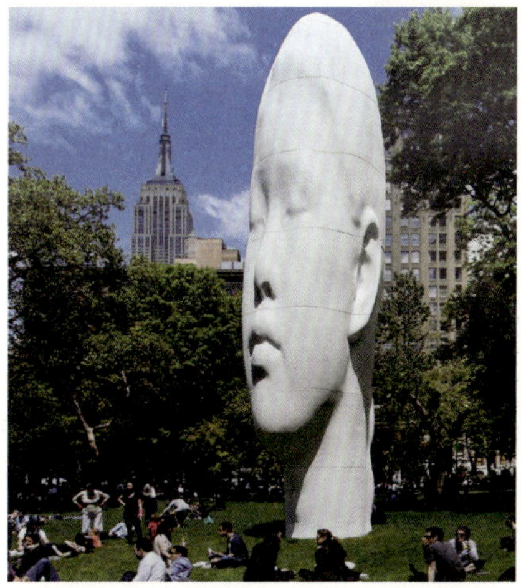

Abb. oben: Daniel Boschung: Face Cartography

Abb. rechts Mitte: Jaume Plensa: Crown Fountains, 2004, Chicago, Brunnen mit wechselnden digitalen Displays, H 150 m

Abb. rechts unten: Jaume Plensa: Echo 2011, Madison Square Park, NY, USA, Polyesterharz, Fiberglas, Mamorstaub, H 14 m

Aufgabenstellung

Welche Möglichkeiten der Verwendung digitaler Medien in der Kunst werden vorgestellt? Wie hat sich der Einsatz des Mediums verändert? Erkläre anhand der Abbildungen.

3.8 Internet und Kunst

Webdesign

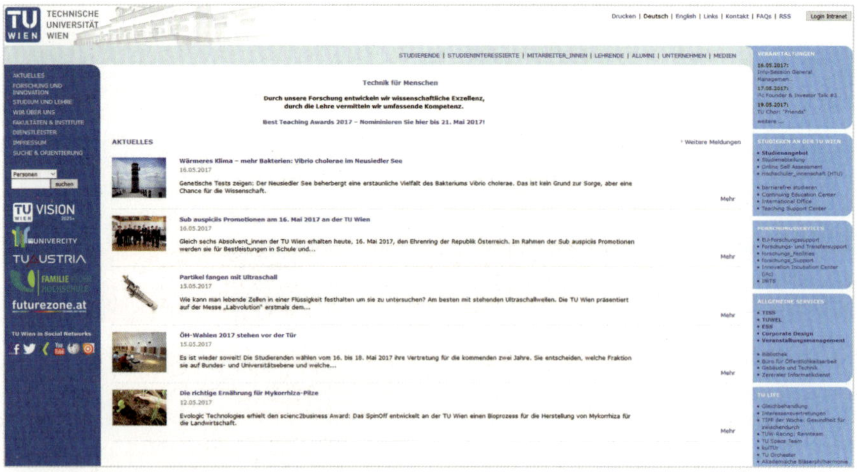

Ende der 1990er-Jahre meinte der japanische Medienkünstler *Yoshi Sodeoka*: „I am not quite sure where the future of Web is going, but I actually hope that the Web stays sort of underground. I do not want to see the Web full of uncreative design, just another corporate playground." Gut 20 Jahre später wissen wir es besser. Das Internet ist zu einem Massenmedium geworden – und die einzelnen Seiten sind oft sehr unterschiedlich in Konzept und Qualität. Webseiten zu erstellen, ist heute einfacher denn je. Es gibt mittlerweile zahlreiche Vorlagenprogramme, die mit den eigenen Inhalten gefüllt werden können. Professionelle Webseiten werden von Grafikerinnen und Grafikern erstellt. Das Webdesign umfasst die formale Gestaltung, die Strukturierung der Inhalte, den logisch-funktionellen Aufbau und die Nutzerleitung. Mit den neuen unterschiedlichen Ausgabegeräten (Computer, Tablet, Handy) muss auch darauf Rücksicht genommen werden, dass der Seitenaufbau auf den unterschiedlichen Bildschirmen sinnvoll bleibt. Neben dem optischen Eindruck geht es bei der Gestaltung von Webseiten vor allem um Bedienungsfreundlichkeit. Zwar sollte Navigation und Aufbau der Webseiten von möglichst vielen Menschen verwendbar sein, ein erfolgreiches Design richtet sich aber nach einer spezifischen Zielgruppe aus, deren Einstellungen, Bedürfnisse und Weltanschauungen in das Konzept miteinfließen. Diese Unterschiede zeigen sich zum Beispiel in verschiedener Farbverwendung, Seitenübergängen, Schriftgröße und eventueller Integrierung weiterer Medien, wie z. B. Video. Die Festlegung der Zielgruppe ist eine Seite – die andere die des transportierten Inhalts. Ähnlich wie in den Printmedien entscheidet auch im Web der Inhalt die Form mit. Beide Aspekte sollten in der Gestaltung beachtet werden. Eine Werbefirma zeigt sich sicherlich auch auf ihrer Website kreativ, ein Anwaltsbüro möchte Seriosität vermitteln. Zu dem Aspekt der digitalen Kompetenz der Nutzer/innen zählt also hinzu, eine Webseite hinsichtlich deren Inhalt, Form und intendierter Funktion zu begreifen. Das heißt, dass z. B. auch eine seriös wirkende Seite nicht unbedingt als zuverlässige Informationsquelle gelten muss und daher weitere Überprüfungen notwendig macht.

Bei der Gestaltung geht es also um folgende Punkte: Welcher Inhalt wird präsentiert? An welches Publikum richtet sich die Seite? Und welches Image soll transportiert werden?

Abb. oben: Homepage der Technischen Universität Wien

Abb. unten: Offizielle Website von Nintendo Deutschland

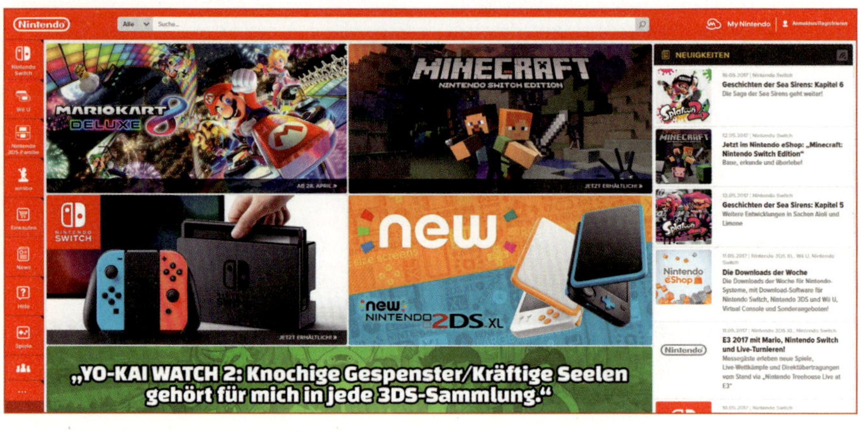

Querverweise

→ *4.11 Grafikdesign und Kommunikationsdesign:* Arbeiten mit Text und Bild – Stefan Sagmeister

→ *4.12 Layout und Schrift:* Komposition, Schriftwahl und guter Geschmack?

Die Arbeit „Maquila Región 4" der mexikanischen Künstlerin *Amor Muñoz* stellt eine mobile Fertigungsstätte zur Produktion elektronisch-textiler Kunstwerke dar. Mit einer Fahrrad-Konstruktion fuhr sie quer durch Mexiko Stadt und suchte nach Arbeitnehmerinnen und -nehmern, welche die Leiberl mit elektronischen Schaltplänen aus leitfähigem Garn besticken sollten. Anschließend wurden sie mit einem einmaligen bidirektionalen (BiDi) Code (einer Art QR-Code) versehen. Wenn man den Code mit einem Smartphone decodiert, wird eine Website mit der Entstehungsgeschichte des T-Shirts geöffnet. Dies ermöglicht der Käuferin oder dem Käufer nachzusehen, wer mit der Herstellung seines Produkts beschäftigt war. Angaben zu Ort, Arbeitszeit und Lohn sind ebenso vorhanden wie individuelle Informationen, welche die jeweiligen Näherinnen und Näher selbst hinzufügen konnten. Mit dieser Arbeit stellt *Muñoz* nicht nur die anonyme Relation von Herstellung und Kauf in einem globalen Prozess zur Diskussion, sondern ebenfalls die unterschiedliche Bezahlung bzw. Preisdrückung. Sie zahlte den Näherinnen und Nähern den US-amerikanischen Mindestlohn. Dieser entsprach 2013 sieben Dollar, während er in Mexiko mit 60 Cent festgelegt war.

Auch der Arbeit von *Kyle McDonald* liegt ein sozialpolitischer Ansatz zugrunde. „People Staring at Computers" (2011) begann als fotografische Intervention. *McDonald* installierte auf ausgestellten Rechnern in Apple-Stores eine selbst entwickelte App, die jede Minute ein Foto aufnahm. So wurde die nichts ahnende Kundschaft in zwei Geschäften in New York fotografiert. Die Fotos wurden anschließend online gestellt. Am letzten Tag der Aktion wurden die Fotos zeitgleich auf allen Computern gezeigt, auf denen sie aufgenommen worden waren. Untersuchungen des Geheimdienstes und Unterlassungsaufforderungen seitens Apple an alle Netzanbieter, die *McDonalds* Intervention Raum gaben, folgten. Die daraufhin einsetzende Popularität des Projekts setzte weitere Aktionen und vor allem Diskussionen über die Legalität von Fotos und Überwachungsstrukturen in Gang.

Um die Arbeit nicht aufgrund von Unterlassungsaufforderungen abzubrechen, wurden die Fotos in ein anderes Medium transferiert: Mit der Übersetzung in Aquarelle scheint das Projekt bislang weitergeführt werden zu können.

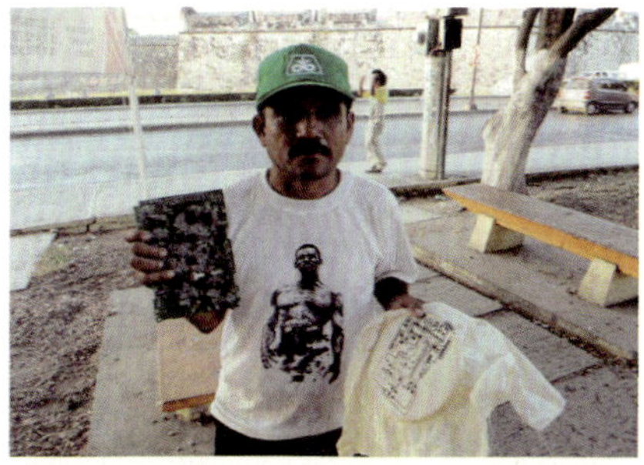

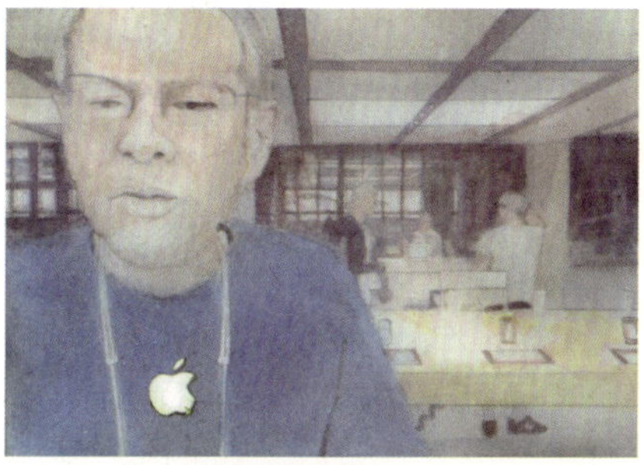

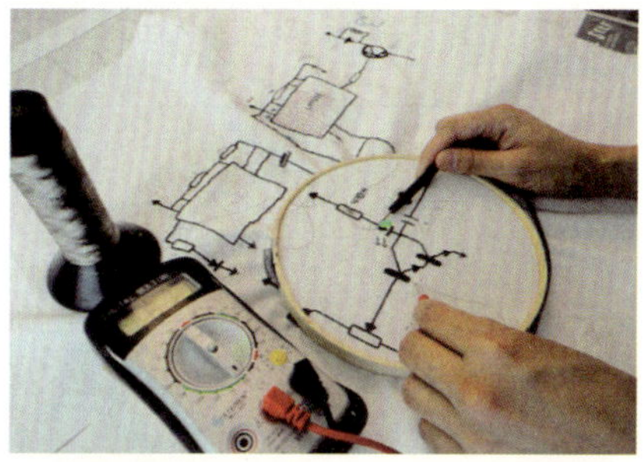

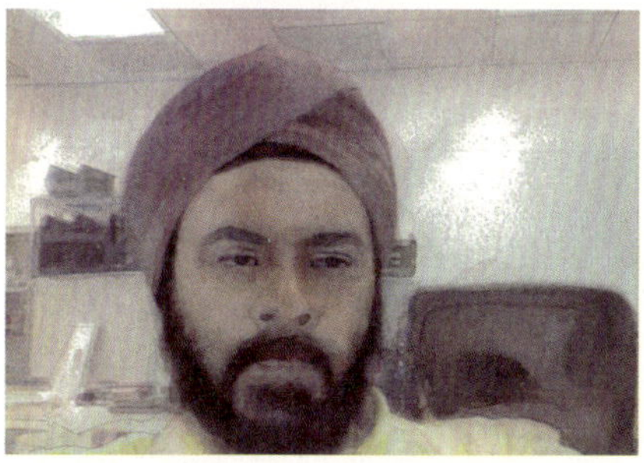

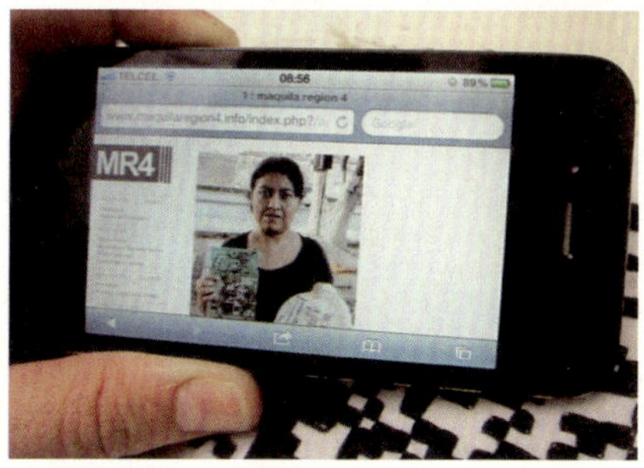

Abb. links: „People Staring at Computers" (2011) von Kyle McDonald
Abb. rechts: „Maquila Región 4" (2013) von Amor Muñoz

Aufgabenstellungen

Welche Aspekte müssen Webdesignerinnen und -designer beachten? **V**

Wähle zwei Webseiten aus und beantworte zuerst die Fragen, mit denen der Text auf Seite 60 endet. Sieh dir danach den Aufbau der Seiten genauer hinsichtlich deren ästhetischer Umsetzung an: Schriftart/-größe, Text-Bild-Verhältnis und Navigationsmenü. Um welchen Informationsgehalt handelt es sich? Ist die Quelle vertrauenswürdig? Warum? **R**

Das Internet als Kunstmedium: Beschreibe die beiden vorgestellten Kunstprojekte in eigenen Worten. Welche kritischen Aspekte kannst du in beiden Projekten anführen? Warum eignet sich dafür besonders das Internet als Kunstmedium? **A**

4.1 Handwerk und Kunsthandwerk

Einzelstücke

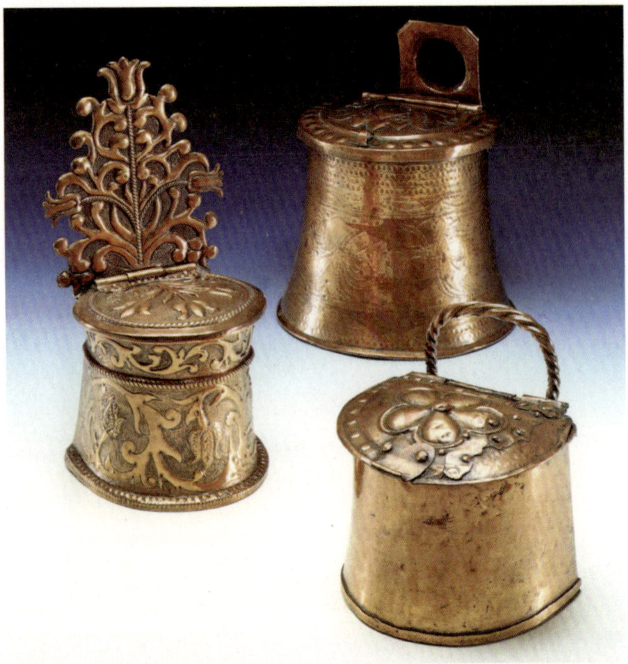

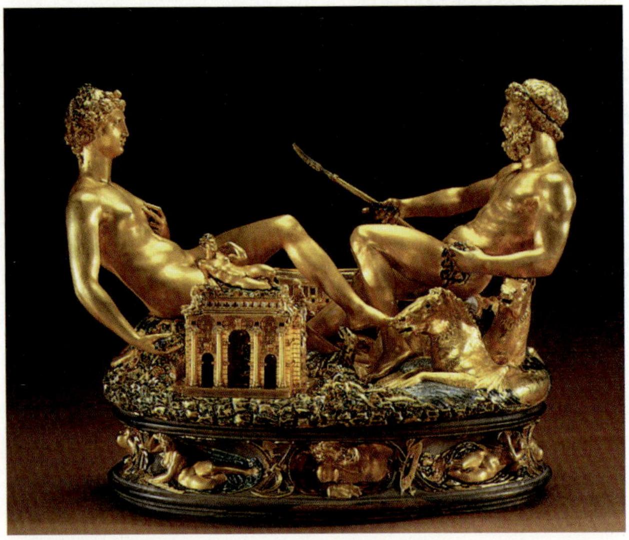

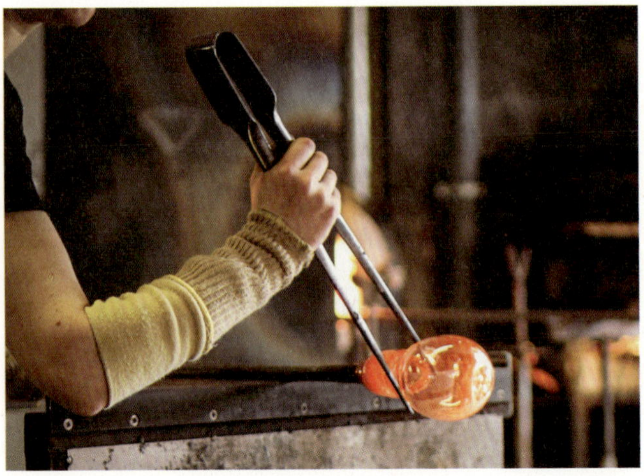

Bei handwerklicher Produktion behält die oder der Handwerkende den Gegenstand während des ganzen Herstellungsvorganges im Auge. Die individuellen Vorstellungen und Wünsche der Auftraggebenden werden von den Kunsthandwerkerinnen und -handwerkern in deren Ermessen kreativ umgesetzt. Im Idealfall ergibt sich daraus auch eine persönliche Beziehung zum Ergebnis der Arbeit.
Handwerkserzeugnisse können zwei großen Gruppen zugeordnet werden. Die eine Gruppe umfasst die Produkte, die in erster Linie vom praktischen Nutzen geprägt sind und deren Funktion mit dem gewählten Material und dem angewandten Herstellungsverfahren eine Einheit bildet. Solche Produkte werden auch als Zweckformen bezeichnet. Die zweite Gruppe umfasst die Handwerksprodukte, die vorwiegend Symbolbedeutung haben. Obwohl auch solche Produkte eine mehr oder weniger deutlich praktische Funktion haben, werden sie in erster Linie als Objekte benutzt, die den sozialen Status der Besitzerin oder des Besitzers repräsentieren. Der meist hohe Anteil künstlerischer Gestaltung bei ihrer Herstellung führt dazu, dass man sie als Kunsthandwerk bezeichnet (nach *Bernd Löbach*). Einzelne Objekte lassen ihre Funktion kaum mehr erkennen. Sie sind eigentlich autonome Kunstwerke mit hohem ästhetischen und symbolischen Anspruch. Es gibt Objekte, die nur einmalig angefertigt werden. Andere wiederum gibt es in mehrfacher Ausführung. Obwohl es mehrere dieser handwerklich erzeugten Produkte gibt, ist doch jedes einzelne in seiner Herstellung und Gestaltung ein Unikat. Seit der Entwicklung der seriellen industriellen Produktion stellt gerade der Aspekt des handwerklichen Fertigungsprozesses ein besonderes Alleinstellungsmerkmal in der Bewertung eines Gegenstandes dar. Viele handwerkliche Berufe (z. B. Gold- und Silberschmied/in, Juwelier/in, Uhrmacher/in, Tischlerei, Keramik, Buchbindung etc.) sind heute in Österreich im Rahmen einer Lehre erlernbar.

Abb. links oben: Salzbehälter, 18./19. Jh., Kupferblech getrieben, H 17–29 cm, Tiroler Volkskunstmuseum, Innsbruck
Abb. links unten: Benvenuto Cellini: Die Saliera, Paris 1540–1543, Gold, teils emailliert, H 26 cm, Kunsthistorisches Museum Wien
Abb. rechts oben: Glasbläserei gilt als eines von vielen Kunsthandwerken

Aufgabenstellung

VARS Was macht ein Kunsthandwerk so besonders?

Gegenstände, mit denen wir Tag für Tag leben

Das Geschirrsystem B 1100 von *Heinz H. Engler* ist vor allem auf die Ansprüche von Großküchen abgestimmt. Stabilität, Standfestigkeit, Kombinierbarkeit der Einzelelemente und leichte Reinigungsmöglichkeit sind ebenso berücksichtigt worden wie die platzsparende Lagerung. Besonders deutlich wird das bei den Kaffeekannen des Systems. Sie können ohne Deckel aufeinander und in der Fläche ohne Platzverlust aneinandergestellt werden. Individuelle Vorlieben in der Benutzung und soziale Differenzierungen treten hier hinter die praktischen Erfordernisse zurück.
Produktdesign orientiert sich also an der Funktion eines Gegenstands und bemüht sich, dessen bestmögliche Funktionalität zu gewährleisten. Dabei stellt die serielle Produktion ein wesentliches Kriterium für die Realisierung eines Entwurfs dar, um Produktionskosten geringzuhalten. Das Geschirrsystem von *Engler* hat die definierten Anforderungen bezüglich Funktionalität perfekt gelöst. Industrial Design ist jedoch nicht nur an die Funktionalität gebunden, sondern ebenfalls ein Kind seiner Zeit. Das heißt, Alltagsgegenstände geben dem vorherrschenden Zeitgeist ein Gesicht. Aus diesem Grund kann uns ein Gegenstand als altmodisch oder modern erscheinen. Aus Sicht der Produktionsbetriebe ist das wünschenswert, da dadurch der Absatz neuer Produkte gesichert ist und funktionierende Produkte ausgetauscht werden – schlicht, weil etwas Neues gewünscht wird. Auch das Geschirrsystem von *Engler* ist aufgrund seines Entwurfs und Präsentation den 1960er-Jahren leicht zuzuordnen. Seit damals wurden andere Geschirrsysteme entwickelt und erfolgreich verkauft. Nichtsdestotrotz gilt *Englers* Entwurf als das meistgekaufte Großküchengeschirr bis heute.

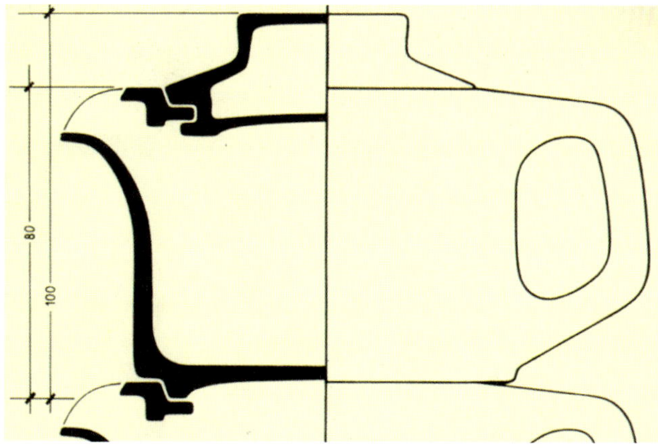

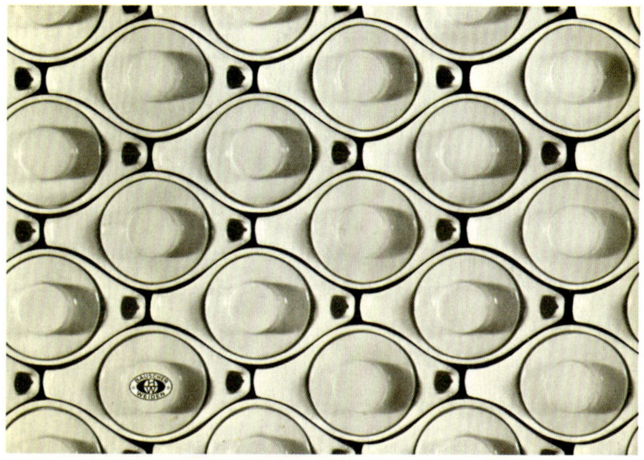

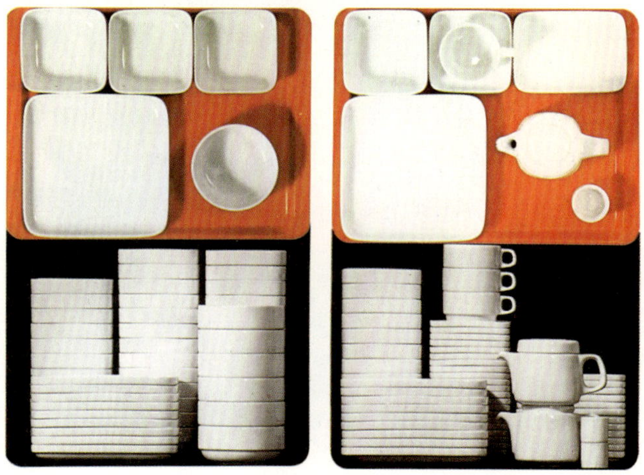

Abb. oben und Mitte: Heinz H. Engler: Geschirrsystem B 1100, 1962, Demonstrationsfoto zur Platz sparenden horizontalen Lagerung und Konstruktionszeichnung einer Kanne
Abb. unten: Heinz H. Engler: Caféteria-Geschirrsatz, Anordung auf dem Tablett und Stapelung

Querverweise

1.7 Industrialisiertes Bauen: Bauen mit Fertigteilen

4.3 Funktion, Form und Styling: Über die Lust, mit Formen zu spielen

Aufgabenstellung

Welche Aspekte haben Einfluss auf die Gestaltung und Produktion eines Objektentwurfs?

4.3 Funktion, Form und Styling

Über die Lust, mit Formen zu spielen

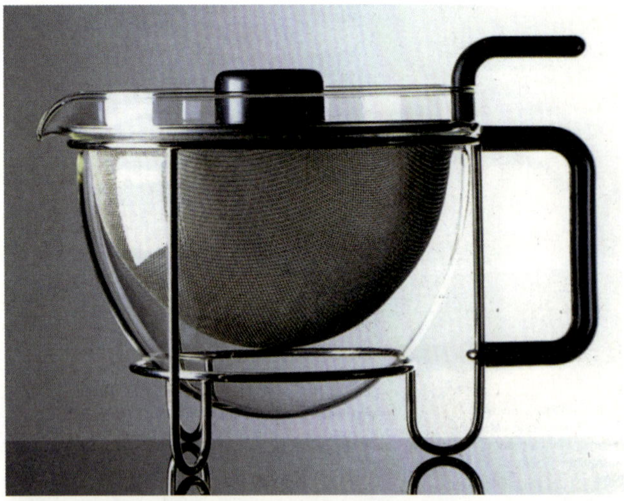

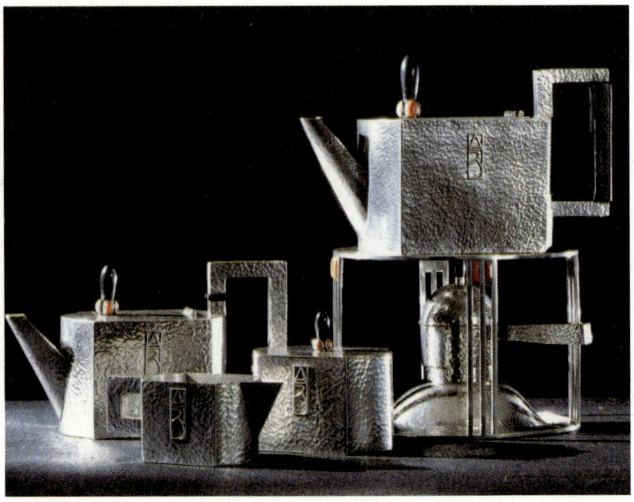

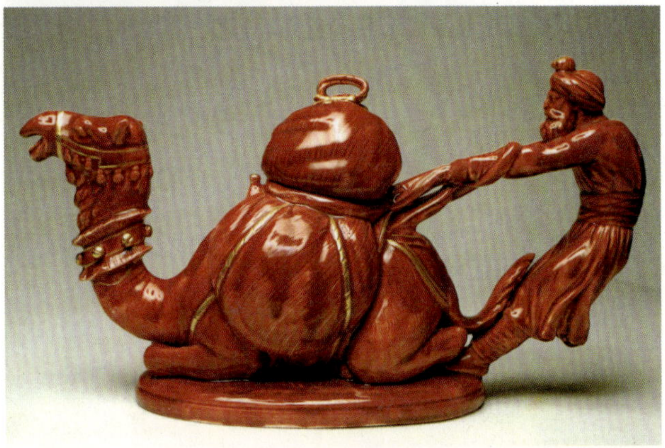

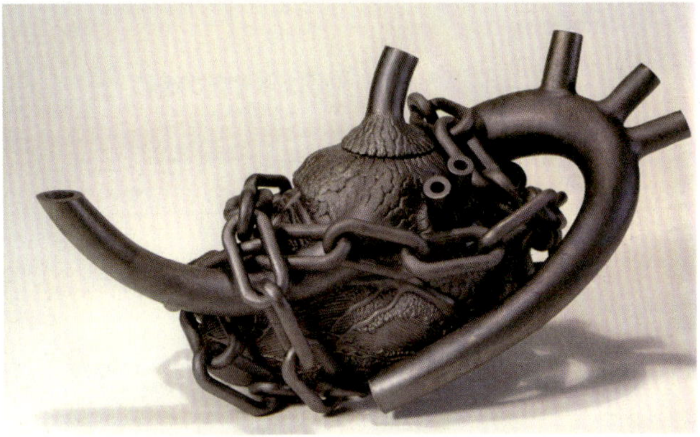

Kostbare Materialien und qualitätvolle Fertigung gehören zu beliebten Statussymbolen. Das Teeservice von *Josef Hoffmann* entspricht dem ebenso wie die Kanne von *Tassilo Grolmann*. Der Wunsch, den Lebensraum individuell zu gestalten oder nach dem eigenen Geschmack auszustatten, scheint zu den Grundbedürfnissen des Menschen zu gehören. So entstehen ständig neue Formen ohne funktionelle Verbesserungen. Es ergibt ja eigentlich keinen Sinn, eine Teekanne in der Form eines Kamels oder eines angeketteten Herzens herzustellen – wenn man davon absieht, dass die Benutzerinnen und Benutzer möglicherweise Freude an der ungewöhnlichen Form haben.

„Sinnvoll und vernünftig" wäre es, sich nur mit Gegenständen zu umgeben, die bei möglichst geringem Aufwand die praktischen Bedürfnisse befriedigen. Das würde – extrem formuliert – bedeuten, dass einmal als „gut" erkannte Formen, die kostengünstig in Massen produziert werden können, überall anzutreffen sein müssten.

Abb. rechts oben: Josef Hoffmann: Teeservice, 1903, Wiener Werkstätte, Konrad Koch, MAK, Wien
Abb. links oben: Tassilo Grolmann, Teekanne, 1983
Abb. links Mitte: Moore Brothers Pottery: Camel Teapot, 1875, Victoria and Albert Museum, London
Abb. links unten: Richard Notkin: Hostage Teapot, 1987, Steingut, Kamm Collection

Querverweise

→ *4.2 Industrial Design:* Gegenstände, mit denen wir Tag für Tag leben

→ *14.4 Ein Haus wie ein Bild:* Demonstration eines formalen Konzepts

4.4 Material bestimmt die Form mit

Materialgerechte Verarbeitung

Die Form eines Gebrauchsgegenstandes wird nicht nur vom Formwunsch der oder des Gestaltenden, sondern von einer Reihe weiterer Faktoren maßgeblich bestimmt. So erfordert jedes Material ganz bestimmte Verarbeitungstechniken, die seinen Eigenschaften entsprechen.
Ein bäuerlicher Schemel hat sich beispielsweise in seiner Grundform seit Generationen nicht verändert. Er besteht aus Brettern, die durch einfache Holzverbindungen miteinander verbunden sind. Die Verarbeitung ist einfach, effektiv und materialgerecht, d. h. sie nutzt die natürlichen Eigenschaften des Materials und versucht nicht Formen zu erzwingen, die mit einem anderen Material leichter zu realisieren wären.

Der „Caféhaus-Stuhl Nr. 14" von *Michael Thonet* aus dem Jahre 1859 nutzt die Eigenschaft des Holzes, sich in Dampf biegen zu lassen und danach seine neue Form zu behalten. Die Biegungen verleihen der zarten und leichten Konstruktion auch die notwendige Stabilität. Material, Technologie und Transporteignung sind neben der klaren und einprägsamen Form sicher für den Erfolg dieses Modells mitverantwortlich. Bis heute sind davon mehr als 50 Millionen Stück verkauft worden.
Der „Panton chair" zeigt eine Möglichkeit, die Materialeigenschaften von Kunststoff zu nutzen. Der stapelbare Stuhl wird in einem Arbeitsgang hergestellt. Die mehrfach gekrümmte Form könnte so mit keinem anderen Material erreicht werden.

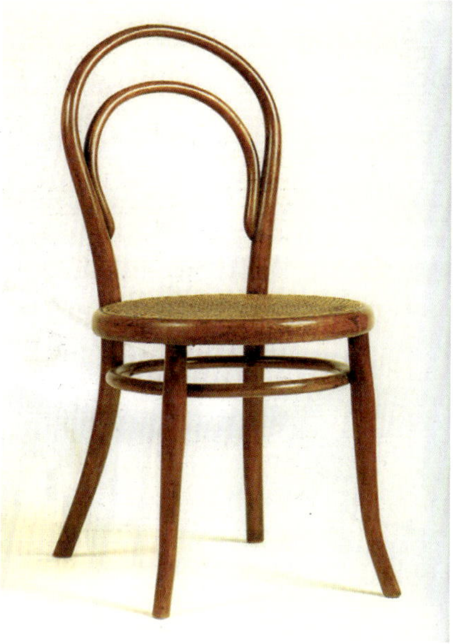

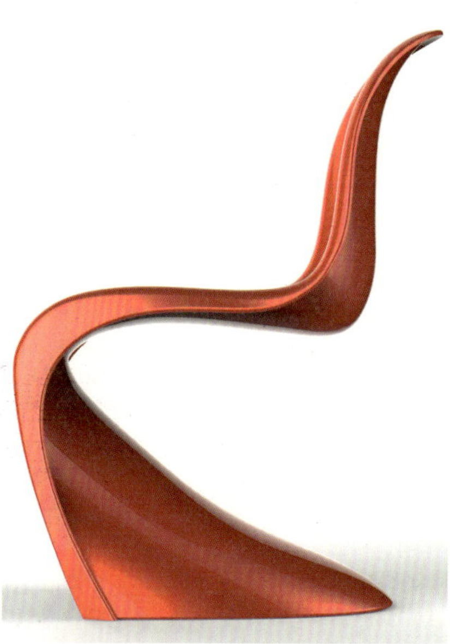

Abb. links oben: Michael Thonet: Caféhaus-Stuhl Nr. 14, Buchenholz, 1859
Abb. links unten: 36 Thonet Nr. 14 in 1 m^3, Rekonstruktion einer Exportkiste

Abb. rechts oben: Verner Panton: Panton chair, 1960
Abb. rechts unten: Verner Panton: Panton chair, 1960, Produktionsschritt

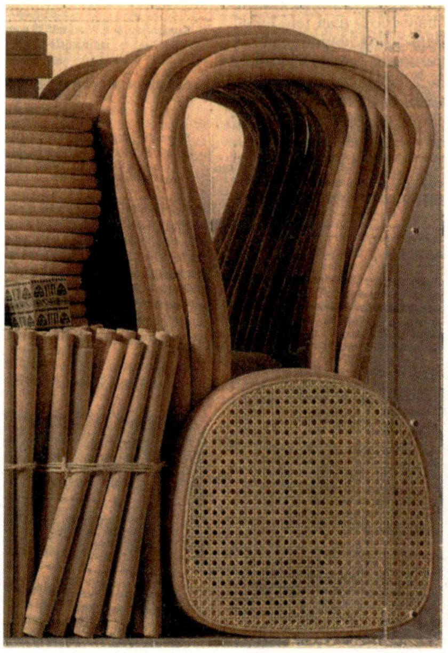

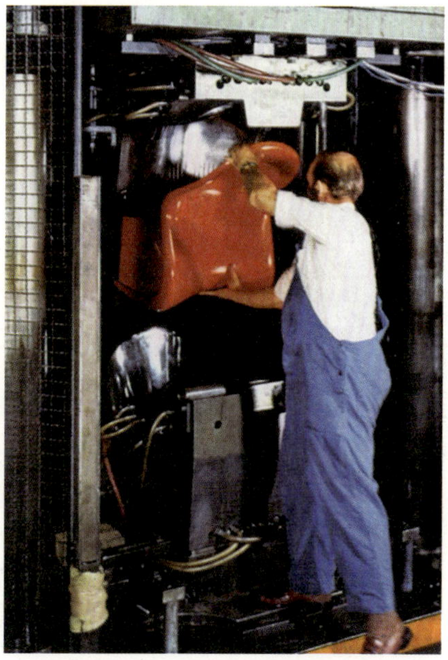

Querverweise

1.3 Beton: Sand + Zement + Wasser – das wichtigste Baumaterial der Gegenwart

1.4 Papier, Luft und Membrane

Aufgabenstellung

Erkläre anhand der beiden weltberühmten Sessel, inwieweit das Material die Form mitbestimmt.

4.5 Die Lust, zu sitzen

Bedürfnisse und Versuche, darauf zu reagieren

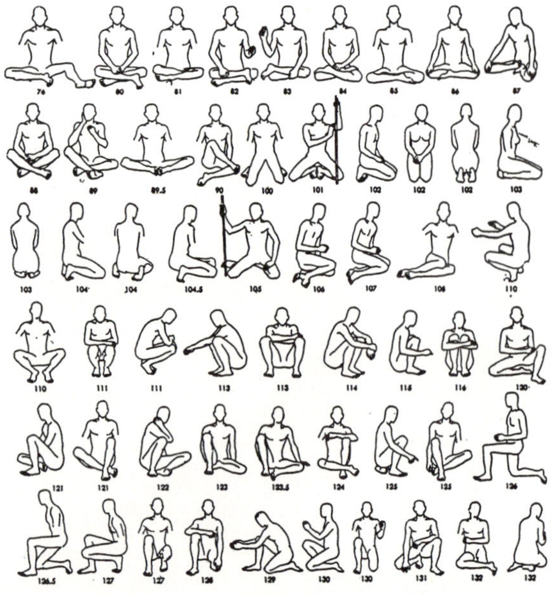

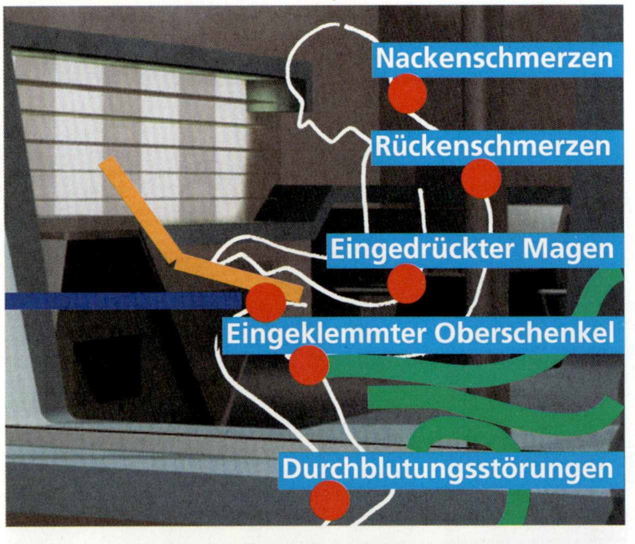

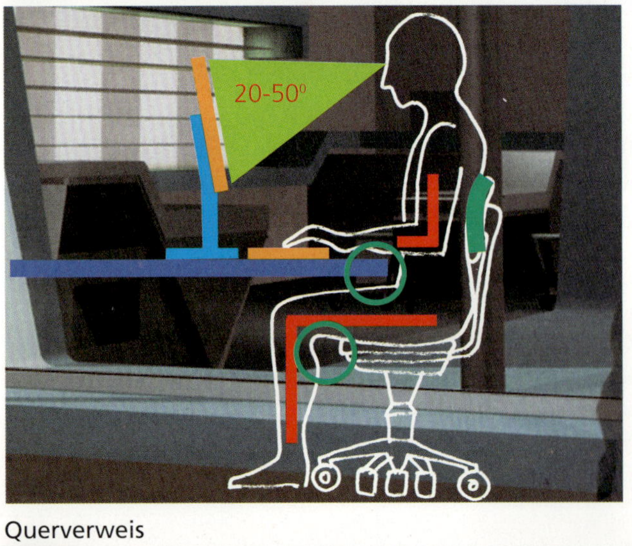

„Stühle sind die Stützen der Gesellschaft. Krücken wäre vielleicht das passendere Wort. Am Strand oder in den Bergen bringen wir es fertig, für die Dauer eines Picknicks ohne Lehne auszukommen. Nicht so im täglichen Leben. [...] Der Begriff der Bequemlichkeit ist nicht nur dehnbar, er ist schlechthin undefinierbar. Nichtsdestoweniger ist ‚bequem sitzen' der Inbegriff des Wohlbehagens." (aus *Bernard Rudofsky*: Das Anlehnungsbedürfnis, 1987)

Der amerikanische Autor *E. P. Prentice* hat eine einfache Erklärung für unsere Unbeweglichkeit. „In einem kalten Klima", schrieb er, „tragen die Menschen schwere Kleidung. Eingepackt von Kopf bis Fuß, ist es ihnen nicht möglich, auf einem Teppich zu sitzen. Sie brauchen deshalb Stühle und Tische. In warmen Ländern wie Indien, wo die Kleidung mehr als Schmuck als zum Schutz dient, sitzt man ungehemmt am Boden."

Es ist erstaunlich, welche Vielfalt an Sitzhilfen es schon gibt, und ebenso verblüffend ist es, dass immer wieder neue entwickelt werden. Oft ist es der Lebensstil, der Erfindungen provoziert, z. B. der Lümmelsack Sacco, der bislang ungern gesehenes Herumhängen geradezu erzwingt. Aber auch neue Materialien regen zu neuen Formfindungen an. Blow ist eben nur mit PVC-Folie kostengünstig herzustellen.

Vor allem aufgrund vermehrter Bildschirmtätigkeit sitzen wir im Generellen immer länger. Zahlreiche Studien weisen daher darauf hin, dass eine benutzergerechte Gestaltung des Arbeitsplatzes zur Vorbeugung gesundheitlicher Probleme (Rückenschmerzen, Verspannungen, Kopfschmerzen etc.) notwendig ist. Ein Arbeitssessel, auf dem man den Großteil des Tages verbringt, soll daher eine Körperhaltung ermöglichen und unterstützen, die den Organismus nicht belastet. Eine eigene Wissenschaft, die Ergonomie, befasst sich mit der Erforschung der Leistungs- und optimalen Arbeitsmöglichkeiten der Menschen. Ihre Erkenntnisse helfen natürlich nicht nur den Arbeitenden, ihre Gesundheit zu erhalten, sondern auch Ermüdung zu verzögern und damit die Produktivität zu erhöhen.

Abb. oben: G. W. Hewes: Körperhaltungen von Menschen ohne Anlehnungsbedürfnis, 1957, Ausschnitt

Abb. Mitte: Beispiel für eine ungünstige Sitzposition

Abb. unten: Beispiel für eine günstige Sitzposition: Die benutzergerecht gewählte Höhe des Stuhls und des Tisches ermöglicht eine aufrechte Haltung, die durch die entsprechend eingestellte Rückenlehne unterstützt wird.

Abb. Seite 69 links oben: verschiedene Designer/innen für Zanotta: Blow, 1967, Mailand, aufblasbarer Sessel aus PVC-Folie

Abb. Seite 69 links Mitte: Jürgen Sand: Das Strichmännchen im Straßencafé, 2014

Abb. Seite 69 links unten: Stuhl des Abts Elias, 1098, Marmor, Basilika di San Nicola, Bari

Abb. Seite 69 rechts oben: rietveld: Sacco, 1968/69, Mailand, Textilsack mit Polystrolkügelchen gefüllt

Abb. Seite 69 rechts unten: Gerrit Rietveld: Rot-blauer Stuhl, 1918–1923, Buche, farbig lackiert

Querverweis

→ *4.4 Material bestimmt die Form mit:* Materialgerechte Verarbeitung

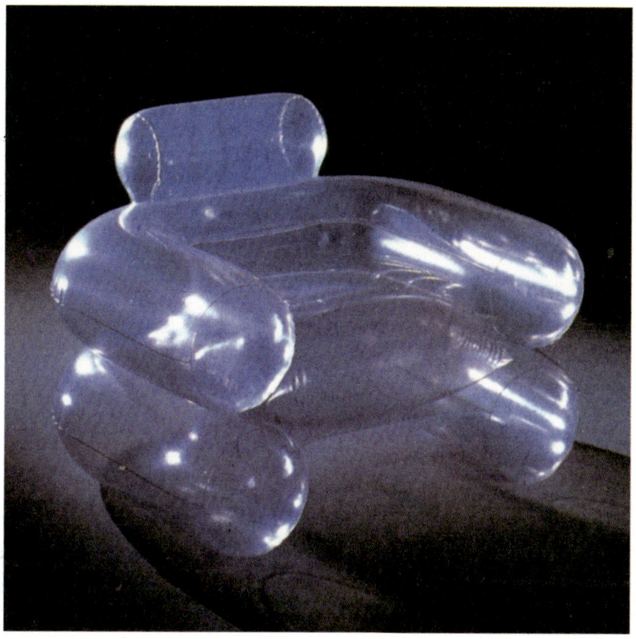

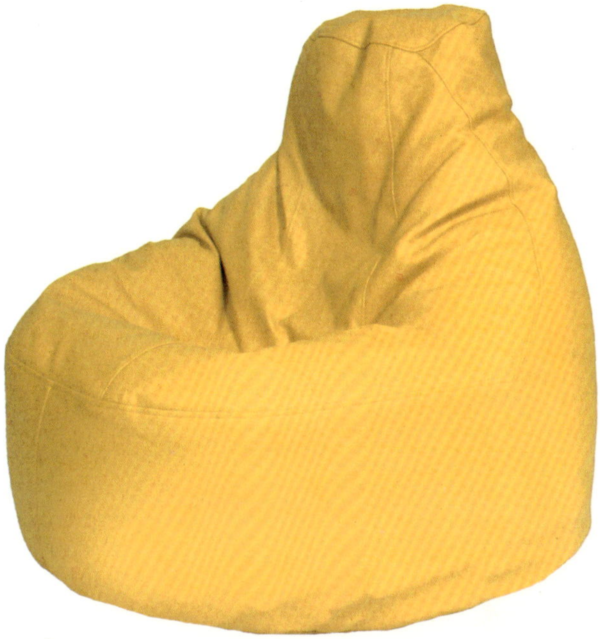

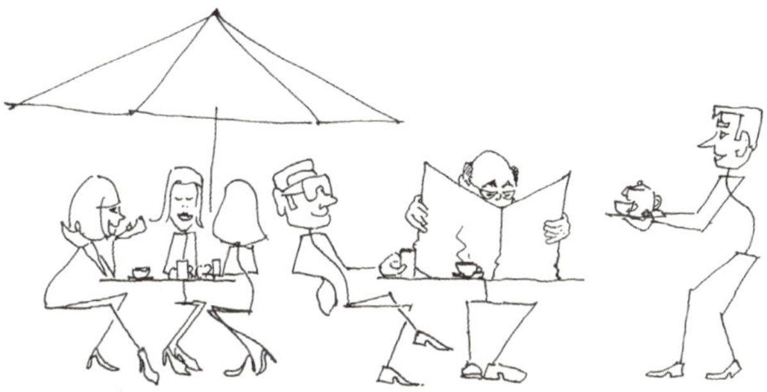

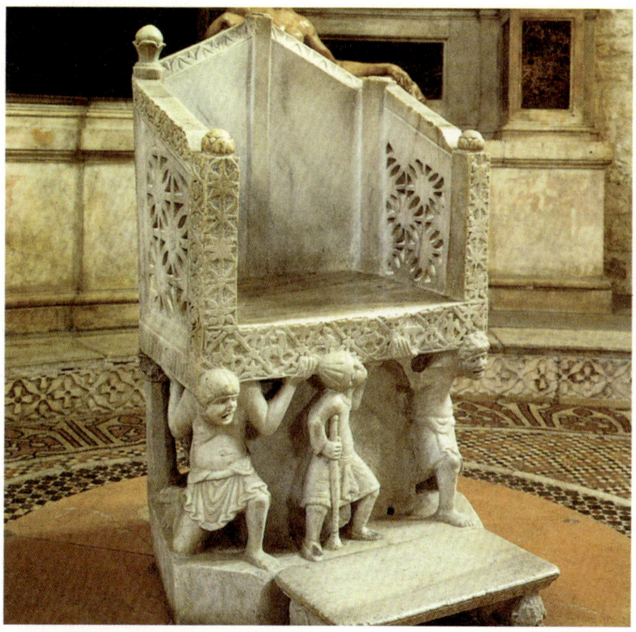

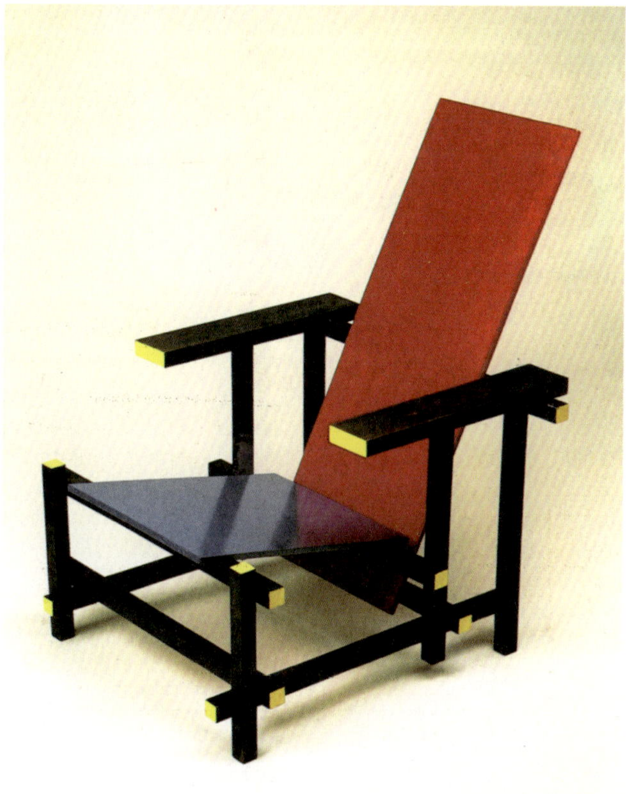

Aufgabenstellung

In der Zeichnung von *Jürgen Sand* werden sitzende Figuren dargestellt, wobei der wesentlichste Gegenstand, nämlich der Sessel, fehlt. Anhand der Darstellungsweise der Strichmännchen konzentriert sich der Zeichner auf Körperhaltung und darauf, wie Arme, Beine, Wirbelsäule miteinander verbunden sind. Erstelle ähnliche schnelle Skizzen.

4.6 Produktgestaltung

Designerinnen und Designer gestalten unsere Umwelt

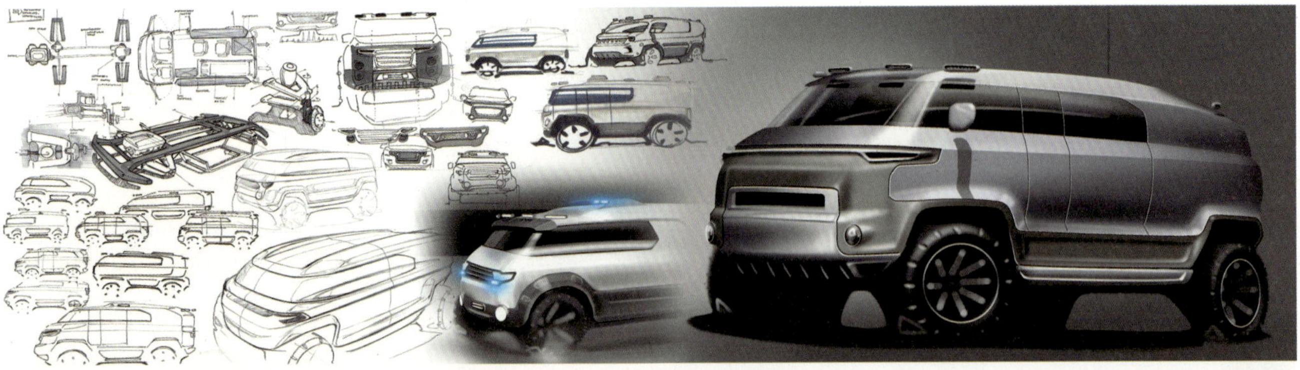

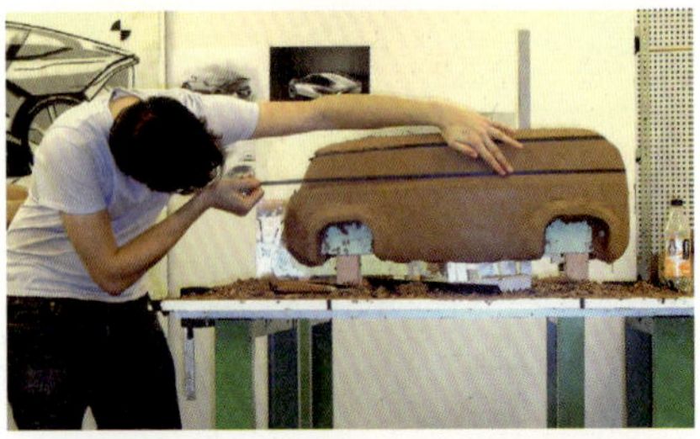

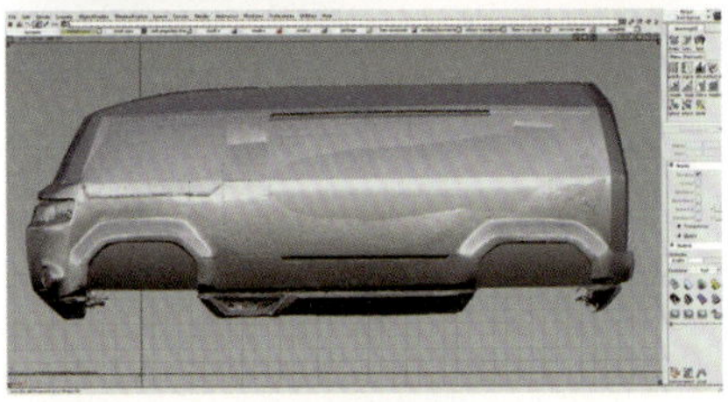

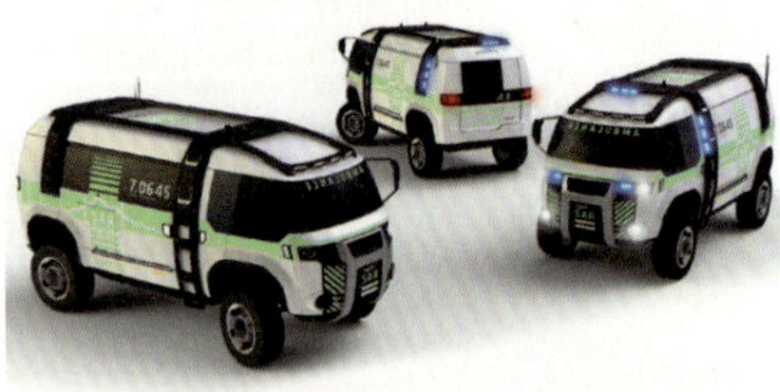

Abb. von oben nach unten: Martin Hanl, Studentenprojekt an FH Johanneum, 2010, Beispiel zur Entwicklung eines neuen Designs für ein Rettungsfahrzeug für schwieriges Gelände: erste Skizzen zur Ideenfindung, Clay-Modell mit Übertragung für digitale Weiterbearbeitung und Rendering des fertigen Fahrzeugs

Kaum ein Gegenstand, den wir in die Hand nehmen, wird für uns persönlich hergestellt. Im Allgemeinen benützen wir Dinge, die, was Funktion, Form und Aussehen betrifft, in großer Vielfalt und Vielzahl produziert werden. Aus diesem Angebot wählen wir das uns am ehesten ansprechende Stück aus.

Bei der industriellen Herstellung von Gebrauchsgütern muss zum einen darauf Rücksicht genommen werden, was die möglichen Käuferinnen und Käufer benötigen und wünschen.

Zum anderen spielen auch die Anforderungen an das Produkt von Seiten der herstellenden Betriebe eine Rolle. Neben dem erhofften Gewinn soll das Produkt in Funktionsweise und Design zum Image der produzierenden Firma passen. Die Aufgabe, diese verschiedenen Interessen miteinander in Einklang zu bringen, ist die Arbeit der (Industrial) Designerinnen und Designer.

Diese beginnt mit der Recherche. Welche ähnlichen Produkte gibt es bereits auf dem Markt? Was will der Kunde und wie definiert sich die Zielgruppe? Was fehlt bis jetzt und welche neuen Produktideen können in dem neuen Entwurf umgesetzt werden? Diese Informationen werden anschließend in der Konzeptphase verarbeitet. Konzeptionelle Überlegungen sind notwendig, um die Vorstellungen und Anforderungen des neuen Produkts genau zu definieren. Ein Mood Board zu dem Produkt wird erstellt, das dessen Formensprache (Image, Charakter, Materialien, Farben, Formen etc.) abbilden soll.

Bei komplexen Produkten ist die Designarbeit oftmals interdisziplinär angelegt. Fachmeinungen aus verschiedenen Sparten (Technik, Chemie, Informatik, Designgeschichte etc.) werden hinzugezogen. Erst dann schreitet man zur Visualisierung von Designideen anhand erster Skizzen. In der Entwurfsphase erarbeitet die Designerin oder der Designer, einen Produktentwurf, der den ästhetischen, funktionalen und wirtschaftlichen Anforderungen entspricht. Dabei werden meist mehrere maßstabsgetreue Modelle aus unterschiedlichen Materialien (z. B. Tonmodelle mit anschließendem Scan und digitaler Weiterbearbeitung) angefertigt, um die am Computer erstellten Entwürfe zu überprüfen. Um etwaige Fehler ausbessern zu können, werden in der Ausarbeitungsphase Prototypen und sogenannte „Nullerserien" produziert, bevor der neue Entwurf in Serie geht. Mit der Präsentation des Entwurfs und Übergabe dessen technischer Daten endet die Arbeit der Industriedesigner/innen.

Anschließend geht es um die Markteinführung – ein passendes Werbekonzept wird designt.

Querverweis

→ *3.6 Computer und Design:* Computerprogramme im Designprozess – 3D-Drucker als Hilfsmittel und Endprodukt

Aufgabenstellungen

V A R S — Beschreibe den Arbeitsprozess in der Designentwicklung. Gehe dabei auf die jeweiligen Arbeitsschritte der einzelnen Phasen näher ein.

V A R S — Mood Boards stellen eine Collage aus Bildern und prägnanten Begriffen dar, um den „Charakter" eines Gegenstands zu umschreiben. Recherchiere zuerst im Internet nach Mood Boards. Wie könnte das Mood Board für das hier beschriebene Fahrzeug aussehen? Welche Farben, Formen, Anregungen bei anderen Objekten könnten zur Formentwicklung beigetragen haben? Erstelle ein mögliches Mood Board dazu.

4.7 Formenspiel

Ideen verwerten

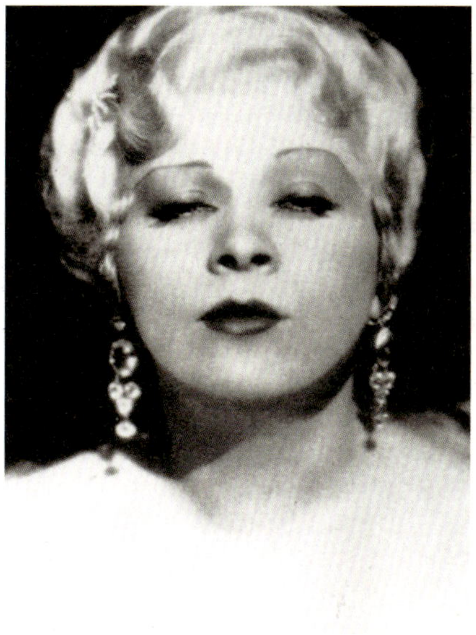

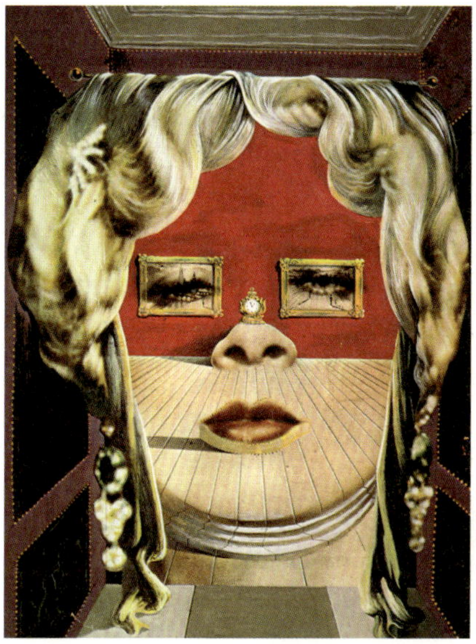

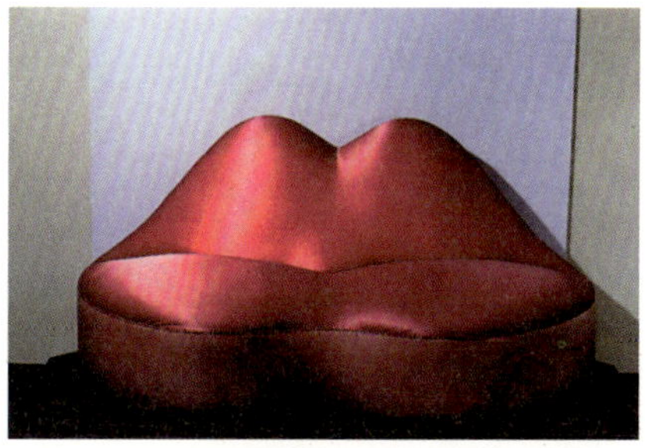

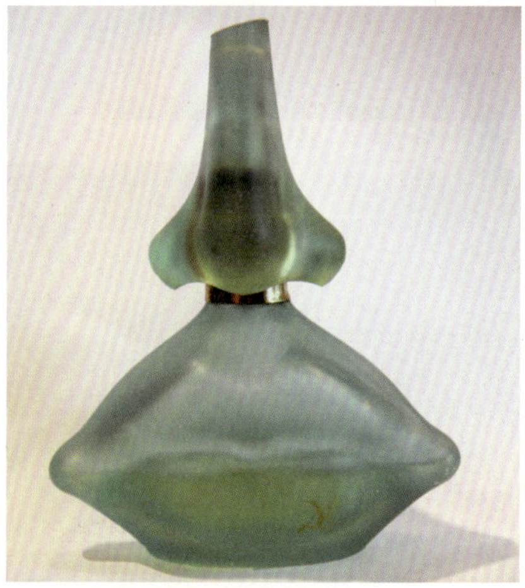

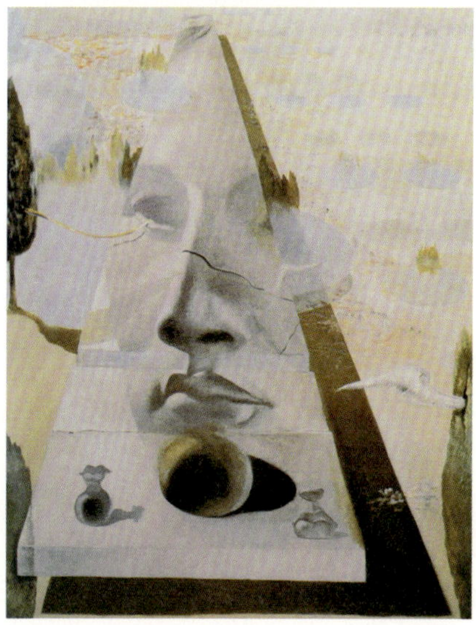

Wie sehr Formen als Spielmaterial dienen können, zeigen Produkte, deren Design von *Salvador Dalís* Bild der Schauspielerin *Mae West* angeregt wurden. *Dalí* überarbeitete ein Zeitungsfoto und setzte das Gesicht der Filmschauspielerin aus zunächst vertrauten Elementen zusammen. Ein Vorhang bildet die Frisur und den Schmuck, zwei gerahmte Stadtansichten sind die Augen, der Kamin hat die Form einer Nase, und der Mund ist deutlich als Sofa in der Mitte eines Raumes zu erkennen.

Dalí war auch ein begnadeter Vermarkter seiner Bilderfindungen und verarbeitete bekannte Motive aus seinen Bildern immer wieder zu Plastiken oder Schmuck.

Das erste Lippensofa entstand schon 1936, die Idee wurde um 1970 mehrfach wieder aufgenommen und mit modernen Materialien realisiert.

Die Formen der Kosmetikserie *Dalí* beziehen sich zwar auf ein anderes Bild *Dalís*, und zwar „Die Erscheinung des Gesichts der Aphrodite von Knidos in einer Landschaft", sind aber eigentlich nur ein neuerlicher Aufguss einer alten Idee.

In *Philippe Halsmans* Fotografie „Dalí Atomaticus" (siehe Kapitel 9.3) bezieht sich der Titel auf *Dalís* Gemälde „Leda Atomatica", das im Hintergrund zu sehen ist. Auch hier wird eine Idee aufgegriffen und neu kontextualisiert.

Abb. links oben: Anonymes Zeitungsfoto: Mae West, 1934

Abb. Mitte oben: Salvador Dalí: Gesicht der Mae West – kann als surrealistisches Appartement benützt werden, 1934/35, Gouache auf Zeitungsfoto, 31 x 17 cm, The Art Institute of Chicago

Abb. rechts, von oben nach unten: Salvador Dalí: Mae-West-Lippensofa, 1936, Royal Pavillon Art Gallery, Brighton; Salvador Dalí: Laguna, Eau de Toilette (Woman); Salvador Dalí: Erscheinung des Gesichts der Aphrodite von Knidos in einer Landschaft, 1981

Querverweise

4.11 Grafikdesign und Kommunikationsdesign: Die Entwicklung von Corporate Identity und Logo

10.3 Kunst und Geld: Vermarktung von Erinnerungen

Aufgabenstellungen

Erkläre anhand der Abbildungen, wie *Salvador Dalí* Elemente und Ideen in mehreren Arbeiten verwendet, adaptiert und wie sie kommerziell verwertet wurden.

Kennst du weitere Beispiele, in denen ein Bild in einem anderen Kontext (kommerziell) genutzt wird?

4.8 Werbung für Designobjekte

Was wird hier verkauft?

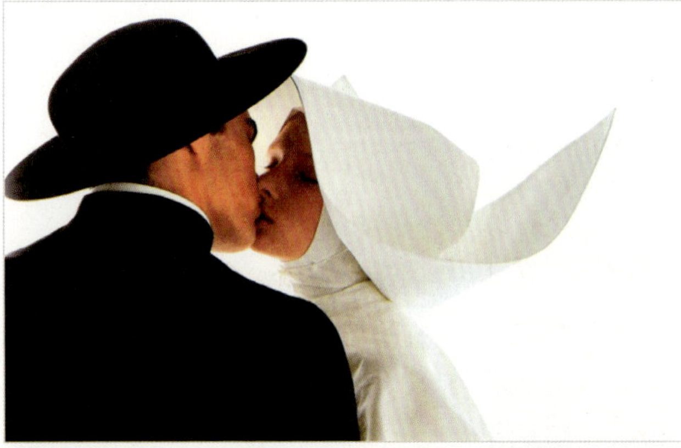

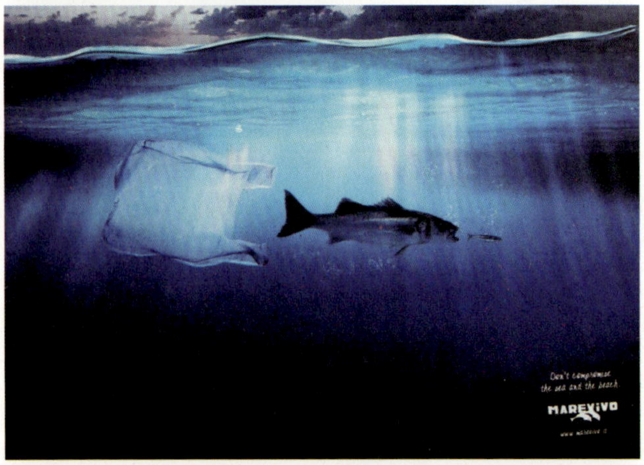

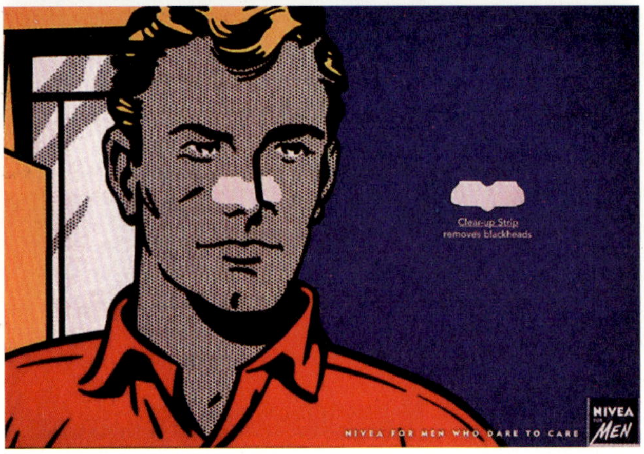

Werbung preist ein Produkt, eine Idee an. Sie stellt einen Kommunikationsprozess dar, denn mithilfe von Werbung wird eine neue Ware in den Markt eingeführt: Wir erfahren von einem baldigen Konzert oder einem neuen Film oder wir werden durch Erneuerungen von alten Produkten an eine Marke erinnert. Werbung vermittelt also zwischen (gewinnorientierten oder unentgeltlich ausgerichteten) Unternehmen und möglichen Käuferinnen und Käufern. Neben der Bekanntmachung dient die Werbung der Verkaufssteigerung. Sie muss klarmachen, warum gerade dieser Gegenstand unbedingt gekauft werden soll. Sie appelliert an Bedürfnisse – und wenn es diese noch nicht gibt, werden sie generiert. Die Kanäle der Werbung sind heutzutage vielschichtig: Plakate, Flyer, Werbeeinschaltungen in Zeitungen, Fernsehen und Radio, in Verkehrsmitteln, im Internet etc. Insbesondere im Onlinebereich spielt die personalisierte Werbung eine immer größere Rolle – was regelmäßig zu Datenschutzdiskussionen führt. Werbung dient in der Wirtschaft jedoch nicht nur der Produktanpreisung, sondern stellt selbst einen nicht unwesentlichen Wirtschaftszweig dar, der viele Arbeitsplätze für Personen mit kreativer, wirtschaftlicher, psychologischer oder juristischer Ausbildung schafft.

Werbung soll ein Produkt oder eine Dienstleistung von der Konkurrenz abheben und schafft sich dadurch stets selbst Konkurrenz. Sie muss daher auffallen und ins Auge springen.

Eine der wirksamsten Methoden ist sicherlich der Tabubruch. Mit kontroversen Bildthemen machte sich der italienische Fotograf *Oliviero Toscani* einen Namen. In seinen Werbungen für Benetton setzte er nicht die Mode ins Bild, sondern Themen wie Krieg, Aids oder Diskriminierung. Die Aufmerksamkeit auf das Produkt wurde also nicht über das Produkt selbst geweckt, sondern mit provokanten Bildern.

Abb. oben: Oliviero Toscani: Priester und Nonne, 1991

Abb. Mitte: Roncaglia & Wijkander Roma for Marevivo: Don't compromise the sea and the beach, Italien, 2012

Abb. unten: GV Company for Nivea for Men, Face Care Clear-Up Stripe, Belgien, 2000

Querverweise

→ *3.2 Digitale Bildbearbeitung*

→ *4.7 Formenspiel: Ideen verwerten*

→ *4.11 Grafikdesign und Kommunikationsdesign:* Die Entwicklung von Corporate Identity und Logo

Eine weitere Methode in der Bilderflut nicht unterzugehen, ist die Verwendung von Humor. Witzige Bilder, skurrile Bildzusammensetzungen können nicht nur Bildbetrachterinnen und -betrachter zum Schmunzeln bringen und Sympathien wecken, sondern sie im Idealfall zu neuen Kundinnen und Kunden machen. Was einem beim Betrachten von Werbung bewusst sein sollte ist, dass Werbung zum Kauf animieren soll. Sie schmeichelt und erfindet Träume, die mit dem Kauf verwirklichbar scheinen sollen. Bilder werden dahingehend bearbeitet: Schöne Menschen freuen sich über ein Produkt und haben Spaß dabei. Zentral ist dabei, welche Stimmung mit einem Produkt über Werbung mittransportiert und welche Zielgruppe angesprochen werden soll. Abenteuer, Romantik oder Gemütlichkeit? Junge Menschen, Familien, Singles oder ältere Semester? Küchenwerbungen werden mit warmem Sonnenlicht durchflutet, neue Autos fahren scheinbar schwerelos in weiten Landschaften. Die Frage, die sich Konsumentinnen und Konsumenten stellen sollten, ist: Was verkauft eine Werbung wirklich?

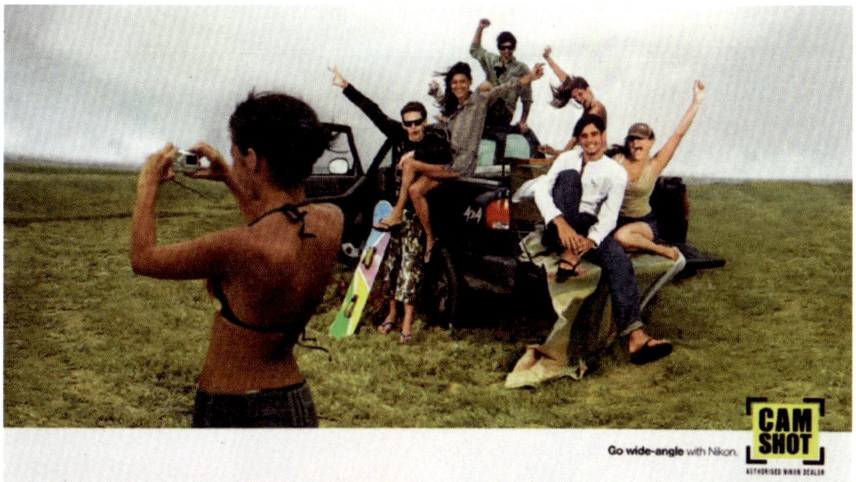

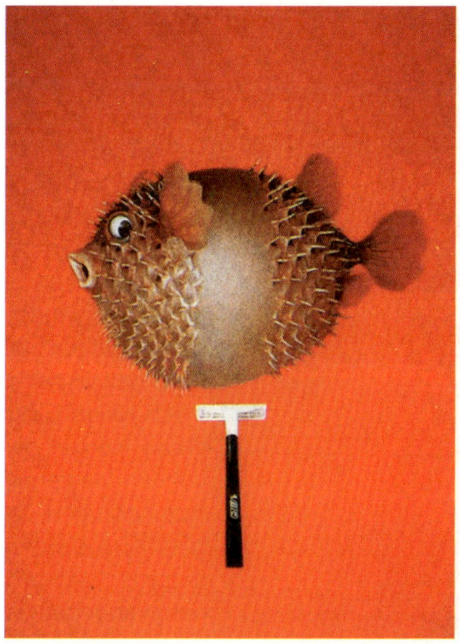

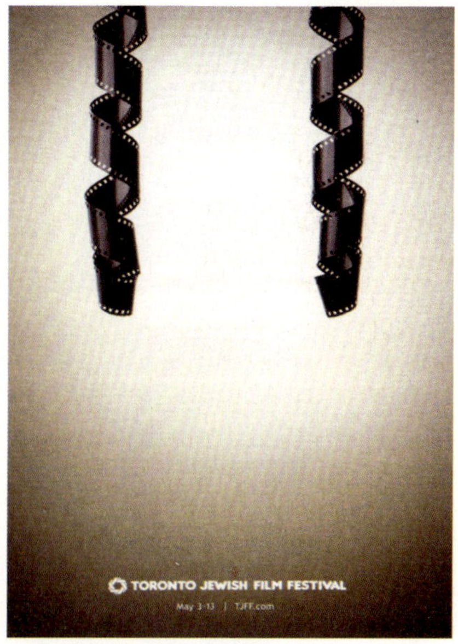

Abb. links oben: JWT for Cam-Shot: Go wide-angle with Nikon, Indien, 2008
Abb. rechts oben: Grey Wolrdwide for Bic Razors: Thailand, 2001
Abb. rechts unten: BBDO for the Jewish Film Festival: Kanada, 2012

Aufgabenstellungen

Für welche Produktgruppen gibt es besonders viel Werbung? Zu welchen gibt es keine oder kaum Werbung? Was können die Gründe dafür sein?

Untersuche unterschiedliche Werbungen gemäß den am Ende des Texts angeführten Aspekten hinsichtlich Zielgruppe, Stimmung, Image des Produkts. Wie sieht die jeweilige Umsetzung aus?

Methoden zur Entwicklung von Werbe-Bildkompositionen können unter anderem folgende sein: Reduzierung auf das Wesentliche – in einen neuen Zusammenhang setzen/Analogien herstellen – Übertreibung – Bezugnahme auf bekannte Bilder – kausale Zusammenhänge visualisieren – kein Zusammenhang zum Produkt
Welche Methode kann den abgebildeten Werbungen zugeordnet werden? Welche weiteren möglichen Verfahren zum Generieren von Aufmerksamkeit fallen dir ein? Welche gelangen in deinen Bildbeispielen zur Anwendung?

4.9 Soziales Design

Für besondere Bedürfnisse

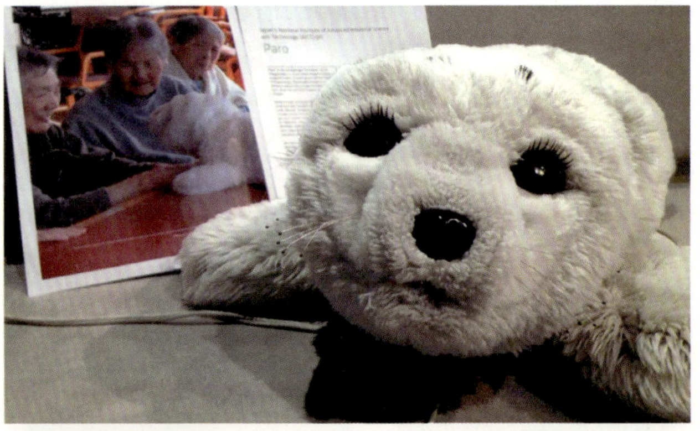

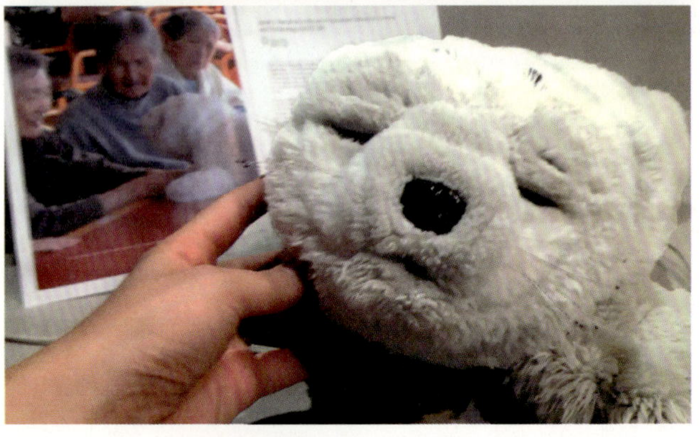

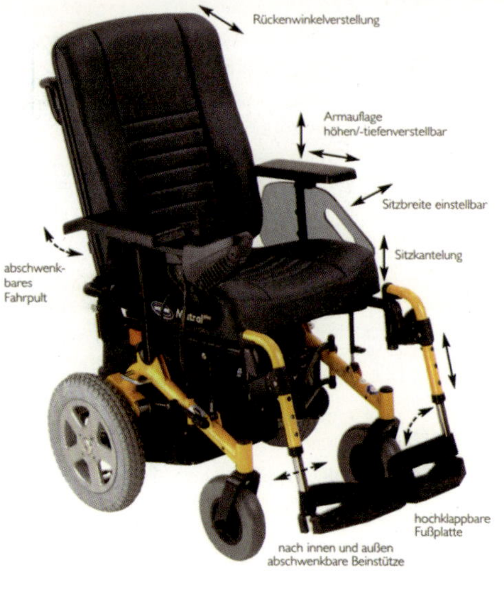

Ein ungewöhnliches Beispiel für soziales Design stellt die vom japanischen Forscher *Takanori Shibata* entwickelte Robbe dar. Seit Beginn der 1990er-Jahre wird an diesem als Robbe „verkleideten" Roboter gearbeitet, der dazu dienen soll, Menschen sozialen Kontakt anzubieten. Der Roboter verfügt unter dem weichen Fell über taktile Sensoren, die bei Berührung mit Bewegung und Lauten reagieren. Dabei macht sich der Roboter unterschiedlich bemerkbar – je nachdem, ob er liebevoll oder aggressiv behandelt wurde. Die Robbe soll sogar verschiedene Stimmen erkennen können. 2004 wurde sie zum ersten Mal der Öffentlichkeit präsentiert. Ähnlich wie der Kontakt zu echten Tieren hat auch der Robbenroboter eine positive Wirkung (Stressreduzierung, bessere Kommunikationsmöglichkeiten, Entspannung etc.). Daher bietet sich der Einsatz in Altersheimen und Krankenhäusern an, wo echte Tiere aufgrund von Hygienebestimmungen und nicht-artgerechter Haltung verboten sind. Im Linzer Ars Electronica Center und im Technischen Museum Wien kann man ein Robbenexemplar kennenlernen.

Die Gestaltung unserer gegenständlichen und baulichen Umwelt orientiert sich im Wesentlichen am Bild eines idealen Durchschnittsmenschen. Dieser Mensch ist groß genug, um die hoch liegenden Knöpfe einer Aufzugskabine zu bedienen, schlank genug, um hinter das Steuer eines Autos zu passen, und stets im Vollbesitz seiner körperlichen Kräfte. Der Normmensch trägt niemals einen Arm in der Schlinge, ist niemals schwanger, niemals durch einen schweren Einkaufswagen oder einen Kinderwagen eingeschränkt. Schon gar nicht bewegt er sich mit Hilfe von Krücken oder im Rollstuhl (nach *Helga Gibs*). Viele Menschen sind aber in irgendeiner Weise körperlich eingeschränkt. Unfälle oder Krankheiten können bleibende Schäden verursachen und die Betroffenen dazu zwingen, ihr Leben außerhalb der üblichen Norm zu gestalten. Designerinnen und Designer werden zunehmend gefordert, ein inklusives Miteinander zu fördern, sodass Barrieren abgebaut werden und nicht aufgrund des Designs eine Teilnahme erschwert wird.

Abb. links oben und Mitte: Takanori Shibata: Robbe Paro, Entwicklung seit 1993
Abb. links unten: Invacare: Mistral plus, Elektrorollstuhl, 2003

Querverweise

→ *3.4 Computer und wissenschaftliche Anwendungen:* Ars Electronica Center in Linz: Museum der Zukunft

→ *3.6 Computer und Design:* Computerprogramme im Designprozess – 3D-Drucker als Hilfsmittel und Endprodukt

Aufgabenstellung

V A R S

Findest du in deiner alltäglichen Umgebung Gestaltungselemente, die ein einfacheres gemeinsames Nutzen ermöglichen bzw. Menschen mit besonderen Bedürfnissen ihren Alltag erleichtern? Welche Bevölkerungsgruppen sollten besondere Berücksichtigung erfahren? Wie definiert sich die sogenannte Norm? Warum ist soziales Design in Abgrenzung/Ergänzung dazu notwendig?

4.10 Kommunikation über Bilder

Leithilfen und Piktogramme

Was bedeutet ein Schild, auf dem eine Figur abgebildet ist, die auf eine Tür zuläuft? Und was ist mit dem durchgestrichenen Besteck und Becher gemeint (– sofern wir bereits das schwarz-weiße Trapez als Trinkbehälter interpretieren)? Piktogramme stellen ein nonverbales Kommunikationsmittel dar, das anhand reduzierter grafischer Darstellungen Sachverhalte vermitteln soll. Im besten Fall werden sie sprach- und kulturübergreifend verstanden. Bis zu einem gewissen Grad bleiben sie jedoch in einem Kulturkreis codiert. Wohin zum Beispiel führt ein Schild mit einer Schlange, die sich um einen Stock ringelt? Das heißt, diese Form der bildlichen Decodierung ist erlernbar. So stellt der U-Bahn-Plan eine große Orientierungshilfe dar, wenn man ihn zu dechiffrieren weiß. *Henry C. Beck* (auch bekannt als *Harry Beck*) gilt als Erfinder des abstrahierten U-Bahn-Netzplans. Er stellte fest, dass die Einzeichnung der Stationen auf topografischen Karten unübersichtlich war und entwickelte auf eigene Faust jene Metrostationen-Landkarte, auf die bis heute als Grundsystem zurückgegriffen wird: senkrechte, waagrechte und diagonale Linien und regelmäßiger Abstand zwischen den Stationen.

Die Qualität öffentlicher Designsysteme ist für das Wohlbefinden in einer Stadt wesentlich mitverantwortlich. Es ist für das soziale Klima auch nicht unbedeutend, ob z. B. blinden Mitbürgerinnen und Mitbürgern entsprechende Leitsysteme angeboten werden. Einige Leitsysteme wie Hinweisschilder, Ampeln und Zebrastreifen sind auf der ganzen Welt ähnlich und uns so vertraut, als wären sie gewachsen und nicht entworfen. Andere sind eigens für eine bestimmte Stadt oder ein Verkehrsmittel entwickelt und werden als „typisch" erkannt. Berlins Ampelmännchen werden deswegen auch touristisch vermarktet. 2015 hat in Wien eine Umänderung einzelner Ampelmännchen zu hetero- und homosexuellen Pärchen zu Kontroversen geführt. Innsbruck hat seit Anfang 2016 sportliche Ampelmännchen.

Otto (oder *Otl*) *Aicher* (1922–1991) gilt als einer der einflussreichsten deutschen Grafiker des 20. Jahrhunderts. Für die Olympischen Spiele 1972 in München entwickelte er ein System von Sportpiktogrammen, die bis heute weit verbreitet sind. Auch sein dazu entwickeltes Gesamtkonzept (Eintrittskarten, Plakate, Kleidung etc.) gilt als Vorläufer des Corporate Designs.

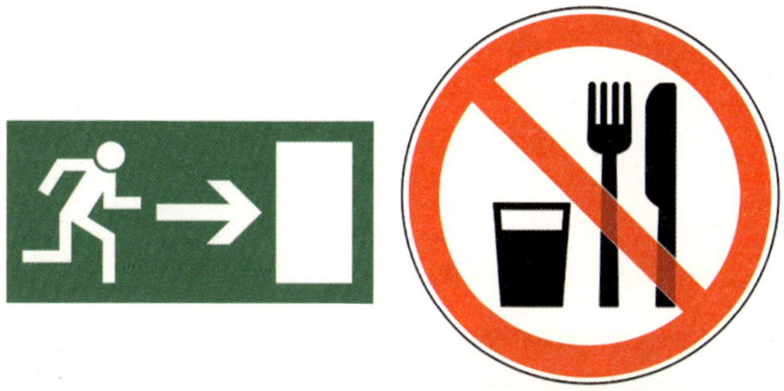

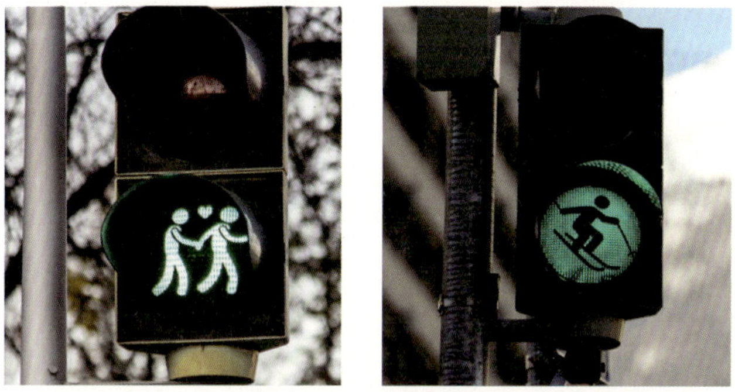

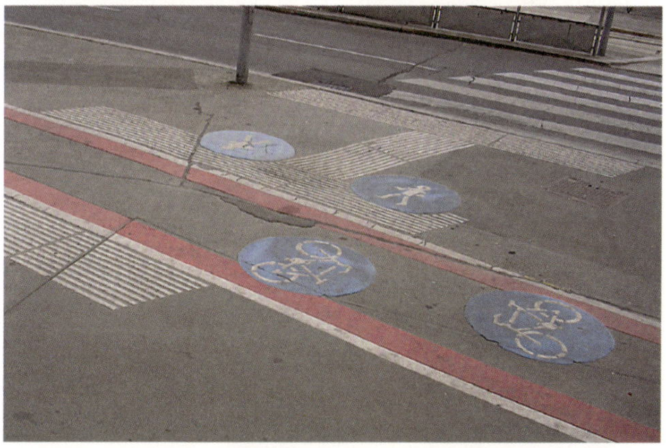

Abb. oben: Schilder für „Fluchtweg" und „Essen und Trinken verboten"
Abb. Mitte: Ampelmännchen in Wien und Innsbruck
Abb. unten: Grafische und taktile Leitsysteme

Querverweise

1.12 Repräsentationsarchitektur: Barockschloss, Sportanlage, Selbstinszenierung

4.11 Grafikdesign und Kommunikationsdesign: Die Entwicklung von Corporate Identity und Logo

Aufgabenstellung

Bilder in unserem Alltag sind nicht nur Hilfsmittel, sondern reflektieren auch unsere Vorstellungen. Zwar werden sie möglichst vereinfacht dargestellt, doch wie neutral kann ein Ampelmännchen sein? Was wäre die prototypische Darstellung eines Menschen? Wie werden Frauen, Männer verschiedenen Alters und Kinder dargestellt? Bis zu welchem Grad ist es hierbei notwendig, differenziert darzustellen? Suche nach Beispielen in deiner Umgebung. Welchen Kommunikationssystemen begegnest du auf deinem Schulweg?

4.11 Grafikdesign und Kommunikationsdesign

Arbeiten mit Text und Bild: Stefan Sagmeister

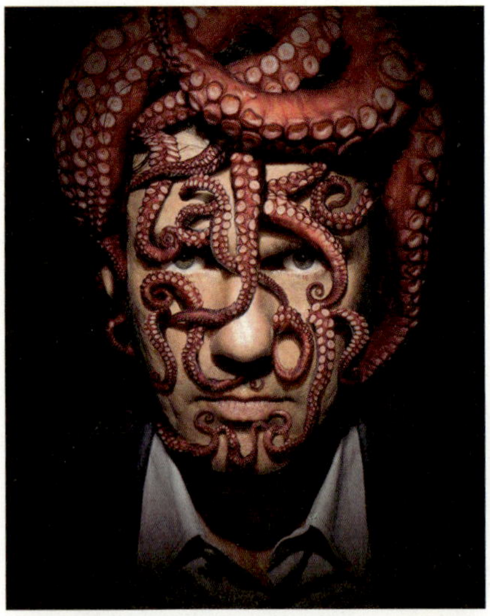

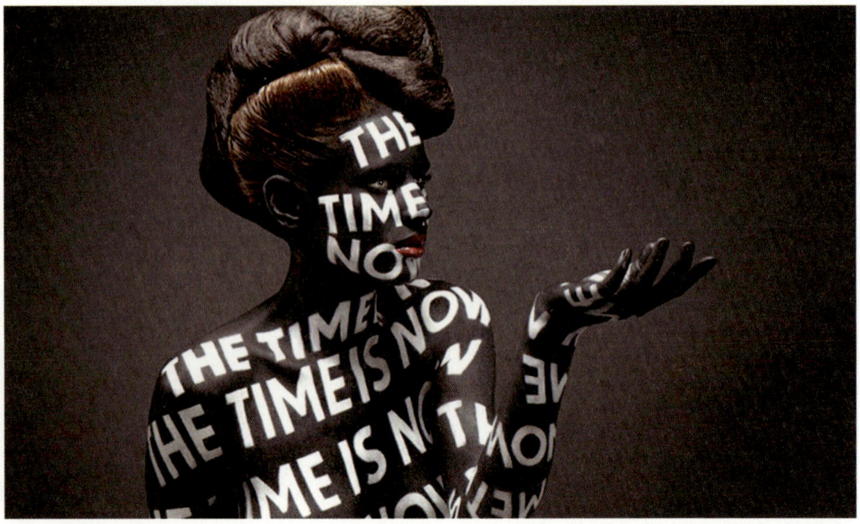

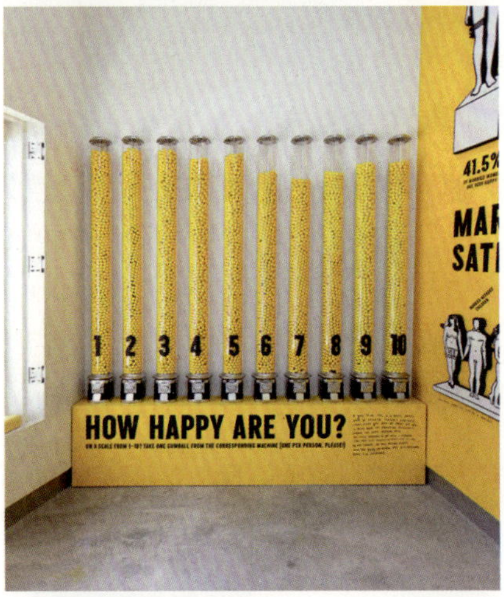

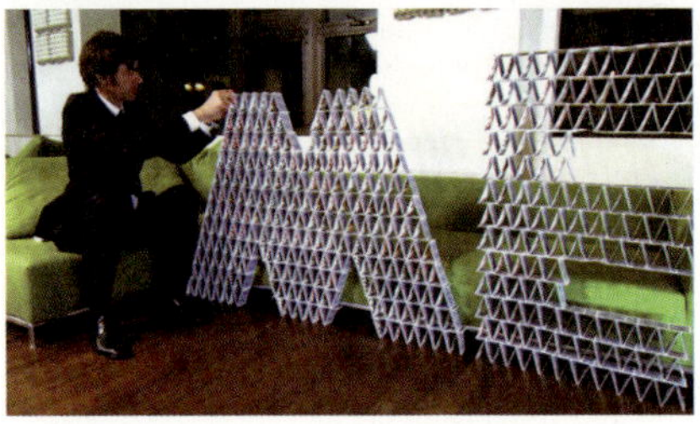

Ein Plakat zu einem Konzert, das Logo einer Firma, das Layout eines Buchs, die Verpackung eines Verkaufsprodukts, eine Website, eine Grafik in einer Zeitschrift, die Entwicklung der visuellen Komponenten einer App – Beispiele, in denen Grafikdesign eine zentrale Rolle spielt, sind vielfältig. Bei Grafikdesign geht es um die visuelle Gestaltung von Illustration, Schrift und Fotografie für einen medialen Auftritt – im analogen und digitalen Bereich. Dabei ist sowohl die kreative, ästhetische Umsetzung als auch das Einbeziehen von Funktionalität und die Orientierung am Zielpublikum bzw. Auftraggeber entscheidend.

Der Begriff des Grafikdesigns wurde in den 1920er-Jahren geprägt, als die Werbung in den Printmedien einen immer wichtigeren Wirtschaftsfaktor darstellte. Heute hat sich das Feld parallel zu der Entwicklung der digitalen Medien erweitert und umfasst zusätzlich die Entwicklung von Webdesign, Animationen, interaktivem Design etc. Die Sparte ist mittlerweile sehr breit gefächert und die neue Bezeichnung Kommunikationsdesign, die jene des Grafikdesigns erweitert, versucht diesem Umstand Rechnung zu tragen.

Stefan Sagmeister zählt zu den aktuell erfolgreichsten österreichischen Grafikern. In seinen Arbeiten ist eine wiederholte Auseinandersetzung mit Schrift zu erkennen. Angefangen als Werbegrafiker hat sich *Sagmeister* mittlerweile auch als Künstler etabliert. Zahlreiche Illustrationen sind also nicht mehr mit der Funktion der Werbung verbunden, sondern stehen für sich selbst. Bekannt geworden ist er auch durch seine Designs für CD-Cover namhafter Musiker wie der *Rolling Stones, David Byrne* oder *Aerosmith*. 2015 zeigte *Sagmeister* unter anderem im Wiener Museum für Angewandte Kunst eine Schau zum Thema Glück. 2017 kam „The Happy Film" in die österreichischen Kinos, der eine persönliche Auseinandersetzung mit der Suche nach dem Glück darstellt.

Abb. links oben: Stefan Sagmeister: Selbstporträt, Plakatserie
Abb. links Mitte: Stefan Sagmeister: Installation zur Ausstellung „Happy Show" im MAK Wien, 2015
Abb. links unten: Stefan Sagmeister: Filmstill aus dem Film „The Happy Film", 2017
Abb. rechts oben: Stefan Sagmeister: Arbeit in der Ausstellung „Happy Show" im MAK Wien, 2015

Querverweise

→ *5.6 Die Lithografie:* Henri de Toulouse-Lautrec: ein Meister der Lithografie

→ *7.6 Farbe und Werbung*

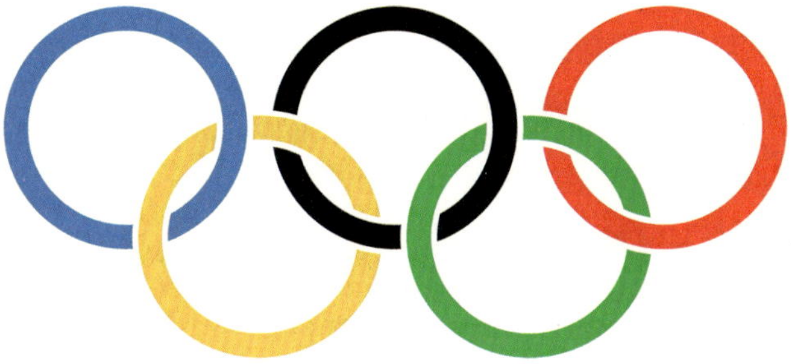

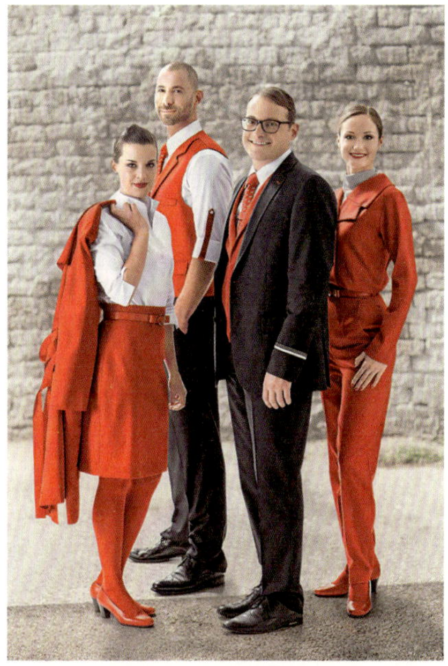

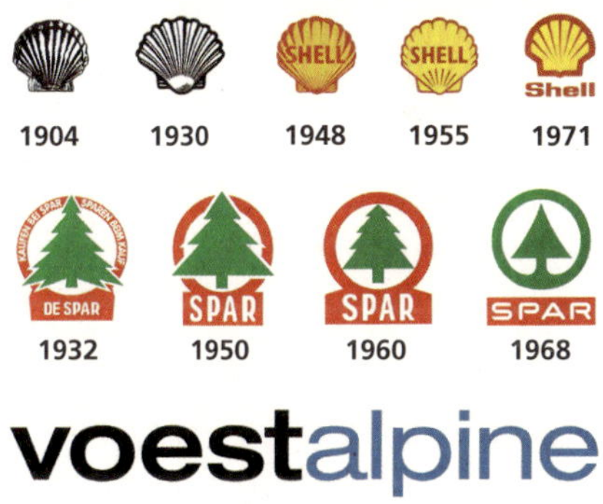

Das Corporate Design als Teil der Corporate Identity stellt einen wesentlichen Faktor in der Außenwirkung eines Unternehmens oder einer Organisation dar. Im Idealfall gewährleistet es Wiedererkennung und Einzigartigkeit. Produkte, auf denen das Corporate Design zum Tragen kommt, sind u. a. die Gestaltung der Geschäftspapiere (Visitenkarten, Briefpapier) mit Firmenschriftzug und -signet bzw. Logos, Werbeprodukte und -verpackungen, Webseiten, eine eigene Schriftart oder sogar ein Firmenoutfit. 2015 ließen die Austrian Airlines ihre Uniformen von der österreichischen Designerin *Marina Hörmanseder* neu entwerfen. Die Frage, ob sie die typisch roten Strumpfhosen beibehält, war bis zur Präsentation offen. In einem Interview im „Standard" erklärte sie die Übernahme folgendermaßen: „Wenn man sich einmal so ein einprägsames Corporate Branding aufgebaut hat, wäre es schade, das aufzugeben." Auch die Aktualisierung eines Schriftzugs oder Logos ist eine Gradwanderung, da das Wiedererkennen des Unternehmens besonders wichtig ist. Ein Logo kann als reine Bildmarke, als Wortmarke oder Wort-Bild-Marke entworfen sein. Für jemanden, der mit der Gestaltung eines Logos wenig zu tun hat, mag es als eine einfache Aufgabe erscheinen. Tatsächlich ist die Gestaltung eines Logos aber komplex, da es das Image eines Unternehmens nach außen transportiert und daher leicht verständlich, unverwechselbar, einprägsam, in verschiedenen Größen reproduzierbar sein sollte – und vor allem dem Produkt bzw. der Firma entsprechen muss.

Die fünf Ringe in dem Logo der Olympischen Spiele sollen, gemäß des Designers *Pierre de Coubertin* (Entwurf 1913), die fünf Kontinente widerspiegeln (ohne dass er eine Zuweisung der Farben zu jeweiligen Kontinenten definierte). Die Ringe sind miteinander verbunden und repräsentieren die olympische Idee der Verbundenheit und gemeinsamen Spiele.

Abb. links oben: Olympische Ringe von Pierre de Coubertin (1863–1937)
Abb. rechts oben: Martina Hörmanseder: Vorstellung der neuen AUA-Uniformen
Abb. rechts unten: Logoweiterentwicklung der Marken Shell und Spar, aktuelles Logo der VOEST Alpine

Aufgabenstellungen

Was versteht man unter Corporate Design? Welche Rolle übernimmt dabei die Grafikdesignerin oder der Grafikdesigner?	V
Erkläre anhand der abgebildeten Logoentwicklungen, worauf beim Entwerfen eines Logos bzw. Veränderungen und Adaptionen geachtet werden muss.	A
Entwirf ein Logo zu einem frei gewählten Thema (z. B. Musikgruppe, Lieblingssport, eine/n besondere/n Kunstschaffende/n, bestimmtes Produkt etc.) oder entwickle ein bereits bestehendes Logo weiter und erneuere es.	S

4.12 Layout und Schrift

Komposition, Schriftwahl und guter Geschmack?

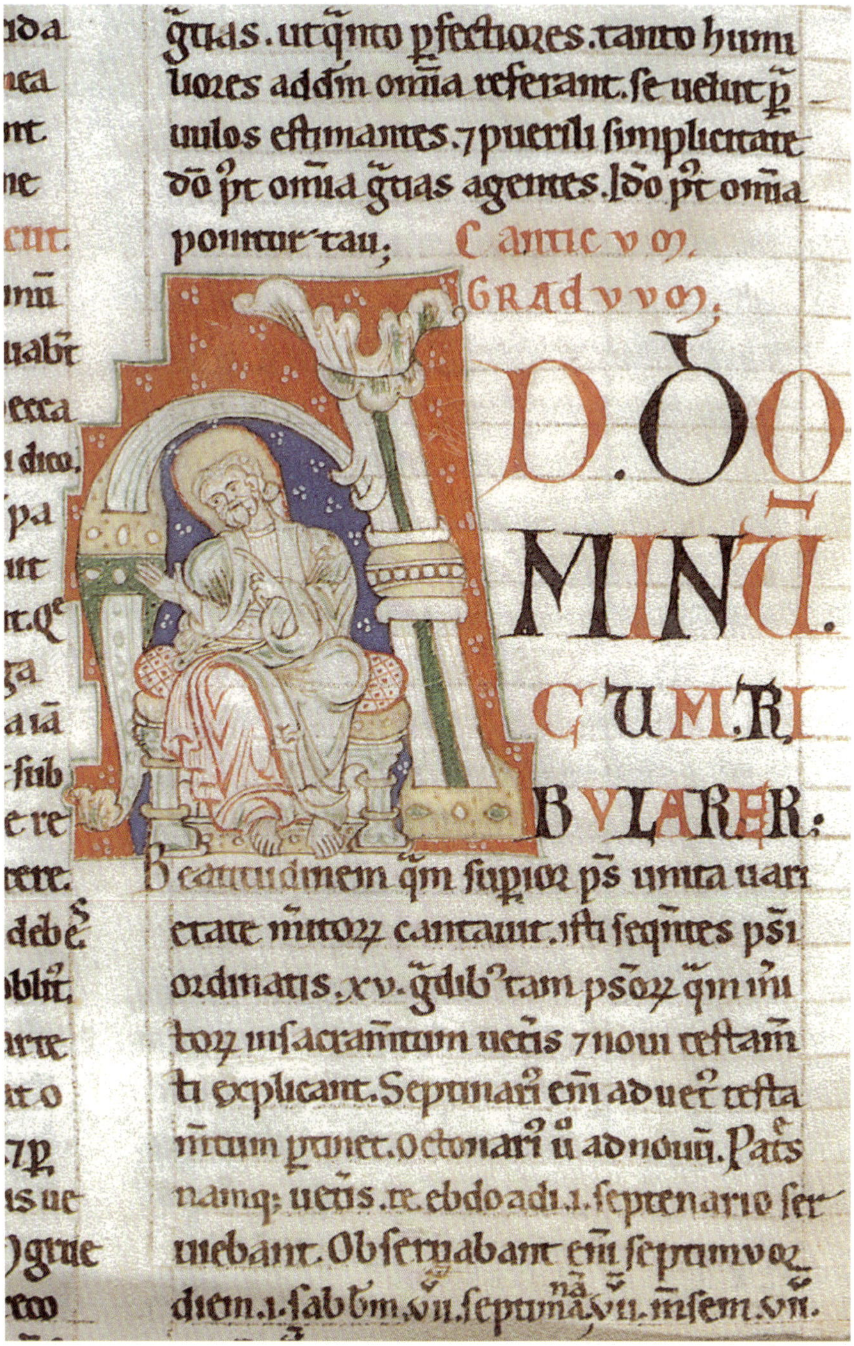

Unter Layout versteht man die Gestaltung einer oder mehrerer Seiten. Es besteht meist aus einer Komposition von Bild- und Textteilen, die nach ästhetischen und funktionalen Faktoren angeordnet werden. Im Arbeitsprozess ist manchmal das zu verwendende Bild- und Textmaterial noch nicht vorhanden. Um den Platz dafür einzurechnen, wird dann ein Blind- oder Fülltext verwendet. „Lorem ipsum dolor sit amet, consectetur ..." ist der bekannteste Blindtext, der angelehnt an das Lateinische erfunden wurde, um Textstellen zu füllen. Mit einem solchen Blindtext kann die verwendete Schriftart präsentiert werden, ohne dass sich die Betrachterin oder der Betrachter auf den Inhalt konzentriert.

Die Wahl des Layouts ist abhängig davon, um welches Medium, welches Zielpublikum und welchen Inhalt es sich handelt. Eine Zeitschrift über Mode gestaltet sich anders als eine über zeitgenössische Literatur. Für einen wissenschaftlichen Artikel wird eine andere Schriftart gewählt als für ein Comic-Heft. Darüber hinaus gibt es Layouts, die für einen einzelnen Druckvorgang konzipiert werden, während für Zeitungen und Publikationsreihen standardisierte Layoutvorlagen entworfen werden, die immer wieder reproduziert werden. Grundsätzlich sind bei der Konzipierung eines Layouts die Wahl des Formats, der Satzspiegel der Seite (Anordnung von Text- und Bildelementen), die Typografie (Schriftart und -größe, Kapitelüberschriften) und der Farbraum (welche Farben dominieren in Schriften, Hintergründen, Farbabbildungen etc.) zu beachten.

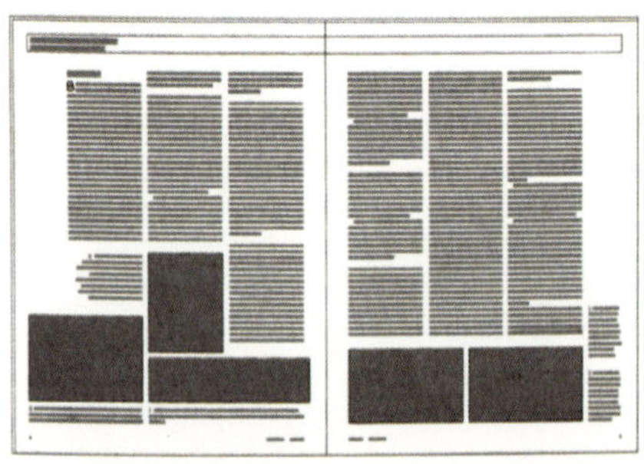

Abb. oben: Psalmenkommentar Petrus Lombardus, 11. Jh., Benediktinerstift Melk
Abb. rechts: Beispiel für einen Layoutentwurf: Konzipierung des Satzspiegels mit Begrenzung durch Stege (Bundsteg, Kopf- und Fußstege und Außensteg), siehe dazu: Grundkurs Typografie und Layout von Claudia Korthaus (2016)

Querverweise

→ *3.8 Internet und Kunst:* Webdesign

→ *5.1 Die Druckgrafik:* Die Lust an Reproduktion und Vervielfältigung – Funktionen, Beispiele und Verbreitung

Der Wahl der Schriftart kommt eine besondere Rolle zu. Sie hat großen Einfluss auf die visuelle Wirkung des Gesamttexts. Es ist nicht nur eine ästhetische Frage, ob z. B. für ein Liebesgedicht eine romantisch anmutende Schriftart gewählt wird, sondern auch eine Frage der Lesbarkeit. Im Straßenverkehr muss ein „Stop!" sofort lesbar sein.

Wesentliche Merkmale einer Schrift sind: Serifen (feine Linien, die Buchstabenstriche abschließen), die Höhe der einzelnen Buchstabenelemente, die Laufweite (Breite der einzelnen Buchstaben und Abstand zwischen ihnen) und Proportionen (Platzverbrauch der einzelnen Buchstaben). Times New Roman zählt zu den bekanntesten Serifen-Schriftarten. Da sie die einzelnen Zeilen betont, gewährleistet sie ein angenehmes Lesen von Fließtext. Für große Plakate, die aus weiter Entfernung gelesen werden, ist das unvorteilhaft. Seit Beginn des 20. Jahrhunderts werden auch serifenlose Schriften entwickelt und eingesetzt. Helvetica (Entwicklung 1956) und Arial (1982) sind dafür bekannte Beispiele. Letztere wurde in Fachkreisen sehr kontrovers diskutiert, da diesem Schriftbild wenig Charakter zugeschrieben wird. Für die Entwicklung neuer Schriftarten haben sich einige konstruierte Sätze (Pangramme) etabliert, in denen im Idealfall alle Buchstaben vorkommen. Sie sind kurios, geben aber einen ersten Eindruck des Schriftbilds: „Falsches Üben von Xylophonmusik quält jeden größeren Zwerg."

Zentrale Aspekte, die in der Gestaltung eines Texts (ein- oder mehrseitig) beachtet werden sollen, sind:

- Definiere den Texttypus: wissenschaftlicher Text (Blocksatz, Design zurückhaltend), Text in einer Zeitung, Magazin (z. B. dreispaltig, Zitate, Bilder einfügen), Plakat (Text-Bild-Komposition aus der Ferne ansprechend)
- Strukturiere den Text (und die Bilder) ästhetisch ansprechend: Absätze nach Überschriften und Unterüberschriften immer gleich wählen, Vermeiden von zu großen Leerflächen bzw. zu dicht gedrängten Abschnitten
- Bei Schriftarten und -größen auf einige wenige beschränken: Zwei Schriftarten sind meist ausreichend. Auch zu viele Schriftgrößenwechsel wirken unruhig. Weniger ist grundsätzlich mehr. Das gilt auch bei Farbwahl und weiteren Elementen (Unterstreichungen etc.).
- Vermeide „Hurenkinder" und „Schusterjungen": Einzeln stehende Zeilen am Seitenanfang bzw. -ende sollten nicht vorkommen.

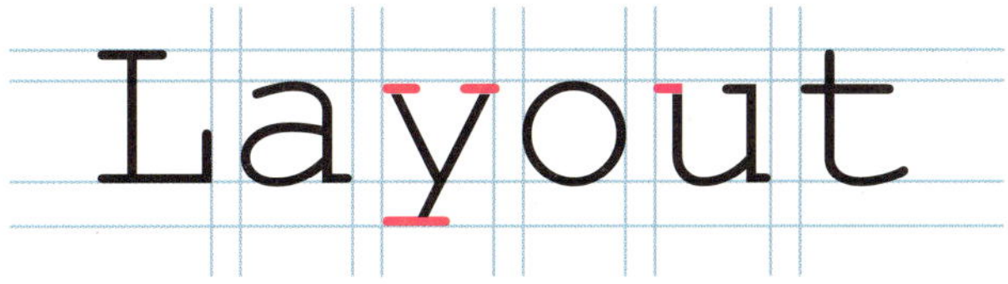

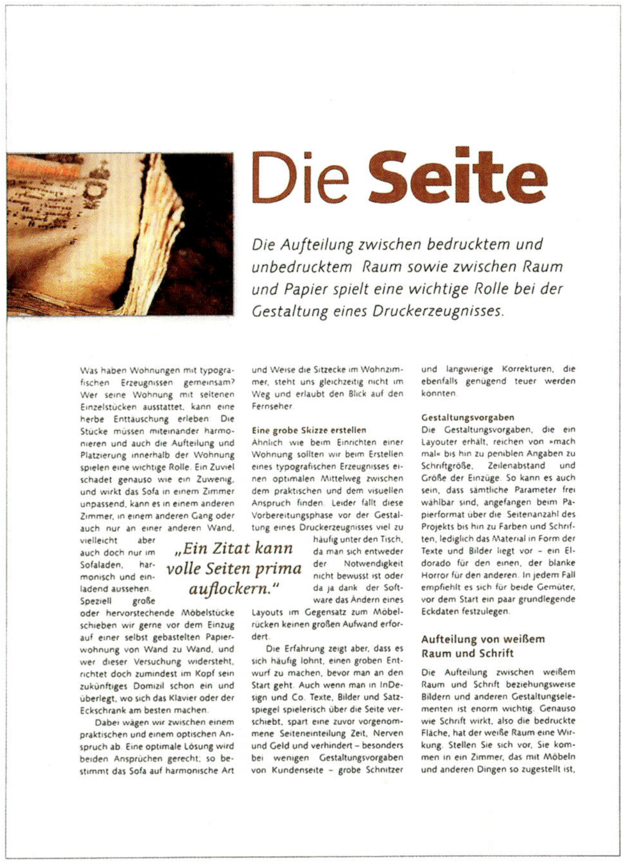

Die **Seite**

Die Aufteilung zwischen bedrucktem und unbedrucktem Raum sowie zwischen Raum und Papier spielt eine wichtige Rolle bei der Gestaltung eines Druckerzeugnisses.

Was haben Wohnungen mit typografischen Erzeugnissen gemeinsam? Wer seine Wohnung mit seltenen Einzelstücken ausstattet, kann eine herbe Enttäuschung erleben. Die Stücke müssen miteinander harmonieren und auch die Aufteilung und Platzierung innerhalb der Wohnung spielen eine wichtige Rolle. Ein Zuviel schadet genauso wie ein Zuwenig, und wirkt das Sofa in einem Zimmer unpassend, kann es in einem anderen Zimmer, in einem anderen Gang oder auch nur an einer anderen Wand, vielleicht aber auch doch nur im Sofaladen, harmonisch und einladend aussehen. Speziell große oder hervorstechende Möbelstücke schieben wir gerne vor dem Einzug auf einer selbst gebastelten Papierwohnung von Wand zu Wand, und wer dieser Versuchung widersteht, richtet doch zumindest im Kopf sein zukünftiges Domizil schon ein und überlegt, wo sich das Klavier oder der Eckschrank am besten machen.

Dabei wägen wir zwischen einem praktischen und einem optischen Anspruch ab. Eine optimale Lösung wird beiden Ansprüchen gerecht, so bestimmt das Sofa auf harmonische Art und Weise die Sitzecke im Wohnzimmer, steht uns gleichzeitig nicht im Weg und erlaubt den Blick auf den Fernseher.

Eine grobe Skizze erstellen

Ähnlich wie beim Einrichten einer Wohnung sollten wir beim Erstellen eines typografischen Erzeugnisses einen optimalen Mittelweg zwischen dem praktischen und dem visuellen Anspruch finden. Leider fällt diese Vorbereitungsphase vor der Gestaltung eines Druckerzeugnisses viel zu häufig unter den Tisch, da man sich entweder der Notwendigkeit nicht bewusst ist oder da ja dank der Software das Ändern eines Layouts im Gegensatz zum Möbelrücken keinen großen Aufwand erfordert.

„Ein Zitat kann volle Seiten prima auflockern."

Die Erfahrung zeigt aber, dass es sich häufig lohnt, einen groben Entwurf zu machen, bevor man an den Start geht. Auch wenn man in InDesign und Co. Texte, Bilder und Satzspiegel spielerisch über die Seite verschiebt, spart eine zuvor vorgenommene Seiteneinteilung Zeit, Nerven und Geld und verhindert – besonders bei wenigen Gestaltungsvorgaben von Kundenseite – grobe Schnitzer und langwierige Korrekturen, die ebenfalls genügend teuer werden könnten.

Gestaltungsvorgaben

Die Gestaltungsvorgaben, die ein Layouter erhält, reichen von »mach mal« bis hin zu peniblen Angaben zu Schriftgröße, Zeilenabstand und Größe der Einzüge. So kann es auch sein, dass sämtliche Parameter frei wählbar sind, angefangen beim Papierformat über die Seitenanzahl des Projekts bis hin zu Farben und Schriften, lediglich das Material in Form der Texte und Bilder liegt vor – ein Eldorado für den einen, der blanke Horror für den anderen. In jedem Fall empfiehlt es sich für beide Gemüter, vor dem Start ein paar grundlegende Eckdaten festzulegen.

Aufteilung von weißem Raum und Schrift

Die Aufteilung zwischen weißem Raum und Schrift beziehungsweise Bildern und anderen Gestaltungselementen ist enorm wichtig. Genauso wie Schrift wirkt, also die bedruckte Fläche, hat der weiße Raum eine Wirkung. Stellen Sie sich vor, Sie kommen in ein Zimmer, das mit Möbeln und anderen Dingen so zugestellt ist,

Abb. oben: Schriftart Courier New, Anzeichnung einiger Serifen, Höhe der Buchstaben (Oberlänge, Mittellänge, Unterlänge), Abstand zwischen den einzelnen Buchstaben
Abb. unten: Layout mit Überschrift, Einleitung, Textteil, Unterüberschriften und Zitathervorhebung, Bildelement, siehe dazu: Grundkurs Typografie und Layout von Claudia Korthaus (2016)

Aufgabenstellungen

Analysiere das Layout dieses Buches. Wie gestaltet sich die Text-Bild-Aufteilung? Wie viele Textspalten gibt es? Wie ist der Textspiegel mit den Stegen konzipiert? Wie sind die einzelnen Kapitel strukturiert?

Erstelle eine Infobroschüre, in der du alle zentralen Aspekte zur Layoutgestaltung vermittelst. Suche nach passenden Abbildungen, die du deinem Prospekt zur Erklärung hinzufügst.

5.1 Die Druckgrafik

Die Lust an Reproduktion und Vervielfältigung

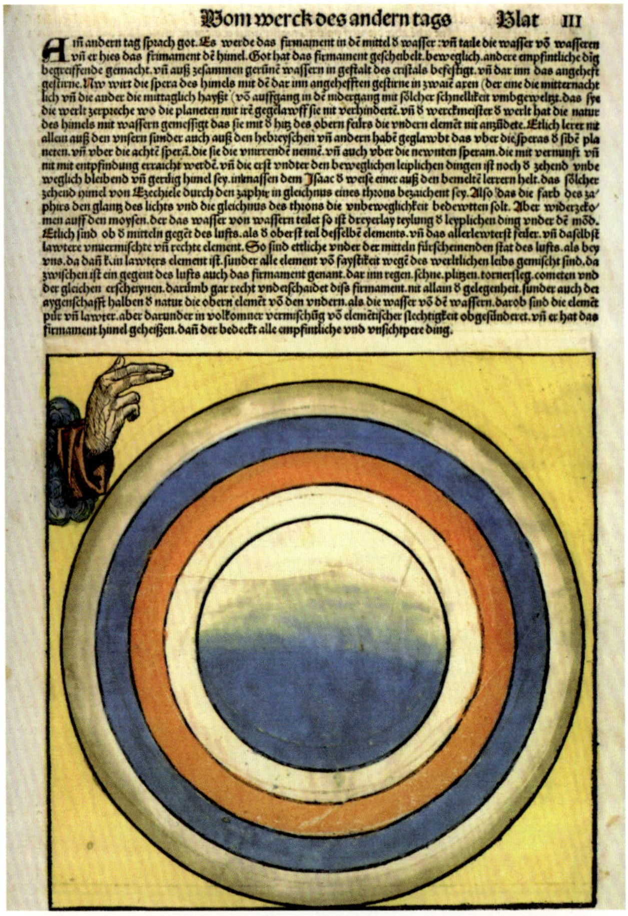
Vom werck des andern tags Blat III

Am andern tag ſprach got. Es werde das firmament in dē mittel ð waſſer: vñ taile die waſſer vō waſſeren vñ er hies das firmament dē himel. Got hat das firmament geſcheibelt. beweglich. andere empfintliche dig begreiffende gemacht. vñ auß zeſammen gerūnē waſſern in geſtalt des criſtals befeſtigt. vñ dar inn das angeheft geſtirne. Nw wirt die ſpera des himels mit dē dar inn angeheften geſtirne in zwaiē axen (der eine die mitternacht lich vñ die ander die mittaglich hayßt (vō auffgang in dē nidergang mit ſölcher ſchnellikeit vmbgewelzt. das ſye die werlt zerprechē wo die planeten mit irē gegelawff ſie nit verhindertē. vñ ð werckmeiſter ð werlt hat die natur des himels mit waſſern gemeſſigt das ſie mit ð hitz des obern feůrs die vndern elemēt nit anzūdete. Etlich lerer nit allain auß den vnſern ſunder auch auß den hebreyſchen vñ andern habē geglawbt das vber die ſperas ð ſibē planeten. vñ vber die achtē ſperā. die ſie die vnirrendē nennē. vñ auch vber die newnten ſperam. die mit vernunft vñ nit mit entpfindung erraicht werdē. vñ die erſt vndter den beweglichen leiplichen dingen iſt noch ð zehend vnbeweglich bleibend vñ gerůig himel ſey. inmaſſen dem Iſaac ð weiſe einer auß den bemeltē lerern helt. das ſölcher zehend himel von Ezechiele durch den zaphir in gleichnus eines throns bezaichent ſey. Alſo das die farb des zaphirs den glantz des lichts vnd die gleichnus des throns die vnbeweglichkeit bedewtten ſolt. Aber widerzekomen auff den moyſen. der das waſſer von waſſern teilet ſo iſt dreyerlay teylung ð leyplichen ding vnder dē mōd. Etlich ſind ob ð mitteln gegēt des lufts. als ð oberſt teil deſſelbē elements. vñ das allerlewterſt feůer. vñ daſelbſt lawtere vnuermiſchte vñ rechte element. So ſind ettliche vnder der mitteln fürſcheinenden ſtat des lufts. als bey vns. da dañ kain lawters element iſt. ſunder alle element vō fayſtikeit wegē des weltlichen leibs gemiſcht ſind. dazwiſchen iſt ein gegent des lufts auch das firmament genant. dar inn regen. ſchne. plitzen. tornerſleg. cometen vnd der gleichen erſcheynen. darumb gar recht vnderſchaidet diß firmament. nit allain ð gelegenheit. ſunder auch der aygenſchafft halben ð natur die obern elemēt vō den vndern. als die waſſer vō dē waſſern. darob ſind die elemēt pur vñ lawter. aber darunder in volkomner vermiſchūg vō elemētiſcher ſlechtigkeit obgeſůnderet. vñ er hat das firmament himel geheiſſen. dañ der bedeckt alle empfintliche vnd vnſichtpere ding.

Der Buchdrücker.

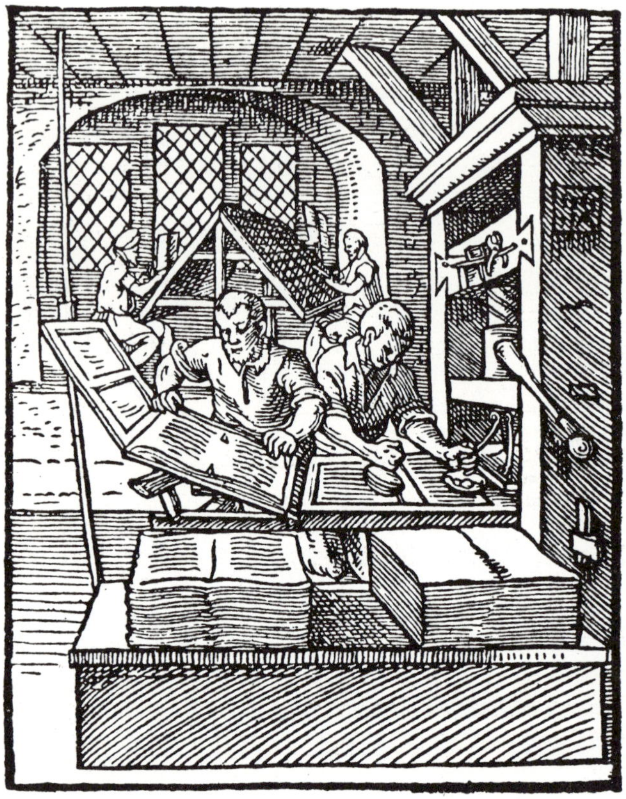

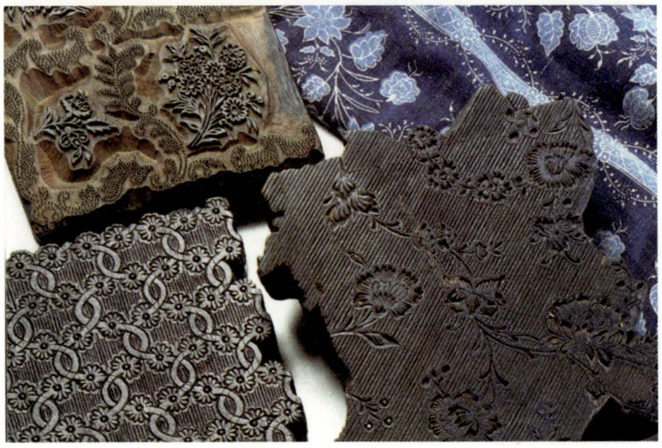

Unter Reproduktion versteht man sowohl Nachbildung als auch Vervielfältigung. Nachbildungen von Bildwerken wurden anfangs angefertigt, um Muster oder Belege von ausgeführten Arbeiten zu bewahren. Wird eine solche Nachbildung von der Künstlerin oder vom Künstler selbst angefertigt, dann nennt man sie Replik, wird sie von fremder Hand erstellt, ist es eine Kopie. Seit der Erfindung der Drucktechniken sind Bildwerke auch technisch reproduzierbar. Sie werden dabei von einer eingefärbten Druckform wiederholbar übertragen. Als Druckformen dienen Werkstoffe wie Holz, Stein oder Metall, als Druckträger Papier oder Stoff. Unterschiedliche chemische und mechanische Prozesse sorgen dafür, dass Druckerschwärze und Farbstoff entsprechend der Vorzeichnung übertragen werden. Die so entstehenden grafischen Blätter

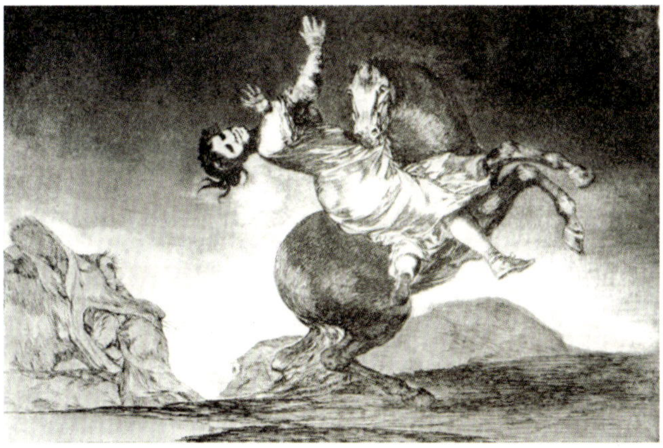

werden Abzüge genannt. Ihre Gesamtzahl ergibt die Auflage des Druckes. Obgleich immer mehrere Abzüge existieren, gilt jeder einzelne als Original, da er von einer Originaldruckform gedruckt worden ist.

Seit ihrer Existenz hat die Druckgrafik entscheidend zur Verbreitung von Information und Wissen aus allen gesellschaftlichen Bereichen beigetragen. Neben den dominierenden Reproduktionstechniken (z. B. Offsetdruck) werden von Kunstschaffenden weiterhin die traditionellen Techniken gepflegt. Diese bieten eine Fülle von künstlerischen Gestaltungsmöglichkeiten, auf die in den folgenden Beispielen eingegangen wird.

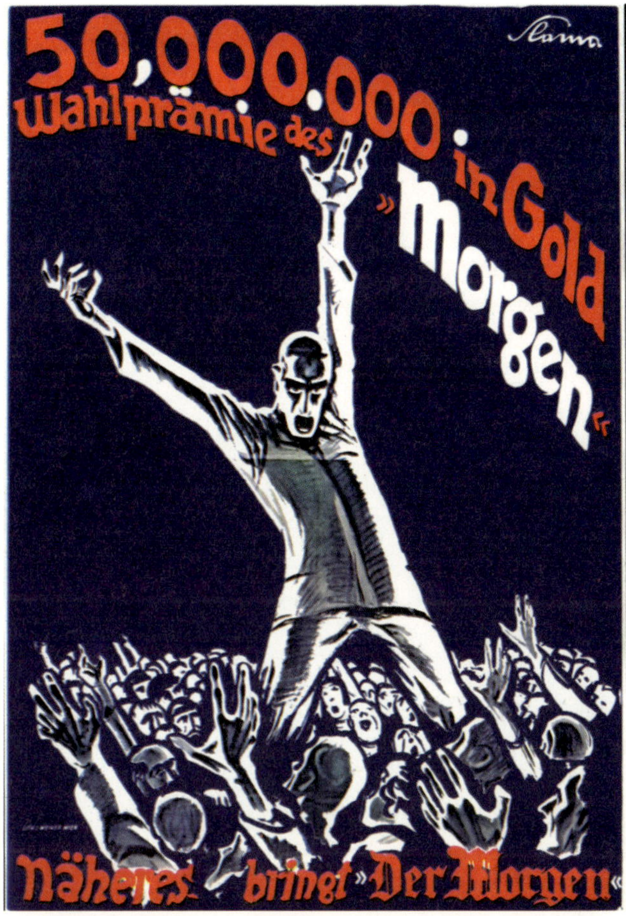

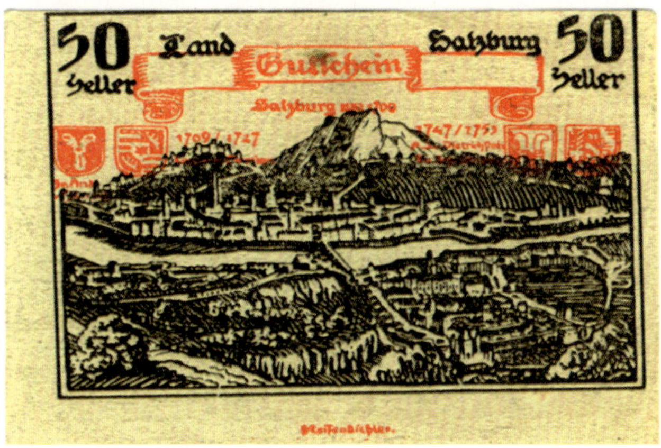

Seite 82:
Abb. links oben: Hartmann Schedel: Der zweite Tag der Schöpfung, aus: Schedelsche Weltchronik, kolorierte Ausgabe, Nürnberg 1493
Abb. links unten: Blaudruckmodeln für den Textildruck, 1850, Hartholz und Drahtstifte, ca. 20 x 25 cm, Tiroler Volkskundemuseum
Abb. rechts oben: Jost Amann: Der Buchdrucker, aus: Das Ständebuch, 133 Holzschnitte, Frankfurt/M. 1568
Seite 83:
Abb. links oben: Francisco de Goya: Ausgelassene Torheit, aus dem Grafikzyklus Disparates, um 1820
Abb. rechts oben: Victor Slama: Der Morgen, 1949, Plakat
Abb. rechts unten: Land Salzburg: 50 Heller, 1920, Notgeld

Aufgabenstellungen

Welche Begriffe sind deiner Meinung nach als Fachvokabular notwendig, um den Prozess des Druckens und des fertigen Drucks geeignet zu erklären?	V
Warum wird im Text erwähnt, dass die Druckgrafik entscheidend zur Verbreitung von Information und Wissen beigetragen hat?	A
Warum ist gerade beim Einsatz von Schrift bei Drucken besonders „aufzupassen"?	R

5.2 Der Holzschnitt

Hinweise zur Technik des Hochdrucks

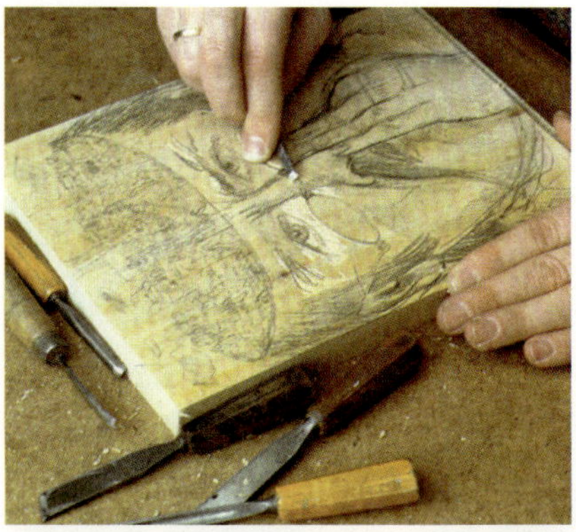

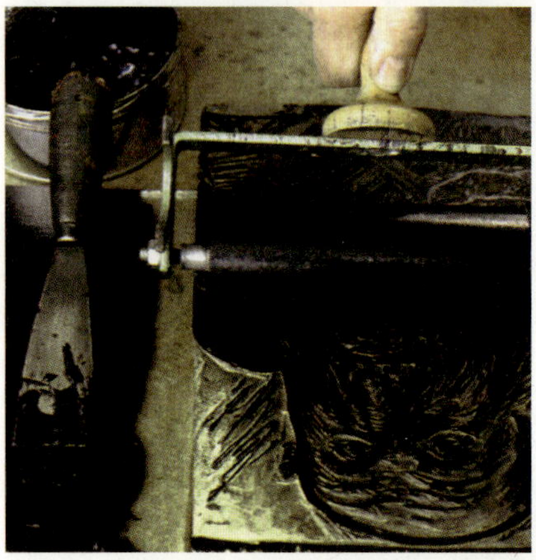

Unter den grafischen Drucktechniken stellt der Holzschnitt das älteste Verfahren dar. 200 n. Chr. bereits in China bekannt, finden sich ab 1440 erste Beispiele in Mitteleuropa. Der Holzschnitt ist ein Hochdruckverfahren und zählt neben dem Buchdruck zu den ersten Massenkommunikationsmitteln.

Als Druckstock dient eine mehrere Zentimeter starke Holzplatte. Auf die blank gehobelte Oberfläche wird das Bildmotiv entweder gezeichnet oder mittels einer Vorlage durchgepaust.

Anschließend erfolgt das Formenschneiden mit Hohleisen, Geißfuß und Flacheisen. Dabei wird alles entfernt, was keine Farbe annehmen soll. Die Linien der Vorzeichnung bleiben erhalten, die entstehenden Zwischenräume werden herausgeschnitten. Als Ergebnis entsteht eine Textur kleiner Stege und Inseln. Nun wird Druckerschwärze mit Hilfe einer Gummiwalze oder mit einem Tampon dicht und gleichmäßig über das entstandene Relief verteilt. Nur die stehen gebliebenen Linien und Flächen nehmen die Farbe an. Danach wird saugfähiges, leicht angefeuchtetes Papier auf den Druckstock gelegt und fixiert. Das Papier kann mit dem Handballen, dem Falzbein, dem Reiber oder einer Bürste angedrückt werden. Den gleichmäßigsten Abdruck erzielt man jedoch mit der Verwendung einer Druckerpresse. Der Abdruck erfolgt mit verhältnismäßig geringem Kraftaufwand. Der daraus entstehende Abzug weist als wesentliches Kennzeichen auf der Rückseite eine zumeist deutlich fühlbare reliefartige Struktur auf, die sich aus den Unebenheiten des Druckstocks ergibt.

Andere Verfahren des Hochdrucks sind der Holzstich, der Schrotschnitt, der Teigdruck und der Linolschnitt.

Abb. von links oben nach rechts unten: Vorzeichnung und Schneiden des Druckstocks, Einfärben des Druckstocks, Abziehen des fertigen Drucks, Werkzeuge für das Holzschneiden (Flacheisen, Hohleisen und Geißfuß)

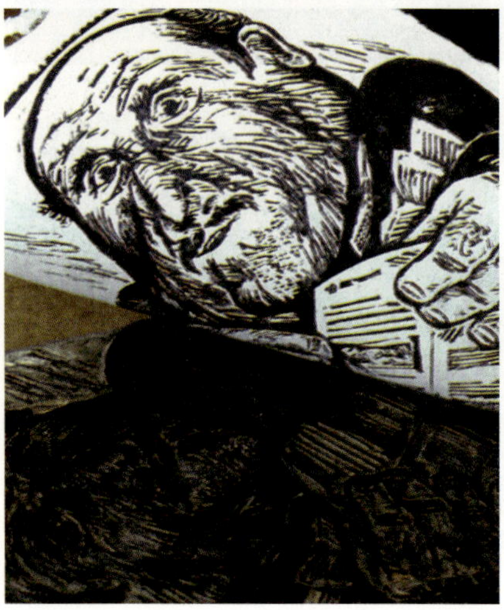

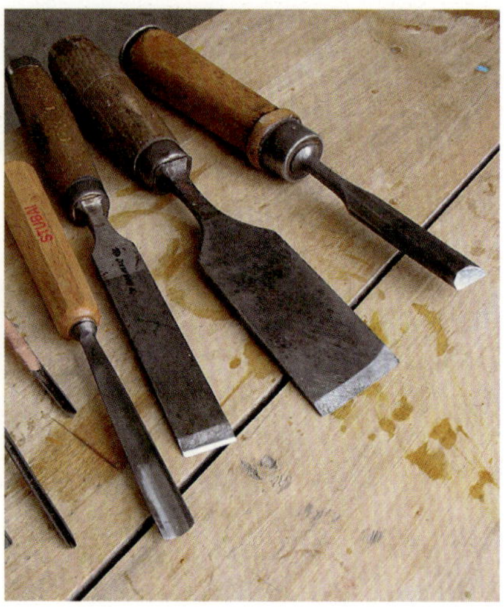

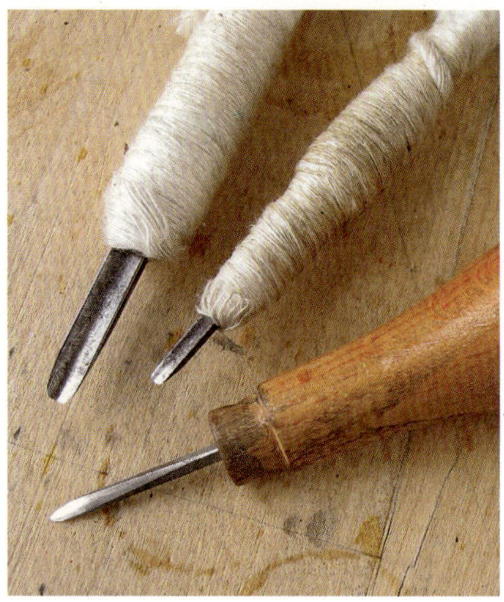

Querverweise

→ *5.3 Der Farbholzschnitt:* Wolfgang Tambour: „The Atlantic Salmon" – Hokusai: Ein japanischer Meister des Farbholzschnitts

→ *11.8 Bildgattung Selbstporträt – einige Beispiele:* Albrecht Dürer

Albrecht Dürer: Ein Meister des Holzschnitts

Albrecht Dürer beschäftigte sich zeitlebens ausführlich mit unterschiedlichen druckgrafischen Techniken und trug viel zu deren Weiterentwicklung bei. Der Holzschnitt erreichte durch ihn einen Höhepunkt an Popularität. Die Druckgrafik als Kunstgattung erlangte durch seine Arbeiten erstmals eine Gleichstellung mit den Werken der Malerei und war nicht mehr nur billige Massenware. *Dürer* zeichnete meist mit Feder oder Pinsel direkt auf die Holzplatte. Für die Arbeit des Schneidens zog er auch professionelle Holzschneider heran. Einige Druckstöcke sind noch in der Albertina bewahrt. Die gedruckte Auflage wurde auch auf Jahrmärkten vertrieben und erreichte dadurch eine große Verbreitung. *Dürers* Holzschnitt „Die apokalyptischen Reiter" aus dem Jahre 1498 entstammt einer Serie von 15 Holzschnitten, die zur Zeit der Reformation und der deutschen Bauernkriege entstanden und sich durch einen für das ausklingende Mittelalter neuartigen Realismus auszeichnen.

Die vier Reiter, die in der Bilddiagonale von links unten nach rechts oben angeordnet sind, scheinen wie im Sturm über das am Boden liegende Volk hinwegzufegen. Vor ihnen, den Repräsentanten der Macht, gibt es aus der Sichtweise des Künstlers ganz offensichtlich kein Entrinnen.
Ebenso wie bei vielen mittelalterlichen Totentanzdarstellungen wird auch hier zwischen Geschlecht, Alter und gesellschaftlichem Stand kein Unterschied gemacht.

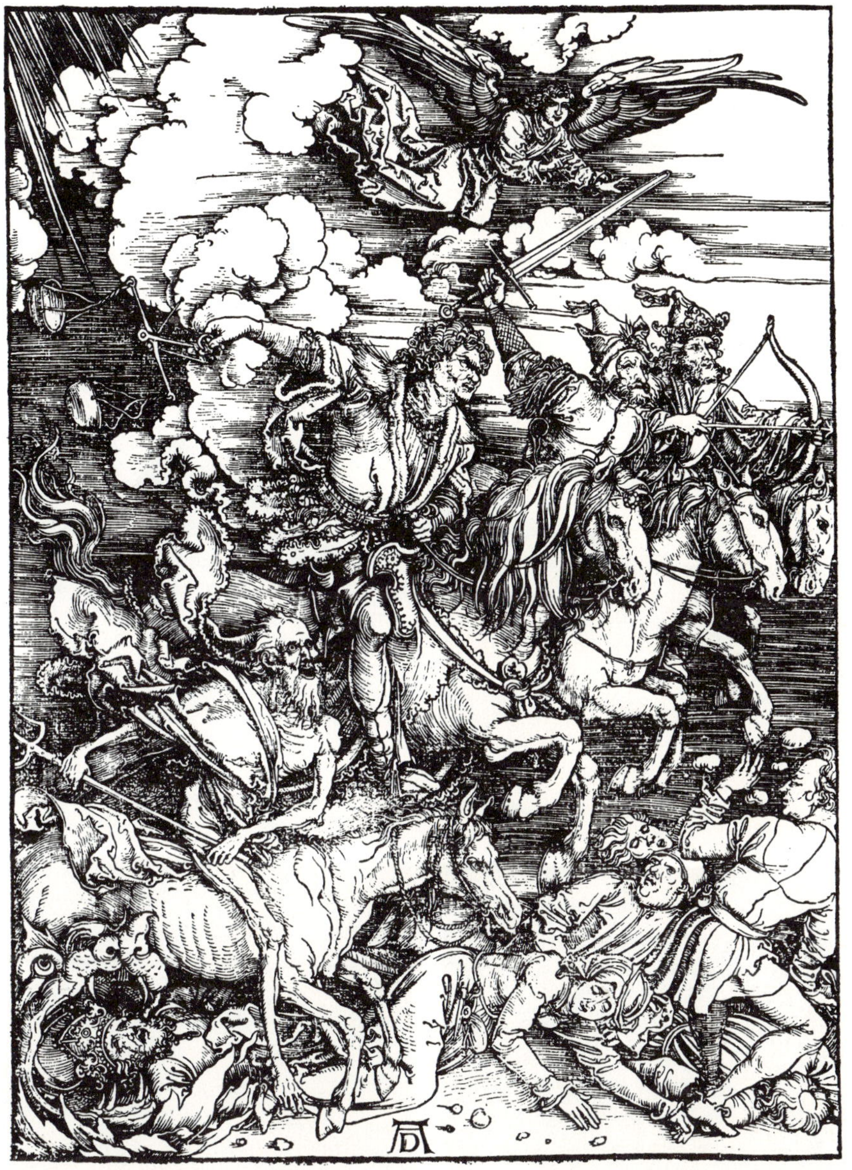

Abb.: Albrecht Dürer: Die apokalyptischen Reiter, 1498, Holzschnitt, 39,2 x 28,2 cm, Albertina Wien. Durch die kombinierte Verwendung der Schwarzlinientechnik im Bildvordergrund (Linien werden schwarz gedruckt) und des Weißlinienschnitts im Bildhintergrund (Linien erscheinen weiß auf schwarzer Fläche) erreicht Dürer eine verstärkte Tiefenwirkung und eine erhöhte Plastizität der Figuren.

Aufgabenstellungen

Erkläre anhand der Abbildungen, wie ein Holzschnitt hergestellt wird.

Der Holzschnitt gilt als Hochdruckverfahren. Worin zeichnet sich dieses aus? Welche weiteren Materialien werden für einen Hochdruck genannt?

Welche Bedeutung hat der Künstler *Albrecht Dürer* für die Druckgrafik?

Welche Elemente zur Erreichung eines räumlichen Eindrucks werden angeführt und kannst du weitere erkennen?

5.3 Der Farbholzschnitt

Wolfgang Tambour: „The Atlantic Salmon"

Die überaus aufwändige Technik des Farbholzschnittes „mit verlorener Platte" erfordert ein großes Maß an handwerklicher Geschicklichkeit und eine präzise Überlegung der Herstellungsabläufe. Da alle Farben mit der immer neu bearbeiteten gleichen Platte gedruckt werden, können einmal gemachte Schneidevorgänge nicht mehr rückgängig gemacht werden. Ein einziger Konzeptfehler würde für die gesamte Arbeit das vorzeitige Ende bedeuten. Beim Farbholzschnitt „The Atlantic Salmon" waren 28 Schneide- und Druckvorgänge bis zum fertigen Blatt nötig. Dieses wurde in einer Auflagenhöhe von nur 33 Blatt vom Künstler selbst händisch gedruckt, einzig und allein durch das Anreiben mit einem Falzbein, ohne Verwendung einer Druckpresse.

Wolfgang Tambour schneidet aus einem einzigen Stock aus Birnenholz, dem „verlorenen Stock". Verloren ist er am Ende der Arbeit deshalb, weil alle vorangegangenen Arbeitsschritte aus ihm weggeschnitten werden, um sukzessiv zur letzten Druckphase gelangen zu können. Der letztlich völlig eliminierte Druckstock garantiert die limitierte Anzahl von gedruckten Blättern, da im Nachhinein keine weiteren Blätter mehr gedruckt werden können.

Abb. Mitte: Wolfgang Tambour: The Atlantic Salmon, 1993, 70 x 22 cm
Abb. unten: Verschiedene Schneide- und Färbezustände des Druckstocks

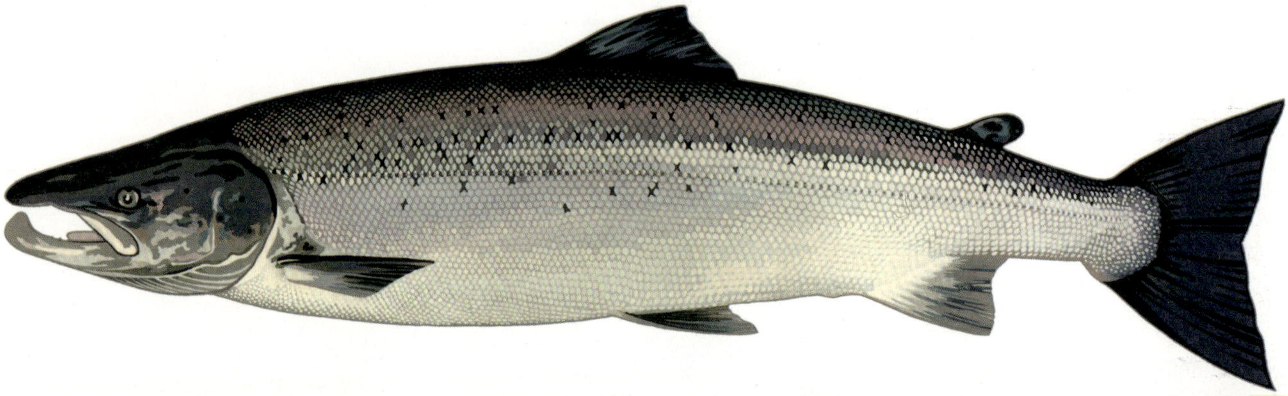

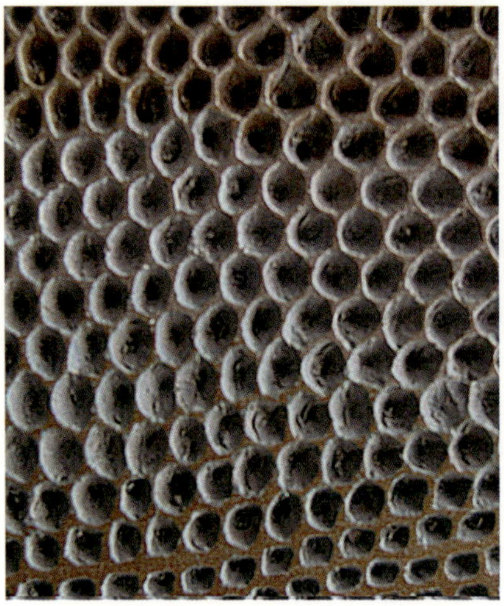

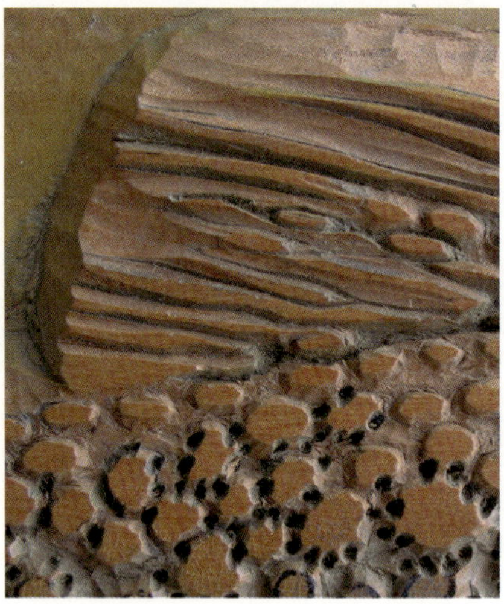

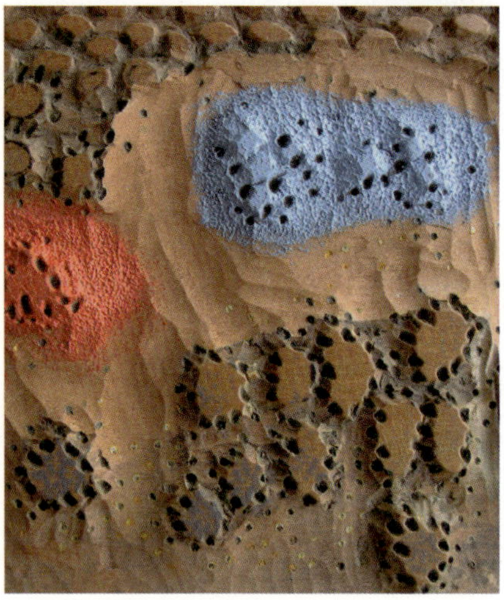

Querverweis

→ *5.2 Der Holzschnitt:* Hinweise zur Technik des Hochdrucks – Albrecht Dürer: Ein Meister des Holzschnitts

Der japanische Farbholzschnitt hat eine lange Tradition und ist, im Gegensatz zu entsprechenden im europäischen Kulturkreis entstandenen Werken, immer das Werk mehrerer Personen. Während der entwerfende Künstler die Gestaltung mit einem Pinsel in Tusche realisiert, überträgt der Holzschneider sie danach auf den Druckstock und umschneidet die Linien. Der Drucker erstellt nun einen einfarbigen Abdruck und lässt den Künstler die Flächen farbig bezeichnen. Daraufhin stellt der Holzschneider für jede Farbe einen eigenen Druckstock her und druckt diese einzeln nacheinander auf das Papier. Als Letzter sorgt der Verleger für die wirksame Verbreitung des Werkes.

Ein bedeutender Vertreter des japanischen Holzschnitts ist *Katsushika Hokusai*.

Sein Werk „Unter der großen Woge bei Kanagawa" ist um das Jahr 1834 durch den Abdruck von fünf verschiedenen Druckstöcken entstanden. Aus dem Zusammenwirken der unterschiedlichen Blautöne mit dem Grau des Hintergrunds und dem Weiß der Wellen entsteht eine klare, kühl wirkende Komposition. Die Dramatik des Moments, der die Fischer in ihren Booten ausgesetzt sind, unterstreicht *Hokusai* durch die gezielte Wahl der Unteransicht als Bildperspektive. Der Betrachterin bzw. dem Betrachter wird dadurch ein Standpunkt unterhalb der sich mächtig aufbäumenden Woge zugewiesen.

Abb.: Katsushika Hokusai: Unter der großen Woge bei Kanagawa, um 1831/34, Farbholzschnitt, 23,5 x 35,3 cm

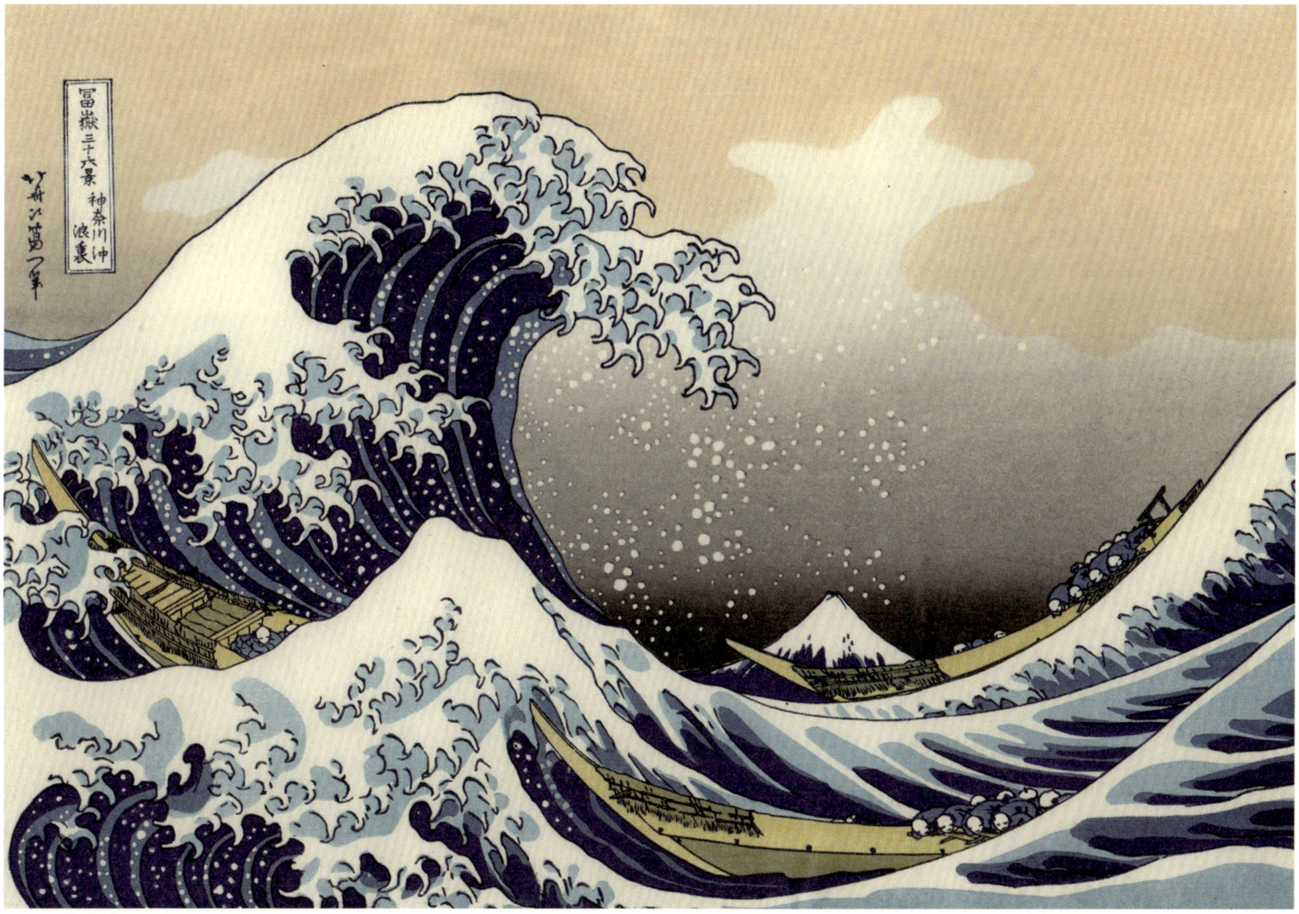

Aufgabenstellung

Erkläre anhand der Beispiele von *Wolfgang Tambour* und *Katsushika Hokusai* die Arbeitsschritte zur Entwicklung eines Farbholzschnitts. Was ist unter einem Druckstock und einer verlorenen Platte zu verstehen? Inwieweit unterscheiden sich die beiden Arbeiten „The Atlantic Salmon" und „Unter der großen Woge bei Kanagawa" in ihrer Entstehung?

5.4 Der Kupferstich

Hinweise zur Technik des Tiefdrucks

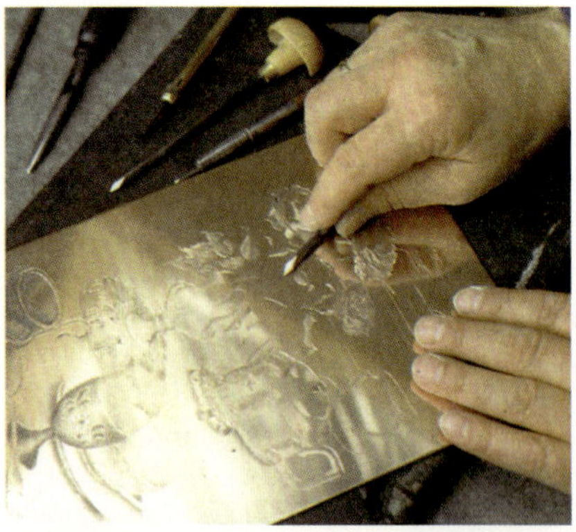

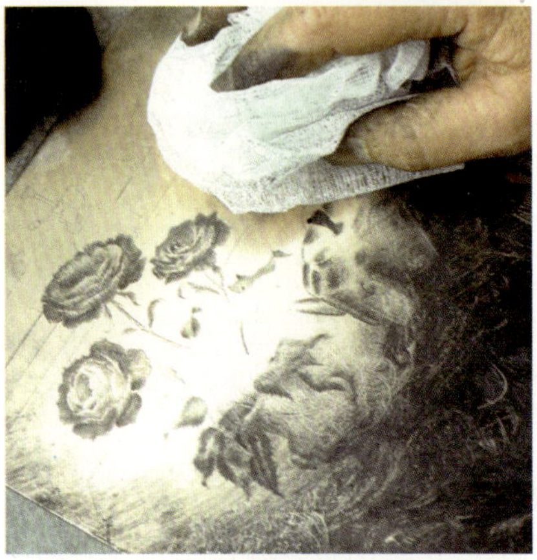

Im 15. Jahrhundert entstand in Konkurrenz zum Holzschnitt der Kupferstich als erstes Tiefdruckverfahren. Anders als beim Hochdruck werden hier die vertieften Stellen der Druckplatte gedruckt. Grundlage für die Erfindung dieses Stichverfahrens ist das Verfahren der Gravur. Diese Technik wurde in der Goldschmiedekunst durch die Jahrhunderte überliefert und beständig weiterentwickelt. Mit Hilfe eines Pauspapiers wird die spiegelverkehrte Vorzeichnung auf die geschliffene und blank polierte Kupferplatte übertragen. Dann werden die Linien mit unterschiedlich geformten Grabsticheln aus dem Metall heraus gestochen. Durch die weiche Oberfläche der Platte gelingt die Erzeugung von Rundungen bzw. fein und dicht gelegten Kreuzschraffuren relativ leicht. Mit dem Schabmesser werden die zu beiden Seiten der Furche entstandenen Grate entfernt.
Ein Charakteristikum der Kupferstichlinie ist ihre an- und abschwellende Form, die auch „Taille" genannt wird. Sie beginnt spitz, schwillt unter dem Druck der Hand an und endet wieder spitz. Bevor die Druckerschwärze auf der Druckform verteilt wird, muss diese erwärmt werden. Nach dem Verteilen der Farbe wird mit einem Seidenballen die überflüssige Farbe entfernt. Nur die Vertiefungen sollen gefüllt bleiben. Für den Druck wird durchfeuchtetes Papier auf die Platte gelegt und mit einem Filztuch als Polsterung bedeckt. Platte, Papier und Filz werden nun gleichmäßig durch eine Zylinderpresse gedreht. Beim Abheben des Blattes wird als spezifisches Merkmal des Tiefdrucks ein Platten- oder Quetschrand sichtbar. Weitere Tiefdruck-Stichverfahren sind die Kaltnadeltechnik, der Stahlstich und die Schabkunst (Mezzotinto).

Abb. von links oben nach rechts unten: Bearbeiten der polierten Kupferplatte mit dem Grabstichel, Säubern der eingefärbten Platte, Abheben des Drucks, Kupferstichlinien mit „Taille", unterschiedliche Stichel

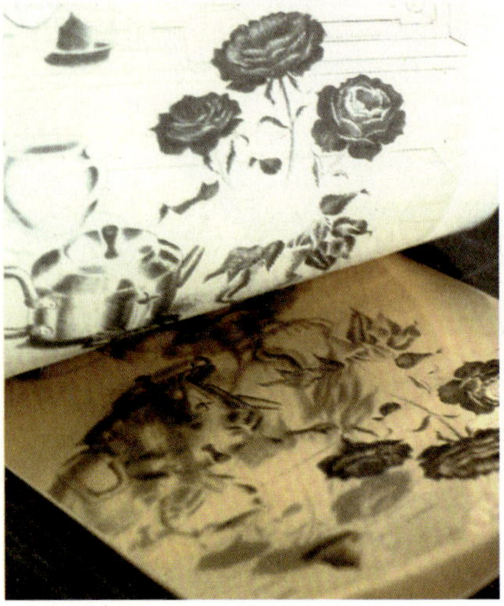

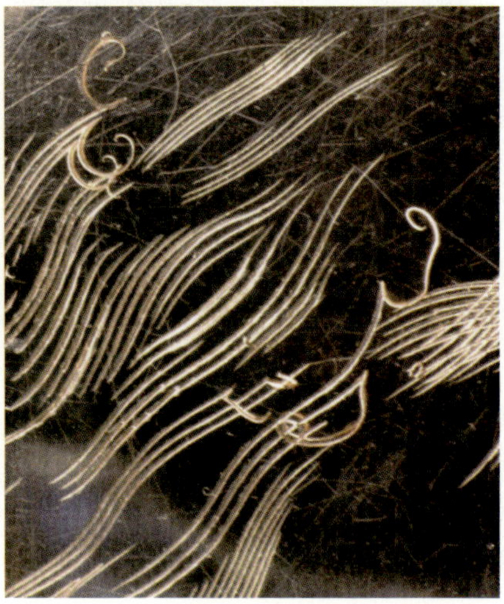

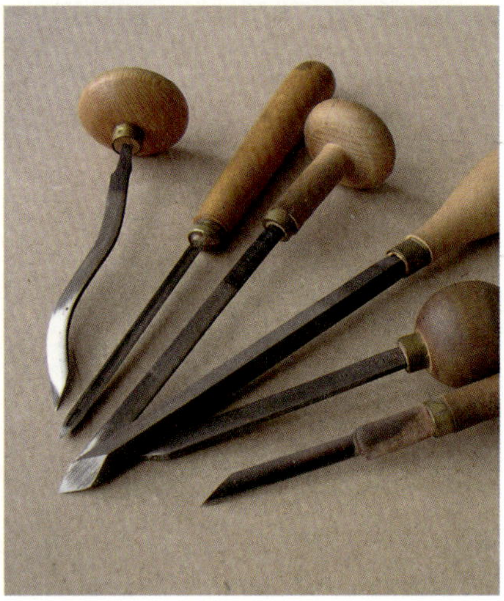

Querverweis

→ *5.2 Der Holzschnitt:* Hinweise zur Technik des Hochdrucks – Albrecht Dürer: Ein Meister des Holzschnitts

Der um 1470 entstandene Stich „Die Kreuztragung" von *Martin Schongauer* zählt zu den ältesten erhaltenen Zeugnissen des Tiefdrucks. *Schongauer* selbst gilt als der bedeutendste deutsche Maler, Zeichner und Kupferstecher vor *Albrecht Dürer*. Ausgebildet als Goldschmied, entfaltet *Schongauer* in seinem gesamten grafischen Werk eine stark stilbildende Kraft. Seine Arbeiten fanden weite Verbreitung und lagen in den spätmittelalterlichen Malerwerkstätten als Muster auf. Sie wurden von dort aus als Kopien zur Nachahmung verbreitet.

Die Feingliedrigkeit des Bildes entwickelt der Künstler aus einer präzisen Linienführung heraus. Gezielt schöpft er dabei die feineren Gestaltungsmöglichkeiten des Kupferstichs gegenüber jenen des gröberen Holzschnitts aus. Das dramatische Bildgeschehen ist detailreich ausgearbeitet und entfaltet sich aus einem Geflecht heller und dunkler Bereiche, die zueinander im Gegensatz stehen. Die starke räumliche Wirkung erzeugt der Künstler, indem er die Bildfläche vielgestaltig untergliedert und die am Bildpublikum vorbeiziehenden Figurengruppen zum linken oberen Bildrand hin perspektivisch verkleinert.

Abb.: Martin Schongauer: Die große Kreuztragung, um 1470, Kupferstich, 36 x 61 cm

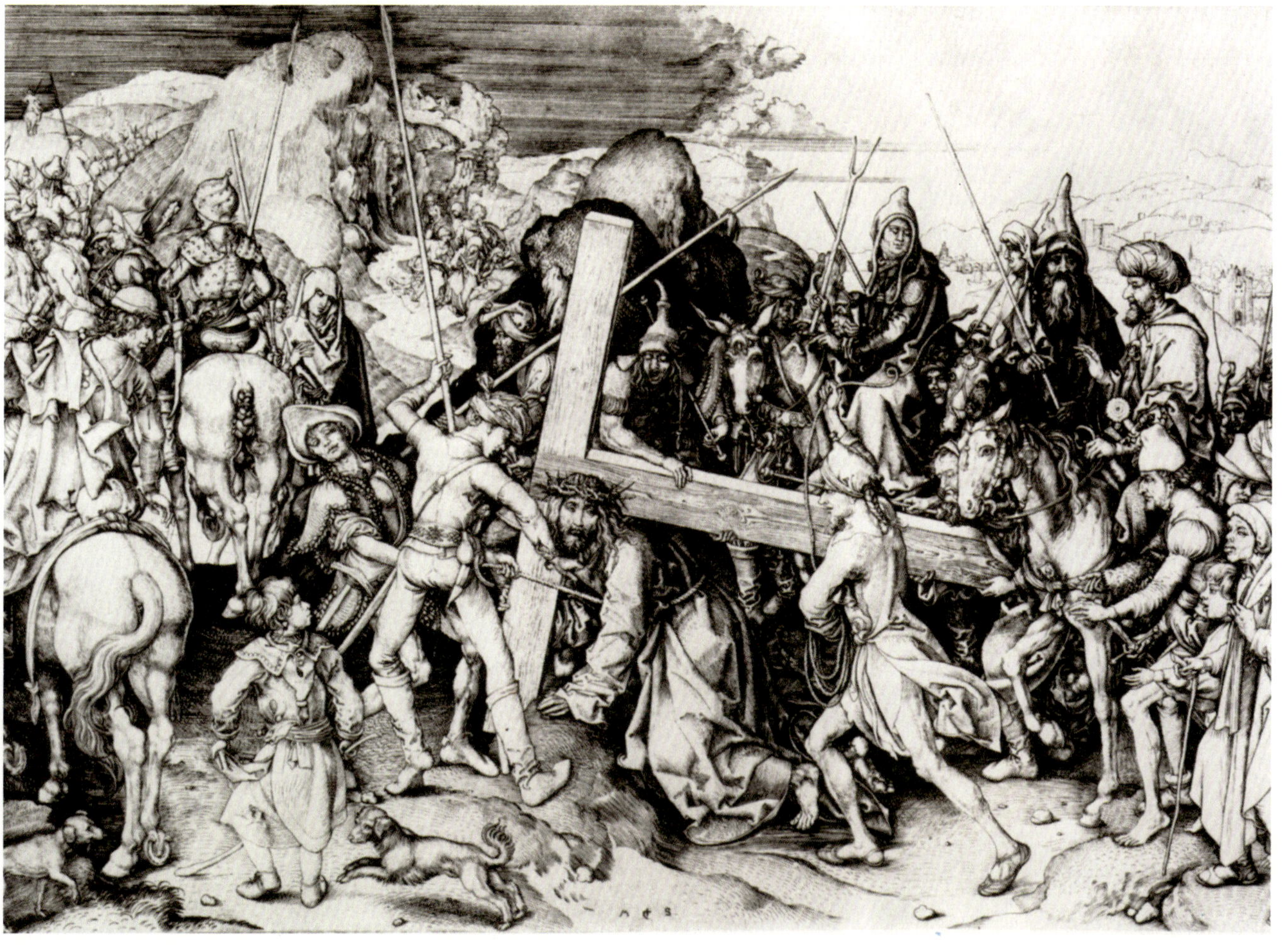

Aufgabenstellungen

Welche Charakteristika deuten auf einen Druck im Tiefdruckverfahren hin? Woran lässt sich dieser erkennen? Erkläre anhand der Abbildungen.	A
Worin unterscheidet sich das Tiefdruck- vom Hochdruckverfahren?	V
Wer war *Martin Schongauer* und wie ist er kunstgeschichtlich zu verorten?	V

5.5 Die Radierung

Hinweise zur Technik der Ätzung

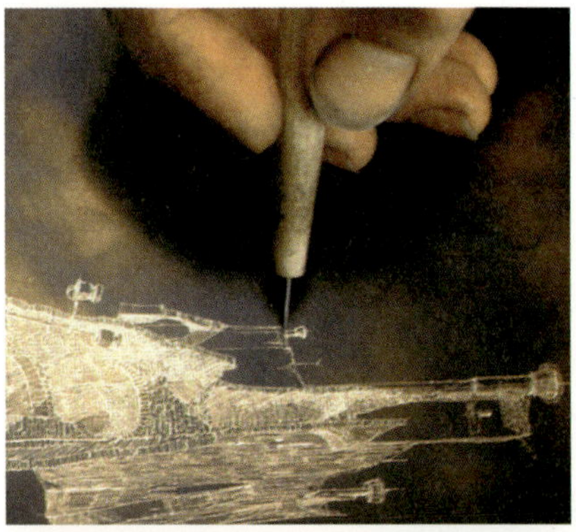

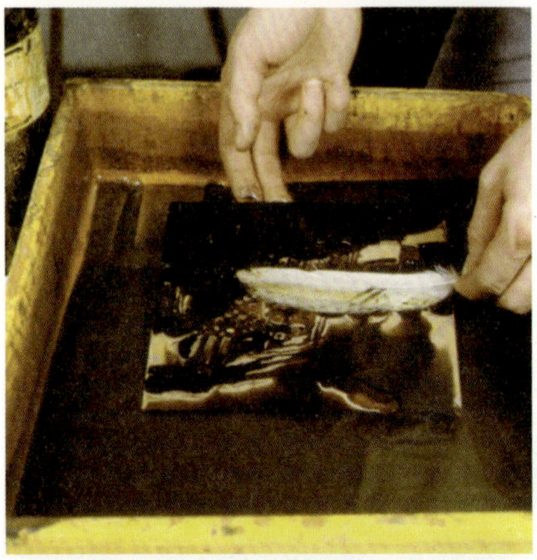

Die Kunst des Ätzens, wie die Technik der Radierung auch genannt wird, ist das neben dem Kupferstich bedeutendste Tiefdruckverfahren. Es unterscheidet sich von diesem durch die Art, wie die Vertiefungen erzeugt werden. Körperlicher Kraftaufwand wird bei der Radierung durch gezielte Einwirkung von Säure ersetzt. Der eigentliche Gestaltungsprozess gleicht damit dem einer Zeichnung.
Bei der Radierung wird die geschliffene und polierte Druckplatte zuerst erwärmt. Danach erhält die Platte auf der Bildseite eine säurefeste Schutzschicht, heute meist aus (syrischem) Asphaltlack. Diese kann mit spitzen Radiernadeln, gleich einer Zeichnung auf Papier, angeritzt werden. An den geritzten Stellen wird das darunter befindliche Metall freigelegt und im nun folgenden Ätzbad aus Salpetersäure oder Eisenchlorid geätzt. Wie tief die Ätzung ausfällt, hängt von der Dauer des Ätzvorganges ab. Je nach Erfordernis bestimmter Tonabstufungen können beliebig viele Ätzvorgänge durchgeführt werden.

Nach dem Säurebad wird die Schutzschicht mit Terpentin oder Spiritus entfernt und die Druckplatte mit Druckerschwärze eingerieben. Der Vorgang des Auswischens und Druckens ist identisch mit dem beim Kupferstich und wie dort muss auch bei der Radierung das Druckpapier so weich und saugfähig sein, dass es beim Anpressen die Farbe aus den Tiefen der Druckform herauszuziehen vermag.
Weitere Tiefdruck-Ätzverfahren sind die Aquatinta, die Weichgrundätzung, die Punktiermanier und die Kreidetechnik.

Abb. von links oben nach rechts unten: Einritzen der Zeichnung in den Deckgrund aus Asphaltlack, Ätzen der Kupferplatte, Einfärben (Tamponieren) der geätzten Platte nach der Entfernung des Lacks, Abheben des bedruckten Papierbogens, Radierwerkzeuge

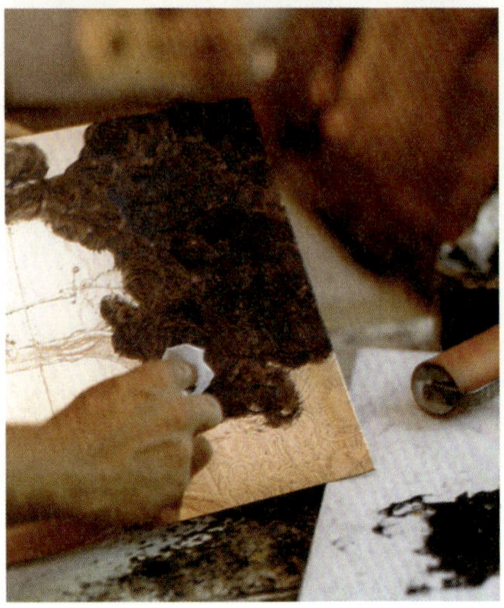

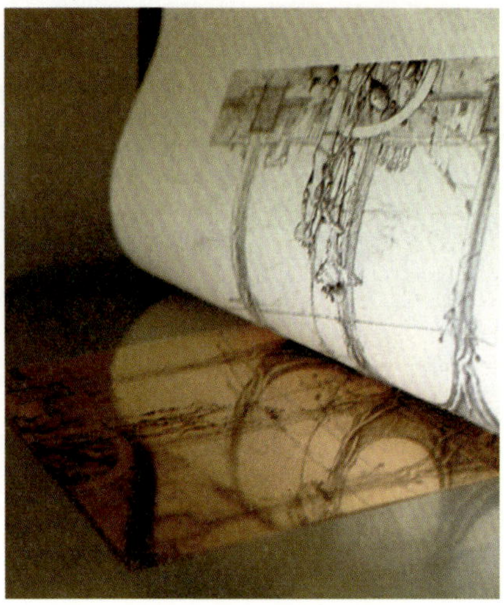

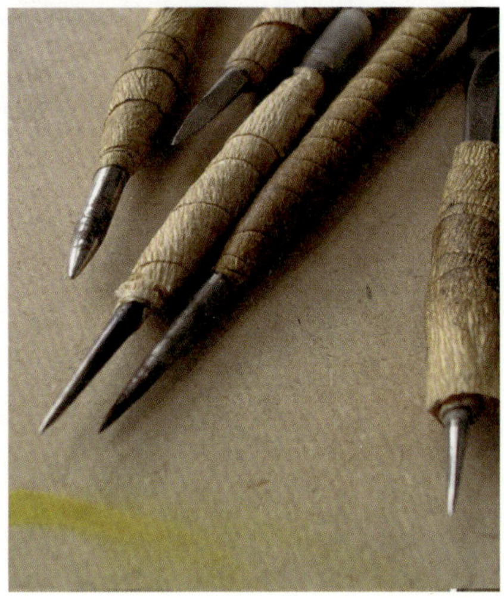

Querverweise

→ *3.3 Computeranimation:* Die menschliche Mimik als digitale Herausforderung

→ *5.4 Der Kupferstich:* Hinweise zur Technik des Tiefdrucks – Martin Schongauer: Ein Meister des Kupferstichs

→ *11.8 Bildgattung Selbstporträt – einige Beispiele*

Rembrandt setzte sich zeitlebens mit der Technik der Ätzung auseinander und gilt als einer der bedeutendsten Radierer der Kunstgeschichte.
Im „Selbstbildnis mit dem aufgelehnten Arm" (1639) ist das gestalterische Interesse des Künstlers deutlich auf das Herausarbeiten des Gewandes gerichtet. Mehr Aufmerksamkeit als den Zügen des Gesichts widmet *Rembrandt* der Stofflichkeit des prachtvollen Rocks, in welchem er sich für die Darstellung in Pose setzt. Dessen Plastizität entsteht aus einem fein geflochtenen Netzwerk von Schraffuren. Der gekonnt herausgearbeiteten Oberflächenerscheinung von Gewand und Mütze stellt er den völlig leeren Bildhintergrund gegenüber.
Wie kaum andere Kunstschaffende macht *Rembrandt* sich selbst immer wieder zum Gegenstand seiner Beobachtungen. Dabei versucht er, die eigene Individualität in unterschiedlichen Gemütszuständen zu zeigen und festzuhalten. In der langen Reihe seiner radierten Selbstbildnisse finden sich auch viele selbstkritische, nichts beschönigende Darstellungen. Das „Selbstbildnis mit aufgerissenen Augen" zählt zu den besonders ausdrucksspontanen Arbeiten dieser Art.

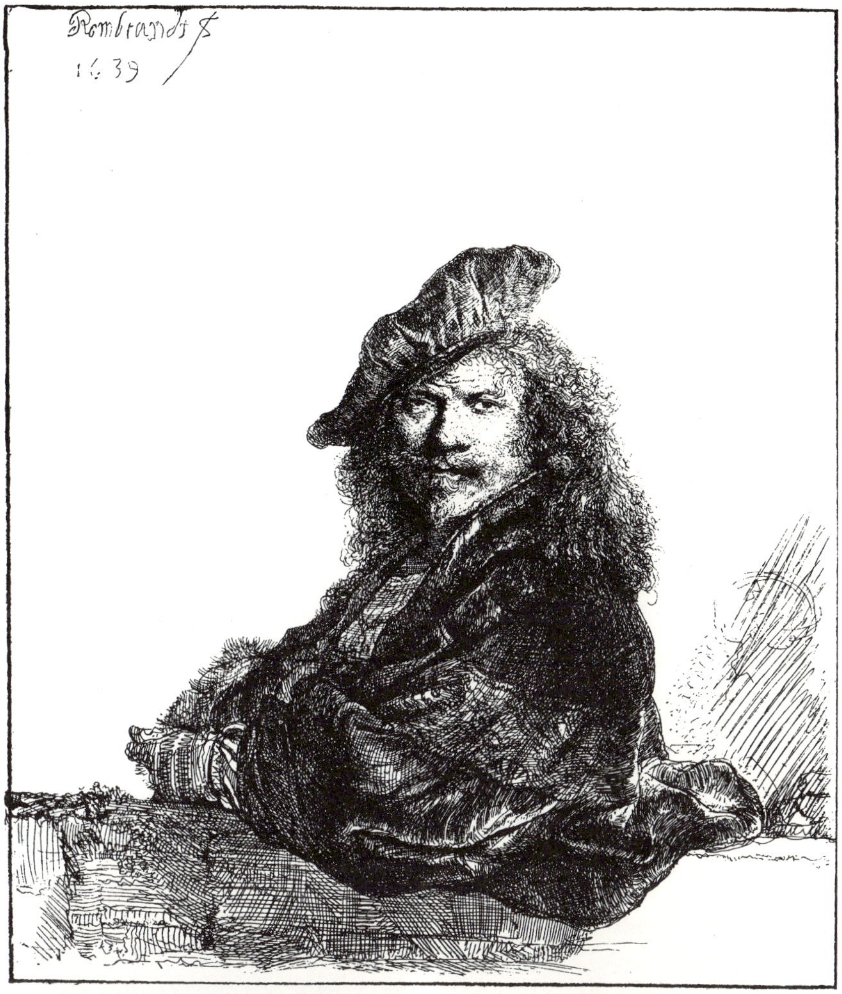

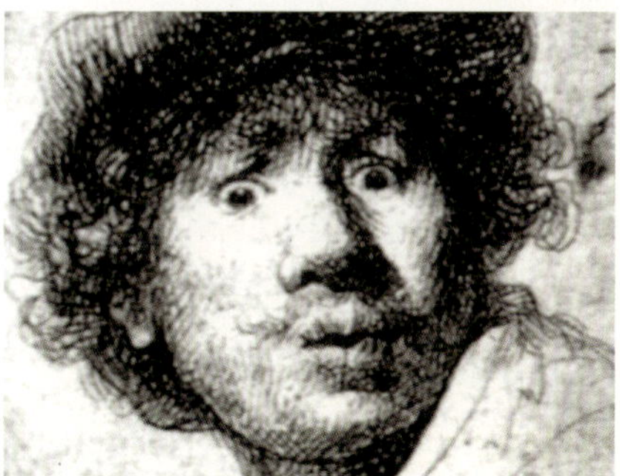

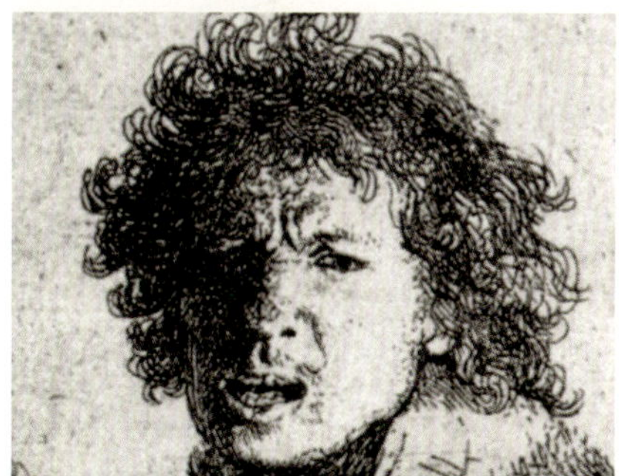

Abb. rechts oben: Selbstbildnis mit dem aufgelehnten Arm, 1639, 20,5 x 16,4 cm, Rijksprentenkabinet Amsterdam
Abb. links unten: Selbstbildnis mit aufgerissenen Augen, 1630, Ausschnitt
Abb. rechts unten: Selbstbildnis mit grimmigem Gesicht, 1630

Aufgabenstellungen

Warum ist die Radierung dem Tiefdruckverfahren zuzuordnen? Beschreibe den Prozess zur Bildentwicklung. Inwieweit können dadurch verschiedene Bildebenen erarbeitet werden?

Rembrandt hat in seinen Selbstbildnissen unterschiedliche Mimikdarstellungen gewählt. Die Entwürfe zeichnen sich auch durch eine spontan wirkende Linienführung aus. Erstelle Skizzen einer Schulkollegin oder eines Schulkollegen, die oder der verschiedene Posen nur für wenige Momente einnimmt.

5.6 Die Lithografie

Hinweise zur Technik des Flachdrucks

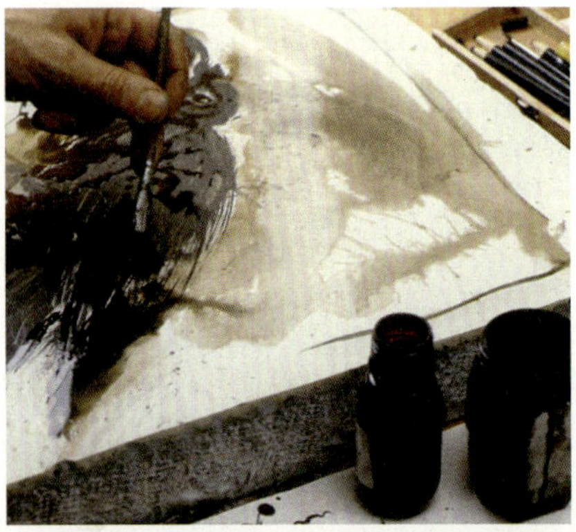

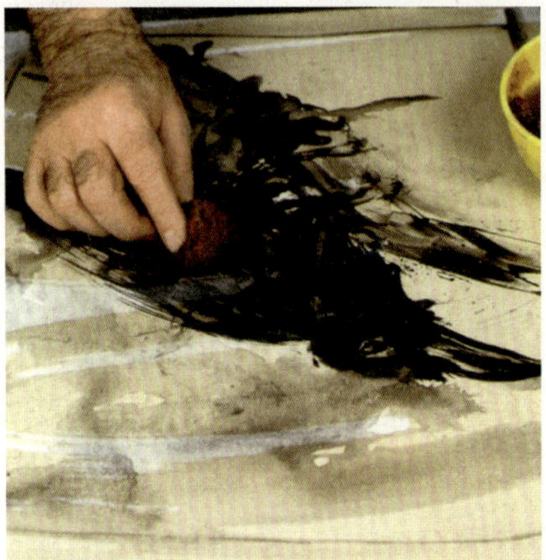

1798 wird mit der Lithografie (Steindruck) eine Drucktechnik entwickelt, die völlig anders funktioniert als alle bis dahin bekannten.
Während bei Hoch- und Tiefdruck reliefartige Oberflächen bzw. Vertiefungen abgedruckt werden, liegen bei der Lithografie druckende und nicht druckende Formen auf derselben Ebene. Deshalb bezeichnet man die Lithografie auch als Flachdruck. Als Druckform dient eine Platte aus Kalkstein mit besonders reiner und feinporösiger Struktur. Die Druckplatte wird zu Beginn glatt gerieben, entsäuert und für die nachfolgenden chemischen Reaktionen empfindlich gemacht. Die Bildgestaltung kann mit allen zeichnerischen Arbeitsmaterialien erfolgen. Den Farbauftrag übernehmen Fett-Tusche und fetthaltige Kreiden. Dabei stützt man sich auf die Erfahrung, dass Fett und Wasser einander abstoßen. Mit einer Lösung aus Gummiarabikum, Salpetersäure und Wasser wird das Umfeld präpariert und das aufgetragene Bild fixiert. Danach ist der Stein exakt in fettintensive und wasserintensive Oberflächen eingeteilt. Beim Einfärben nehmen die fetthaltigen Partien der Zeichnung die Farbe an, die gummierten und wasserfeuchten Stellen, auf denen sich keine Zeichnung befindet, stoßen sie hingegen ab. Bei farbigen Lithografien wird jede Farbe von einem eigenen Stein abgedruckt. Die Sammelbezeichnung für die weiterentwickelte industrielle Flachdrucktechnik ist Offset. Wesentliche Unterschiede zum älteren Verfahren der Lithografie sind die fotografische Übertragung des Bildes auf eine biegsame Metallplatte und die indirekte Übertragung des Plattenbildes in der Rotationspresse. Diese erfolgt durch Zwischenschalten von als Übertragungszylinder verwendeten Gummiwalzen. Das Offsetverfahren ermöglicht das Drucken großer Auflagen innerhalb kurzer Zeit.

Abb. von links oben nach rechts unten: Auftragen des Motivs auf den Stein, Präparieren des Steins, Einfärbung des Motivs und Druck, Offsetübertragungswalzen

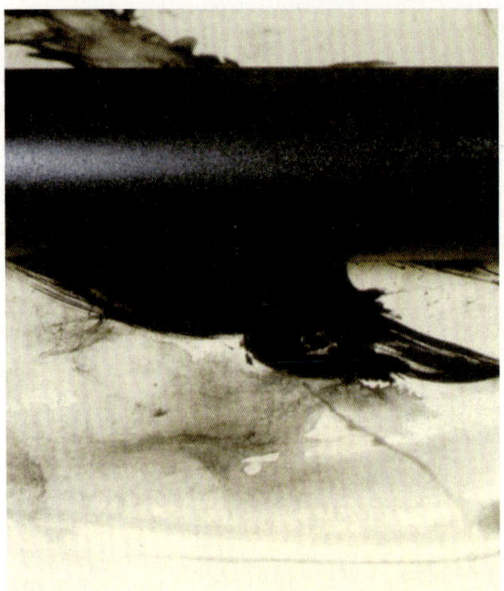

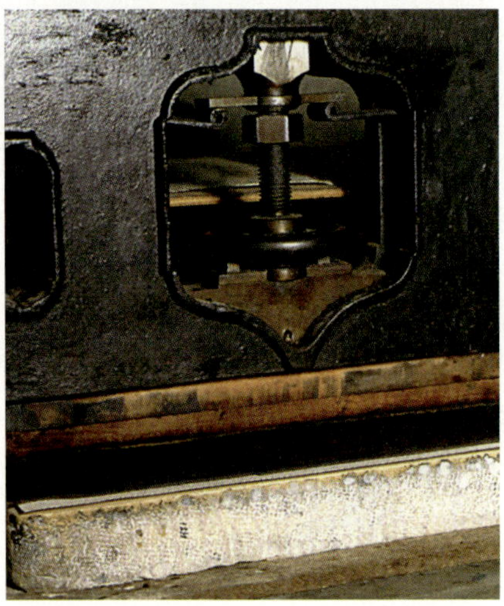

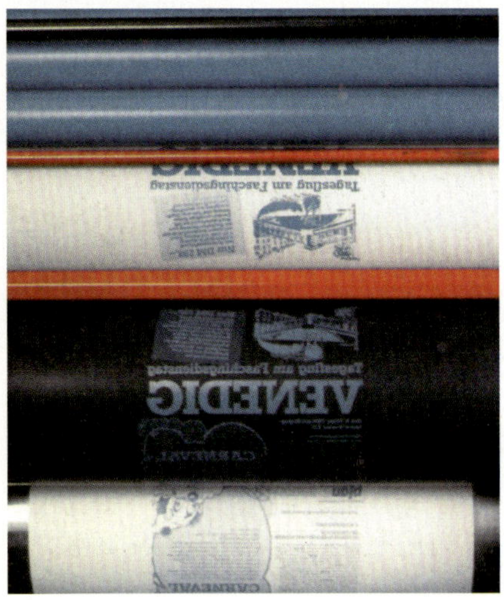

Der französische Künstler *Toulouse-Lautrec* machte den Steindruck zum zentralen Bereich seines Kunstschaffens und verwendete sowohl die Malerei als auch die Zeichnung vielfach nur als Vorstufe dazu.
Seine farbigen, oftmals grellen Blätter stellen einen Höhepunkt in der Öffentlichkeitswirksamkeit der Lithografie dar. Das Plakat als Medium der öffentlichen Ankündigung wird durch ihn erstmals Gegenstand des internationalen Kunstschaffens. Sein Entwurf für das Moulin Rouge in Paris zeigt im Mittelpunkt die Tänzerin „La Goulue" bei einem ihrer Auftritte. *Toulouse-Lautrec* verwendet hier die bewegte Linie als charakteristisches Gestaltungsmittel. Die gesamte Bildanlage ist flächig, und aus der Anordnung der Überschneidungen ergibt sich ein scheinbar zufälliger Bildausschnitt. Die starke stilistische Vereinfachung wird durch die silhouettenhafte Wirkung der Figuren vor dem hellen Hintergrund und das Fehlen einer realen Raumsituation noch verstärkt. Bei der Gestaltung der beiden Figuren im Vordergrund experimentiert der Künstler mit in sich fein gegliederten Flächen. Dabei spritzt er mit einer Bürste gemischte Farbtöne auf den Stein und erzielt beim Abdruck den Eindruck einer sanften Körnung.

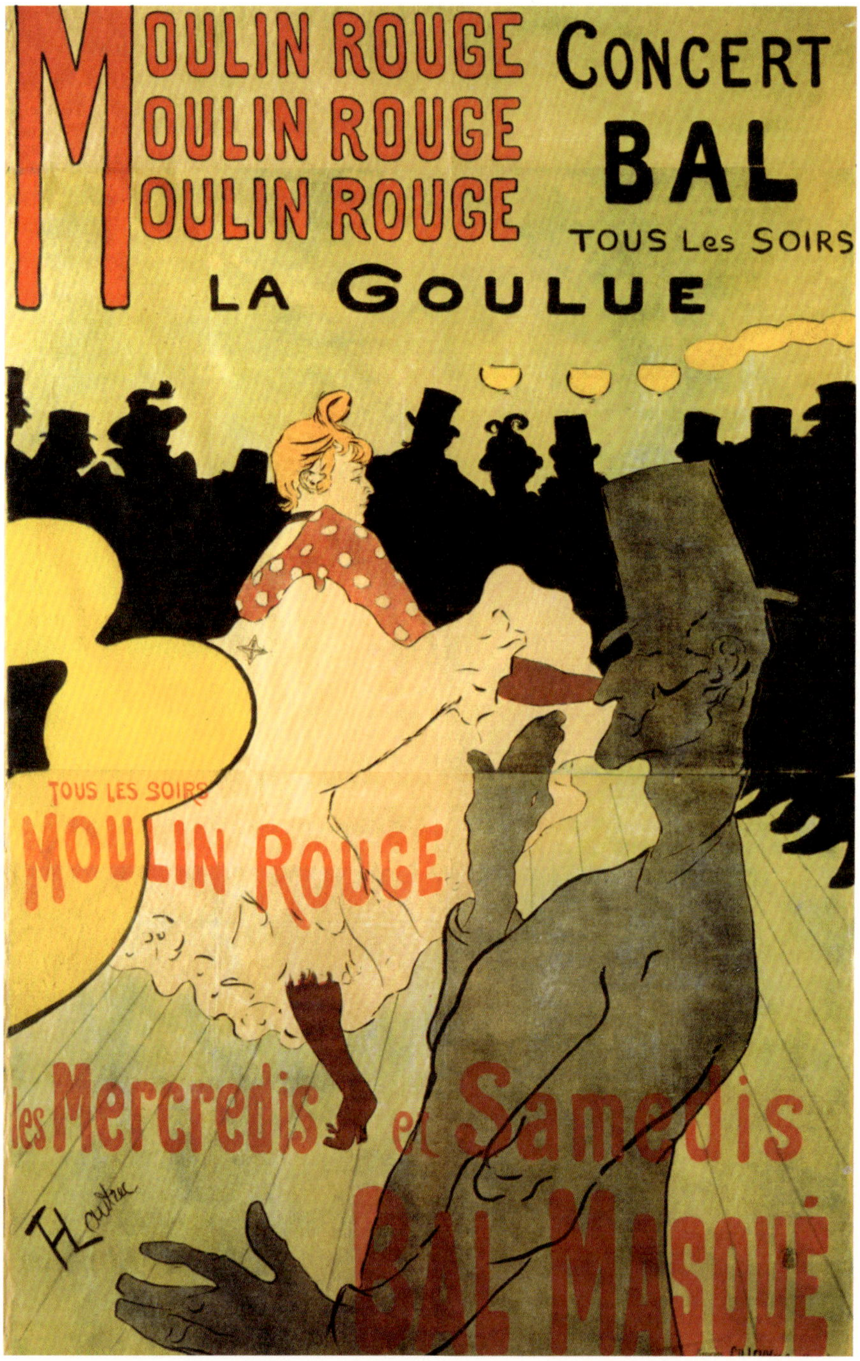

Abb.: Henri de Toulouse-Lautrec: Moulin Rouge: La Goulue, 1891, Farblithografie (Plakat), 191 x 117 cm, Civica Raccolta di Stampe Bertarelli, Mailand

Aufgabenstellung

Worin unterscheidet sich der Flachdruck von den früheren Verfahren? Erkläre dabei den chemisch notwendigen Prozess.

5.7 Der Siebdruck

Hinweise zur Technik des Durchdrucks

Der Siebdruck (die Serigrafie) gilt in Europa als das historisch jüngste technische Druckverfahren. In China wurde er in ähnlicher Form allerdings schon viel früher erfunden. Seiner Methode nach ist er ein Durchdruckverfahren. Als Druckform dienen Holz- oder Metallrahmen, die mit Sieben bespannt sind. Im Allgemeinen wird das Sieb zu Beginn in der Dunkelkammer mit einer lichtempfindlichen Schicht versehen. Danach werden am Sieb farbdurchlässige und farbundurchlässige Flächen erzeugt. Das kann auf mehrere Arten geschehen: durch die Anfertigung einer Schnittmaske, mittels Auftrag mit dem Pinsel oder durch die Verwendung einer Sprühpistole. Die anspruchsvollste Methode ist die fotomechanische Schablonierung. Dabei wird das Sieb mit einem fotografischen Film in Kontakt gebracht, der das Bildmotiv in lichtundurchlässiger Farbe enthält. Beim Belichten am Lichttisch wird die Schablone zwischen das Sieb und die Lichtquelle montiert, und die lichtempfindliche Schicht reagiert nach den Gesetzen der Fotografie. Alle nicht abgedeckten Stellen werden versiegelt, die abgedeckten bleiben ungehärtet. Nach der Entwicklung werden die nicht gehärteten Stellen mit einem weichen Wasserstrahl ausgewaschen. Sie werden später die Farbe hindurchlassen. Beim Druckvorgang selbst wird die Farbe, nachdem sie auf das gesenkte Sieb gegossen wurde, mit einem Schieber, der Rakel, zuerst über die gesamte Fläche verteilt und anschließend gleichmäßig mit Druck über das Sieb gezogen. Die Farbe dringt durch die offenen Stellen des Siebes durch und erzeugt so den Abzug. Ein großer Vorteil des Siebdrucks gegenüber anderen Druckverfahren liegt in der weitgehenden Freiheit der Wahl des Bedruckstoffes. Ebenso wie Papier und Stoff lassen sich Metalle und Kunststoffe bedrucken.

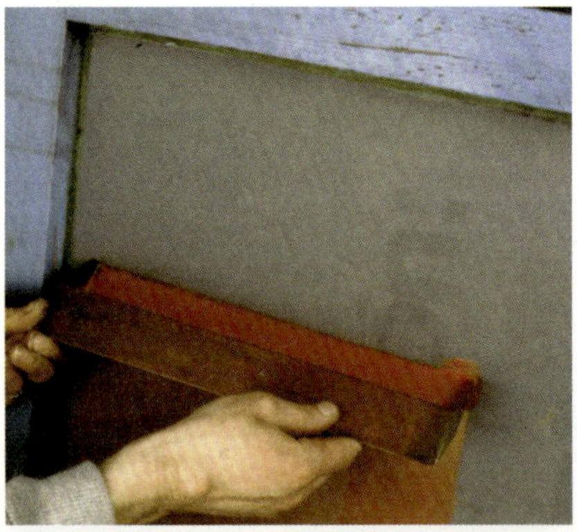

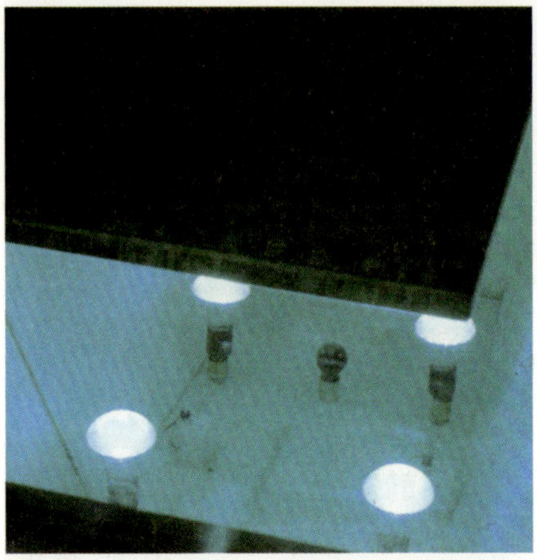

Abb. von links oben nach rechts unten: Beschichten des Siebes mit lichtempfindlicher Emulsion, Belichten des Siebes, Rakeln der Druckfarben durch das Sieb, Druckergebnis

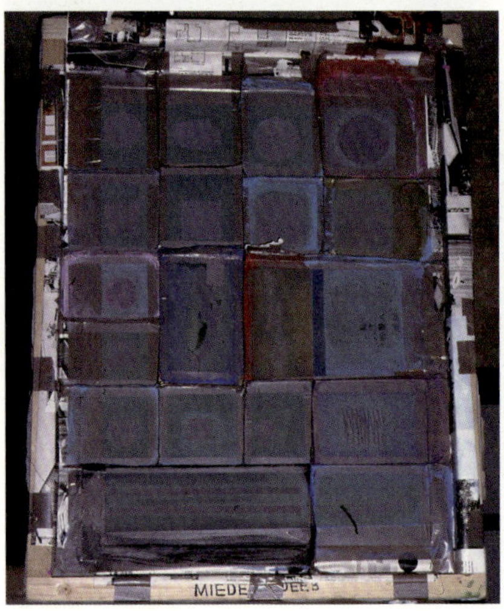

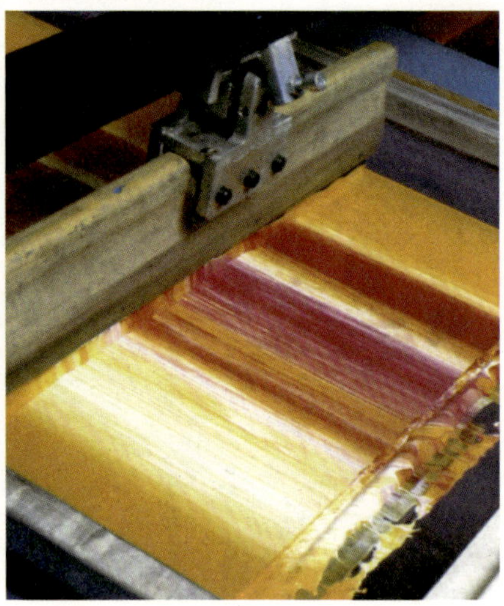

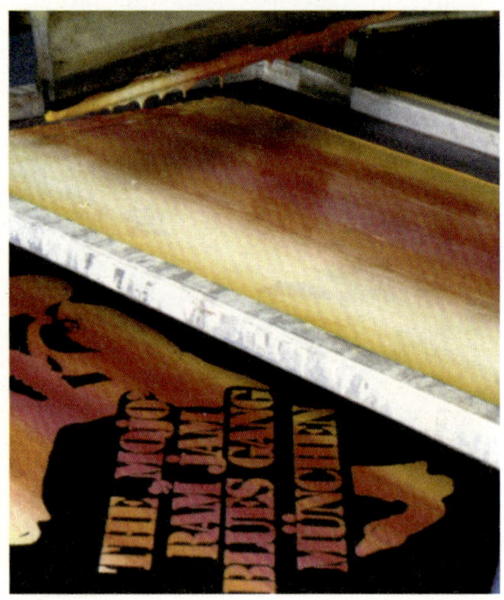

Querverweise

→ *7.3 Farbsehen:* Blau – eine Farbe

→ *11.6 Bildgattung Stillleben – einige Beispiele:* Pop Art

Andy Warhol: Ein Meister des Siebdrucks

Seine größte Bedeutung als Medium der Kunst erreichte der Siebdruck in der Pop Art der 1960er-Jahre. Unter den Künstlerinnen und Künstlern dieser Zeit war es an erster Stelle der Amerikaner *Andy Warhol*, der ihn intensiv verwendete und zu einem unverzichtbaren Element seiner Arbeit machte.
Zu seinen Bildmotiven gehören einerseits alltägliche Konsumartikel wie Konservendosen oder Suppenschachteln, andererseits Bildidole der Mediengesellschaft wie etwa *Joan Collins, Marilyn Monroe, Elvis Presley, Mick Jagger* oder er selbst.
Als Ausgangsmaterial für seine Serigrafien verwendet *Warhol* zumeist beliebige, aus jeglichem Zusammenhang gelöste Fotos, die er Zeitschriften, Prospekten oder dem Fernsehen entnimmt.

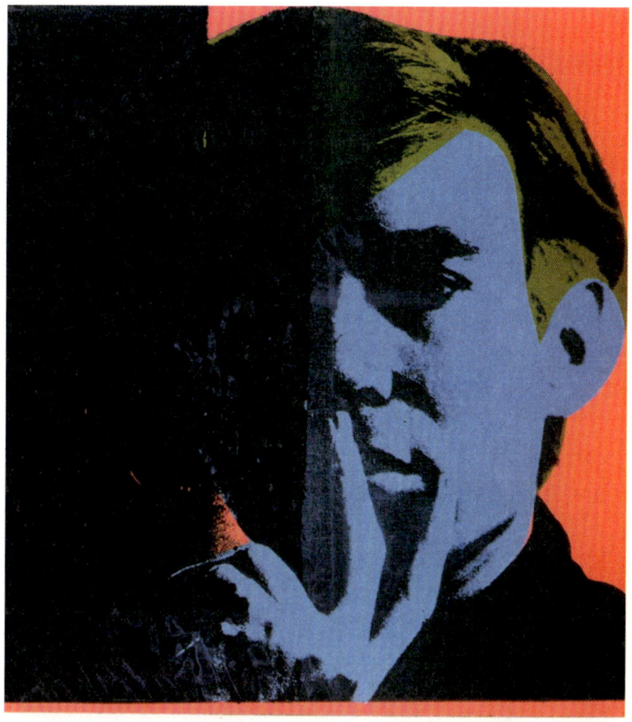

Abb. rechts oben: Andy Warhol: Selfportrait, 1967, Acryl und Siebdruck auf Leinwand, 180 x 183 cm, Saatchi Collection, London
Abb. links unten: Andy Warhol: Liz, 1965, Siebdruck auf Leinwand, 106 x 106 cm, Privatsammlung
Abb. rechts unten: Andy Warhol: Marilyn's Lips, 1962, Siebdruck auf Leinwand, 210 x 205 cm

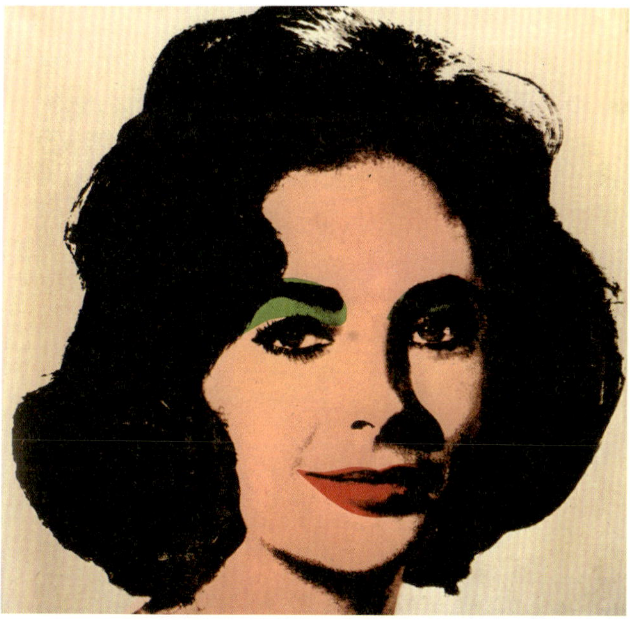

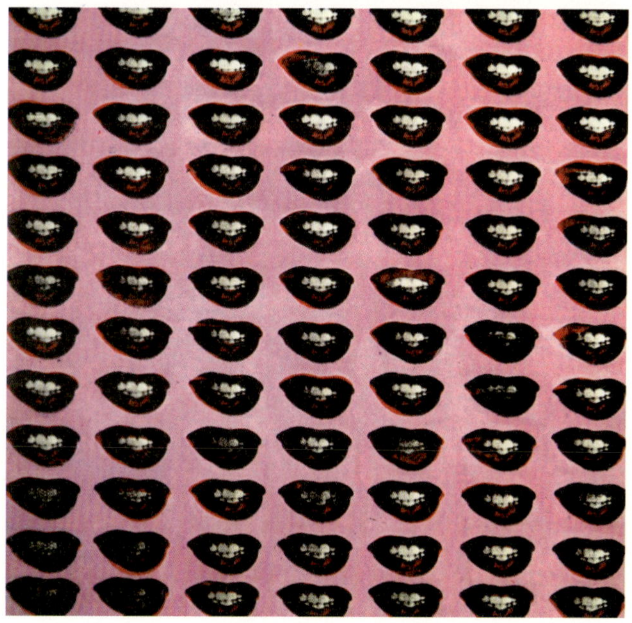

Aufgabenstellungen

Wie funktioniert der Siebdruck? Welche Möglichkeiten lässt dieses Druckverfahren in der Materialwahl zu?

Warhol verwendete Bildmotive, die er – aus dem Zusammenhang gelöst – seriell neu komponierte. Die Reduktion bezieht sich bei ihm dabei nicht nur auf das Motiv, sondern ebenfalls auf die Farbwahl. Erarbeite ein Projekt, in welchem du ähnlich vorgehst.

6.1 Tableau vivant

Das Bild, das zu Leben erweckt wird

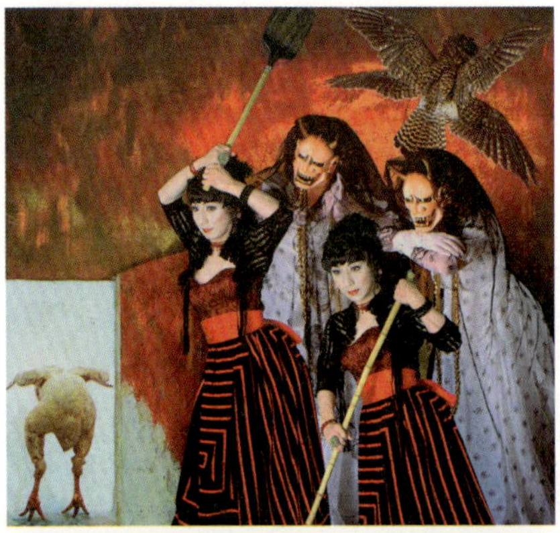

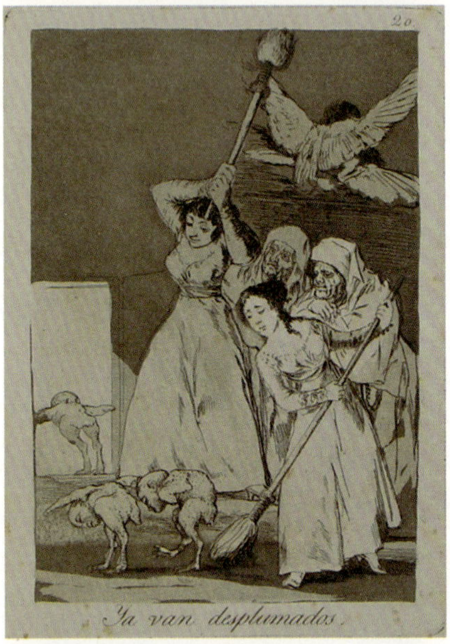

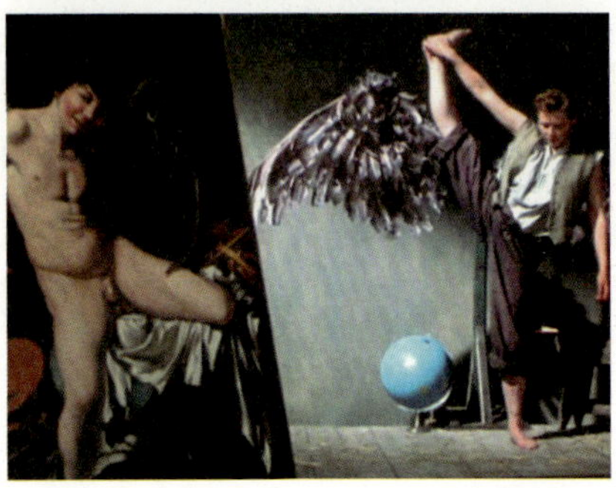

„Tableau" heißt auf Französisch „Bild, Gemälde", „vivant" bedeutet „lebend". Unter Tableau vivant versteht man heute die Nachstellung eines existierenden Gemäldes durch eine oder mehrere Personen. Dabei verharren die Mitwirkenden für einen kurzen Moment in der Pose. Das nachgestellte Bild erstarrt im dreidimensionalen Raum. Neben dem französischen findet heute auch der deutsche Begriff Verwendung.

Ursprünglich geht das „lebende Bild" auf Überlegungen des französischen Dramatikers und Theoretikers *Denis Diderot* (1713–1784) zurück, der in der Inszenierung der Theaterszenen Bühnenbildkompositionen forderte, die als Vorlage für ein Gemälde dienen könnten. Die Schauspielerinnen und Schauspieler sollten also „ins Bild" gesetzt werden. Er bezeichnete diese Theaterkompositionen als „tableau". Es kam in Mode, berühmte Gemälde nachzustellen. Diese Bild-Darbietung wurde sogar so beliebt, dass sie bei privaten Veranstaltungen eine gesellschaftliche Vergnügung wurde. Das Tableau vivant war seit Ende des 18. Jahrhunderts bis zu Beginn des 20. Jahrhunderts populär (mit unterschiedlicher Ausprägung), wobei gegen Ende auch weibliche Aktdarstellungen auf Varietébühnen „geduldet" wurden, solange sich die Damen nicht bewegten. Mit dem Aufkommen von Fotografie und später Film wurde diese Inszenierungsform auch in diese neuen Medien übernommen. Die Begeisterung für die Bildnachstellung als soziales Event ist mit der Zeit wieder abgeklungen. In der Fotografie, im Film und in den sozialen Medien begegnet man dem Tableau vivant jedoch weiterhin. Dort finden sich sehr viele teils ernst gemeinte, teils parodistische Inszenierungen. Der japanische Künstler *Yasumasa Morimura* (*1951) stellt auf seinen Fotos berühmte Gemälde nach. Diese Inszenierungen werden der Appropriation Art zugerechnet, deren Vertreterinnen und Vertreter sich mit bereits existierenden Kunstobjekten beschäftigen und mit Bezug darauf neue Arbeiten schaffen.

Vor allem in Filmen, die einen Bezug zur Malerei aufweisen, finden sich viele Tableau-vivant-Beispiele. *Derek Jarman* hat in dem Biopic „Caravaggio" (1986) teilweise sehr eigenwillige Umsetzungen von Malerei im Film gefunden. Was das Tableau vivant so besonders macht, ist die Übertragung in ein anderes Medium. Dabei hängt es vom Vorwissen des Publikums ab, ob das Ausgangsgemälde erkannt wird und infolgedessen das Tableau vivant entziffert werden kann.

Abb. oben: Yasumasa Morimura, „Los nuevos caprichos", 2004
Abb. Mitte: Francisco de Goya, „Ya van desplumados", Nr. 20 der Serie „Caprichos", 1799
Abb. unten: Filmstill aus „Caravaggio" (1986, R.: Derek Jarman, GB, ca. 93 min.)

Querverweise

→ *8.7 Filme über Künstlerinnen und Künstler*

→ *9.2 Malerei und Fotografie:* Gegenseitige Herausforderungen

Aufgabenstellungen

- V A R S — Definiere den Begriff „Tableau vivant". In welche anderen Medien kann Malerei im Zuge dieses Verfahrens übertragen werden?
- V A R S — Erarbeite (eventuell in der Gruppe) ein Tableau vivant. Welches Gemälde wählst du bzw. wählt ihr dafür aus? Wie nahe bleibt das Tableau vivant am Gemälde, das als Vorbild dient?

6.2 Mode

Kleider machen Leute: Kunst auf den Laufstegen

Die Geschichte der Kleidermode reicht, überspitzt formuliert, so weit zurück wie die der Menschheit selbst. Die ursprüngliche Funktion, nämlich den Körper vor Umwelteinflüssen zu schützen, ist bei weitem nicht die einzige: Lange Zeit dienten Kleidungsstile dazu, die tragende Person einer Gesellschaftsschicht zuzuordnen. Auf Gemälden lässt sich der zu verschiedenen Zeiten übliche Modestil nachvollziehen. Durch Bilder kann man viel über den vorherrschenden Zeitgeist erfahren. Auch heute noch sagt der gewählte Stil einiges über die Persönlichkeit und eventuelle Zugehörigkeit zu einer Gruppe (sozial, religiös, politisch etc.) aus. Mit Gewand inszeniert man sich selbst. Die Kleiderwahl definiert oft auch die Berufszugehörigkeit – der weiße Mantel von Ärztinnen und Ärzten ist dabei nur eines von vielen Beispielen.
Kleidung ist nicht nur funktional: Sie ist v. a. eine ästhetische Frage. Seit Beginn des 20. Jahrhunderts gibt es Modeschauen und Präsentationen auf dem Laufsteg. Lady *Duff Gordon*, die in London eine Nobelschneiderei betrieb, erkannte als erste die Wirkung von effektvollen Vorführungen. Auf einem Catwalk präsentierten die Models ihre Modekreationen. Seitdem sind sogenannte „Défilés" nicht mehr aus der Modewelt wegzudenken. Es wird zwischen Vorführungen der Haute Couture („gehobene Schneiderei") und Prêt-à-porter („gleich zum Tragen bereit") unterschieden. Oft wird bei besonders gewagten Entwürfen die Frage nach der Tragbarkeit gestellt. Bei Modepräsentationen geht es aber nicht nur um das Vorführen der neuen Kreationen bzw. um die Mode der nächsten Saison. Es geht auch um einen kreativen Umgang mit dem Körper und darum, wie man sein Äußeres und dessen Wirkung gestalten kann. Modevorführungen stehen also in einem Spannungsverhältnis von Funktionalität und kreativen Körperinszenierungen. Einen bitteren Beigeschmack hinterlässt nicht nur die Frage nach der Tragbarkeit bzw. Konsumorientiertheit, sondern vor allem der Umgang mit den Models, die teilweise noch sehr jung sind und nicht selten ihre Gesundheit aufs Spiel setzen, um dem derzeit extrem schlanken Ideal zu entsprechen.

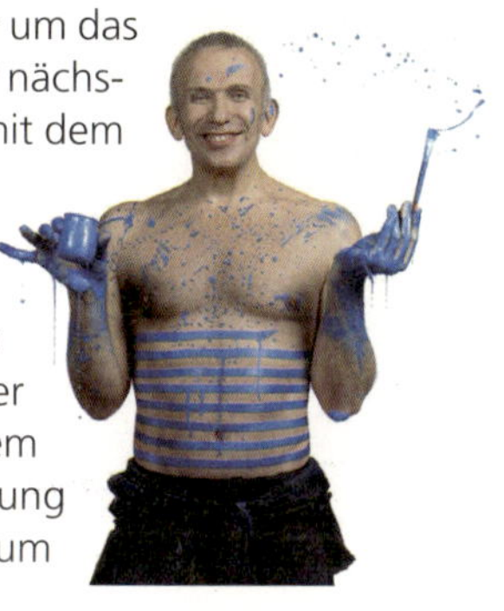

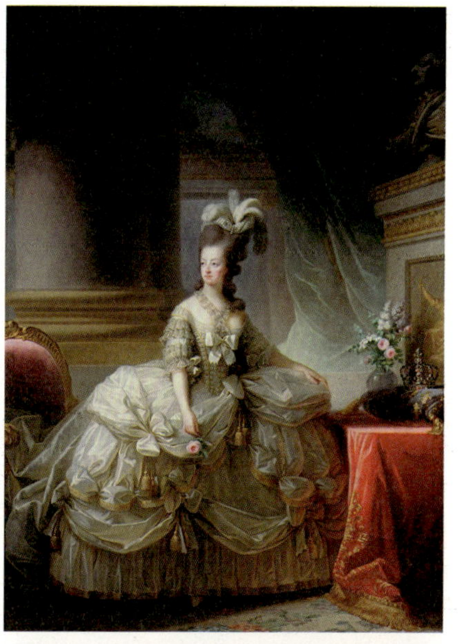

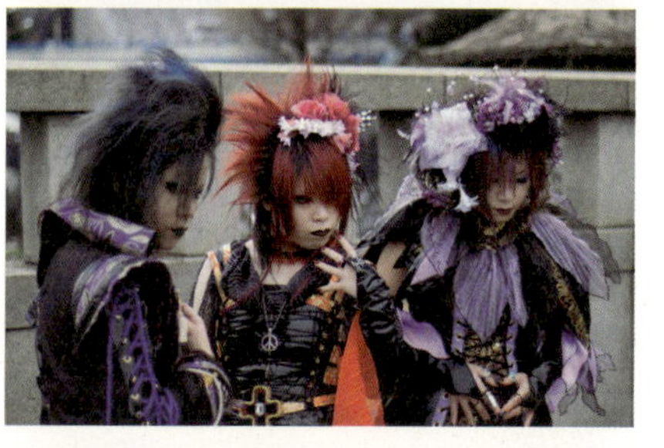

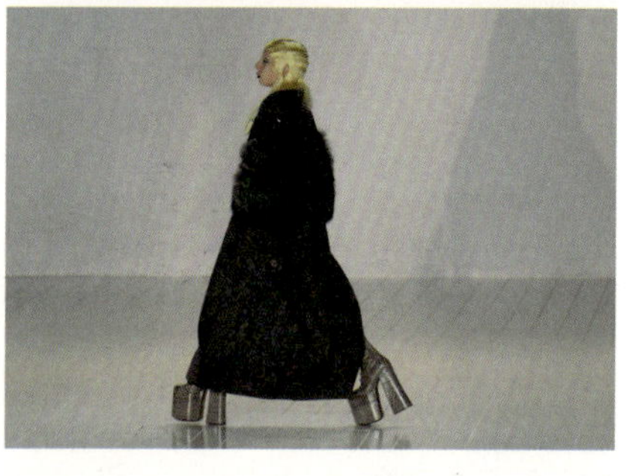

Abb. links: Inszenierung von Jean Paul Gaultier mit seinen zum Markenzeichen gewordenen Streifen
Abb. rechts oben: Élisabeth Vigée-Lebrun: Porträt von Marie Antoinette mit einer Rose, 1778
Abb. rechts Mitte: Cosplay ist seit den 1990ern ein Trend in Japan. Die Aufmachung entspricht Figuren aus Anime und Manga.
Abb. rechts unten: Lady Gaga läuft für die Show von Marc Jacobs, 2016, NY

Querverweis

7.5 Farbe in Textilkunst und Mode

Aufgabenstellungen

Welche Funktionen kann Kleidung übernehmen?

Welche Aspekte der Modepräsentationen werden im Text erwähnt? In welchem Spannungsverhältnis scheinen sich Modepräsentationen zu befinden? Führe dies näher aus.

6.3 Performance Art

Der darstellende Körper im Raum

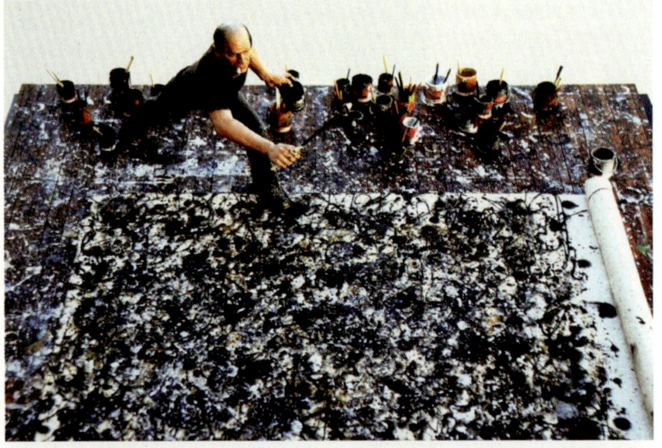

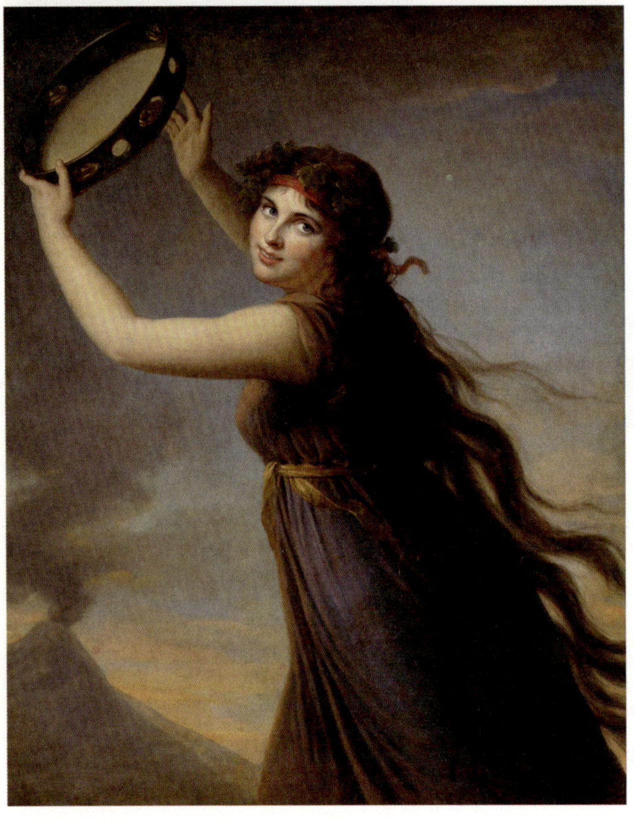

Lady Hamilton war mit ihren Attitüden-Darstellungen in ganz Europa berühmt. Selbst *Goethe* beschreibt sie in seiner „Italienischen Reise" (1786–1788), die rund 30 Jahre später veröffentlicht wurde. Die gefeierte Schönheit machte sich mit der Inszenierung von Gemälden und antiken Statuen als lebende Bilder europaweit einen Namen. Ihr Fokus in der Darstellung lag dabei auf dem schnellen Wechsel zwischen verschiedenen Emotionen und Regungen. Im weitesten Sinne könnte man von ihr als einer Vorläuferin der Performance Art sprechen, da ihre Darbietungen zwischen den darstellenden (performing) und bildenden (visual) Künsten lagen.

Bei Performance Art denkt man an das New York der 1960er-Jahre, als sich neue Kunstformen etablierten und sich dadurch die Kunstszene radikal veränderte. Schon in den 1950er-Jahren machte *Jackson Pollock* (1912–1956) mit Action Painting auf sich aufmerksam. Dabei steht weniger das fertige Bild, als der Akt des Malens im Vordergrund, allerdings noch ohne anwesendes Publikum.

In den verschiedenen Richtungen der Performance Art wird der etablierte Kunstbegriff hinterfragt. Als einer der wichtigsten Grundsteine in der Entwicklung der Performance-Kunst ist das Stück „Huddle" (1961) der US-Amerikanerin *Simone Forti* zu sehen. In dieser Performance ging es ihr um das Beobachten von Bewegung – ihr Vorhandensein und Entstehen. Eine Gruppe von Menschen, die sich zu einem Block mit den Armen verknotet, wird von einem einzelnen Mitglied überklettert. Im Unterschied zum Theater gibt es in der Performance-Kunst keine dramaturgische Konzeption. Die Gesten, Bewegungen und Handlungen sollen hauptsächlich ästhetisch wirken. Für die Performance Art sind vier Hauptelemente zentral: Die Aktion ist in Zeit und Raum verhaftet, an die Persönlichkeit der oder des Kunstschaffenden gebunden und sie ist in Relation zum Publikum gesetzt. Ein wesentlicher Begriff der Performance-Kunst ist das Happening. Als Begründer dieser Form der Aktionskunst gilt der New Yorker Künstler *Allan Kaprow* (1927–2006), der die Abstraktion zu überwinden suchte, indem er den Körper im Raum zur Kunstrichtung machte. In Happening-Vorstellungen geht es darum, Kunst und Alltag miteinander zu verbinden, wobei meist die Einbindung des Publikums zentral ist. Der oder die Kunstschaffende gibt hierbei eine gewisse Partitur der Improvisation vor.

Abb. oben: Joe Fig wurde mit der Darstellung von Kunstschaffenden bei der Arbeit als Miniaturfiguren bekannt. Diese Figur zeigt Jackson Pollock bei seinen Spritzbildern.

Abb. unten: Elisabeth Vigée-Lebrun: Lady Hamilton als Bacchantin, 1790–91

Querverweise

→ *11.5 Funktionen der Malerei:* Die Malerei erfindet neue Wege: mit Überschreitung und Erweiterung

→ *11.8 Bildgattung Selbstporträt – einige Beispiele:* Arnulf Rainer

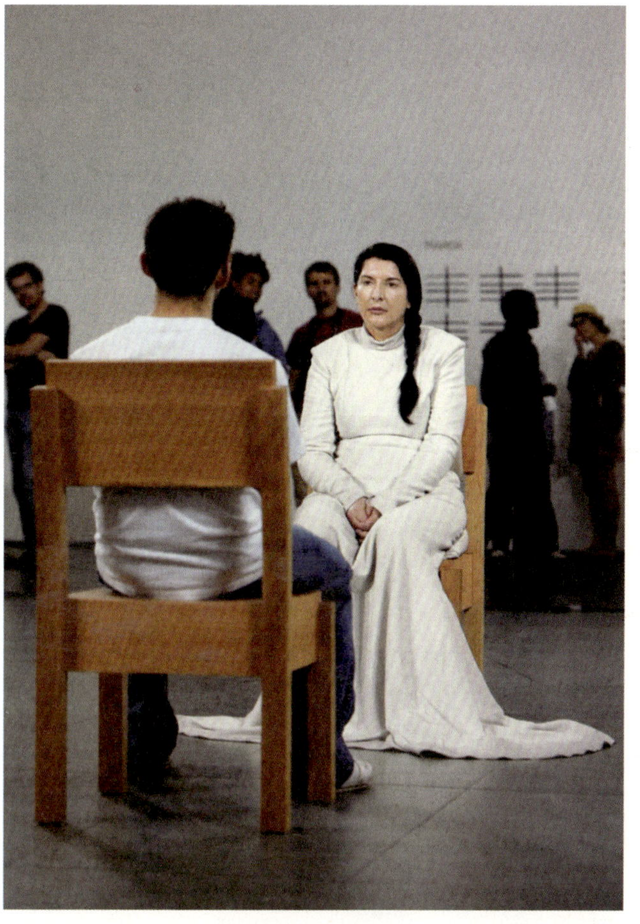

Abb.: Marina Abramović, „The Artist ist Present", 2010

Der ebenfalls in New York lebende Künstler mit litauischen Wurzeln *George Maciunas* rief die Bewegung des Fluxus ins Leben, um sich vom Happening abzugrenzen. Auch im Fluxus ging es um die Hinterfragung des Kunstbegriffs. In sogenannten Fluxus-Konzerten wurden collagenhaft verschiedene Medien (Musik, Tanz, Video, Licht, Geräusche, verschiedene Materialien) zu neuer Kunst vereint. Die Verbindung von Alltagsleben und Kunst ist ebenfalls ein wichtiger Aspekt. Die beiden Aktionskünste sind einander sehr ähnlich. Ein mögliches Unterscheidungsmerkmal ist, dass im Fluxus, ähnlich wie im Dada, auf den er sich beruft, der Fokus auf der Negierung des Kunstwerks als Objekt liegt und neue Ausdrucksformen gesucht werden. Im Happening steht die improvisierte Darbietung unter Einbeziehung des Publikums im Vordergrund.
Ausgehend von Amerika wurden diese neuen innovativen Kunstformen auch in Europa aufgenommen. In Deutschland waren es Künstler wie *Joseph Beuys* oder *Wolf Vostell*, die mit ihren Aktionen neue Akzente in der Kunstlandschaft setzten.
Im Wiener Aktionismus (1962–1970), der eine sehr eigenständige Entwicklung nahm, fanden Performances besonders gesellschaftskritisch Anwendung. Die provokativ konzipierten Aktionen gegen staatliche, kirchliche und soziale Konventionen lösten bei einer Mehrheit der Bevölkerung Entsetzen aus. 1962 präsentierten *Hermann Nitsch, Adolf Frohner* und *Otto Mühl* die mehrtägige Performance „Die Blutorgel", bei der sich die Künstler einmauern ließen. Dort produzierten sie Plastiken und Schüttbilder. Anschließend wurden sie vom Publikum wieder befreit. Eine Kreuzigung eines toten Lammes und weitere Aktionen beendeten die Gesamtperformance. Ein Manifest dazu wurde veröffentlicht.
Eine Vertreterin aktueller Performance Art ist die serbische Künstlerin *Marina Abramović* (*1946). Seit den 1970er-Jahren plante sie verschiedene Performances. Mit ihrer im New Yorker Guggenheim Museum präsentierten Aktion „Seven Easy Pieces" (2005) wiederholte sie – mit deren Zustimmung – sieben Aktionen anderer Performance-Kunstschaffender.
Dabei stellt sie den ephemeren Charakter dieses Mediums und die Frage nach der Rolle der oder des Kunstschaffenden zur Diskussion. 2010 projektierte sie für das New Yorker Museum of Modern Art im Rahmen einer Retrospektive ihrer Arbeiten eine Performance, die über die gesamte Dauer der Ausstellung lief. Während der Öffnungszeiten setzte sie sich auf einen Sessel, Museumsbesucherinnen und -besucher konnten ihr auf einem zweiten Sessel gegenübersitzen. Auch zahlreiche Berühmtheiten, wie *Lady Gaga* oder *Sharon Stone*, nahmen die Gelegenheit wahr, Teil der Arbeit „The Artist is Present" zu werden.

Aufgabenstellungen

Was versteht man unter dem Begriff „Performance-Kunst"? Wann und wo entwickelte sie sich? Gehe auf die Performance „Die Blutorgel" näher ein: Wer? Wann? Wo? Ablauf der Performance? Rezeption?

Inwieweit kann man die Arbeiten von *Abramović* als Reflexion der Kunstgattung „Performance" selbst bezeichnen? Erkläre das anhand der vorgestellten Arbeiten.

6.4 Mit der Landschaft arbeiten

Land Art

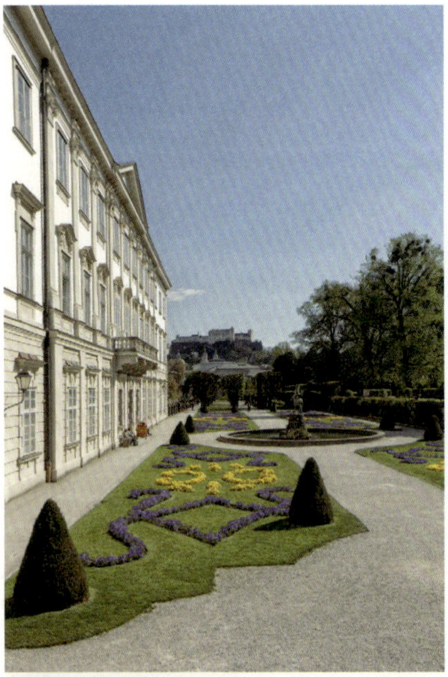

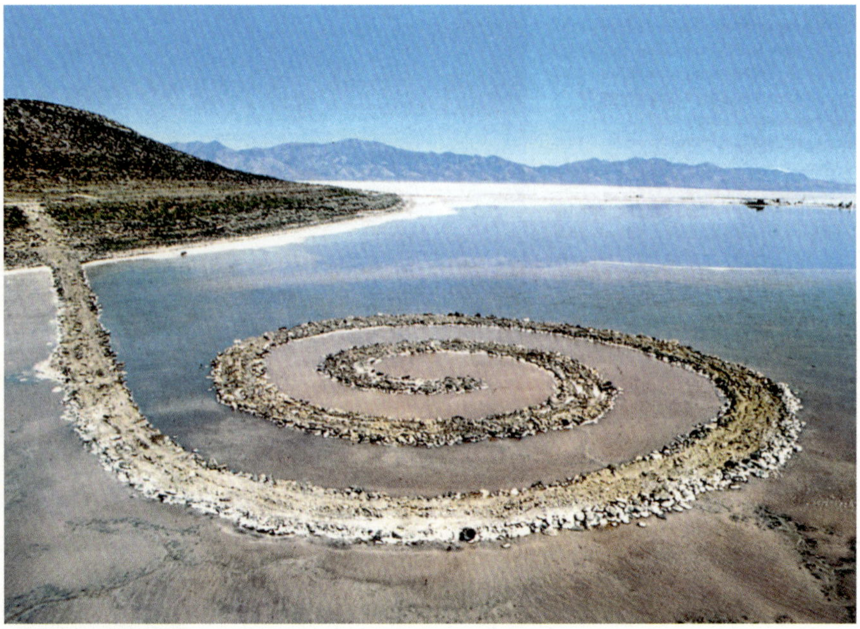

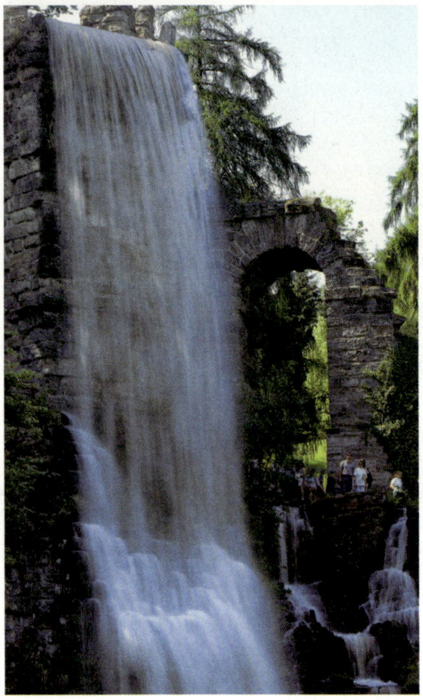

Einschneidende Veränderungen von Landschaften sind für uns heute vertraute Vorgänge, ob nun eine Autobahn durch neu geschaffene Schluchten Hügel teilt oder ein Staudamm ein Tal zu einem See macht. Land Art nützt Natur- und Landschaftsraum als künstlerisches Gestaltungsmaterial: Sie arbeitet mit der Landschaft, um neue ästhetische Erlebnisse – noch nie Gesehenes – oder neue Erkenntnisse – noch nie Gedachtes – zu gewinnen. Barocke Parks haben ganze Landstriche in geometrische Formen gepresst und die Beherrschung der unheimlichen Natur vorgeführt.

Romantische Gartenanlagen konzentrierten alles, was wild und besonders natürlich, schön und exotisch erschien, in frühen Naturerlebnisparks. Um 1960 begannen immer mehr Künstlerinnen und Künstler, die Natur als freies Feld für eine neue, freie Kunst zu entdecken. Die konventionellen Kunstgattungen erschienen ihnen zu eng.

Viele Projekte bleiben als Konzept auf dem Papier. Einige Kunstschaffende meinen, dass damit das Wesentliche der Arbeit geschaffen sei und Betrachtende/Lesende den zweiten Teil der Arbeit selbst in ihrer Vorstellung vollziehen sollen.

Abb. links oben: Barocke Gartenanlage, Mirabellgarten, Salzburg
Abb. links unten: Romantische Ruine eines römischen Aquädukts, 1788–1792, Wasserfall, 43 m, Park Wilhelmshöhe, Karlsruhe
Abb. rechts oben: Robert Smithson: Spiral Jetty, 1970, Felsen, Erde, Salz, Algen, Wasser, 475 x 4,5 m, Great Salt Lake Utah, USA, zerstört

Querverweis

→ *10.5 Kunst im öffentlichen Raum:* Vom Gemeindebau bis zum Event

Christo und Jeanne-Claude: Organisation erstaunlicher Projekte

Christo und seine Frau *Jeanne-Claude* sind seit Jahren Garanten für eindrucksvolle, gigantische, Großprojekte. Verpackungen, Vorhänge und Schirme sind ästhetische, organisatorische, ökonomische und publizistische Gesamtkunstwerke. Alle Projekte sind im Vergleich zur Vorbereitungszeit nur sehr kurz zu sehen. Das Projekt „Umbrellas" z. B. bedurfte von der Idee bis zur Realisierung einer Vorbereitungszeit von fünf Jahren. 3.100 Schirme (6 m hoch und 8 m im Durchmesser), 1.340 blaue in einem japanischen Tal, 1.760 gelbe in einem kalifornischen Wüstenstreifen, sollten an einem Tag bei Sonnenaufgang zugleich aufgespannt werden. Vorbereitungsarbeiten, Material und 1.500 bezahlte Mitarbeiterinnen und Mitarbeiter wurden durch den Verkauf von Skizzen, Zeichnungen und Vorstudien finanziert. Als das Team am 9. 10. 1991 die Schirme aufspannte, legte es in zwei Kontinenten 18 Tage lang ein schimmerndes Perlennetz über die Landschaft. Nach der Realisierung des Projekts wurden, wie immer, alle Bestandteile abgebaut und – mit Ausnahme zweier Schirme für das Archiv – zerlegt und recycled.

Die Verhüllung des Berliner Reichstags begannen die beiden Kunstschaffenden bereits 1971 zu planen. Das Projekt verzögerte sich jedoch aufgrund von politischen Zuständigkeiten bis in die 1990er-Jahre. Am 24. Juni 1995 wurde die Reichstagsverhüllung öffentlich präsentiert. Nach dem Mauerfall und der Wiedervereinigung Deutschlands stellte dieses Großprojekt ein sichtbares Zeichen für den Neuanfang dar. Es handelt sich um eines der bekanntesten Kunstprojekte von *Christo* und *Jeanne-Claude* im öffentlichen Raum.

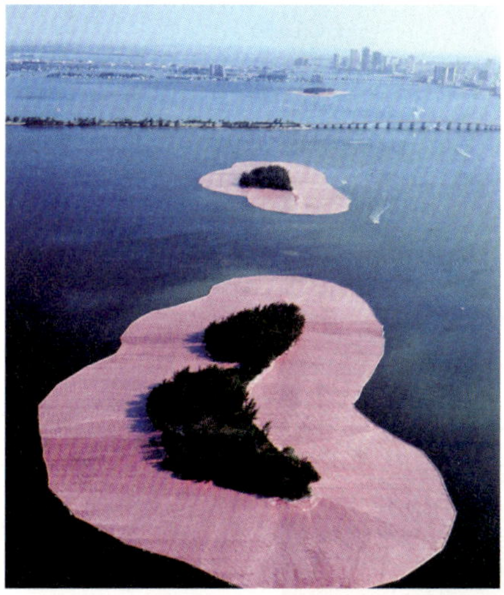

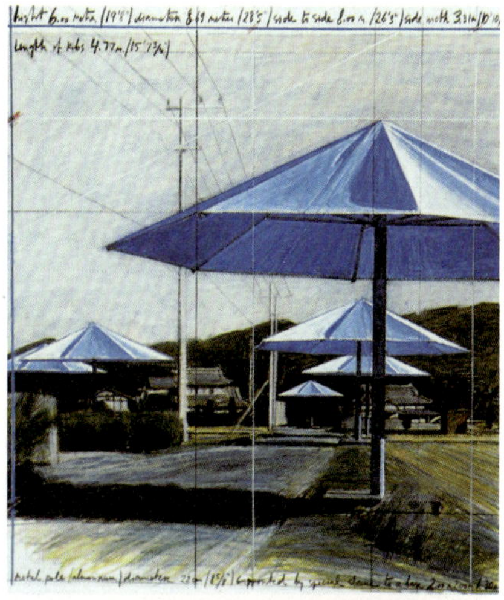

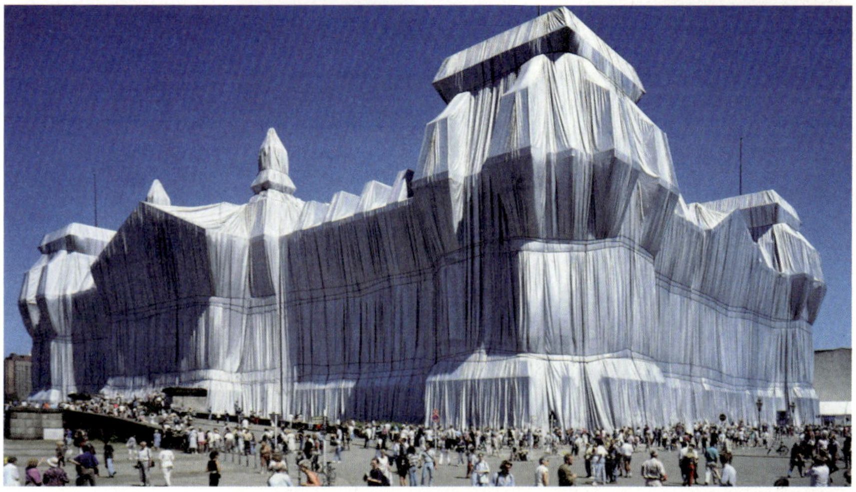

Abb. links oben: Christo & Jeanne-Claude: Surroundet Islands, 1983, ca. 600.000 m² Stoff, Miami, Florida (USA)
Abb. rechts oben: Skizze zu Umbrellas, Japan, Kalifornien (USA), 1991
Abb. unten: Verhüllung des Reichstags, 1995, Berlin (D)

Aufgabenstellung

Beschreibe anhand der Abbildungen, wie der Mensch auf die Natur – als zu gestaltendes Element – einwirkt.

6.5 Naturphänomene erfahrbar machen

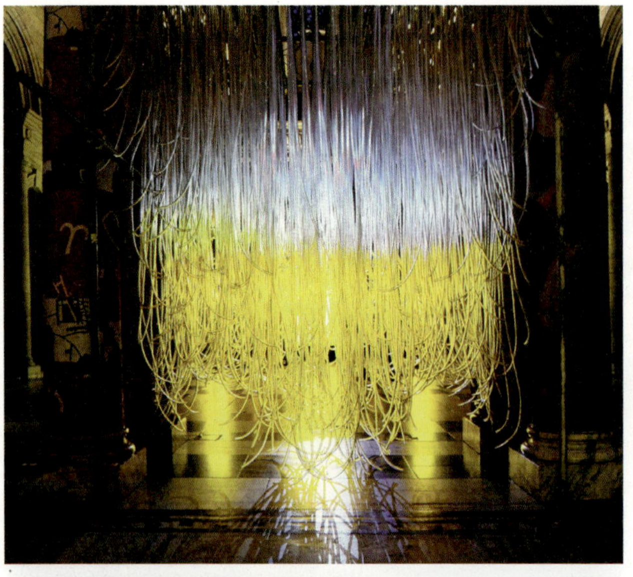

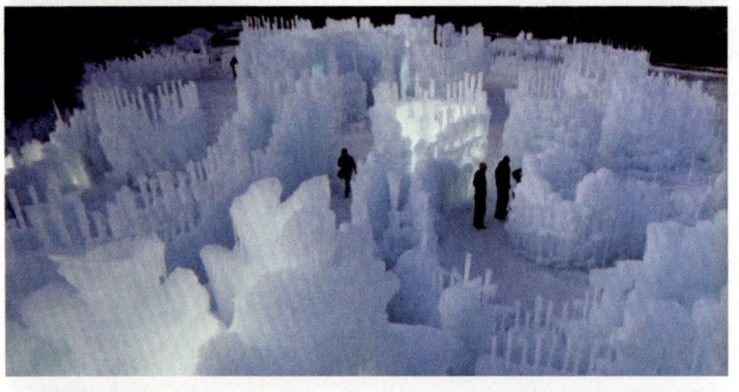

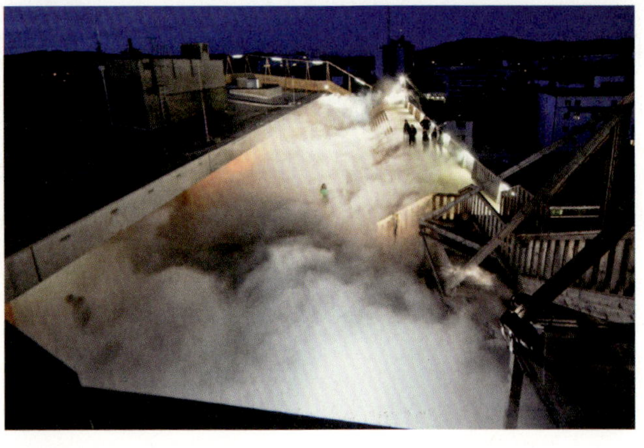

In der Land Art wird der Fokus auf die Natur und die ästhetische Auseinandersetzung mit ihr gelegt. *Andy Goldsworthy* verwendet Materialien, die er vor Ort findet, wie Steine, Blätter etc., und zu dreidimensionalen Kompositionen arrangiert. Die Kunstwerke werden später wieder durch die Natur zerstört: die Flut überschwemmt eine Muschelanordnung, der Wind verbläst sorgfältig angeordnete Blütenblätter. Was bleibt sind die dokumentierenden Fotos. Andere Kunstschaffende wie *Christo* und *Jeanne-Claude* lenken unsere Aufmerksamkeit auf die Natur, indem sie aktiv in diese eingreifen. Auch ihre Werke werden wieder abgebaut und mittels Skizzen und Fotos aufgezeichnet. Ähnlich wie in der Land Art steht auch in Rauminstallationen die Auseinandersetzung mit der räumlichen Umgebung im Vordergrund. Oftmals geht es um das Erlebnis beim Durchschreiten eines definierten Bereichs, der ästhetisch bearbeitet wurde. Die auf dieser Seite vorgestellten Arbeiten können als Schnittstelle angesehen werden, denn es handelt sich um Rauminstallationen, die Naturphänomene mit unterschiedlichem Grad an Abstraktion dem Publikum näherbringen. Sie befinden sich also nicht in der freien Natur, sondern werden im Rahmen von Museen und Galerien gezeigt. *Tobias Kleins* „Virtual Sunset" ermöglicht das Eintauchen in einen Sonnenuntergang. Die feinen Silikonschläuche geben eine digitale Bearbeitung der Licht- und Farbinformationen von Fotos wieder, die zeitgleich von tatsächlichen Sonnenuntergängen weltweit von Privatpersonen hochgeladen wurden. *Brent Christensen* fertigt für seine begehbaren Eisskulpturen zwischen 3.000 und 5.000 Eiszapfen an, die er zu fantastischen Eiswelten mit Brücken und Tunnels verarbeitet. Das Naturmaterial Eis wird durch die künstliche „Architektur" und farbige Beleuchtung entfremdet. Seit den 1970er-Jahren stellt Nebel das zentrale Arbeitsmaterial der japanischen Künstlerin *Fujiko Nakaya* dar. Die sich bildenden Nebel- und Wolkenformationen faszinieren nicht nur wegen der sinnlichen Erfahrung, sondern lösen auch den Begriff von Plastik und dreidimensionaler Kunstobjekte im wahrsten Sinne des Wortes auf. Die Nebelskulpturen formen und lösen sich endlos neu.

Abb. oben: Tobias Klein: Virtual Sunset, 2013, London (GB), Washington DC (USA), Hong Kong (China)

Abb. Mitte: Brent Christensen: Ice Castle, 2011–12, Silverthorne Colorado (USA)

Abb. unten: Fujiko Nakaya: Cloud Parking in Linz, Cloud Installation #11060, 2011, OK Offenes Kulturhaus Linz

Querverweise

→ *6.4 Mit der Landschaft arbeiten:* Land Art

→ *12.11 Mit dem Raum arbeiten:* Environment

Aufgabenstellungen

V A R S — Recherchiere zu den hier angeführten Kunstschaffenden und wähle jeweils eine Arbeit aus. Welches Projekt weckt am stärksten dein Interesse und warum?

V A R S — Entwickle, ausgehend von dem gesichteten Bildmaterial, eine Arbeit im Bereich Land Art oder Rauminstallation. Dokumentiere zusätzlich deinen Arbeitsprozess.

6.6 Zeit sichtbar machen

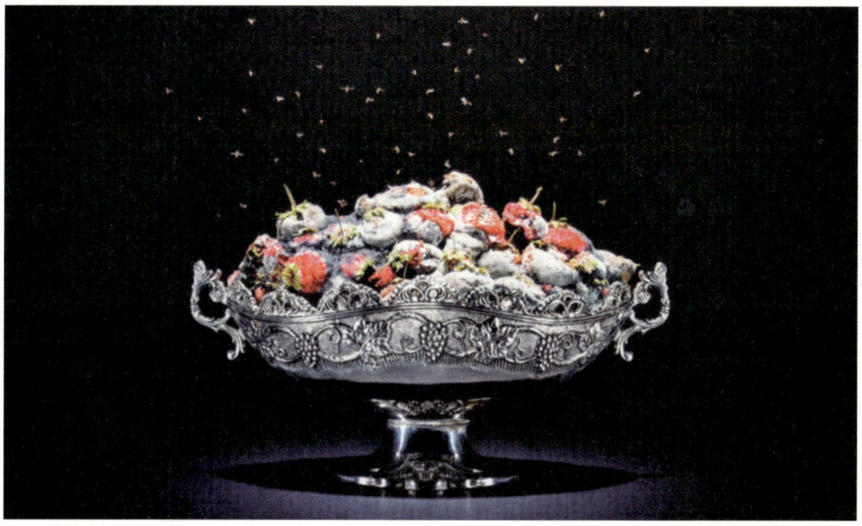

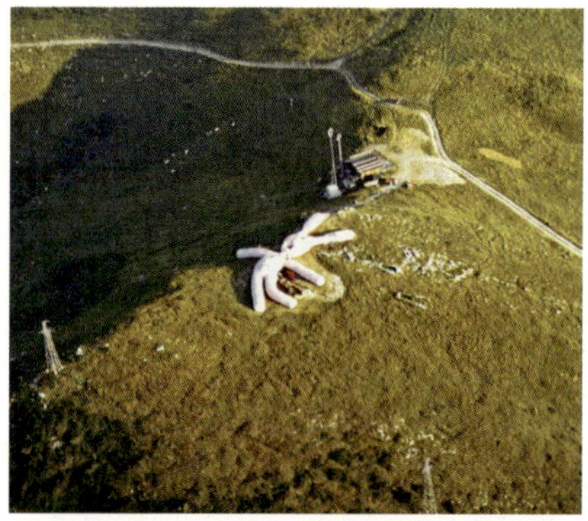

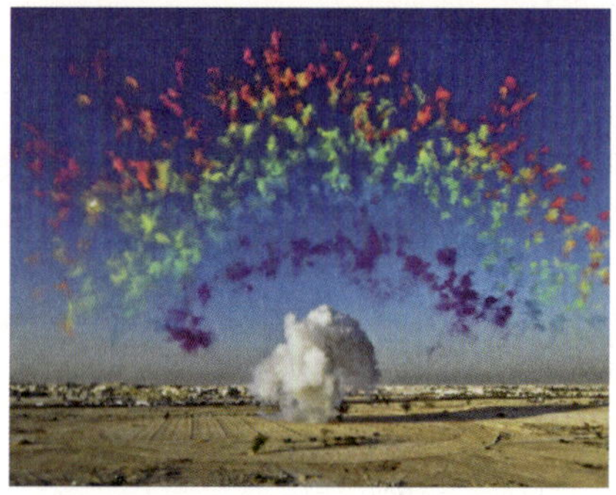

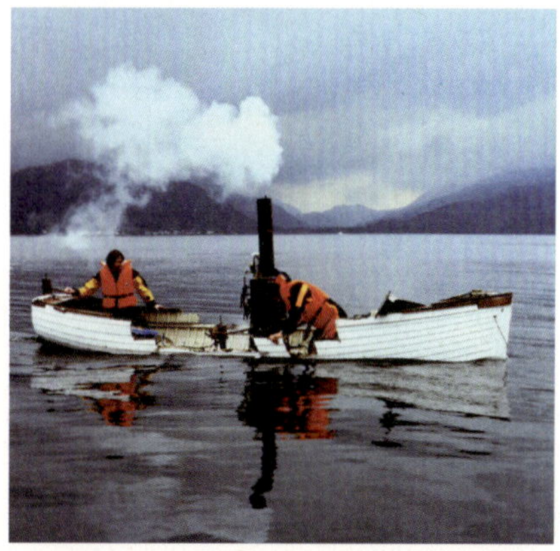

Der österreichische Künstler *Klaus Pichler* (*1977) übersteigert die Tradition des Vanitas-Gedanken in Stillleben, indem er die Nahrungsmittel bereits in verdorbenem Zustand ablichtet. Die Inszenierung mit abstoßenden verschimmelten Lebensmitteln steht im Kontrast zur ästhetisch ansprechenden Komposition. Diese verstörende Kombination trägt wesentlich zur Ästhetik dieser Stillleben-Serie bei, die den Titel „One Third" trägt und eine Kritik an der Verschwendung von Lebensmitteln darstellt: Gemäß UN-Bericht wandert ein Drittel der produzierten Nahrungsmittel direkt in den Müll.

Zeit ist in der Kunst nicht nur als Sujet ein Thema, sondern wurde auch zum Unterscheidungsmerkmal zwischen einzelnen Medien. Die traditionellen bildenden Medien Malerei und Plastik stehen den erzählenden gegenüber: Letztere können schon alleine aufgrund des Erzählvorgangs Zeit verstreichen lassen und daher erlebbar machen. Mit der Erfindung der zeitbasierten neuen Medien Fernsehen, Video und Film erweiterte sich der Faktor Zeit in der Kunst um weitere Komponenten. Der chinesische Künstler *Cai Guo-Quiang* (*1957) ist für seine Feuerwerksbildkompositionen bekannt. Diese abstrakten Gemälde im Himmel haben materialbedingt nur für einen gewissen Moment Bestand. Der Reiz liegt gerade im ephemeren Charakter der Bilder, der mittels Video festgehalten wird.

Von dem Projekt „Autoxylopyrocycloboros" des englischen Konzeptkünstlers *Simon Starling* (*1967) existieren als Beleg nur 38 Fotos. Sie zeigen ihn und einen Helfer auf einem Holzboot. *Starling* sägt es auseinander, um damit den Motor zu befeuern. Die Performance endet mit dem Sinken der restlichen Teile.

Es gibt auch einen pragmatischen Aspekt der Zeit in der Kunst, denn auch Kunstwerke müssen zum Erhalt restauriert werden. Der überdimensionalgroße, gestrickte und mit Stroh gefüllte Hase des österreichischen Künstlerkollektivs *Gelitin* liegt seit 2005 auf einer Bergkuppe der italienischen Region Piemont. Bis 2025 sollte dem Hasen Zeit zum Verrotten gegeben werden. Der künstlerischen Intention des Zerfalls zuwiderlaufend wurde er immer wieder von Besucherinnen und Besuchern teilnahmsvoll repariert. Nichtsdestotrotz ging das Verrotten schneller vonstatten als erwartet, denn vom Hasen soll schon seit 2016 nichts mehr übrig sein.

Abb. links oben: Klaus Pichler: Strawberries aus der Fotoserie One Third, 2011
Abb. rechts oben: Gelitin: Hase, 2005–2016, Piedmont (IT)
Abb. rechts Mitte: Cai Guo-Quiang: Black Ceremony, 2011, Arab Museum of Modern Art Qatar
Abb. rechts unten: Simon Starling: Autoxylopyrocycloboros, 2006, Schottland

Querverweise

11.6 Bildgattung Stillleben – einige Beispiele

14.11 Der Vergangenheit eine Zukunft: Denkmalschutz, Ensembleschutz und Weltkulturerbe

Aufgabenstellung

Wie kann Zeit in der Kunst ausgedrückt werden? Inwieweit ist dies von der Wahl des Mediums abhängig? Gehe in deinen Beobachtungen auf die Abbildungen näher ein.

7.1 Farbtheorien

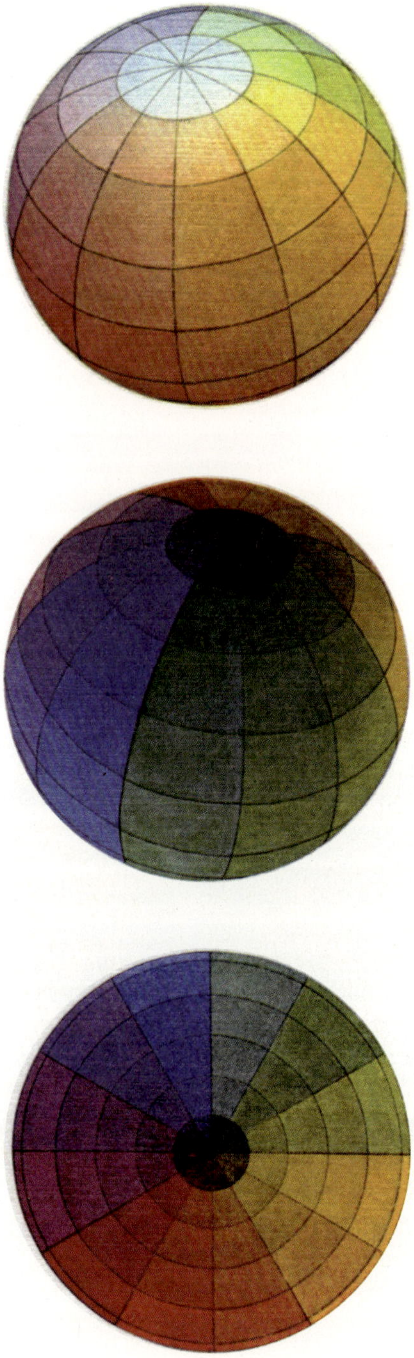

Zur Veranschaulichung und Entschlüsselung des Phänomens Farbe wurden Farbtheorien und Farbordnungen erstellt. Diese Theorien dienen nicht nur dem besseren Verständnis des Phänomens Farbe im naturwissenschaftlichen Sinne, sondern helfen auch bei der Anwendung und Analyse von Farben im Bereich der bildenden Kunst. Farbordnungen berücksichtigen aber ebenso emotionelle Aspekte der Farbwahrnehmung und können Aufschluss über die Epoche oder den Kulturkreis geben, in dem sie entstanden sind.

Johann Wolfgang von Goethe untersuchte beispielsweise die „sinnlich-sittliche" Wirkung der Farben auf den Menschen. Er traf damit den Geschmack seiner Zeit, der es besonders um „Empfindsamkeit" ging. So stellt *Goethe* fest, „dass die einzelnen Farben besondere Gemütsstimmungen geben". Er weiß aber auch, dass diese für die Kunst genutzt werden können. In seinem Farbkreis erscheinen Gelb, Blau und Purpur als Grundfarben. Die Zusammenstellung von Gelb und Grün hat nach Ansicht *Goethes* immer etwas „Gemein-Heiteres", die Kombination von Blau und Grün etwas „Gemein-Widerliches."

Goethes Zeitgenosse *Philipp Otto Runge* entwickelte eine „Farbkugel", eine Art Globus mit einem schwarzen und einem weißen Pol. Auf dem „Äquator" befinden sich die Farben in ihrer größtmöglichen Brillanz. „Diese verliert sich nach Norden in allen Mischungen ins Weiße und nach Süden ins Schwarze." *Runge* geht von den drei Grundfarben Rot, Gelb und Blau aus und versucht mit seiner Farbkugel verschiedene Farbmischungen und die Regeln der Farbharmonien zu erfassen. Er nimmt wie *Goethe* an, dass Farben auf das menschliche Gemüt wirken können. Für *Runge* gibt es harmonische, disharmonische und monotone Farbkontraste, je nachdem, wie angenehm sie dem Auge sind. Helligkeit bedeutet für ihn das Gute, Dunkelheit das Böse.

Nach der Entwicklung der Farbordnung unternahm *Runge* den Versuch, „die sinnlichen Eindrücke aus den Zusammenstellungen der verschiedenen Farben mit dem vorhin entwickelten Schema zu reimen." Viele andere Kunstschaffende beschäftigten sich mit den physikalischen Gesetzen und psychischen Wirkungen von Farbe.

Eugène Delacroix, Vincent van Gogh und *Georges Seurat* sollen als wichtige Vertreter des 19. Jahrhunderts genannt werden. Später folgten *Wassily Kandinsky* und *Paul Klee*, die sich im Wesentlichen auf *Runge* beriefen. Sie schrieben den Farben aber auch „Bewegung" und „Klang" zu. Grau gilt bei *Kandinsky* als „klanglos und unbeweglich", Rot als „lebhaft und grenzenlos". *Klee* stellte die Bewegung von einer Farbe zur anderen und die damit verbundene Zu- und Abnahme des farbeigenen Klanges anschaulich dar. „Kanonartig setzen die Stimmen hintereinander ein" und ergeben eine „farbige Tonalität".

Abb.: Philipp Otto Runge: Verschiedene Ansichten der Farbkugel

Querverweise

→ *2.6 Farben und Kontraste*

→ *7.2 Farbkreis – Farbmischung*

Aufgabenstellung

Erkläre anhand der Abbildungen das Farbmodell von *Runge* in eigenen Worten.

7.2 Farbkreis – Farbmischung

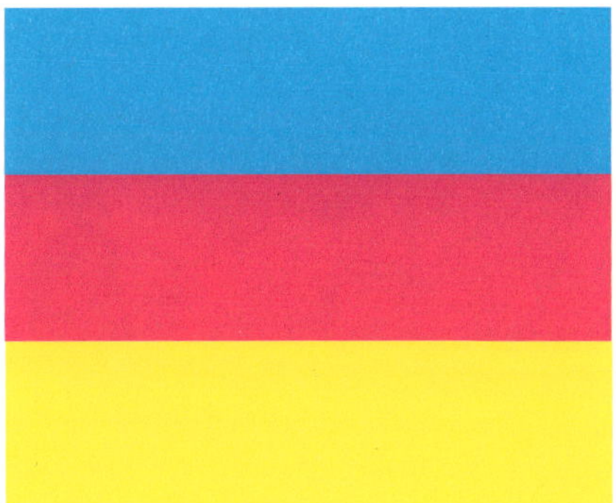

Primärfarben im grafischen Gewerbe
Cyan, Magenta, Gelb

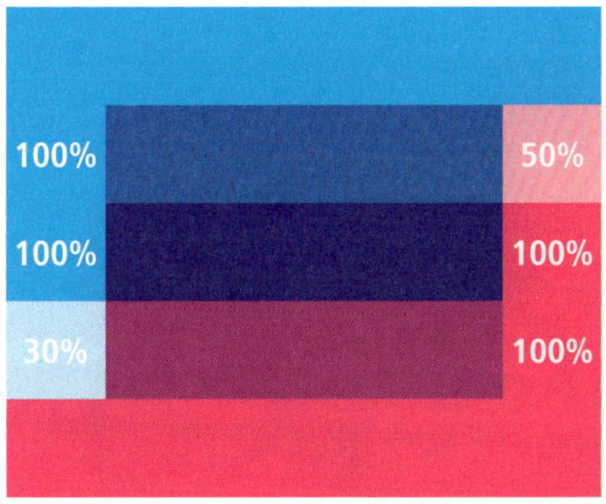

Sekundärfarben
Mischungen Cyan–Magenta

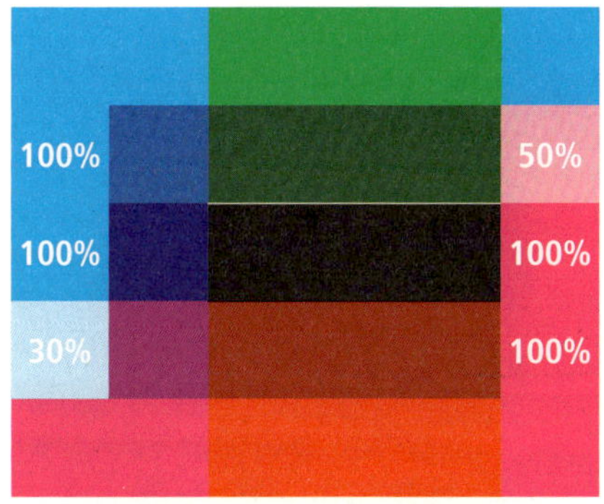

Tertiärfarben
Mischungen Cyan–Magenta mit 100% Gelb

Der Farbkreis des Malers und Kunstpädagogen *Johannes Itten* (1888–1967) hat sich wegen der Einfachheit seines Systems durchgesetzt und gilt als Vorbild der Norm für Druckfarben.
Im Zentrum von *Ittens* Farbkreis steht ein Dreieck mit den drei Primärfarben. Primärfarben, also Gelb, Rot und Blau, lassen sich nicht aus einer Mischung anderer Farben herstellen. Die Sekundärfarben dagegen ergeben sich aus der Mischung von jeweils zwei Primärfarben. Der zwölfteilige Farbkreis enthält neben den Primär- und Sekundärfarben Zwischentöne, die man aus der Mischung jeweils benachbarter Farben erhält: z. B. Blau + Grün = Blaugrün.
Aus der Mischung dreier Primärfarben oder zweier Sekundärfarben entstehen die Tertiärfarben, die zwischen Braun-, Oliv- und Ockertönen variieren. Nach *Itten* kann man sie als „stumpf" oder „unrein" bezeichnen.

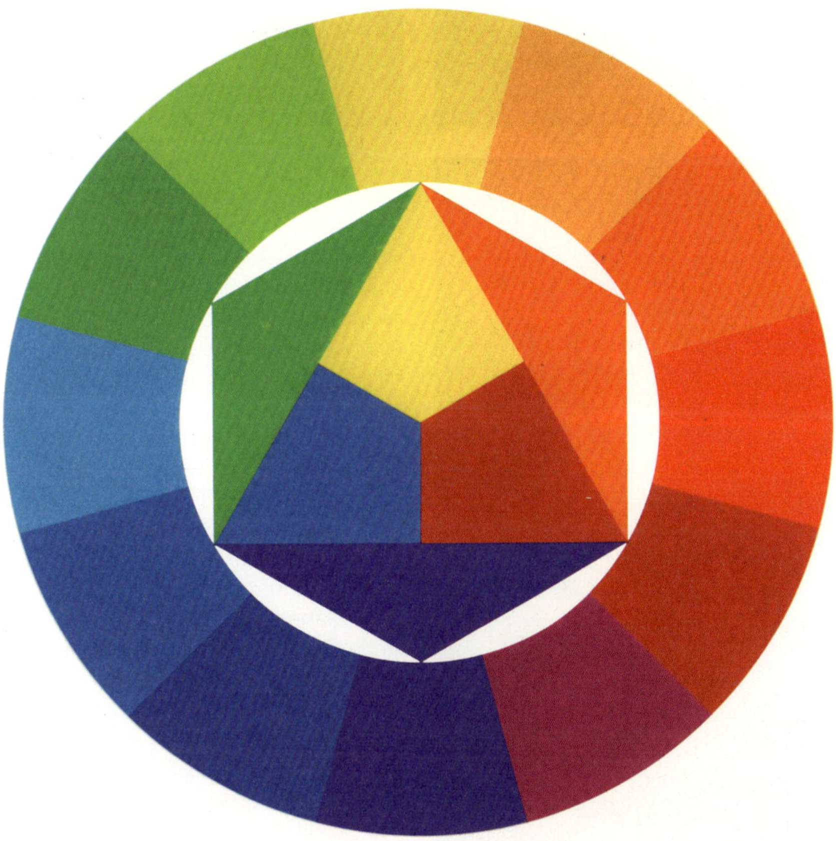

Abb. rechts: Johannes Itten: Zwölfteiliger Farbkreis

Querverweis

5.3 Der Farbholzschnitt: Wolfgang Tambour: „The Atlantic Salmon" – Hokusai: Ein japanischer Meister des Farbholzschnitts

Aufgabenstellungen

Erkläre die Unterscheidung zwischen Primär-, Sekundär- und Tertiärfarben. Wie sind sie auf *Ittens* Farbkreis angeordnet und warum auf diese Weise?

Recherchiere nach den Begriffen „additives Farbmodell", „subtraktives Farbmodell" und deren Primärfarben. Erkläre, wo die beiden Systeme zur Anwendung kommen.

7.3 Farbensehen

Blau – eine Farbe

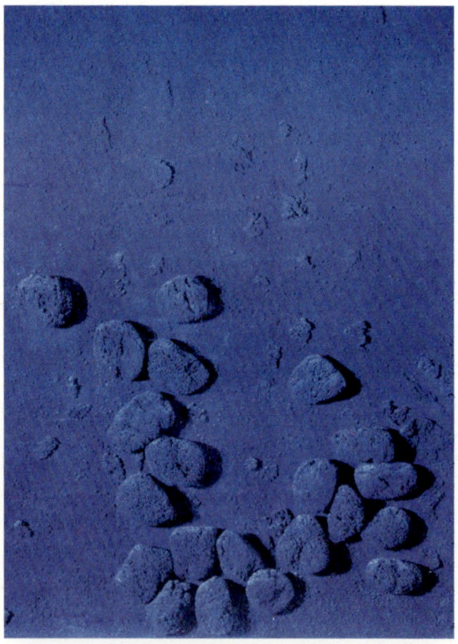

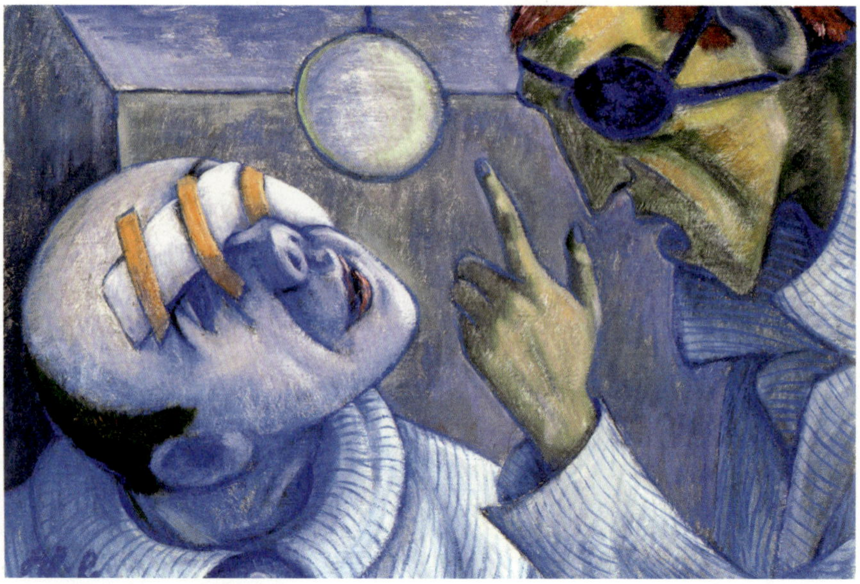

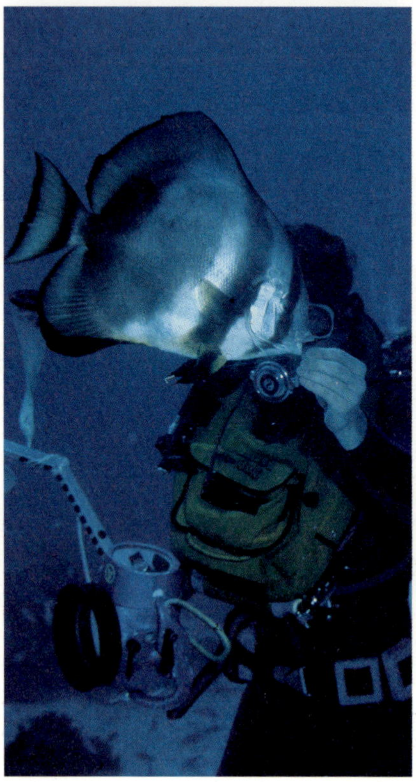

Abb. links oben: Yves Klein: Blaues Schwammrelief, 1958, Pigment in Kunstharz auf Schwämmen, Kiesel und Pressspanplatte, Stiftung Ludwig, Köln
Abb. rechts oben: Werner Berg: Diskussion im Augenspital, 1955, Öl auf Leinwand, Privatsammlung, Völkermarkt
Abb. links unten: Taucher, Farbreduktion unter Wasser
Seite 111:
Abb. links oben: Pablo Picasso: Kauernde, 1902, Staatsgalerie Stuttgart
Abb. rechts oben: Dexter Dalwood: Brian Jones' Swimming Pool, 2000, Öl auf Leinwand, Ausschnitt
Abb. rechts unten: František Kupka: Nocturne, 1910/11, Öl auf Leinwand, Museum Moderner Kunst (MUMOK), Stiftung Ludwig, Wien

Die Entdeckung des englischen Physikers *Isaak Newton* (1643–1727), dass das weiße Sonnenlicht mittels eines Prismas in Spektral- oder Regenbogenfarben zerlegt werden kann, entschlüsselte das Phänomen der Farbwahrnehmung. Farben waren nicht Materie, wie bisher angenommen, sondern Lichtwellen verschiedener Wellenlänge. Die Farbe eines Gegenstandes hängt davon ab, welcher Anteil an Lichtwellen von seiner Oberfläche absorbiert bzw. reflektiert wird. Eine Banane erscheint gelb, weil sie nur die gelben Lichtstrahlen reflektiert, alle anderen Farben des Lichtes, von dem sie beleuchtet wird, jedoch absorbiert.
Künstliches Licht, das Fehlen von Sonnenlicht bei Nacht oder das gebrochene Licht unter Wasser lassen Farben verändert erscheinen. Das menschliche Auge ist mit Rezeptoren für das Farben-Sehen (Zäpfchen) und für das Hell-Dunkel-Sehen (Stäbchen) ausgestattet, die je nach Situation aktiviert werden. Der Wahrnehmungsprozess endet aber nicht mit der Aufnahme der Lichtwellen und der darauf folgenden physikalischen Reaktion. An einer Farbe oder einer Farbkombination Gefallen zu

Querverweise

→ *2 Bildnerische Mittel*

→ *12.4 Gestaltung der Oberfläche:* Einsatz und Wirkung von Material und Farbe

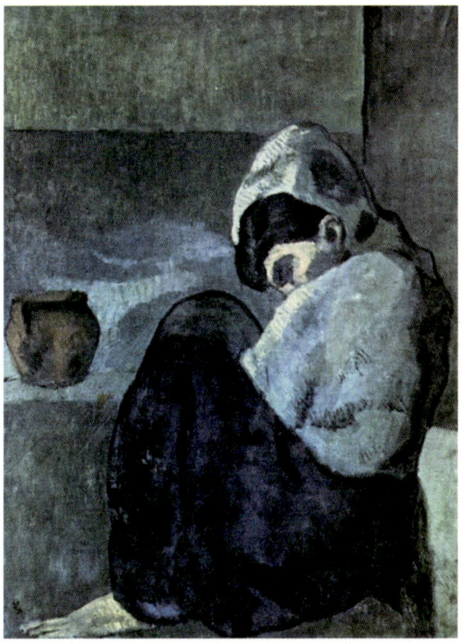

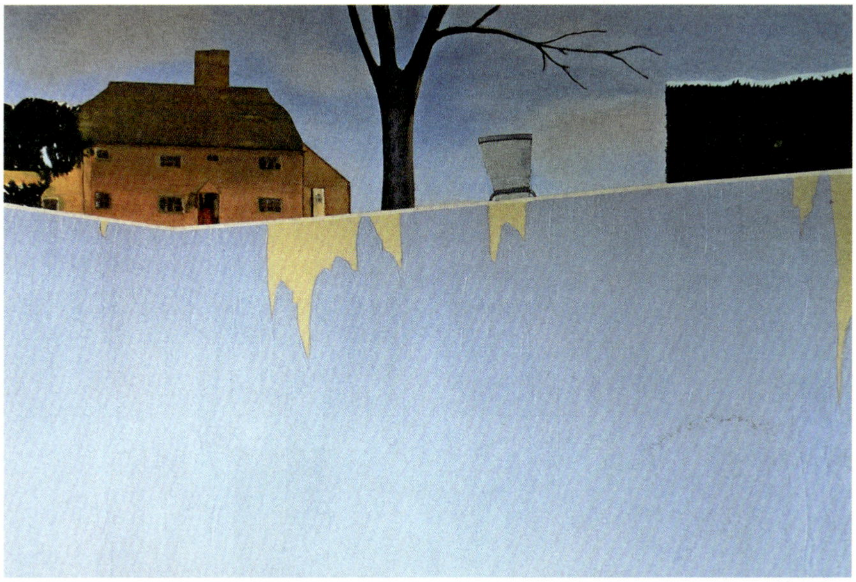

finden oder sie abzulehnen, hängt beispielsweise nicht nur von der momentanen Befindlichkeit einer Person ab, sondern auch von ihren Vorlieben, Meinungen, Erfahrungen und den sozialen Einflüssen, denen sie ausgesetzt ist.
Blau ist, neben Rot, die beliebteste Farbe. Die Farbe Blau gilt als Farbe von Himmel und Wasser, sie ist die Farbe der Himmelsgottheiten. So wurde schon der ägyptische Gott Amun mit blauer Haut abgebildet. Blau gilt noch heute als Symbolfarbe für Reinheit, Tiefe und Treue. Die Namen blaufarbiger Blumen, die Bezeichnung „blaue Blume der Romantik" oder der „Blaue Reiter" als Künstlervereinigung machen dies deutlich. Blau gilt als Farbe des Gemütes, des Geistigen bis hin zum Mystischen.
Der französische Künstler *Yves Klein* (1928–1962) wurde berühmt für seine monochromen, das heißt einfarbigen, Gemälde. Die Farbe Blau gilt als seine bevorzugte Farbe und 1960 ließ er einen Blauton unter dem Namen „International Klein Blue" patentieren.

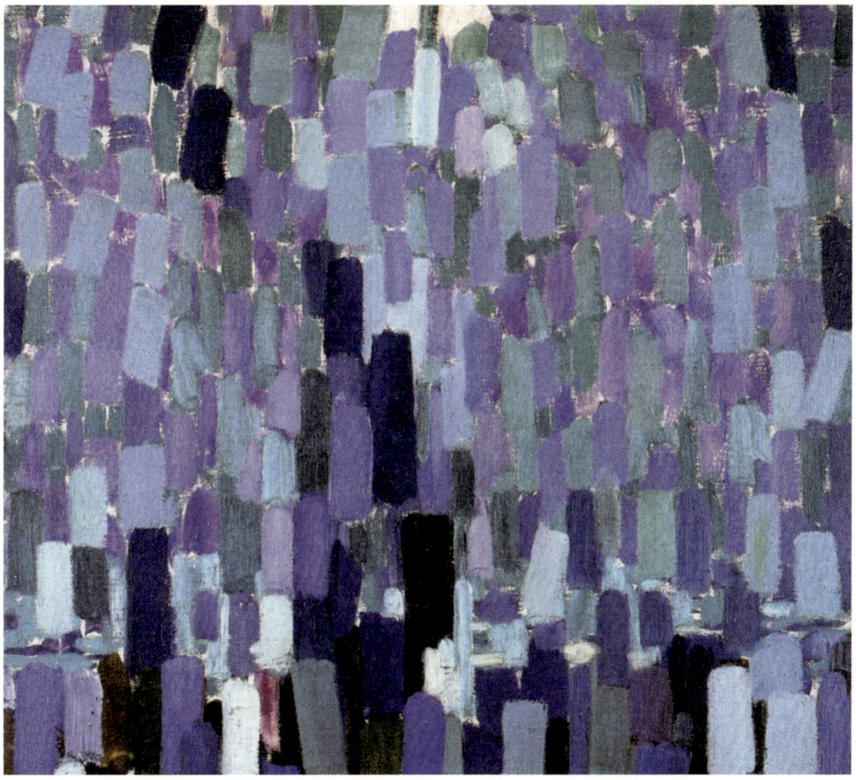

Aufgabenstellungen

Im Text wird die Künstlervereinigung „Der Blaue Reiter" erwähnt. Recherchiere nach deren Vertreterinnen und Vertretern. Zu welcher Zeit war die Gruppe aktiv und wodurch erklärt sich ihr Name? Wähle ein Bildbeispiel aus und erkläre die neuen Tendenzen, die jene Zeit mit sich brachte, und, was diese Gruppe dazu beisteuerte.	V A R S
Erstelle ein Fotoprojekt, in welchem du dich mit einer Farbe auseinandersetzt. Bedenke dabei die Aspekte aus Kapitel „2 Bildnerische Mittel". Zum Beispiel kann eine Farbe besonders ins Auge stechen, wenn sie im Vergleich zu anderen Flächen eine relativ kleine Fläche einnimmt (siehe dazu Quantitätskontrast).	V A R S

7.4 Farbe im Gesicht

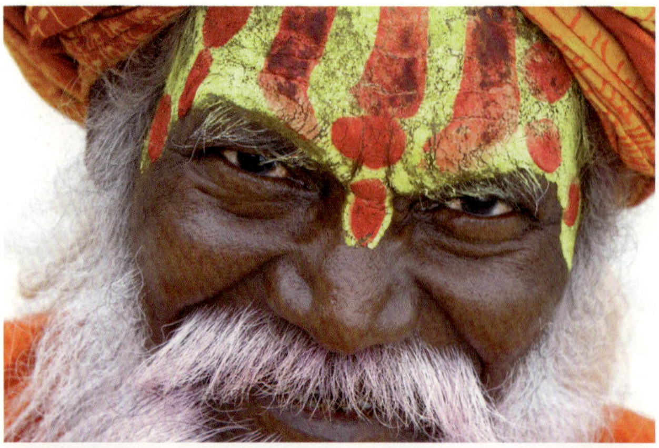

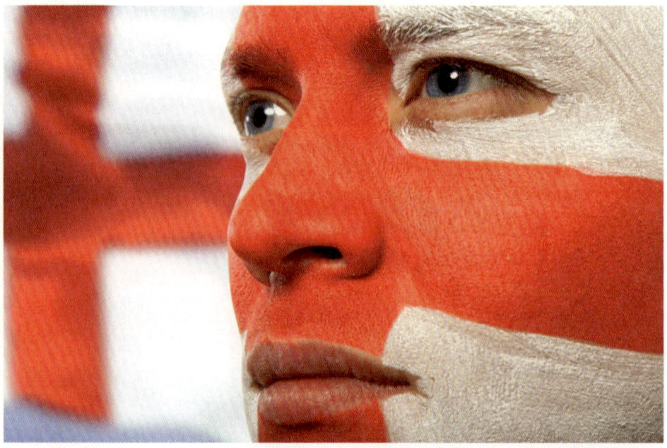

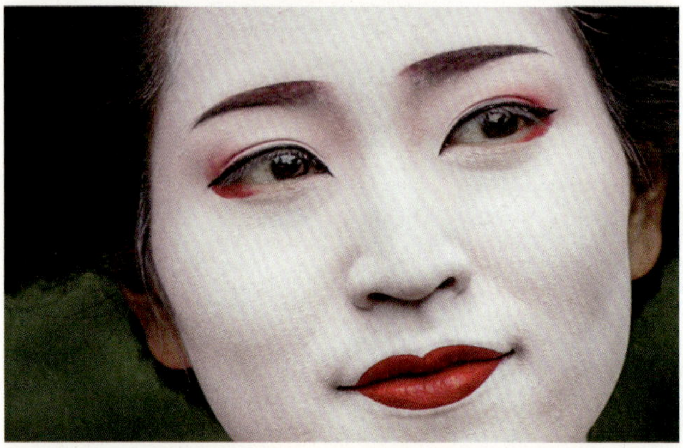

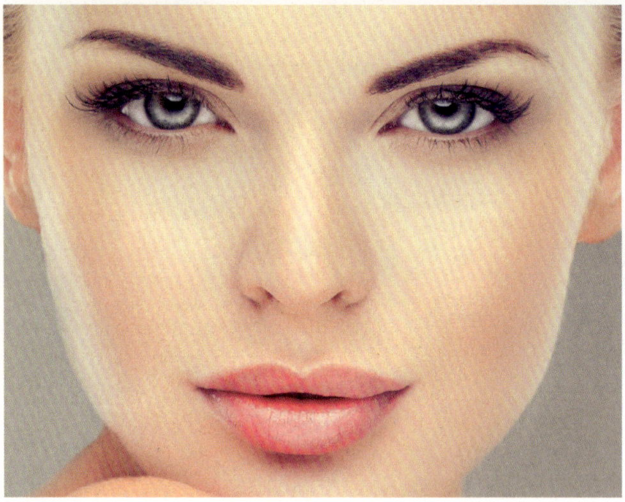

Das Auftragen von Farben auf das menschliche Gesicht, die Gesichtsbemalung in verschiedensten Formen, gab es zu allen Zeiten; es gibt sie in unterschiedlicher ästhetischer Ausführung und mit unterschiedlicher Bedeutung in allen Kulturen. Neben der Bräunung bzw. Aufhellung der Haut ist die uns geläufigste und vertrauteste Bemalungsform die des Schminkens.

Das Schminken hat die Aufgabe, physiognomische Merkmale hervorzuheben oder zu verstecken. Die Verwendung verwandter Farbtöne soll die Harmonie des gesamten Gesichtes betonen und die natürliche Form und Plastizität in den Vordergrund stellen. Dabei soll Make-up oft möglichst natürlich wirken, als hätte man gar keines verwendet. Die farbliche Betonung von Details hingegen lenkt die Aufmerksamkeit genau darauf. Lippen von leuchtendrot bis tiefschwarz, farbige Schattierungen der Lider können ein Gesicht wesentlich umgestalten. Das kann sowohl die Anpassung an Modetrends als auch deren Verweigerung bedeuten. Gesichts- und Körperbemalungen erfüllen Funktionen. Sie bringen Absichten ihrer Trägerinnen und Träger zum Ausdruck, demonstrieren Zugehörigkeitsgefühl zu einer Gruppe oder zu einem Stamm. Sie sind Bestandteil ritueller Handlungen für Krieg, Trauer und Freude. Auf der Bühne erleichtern sie die Identifikation der Schauspielerin bzw. des Schauspielers mit der Rolle, im Fußballstadion wird die Zuordnung zur Fangemeinde offensichtlich.

Abb. links oben: Sadhu (hinduistischer Mönch) in Varanasi (Indien)
Abb. links Mitte: Maiko Geisha, Japan
Abb. links unten: Natürlich wirkender Schminkstil
Abb. rechts oben: Fußballfan

Querverweis

→ *11.8 Bildgattung Selbstporträt – einige Beispiele*

Aufgabenstellung

VARS Welche Funktionen kann Farbe im Gesicht übernehmen?

7.5 Farbe in Textilkunst und Mode

Farbe hat in textilen Anwendungsbereichen schon immer eine wesentliche Rolle gespielt. Textiles Fasermaterial, gleichgültig ob tierischer (z. B. Wolle) oder pflanzlicher (z. B. Baumwolle) Herkunft, konnte schon früh mit Farben natürlicher Herkunft behandelt und eingefärbt werden. Rot wurde u. a. aus Krapp, der Wurzel der Pflanze Rubia tinctorum, gewonnen, Blaufärbungen wurden und werden durch den Farbstoff Indigo des Gewächses Indigofera Anil erzielt. Die Entwicklung spezifischer regionaler Farbtraditionen in der Textilkunst kann wesentlich vom regionalen Bestand an Pflanzen und Mineralien abhängen, die für die Färberei nötig sind. So umfasst der abgebildete Webteppich (Kelim) aus der türkischen Region Konya ein Farbspektrum von zwölf Farben, die alle pflanzlichen Ursprungs sind. Textile Mode hat die Funktion, Gruppenzugehörigkeit zu signalisieren, aber auch die einer individuellen Selbstdarstellung. Die Wahl der Kleiderfarben, die Entscheidung zu bestimmten Farbkombinationen hängt jedoch nicht nur vom persönlichen Geschmack ab. Das Produktmanagement macht sich den hohen gesellschaftlichen Stellenwert von Farben zu eigen und bestimmt die modischen Jahresfarben.

Mit den heutigen Mitteln sind alle Farbschattierungen möglich. Auf den Aspekt der Umweltverschmutzung und der möglichen Gesundheitsgefährdung jener Menschen, die in der Produktion arbeiten, sollte ebenfalls hingewiesen werden.

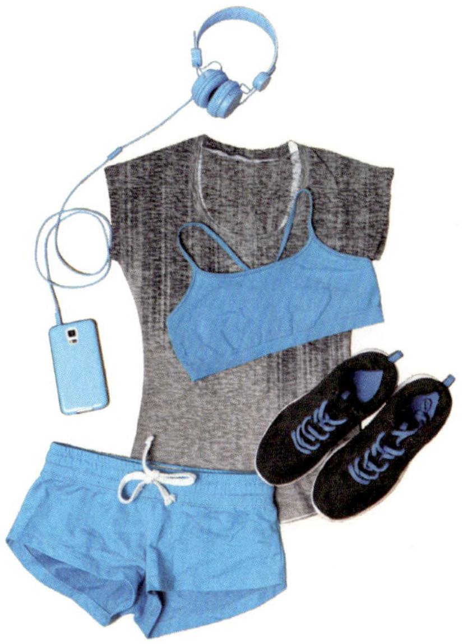

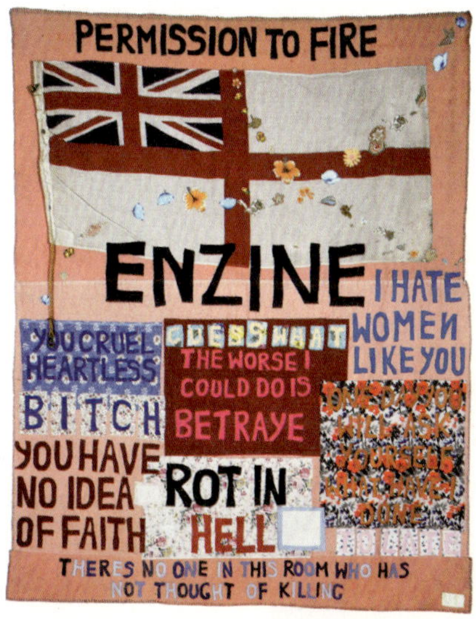

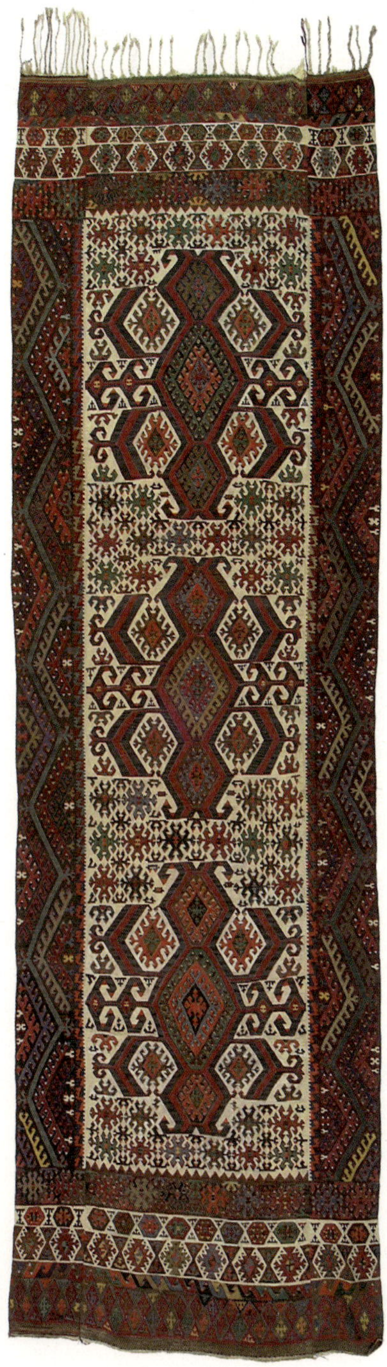

Abb. links oben: Sportkleidung

Abb. links unten: Tracey Emin: Hate and Power can be Terrible Thing, 2004, Teppich mit Applikationen, 268 x 204 cm, Tate, London

Abb. rechts: Anatolischer Kelim, Hotamis Turkmenen, Mitte 19. Jh., 455 x 175 cm, Privatsammlung, Wien

Querverweis

6.2 Mode: Kleider machen Leute – Kunst auf den Laufstegen

7.6 Farbe und Werbung

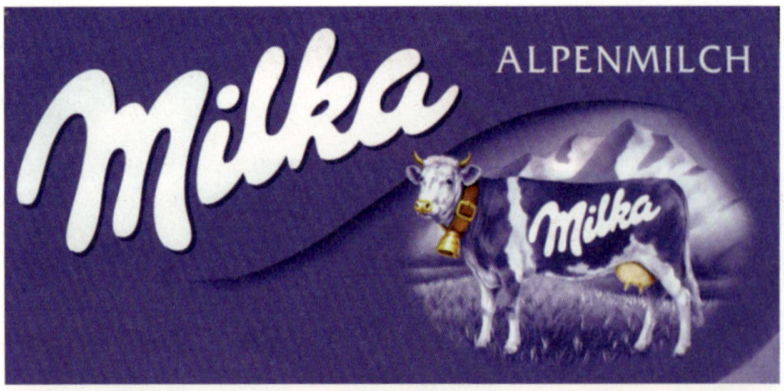

Die Werbung nützt die Erkenntnisse von Farbpsychologie und Farbtheorie für ihre Strategien. Farbe ist hier vornehmlich Erkennungsmerkmal, Symbolträger und Vermittler von Empfindungen. Die farbliche Gestaltung einer Verpackung oder des Äußeren eines an sich banalen Produktes kann Attraktivität, Kostbarkeit und Tradition ebenso wie modische Originalität versprechen.

Einigen Produktions- und Dienstleistungsunternehmen ist es gelungen, bestimmte Farben fest zu besetzen.

So ist die Farbe Lila als Verpackungsfarbe seit 1901 unzertrennlich mit der Marke „Milka" verbunden und seit 1995 auch gesetzlich geschützt. Etwa 1970 erfand die verantwortliche Werbeagentur die lilafarbene Kuh und schuf damit eines der prägnantesten Markenzeichen.

Auch das kräftige Gelb der Post ist geschützt und darf von der Konkurrenz nicht benützt werden. Die kaiserlichen Farben Gelb und Schwarz wurden 1490 von den Fürsten von Thurn und Taxis benützt, als sie das Postwesen des Deutschen Reiches aufbauten. 1871 wurde Gelb zur allgemeinen „Postfarbe". Daher war der deutsche Telefonanbieter Telekom gezwungen, für die Marke und seine nicht mehr der Post gehörenden Telefonzellen ein neues Farbprogramm zu entwickeln, das sich deutlich vom Gelb-Schwarz der Post abhob. Dabei fiel die Entscheidung auf Magenta und Grau. Das bis dahin nur im 4-Farbendruck angewandte Magenta war ungewohnt und unterstrich damit auch den Innovationsanspruch der neuen Firma.

Die Farbe „Rot" ist in fast jedem Umfeld eine besonders „laute", eine schreiende Farbe und wird daher auch oft eingesetzt. Ferrari, Coca Cola (rot/weiß) und McDonald's (rot/gelb) sind nur einige Beispiele. Letzteres Unternehmen versucht mit dem Farbwechsel zu gelb/grün ein neues ökologisches Image aufzubauen.

Neben den Klassikern, die ihre weltweite Wiedererkennung nicht durch einen Farbwechsel aufs Spiel setzen würden, orientieren sich andere Marken an den wechselnden Modefarben ihrer Konsumentengruppen. Sie können dabei „im Trend (z. B. innerhalb einer Farbgruppe) liegen" oder sich (z. B. durch eine Kontrastfarbe) bewusst absetzen.

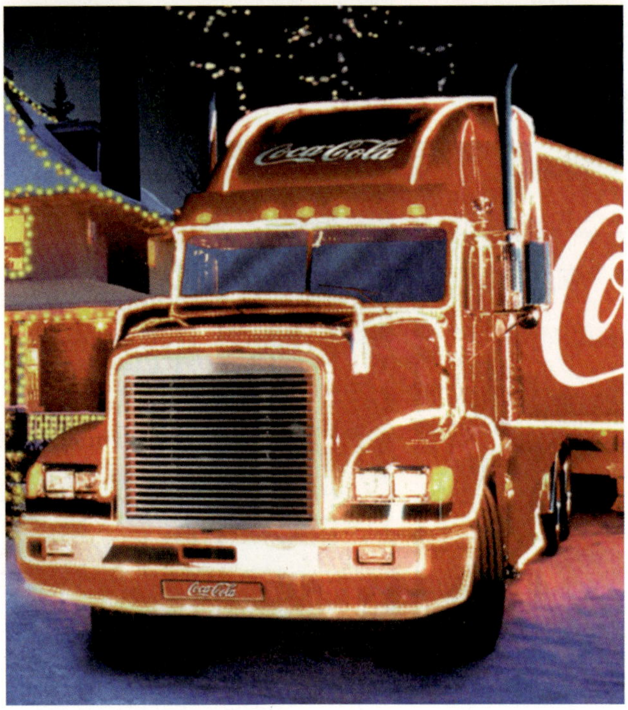

Abb. oben: Schokoladeverpackung
Abb. Mitte: Markenlogo des Mobilfunkunternehmens T-Mobile in Magenta
Abb. unten: Coca-Cola „Weihnachtstruck", Werbefoto, 2004

Querverweis

7.2 Farbkreis – Farbmischung

Aufgabenstellungen

Wähle einige Produkte (mit Verpackung) aus und überlege, welche Elemente für die Wiedererkennung notwendig sind. Sind manche Produkte auch ohne den bekannten Schriftzug erkennbar? Erarbeite eine Fotostrecke, in der du mit Elementen wie Details, besonderen Ausschnitten, ungewöhnlichen Inszenierungen arbeitest.

Wähle ein Produkt aus und erstelle dazu einen kurzen Videoclip. Arbeite mit Fotos, kurzen Videoaufnahmen, Zoom etc. Überlege auch, gemäß dem Rhythmus, den du deinem Clip geben möchtest, wie schnell die Schnitte der einzelnen Sequenzen sind. Erarbeite zuvor ein Storyboard. Siehe dir dazu die Kapitel 4.8, 8.3, 8.4, 8.5 an. Beachte zuerst die visuelle Komponente und erst anschließend die auditive!

7.7 Farbe in der Architektur

Farbe auf der Wand

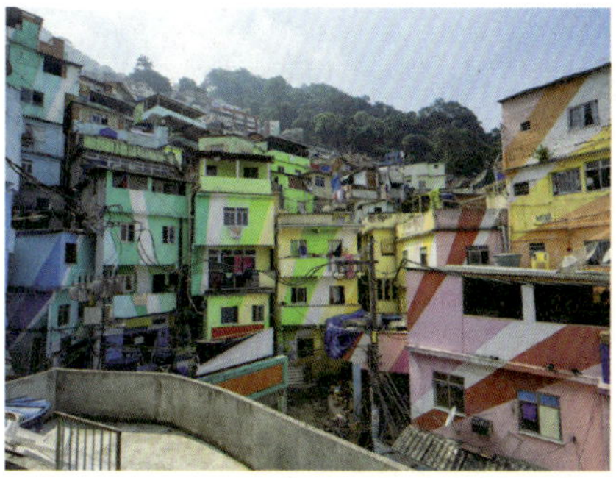

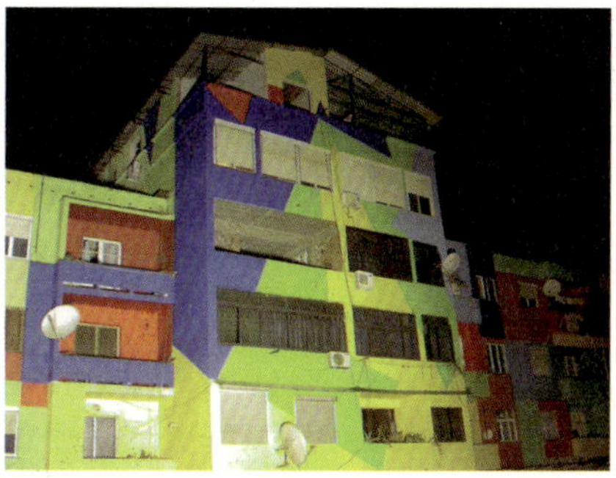

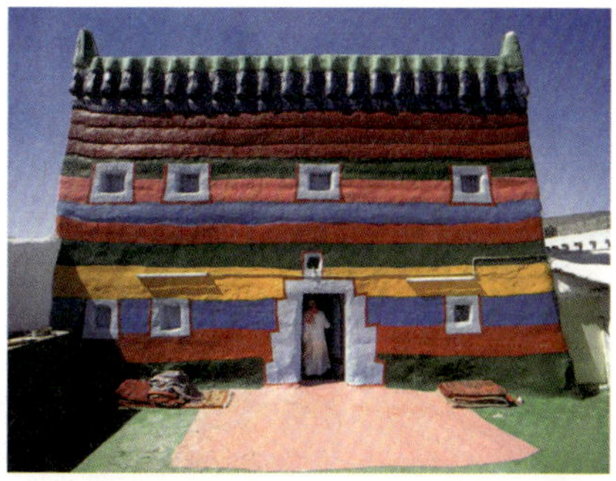

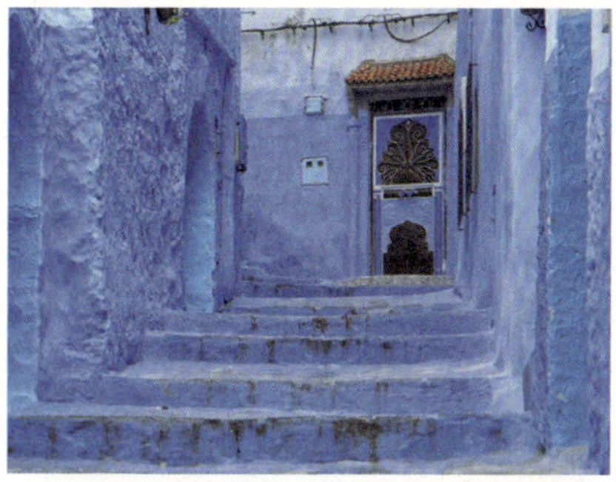

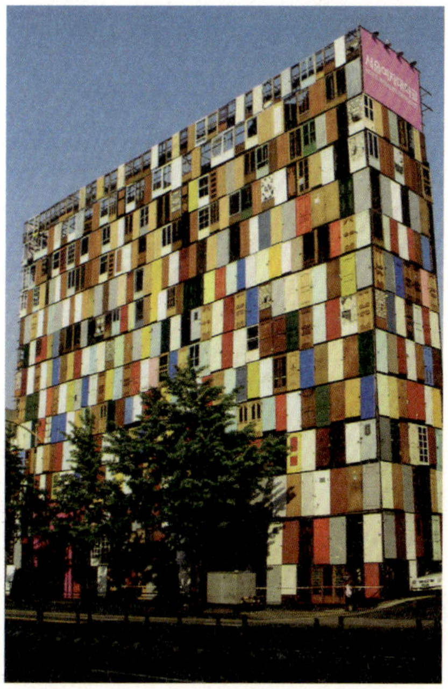

Farbe spielt in der Architektur eine große Rolle. In vielen Regionen der Erde entwickelten sich dabei eigene typische Traditionen, die für die gesamte Region kennzeichnend wurden. Die weiß-blau gestrichenen Häuser können als Teil der „Corporate Identity" der griechischen Inseln genannt werden. Auch die marokkanische Stadt Chefchaouen wirbt mit ihren für sie charakteristischen blauen Anstrichen. Farbe in der Architektur kann verschiedene Funktionen übernehmen. Neben der bereits erwähnten identitätsstiftenden ist die dekorative sicherlich die wohl zentralste. Dabei kann Farbe die Fassaden gliedern, vereinheitlichen oder auflösen. Sie kann die Bedeutung eines Gebäudes oder Gebäudeteils hervorheben oder zurücknehmen. Farbe kann auch von negativen Aspekten (wie z. B. monotonen Strukturen) ablenken und den Eindruck von Langeweile „übertünchen". Ein neuer Farbanstrich kann außerdem für den Entschluss zu einer Veränderung stehen. Albaniens Hauptstadt Tirana hat zahlreiche graue Gebäude aus der kommunistischen Ära farblich erneuert und dadurch den politischen Wandel von Kommunismus zu Demokratie sichtbar gemacht. In Brasilien sind die Favelas (Armen- und Elendsviertel) meist mit negativen Schlagzeilen in den Nachrichten. Es handelt sich um Siedlungen, in unterschiedlich schlechten Zuständen, mit sozialen Problemen und mehr oder weniger stark ausgeprägter Kriminalität. Die Holländer *Jeroen Koolhaas* und *Dre Urhahn* organisieren seit mittlerweile über zehn Jahren, im Rahmen der von ihnen gegründeten Organisation „Favela Painting Foundation", soziale Projekte, in denen sie gemeinsam mit der Bevölkerung Gebäude umgestalten (in Brasilien, USA, Haiti etc.). Ein anderes Beispiel ist die Fassadengestaltung des südkoreanischen Künstlers *Choi Jeong-Hwa*. In seine Arbeit „1,000 Doors" integriert er alte, entsorgte Türen. Mit ihrer Wiederverwendung verweist er einerseits auf Konsum und Ressourcennutzung und andererseits versucht er, mithilfe von alltäglichen Gegenständen den Zugang zu Kunst zu erleichtern. In der modernen Architektur werden, auch aufgrund der Bauweise (z. B. Sichtbeton, Glas), Farben oft sehr reduziert eingesetzt – umso mehr stechen farbige Akzente daher ins Auge.

Abb. links oben: Projekt von Favela Painting Foundation
Abb. Mitte oben: Sala Anri: Dammi i Colori (ital.: Gib mir die Farben), 2003, Filmstill aus Video zur Neugestaltung Tiranas
Abb. rechts oben: Fassade in Qahtan, Sinhan, Arabische Halbinsel
Abb. rechts Mitte: Fassade in Chefchaouen, Marokko
Abb. rechts unten: Choi Jeong-Hwa: 1,000 Doors, Seoul, 2009

Querverweis

1.7 Industrialisiertes Bauen: Bauen mit Fertigteilen

Aufgabenstellungen

Welche Funktionen kann Farbe in der Fassadengestaltung übernehmen?

Analysiere die Fassadengestaltung deines Schulgebäudes (horizontale, vertikale Strukturen, Hauptachsen, Fensterabschnitte ...). Erarbeite anschließend ein Konzept, wie Farbe die Außenform neu strukturieren könnte. Erstelle Collagen mit Fotos und Skizzierungen (über Fotos), die deine Idee visuell umsetzen.
Tipp: Sieh dir Skizzenentwürfe von *Jeanne-Claude* und *Christo* dazu an. (siehe u. a. Seite 103)

7.8 Farbiges Licht im Raum

Licht in der Architektur

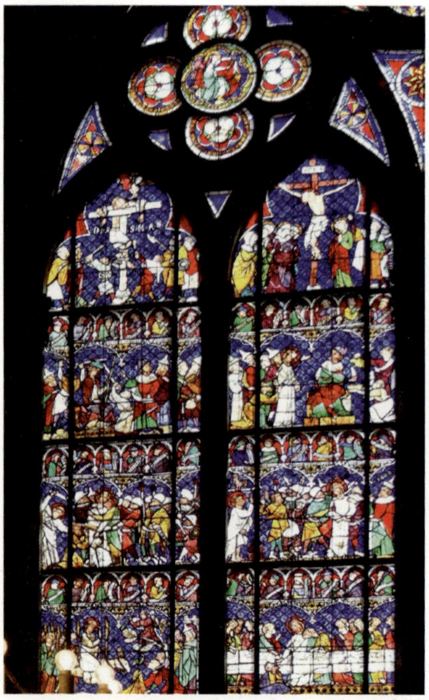

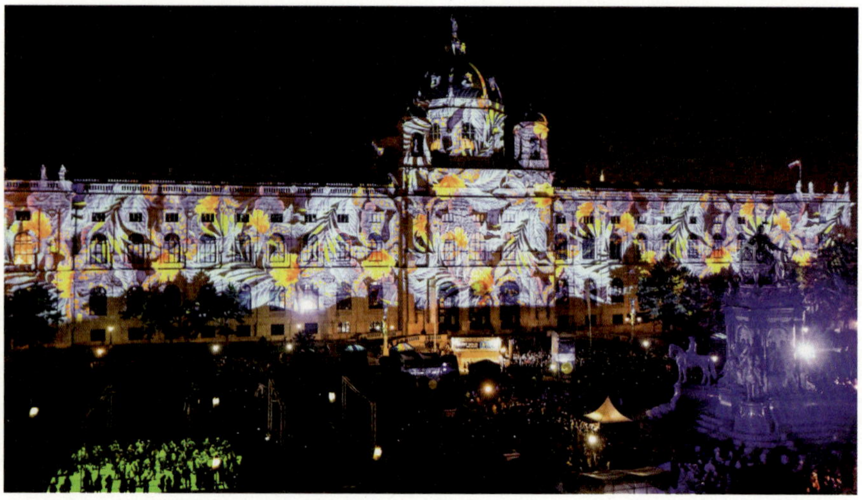

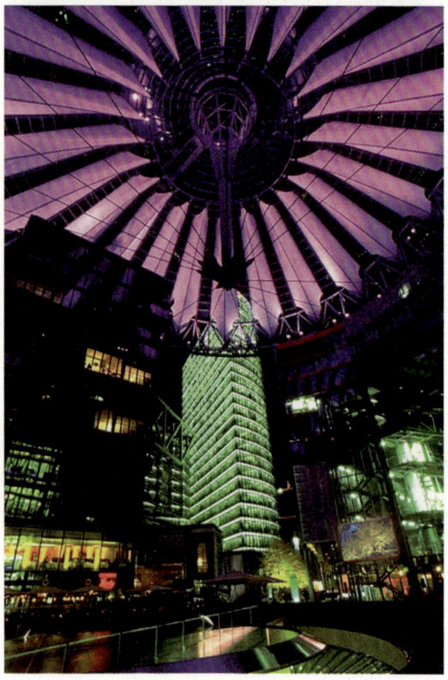

Der Einsatz von bunten Glasfenstern fand vor allem in der Gotik breite Verwendung, danach verlor diese Kunstform an Bedeutung. Zwar gibt es auch Beispiele in der profanen Architektur jener Zeit, doch wurden Glasfenster hauptsächlich in sakralen Bauten der Gotik eingesetzt. Mit kaum einem anderen Material oder einer anderen Anwendungsweise werden ähnlich intensiv leuchtende Farben erzeugt, wie mit durchscheinendem Licht im Kontrast zu dunklen Innenräumen.
In der modernen Architektur spielt der Einsatz von farbigem Licht mittlerweile eine immer wichtigere Rolle. Einheitliche Fassaden können abwechslungsreich gestaltet werden. Oder es wird Einfluss auf die Stimmung von Innenräumen genommen. Im heutigen Stadtbild werden sowohl historische als auch moderne Gebäude farblich in Szene gesetzt. Eigene Lichtkonzepte werden dafür erstellt. Bei vielen modernen Gebäuden gehört das Lichtdesign zum Architekturkonzept dazu. Das Sony Center am Berliner Potsdamer Platz setzt mit der Beleuchtung der Kuppel, die farblich variiert, abends einen starken Akzent im Gesamteindruck des Platzes. Bei Tageslicht kann der Effekt klarerweise nicht eingesetzt werden.
Das Jahr 2015 wurde von der UN-Generalversammlung als „Jahr des Lichts und der lichtbasierten Technologien" ausgerufen. Dies nahm Wien für das Festival „Wien leuchtet" zum Anlass und organisierte eine Licht-Sound-Show in Kooperation mit mehreren Kunstschaffenden und -kollektiven. Aufgrund des großen Erfolges wurde das Festival 2016 wiederholt. Lichtinstallationen, Großprojektionen und 3D-Video-Mapping auf den Museen (Kunsthistorisches und Naturhistorisches Museum) und großformatige Bodenprojektionen am Maria-Theresien-Platz wurden durch eine Silent-Disco mit Kopfhörern ergänzt.

Abb. links oben: Kirchenfenster im Straßburger Münster
Abb. links unten: Helmut Jahn: Sony Center, Berlin, 1995–1998, Eröffnung: 2000
Abb. rechts oben: Festival „Wien leuchtet", 2016

Querverweis

→ *7.7 Farbe in der Architektur:* Farbe auf der Wand

Aufgabenstellungen

V A R S — Welche drei unterschiedlichen Möglichkeiten der Lichtverwendung werden hier anhand der Beispiele vorgestellt?

V A R S — Welche Gebäude werden in deiner näheren Umgebung mit Licht in Szene gesetzt? Warum gerade diese?

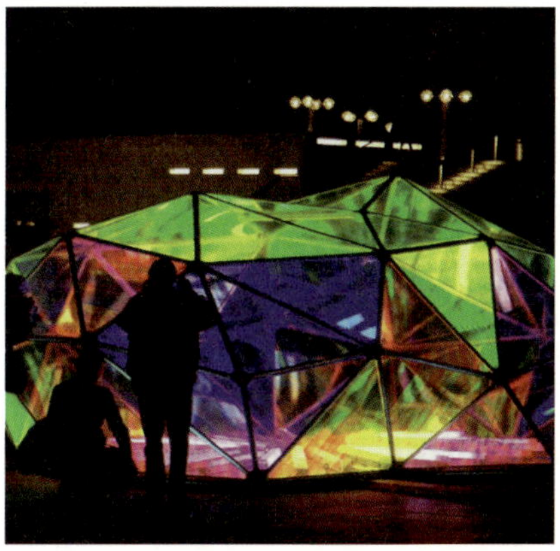

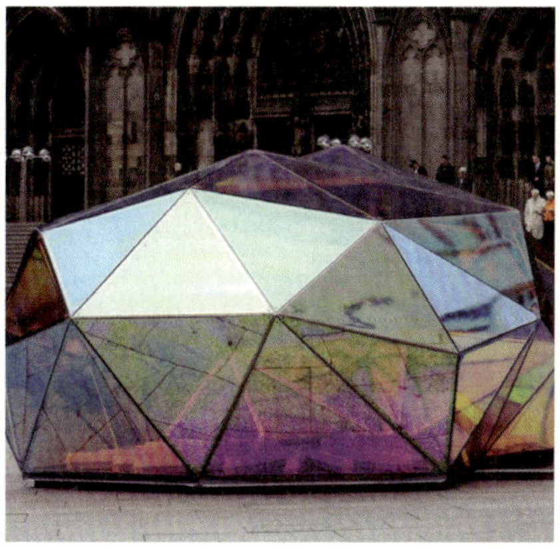

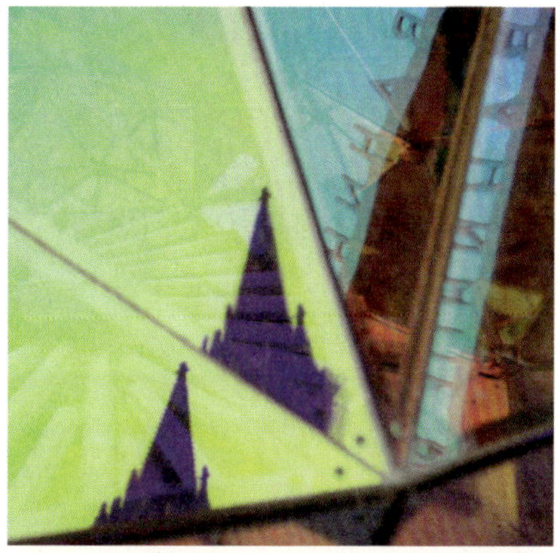

Licht ist nicht nur für die Inszenierung von Bauwerken von Bedeutung, sondern kann auch selbst zum Kunstmedium werden. Zahlreiche zeitgenössische Kunstschaffende wählen Licht als Arbeitsmaterial. Die US-amerikanische Künstlerin *Janet Echelman* ist bekannt für ihre monumentalen Installationen im öffentlichen Raum. Die großformatigen Netz-Skulpturen schweben zwischen den Gebäuden und reagieren auf Naturkräfte wie Wind, Wasser und Licht. Dabei kombiniert sie traditionelle Materialien mit modernen Technologien, um den Eindruck von schwebenden, sich leicht bewegenden Skulpturen zu erreichen. Besonders, wenn es dunkel ist, gewinnen diese Installationen an Leuchtkraft.
In der Arbeit „Marbles" von *Daan Roosegaarde* steht die Interaktion des Publikums mit den Skulpturen im Vordergrund. Jedes Objekt verfügt über LEDs und smarte Sensoren, um bei menschlicher Berührung mit Sound-, Licht- und Farbveränderungen zu reagieren, so als könnte das Objekt die Stimmung ändern. Die Veränderung einer Skulptur führt auch zu Transformationen der anderen.
Marco Hemmerling setzt sich in seiner Installation „Cityscope" mit der fragmentierten Wahrnehmungsweise innerhalb einer Stadt auseinander. Ausschnitthaft werden Teile von gegenüberliegenden Fassaden in den mit einer speziellen Farbfolie überzogenen Glasflächen widergespiegelt. Die Farben der Installation hängen von Tageszeit und Standpunkt der Betrachterin oder des Betrachters ab. In der Nacht wird sie von innen beleuchtet, was zu neuen Eindrücken führt. Als Stadt-Kaleidoskop versucht die Installation, den Blick, der sich normalerweise auf einen kleinen Ausschnitt beschränkt, nach oben hin zu erweitern – was wiederum ausschnitthaft passiert.
Brigitte Kowanz ist eine der bekanntesten Lichtkünstlerinnen Österreichs (siehe dazu die Kapitel „3.5 Computer und Architektur" und „12.12 Den Raum begehen, hören und erfahren").

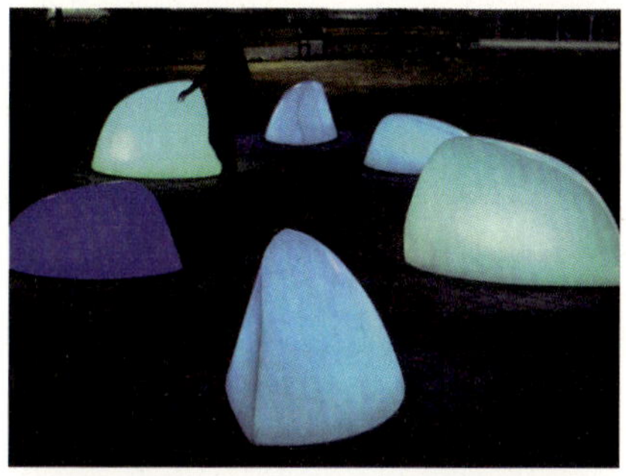

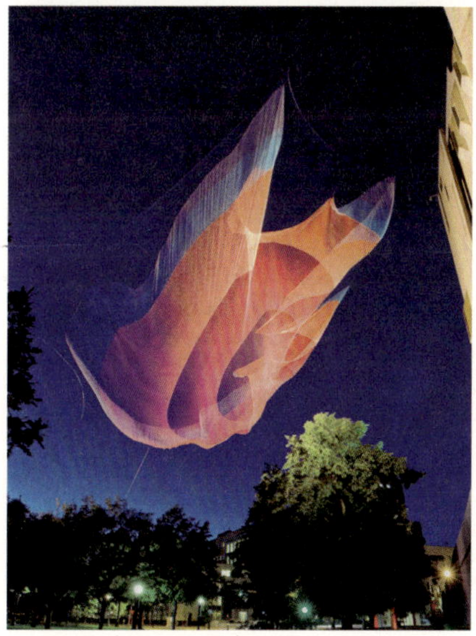

Abb. oben: Marco Hemmerling: Cityscope, Köln
Abb. Mitte: Daan Roosegaarde: Marbles, Niederlande
Abb. unten: Janet Echelman: 1.26 Denver, 2010, Denver, Colorado, USA, 24 x 18 x 9 m

Querverweise

12.3 Plastik, Skulptur und Installation: Begriffsklärung

12.12 Den Raum begehen, hören und erfahren: Raum-, Licht- und Soundinstallationen

Aufgabenstellung

Analysiere die dreidimensionalen Lichtinstallationen gemäß ihren formalen Strukturen und Wirkungen. Ziehe auch das Kapitel „12.13 Körper und Raum", das auf Analyseelemente von Plastiken eingeht, hinzu.

8.1 Ein Film bedeutet bewegte Bilder

Visuelle Experimente

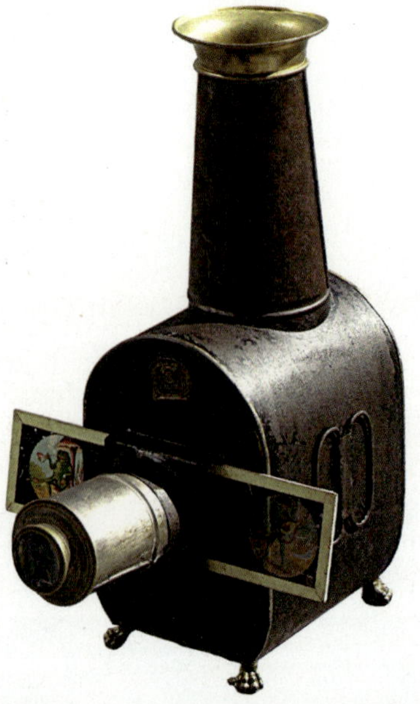

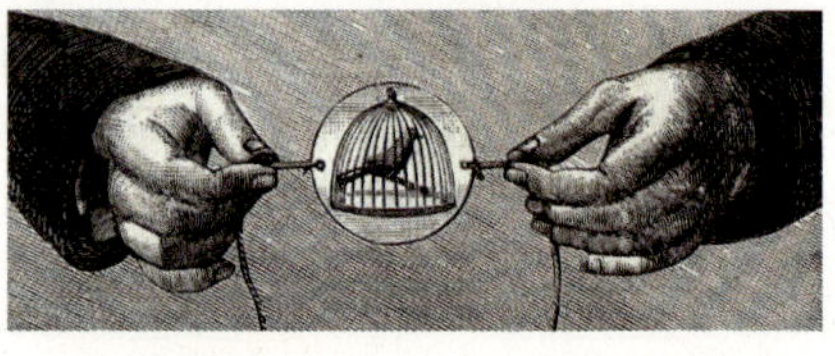

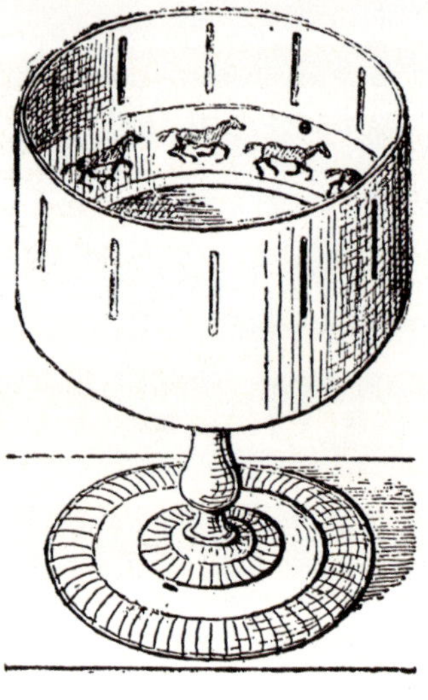

Es ist ein alter Traum der Menschen, Bilder in Bewegung zu setzen, und sogar, bevor die Fotografie erfunden wurde, gab es technische Tricks, Bilder zu projizieren bzw. Bewegung zu simulieren, wie z. B. mit der „Laterna Magica" („Zauberlaterne"), die als „Vorform" des Diaprojektors bezeichnet werden kann. Der Ursprung ihrer Erfindung ist unklar. Früheste Datierungsschätzungen gehen bis ins 17. Jahrhundert. In einem Kasten befindet sich eine Lichtquelle – anfangs eine einfache Kerze, später elektrische Bogenlampen –, die durch ein System von Spiegeln (zur Lichtsteigerung) und Linsen das Bild eines Glasbildes, das vor den Kasten eingeschoben wird, an die Wand projiziert. Indem man zwei Glasscheiben montierte und in der Vorführung leicht verschob, konnte man die anfänglich starren Bilder in Bewegung setzen.

Die Frage, mit der sich die Menschen spätestens ab dem 19. Jahrhundert beschäftigten war, wie viele Bilder man in einer Sekunde aneinanderreihen muss, um den Eindruck von Bewegung zu erzeugen. Eine Erfindung der 1830er war das „Phenakistiskop" (griech. „Augentäuscher") bzw. das „Zoetrop" („Wundertrommel"), das den Eindruck von Bewegung erzeugt, indem man durch Schlitze auf eine Scheibe mit gemalten Einzelbildern schaut, die in Bewegung gesetzt wird. Die Conclusio dieser und anderer Experimente war, dass das menschliche Auge zumindest 16 Bilder pro Sekunde braucht, um eine Bilderabfolge als Bewegung zu interpretieren. Nach der Erfindung der Fotografie (erstes Foto: 1826) wurden Kameras entwickelt, mit denen sich Bewegungsphasen in Form von Serien-Abbildungen festhalten ließen. In den ersten bewegten Bildern wurden also vor allem Bewegungsabläufe von Menschen oder Tieren festgehalten. Die Fotografien von einem Pferd im Galopp, die beweisen, dass in dieser Gangart alle vier Beine in der Luft sind, wurden von *Edward Muybridge* aufgenommen. Neben ihm ist es vor allem *Etienne-Jules Marey*, der erfolgreich mit Serienaufnahmen arbeitete. Indem er in seinem Chronofotografen das Negativpapier durch ein Zelluloidband ersetzte, konnte er Zeitlupenaufnahmen herstellen. Mit dem Electro-Tachyskop wurde ein „elektrischer Schnellseher" entwickelt, der es ermöglichte, dass mehrere Personen zur gleichen Zeit einen Bewegungsablauf beobachten konnten. *Thomas Edison* erfand das Filmband. Eng mit dieser Erfindung verknüpft ist die Entwicklung der Filmkamera durch die Brüder *Lumière*. *Oskar Messter* konstruierte eine Vorführapparatur, wodurch der Beginn des Kinos markiert ist. Die meisten Kinofilme entsprechen heute 24 fps (frames per second) – das heißt pro Sekunde gibt es 24 Einzelfotos. Mit der Digitalisierung der Bildaufnahme und -wiedergabe hat sich in der Technik einiges verändert. Frühere 35-mm- bis 70-mm-Filme für Kinovorführungen bzw. Super-8-mm-Filme für den privaten Gebrauch werden heute kaum mehr kommerziell genutzt.

Abb. oben: Laterna magica
Abb. Mitte: Thaumatrop
Abb. unten: Zoetrop

Querverweis

→ *9.1 Zur Entstehung der Fotografie:* Von der Camera obscura – zum optischen Zeitalter

In den ersten Filmbeispielen, die wenige Momente lang dauern, ist die Begeisterung für die Aufzeichnung von Bewegung spürbar. 1890 filmten *Edison* und *Dickson* einen nießenden Mann („Record of a sneeze"). 1896 entstand die Aufnahme „Die Ankunft eines Zuges auf dem Bahnhof in La Ciotat", von der gesagt wird, dass das Filmpublikum vor lauter Schreck fluchtartig den Vorführungssaal verließ. Diese Legende hält sich bis heute hartnäckig. Der Film „May Irwin Kiss" löste den ersten Skandal der Filmgeschichte aus. In dem kurzen Film sieht man eine Frau und einen Mann, die sich etwas schüchtern schließlich einen Kuss auf den Mund drücken. (Diese drei Filmbeispiele sind auf Videoplattformen, wie z. B. YouTube, abrufbar.)

Die Gebrüder *Lumière* eröffneten 1895 das erste Kino – oder Lichtspielhaus, wie man es früher auch nannte – und zeigten u. a. Filme wie „L'arroseur arrosé" („Der begossene Gärtner"). Beispiele wie diese zeigten in der frühen Filmgeschichte kurze, oft komische Sketche in naturalistischer Manier. Aufführungsorte waren meist Jahrmarktsstände. Die Filmdauer beschränkte sich auf die Länge des Filmmaterials und waren sehr kurz. Erst als man begann, die Filmbänder aneinander zu montieren, entwickelte sich der Film zu einem erzählenden Medium. Der Theaterbesitzer und Illusionist *Georges Méliès* (1831–1938) erkannte das große Potenzial des Films als Geschichtenerzähler. Er gilt als Filmpionier und Erfinder des „erzählenden Films". Mit Weiterentwicklungen auch in der Trickfilmtechnik (z. B. Stop-Motion) schuf er mit dem Film „Die Reise zum Mond" (1902) den ersten Science-Fiction-Film. *D. W. Griffith* (1875–1948) wird oft als „Schöpfer der filmischen Grammatik" bezeichnet, denn er setzte in seinen Filmen schon gezielt unterschiedliche Einstellungsgrößen, einfache Kamerabewegungen, Beleuchtung und ähnliches ein. Seine Filme, wie z. B. „Die Geburt einer Nation" (1915) und „Intoleranz" (1916), gelten heute als Filmklassiker.

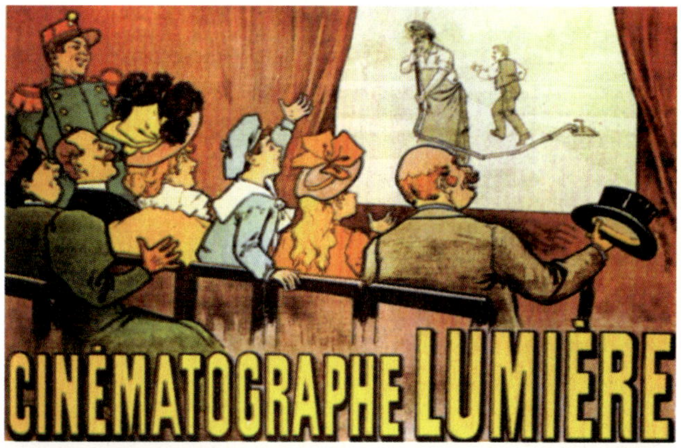

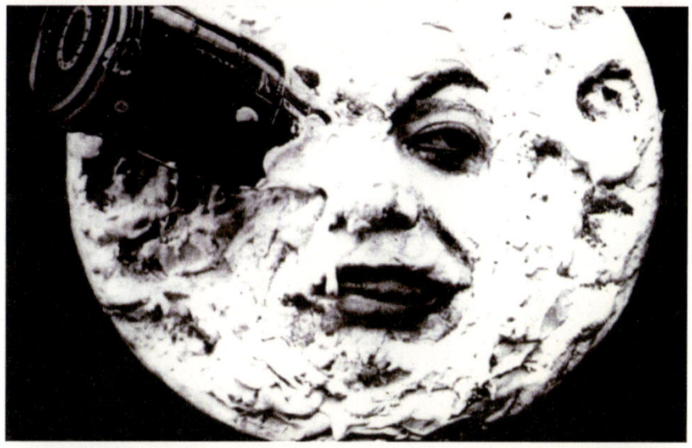

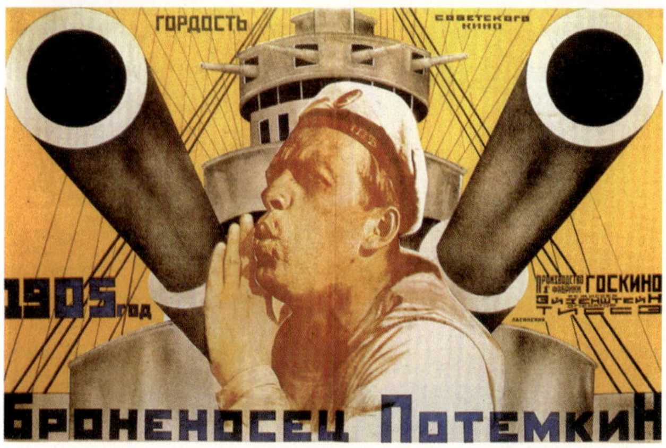

Abb. oben: Plakat zur ersten öffentlichen Filmvorführung der Gebrüder Lumière, 1895, Paris
Abb. Mitte: „Die Reise zum Mond", 1902, R.: Georges Méliès, F
Abb. unten: Plakat zu „Panzerkreuzer Potemkin", 1925, R.: S. Eisenstein, UdSSR

Aufgabenstellungen

Beschreibe die in den Abbildungen wiedergegebenen Beispiele für visuelle Experimente. Auf welchem Prinzip beruht der Eindruck von Bewegung und welche Schlüsse wurden daraus für die Filmaufnahme gezogen? **A**

Das Daumenkino oder GIF-Animationen beruhen auf den hier beschriebenen Erkenntnissen. Entwickle eine Arbeit dazu. **S**

Mit welchen Themen setzten sich die ersten Filme auseinander? Welche Bedeutung haben die beiden Filmemacher *Méliès* und *Griffith* für die Entwicklung des heutigen Spielfilms? **V**

8.2 Ein neuer Industriezweig entwickelt sich

Neue Berufe entstehen, Preise werden vergeben

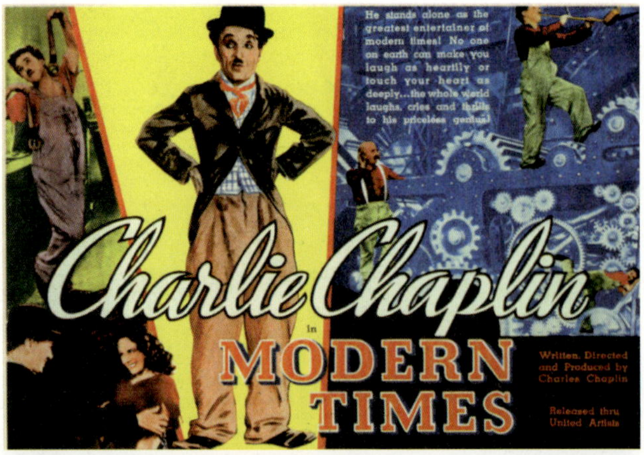

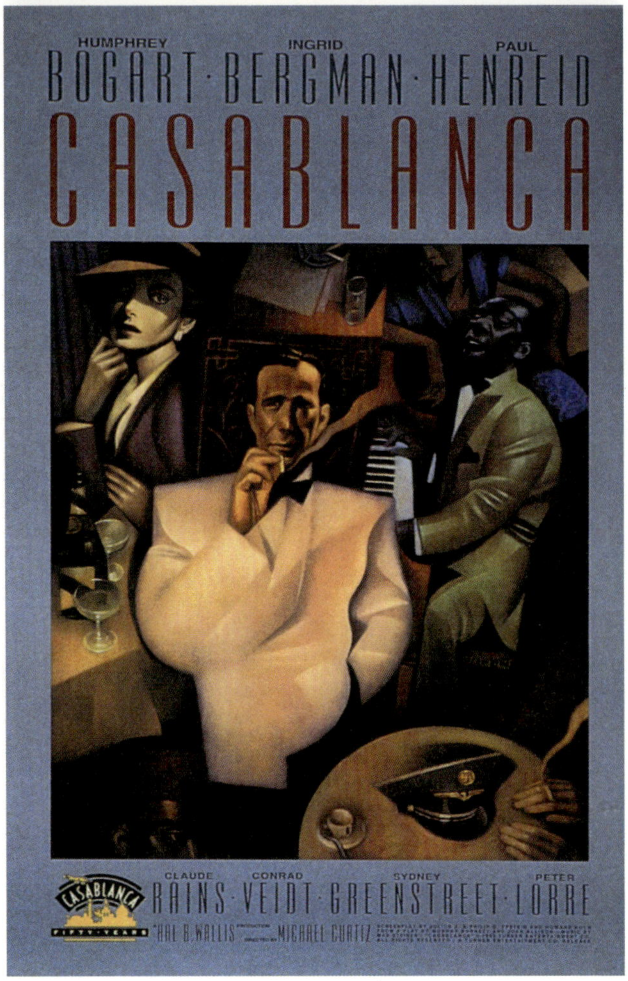

Mit der Filmaufnahme, -nachbearbeitung (Schnitt und Montage bzw. Ton) und anschließend der Vorführung entwickelten sich neue Berufszweige. Man begann, sich immer mehr zu spezialisieren. Mit der komplexeren Herstellung erhöhten sich auch massiv die Kosten, was dazu führte, dass kleinere Produktionsfirmen zunehmend aus dem Filmmarkt – teilweise sogar gewaltsam durch größere Produktionsfirmen – gedrängt wurden. Einzelne Filmproduktionsorte entwickelten sich zu Zentren. Das berühmteste ist wohl Hollywood. Dort ließen sich 1910 Filmemacher wie *William Fox* oder *Samuel Goldwyn* aus dem praktischen Grund nieder, dass die kalifornische Sonne zu Belichtungszwecken gut einsetzbar war. Die dort gegründeten Studios bildeten die Grundlage für den Mythos Hollywood, die „Traumfabrik". In Europa waren es vor allem die Filmindustrien in Frankreich und Italien, die tonangebend waren. In Deutschland wurden gegen Ende des Ersten Weltkriegs die UFA-Studios gegründet, die sich zu einer der wichtigsten Produktionsstätten der 1920er entwickelten. Das indische Filmschaffen ist unter dem Begriff Bollywood bekannt geworden.

Kinofilme sind zu einem bedeutenden internationalen Wirtschaftsfaktor geworden. Aufgrund der unterschiedlichen Anwendungsbereiche öffnete das Medium neue Berufszweige: Der Film kann zur Unterhaltung, zur Werbung, als Informationsmedium, als Propagandainstrument bzw. als historisches Dokument zu wissenschaftlichen Zwecken dienen.

Die Filmwelt wäre nicht, was sie ist, ohne die zahlreichen Filmfestspiele und -preise. Der wohl bekannteste amerikanische Preis ist der „Academy Award", besser bekannt als „Oscar". Auch die „Golden Globe Awards" spielen international eine Rolle. Europäische Filmpreise sind z. B. „César" (Frankreich), „Goya" (Spanien) oder „Österreichischer Filmpreis" (Österreich). Die europäischen Filmfestivals (mit den Preisen „Goldene Palme" von Cannes, „Goldener Bär" von Berlin, „Goldener Löwe" von Venedig, „Großer Diagonale-Preis" von Graz) sind richtungsweisend, da sie für noch nicht im Kino gezeigte Filme Preise vergeben. Die Filmwelt ist eine bis heute sehr stark männlich geprägte Domäne, was sich sowohl in der Produktion als auch in der Preisverleihung niederschlägt. *Kathryn Bigelow* ist mit ihrem 2010 oscarprämierten Film („The Hurt Locker") weiterhin die einzige Frau, die mit dem Preis für die beste Regie, der mittlerweile seit 88 Jahren jährlich vergeben wird, ausgezeichnet wurde.

Abb. oben: Plakat zu „Modern Times", 1936, USA, R.: Charlie Chaplin
Abb. unten: Gary Kelley: Pakat zu „50 Jahre Casablanca", 1992, USA

Aufgabenstellungen

V A R S — Welche Orte entwickelten sich zu Filmzentren? Wähle einen aus und recherchiere nach zentralen Filmen, die dort gedreht wurden, nach Regisseurinnen/Regisseuren und ästhetischen Tendenzen.

V A R S — Welche Filmpreise gibt es?

8.3 Analyse des multimedialen Mediums

Visuell – auditiv – narrativ

Die Einteilung in Filmgattungen, die aufgrund der Analyse von Ton, Bild und Erzählung geschieht, ermöglicht eine erste Orientierung, um welche Art von Film es sich handelt: fiktionaler Spielfilm, Nachrichtenfilm, Kulturfilm, Trickfilm, Experimentalfilm etc. Vom Dokumentarfilm wird erwartet, dass er die Tatsachen entsprechend wiedergibt. Daher halten ihn einige für „die reinste Form des Films". Die häufigste Form des Dokumentarfilms ist die Reportage. Innerhalb des Spielfilms kann man wiederum unterteilen in: (Liebes-)Komödie, Epos, Drama, Western, Historienfilm u. v. m. Der Spielfilm besteht aus drei Bereichen: der Bildspur, der Tonspur (Geräusch, Musik, Gesprochenes) und der Geschichte, die sich vor uns entwickelt.
Zur narrativen Analyse (N):
Einen Spielfilm kann man ähnlich wie einen Text analysieren. Aus wessen Sicht wird erzählt? Wird die Geschichte chronologisch erzählt oder gibt es Vorausblicke und Rückblenden? Gibt es einen Informationsvorsprung oder ein -defizit? Ist dem Filmpublikum vielleicht weniger bekannt als einer Filmfigur? Oder sehen wir bereits den Mörder mit der Axt, während die Filmfigur noch ahnungslos ihres Weges geht? Diese Bereiche können ähnlich wie ein literarischer Text genauer betrachtet werden. Die Narratologie (Erzähltheorie) beschäftigt sich mit der Darstellung erzählender Texte – also auch mit Filmen.
Zur auditiven Analyse (A):
Bezüglich der Tonspur kann man sich fragen, ob die Musik und Geräusche dem Bild entsprechen. In diesem Fall spricht man von „Paraphrasierung", da sich die Tonspur aus dem Bild ableitet. Unter „Polarisierung" versteht man, dass ein neutrales Bild mit einer eindeutigen Interpretation versehen wird. Wenn die Tonspur nicht dem Bildeindruck entspricht, nennt man dies „Kontrapunktierung". Ein sommerliches Picknick mit düsterer Musik könnte einen Horrorfilm ankündigen (Kontrapunktierung). Bei fröhlicher Musik erwarten wir einen guten Ausgang dieser Szene (Paraphrasierung).
Zur visuellen Analyse (V):
Die Analyse des Filmbilds schließt u. a. Fragen nach der Bewegung, Kameraeinstellung, Schnitt und Montage mit ein. Die Kameraeinstellung wird gemäß dem zu zeigenden Ausschnitt gewählt: Es kann sich um ein Detail oder ein Panorama handeln. Schnitt und Montage bestimmen, wie die einzelnen Filmbilder aneinandergereiht werden. Mit dem Schnitt wird der Übergang von einer Einstellung zu einer anderen bezeichnet. Die Montage fügt anschließend die gesammelten Filmsequenzen zu einem Gesamten.

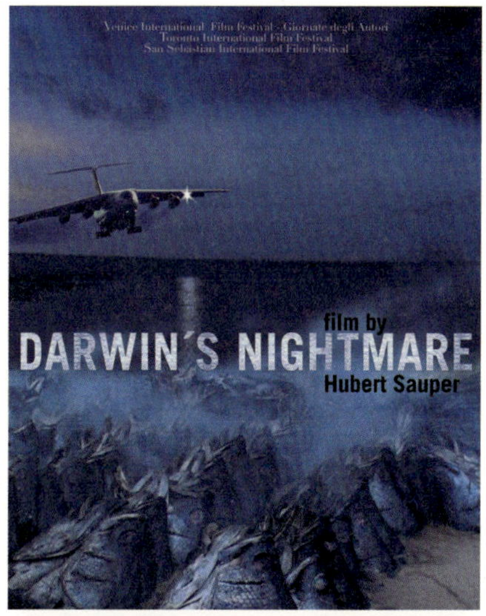

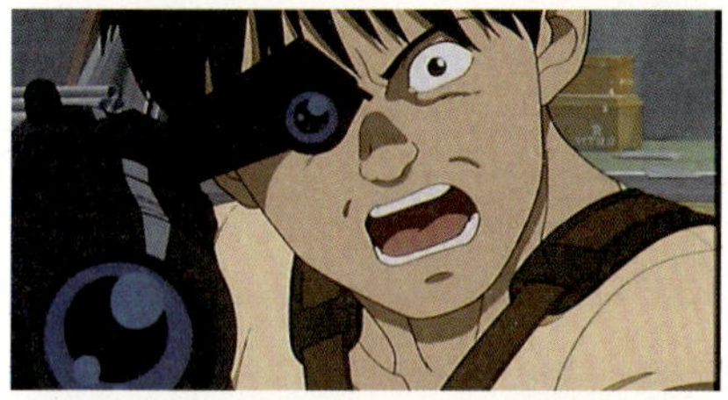

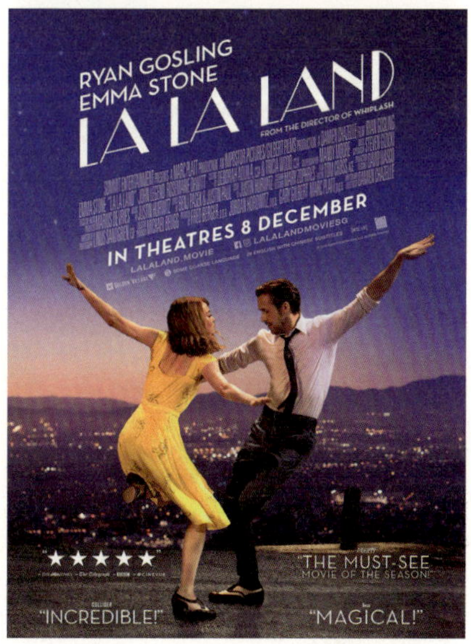

Abb. oben: Dokumentarfilm „Darwin's Nightmare", 2004, R.: Hubert Sauper, Frankreich/Österreich/Belgien
Abb. Mitte: Animationsfim „Akira",1987, R.: Katsuhiro Otomo, Japan
Abb. unten: Plakat zu „La La Land", 2016, R.: Damien Chazelle, USA

Querverweis

13.3 Video: internationale Tendenzen: Projektionen – Installationen – Narrative

Aufgabenstellung

Wählt in der Gruppe einen Film aus und analysiert ausgewählte Szenen. Unterteilt die Analyse der einzelnen Szenen in folgende Punkte: Zeitstruktur (N), Erzählperspektive (N), Ton (A), Einstellungsgrößen (V), Schnittdynamik (V)

8.4 Die Einstellungsgrößen des Filmbildes

„The Danish Girl“ (2015) von Tom Hooper

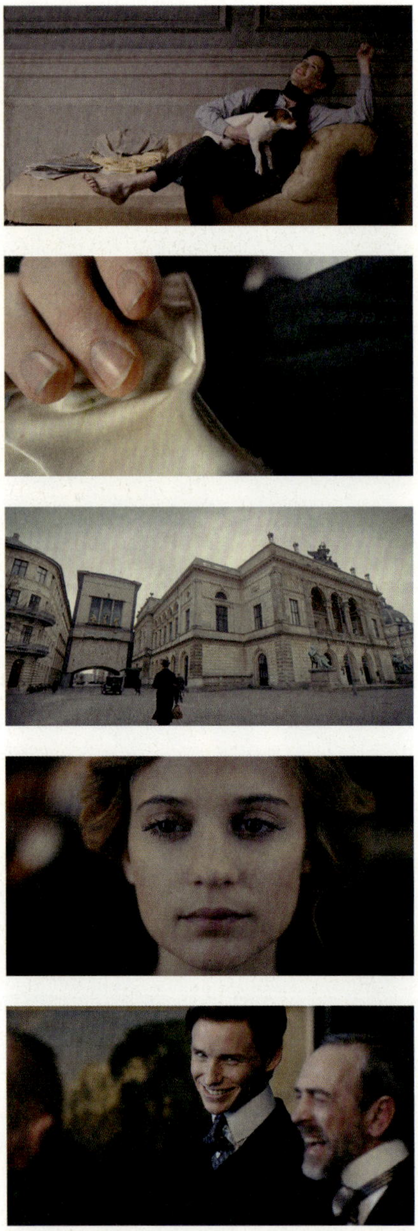

Abb.: *Filmstills aus „The Danish Girl“*

Die Kameraeinstellung ist in technischer Hinsicht die kleinste Einheit des Films. Bei ihr handelt es sich um eine einzige, ununterbrochene Kameraaufnahme, die vom Einschalten der Kamera bis zum Ausschalten andauert. Im fertiggestellten Film reicht sie von einem Schnitt bis zum nächsten. Da sie als kleinster Teil in die Handlung integriert wird, muss sie sich auf die vorangegangen bzw. die nachfolgende Einstellung „beziehen“ und deshalb auf „Anschnitt“ gedreht werden. Das bedingt die Beachtung des jeweiligen Standpunktes, des Blickwinkels, der Bewegung und der inhaltlichen Bildelemente. So erst wird aus der Einstellungskombination ein Sachzusammenhang erkennbar. Die Fragen bei der Kameraeinstellung sind also: Was wird dargestellt und welcher Bereich davon ist im Bild zu sehen? Für die Bezeichnung der Einstellungsgrößen wird meist der Mensch oder das im Bild wesentliche Element in Bezug zum Gesamtausschnitt gesetzt: Detail (Teile des Gesichts oder Körpers, wie z. B. Hände), Groß (kleiner Ausschnitt des Ganzen, menschlicher Kopf ist bildfüllend), Nah (Kopf und Schultern sind zu sehen, der Hintergrund ist nicht wichtig), Amerikanische (Figur ist bis zu den Oberschenkeln im Bild, bei einem Westernfilm sind die Colts zu sehen), Halbnah (die gesamte Figur ist im Bild, sie ist zentral, der Hintergrund unwichtig), Halbtotal (begrenzter Ausschnitt des Schauplatzes, wichtige Personen füllen die Bildfläche voll aus), Totale (vollständiger Überblick über den Schauplatz, Menschen in ganzer, „totaler“ Größe), Panorama oder Weite (Figuren wirken sehr klein in Relation zum gesamten Filmbild). Die Übergänge zwischen den einzelnen Einstellungsgrößen sind fließend.

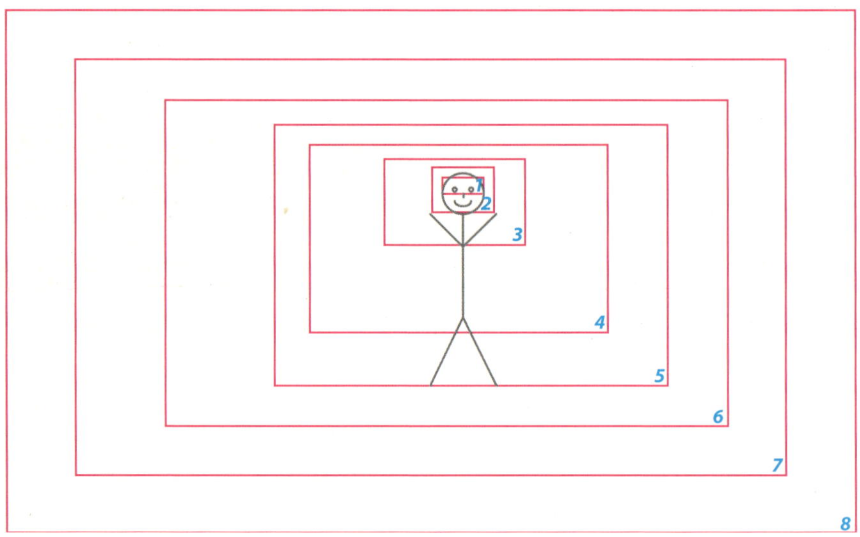

1 Detail; 2 Groß; 3 Nah; 4 Amerikanische; 5 Halbnah; 6 Halbtotal; 7 Totale; 8 Panorama

Aufgabenstellung

V A R S Analysiere die Einstellungsgrößen der abgebildeten Stills aus dem Film „The Danisch Girl“.

8.5 Die Bewegung im Film

Grundlegende Elemente der Bewegungserzeugung

Der Film ist grundsätzlich durch die Bewegung von Bildern gekennzeichnet. Sie entsteht durch die schnelle Projektion einzelner Bilder, die wir aufgrund unserer Sehgewohnheiten als Bewegung interpretieren. Man kann den Film auch anhalten, sodass das einzelne Foto sichtbar wird. Die Bewegung kann auf drei Arten erzeugt werden:
Erstens: Objekte, Menschen und Lebewesen bewegen sich vor der Kamera.
Zweitens: Die Kamera bewegt sich selbst. Die Bewegung wird durch Kameraschwenks, Kamerafahrten oder Zooms erreicht. Unter einem Schwenk versteht man, dass der Kamerastandpunkt fixiert ist, die Bewegung entsteht durch Schwenks um die horizontale oder vertikale Achse. Im Gegensatz dazu ändert die Kamera bei Kamerafahrten ihren Standpunkt innerhalb einer Einstellung, wodurch die Bewegung entsteht. Bei einem Zoom ändert sich die Brennweite des Kameraobjektivs. Dadurch entsteht der Eindruck, dass sich das Bild bewegt, auch wenn sich unter anderem im Bild selbst nichts bewegen muss. Der Zoom ist eine kostengünstigere Variante zur Kamerafahrt. Aufgrund seiner optischen „Künstlichkeit" (Stichwort „Sogwirkung") wird er oft kritisch gesehen.
Drittens: Schnitt und Montage sind die wichtigsten bewegungserzeugenden Faktoren in der Nachbearbeitung des Filmmaterials. Sie beeinflussen den Rhythmus des Films. Viele und schnelle Schnitte wirken dynamisch. Eine Filmfigur, die zuerst auf der linken Filmseite gezeigt wird und nach einem Schnitt rechts im Bild ist, kann deren Bewegung andeuten. Die Montage des Filmmaterials kann unterschiedliche Funktionen ausüben: Kausalmontage (das Handlungsgeschehen der ersten Einstellung wird durch das Hinzufügen einer zweiten erklärt), Analogiemontage (Einstellungen mit inhaltlicher oder formaler Ähnlichkeit folgen unmittelbar aufeinander), Kontrastmontage (entgegengesetzte Inhalte werden miteinander in Beziehung gebracht), Illusionsmontage (der Schnitt soll nahezu unbemerkt bleiben). Neben der Montage schafft auch die Überblendung mit einem schwarzen oder weißen Bild oder der nächsten Einstellung einen Übergang.

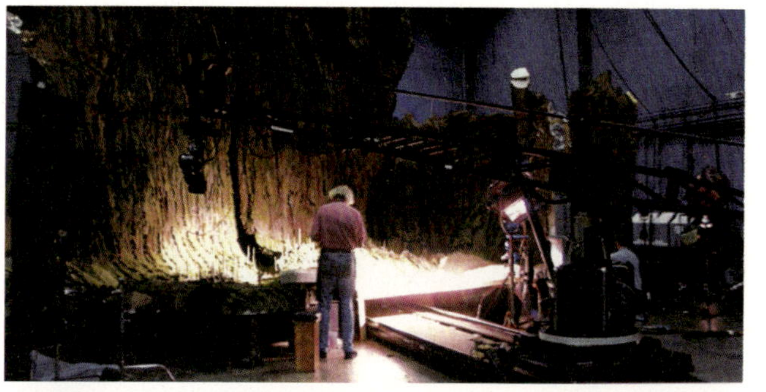

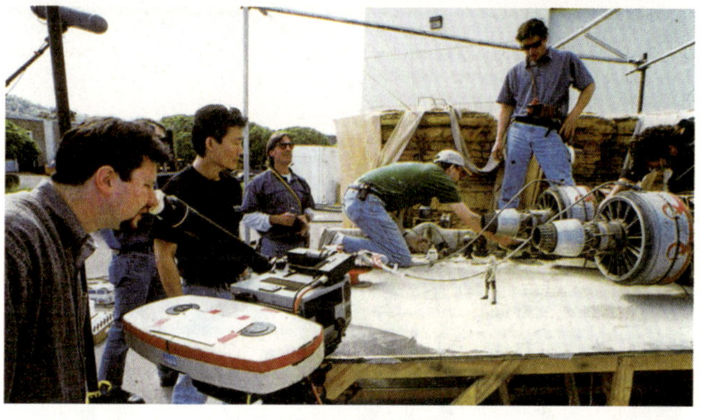

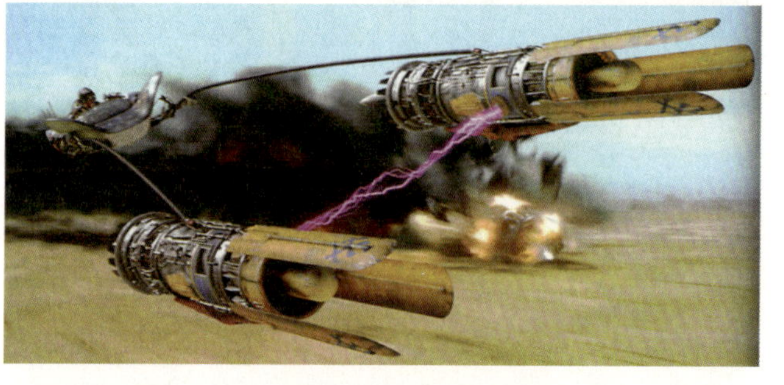

Abb. von oben nach unten: George Lucas (R.): Star Wars, 1997, USA, Landschaftsmodell mit Kamerakran und Laufschienen für Fahrten, Vorbereitung einer Bewegungssequenz und Still einer fertig montierten Szene

Querverweise

2.4 Die Linie

2.9 Statisch und bewegt

9.2 Malerei und Fotografie: Gegenseitige Herausforderungen

Aufgabenstellungen

Welche Möglichkeiten zur Darstellung von Bewegung im Film werden angeführt?

Wählt eine beliebige Filmszene aus und analysiert deren Schnitt und Montage: Wie ist die Schnittgeschwindigkeit? Welche Montageart wird eingesetzt? Wie verhält sich die Schnittdynamik zum Rest des Films? Wie ist sie in Bezug zum Inhalt zu sehen?

Auch in Malerei und Skulptur haben sich verschiedene Kunstschaffende mit der Darstellung von Bewegung auseinandergesetzt. Recherchiere nach Beispielen.

8.6 Einige zentrale Filmschaffende und Filme

Einst und jetzt

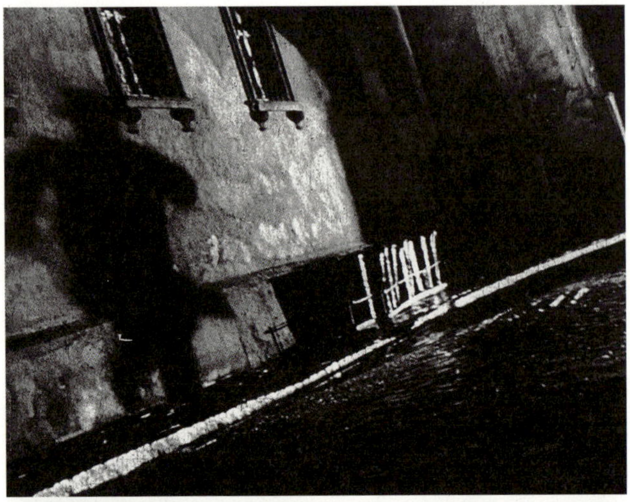

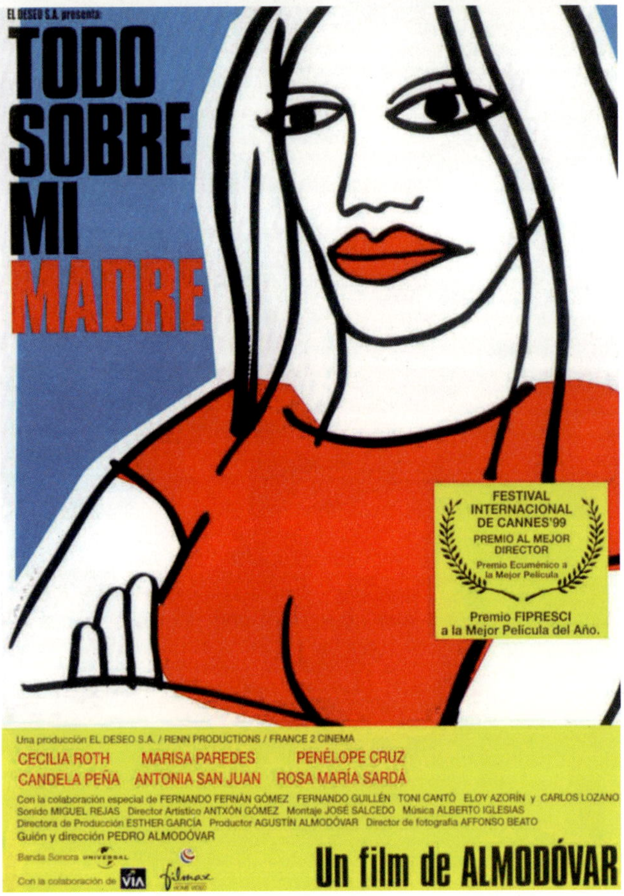

Abb. oben: Filmstill aus „Der dritte Mann", R.: Carol Reed, 1949, UK
Abb. unten: Plakat zu „Todo sobre mi madre", 1999, R.: Pedro Almodóvar, Spanien
Abb. Seite 127 links oben: Plakat zu „A Clockwork Orange", 1971, R.: S. Kubrick, UK/USA

Die Brüder *Lumière* und *Méliès* zählen zu den bedeutendsten frühen Filmpionieren. Weitere innovative Regisseure des frühen Kinofilms waren in den USA *Charlie Chaplin* (1889–1977) mit „Goldrush" (1925) und als letztem Stummfilm „Modern Times" (1936), *David Griffith* mit „Birth of a Nation" (1915) oder *Buster Keaton* mit „The General" (1927). In Deutschland waren *Robert Wiene* mit „Das Kabinett des Dr. Caligari" (1920) und *Fritz Lang* mit „Metropolis" (1926) erfolgreich. Aufgrund seiner Beleuchtung, Architektur und verzerrten Kulissen gilt *Wienes* Film als beeindruckendes Beispiel des expressionistischen Films. „Metropolis", einer der teuersten Filme seiner Zeit, ist der erste Science-Fiction-Film in Spielfilmlänge. Weiters sind die sowjetischen Filmemacher *Sergej Eisenstein* mit „Panzerkreuzer Potemkin" (1925) und „Oktober" (1927) und *Wsewolod Illarionowitsch Pudowkin* mit „Die Mutter" (1926) für die Filmgeschichte bedeutend. Dem Ende der Stummfilmzeit folgten der langsame Aufstieg und wirtschaftliche Erfolg des „Hollywoodkinos", die „Goldenen Jahre", die bis nach dem Zweiten Weltkrieg anhielten. Ab den 1950ern begann das Medium Fernsehen dem Kinofilm Konkurrenz zu machen. Die Allgegenwärtigkeit des Fernsehens führte dazu, dass das Kino an ökonomischer Bedeutung verlor – während sich seine Rolle als Impulsgeber unserer visuellen Umgebung jedoch zugleich verstärkte.
Der britische Thriller „Der dritte Mann" (1949) von Regisseur *Carol Reed* spielt in Wien und zeigt die Stadt während der Besatzungszeit. Besonders bekannt ist die von *Anton Karas* komponierte Filmmusik mit der Zither. Ab den späten 1950er-Jahren prägten Regisseure der französischen Nouvelle Vague (*Jean-Luc Godard, Jacques Rivette, François Truffaut*) das europäische Autorenkino. *Woody Allen*, der bis heute mit seinen Komödien großen Erfolg hat, begann bereits in den 1960er-Jahren zu drehen. Anders als in kommerziellen Hollywoodproduktionen legte *Stanley Kubrick* (1928–1999) seinen Fokus auf die Filmsprache und -ästhetik. „A Clockwork Orange" (1971) setzte wesentliche Impulse, die auch in anderen Medien aufgegriffen wurden. Spätestens seit Mitte der 1980er blickt die internationale Filmwelt auch auf Spanien, wobei *Pedro Almodóvar* wohl der bekannteste spanische Regisseur ist. Mit „Todo sobre mi madre" (1999, dt. „Alles über meine Mutter") gewann er den Oscar für die beste Regie.
Aktuelle österreichische Filmschaffende sind *Ulrich Seidl* („Hundstage", 2001), *Michael Haneke* („Die Klavierspielerin", 2001; „Amour", 2012), *Wolfgang Murnberger* („Silentium", 2004; „Der Knochenmann", 2009), *Marjam Unger* (Verfilmung von *Christine Nöstlingers* „Maikäfer flieg!", 2016) oder *Nina Kusturica*.

Abb. Seite 127 rechts oben: engl. Plakat zu „The Science of Sleep", 2006, R.: M. Gondry, Frankreich/Italien
Abb. Seite 127 links unten: Plakat zu „Interstellar", 2014, R.: Ch. Nolan, USA
Abb. Seite 127 rechts unten: Plakat zu „Die Klavierspielerin", 2001, R.: M. Haneke, Österreich

Aufgabenstellung

V A R S Welche Filme und Filmschaffende werden in der Kinogeschichte als wesentliche genannt? Hast du bereits einen der erwähnten Filme gesehen?

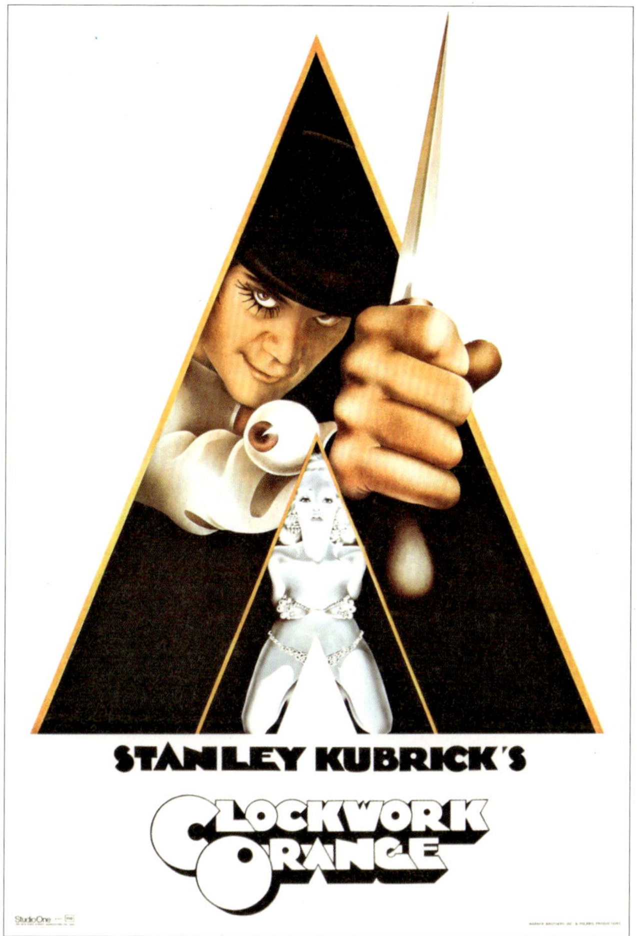
STANLEY KUBRICK'S
CLOCKWORK ORANGE

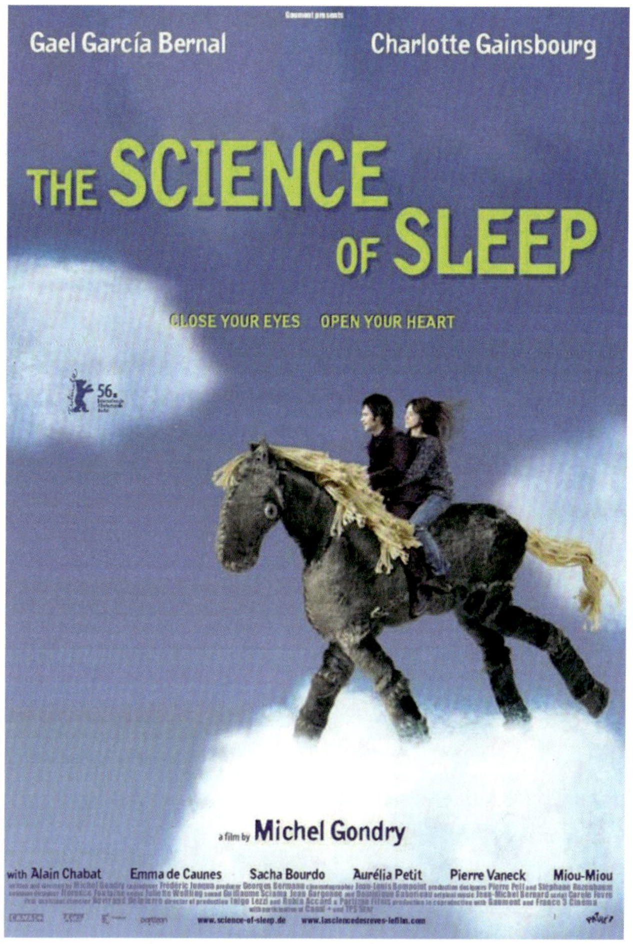
Gael García Bernal
Charlotte Gainsbourg
THE SCIENCE OF SLEEP
CLOSE YOUR EYES OPEN YOUR HEART
a film by Michel Gondry
with Alain Chabat Emma de Caunes Sacha Bourdo Aurélia Petit Pierre Vaneck Miou-Miou
www.science-of-sleep.de

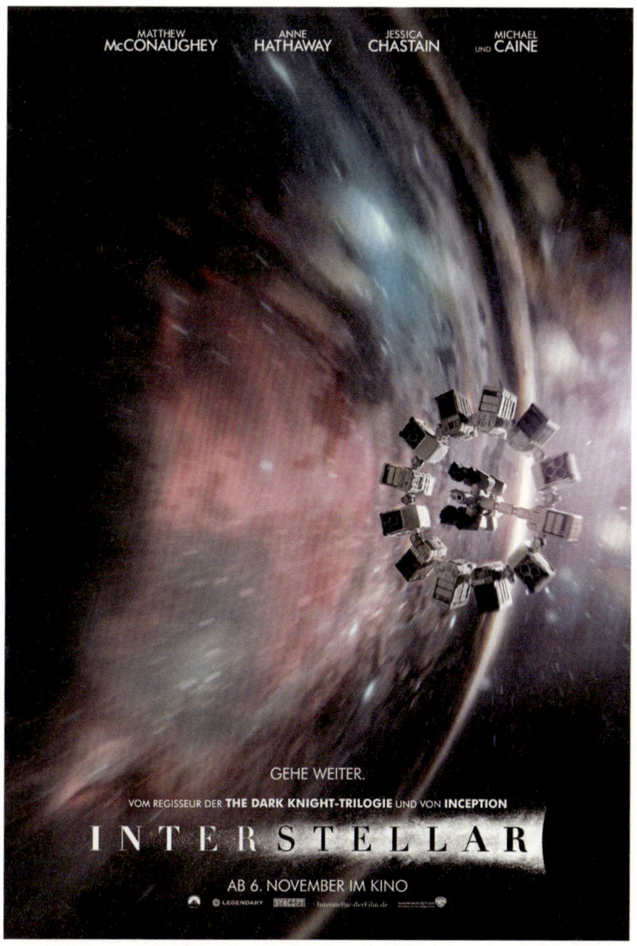
MATTHEW McCONAUGHEY
ANNE HATHAWAY
JESSICA CHASTAIN
UND MICHAEL CAINE
GEHE WEITER.
VOM REGISSEUR DER THE DARK KNIGHT-TRILOGIE UND VON INCEPTION
INTERSTELLAR
AB 6. NOVEMBER IM KINO

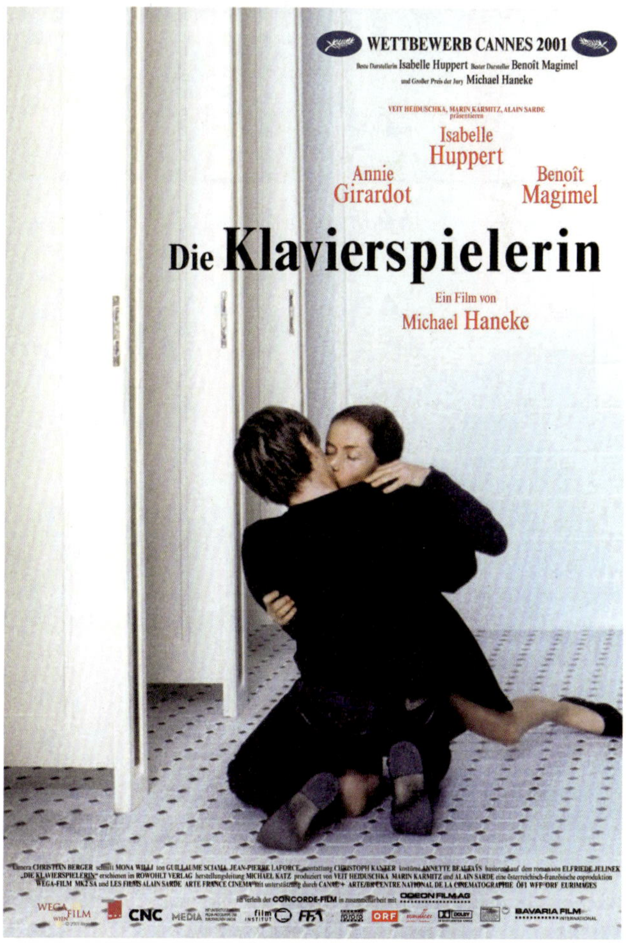
WETTBEWERB CANNES 2001
Beste Darstellerin Isabelle Huppert Bester Darsteller Benoît Magimel
und Großer Preis der Jury Michael Haneke
VEIT HEIDUSCHKA, MARIN KARMITZ, ALAIN SARDE
präsentieren
Isabelle Huppert
Annie Girardot
Benoît Magimel
Die Klavierspielerin
Ein Film von
Michael Haneke

8.7 Filme über Künstlerinnen und Künstler

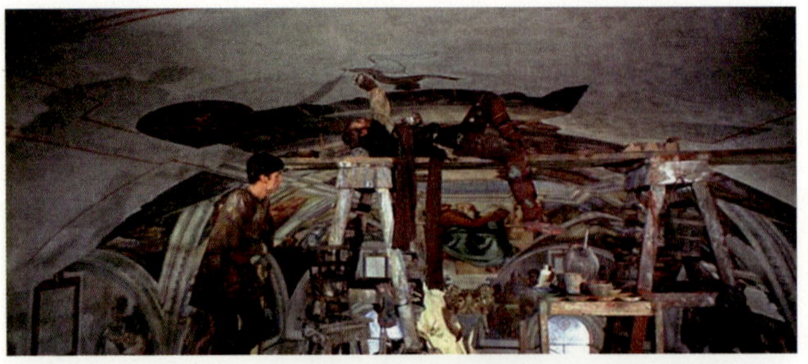

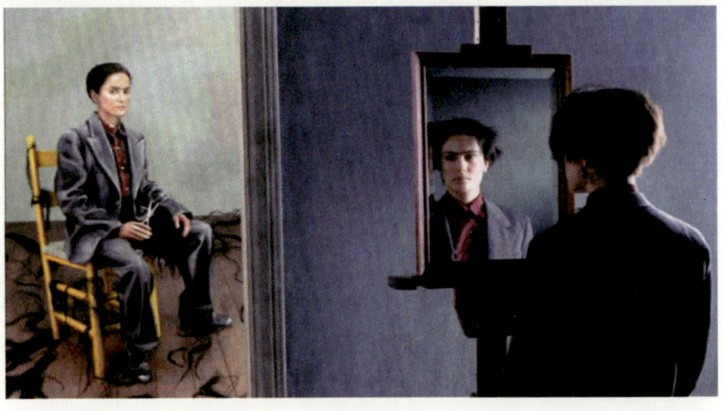

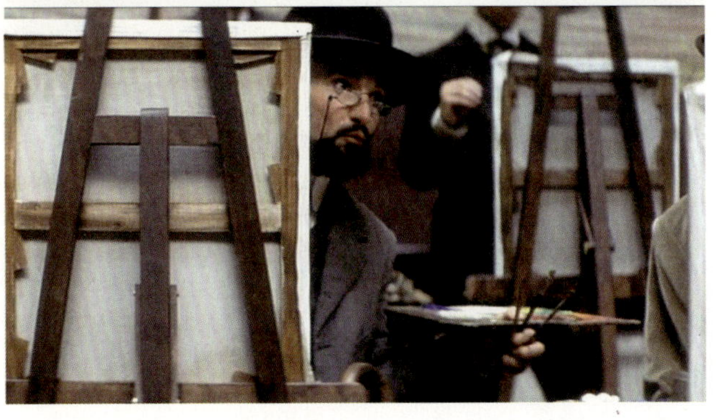

Abb. oben: Filmstill aus „Michelangelo: Inferno und Ekstase", 1965, R.: Carol Reed, USA, ca. 138 min.
Abb. Mitte: Filmstill aus „Frida", 2002, R.: Julie Taymor, USA/MEX, ca. 120 min., mit Salma Hayek
Abb. unten: Filmstill aus „Lautrec: Der Maler von Montmartre", 1999, R.: Roger Planchon, F, ca. 122 min.

Seit der italienischen Renaissance wird dem Leben und der Persönlichkeit der Kunstschaffenden besonderes Interesse geschenkt. Dabei stellen diese frühen schriftlichen Beschreibungen heute wichtige Bausteine der Kunstgeschichte dar. 1550 stellt *Giorgio Vasari* (1511–1574) in seinen „Vite" („Lebensbeschreibungen") bedeutende Künstler der Renaissance vor und setzt damit den Beginn der eigenständigen Künstlerbiographie. Er beschreibt und diskutiert Künstler wie *Sandro Botticelli, Leonardo da Vinci, Michelangelo* oder *Raffael* und zeichnet ihr Leben und Schaffen auf.
Auch im Medium Film stellen die Biografien von Kunstschaffenden, sogenannte Biopics, ein eigenes Genre dar. Hier ist gemäß der Filmgattung zu unterscheiden, ob es sich um einen Dokumentarfilm, Spielfilm oder um eine Reportage mit einem oder einer realen Kunstschaffenden handelt. Spielfilme über Kunstschaffende sind ein großer Publikumsmagnet. Inwieweit diese didaktisch, kunstgeschichtlich-vermittelnd sind, das heißt auch einer historisch korrekten Wiedergabe entsprechen, wird dabei meist heftig diskutiert. Hat der Spielfilm dokumentarischen Charakter oder bietet er eine teilweise stark abweichende Sichtweise auf die reale Künstlerpersönlichkeit? So wurde der Film „Frida" (2002) von *Julie Taymor*, der ästhetisch viel besprochen wurde und einen Oscar für die beste Musik erhielt, bezüglich der Themenschwerpunktsetzung von manchen Seiten kritisiert, da der Fokus, gemäß der Buchvorlage von *Hayden Herrera*, sehr stark auf die Liebesbeziehung der Künstlerin zu ihrem Partner gelegt wurde. Besonders augenscheinlich wird die unterschiedliche Interpretation des oder der Kunstschaffenden, wenn es mehrere Filme zur gleichen Persönlichkeit gibt und diese miteinander verglichen werden. Über *Rembrandt* zum Beispiel wurden mehrere Filme mit unterschiedlicher ideologischer Ausrichtung gedreht. Über den spanischen Künstler *Goya* entstand 1999 unter der Regie von *Carlos Saura* (*1932) das Biopic „Goya" (Originaltitel: „Goya en Burdeos"), das den Künstler am Ende seiner Tage in Bordeaux sein Leben Revue passieren lässt. Im gleichen Jahr legte der Regisseur *Bigas Luna* (1946–2013) in seinem Film „Volavérunt" den Fokus auf die Liebesbeziehungen und Intrigen am Königshof. *Miloš Forman* (*1932) führt das Filmpublikum mit „Goyas Geister" (2006, Originaltitel: „Los fantasmas de Goya") in die Zeit der spanischen Inquisition.

Querverweise

→ *10.4 Kunstvermittlung und Medien:* Kunstpädagogik, Kindermuseum, Kinderuniversität, Medien

→ *11.8 Bildgattung Selbstporträt – einige Beispiele*

Es gibt Kunstschaffende, deren Leben sehr oft verfilmt wurde. Meist handelt es sich um Persönlichkeiten, denen außergewöhnliche, der gesellschaftlichen Norm nicht entsprechende Charakterzüge zugesprochen werden. Die Vorstellung des „geschundenen, einsamen Künstlergenies" wird dabei effektvoll ins Bild gesetzt. *Vincent van Gogh*, Prototyp des leidenden Künstlers, bietet dafür zahlreiche Beispiele. Der jüngste Film „Loving Vincent" von *Dorota Kobiela* und *Hugh Welchman*, der 2017 veröffentlicht wurde, besteht aus gemalten Adaptierungen seiner Bilder. Gemäß der offiziellen Homepage wurden die 62.450 Filmframes als Ölgemälde (auf Basis von rund 850 dafür produzierten Gemälden) hergestellt. 2016 kam mit „Egon Schiele: Tod und Mädchen" (R.: *Dieter Berner*) ein Film über den österreichischen expressionistischen Maler in die Kinos. Der Fokus liegt auf seinen Beziehungen zu unterschiedlichen Frauen. Biopics werden meist über bereits bekannte Kunstschaffende gedreht. Oftmals verhelfen die Filme auch zu weiterer Bekanntheit des oder der Kunstschaffenden, da sie diese einem breiten, überregionalen Publikum zugänglich machen. *Taymors* Film hat sicherlich zum internationalen Bekanntheitsgrad der mexikanischen Künstlerin *Frida Kahlo* beigetragen – wenngleich das Bild, das wir von ihr haben, durch den Film geprägt ist.

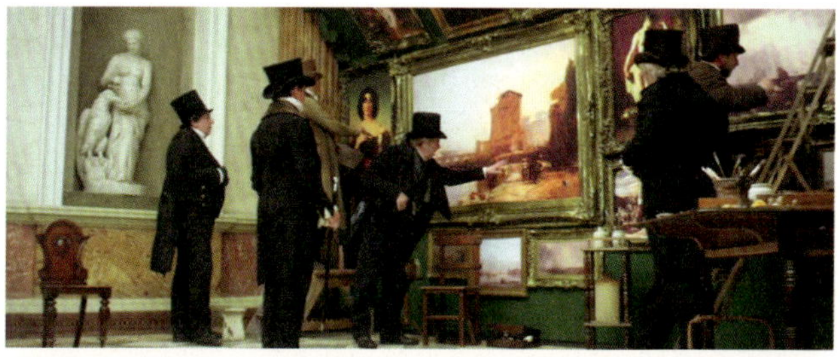

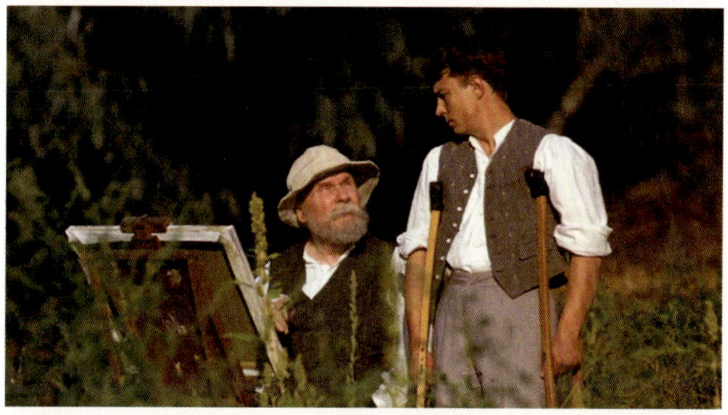

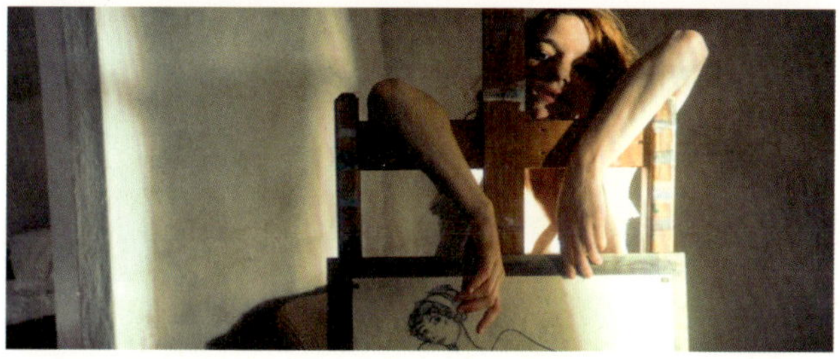

Abb. oben: Filmstill aus „Mr. Turner", 2014, R.: Mike Leigh, UK, ca. 150 min.

Abb. Mitte: Filmstill aus „Renoir", 2012, R.: Gilles Bourdos, F, ca. 107 min.

Abb. unten: Filmstill aus „Egon Schiele: Tod und Mädchen", 2016, R.: Dieter Berner, AUT/LUX, 110 min.

Aufgabenstellungen

Welche Bedeutung hat *Giorgio Vasari* für die Kunstgeschichte?

Diskutiere in der Gruppe das Verhältnis von Biopic – Spielfilm – Dokumentation – Rezeption der/des Kunstschaffenden.

9.1 Zur Entstehung der Fotografie

Von der Camera obscura

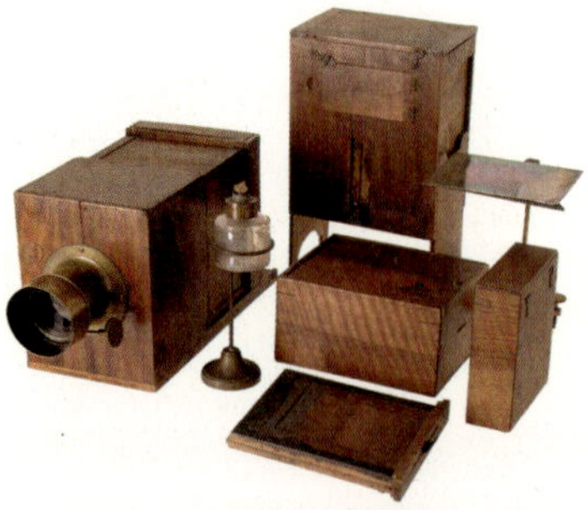

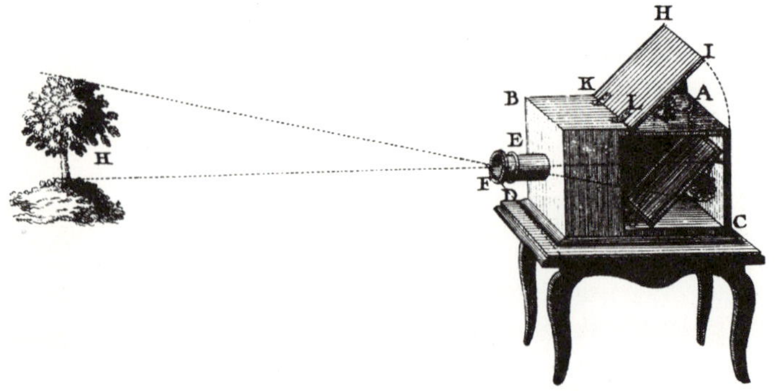

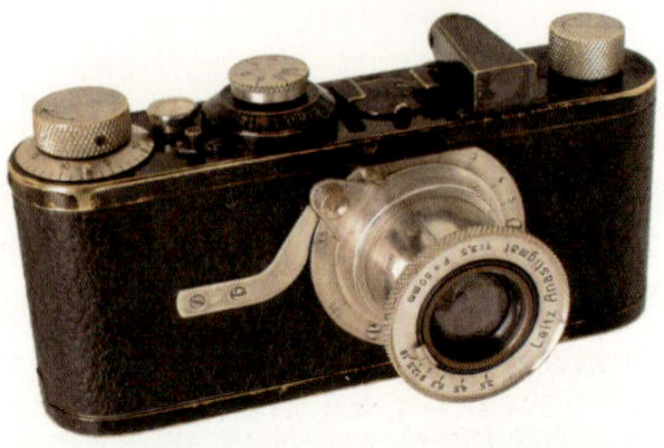

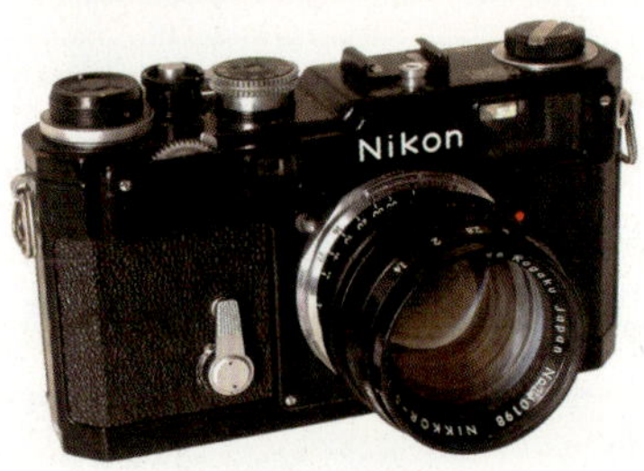

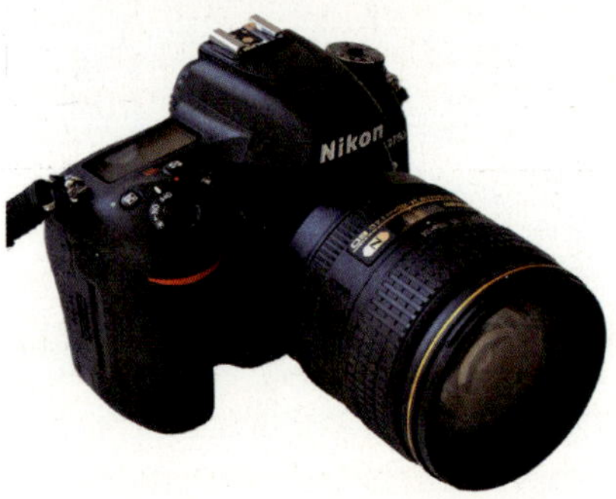

Die Erfindung der „Lichtzeichnung", wie die Fotografie auch genannt wird, fällt in das frühe 19. Jahrhundert. Voraussetzung für diese Erfindung waren die Funktionsweise der Camera obscura, der „dunklen Kammer", die bereits seit dem 11. Jahrhundert bekannt war und der Umstand, dass Silbernitrate unter Lichteinwirkung geschwärzt werden. Bei der Camera obscura handelt es sich um einen dunklen, begehbaren Raum, auf dessen Innenwand das durch ein Loch eintretende Licht ein seitenverkehrtes und auf dem Kopf stehendes Bild der Außenwelt wirft. Später entwickelte sich daraus ein tragbares Zeichenhilfsgerät, das, mit einem Objektiv, einem Spiegel und einer Mattscheibe ausgestattet, ein Bild projizierte. Dieses festzuhalten, gelang dem französischen Amateurwissenschaftler *Joseph Nicéphore Niepce* im Jahre 1826. Er benützte für diese älteste „Fotografie" der Welt eine asphaltbeschichtete Metallplatte. Sie zeigt den Blick aus seinem Arbeitszimmer und muss mit einer Belichtungszeit von mindestens 8 Stunden entwickelt worden sein. Die einander gegenüberliegenden Fassaden, die beide von der Sonne angestrahlt werden, beweisen das. Alle Konturen sind verschwommen, und das ganze Bild scheint in sich zu fließen.

Im Jahre 1839 wurde in Paris die Daguerreotypie vorgestellt. Sie beruht auf der Verwendung versilberter Kupferplatten, die durch die Einwirkung von Joddämpfen lichtempfindlich gemacht werden. Nach der Belichtung in der Kamera wird das auf der Platte befindliche, aber noch nicht sichtbare Bild mit Quecksilberdämpfen entwickelt und danach mit Hilfe von Kochsalz haltbar gemacht. Die Belichtung selbst dauert hier nur mehr etwa 15 Minuten. Die Fotografie als anwendbares Mittel der Reproduktion ist damit geboren.

Abb. rechts oben: Camera obscura als Zeichentisch: Kupferstich aus „Planches du Dictionnaire de Physique", 1781

Abb. links, von oben nach unten: Daguerreotypie-Kamera-Ausrüstung, ca. 1848, Frankreich; Leitz Gewindekamera I, Modell A, 1925, Deutschland; NIKON S3, Spiegelreflexkamera, 1964, Japan; alle: Sammlung Peter Coeln, Leica Shop, Wien

Abb. links unten: Nikon D750, Digitale Spiegelreflexkamera, seit 2014 auf dem Markt

Querverweis

→ *8.1 Ein Film bedeutet bewegte Bilder:* Visuelle Experimente

Da Fotografierende und ihr Apparat jeweils vor Ort gewesen sein mussten, galt das neue Medium anfangs als authentisch und objektiv und wurde deshalb vielfach zu dokumentarischen Zwecken genutzt. In der Folge versuchten Fotografierende, mit ihrem Apparat künstlerisch wertvolle Bilder herzustellen. Das geschah zunächst durch einfaches Nachahmen der Stilmerkmale der Malerei. Von Seiten der Malerei wurde solchen Erzeugnissen ein Kunstcharakter jedoch völlig abgesprochen, da die Malerinnen und Maler ihr jahrhundertelanges Monopol auf die Bildherstellung nach dem Verlust der Personenabbildung nun auch im Bereich des „Kunstschönen" gefährdet sahen.

Der Weg von der Daguerreotypie bis zum heutigen Stand der Technik führt über eine Reihe weiterer Veränderungen am lichtempfindlichen Material und am Aufnahmeapparat. So entwickelte etwa *Henry Fox Talbot* um 1840 das Positiv-Negativ-Verfahren, das mehrere Abzüge von einer einzigen Aufnahme ermöglichte. Das um vieles teurere Verfahren der Daguerreotypie wurde dadurch verdrängt.

Die Fotoproduktion stieg drastisch an, als *André Adolphe Eugène Disdéri* im Jahre 1854 ein Verfahren patentieren ließ, bei dem ein Motiv mehrere Male auf eine Glasplatte belichtet werden kann. 1888 kamen, versehen mit dem Slogan „You press the button – we do the rest", die ersten leicht handhabbaren Rollfilmkameras auf den Markt. Mit Beginn des 20. Jahrhunderts führte dann die Entwicklung von Kleinbildkameras und Spiegelreflexkameras zur Popularisierung der Fotografie. Die Entwicklung neuer Technologien, wie der Sofortbildfotografie, und die Einführung lichtempfindlicherer Aufnahmematerialien trugen zur weiteren Perfektionierung und Verbreitung bei. Es entstand eine „demokratische", von jedem Menschen ausübbare Methode zur Bilderzeugung. Die technischen Voraussetzungen waren für jeden Menschen erlernbar. Immer mehr optische Informationen konnten produziert und schneller verfügbar gemacht werden. So wurde das „optische Zeitalter" eingeleitet.

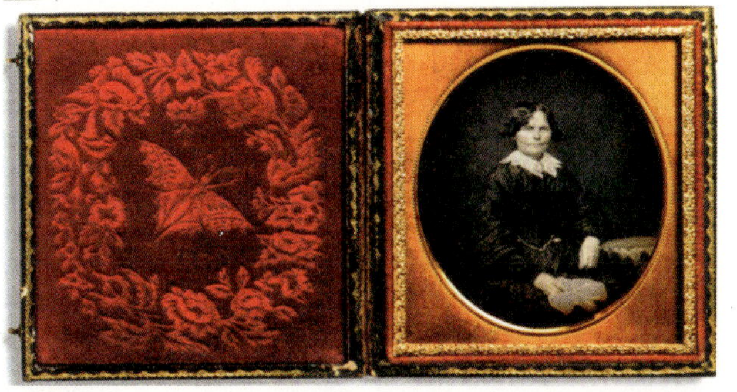

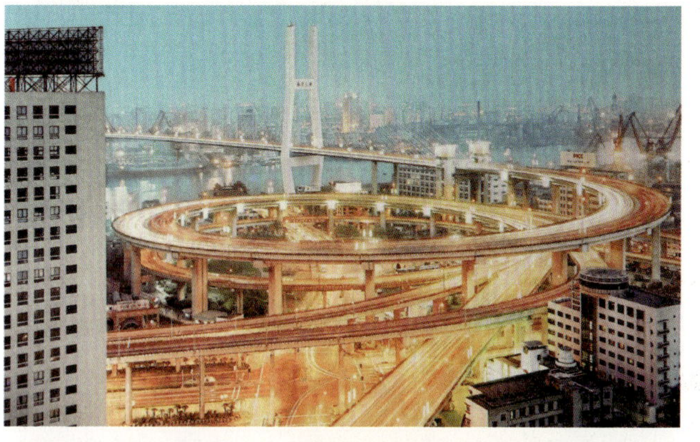

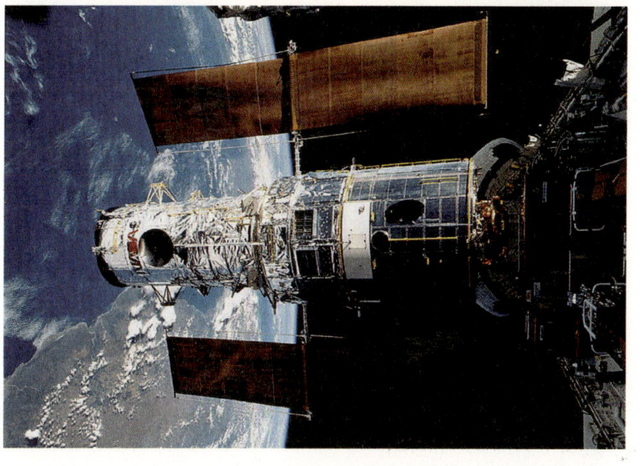

Abb. oben: Frauenporträt, um 1850, Daguerreotypie in einem Etui
Abb. Mitte: Peter Bialobrzeski: Nanpu-Brücke, Schanghai, 2001, Aufnahme mit analoger Plattenkamera
Abb. unten: Blick aus dem Orbit, NASA

Aufgabenstellungen

Recherchiere nach dem ersten Lichtbild der Welt. Wie ist es entstanden und was ist darauf abgebildet? **R**

Welche Voraussetzungen waren für die Erfindung der Fotografie notwendig? Was bezeichnet der Begriff „Daguerreotypie"? Inwieweit stellt die Erfindung von *Henry Fox Talbot* einen Fortschritt gegenüber der Daguerreotypie dar? **V**

Was ist ein fotografischer Film? Wie funktioniert dieser? Welche Vorteile in der Handhabung hatten Rollfilmkameras gegenüber den zuvor üblichen Plattenkameras? Welche Vorteile brachte die Digitalkamera gegenüber der Rollfilmkamera? **A**

Erstelle einen Zeitstrahl, in welchem du die Entwicklung der Fotografie festhältst. **S**

9.2 Malerei und Fotografie

Gegenseitige Herausforderungen

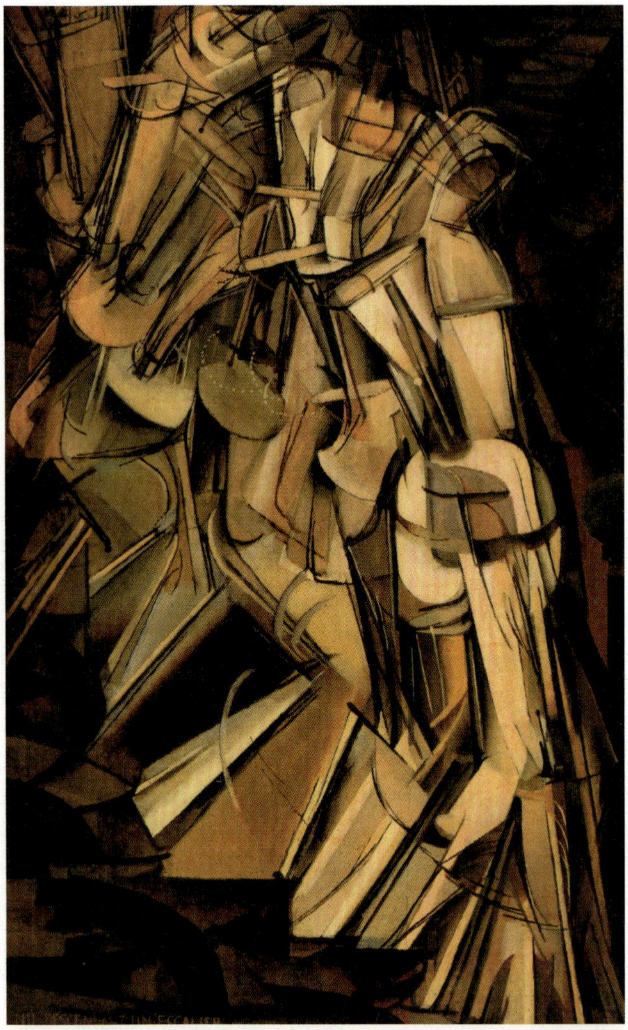

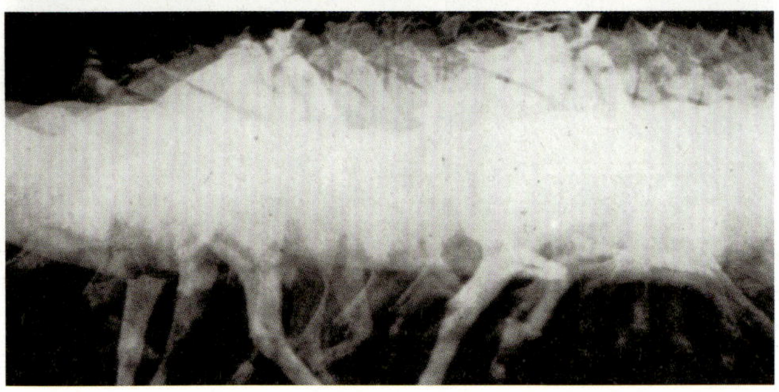

Mit der Fotografie erwächst den bildenden Künstlerinnen und Künstlern des 19. Jahrhunderts eine plötzliche und bedrohliche Konkurrenz. Die jahrelange, mühevolle Ausbildung in naturgetreuem Zeichnen und Malen wird durch die Erfindung eines simplen Apparats überflüssig und das Monopol der Malerei auf die Herstellung von Bildern damit gebrochen. Durch die einsetzende allgemeine Verbreitung des Bildermachens mittels der Fotografie wird die Malerei als bis dahin wichtigstes Kommunikationsmittel in ihrer Bedeutung allmählich zurückgedrängt. Von Seiten der Malerei wird anfangs jeglicher Kunstanspruch der Fotografie geleugnet. Wegen des hohen technischen Anteils bei der fotografischen Bildherstellung sieht man darin nur Kunstgewerbe. Der heftige Streit, der um diese Frage entsteht, überdeckt so die für die Kunst durchaus fruchtbaren Entwicklungen, und die Fotografierenden bleiben zuerst nur Lieferantinnen und Lieferanten des Kunstbetriebs, indem ihre Aufnahmen in erster Linie als Hilfsmittel für die Malerei verwendet werden.

Bald jedoch versuchen sie, mit der Kamera auch unabhängig von der Malerei Kunst zu machen, ahmen aber deren Stilmerkmale nach, um davon zu profitieren. Später gehen sie dazu über, den kreativen Anteil der fotografierenden Person – als dem handelnden Subjekt – an der Erstellung der Aufnahme gegenüber jenem der Technik voranzustellen. Ab da beginnt in der Beziehung zwischen Fotografie und Malerei ein Prozess von Geben und Nehmen, in dem mehr und mehr die Fotografie die wichtigen Impulse setzt.

So wären ohne die grundlegenden fotografischen Bewegungsstudien des Engländers *Edward Muybridge* oder des Franzosen *Etienne-Jules Marey* Bilder wie „Akt, eine Treppe herabsteigend" von *Marcel Duchamp* aus dem Jahre 1912 nicht möglich gewesen. Auch die Malerei des italienischen Futurismus mit ihrem zentralen Interesse an der Darstellung der Bewegung hätte es in dieser Form nicht gegeben.

Den vorläufigen Endpunkt der Beziehungskette zwischen Fotografie und Malerei bildet der Fotorealismus, der in den 70er-Jahren des vorigen Jahrhunderts entstanden ist.

Abb. oben: Marcel Duchamp: Akt, eine Treppe herabschreitend II, 1912, Öl auf Leinwand, 147 x 89 cm, Museum of Art, Philadelphia

Abb. unten: Etienne-Jules Marey: Chronofotografie eines weißen Pferdes, um 1886, Cinémathèque Française, Paris

Querverweis

6.1 Tableau vivant: Das Bild, das zu Leben erweckt wird

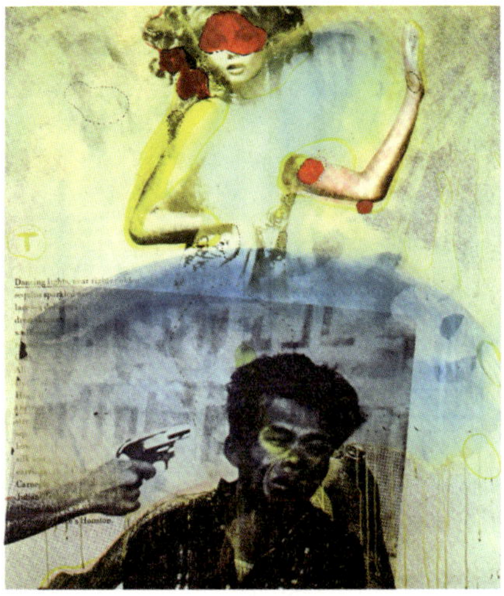

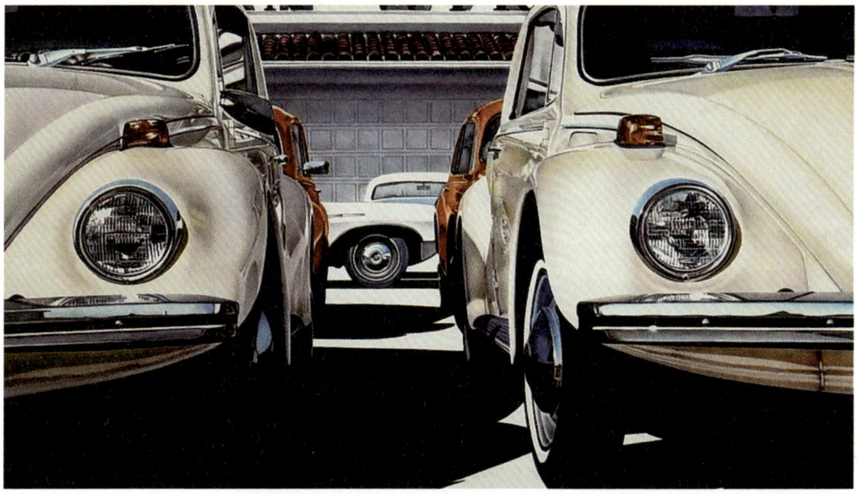

Das Anliegen der sogenannten Fotorealistinnen und -realisten ist es, gemalte Abbilder der Realität zu erzeugen, die noch authentischer wirken als die von der Kamera eingefangenen. Über die Fähigkeit der Fotografie hinaus, Bilder der Wirklichkeit zu liefern, wollen sie diese mit ihren Werken noch übertreffen. Der Amerikaner *Don Eddy* (*1944) erreicht dies, indem er mit Airbrush mehrere Farbschichten übereinander aufträgt und dadurch die Grenzen zwischen Fotografie und Malerei scheinbar aufhebt.

In der Collage *Wolf Vostells* (1932–1998) bleiben die Medien autonom nebeneinander. Indem die Betrachterin oder der Betrachter das Foto, das ebenfalls 1968 aufgenommen wurde, in Bezug zur oben abgebildeten Figur und zum Titel setzt, wird die Kritik daran offengelegt. Auch in der Fotografie von *David LaChapelle* (*1963) ist ein kunstgeschichtlicher Verweis zu erkennen, der sowohl formal als auch durch den Titel verdeutlicht ist.

Abb. links oben: Wolf Vostell: Miss Amerika, 1968, farbig überarbeitete Fotocollage, Sammlung Ludwig, Köln

Abb. rechts oben: Don Eddy: Van Wyk Volkswagen, 1971, Airbrush

Abb. rechts unten: David LaChapelle: Das Letzte Abendmahl, 2003, Fotografie

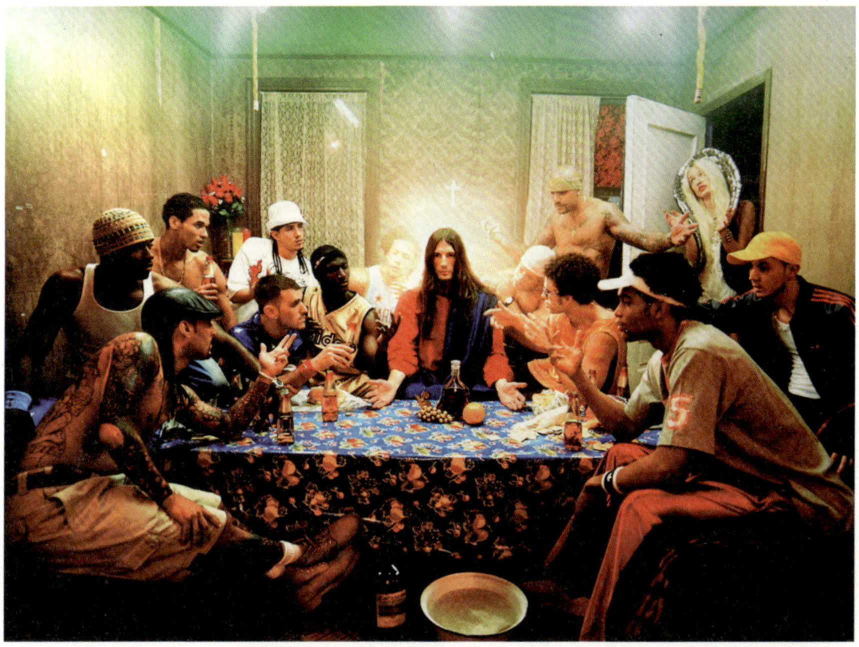

Aufgabenstellungen

Warum stellte das Aufkommen der Fotografie eine Konkurrenz für die Malerei dar? Aus welchen Gründen wurde dem neuen Medium abgesprochen, Kunst zu sein? Welche Konsequenzen hatte letztendlich die Fotografie für die Malerei?

Das Foto, das *Wolf Vostell* in seine Arbeit integriert, gilt als eines der berühmtesten im Bereich der Kriegsreportage. Recherchiere zu diesem Bild. Wer hat es aufgenommen? Wann entstand es? In welchen Kontext wird es in der Collage *Vostells* gesetzt?

Auch die Fotoarbeit von *David LaChapelle* bezieht sich auf ein berühmtes Bild. Findest du das Gemälde dazu im Buch? Von wem stammt es und welcher Epoche ist es zuzuordnen? Welche formalen Aspekte hat *LaChapelle* übernommen? Wie interpretierst du diesen Verweis?

9.3 Funktionen der Fotografie

Dokumentieren, gestalten, erfinden

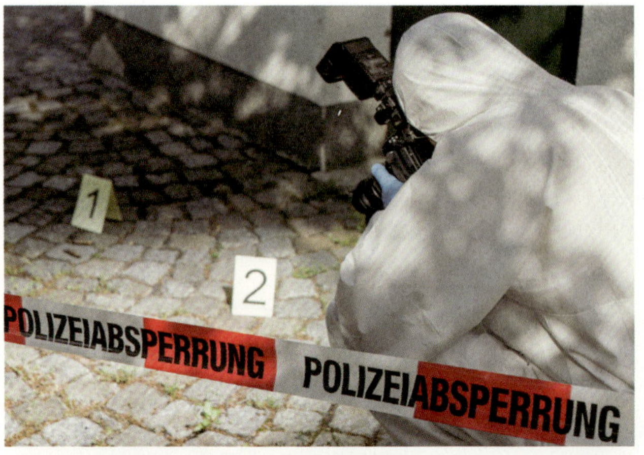

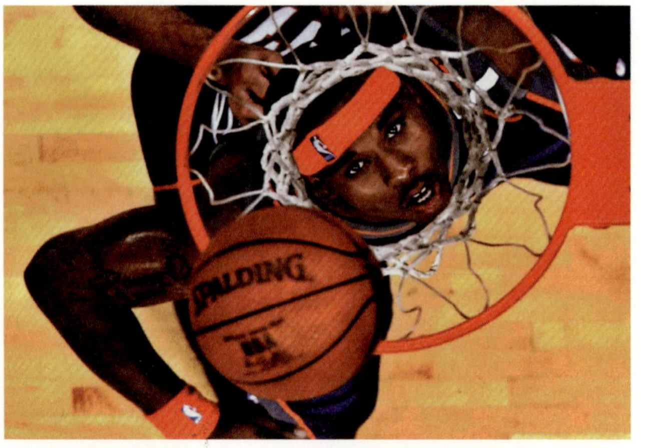

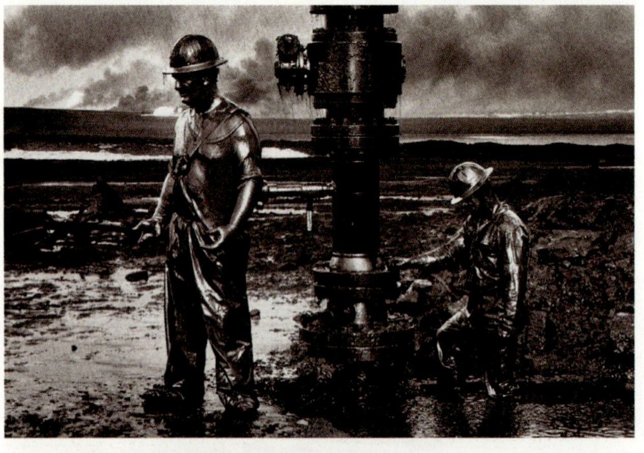

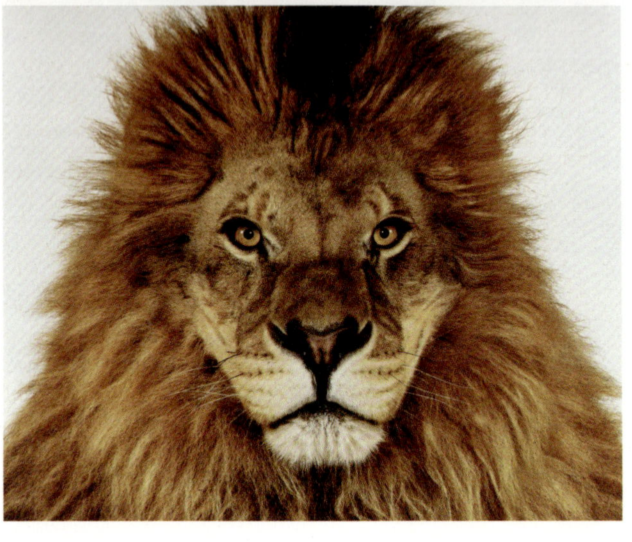

Abb. links oben: Dokumentieren eines Tatorts
Abb. links Mitte: Sebastião Salgado: Kuwait, 1991
Abb. links unten: Andrew Zuckerman: Afrikanischer Löwe, 2006
Abb. rechts oben: Lucy Nicholson: Quentin Richardson während der NBA Finals, San Antonio, 2005

Um den Gesamtbereich Fotografie übersichtlich zu gliedern und in unterschiedliche Gebiete zu unterteilen, bedarf es einer genauen inhaltlichen und formalen Betrachtung. Eine mögliche Vorgangsweise dabei ist die Frage nach den konkreten Zielen, der Art der Auseinandersetzung mit der Realität und deren Niederschlag in den Abbildungen. Nach *A. Schmoll* ergeben sich daraus drei Arten von fotografischen Bildern: 1. die feststellende Fotografie; 2. die darstellende Fotografie; 3. die bilderzeugende Fotografie.

Bei der feststellenden Fotografie geht es in erster Linie um das bloße Erkennen der Realität. Die Aufnahmen, die aus dieser Zielvorstellung heraus entstehen, bilden das jeweilige Geschehen ab, ohne darauf Einfluss zu nehmen. Die fertigen Bilder sind somit Abbilder. Sie scheinen objektiv zu sein und wollen berichten oder einen Vorgang dokumentieren. Man bezeichnet sie auch als direkte Fotografien und setzt sie vor allem für wissenschaftliche Zwecke und im Bereich des Journalismus ein. Während die feststellende Fotografie Realität abbildet, versucht die darstellende Fotografie, diese zu interpretieren und mögliche Zusammenhänge zu kommentieren. Fotografinnen und Fotografen gestalten die Aufnahme so, wie sie sie von Seiten der Betrachterin oder des Betrachters gesehen wissen wollen. Die Methode, die sie dabei anwenden, ist die Inszenierung der Realität. Die vorgefundene Wirklichkeit wird aus der Sicht der Kunstschaffenden geformt und gestaltet. Vor dem eigentlichen Akt des Fotografierens

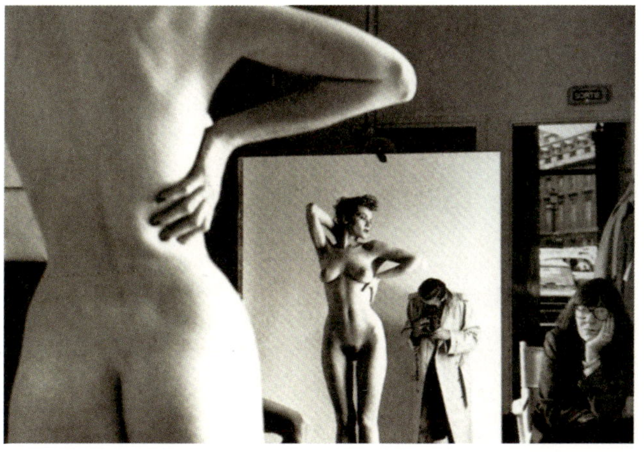

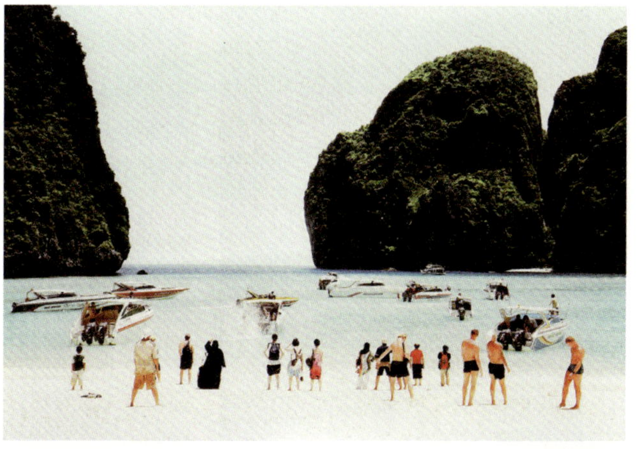

werden Motive aufgebaut und Szenen gestaltet oder Entscheidungen über Kameraperspektive, Bildausschnitt etc. getroffen. Die Ergebnisse, die daraus entstehen, sind Sinnbilder und Symbolbilder. Nutzbar gemacht werden sie sowohl in der künstlerischen als auch in der propagandistischen Fotografie. Im Unterschied zur darstellenden Fotografie, bei welcher der Prozess des Einwirkens zeitlich in einer Phase vor der Aufnahme liegt, geschieht die Bearbeitung und Umformung bei der bilderzeugenden Fotografie, nachdem die jeweilige Aufnahme bereits abgeschlossen ist. Erst dann werden Veränderungen vorgenommen. Hierbei wird jedoch nicht die Realität inszeniert, sondern das Bild in seiner Erscheinungsform verändert. Weiters kann eine Differenzierung gemäß Genres erfolgen. Mögliche Einteilungen sind: Porträt-, Kriegs- oder Architekturfotografie, Reportage-, Dokumentar-, Makro- oder Naturaufnahmen, Sport-, Kunst- und Tierfotografien, oder Fotos zur Dokumentation eines Sachverhaltes. Die Liste an Genres ist noch erweiterbar. Oftmals lassen sich Fotos nicht nur einem einzelnen Genre zuordnen. Es gibt zahlreiche genrespezifische Fotowettbewerbe.

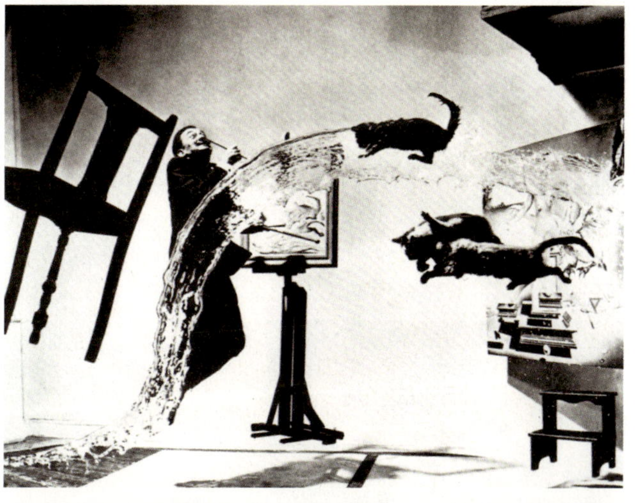

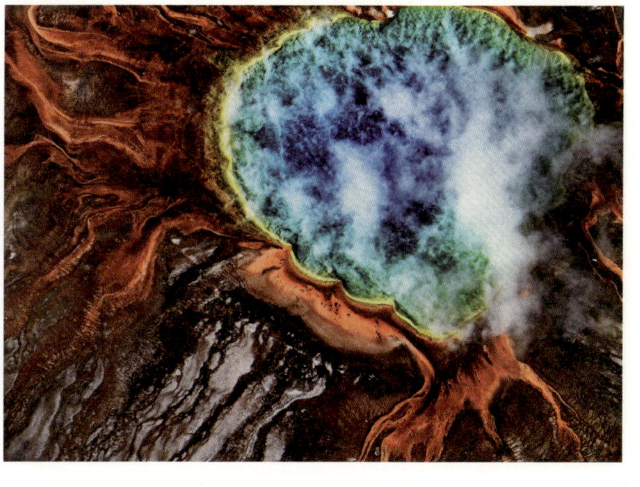

Abb. links oben: Helmut Newton: Selbstporträt mit Frau und Model, 1981, Ausschnitt
Abb. rechts oben: Francesco Jodice: Phi Phi Leh, Thailand, 2003, Strand bekannt aus dem Film „The Beach"
Abb. rechts Mitte: Philippe Halsman: Dalí Atomicus, aus einer Fotoserie, 1948
Abb. rechts unten: Bernhard Edmaier: Grand Prismatic Spring, Yellowstone-Nationalpark, Wyoming, 1999

Aufgabenstellungen

Erkläre die von *Schmoll* vorgestellte Einteilung und ordne dafür jeweils eine Abbildung zu. Inwieweit kann eine Differenzierung zwischen feststellender und darstellender Fotografie schwierig sein? Welche Abbildungen können hierbei als Grenzfall angeführt werden? V A R S

Diskutiere in der Gruppe, in welcher Genre-Kategorie die abgebildeten Fotobeispiele bei einem Wettbewerb teilnehmen könnten. V A R S

9.4 Das Foto als Dokument

Festhalten von Realität

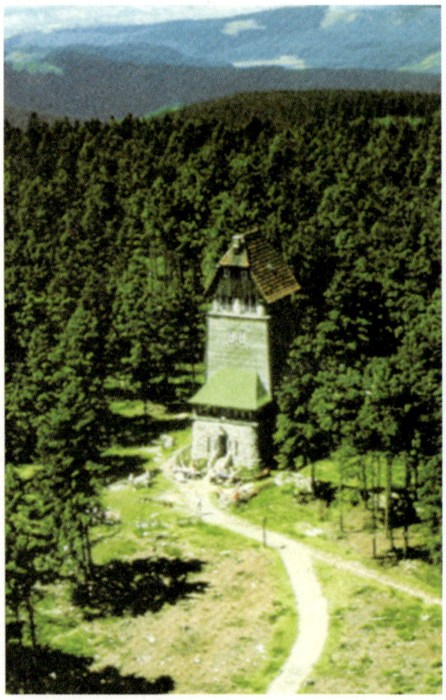

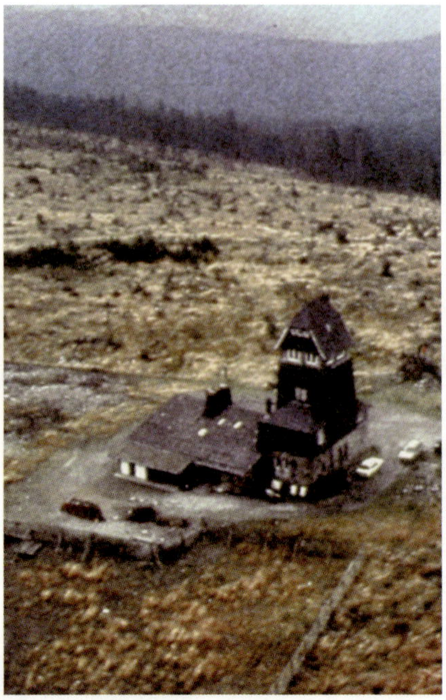

Abb. oben: Hanskühnenburg im Oberharz, 1972 und 1984, Luftbilder, anonym
Abb. unten: Mustafa Bozdemir: Fünfmal brach das Herz von Mutter Kezban, 1983, Farbfoto, Türkei

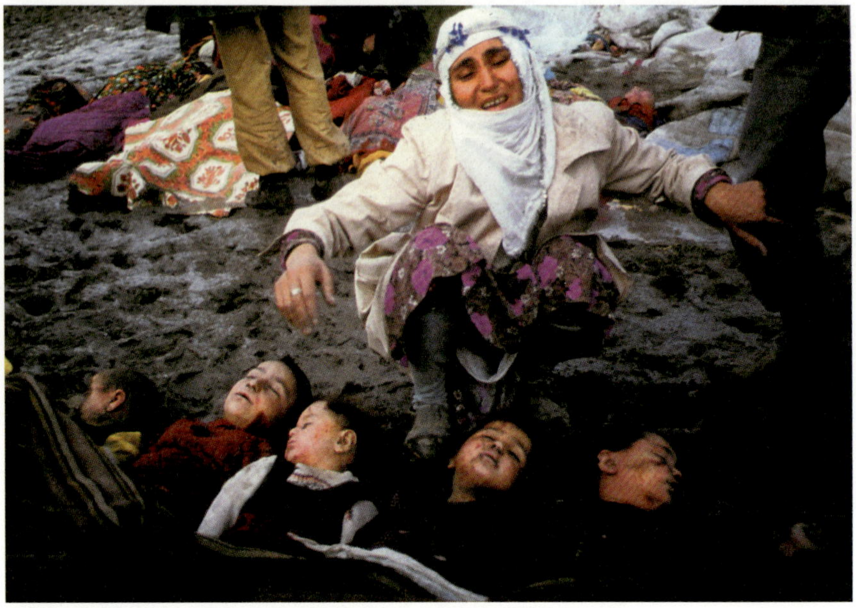

In den Anfangszeiten der Fotografie war man der Ansicht, dass sich die von ihr erzeugten Abbilder durch eine vollkommene Treue der Wiedergabe auszeichneten. Deshalb war es naheliegend, sie in erster Linie für jene Zwecke einzusetzen, die beweiskräftige Aussagen benötigten: als Dokumentarfotografie. Trotz des Anspruchs auf Objektivität, der aus der Treue der Wiedergabe und dem gesteigerten Realismus der Abbildung abgeleitet wird, werden viele Dokumentarfotos zu bestimmten Zwecken bzw. hinsichtlich bestimmter Ziele gemacht und deshalb mit Wertungen versehen. Deutlich wird das bei der Dokumentation ökologischer, sozialer oder politischer Probleme.

Die Abbildungen oben dokumentieren die Veränderung einer Landschaft über einen Zeitraum von zwölf Jahren. Es wird gezeigt, wie ein Waldstück durch das Zusammentreffen von Luftverschmutzung, saurem Regen und Windbruch völlig zerstört wurde. Die Fotografie von *Mustafa Bozdemir* zeigt die Folgen eines Erdbebens in einer östlichen Region der Türkei. Im Dorf Koyunören findet eine Mutter ihre fünf Kinder, die in den Trümmern des Hauses verschüttet wurden und durch den folgenden Erdrutsch umgekommen sind.

Der Wettbewerb der niederländischen Stiftung World Press Photo ist einer der bekanntesten im Bereich des Bildjournalismus. In unterschiedlichen Sparten (u. a. Zeitgenössische Thematik, Natur, Sport etc.) werden jährlich jene Fotos gekürt, deren Themen von hoher gesellschaftlicher Bedeutung sind und die zusätzlich aufgrund ihrer ästhetischen Umsetzung besonders überzeugen. Es stellt sich dabei die Frage, wie objektiv ein Bild tatsächlich ist und inwieweit persönliche Erlebnisse oder Schicksalsschläge von öffentlichem Interesse sind.

Aufgabenstellungen

- **V A R S** Beantworte die Frage, die im letzten Satz aufgeworfen wird. Wodurch kann ein scheinbar objektives Bild die subjektive Meinung der Fotografin oder des Fotografen mittransportieren?
- **V A R S** Informiere dich, welche weiteren Kategorien es beim World Press Photo Wettbewerb noch gibt. Welche Fotos haben dieses Jahr gewonnen und mit welcher Begründung?

9.5 Die Fotomontage

Wirkungen der fotografischen Bildzusammensetzung

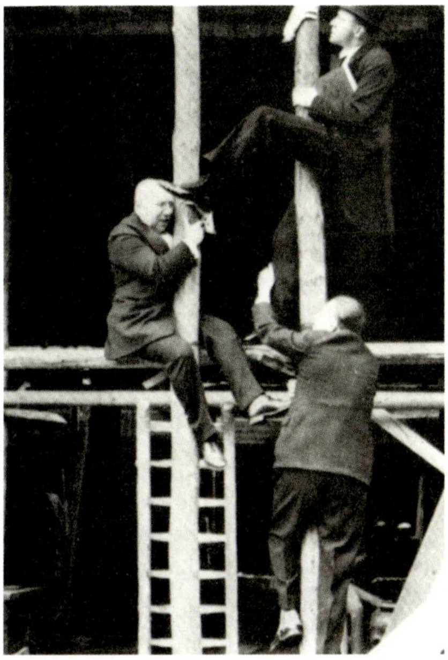

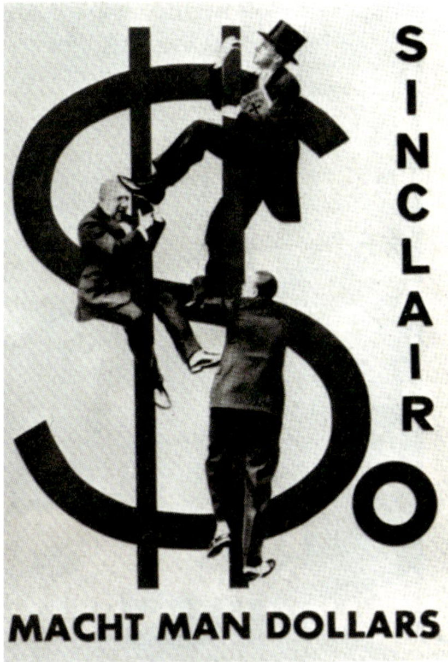

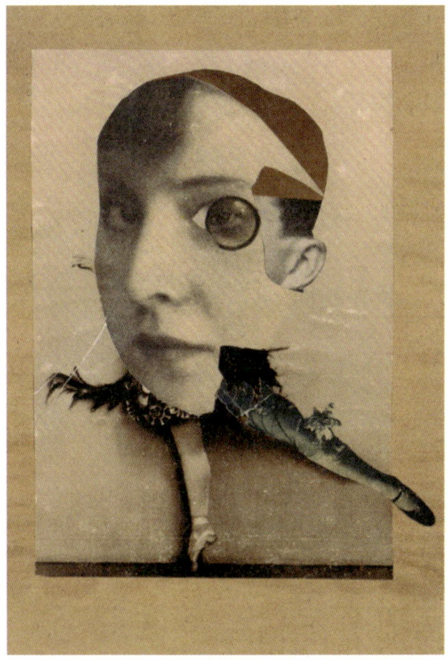

Unter Fotomontagen versteht man zum einen Klebemontagen aus mehreren geschnittenen Fototeilen, die neu zusammengesetzt und teilweise mit zusätzlichen Papierstücken, gedruckten Textteilen ergänzt oder zeichnerisch überarbeitet werden. Zum anderen können heute Fotomontagen auch mit Bildprogrammen digital hergestellt werden. In jedem Fall verleugnen solche Montagen, wie z. B. „We are such animals" von *Olaf Breuning*, ihren Herstellungsprozess nicht, sondern stellen diesen vielmehr in den ästhetischen Mittelpunkt.

Die analoge Fotomontage hatte ihre bedeutendste Zeit zu Beginn des 20. Jahrhunderts. In den 1930er-Jahren entwickelte *John Heartfield* sie zu einem wirksamen Mittel der politischen Karikatur, mit dem er sich für gesellschaftspolitische Ziele einsetzte. Seine Arbeiten waren keine Unikate, sondern erreichten mit der Publikation auf Plakaten, Buchumschlägen oder in Zeitschriften viele Menschen.

Abb. links oben: John Heartfield: Arrangiertes Foto für Fotomontage, 1930
Abb. Mitte oben: John Heartfield: Buchumschlag für Malik-Verlag, 1931
Abb. Mitte unten: Olaf Breuning: We are such animals, Ausschnitt, 2004

Abb. rechts oben: Hannah Höch: Russische Tänzerin, Fotomontage, 1928, 30,5 x 22,5 cm
Abb. rechts unten: David Hockney: Eisläufer, New York Dezember 1982, Fotocollage, 66 x 50 cm

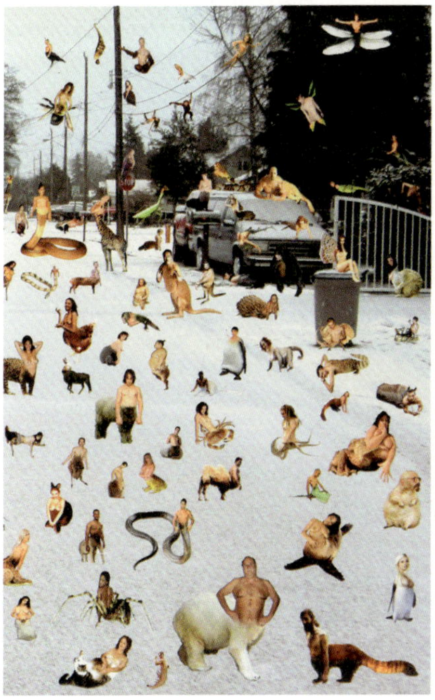

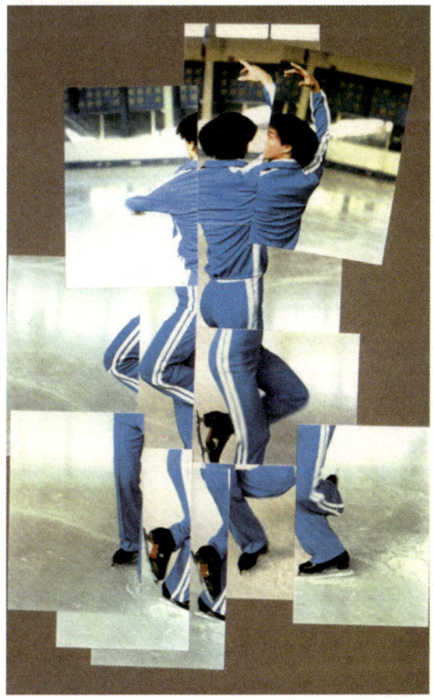

Querverweis

3.2 Digitale Bildbearbeitung

Aufgabenstellung

Erarbeite eine Fotomontage. Überlege zuerst, ob du analog oder digital arbeiten möchtest. Inwieweit kann Text eine Rolle in deiner Arbeit spielen?

9.6 Inszenierte Fotografie

Fotografie zwischen Aktion und Regie

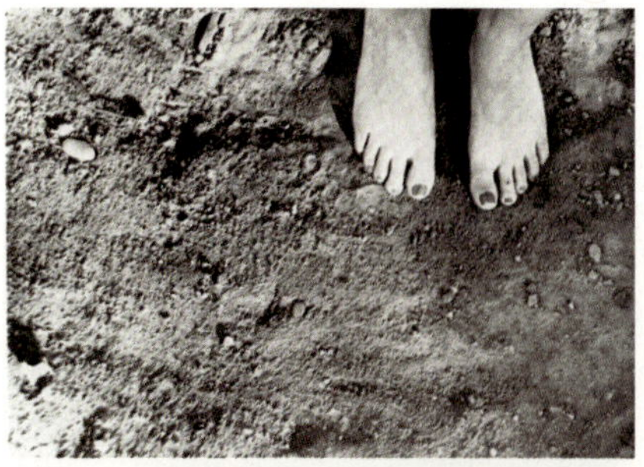

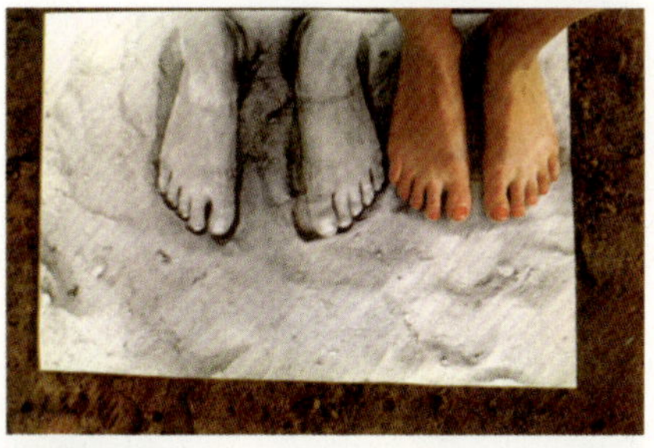

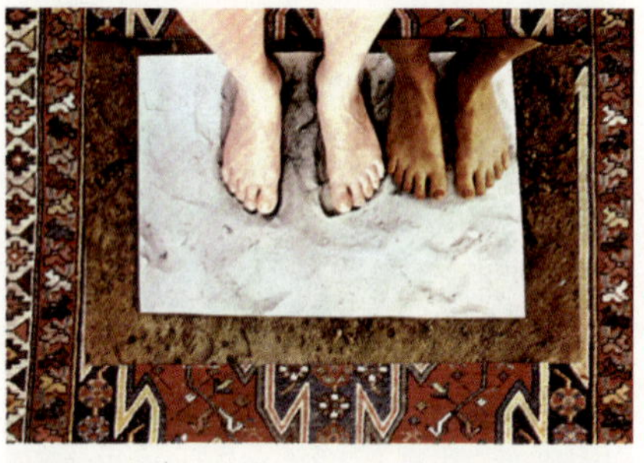

Abb. von oben nach unten: Valie Export: Ontologischer Sprung 1; Ontologischer Sprung 2; Ontologischer Sprung 3; 1974, Fotos, Lentos Linz

Es gibt zwei Möglichkeiten, wie Fotografinnen und Fotografen zum Bild kommen können: Einerseits können sie einfach im passenden Moment auf den Auslöser drücken. Sie bleiben am Geschehen unbeteiligt und beeinflussen das gewählte Bildmotiv nur durch Auswahl des Ausschnitts, Perspektive, technische Einstellungen etc. Andererseits können für Fotografien, ähnlich wie z. B. für die Malerei, eigens Bildkompositionen arrangiert werden. Für eine inszenierte Fotografie wird das Bildmotiv (Objekte, einzelne Personen, Gruppen oder Tiere) für jede Aufnahme in Szene gesetzt. Bildinszenierungen können geringe „Eingriffe" in die Realität sein oder aber ganze Szenarien erfinden. Für das Foto „Fox Games" brauchte *Sandy Skoglund* eine Vorlaufzeit von gut einem Jahr, um elf Fuchsplastiken zu produzieren und anschließend die Installation in einen für das Foto eigens konzipierten Raum anzuordnen. In *Skoglunds* Arbeiten sind Farbe und Farbverfremdung ein zentrales Kompositionselement.

Fotografie kann als Einzelarbeit konzipiert sein oder aus mehreren Arbeiten bestehen. Im Fall von *Maurizio Galimberti* erreicht erst die Gesamtkomposition von mehreren Fotos die, gemäß dem Titel, genannte Wirkung von Gebäude und Pferd in Bewegung. Die Fotoinszenierung besteht im Arrangement mehrerer Bilder.

Es gibt Fotoarbeiten, die sich aus mehreren Bildern zusammensetzen und eine Geschichte erzählen. Diese erzählenden Bildgeschichten bezeichnet man als narrative Sequenzen. Im Gegensatz zu erzählten Geschichten sind sie schneller zu erfassen und enthalten spezielle ästhetische Qualitäten, die mit Worten schwer zu beschreiben sind. Diese narrativen Sequenzen können entweder einfache zeitliche und kausale Relationen darstellen oder ganze Geschichten erfinden. In der Arbeit „Ontologischer Sprung" (1974) von *Valie Export* wird ein Foto im nächsten mitabgebildet. Diese Reihe setzt sich in mehreren Schritten fort. *Alessandra Sanguinettis* Fotoserie zeigt, wie ihre Cousinen erwachsen werden. Dabei erzählen die Bilder in lyrischer Art und Weise von den Vorstellungen, Erlebnissen, Hoffnungen und Wünschen der Mädchen. Auch in dem Foto von *Anri Sala* wird eine Geschichte aufgenommen – jene von der Entstehung der Bildkomposition.

Dies steht aber gar nicht im Vordergrund, sodass sich Betrachterinnen und Betrachter ganz den Überlegungen zu Konzeption, Komposition und Idee der Fotoarbeit hingeben können.

Im Bereich der Inszenierten Fotografie wird das Bildmotiv für jede Aufnahme in Szene gesetzt. Dabei erstreckt sich die Inszenierung von kleinen Veränderungen der vorgefundenen Wirklichkeit bis zum vollständig arrangierten, fiktiven Raum. Eine Inszenierung kann sich des Einsatzes von Farbe und Licht bedienen und doch scheinbar im Rahmen der Realität bleiben. Sie kann aber auch, wie bei den „Fox Games", eine irreale Szenerie bilden und überraschende Bildwirkungen erzielen.

Querverweise

→ *2 Bildnerische Mittel*

→ *6.1 Tableau vivant:* Das Bild, das zu Leben erweckt wird

→ *6.3 Performance Art:* Der darstellende Körper im Raum

→ *9.2 Malerei und Fotografie:* Gegenseitige Herausforderungen

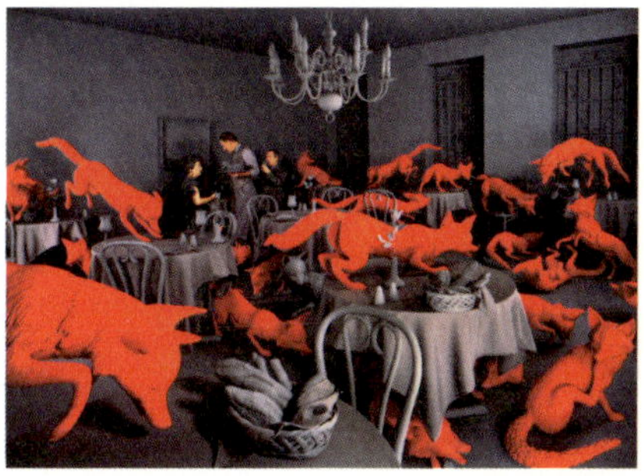

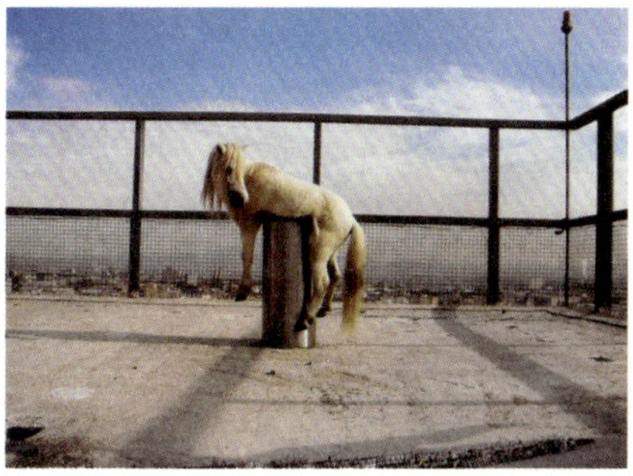

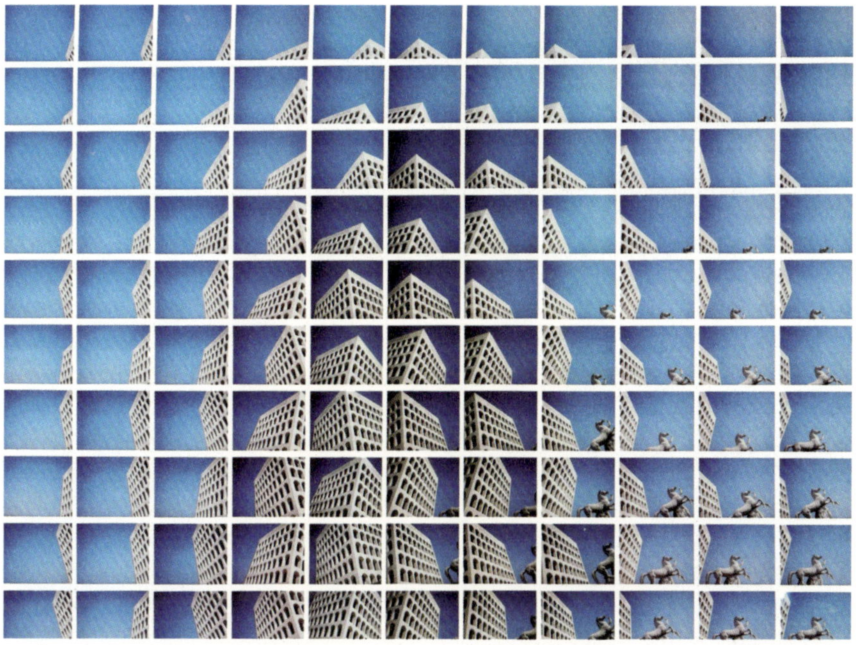

Abb. links oben: Sandy Skoglund: Fox Games, 1989, Fotografie
Abb. links unten: Anri Sala: No Barragán No Cry, 2002, Farbfotografie, 160 x 198,1 cm
Abb. rechts oben: Maurizio Galimberti: Palace with Horse in Motion, 2005, Rom, Polaroidaufnahmen
Abb. rechts unten: Alessandra Sanguinetti: Ophelias, 2001, Buenos Aires

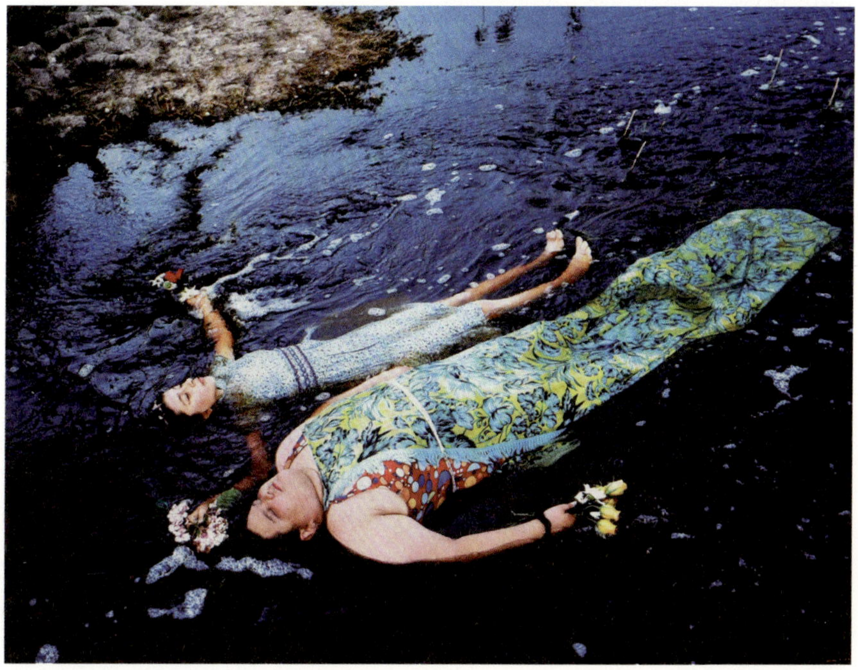

Aufgabenstellungen

Was versteht man unter „inszenierter Fotografie"? Versuche eine möglichst kurze Definition zu geben. V

In welchem Punkt unterscheiden sich die Bilderserien von *Galimberti* und *Valie Export*? Warum ist das Serielle in beiden Beispielen für die Arbeit ausschlaggebend? A

Erarbeite ein Projekt, in welchem du dich an *Galimbertis* Arbeit anlehnst. S

Was ist eine „narrative Sequenz"? Suche nach weiteren Beispielen von narrativen Bildsequenzen und analysiere den Bildaufbau der einzelnen Fotos einer Serie. Wodurch entsteht ein roter Faden? R

Erstelle selbst eine narrative Sequenz. Der Arbeitsprozess besteht aus drei Schritten: 1. inhaltliche Konzipierung, 2. formale Gestaltung (Farbe, Schwarz-Weiß, Perspektive, Bildgestaltung), 3. Präsentation (Anordnung der Bilder, Größe, ...) S

10.1 Wo wird Kunst ausgestellt und zu welchem Zweck?

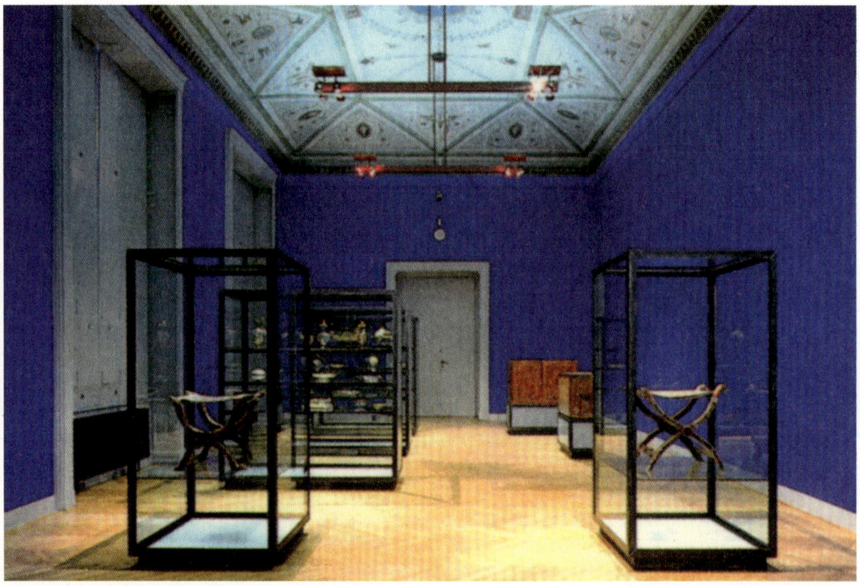

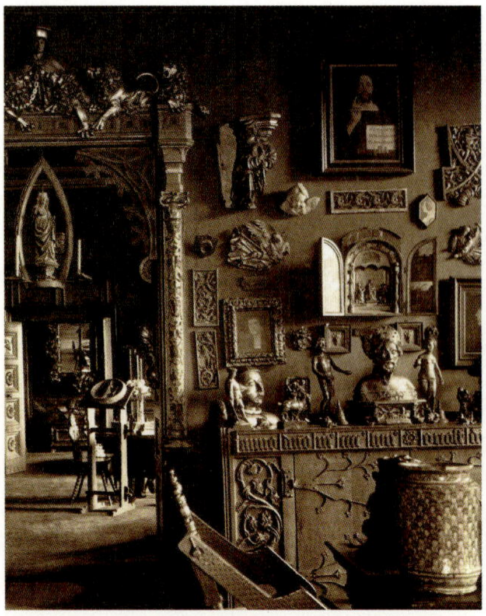

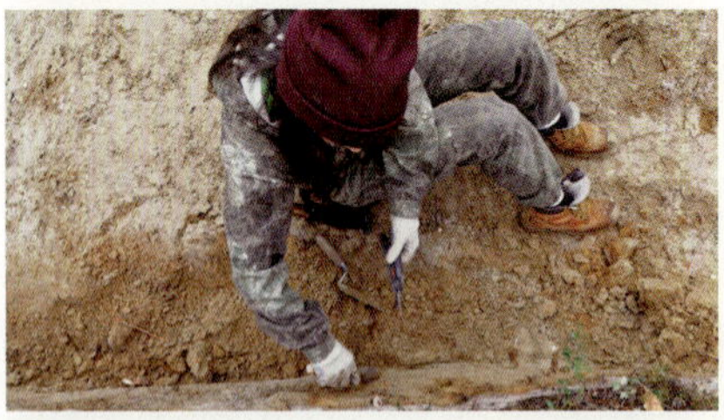

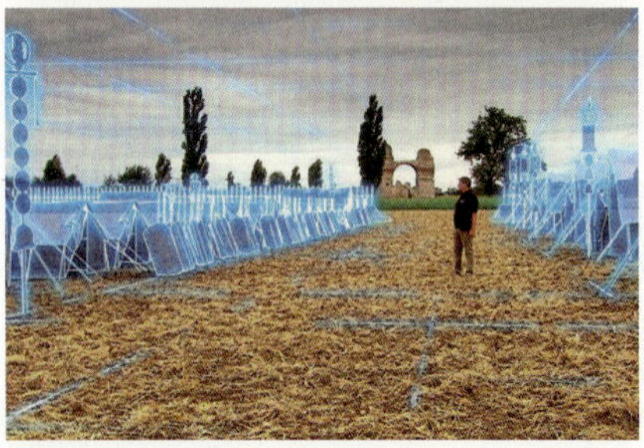

Abb. rechts oben: Günther Förg: Schauraum im MAK, 1993
Abb. links oben: Wohnung Dr. Albert Figdor, 1928/29, Foto
Abb. links Mitte und unten: Archäologische Ausgrabung und Augmented Reality zum Feldlager in Carnuntum vor aktuellem Hintergrund

Um die Frage zu beantworten, wo Kunst ausgestellt wird, muss zuerst der Frage nach dem Zweck der Ausstellung nachgegangen werden. Museen dienen im Wesentlichen dazu, Kunst und auch andere Fachbereiche einer breiten Bevölkerung zugänglich zu machen und zu informieren. Mit dem Bildungsauftrag kommt den Museen also eine stark didaktische Funktion zu. Es gibt unterschiedliche Arten von Museen: Große kunsthistorische Museen geben einen breiten Einblick in die Kunst meist verschiedener Epochen und Länder, zahlreiche Museen widmen sich dem Schaffen eines oder einer einzelnen Kunstschaffenden. Es gibt auch sogenannte Wanderausstellungen, die nacheinander in mehreren Ländern gezeigt werden. Landesmuseen erfassen und vermitteln die Kulturgeschichte eines Bundeslandes, Heimatmuseen dokumentieren die Kulturgeschichte einer Region.

Die Präsentationsformen und das zusätzliche Anschauungsmaterial haben sich im Laufe der Zeit und aufgrund der technischen Möglichkeiten weiterentwickelt. Ein Vergleich der Präsentation der privaten Sammlung *Dr. Albert Figdor*, welche die größte bürgerliche Privatsammlung ihrer Zeit (Sammlungsentstehung 1869–1927) war, zeigt mit ihrem heutigen Präsentationsort im MAK, Wien, dass in zeitgenössischen Museen den Einzelstücken sehr viel Raum gegeben wird. Jedes Objekt kann für sich wirken und lenkt nicht von den anderen ab. Heute ermöglichen zusätzlich digitale Rekonstruktionen (z. B. Bildanimationen von historischen Schauplätzen) eine bessere Vorstellung von der dargestellten Zeit. Dies gestattet Laien nachzuvollziehen, was zum Beispiel Archäologinnen und Archäologen aus unscheinbaren Fundamentresten herauslesen können.

Die heutige Funktion von Museen ist jedoch nicht nur eine wissensvermittelnde, sondern es handelt sich zudem um Orte des Sammelns, Verwahrens, der wissenschaftlichen Aufarbeitung und der Restaurierung.

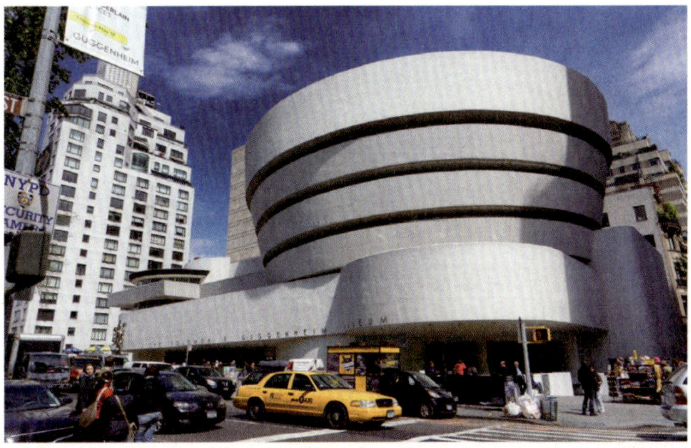

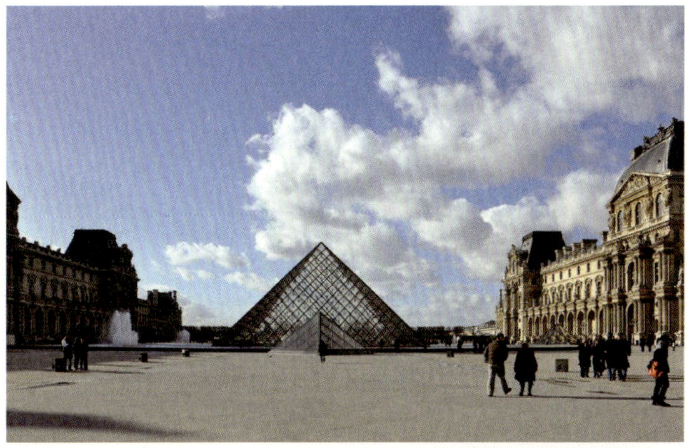

Kunsthallen dienen, ähnlich wie Museen, der Wissensvermittlung und sind nicht kommerziell ausgerichtet. Kunst wird jedoch nicht nur vermittelnd in Museen gezeigt. Sie kann auch einen stark kommerziellen Charakter haben. Kunst ist ein Gut, das verkauft wird. Orte des Kunstverkaufs sind große Auktionshäuser wie Sotheby's und Galerien verschiedenster Größen, wo sowohl die Kunstschaffenden als auch die Galeristinnen und Galeristen am Verkauf der Kunst interessiert sind. In den Medien hört man regelmäßig von Großausstellungen wie der „Documenta" in Kassel (alle fünf Jahre) oder der „Biennale" in Venedig (alle zwei Jahre). Solche Kunstgroßausstellungen beanspruchen die Vorreiterrolle im Erkennen und Setzen von internationalen Trends für sich. Sie spielen außerdem, was die Kunstpreise betrifft, eine bedeutende Rolle.

Auch für Museen ist die finanzielle Seite nicht unwesentlich. So muss z. B. die Finanzierung von Versicherungskosten und Transportkosten von Anmietungen ins Kalkül gezogen und finanziert werden.

Museen sind für den Tourismus einer Region sehr bedeutsam. Sie stellen somit für den Standort auch einen wichtigen Wirtschaftsfaktor dar. Die berühmtesten Museen sind starke Publikumsmagnete, weil die gezeigte Sammlung einzigartig und/oder das Gebäude besonders sehenswert ist.

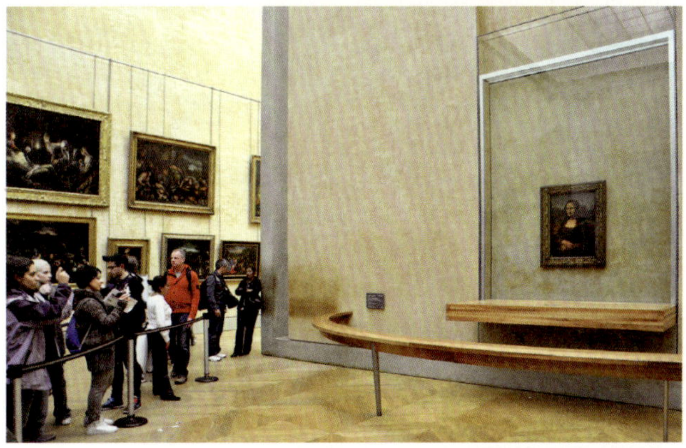

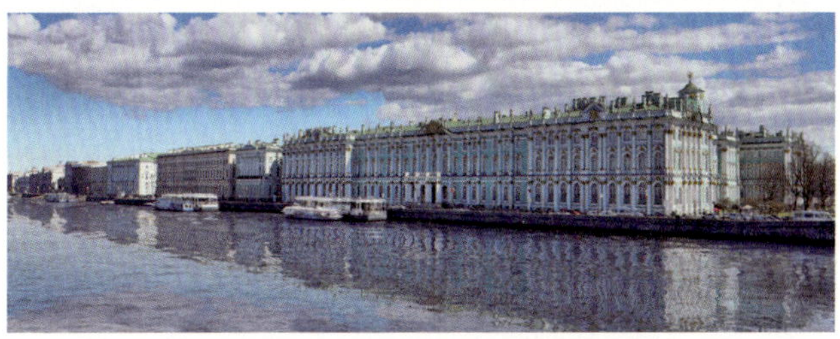

Abb. links oben: Solomon R. Guggenheim Museum, New York
Abb. rechts oben: Musée du Louvre mit Glaspyramide, Paris

Abb. rechts Mitte: Besucher/innen-Andrang im Louvre zur „Mona Lisa"
Abb. rechts unten: Eremitage, St. Petersburg

Aufgabenstellung

Finde zu jedem Absatz der Seiten 144 und 145 eine passende Überschrift. Fasse anschließend die wesentlichen Informationen in Stichworten zusammen.

10.2 Kunst wird öffentlich zugänglich: Museen und (private) Sammlungen

Zwei österreichische Beispiele: das Wiener KHM und das Linzer Lentos

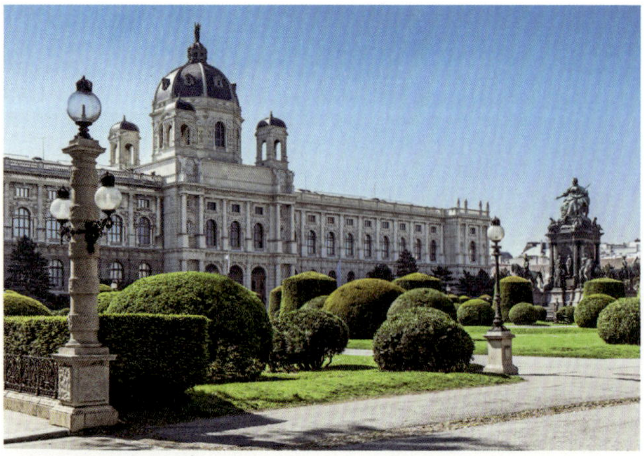

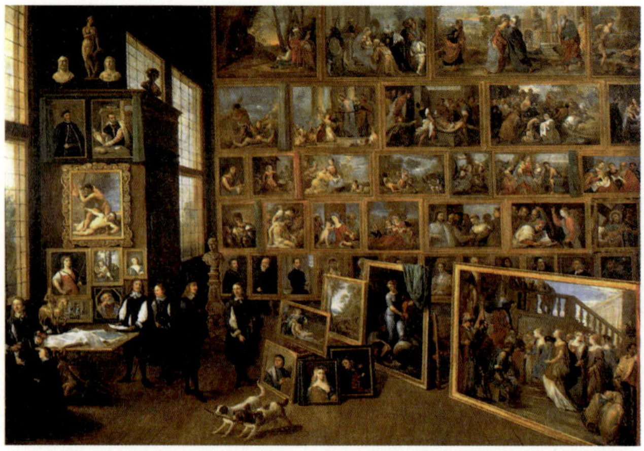

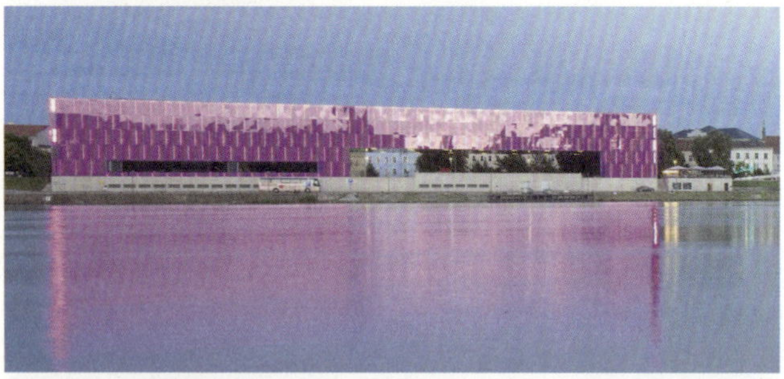

Zu den wichtigsten Einrichtungen der Vermittlung von Kunst und Kunsthandwerk gehören die Institutionen der Kunstmuseen. Diese können sich in staatlichem Besitz befinden, aber auch von Stiftungen, Vereinen oder Privatpersonen getragen werden.

Die Bestände vieler Museen sind aufgrund der Sammelleidenschaft von Adeligen entstanden. So geht auch der Bestand des Kunsthistorischen Museums in Wien, das eine der bedeutendsten Sammlungen Europas beherbergt, auf Teilsammlungen der Habsburger zurück. Den Grundstock der heutigen Gemäldegalerie des Hauses trug Erzherzog Leopold Wilhelm, Statthalter in den Niederlanden des 17. Jahrhunderts, zusammen. Er brachte etwa 1400 Bilder nach Wien. Im 18. und 19. Jahrhundert wurden allmählich private Sammlungen für die Öffentlichkeit zugänglich gemacht. Große Museumsbauten wurden dafür errichtet. Das Wiener KHM wurde im Zuge der Ringstraßenbebauung 1891 von Kaiser Franz Josef I. eröffnet und nun als allgemein zugängliches Museum geführt.

Das Gemälde von *David Teniers d. J.* zeigt den Erzherzog und dessen Berater inmitten seiner Gemäldesammlung in Brüssel. Deutlich zu erkennen ist, dass es sich um eine Sammlung ohne Anspruch auf Methodik oder gar wissenschaftliche Präsentation handelt. Die Gemälde, vorwiegend italienischer Meister, sind willkürlich arrangiert und sollen Kunstverstand, Fülle und Reichtum vermitteln. Heute sind die Bilder im KHM im kunsthistorischen Zusammenhang gehängt. Den einzelnen Kunstwerken wird dabei viel Platz gegeben.

In Österreich stellt das Linzer Lentos einen der jüngsten Museumsbauten dar. Aufbauend auf der Sammlung des Berliner Galeristen und Kunstsammlers *Wolfgang Gurlitt* (1888 – 1965) errichtete die Stadt Linz 1953 die „Neue Galerie". 1998 wurde ein Neubau beschlossen. Das von dem Zürcher Architektenteam *Weber & Hofer* geplante Objekt wurde 2003 eröffnet. Die „Schweizer Kiste mit Durchblick" (gemäß ehem. Direktor *Peter Baum*) gibt mit dem architektonischen Fenster den Blick auf die andere Uferseite, Urfahr, frei. Das städtische Museum zählt zu einem der wichtigsten Museen moderner und zeitgenössischer Kunst in Österreich.

Abb. rechts oben: David Teniers d. J.: Erzherzog Leopold Wilhelm in seiner Galerie in Brüssel, um 1651, Öl auf Leinwand, 123 x 163 cm, Kunsthistorisches Museum, Wien

Abb. links oben: Außenansicht des KHM Wien

Abb. links unten: Weber & Hofer: Lentos, Linz, 2003

Seite 147:

Abb. links oben: Kunst und Wunderkammer der Familie Esterhazy, Burg Forchtenstein, Burgenland, Detailansicht

Abb. rechts oben: Frank Gehry: Stiftung Louis Vuitton, Paris, 2014

Abb. rechts Mitte: Abgusssammlung der Akademie der Bildenden Künste, Wien

Abb. rechts unten: Jason deCaires Taylor: The Silent Evolution, Museo Subacuático de Arte, Cancún/Isla Mujeres, Mexiko, 2010

Querverweis

→ *14.2 Darstellungsmöglichkeiten:* Die Vorstellungen von Räumen sichtbar machen – am Beispiel Frank Gehry

Kunstpräsentation mit unterschiedlichen Funktionen

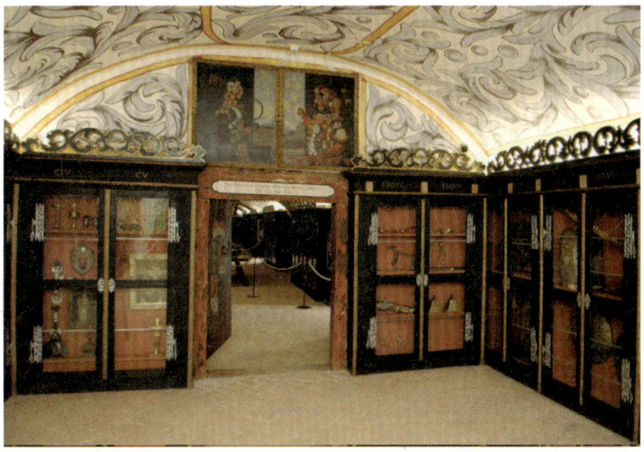

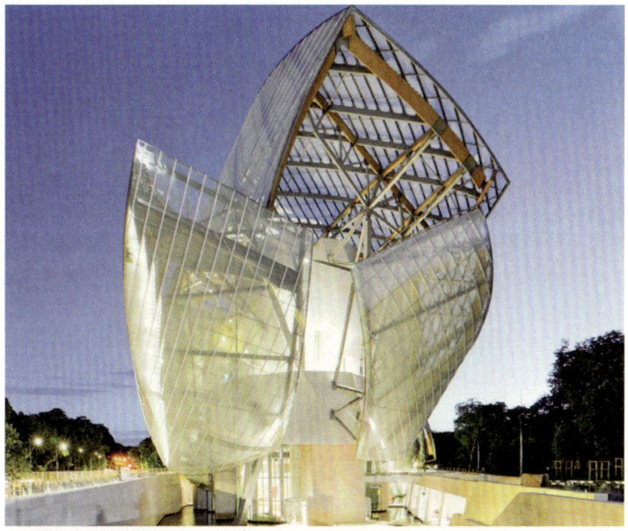

Noch im Originalzustand befindet sich die Kunst- und Wunderkammer der Familie Esterhazy. Sie wurde ab dem 17. Jahrhundert aufgebaut und wird noch immer wie ein persönlicher Schatz im tiefen Inneren der Burg Forchtenstein bewahrt. Sie vermittelt wie kaum eine andere Sammlung die Lust am Anhäufen und Bewahren von Besonderheiten. Bürgerliche Sammlertätigkeit ist zunächst meist rein privat. Besondere Stücke gehen aber oft auch als Leihgaben an Museen. Auch aktuelle Sammlungen befinden sich oft in privater Hand. Einen der jüngsten Museumsbauten für private Sammlungen stellt die Stiftung Louis Vuitton in Paris dar. Das von *Frank Gehry* geplante Gebäude wurde 2014 eingeweiht. Das Glasschiff, wie es auch genannt wird, präsentiert Kunstwerke der Moderne.

Andere Sammlungen wiederum legen keinen Wert auf Originale. Kunstakademien trugen Gipsabgüsse der wichtigsten Plastiken der Kunstgeschichte zusammen. Sie dien(t)en der Ausbildung von Kunststudentinnen und -studenten, die von den Meisterwerken aller Epochen und Kulturen lernen und sich an ihnen messen sollten. Die Gipssammlung der Akademie der Bildenden Künste ist heute zu besichtigen.

Unterwassermuseen sind eine relativ neue Museumsform. *Jason deCaires Taylor* möchte mit seinen Betonskulpturen unter Wasser auf die Bedrohung von Korallenriffen hinweisen. Die Skulpturen bieten mit der Zeit neue Lebensräume für die Unterwasserwelt an, wodurch Touristinnen und Touristen weg von fragilen Korallenriffen hin zu ausgewählten „neuen" Orten geführt werden sollen.

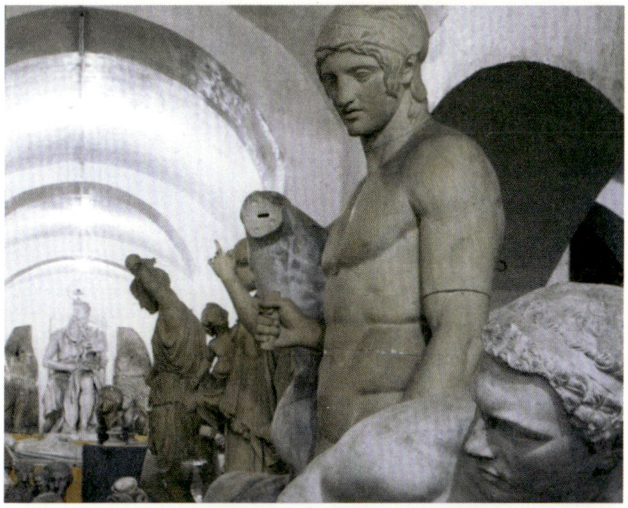

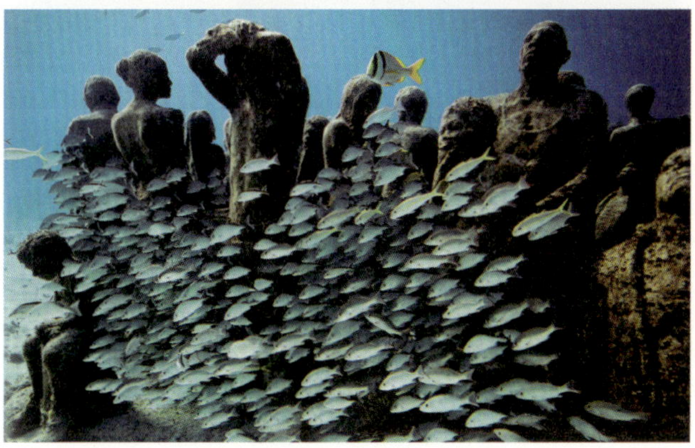

Aufgabenstellung

Fasse die Entwicklung der einzelnen vorgestellten Häuser zusammen. Welcher Aspekt würde dich zu einem Museumsbesuch animieren?

10.3 Kunst und Geld

Preise macht der Markt

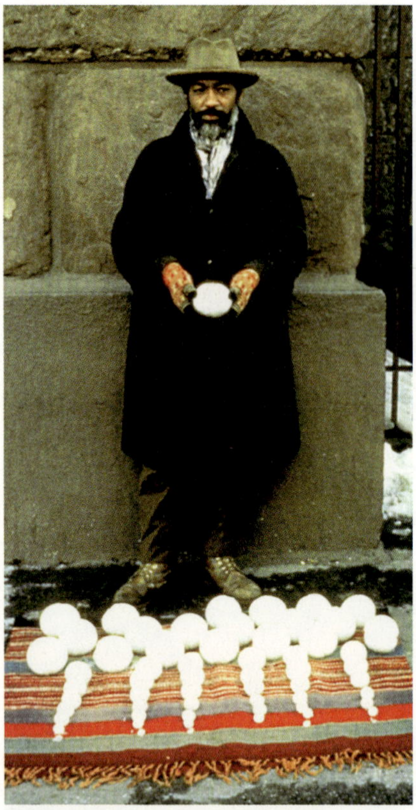

Abb. oben: David Hammons: Bliz-aard Baal Sale, Schneeballverkauf, 1983, New York

Abb. unten: Art Basel, eine der wichtigen Kunstmessen

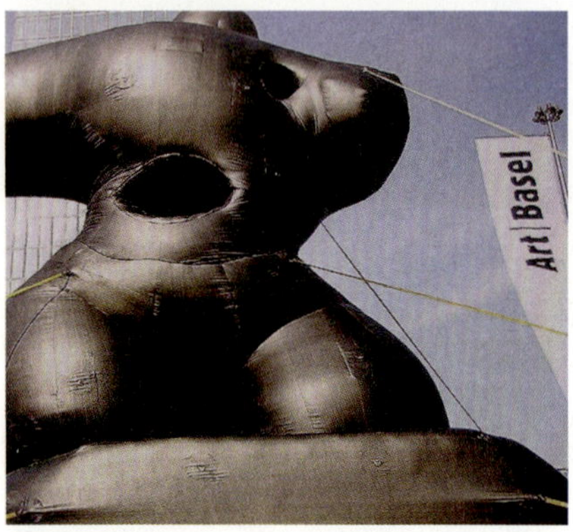

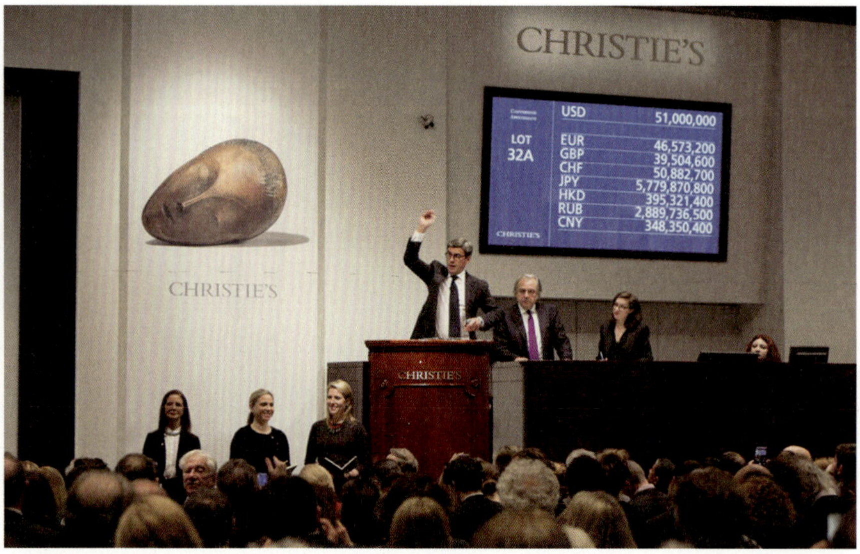

Abb. rechts oben: Versteigerung von Brâncuşi „Schlafende Muse" bei Christie's in London, Versteigerungswert: 57,36 Mio. $

Die Preise von Kunstwerken werden am Kunstmarkt gemacht. Die wichtigste Funktion haben dabei Galerien. Kommerziell geführte Galerien gehen mit Künstlerinnen und Künstlern ein Vertragsverhältnis ein, stellen die Arbeiten aus, übernehmen die Öffentlichkeitsarbeit, vermitteln potentielle Käuferinnen und Käufer und Kontakte zu anderen Galerien. Beim Verkauf von Arbeiten erhalten sie dann eine Provision, die um 50 % des Verkaufspreises liegt. Ankäufe durch wichtige Sammlerinnen und Sammler oder Museen erhöhen den Marktwert. Die Präsentation auf internationalen Kunstmessen (Art Cologne, Art Basel, ViennAfair usw.), wo nur Galerien zugelassen sind, kann den Markt weiter öffnen und in Verbindung mit der Präsenz in Kunstzeitschriften die „Marke" der Künstlerin oder des Künstlers etablieren. Wenn es gelingt, in wichtigen – Trends bestimmenden – Großausstellungen (Biennale, Documenta, usw.) prominent vertreten zu sein, ist der Ruhm gesichert und kann durch große Personalen (Einzelausstellungen) in wichtigen Kunsthäusern ausgebaut werden. Schon zu Lebzeiten, aber meist erst danach, werden Preisklassen auf Auktionen bei Sotheby's, Christie's, im Dorotheum usw. definiert. Da tote Kunstschaffende nicht mehr produzieren können, führt eine bleibende Nachfrage zu höheren Preisen. Bilder werden dabei oft unabhängig von ihrem künstlerischen Wert zu Renommierobjekten und Kapitalanlagen. So wurden z. B. konventionelle Studentenarbeiten *Schieles* zu begehrten und mit hohen Preisen gehandelten Objekten. Ein wichtiger Faktor der Preisgestaltung ist die gesicherte Zuschreibung durch anerkannte Expertinnen und Experten. Erfolgreiche Künstlerinnen und Künstler wurden und werden kopiert, ihre Signaturen gefälscht. So musste die Zahl als echt erkannter *Rembrandts* von 1901 bis 1999 von 1.000 auf 250 reduziert werden.

Querverweis

→ *4.8 Werbung für Designobjekte:* Was wird hier verkauft? – Und welche Träume werden angesprochen?

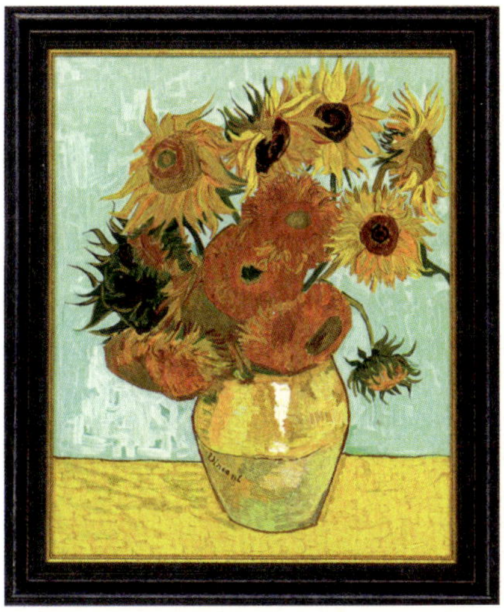

Ein eigener Bereich der Kunstvermittlung ist der Handel mit Faksimiles (möglichst originalgetreue Reproduktionen), Plakaten, Kunstpostkarten und Katalogen. Ertragreich scheint auch der Verkauf aller möglichen Souvenirs in den Formen der Vorbilder bzw. mit Motiven daraus zu sein. Ohne Rücksicht auf Technik, Material und Größe der Originale wird dabei der populäre Teil der Kunstgeschichte geplündert. Häufig wird durch die Verwendung von Gold und die besondere Hervorhebung eines noch so geringen Anteils an Handarbeit Exklusivität und Originalität vorgetäuscht.

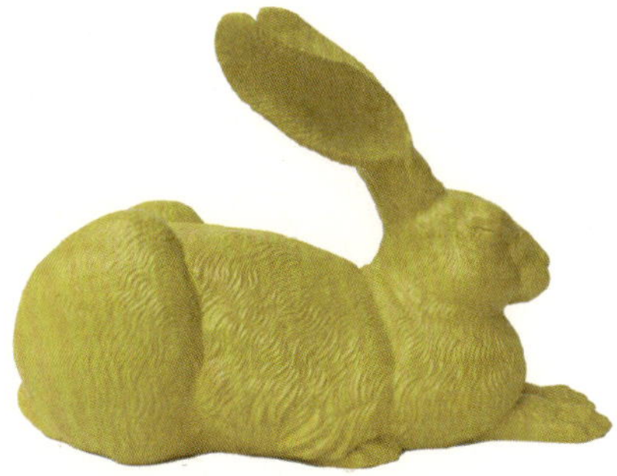

Abb. links oben: Dietz-Replik der „Sonnenblumen" von 1888, Siebdruck, 130 Farben auf Leinwand, Auflage: 950
Abb. rechts oben: Ottmar Hörl: Dürer-Hase
Abb. unten: Souvenirs mit Klimt-Motiven

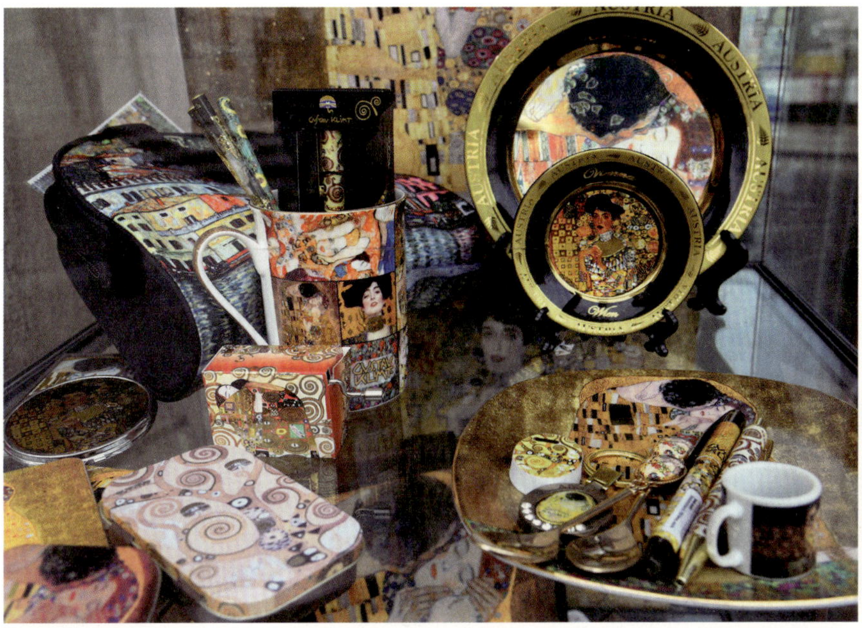

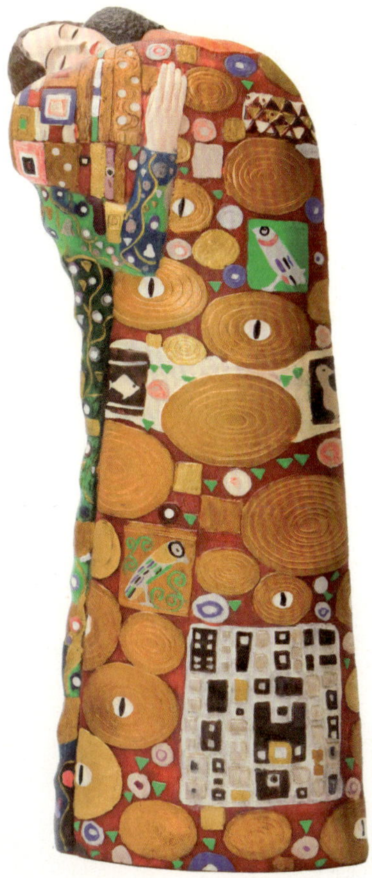

Aufgabenstellung

Wer bestimmt den Preis eines Kunstwerks? Wodurch wird dieser beeinflusst? Warum wird Kunst überhaupt gehandelt?

10.4 Kunstvermittlung und Medien

Kunstpädagogik, Kindermuseum, Kunstuniversität, Medien

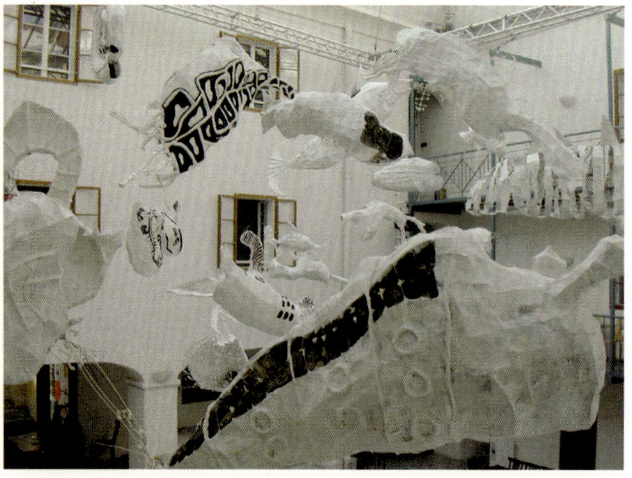

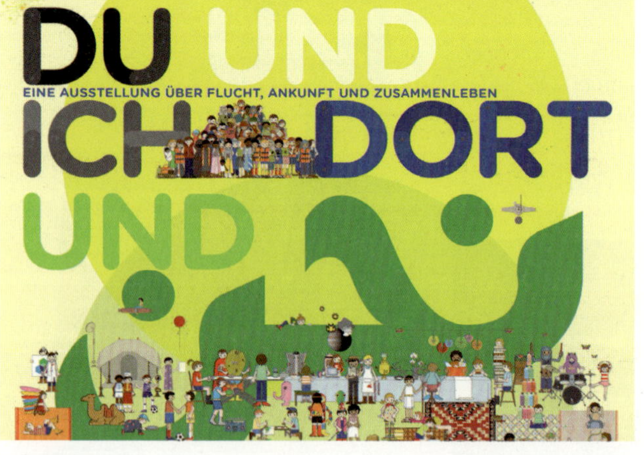

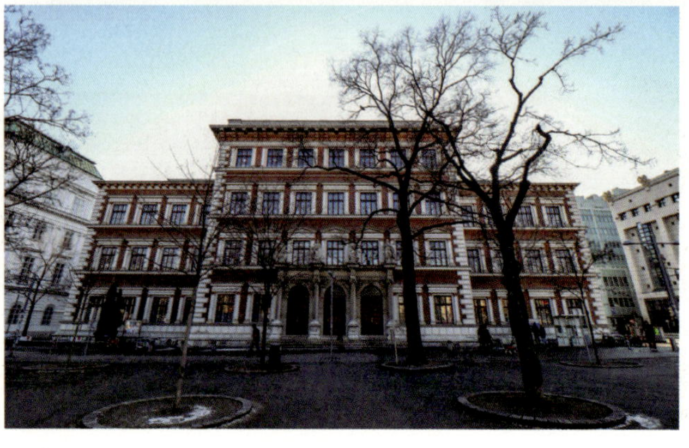

In den meisten staatlichen Schulsystemen ist Unterricht zur Kunst fester Bestandteil des Bildungsangebots. Durch eine Verknüpfung von praktischen Tätigkeiten mit theoretischen Inhalten werden Zugänge zu den verschiedenen Bereichen bildender Kunst gesucht und vermittelt. Es soll die Möglichkeit geboten werden, sich auch mit der unmittelbar umgebenden visuellen Kultur auseinander setzen zu können. Unterricht im Bereich der „Kunst" kann erwiesenermaßen individuelle Kreativitätsentwicklung und -leistung fördern. Kunstuniversitäten und Kunsthochschulen sind neben Kunstforschung auch der Kunstlehre verpflichtet. Sie haben die gesellschaftliche Aufgabe der Erschließung der Künste, was nur deren permanente intellektuelle Reflexion und Weiterentwicklung in inhaltlicher, formaler und technischer Hinsicht bedeuten kann. Generell bieten Kunstuniversitäten eine akademische Ausbildung zu verschiedenen Bereichen der visuellen Kultur an, z. B. wird Architektur, Design, Medien, aber auch Bildhauerei oder Malerei gelehrt. Moderne Kunsthochschulen und -universitäten sind durch theoretisch wie praktisch ausgewogene Studiengänge zur Kunstpädagogik kunstvermittelnd wirksam. Im öffentlichen Bereich zeigen Angebote zur kulturellen Orientierung in der Erwachsenenbildung (Volkshochschulkurse, etc.) sowie privatwirtschaftliche Angebote (Kunstkurse, Sommerakademien) das Bedürfnis nach Auseinandersetzung mit und Verständnis für Kunst. Um dem Publikum einen selbsttätigen Zugang zu Kunstwerken zu erleichtern, bieten die meisten Museen und Sammlungen altersgemäße und themenbezogene Serviceleistungen an. Es kann sich dabei um Führungen handeln, in denen formale oder inhaltliche Themen zur Sprache kommen, oder um Aktionen, die einen spielerischen Zugang zur Kunst ermöglichen. Eigene „Kindermuseen" sind in Programm und Präsentationsformen vollständig auf die Erwartungen und die Aufnahmefähigkeit von Kindern hin orientiert.

Selbsttätigkeit zur Erschließung und zum Umgang mit Kunst wird auch durch die Nutzung verschiedener Medien ermöglicht. Aus dem Bereich der Print-Medien sind vor allem Kunstbücher, Ausstellungsplakate und -kataloge und Kunstzeitschriften, aber auch die Kulturseiten der Tages- und Wochenzeitungen anzuführen.

Abb. oben: Ausstellung von Schülerarbeiten einer Hauptschule mit musischem Schwerpunkt, Feldkirchen (K)
Abb. Mitte: Plakat des Kindermuseums Zoom
Abb. unten: Akademie der Bildenden Künste, Wien

Querverweis

→ *3.8 Internet und Kunst:* Webdesign – Inernet – Vernetzung von Menschen und Inhalten

Es gibt kaum einen Bereich bildender Kunst, der nicht über Kunstbücher dokumentiert ist, Fachzeitschriften diskutieren Ereignisse und Entwicklungen auf den Gebieten Architektur, Film, Malerei, Grafik usw. Die Kulturseiten der Tageszeitungen liefern Ankündigungen bzw. Rezensionen von Kunstveranstaltungen. Schließlich senden private und öffentlich-rechtliche Radio- und Fernsehanstalten Beiträge über bildende Kunst, von der Kurzinformation bis hin zum Kunstfilm.

Durch das Internet kann man Künstler- und Galerieangebote von den jeweiligen Websites abrufen, Kunstauktionen verfolgen, Informationspools nutzen und sich über aktuelle Trends, Ausstellungen und Ereignisse informieren.

Kunstschaffende können Adressatengruppen gezielt ansprechen, das Kunstpublikum bekommt einen Überblick über vergleichbare Kunstprodukte, das Verhältnis von Kunstproduktion und Kunstrezeption wird relativiert und neu festgelegt.

Abb.: Logos von Zeitungen, Zeitschriften und TV-Sendungen mit Kunstberichterstattung

arte

KULTURZEIT

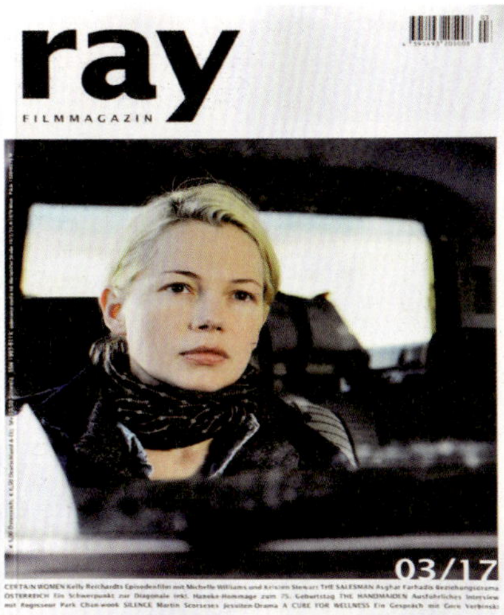

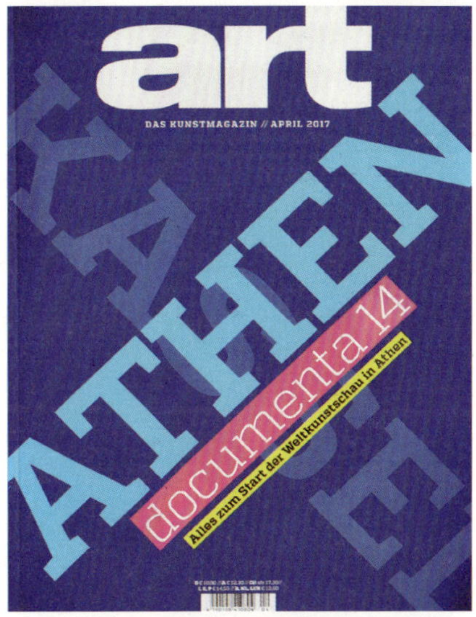

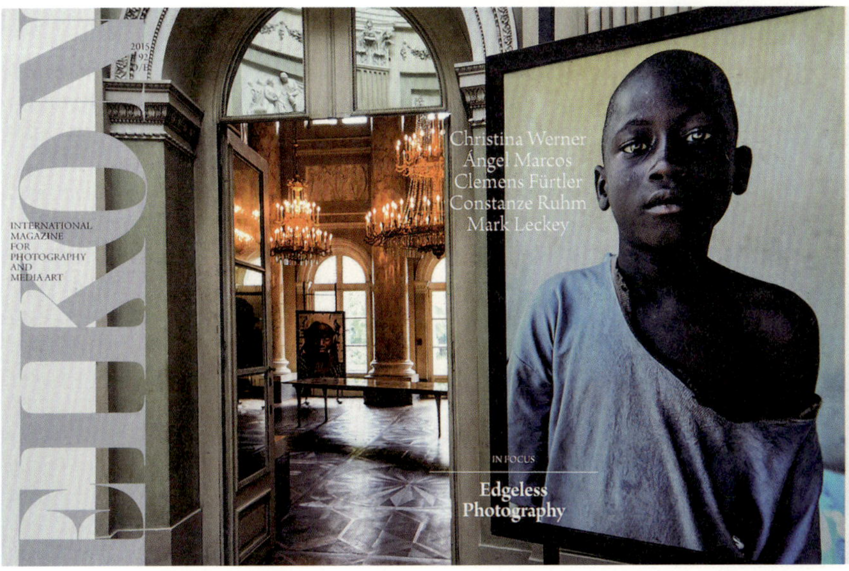

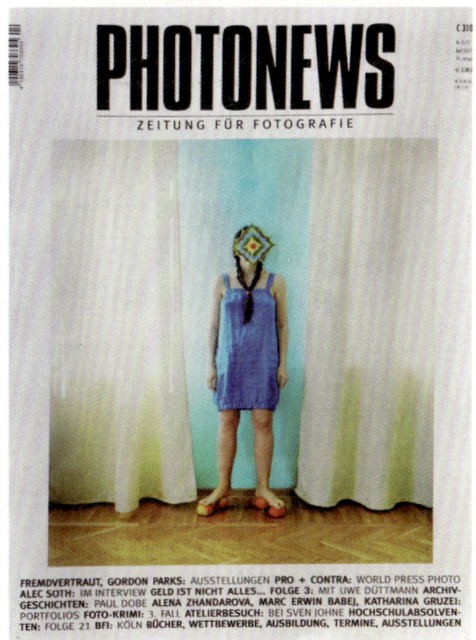

Aufgabenstellungen

Welche Kultureinrichtungen sind dir bekannt? An welches Publikum richten sie sich und wodurch kannst du das feststellen? Wie machen diese Institutionen auf sich aufmerksam?

Welche Museen findest du in diesem Schulbuch noch? Inwiefern beeinflusst das Gebäude, in dem sich das jeweilige Museum befindet, den Bekanntheitsgrad?

10.5 Kunst im öffentlichen Raum

Vom Gemeindebau bis zum Event

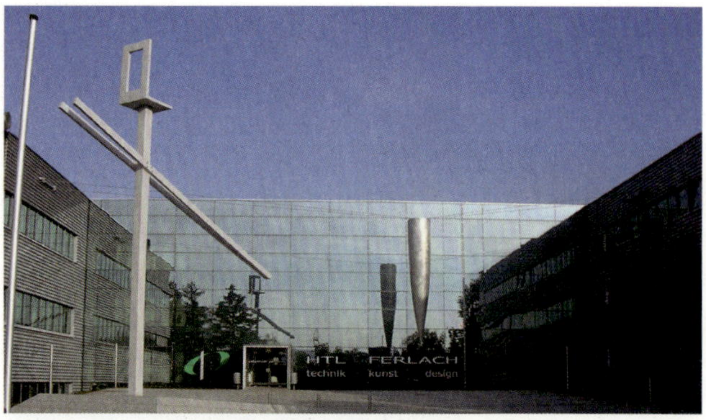

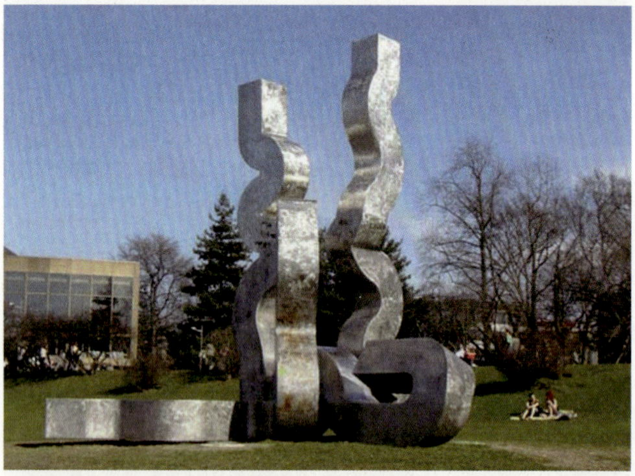

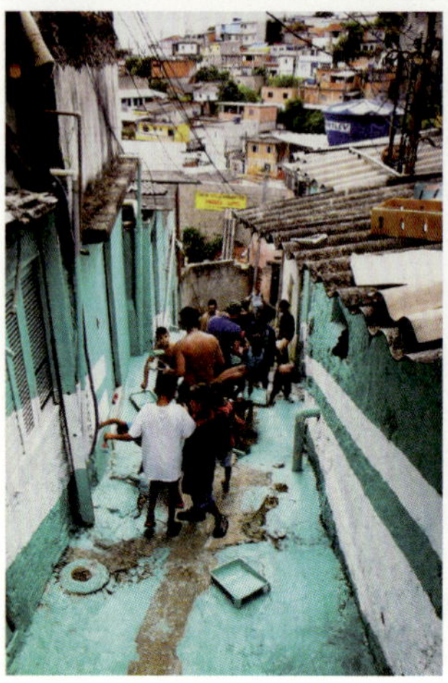

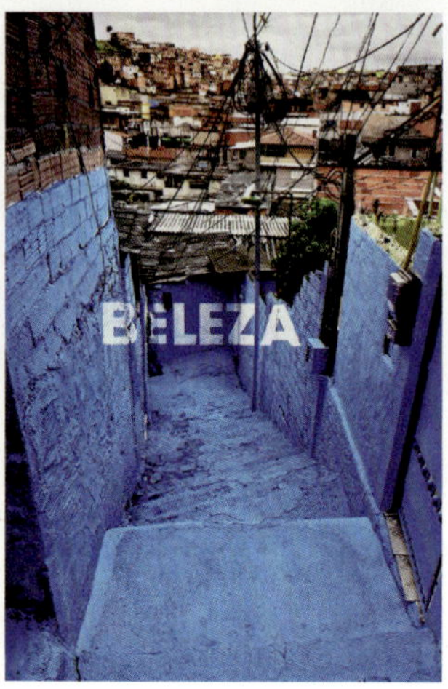

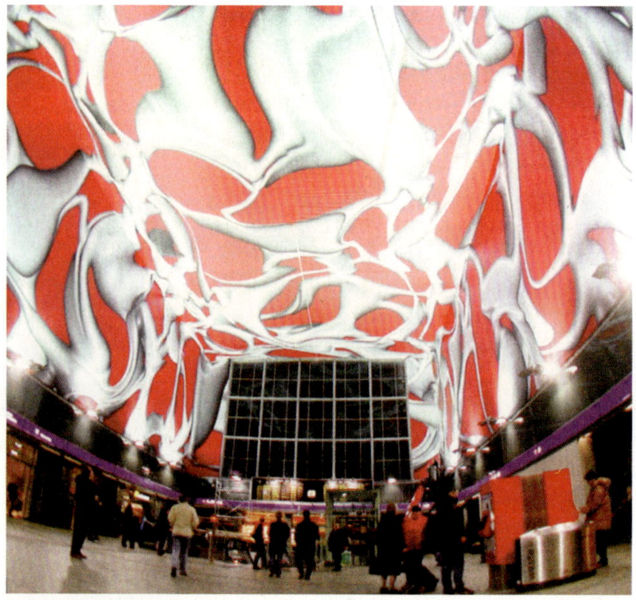

Abb. links oben: HTL Ferlach (K), Gestaltung des Vorplatzes
Abb. links Mitte: Erwin Reiter: Strömung, metall forum, Linz, 1977
Abb. links unten: Boa Mistura: Beleza und Firmeza (in der Arbeitsphase), São Paulo (Brasilien), 2012
Abb. rechts oben: Peter Kogler: Halle des Grazer Hauptbahnhofs, 2003

Eine weitere, oft kaum wahrgenommene Möglichkeit zur Vermittlung von Kunst ist der öffentliche Raum. Als „öffentlicher Raum" wird der Umraum verstanden, der von einer großen Anzahl von Menschen betreten und benutzt wird, sobald sie ihren Privatbereich (Wohnbereich) verlassen. Werden Kunstwerke im öffentlichen Raum gezeigt, erreichen sie weitaus größere Menschengruppen mit den unterschiedlichsten Ansichten als bei „geschlossenen" Kunstpräsentationen. Die Werke müssen sich hier auch in einer ihnen keineswegs immer freundlich gesinnten Umwelt behaupten. Bei der Errichtung öffentlicher Bauten wird ein bestimmter Prozentsatz der Bausumme für die künstlerische Gestaltung investiert. Kunst, so vermittelt, ergänzt nicht nur die architektonische Wirkung des Inneren oder Äußeren eines Gebäudes, sie trägt auch zur Ästhetisierung unserer Umwelt bei. Solange Kunstwerke dabei den „durchschnittlichen Geschmack" nicht beleidigen, werden sie im Allgemeinen kaum oder wohlwol-

Querverweise

→ *1.18 Urban Art:* Die Straße wird zum Kunstraum

→ *7.7 Farbe in der Architektur:* Farbe auf der Wand

→ *7.8 Farbiges Licht im Raum:* Licht in der Architektur – Licht-Skulpturen

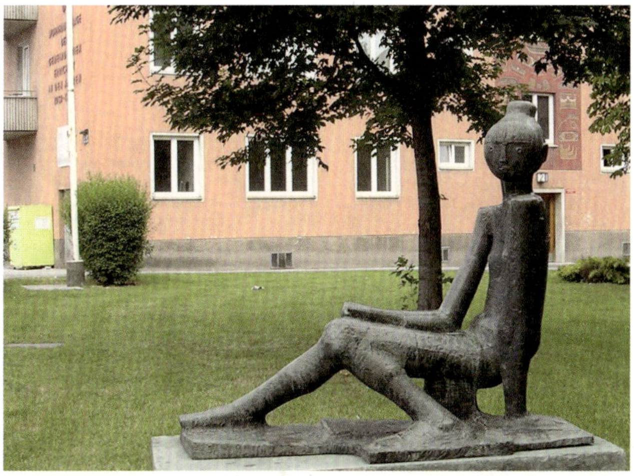

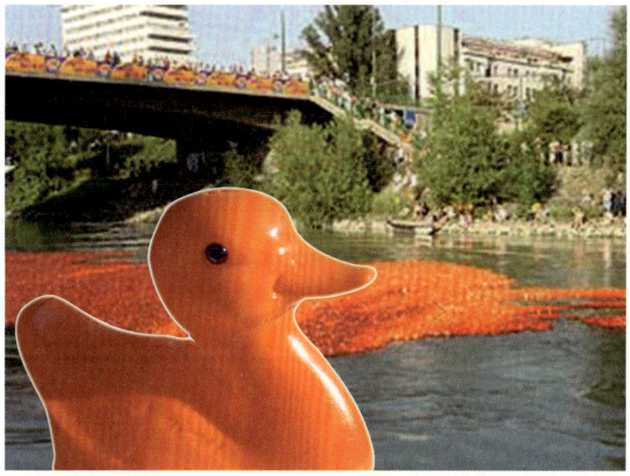

lend zur Kenntnis genommen. Bei oft minimalem Konfliktpotenzial können sich Bevölkerungsgruppen aber auch angegriffen fühlen. Dann wird die Freiheit der Kunst rasch in Frage gestellt, die Kosten werden als unmoralisch angesehen und gegen soziale oder infrastrukturelle Notwendigkeiten aufgerechnet. Ein eigenes Thema stellen Graffiti dar. Als künstlerische Äußerungen sind sie prinzipiell zu begrüßen. Sie können neue kulturelle und künstlerische Tendenzen sichtbar machen und zu deren Verbreitung beitragen. Als Beschädigung von privatem oder öffentlichem Eigentum werden sie zu einer Rechtsfrage.

Das Künstlerkollektiv *Boa Mistura* (portugiesisch „gute Mischung") ist bekannt für großformatige Wandmalereien, bei denen oftmals die lokale Bevölkerung miteingebunden wird. Die Wörter „beleza" („Schönheit"), „amor" („Liebe") oder „firmeza" („Stärke") u. a. wurden in dem Projekt in einer brasilianischen Favela auf den Hauswänden perspektivisch so aufgemalt, dass sie von einem bestimmten Blickwinkel lesbar werden. Durch das gemeinsame Arbeiten wurde das Gemeinschaftsgefühl gestärkt. Kunst im öffentlichen Raum war in diesem Fall schon im Entstehungsprozess verbindend.

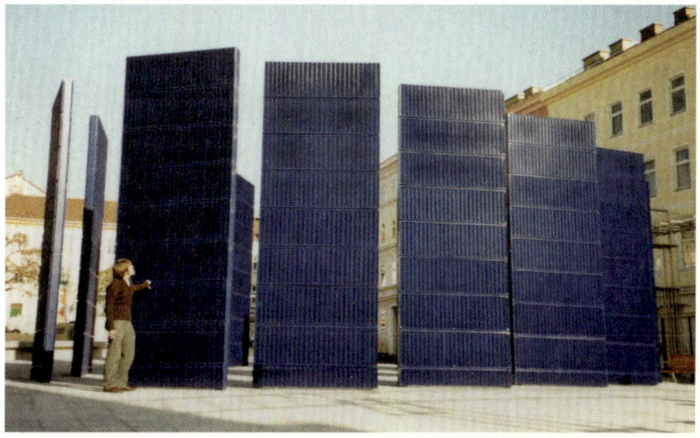

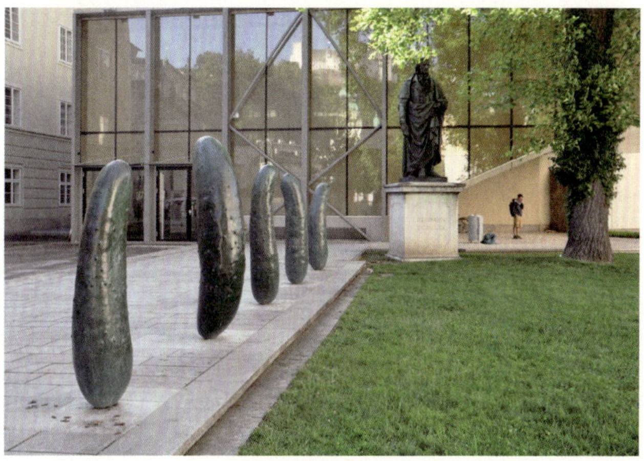

Abb. links oben: Plastik im Garten einer Wohnhausanlage
Abb. rechts oben: Kunstaktion und Charity-Event: Entenrennen für das Integrationshaus, 2004, Donaukanal
Abb. rechts Mitte: sha&GTT: Klangmonolithen (14 raumgestaltende und klingende Platten), 2001, Wien, Dornerplatz
Abb. rechts unten: Erwin Wurm: Gurken, 2013, Salzburg, Furtwänglerpark

Aufgabenstellungen

Wann wird Kunst im öffentlichen Raum sichtbar? Welche Aspekte sprechen für solche Projekte? Welche Argumente werden dagegen vorgebracht? **V** A R S

In deinem Heimatort gibt es sicherlich ebenfalls Kunst im öffentlichen Raum. Wähle ein Objekt aus und recherchiere zuerst zu dessen Entstehungsgeschichte (Platzierungsort, -datum, Auftraggebende, eventuelle Reaktionen darauf in der Presse, …). V A **R** S

Gestalte ein Element für euren Schulhof. Welcher Platz eignet sich dafür besonders? Überlege, ob du im Zwei- oder Dreidimensionalen arbeiten möchtest. Erstelle dazu ein Konzept, arbeite mit Fotomontagen und Entwürfen und präsentiere dies anschließend in entsprechender Weise. (Tipp: Sieh dir dazu die Kapitel „4.11 Grafikdesign und Kommunikationsdesign" und „4.12 Layout und Schrift: Komposition, Schriftwahl und guter Geschmack?" an.) V A R **S**

11.1 Maltechniken

Pigmente und Bindemittel

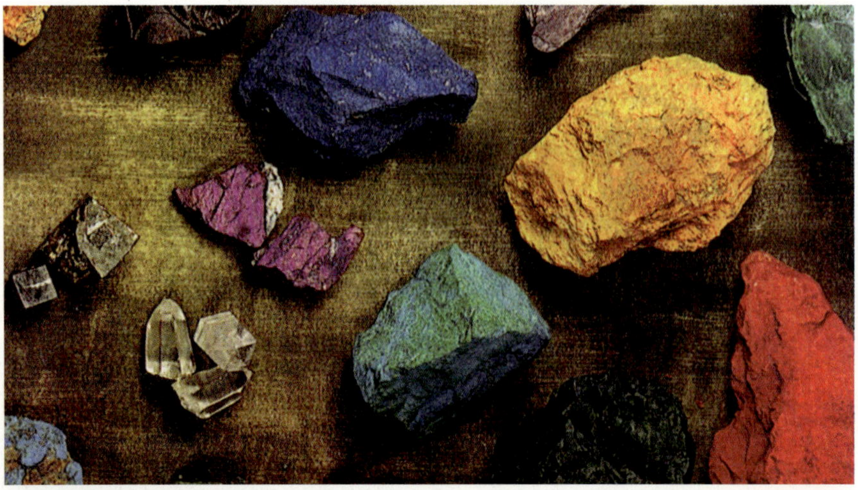

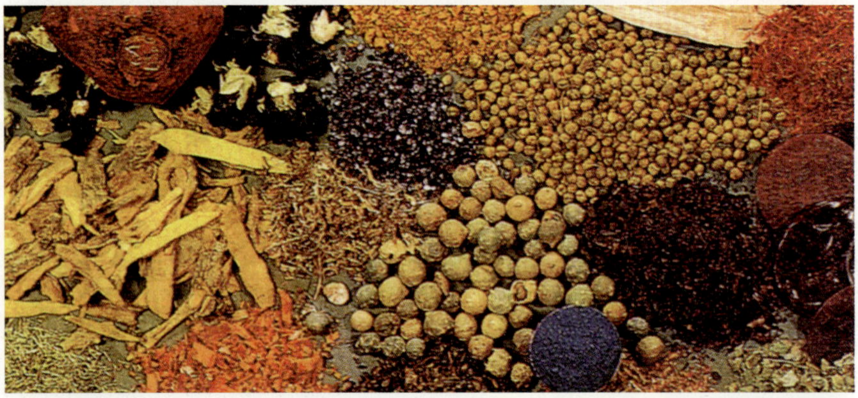

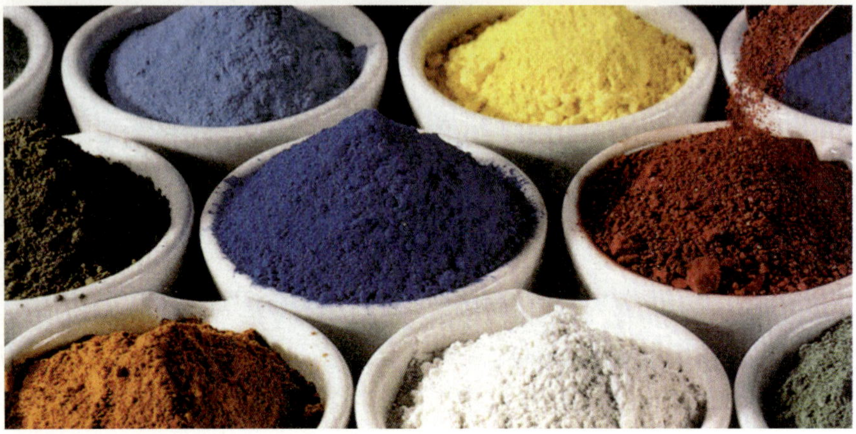

Entwicklungen der Malerei lassen sich auf unterschiedliche Art darstellen, z. B. durch „biografische" Abhandlungen, aber auch anhand der Beschäftigung mit Maltechniken, denn neue Maltechniken bringen mit ihren Anwendungsmöglichkeiten auch künstlerische Entwicklungen hervor.

Grundlage jeder Art von Malerei sind die Malstoffe, welche aus Pigmenten und Bindemitteln bestehen.

Als Pigmente bezeichnet man geriebene, organische oder anorganische Farbpartikel, also pflanzliche, tierische und mineralische Grundstoffe, die oft in äußerst aufwändigen Verfahren gewonnen werden. „Fra-Angelico-Blau", ein sehr reines Ultramarin, das aus dem Halbedelstein Lapislazuli hergestellt wird, hat gegenwärtig einen Pigmentkilopreis von etwa € 20.000.

Die Pigmente werden mit einem Bindemittel vermengt und können so an den Malgrund bzw. den Bildträger gebunden werden.

Die verschiedenen Maltechniken erhalten in der Regel ihren Namen nach den verwendeten Bindemitteln.

Bei der Ölmalerei werden die Farbpigmente mit härtenden Ölen (Leinöl, Mohnöl, Nussöl) und oft in Kombination mit Weichharzen (Mastix, Dammar) gemischt.

Abb. oben: Mineralische Grundstoffe vor der Bearbeitung

Abb. Mitte: Pflanzliche Grundstoffe zur Gewinnung von Pigmenten

Abb. unten: Fein zermahlene Grundstoffe, gewonnene Pigmentpulver

Querverweis

→ *15.2 Zeichenmittel:* z. B. Papyrus, Pergament und Papier – Bleistift, Kohle, Kreide

Vor der Erfindung der Ölmalerei im 15. Jahrhundert wurde vorwiegend mit den schnell trocknenden Temperafarben gemalt, bei denen das Pigment entweder mit Kasein oder Hühnerei angemischt wurde.

Im 20. Jahrhundert wurden Bindemittel auf Kunstharzbasis entwickelt. Acrylfarben (Acryl ist eine Sammelbezeichnung für Polymere der Acrylsäure und deren Derivate) haben ein ähnliches Verhalten wie Ölfarben, sind aber mit Wasser vermalbar und nach der Trocknung nicht mehr wasserlöslich. Sie stellen somit eine maltechnisch ernst zu nehmende und praktische Alternative zur Ölmalerei dar. Mit Gummi arabicum gebundene Pigmente können mit Wasser gelöst und vermalt werden (Aquarellfarben, Deckfarben etc.).

Zum Auftragen von Farben auf einen Malgrund (Papier, Leinwand, Holz-, bzw. Holzfaserplatten usw.) sind geeignete Werkzeuge notwendig.

Pinsel werden in verschiedensten Formen und Qualitäten angeboten, vom einfachen Borstenpinsel bis zum kostspieligen Dachshaarpinsel. Der „Luftpinsel" ist dagegen nichts anderes als eine Spritzpistole zur Herstellung feinster Farbabstufungen. Farbsprays beinhalten Farbe und Treibgas und sind dadurch leichter mobil verwendbar.

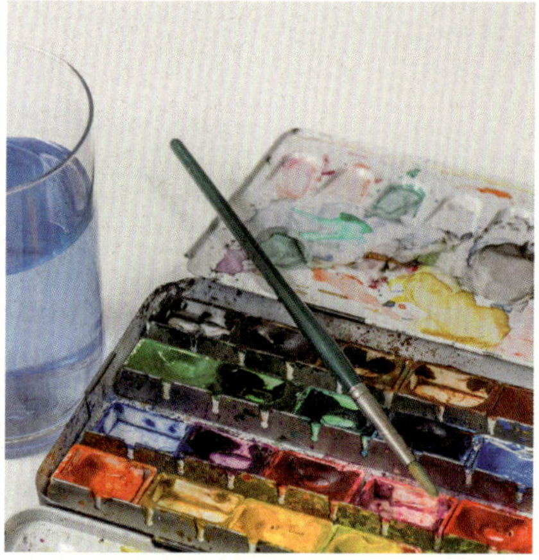

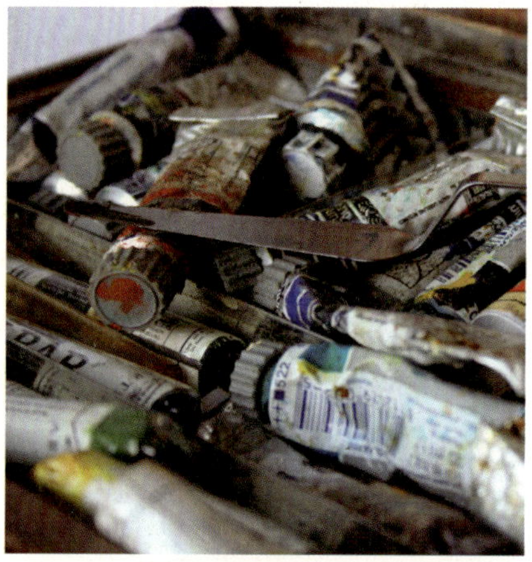

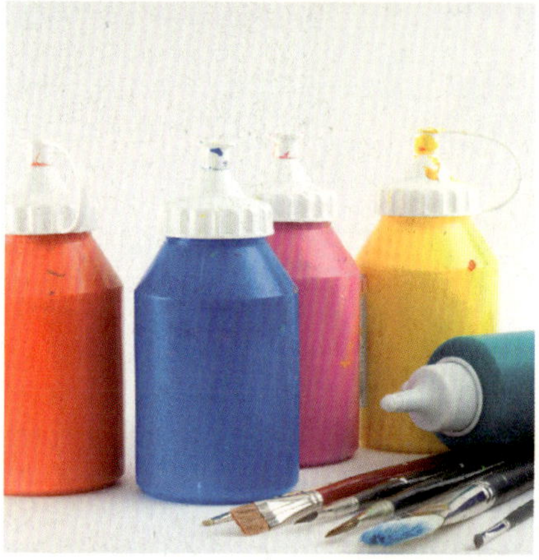

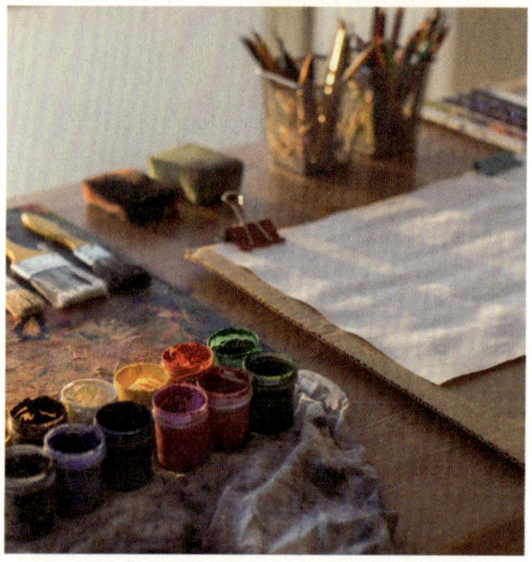

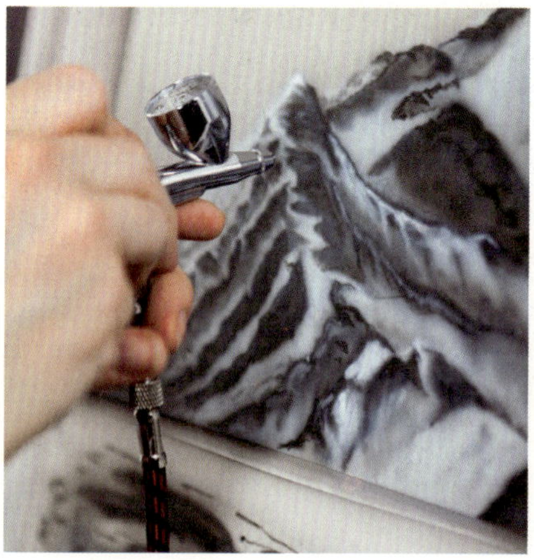

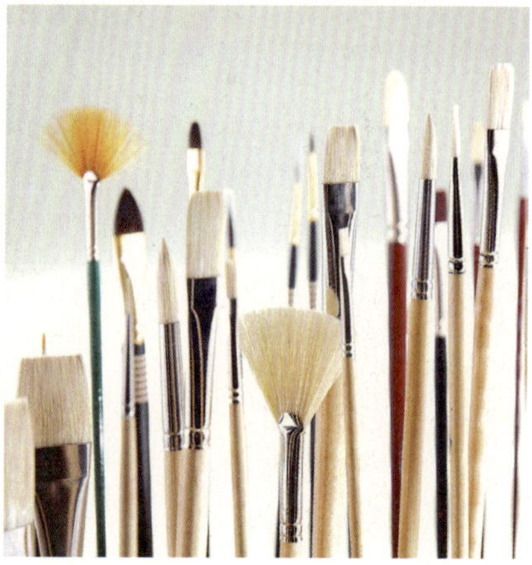

Abb. links oben: Aquarellkasten
Abb. links Mitte: Acrylfarben
Abb. links unten: Luftpinsel
Abb. rechts oben: Ölfarben
Abb. rechts Mitte: Arbeitstisch
Abb. rechts unten: Pinselsammlung

Aufgabenstellungen

Aus welchen Grundstoffen können Pigmente hergestellt werden? Inwieweit kann dadurch auch eine kunstgeschichtliche Einordnung ermöglicht werden? A

Welche Maltechniken werden im Text vorgestellt und worin bestehen die Unterschiede? V

11.2 Das Aquarell

Farbe, Wasser und Papier

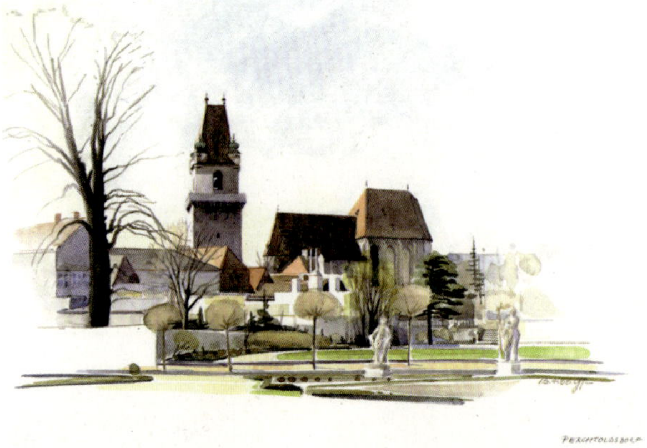

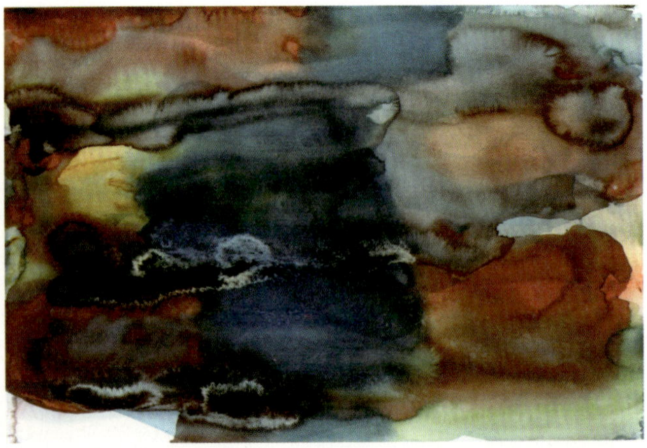

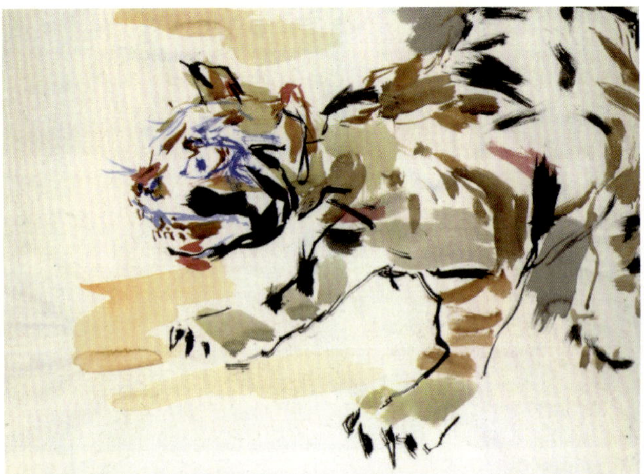

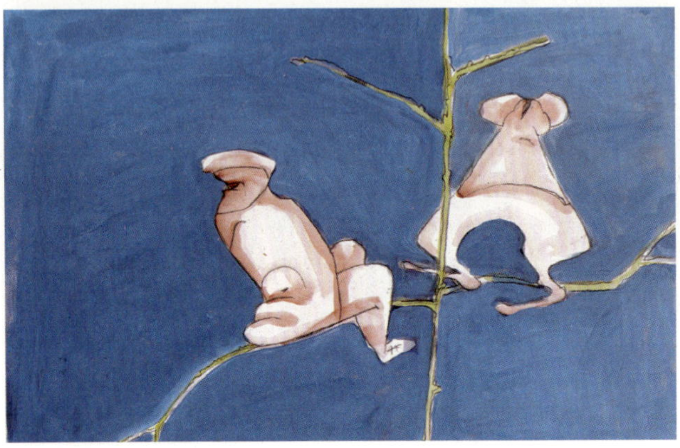

Aquarellähnliche Techniken scheinen bereits in altägyptischen Totenbüchern auf (auf Papyrus) sowie in der älteren japanischen und chinesischen Malerei (auf Papier).
Die eigentliche Aquarelltechnik beginnt mit dem Vorhandensein geeigneter Papiere und Kartone als Malgrund.
In der mittelalterlichen Buchmalerei findet das Aquarell als Illustration Verwendung; durch *Albrecht Dürer* wird es zu einer eigenständigen künstlerischen Ausdrucksmöglichkeit.
Das Wesen der Aquarelltechnik besteht darin, dass der Malgrund durchscheint – die Farben decken nicht, sie sind „lasierend". Auch das Verhältnis von Farbe und Wasser sowie die Malmethode bestimmen Intensität und Form des Aquarells.
Die Aquarelltechnik erlaubt ein genaues, dokumentarisches Malen ebenso wie ein farbskizzierendes Darstellen, ein Malen unter Einbeziehung des Zufalls ebenso wie das Malen nach einem Konzept.
In der klassischen Aquarelltechnik wird ohne Deckweiß gearbeitet: Helligkeit wird durch geringeren Farbauftrag erzielt, weiß ist das Papier. Farbmischungen können durch mehrere, nacheinander aufgetragene Farbebenen erzeugt werden.

Abb. links oben: Günther Povaly: Perchtoldsdorf, 1988, Aquarell, 35 x 50 cm, Privatsammlung, Wien
Abb. links Mitte: Oskar Kokoschka: Die Tigerkatze, 1966, Aquarell, 57 x 43 cm, Albertina, Wien, Ausschnitt
Abb. links unten: Maria Lassnig: Stammesbrüder (Frat Boys), 2007, Aquarell
Abb. rechts oben: Herbert Brandl: Ohne Titel, 1990, Aquarell, 99,5 x 69,5 cm, Albertina, Wien

Querverweis

11.4 Die Ölmalerei: … und lasierend

Aufgabenstellung

V A R S Welche gestalterischen Charakteristika der Aquarellmalerei werden im Text vorgestellt? Erkläre diese anhand der Abbildungen.

11.3 Das Fresko

Farbe und feuchter Mörtel

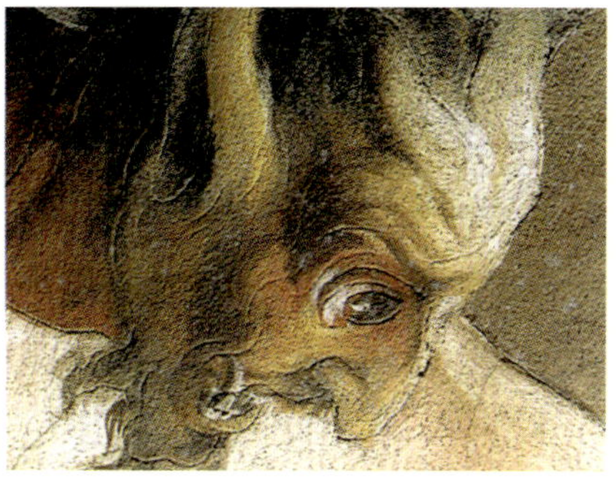

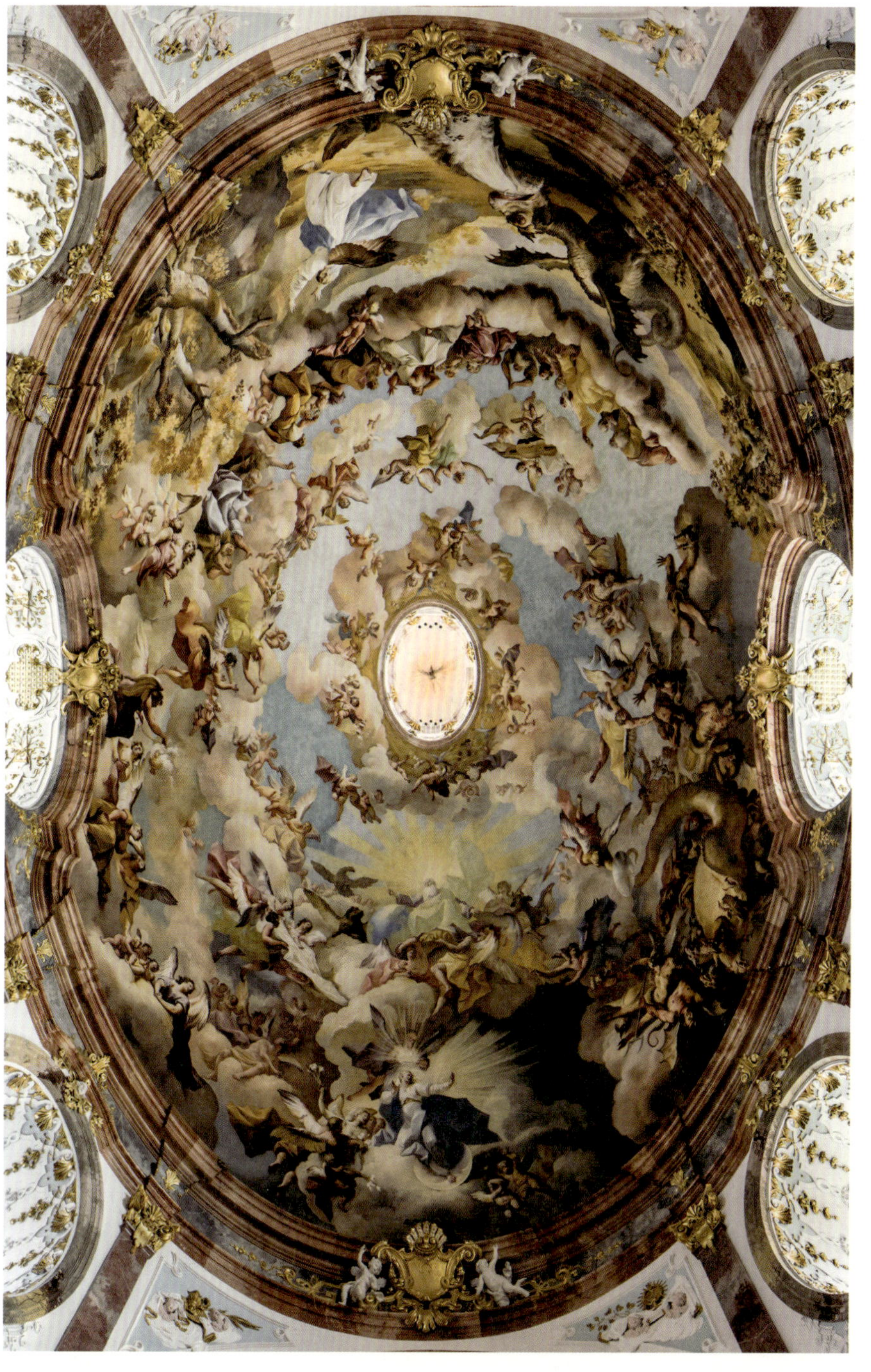

Freskomalerei ist eine Maltechnik, bei der die Farbpigmente, mit Kalkwasser angerührt, möglichst rasch auf feuchten Wandverputz aufgetragen werden. Durch chemische Reaktionen sind die Pigmente nach der Trocknung unlöslich mit dem Malgrund verbunden. Wegen der schnellen Durchtrocknung des Verputzes ist es für die Kunstschaffenden notwendig, ihre Arbeit genau zu planen. Dies geschieht einerseits durch Vorzeichnungen im Format des geplanten Freskos („Karton"), mit denen der Entwurf rasch auf den Malgrund übertragen werden kann. Andererseits ist auch eine zeitliche Arbeitsplanung notwendig.

Das nebenstehende Beispiel des Kuppelfreskos in der Stiftskirche Altenburg wurde in über 80 Tagen hergestellt. Der Fortschritt eines Freskos wird in „Tagwerken" angegeben, also der Fläche, die an einem Tag bewältigt werden kann.

Die Technik der Freskomalerei ist seit dem Altertum bekannt und erlebte ihre letzte große Blüte in der barocken Deckenmalerei.

Abb. links oben: Paul Troger: Verdammter Dämon, Detail aus dem Tagwerk 57
Abb. rechts: Paul Troger: Kuppelfresko der Stiftskirche Altenburg (NÖ), 1732/33

Querverweise

1.18 Urban Art: Die Straße wird zum Kunstraum

11.6 Bildgattung Stillleben: Trompe-l'œil

Aufgabenstellungen

Beschreibe den Entstehungsprozess eines Freskos. Welche Vorbereitungen werden getroffen, welche Materialien sind notwendig und wie gestaltet sich der Arbeitsprozess? V A R S

Kannst du erklären, warum diese Technik „Fresko" genannt wird? (Hinweis: Schlage in einem italienischen Wörterbuch nach.) Welche Fresken kennst du? V A R S

11.4 Die Ölmalerei

Pastos

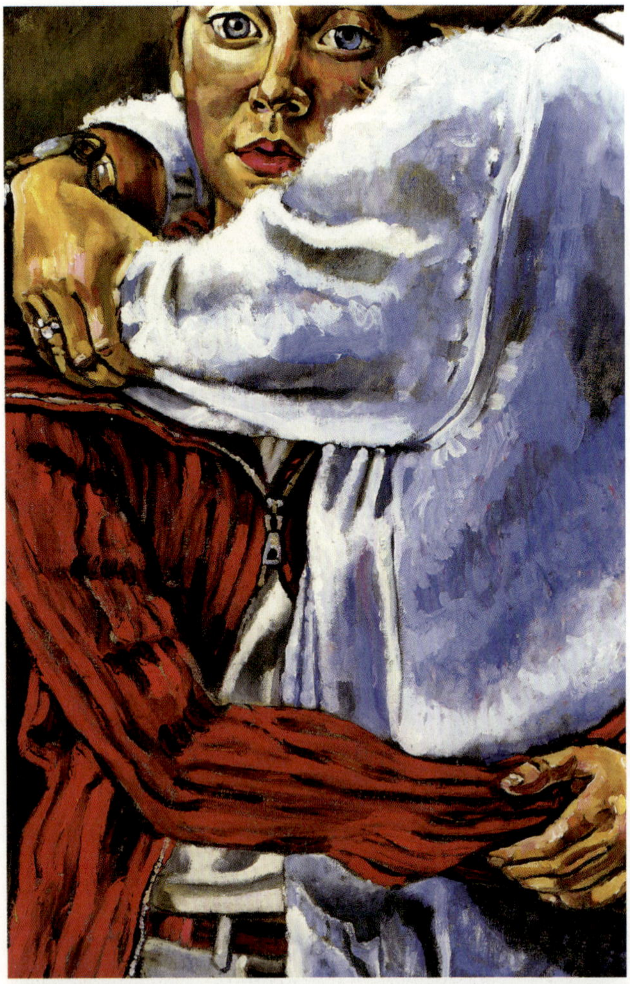

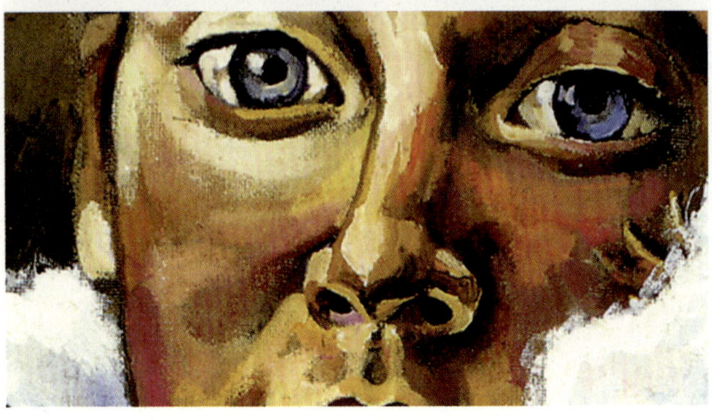

Die Ölmalerei ist vom 15. Jahrhundert an die vorherrschende Maltechnik. Die langsam trocknenden Ölfarben ermöglichen Korrekturen, weiche Farbverläufe und präzise Detaildarstellungen. Sie haben eine hohe Leuchtkraft und sind durch die Bindemittel sehr beständig. In der Gebrauchsmalerei (Fahnen, Schilder etc.) waren Ölfarben schon vorher in Verwendung. Die Gebrüder *van Eyck* (Niederlande, Mitte 15. Jahrhundert) verfeinerten die Ölmalerei in Verbindung mit der traditionellen Temperamalerei. Diese verliert etwa ab dem späten 16. Jahrhundert zugunsten der Ölmalerei ständig an Bedeutung. Die Ölmalerei wurde erst im 20. Jahrhundert durch die Erfindung neuer Bindemittel (Acryl, Dispersion etc.) zurückgedrängt.

Seit dem 19. Jahrhundert können Malerinnen und Maler auf industriell vorgefertigte Farben und Farbbehälter (Tuben) zurückgreifen. Ölfarben sind, wenn sie direkt aus der Tube kommen, relativ zäh. Durch die Zufügung von Malmitteln kann ihre Konsistenz stark verdünnt werden. Das technisch-praktische Problem und der Zeitverlust der Farbherstellung ist somit weggefallen. Dies ermöglicht Kunstschaffenden neben mehr Mobilität – wie z. B. Malen in der freien Natur – größere Spontanität im Farbauftrag. Dieser kann durch Spachteln bis zur reliefartigen Plastizität gesteigert werden.

Diese Voraussetzungen nutzt *Helga Druml*. Ein wichtiges Thema ihrer Malerei ist das Porträt, das Kinderporträt oder das Mutter-Kind Porträt. Die Abbildungen lassen die unmittelbare Verwendung der vorhandenen Tubenfarben erkennen, die Bildherstellung wird beschleunigt, die Farben werden teilweise direkt auf dem Malgrund gemischt. Für die Künstlerin wird die Leinwand zur Palette.

Das Detail aus dem Bild „Little Girl" (2001) von *Helga Druml* zeigt eine Möglichkeit, Ölfarben unverdünnt und pastos zu verwenden, d. h. der dicke Farbauftrag wird durch Strukturschatten verstärkt und erreicht dadurch fast reliefartige Wirkung.

Abb. oben: Helga Druml: Little Girl, 2002, Öl auf Leinwand, 100 x 60 cm
Abb. unten: Helga Druml: Little Girl, Detail

Querverweise

→ *11.7 Bildgattung Landschaft:* Schritt in die Abstraktion

→ *11.8 Bildgattung Selbstporträt:* Rudolf Hausner

und lasierend

Das Prinzip der Lasurmalerei besteht darin, dass die endgültige Farbwirkung durch übereinander gelegte Farbschichten entsteht. Jede einzelne Lasur wirkt wie ein Farbfilter, nur bestimmte Lichtanteile werden durch den Malgrund zurückgestrahlt. Liegen mehrere Lasuren übereinander, wird ersichtlich, wie vielfältig die Kombinationen von Lichtabsorption und -reflexion sein können. Einzelne Farben erlangen durch weiße Zwischengründe besondere Brillanz. So wird eine glatte Bildoberfläche mit illusionierender Tiefe erreicht. Besonders gerühmt wegen seiner Perfektionierung von akribisch lasierenden Maltechniken wurde *Ernst Fuchs*.

Fuchs repräsentierte gemeinsam mit *Arik Brauer, Rudolf Hausner, Wolfgang Hutter* und *Anton Lehmden* die Wiener Schule des Phantastischen Realismus. Seine Bildfindungen entsprangen seiner individuellen Ansicht der alttestamentarischen, christlich-jüdischen Motivwelt, die er oft mit unterschwellig erotischen Komponenten verbunden darstellte.

Unser Beispiel führt die Vielseitigkeit und die Differenziertheit der Farbwirkungen der Lasurmalerei vor Augen. Im Bildausschnitt werden Transparenz und die damit erreichte Tiefe besonders deutlich sichtbar.

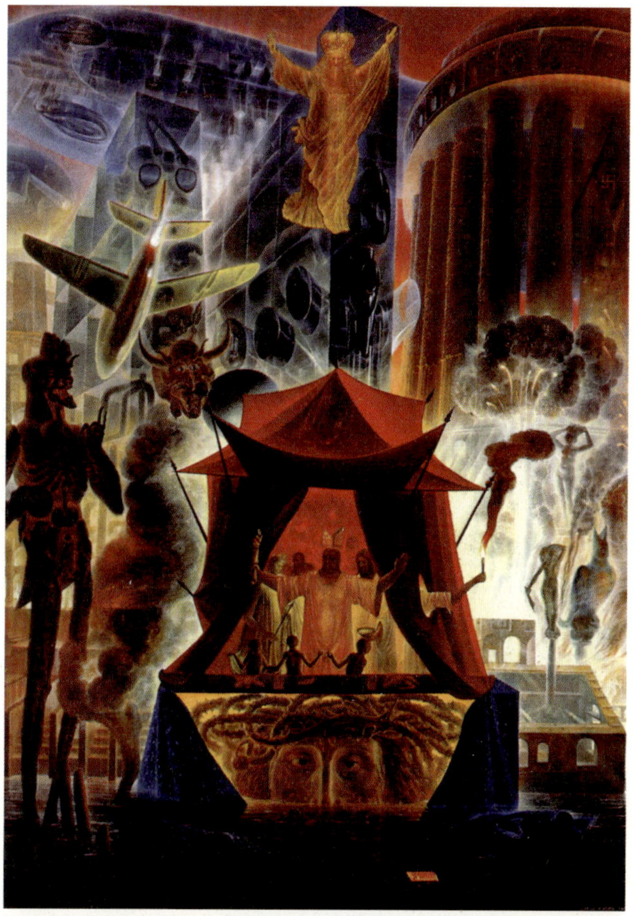

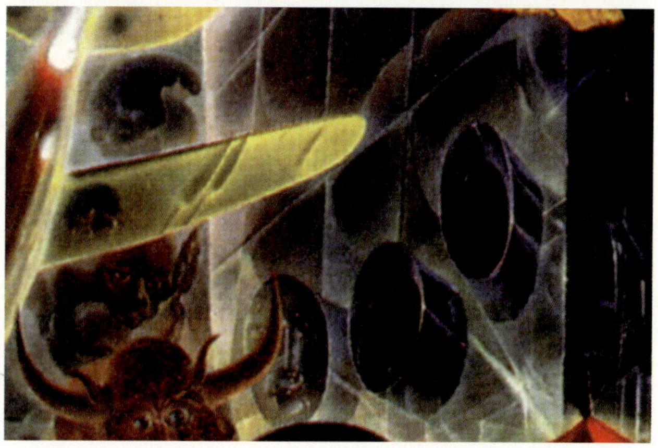

Abb. rechts oben: Ernst Fuchs: Psalm 69, 1949/60, Öl u. Tempera (Mischtechnik) auf Holz, 75 x 53 cm und Detail, MUMOK/Stiftung Ludwig, Wien

Abb. links unten: Arbeitsschritte einer Lasur (hellblauer Grund, weiße Höhung, blaue Lasur)

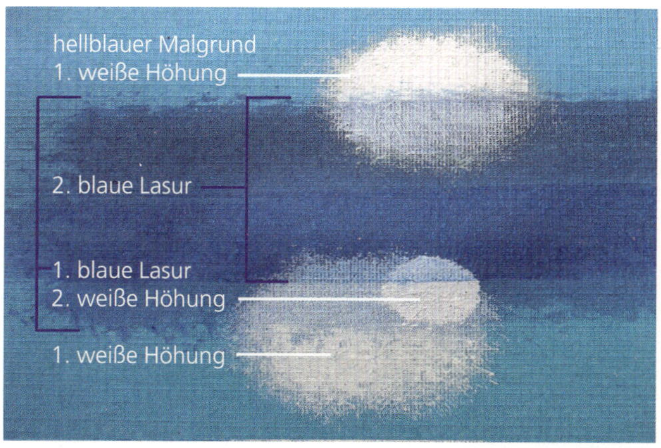

Aufgabenstellungen

Erläutere die skizzierte Geschichte der Ölmalerei in wenigen Worten. Erkläre dabei auch die Vorteile dieser Maltechnik.

Was bedeuten die beiden Begriffe „pastos" und „lasierend"? Erstelle Bildproben dazu. Suche anschließend nach weiteren passenden Beispielen aus der Kunstgeschichte.

11.5 Funktionen der Malerei

Zauber und Magie: Höhlenmalerei

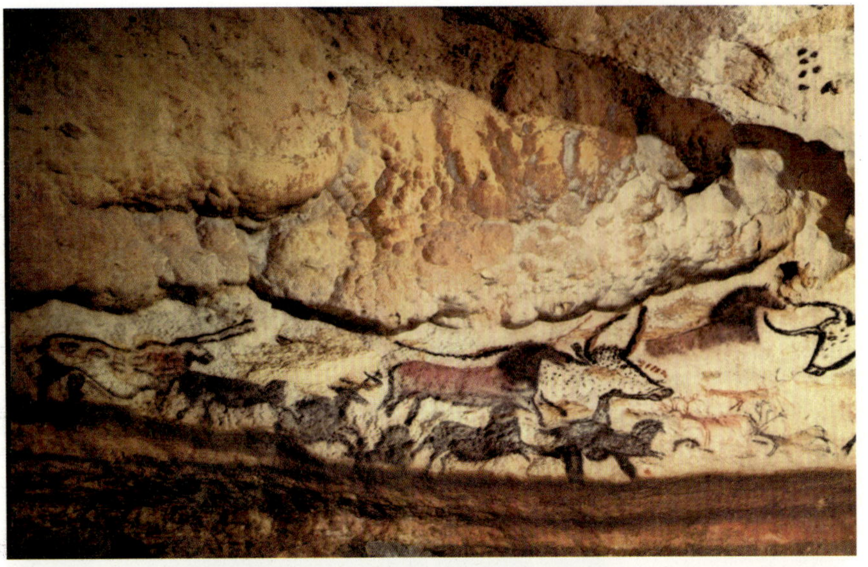

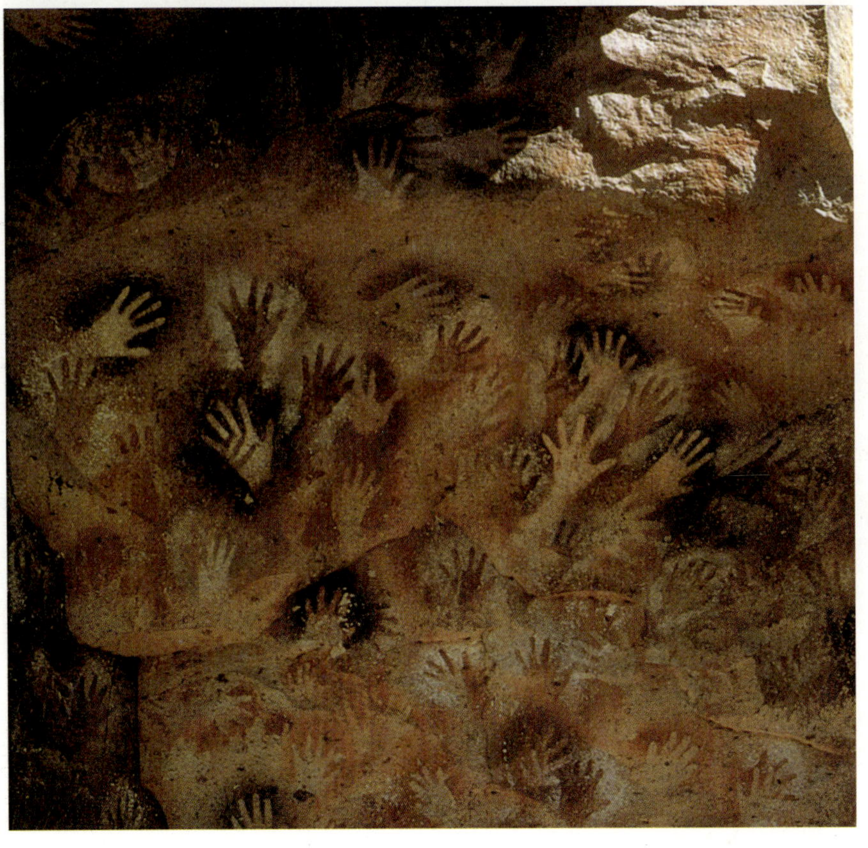

Die Geschichte der Malerei ist auch Spiegel gesellschaftlicher und menschlich-individueller Entwicklungen. Sachzwänge, Moden, persönliche Vorlieben, auch Religiosität kommen in ihr ebenso zum Ausdruck wie geografische, wirtschaftliche und politische Umstände.

Die ersten uns bekannten Malereien sind die Höhlenmalereien in Lascaux (Frankreich) und Altamira (Spanien). Die Malereien in Lascaux wurden lange auf eine Zeit zwischen 15.000 und 17.000 Jahre v. Chr. datiert – neuere Überlegungen gehen teilweise sogar von bis zu 36.000 Jahren v. Chr. aus. Die spanische Höhle scheint von 16.000 bis 11.000 v. Chr. genutzt worden zu sein. Man vermutet, dass sie dem Bildzauber dienten. Das bedeutet, dass Tiere, die man sich erhoffte in der Jagd zu erlegen, gemalt wurden, um sie als Beute zu bannen. In jedem Fall ging es in der Höhlenmalerei noch nicht primär um ästhetische Belange.

Die Malereien liegen weder im Wohnbereich, noch scheinen sie eine überlegte Anordnung, eine Komposition aufzuweisen. Sie sollten also ausschließlich einem praktischen Zweck dienen. Daraus kann man auch schließen, dass die Malenden selbst nicht als „Künstlerinnen bzw. Künstler" galten. Sie waren Jäger oder einfach Teil einer Menschengruppe, die sich um ihr Überleben kümmern musste. Durch ihre scheinbar magische Fähigkeit, Tiere malen zu können (umso mehr, wenn diese Malereien durch ihren Realismus beeindruckten), spielten sie in ihrer Gruppe möglicherweise eine herausragende Rolle.

Abb. oben: Wandmalerei in den Höhlen von Lascaux, ca. 14.000 v. Chr. oder älter, Kohle, Mangan, Erdfarben etc.

Abb. unten: Sprühbilder, Rio Pinturas, ca. 12.600 v. Chr. (nach C14, ungeeicht), Patagonien/Argentinien

Die Spezialisierung zum Künstler-Handwerker erfolgte mit dem Entstehen menschlicher Ansiedlungen und der Arbeits- und Güterteilung. Es gab Töpfer, Maler, Baumeister, Bildhauer, deren Berufe aber alle als handwerklich eingestuft wurden und noch nicht im modernen Sinn als künstlerisch-individuell. Durch diese Spezialisierung konnten sich auch die Arbeitstechniken besser weiterentwickeln.

Die ägyptischen Maler legten größten Wert auf die Haltbarkeit ihrer Arbeitsergebnisse. Dieser Qualitätsanspruch hing mit der Vorstellung zusammen, irdische Güter würden auch im jenseitigen Leben Verwendung finden, sie wurden also für die Ewigkeit hergestellt. Die Abbildung oben, die „Gefilde der Seligen", zeigt eine derartige Jenseitsvorstellung. Eine Landwirtschaft, bäuerliche Arbeit mit Ernte und Saat, ist als schmückendes Wandbild in einer ägyptischen Grabkammer als Vision gewählt.

Die unten abgebildete Wandmalerei zeigt einen Maler mit Pinsel und Farbtiegel vor seiner Staffelei. Die unterschiedliche Größe der Figuren ergibt sich nicht aufgrund der Räumlichkeit, also weil die kleinere Figur weiter weg wäre, sondern weil ihr weniger Bedeutung, eine niedrigere soziale Stellung zugeschrieben wird. Diese Form der Perspektivwahl nennt man Bedeutungsperspektive. Es handelt sich um den Maler und seinen Gehilfen.

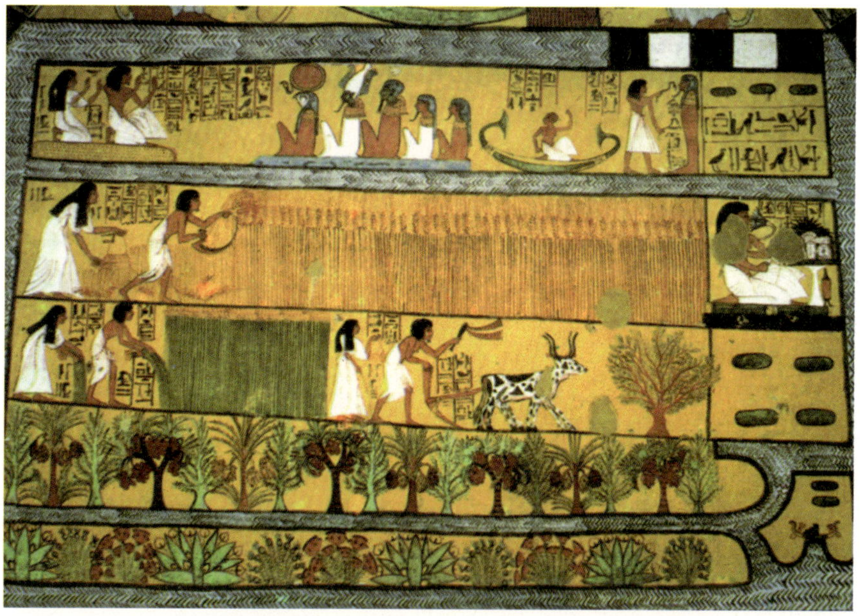

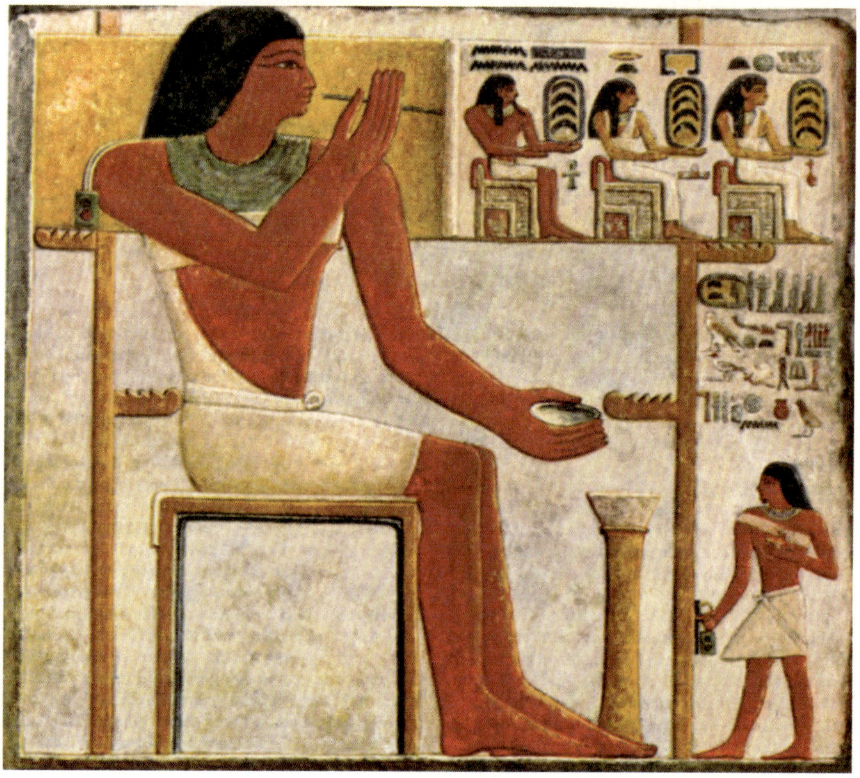

Abb. oben: Gefilde der Seligen, um 1.300 v. Chr., Wandbild im Grab des Sennedjem, Deir el-Medina

Abb. unten: Maler bei seiner Arbeit, Wandbild in einem Beamtengrab, Deir el-Medina

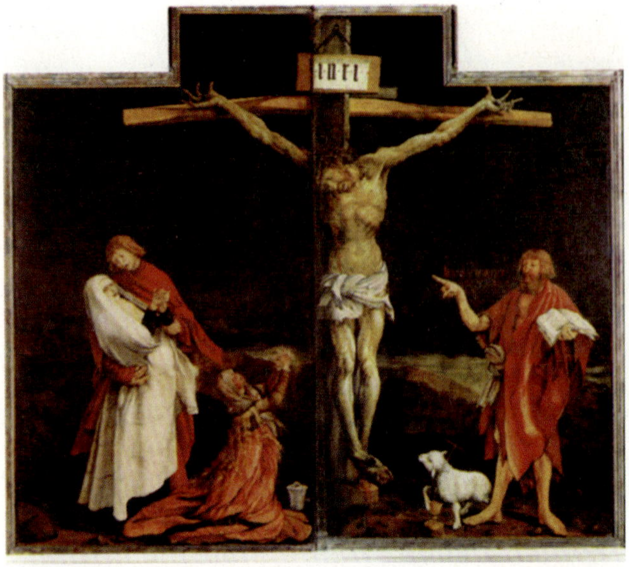

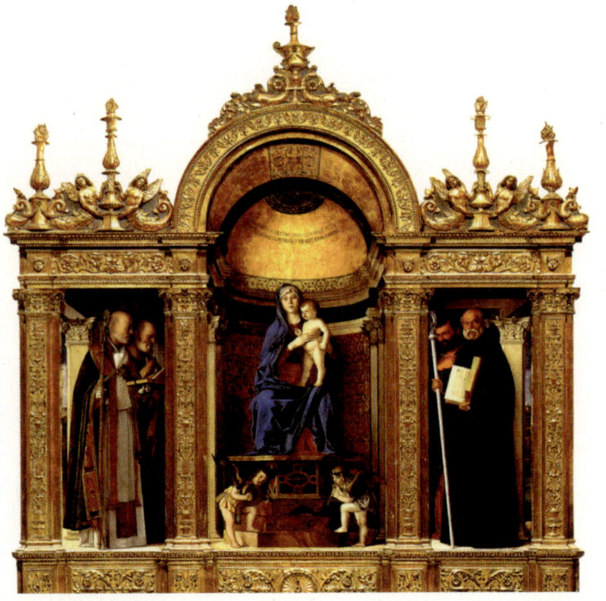

Abb. links: Mathias Grünewald: Isenheimer Altar (Mitteltafel), 1511–1517, Öl und Tempera auf Holz, 143 x 169 cm, Unterlinden Museum, Colmar

Abb. rechts: Giovanni Bellini: Thronende Madonna mit Kind, zwei musizierenden Engeln und dem Heiligen Nikolaus, Petrus, Markus und Benedikt, 1488, Frari-Kirche, Venedig

Die ersten von der Wand unabhängigen Bildflächen waren Altaraufsätze aus Holztafeln; der Begriff des Tafelbildes leitet sich davon ab. *Mathias Grünewald* (um 1480–1528) malte den Isenheimer Altar zu Beginn des 16. Jahrhunderts. *Grünewald* war Zeitgenosse *Dürers*. Sein Leben und Werk sind jedoch kaum dokumentiert, er erfüllte noch ganz das mittelalterliche Bild vom Künstler-Handwerker.
In seiner Arbeit nahm er gewisse Errungenschaften der Renaissance auf, andere vernachlässigte er zugunsten mittelalterlicher Überlieferungen, die in der Darstellung religiöser Szenen wirksamer waren. Bedeutungsperspektivisch verzerrt stellt *Grünewald* nach mittelalterlicher Manier Hände und Arme Christi und die des Johannes, der Maria hält, deutlich vergrößert dar. Die als Person weniger wichtige Maria Magdalena ist etwa halb so groß wie die anderen Figuren, während Christus die mächtigste Gestalt ist. Dieser traditionellen Auffassung steht ein Realismus der Leidensdarstellung gegenüber, der Einfluss der Renaissance, die anders als das Mittelalter die Natur und den Menschen genau studierte und analysierte. Im Altarbild des Isenheimer Altars wird das Leiden doppelt dargestellt. Einerseits lädt das körperliche Leiden des Gekreuzigten, andererseits das Leiden der Trauernden um den noch nicht Auferstandenen zur Andacht ein.

Giovanni Bellinis Altarbild besteht aus drei Bildtafeln, die in einem aufwändig gestalteten Rahmen montiert sind. Mit der „Thronenden Madonna" als Zentralfigur formuliert *Bellini* die Andachtsaufforderung völlig anders. Kein Relikt überkommener Malformen stört den Eindruck von Ausgewogenheit und Harmonie. Die Figur der Maria ist umrahmt und gekrönt von perspektivisch-luxuriöser Architektur. Auch der Aufbau der drei Bildtafeln ist auf sie bezogen. Eine gelassene Madonna bietet ihr Kind zur Andacht dar. Der nachdrückliche Blick des Hl. Benedikt bezieht das Bildpublikum in das Bildgeschehen ein und fordert gleichsam zur Verehrung dieses Ensembles an Schönheit auf.

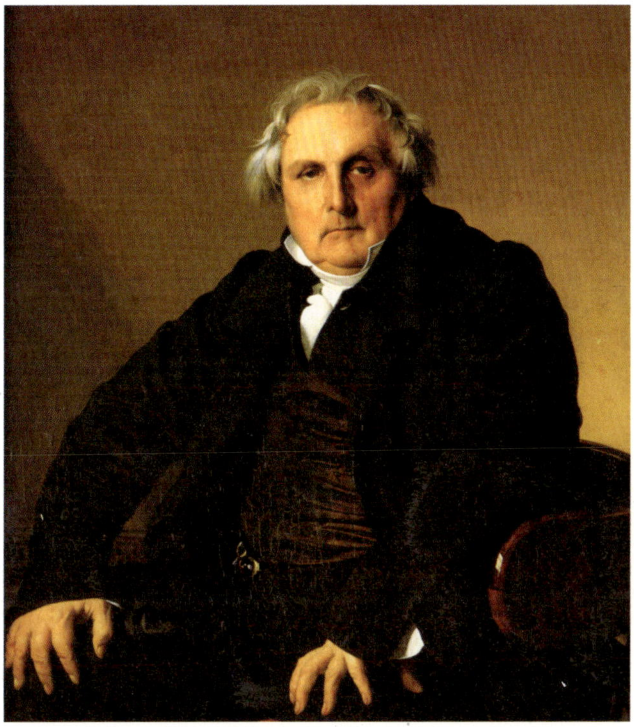

Abb. links: Jean-Auguste-Dominique Ingres: Monsieur Bertin, 1832, Öl auf Leinwand, 116 x 95 cm, Musée du Louvre, Paris

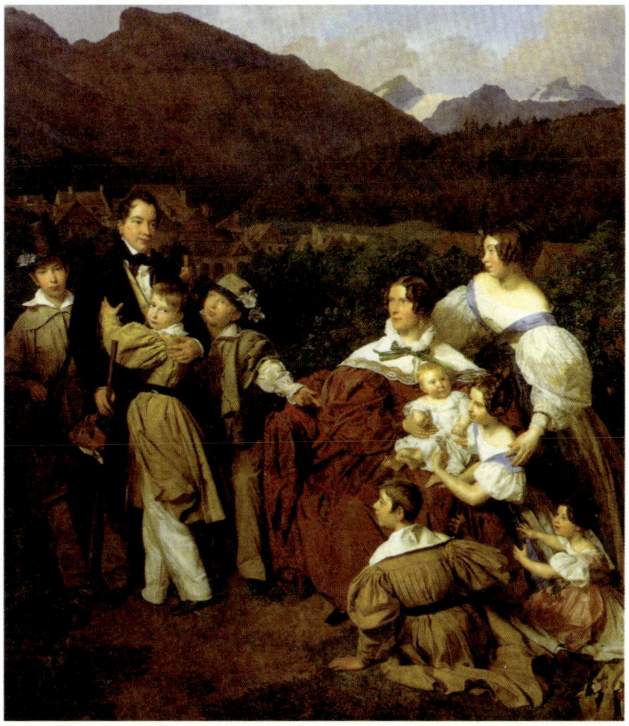

Abb. rechts: Ferdinand Georg Waldmüller: Der Notar Dr. Josef August Eltz mit seiner Gattin Caroline, geb. Schaumburg, und seinen acht Kindern in Ischl, 1835, Öl auf Leinwand, 124 x 110 cm, Österreichische Galerie Belvedere, Wien

Im 19. Jahrhundert wird das Bürgertum zu einer nicht nur ökonomisch bestimmenden, sondern auch zur politisch dominierenden Schicht: zur Bourgeoisie, zu einer gesellschaftspolitischen Klasse. Das Selbstbewusstsein einer neuen politischen Schicht fordert und erzeugt neue kulturelle und künstlerische Formen. Es wird nicht mehr feudal-aristokratische Ästhetik nachgeahmt, sondern eine neue, eine bürgerliche Ästhetik produziert. Das bürgerliche Porträt zeigt diese Entwicklung besonders deutlich. *Ingres* malt „Monsieur Bertin" vor einem neutralen Bildhintergrund, nichts stört Bertins Präsenz im Bild.

Der Dichter *Charles Baudelaire* lobte noch 1845 anlässlich der gedruckten Fassung das Bild über alle Maßen, und der Maler *Edouard Manet* beschrieb das Werk: „Ingres wählte Bertin den Älteren, um eine ganze Epoche zu stilisieren; er hat aus ihm den Buddha der Bourgeoisie gemacht, satt, wohlhabend, triumphierend."

Während *Ingres* Monsieur Bertin als in sich ruhenden Bürger darstellt, beschreitet der österreichische Maler *Ferdinand Waldmüller* mit dem Gruppenporträt der Familie des Notars Eltz einen völlig anderen Weg. Die Gruppe posiert zwanglos vor einer Salzkammergut-Landschaft; im Hintergrund ist Bad Ischl mit dem Dachstein zu erkennen. Die älteren Söhne scharen sich um den Vater, den *Waldmüller* raffiniert aus der Bildmitte gerückt hat, die Gattin bildet, tiefer sitzend, den Mittelpunkt einer eigenen Gruppe. Die Familie ist so dargestellt, dass sich die Figuren, bei aller Bewegtheit, ganz auf die Person des Familienoberhauptes beziehen. Die dargestellte landschaftliche und familiäre Idylle lässt dennoch keinen Zweifel offen; der Künstler zeigt, dass Dr. Eltz mehr ist als ein Familienvater, er ist ein bürgerlicher Familienpatriarch.

Die Malerei erfindet neue Wege: zum Beispiel in die Abstraktion

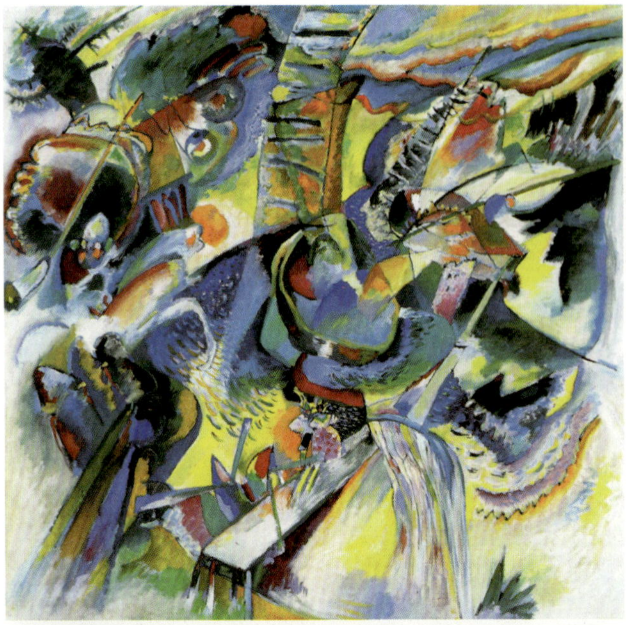

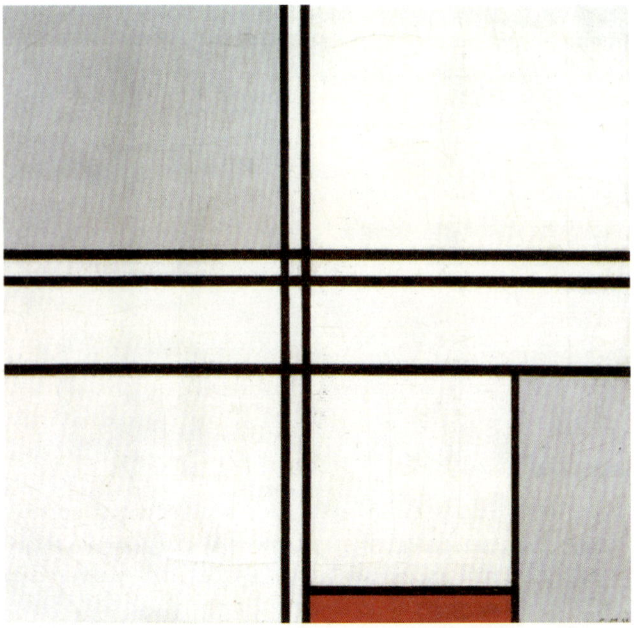

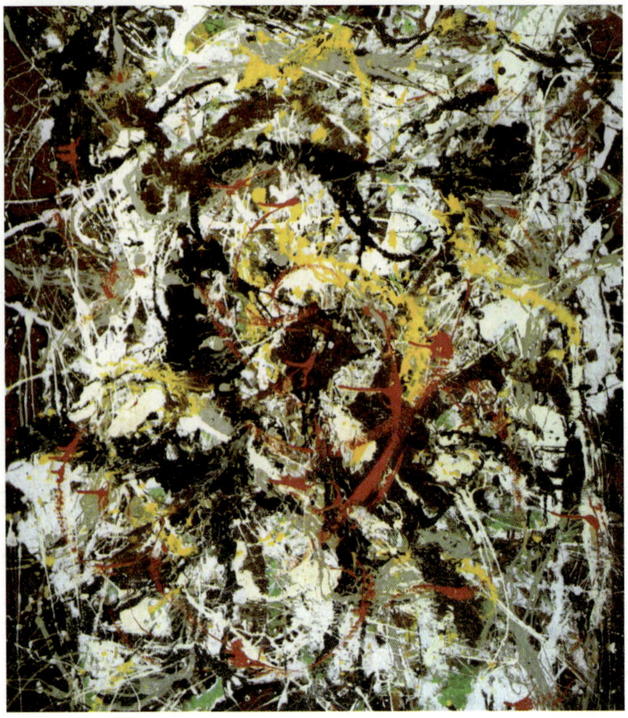

Abb. links oben: Wassily Kandinsky: Improvisation „Klamm", 1914, Öl auf Leinwand, 100 x 110 cm, Lenbachhaus, München
Abb. links unten: Jackson Pollock: Nr. 4, 1950, Öl, Email und Aluminiumfarbe auf Papier, 124 x 94 cm, Carnegie Museum, Pittsburgh
Abb. rechts oben: Piet Mondrian: Komposition mit Rot und Grau, 1935, Öl auf Leinwand, 57,5 x 55,6 cm, The Art Institute of Chicago

Der Schritt zur Abstraktion zu Anfang unseres Jahrhunderts ist für die Entwicklung der Malerei ebenso einschneidend wie die Hinwendung zur Wirklichkeit in der Renaissance. Als Begründer der abstrakten Malerei gilt *Wassily Kandinsky* (1866–1944).

Der Begriff Abstraktion leitet sich vom lateinischen „abstrahere" (= abziehen, entfernen) ab. In der bildenden Kunst benennt Abstraktion ein Entfernen vom Gegenständlichen oder gänzliche Ungegenständlichkeit. *Kandinsky* verfasste die erste Theorie zu diesem Problem und schuf die erste abstrakte Malerei, sein Aquarell von 1913. Farbe und Form sind von nachahmender Bedeutung losgelöst, sie existieren autonom. Die Wahrnehmung kann sich nicht mehr an bekannten Formen orientieren. Jede Andeutung von Gegenständlichkeit würde die Wahrnehmung der Gegenstandslosigkeit durch die Betrachterin oder den Betrachter stören.

Querverweis

→ *2.7 Der Raum auf der Leinwandfläche:* Zentralperspektive

Die Arbeiten des aus Argentinien stammenden Italieners *Lucio Fontana* sind von meditativer Wirkung. Er beginnt, die Grenzen der Malerei zu überschreiten und stellt diese damit eigentlich bereits in Frage.
Das Problem, ob Malerei sich als Medium der bildenden Kunst im 20. Jahrhundert erschöpft habe und von den neuen technischen Medien abzulösen sei, wurde und wird oft gestellt. Die Antworten sind zahlreich. Die einen suchen in der Malerei eine neue Sinnlichkeit, die anderen erklären sie für tot. *Lucio Fontana* hat seine Lösung früh gefunden. Er schlitzte bemalte Leinwände mit gezielten Messerschnitten auf. Die Schlitze wurden mit schwarzer Gaze unterlegt, sodass ein ungewisses Dunkel zwischen ihnen hervorschaut. Dieses Dunkel illusioniert Raum und erweitert die Bildfläche auf eine für Malerei unmögliche Weise.
In den 1960er-Jahren suchte der Wiener Aktionismus nach Alternativen zum Tafelbild und wollte auch mit sonstigen Konventionen und Tabus brechen. In öffentlichen Aktionen schockierten die Kunstschaffenden ihr Publikum. *Günter Brus* machte sich beispielsweise selbst zum Malgrund und führte das traditionelle Tafelbild ad absurdum.
Auch *Hermann Nitsch* verzichtete in seinen Aktionen auf traditionelle künstlerische Formen und stellte damit auch das konventionelle Rollenbild von bildenden Künstlerinnen und Künstlern in Frage. Der Aktionismus gilt als wesentliche Leistung österreichischer Kunst im 20. Jahrhundert.

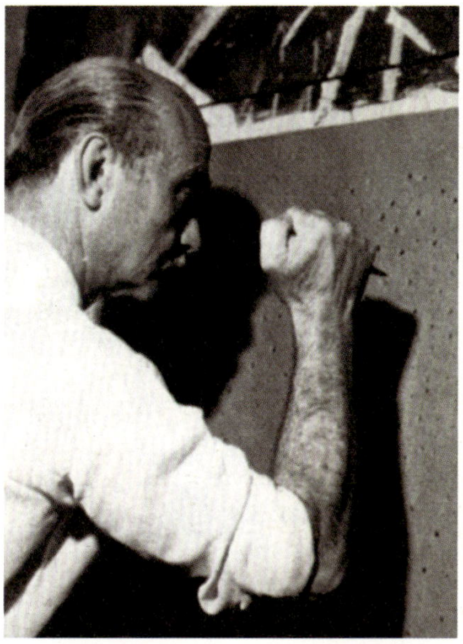

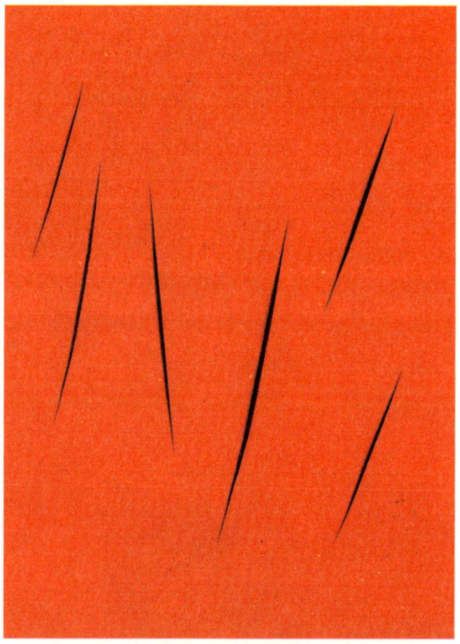

Abb. links oben: Lucio Fontana schlitzt eine Leinwand auf, um 1965
Abb. rechts oben: Lucio Fontana: Raumkonzept, 1966, 103 x 84 cm, Leinwand, Museum of Modern Art, New York

Abb. links unten: Günter Brus: Selbstbemalung, 1965, Aktion, Wien
Abb. rechts unten: Hermann Nitsch: 4. Aktion, 1963, Dokumentation der Aktion (8 Farbfotografien), 60 x 50 cm

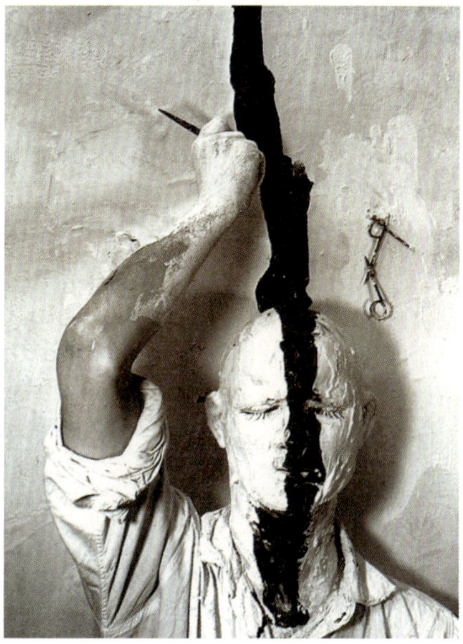

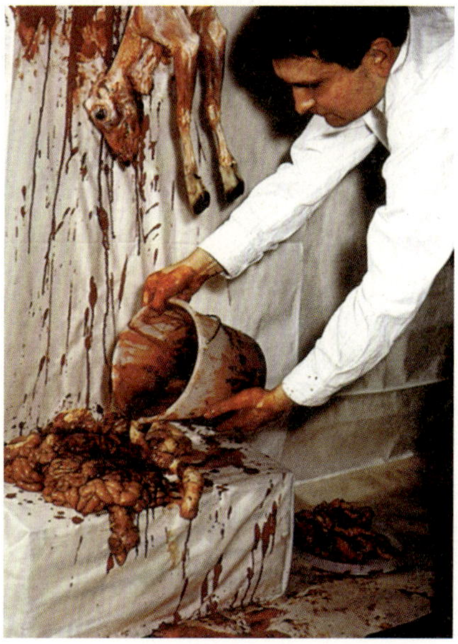

Aufgabenstellungen

Welche unterschiedlichen Funktionen der Malerei werden auf den Seiten 162 bis 167 vorgestellt? Welche Funktionen übernimmt Malerei, deiner Meinung nach, heute? Und erweitert auf den Bildbegriff: Welche Funktionen können Bilder im Allgemeinen in unserer Gesellschaft einnehmen? V A R S

Im Kapitel „11.5 Funktionen der Malerei" wird auch die Rolle der Kunstschaffenden erwähnt, die einem Wandel unterliegt. Wie hat sich diese Rolle im Lauf der Geschichte verändert? V A R S

Inwieweit verändern sich in der Malerei die Konzepte von Raum und Räumlichkeit im Lauf der Zeit? Erkläre anhand der Abbildungen. V A R S

11.6 Bildgattung Stillleben – einige Beispiele

Barock

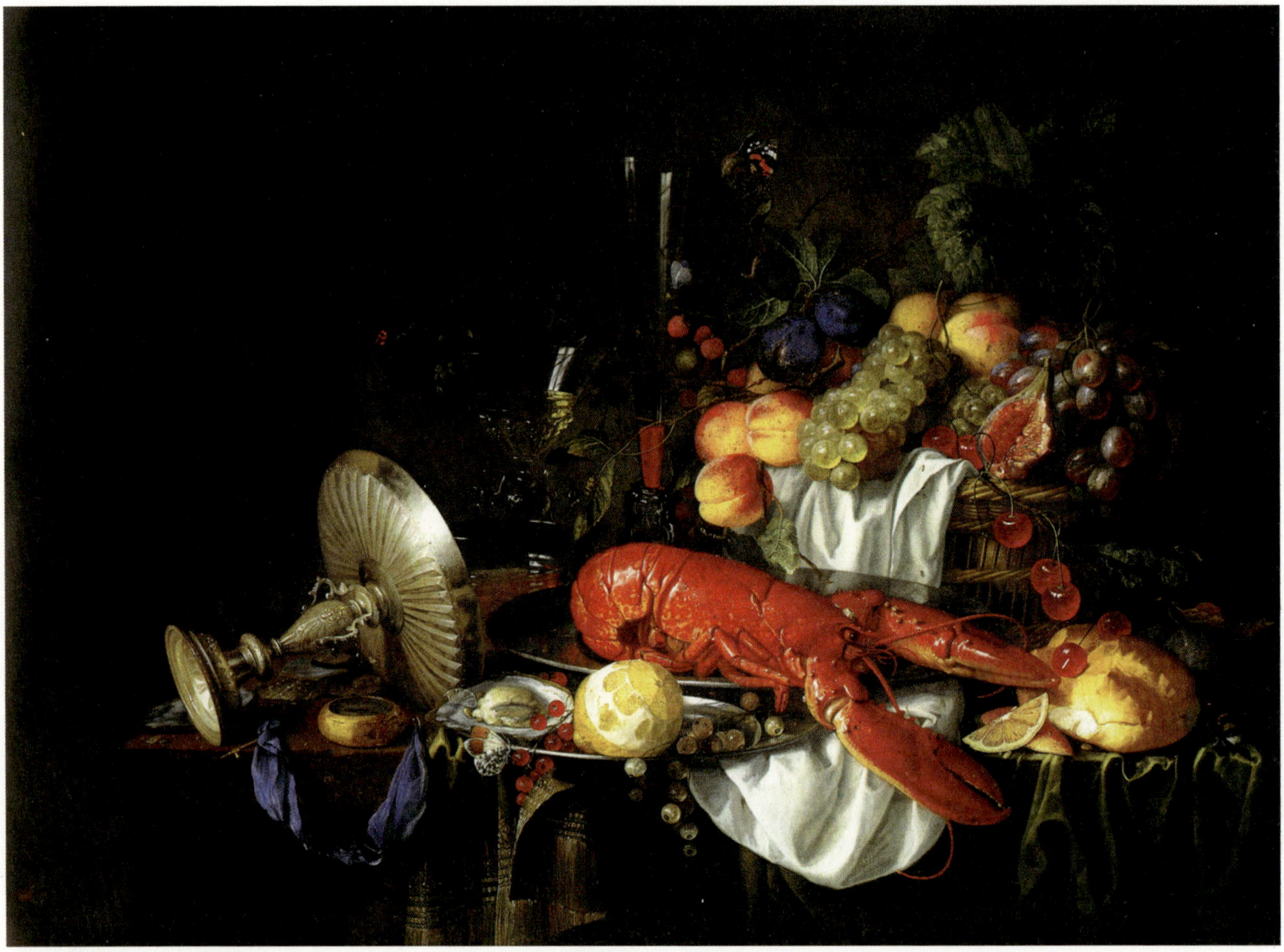

Abb.: Jan Davidsz. de Heem: Prunkstillleben mit Hummer, 1650, Öl auf Leinwand, 63 x 84 cm, The Toledo Museum of Art, USA

Dieses Bild aus der Mitte des 17. Jahrhunderts von *Jan Davidsz. de Heem* stellt einen Höhepunkt in der Gattung des Prunkstilllebens dar.

Auf den ersten Blick sehen wir die Darstellung eines chaotisch überladenen Tisches. Tatsächlich ist das Bild völlig durchkomponiert: Das Getümmel der Bildmotive findet in einem strengen Schema statt. Dieses besteht aus einer das ganze Bild durchziehenden Senkrechten, im Hintergrund als Mauerkante sichtbar, aus einer Horizontalen, als Tischkante leicht erkennbar und einer Diagonalachse von links unten nach rechts oben. Der leere Bildhintergrund nimmt etwa ein Drittel der gesamten Bildfläche ein. Die scheinbar willkürlich gewählten Objekte deuten jeweils einen bestimmten Symbolgehalt an. Vanitas, Vergänglichkeit, wird ausgedrückt durch den toten Hummer, die faulenden Weinblätter, die Uhr und umgestürzte Schale; Eucharistie durch Brot und Wein. Erotik und Sinnlichkeit werden durch Früchte, Austern und Wein angedeutet.

Querverweis

→ *6.6 Zeit sichtbar machen*

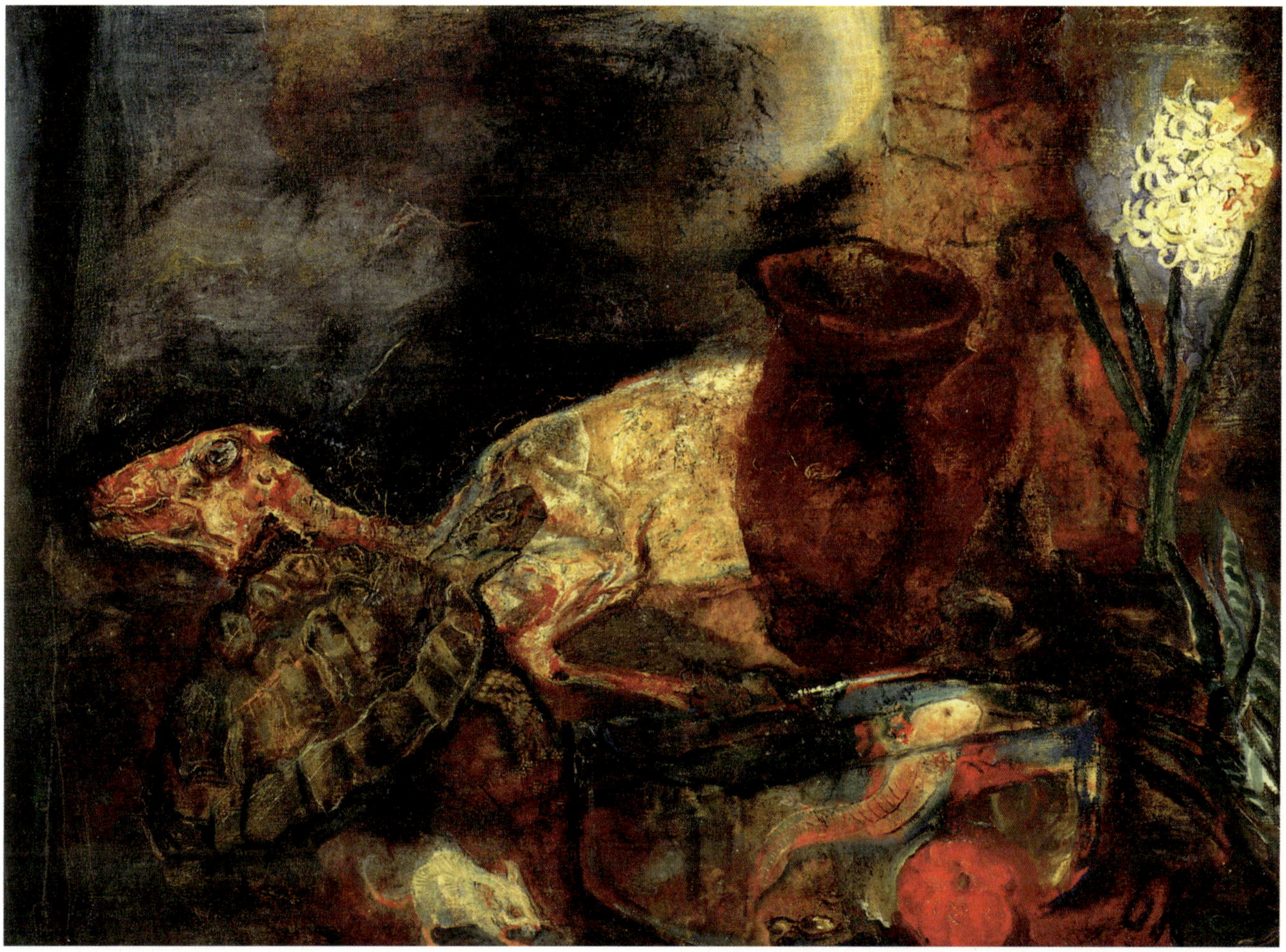

Abb.: Oskar Kokoschka: Stillleben mit Hammel und Hyazinthe, 1910, Öl auf Leinwand, 87 x 114 cm, Österreichische Galerie, Wien

Ende des 19. Jahrhunderts werden Ansichten und Sehweisen des Impressionismus (siehe S. 174) in der bildenden Kunst radikal hinterfragt. Der Expressionismus vernachlässigt bewusst realistische Darstellungsweisen zugunsten einer stärkeren Emotionalität. Der österreichische Maler *Oskar Kokoschka* hat diese Kunstform später übernommen und radikal weiterentwickelt. Neben seinen Porträts und Stadtansichten lassen vor allem seine Stillleben erkennen, wie seelische Verfassungen sich in der malerischen Darstellung von Dingen widerspiegeln können. Die scheinbar willkürlich zusammengestellte Menagerie mit Maus, Schildkröte und Lurch wird gegen den Bildhintergrund durch ein geschlachtetes und abgehäutetes Lamm abgegrenzt. Die Verbindung der Hyazinthe, des rosafarbenen Lurchs als Entwicklungsstadium des Lebens und des toten Lammes zeigt, dass *Kokoschka* mehr darstellen wollte als ein einfaches Stillleben; man kann das Bild als Vanitasdarstellung deuten.

Aufgabenstellung

Was bedeutet der Begriff „Vanitas" und welche Elemente in den beiden Gemälden versinnbildlichen dieses Thema?

Trompe-l'œil

Die Ergebnisse der Versuche von Kunstschaffenden, „täuschend echt" zu malen, nennt man Trompe-l'œil (frz.: Augentäuschung). Eine Blütezeit erlebte diese Malerei um die Mitte des 17. Jahrhunderts. Trompe-l'œil-Maler sahen sich in der Tradition antiker Stillleben-Maler. So hatte der griechische Maler *Zeuxis* (um 400 v. Chr.) Vögel mit täuschend echt gemalten Trauben in die Irre geführt und fiel selbst auf das Bild eines Kollegen herein, von dessen Bild er einen gemalten Vorhang wegziehen wollte – neckische Spiele mit dem Phänomen von Abbildung und Wirklichkeit, die immer wieder zum Übertreffen des Vorangegangenen herausfordern.

Um die Wende zum 20. Jahrhundert nahm die Trompe-l'oeil-Malerei in der amerikanischen Kunst als besondere Art der Stillleben-Malerei, vertreten durch Malerpersönlichkeiten wie *William Harnett, John f. Peto* oder *DeScott Evans,* einen wichtigen Platz ein.

Ein Bild, das die moderne Wiederentdeckung des Trompe-l'oeil als eindrucksvolles Beispiel zeigt, ist das Gemälde von *Henri Cadiou*. Sein „Küchenregal" zeigt, über die Anspielungen auf virtuose Malkunst hinausgehend, neben trivialen Küchengeräten auch persönliche Gegenstände und stellt so ein differenziertes Psychogramm der Künstlerpersönlichkeit dar.

Abb. links: DeScott Evans: A New Variety, Take One, um 1890, Öl auf Leinwand, 31 x 25 cm, Columbus Museum of Art

Abb. rechts: Henry Cadiou: Küchenregal, 1964, Öl auf Holz, 80 x 90 cm, Privatsammlung

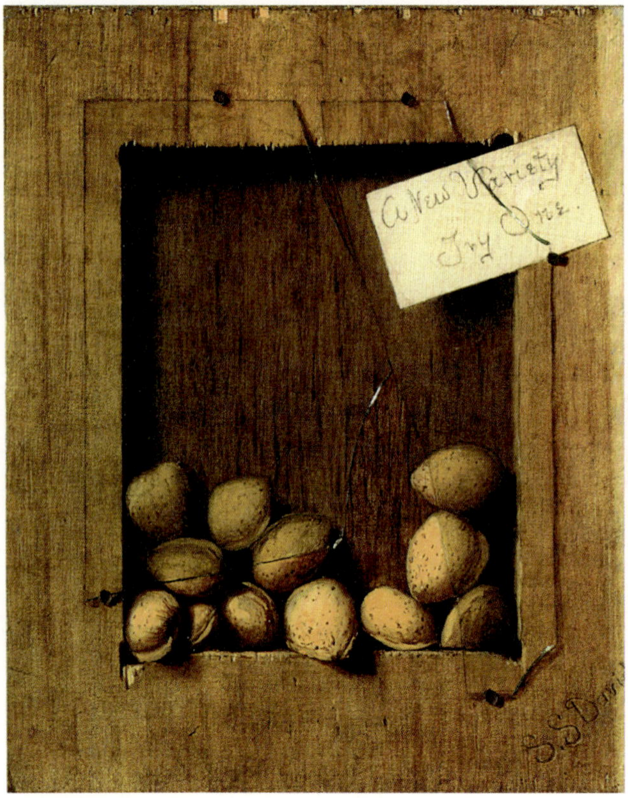

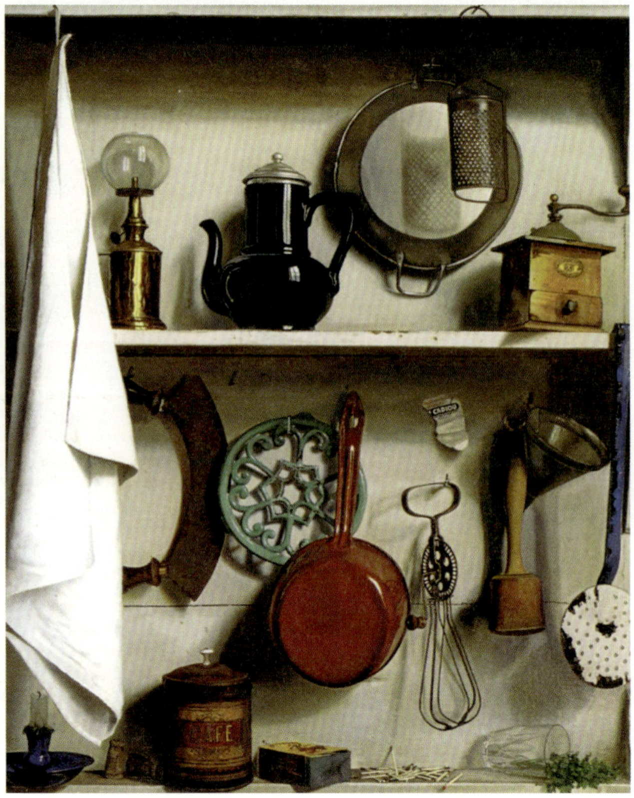

Aufgabenstellung

Was versteht man unter einem Trompe-l'œil?

Auch in jüngster Vergangenheit haben Künstlerinnen und Künstler immer wieder auf das traditionelle Thema des Stilllebens zurückgegriffen. Im Unterschied zu anderen Bildern, auch aus dem 20. Jahrhundert, erscheint in der Pop Art die Idealvorstellung vom Originalkunstwerk oft ironisiert. Den Arbeiten fehlt scheinbar die persönliche „Handschrift", und sie wirken wiederholbar. *Wayne Thiebauds* Torten vermeiden jeden Hinweis auf eine besondere Beschaffenheit der Zuckerbäckereien; sie wirken durch ihre Darstellung eher wie allgemein gekennzeichnet, standardisiert, wie die Klischeevorstellung von Torten.

Daniel Spoerri, 1930 in Rumänien geboren, übersiedelte 1942 auf der Flucht vor den Nazis in die Schweiz und nahm den Namen seiner Mutter an.

Wie viele Kunstschaffende seiner Generation plädiert er für eine Übereinstimmung, ja eine Einheit von Kunst und Leben. Seine Feste, Happenings und zum Beispiel die Bankette zeigen seinen engen Kontakt zur Fluxus-Bewegung. Die Gegenstände, Resultate und Überbleibsel von Festen oder Diners werden fixiert und symbolisieren so Momentaufnahmen der Ereignisse, quasi geronnenes Leben.

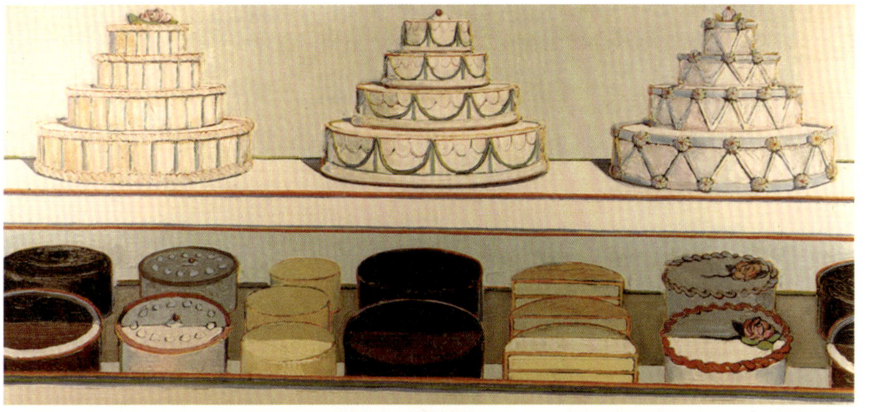

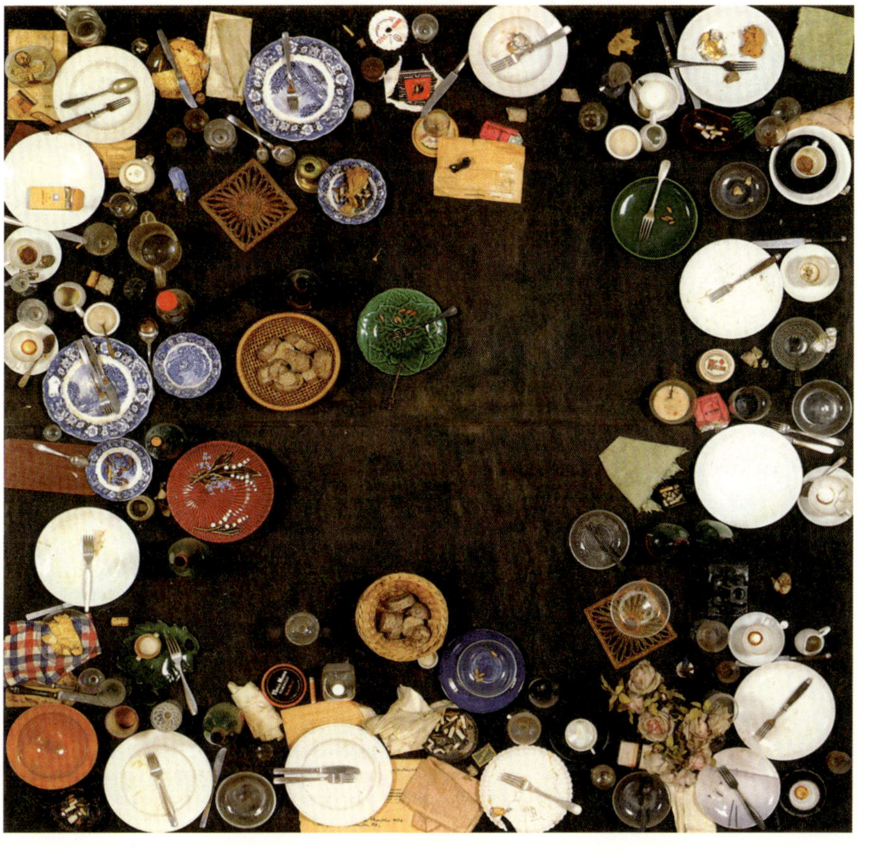

Abb. oben: Wayne Thiebaud: Cake Counter, 1963, Öl auf Leinwand, 93 x 183 cm, Museum Ludwig, Köln

Abb. unten: Daniel Spoerri: Hahns Abendmahl, 1964, Holzplatte, Geschirr und verschiedene Gegenstände, 200 x 200 x 38 cm, MUMOK, Wien

Aufgabenstellung

Recherchiere nach der Wortherkunft von „Stillleben". Welche Elemente weist ein Stillleben üblicherweise auf?

11.7 Bildgattung Landschaft – einige Beispiele

Romantik

Die Landschaft in der romantischen Malerei des beginnenden 19. Jahrhunderts steht ganz im Gegensatz zur barocken Ideallandschaft, die einem gesicherten Weltbild folgte. Das geistige und politische System ist durch die Französische Revolution und ihre Folgen völlig verändert worden, die neuen Ordnungen erweisen sich nicht als beständig. Man wendet sich der Natur zu. Sie soll neue Geborgenheit bringen und wird zum Spiegel der seelischen Befindlichkeit der Künstlerinnen und Künstler. Natur wird nicht einfach abgebildet, im Naturerlebnis soll das verlässlich Ewige erkannt und der entwurzelte Mensch getröstet werden. Doch die einmal vollzogene Trennung zwischen Natur und Mensch kann nicht mehr aufgehoben, die verlorene Ordnung nicht mehr hergestellt werden.

Caspar David Friedrich (1774–1840), der bedeutendste deutsche Romantiker, gibt dieses Lebensgefühl und die Naturauffassung seiner Zeit mit dem „Mönch am Meer" sehr anschaulich wieder.
Die gewaltige Größe des Himmels und des Meeres, die sich außerhalb des Bildraumes unbegrenzt fortsetzen können, steht im krassen Gegensatz zur irdischen Begrenztheit der menschlichen Figur. In den unendlich weiterlaufenden horizontalen Linien der Meereslandschaft steht der Mensch zwar aufrecht, aber ohne den Lauf der Linien zu unterbrechen.
Er ist Mönch und wird damit zum Sinnbild der Einsamkeit, der Suche, der Sehnsucht: also zum Sinnbild des romantischen Kunstschaffenden.

Abb.: Caspar David Friedrich: Der Mönch am Meer, 1808–1810, Öl auf Leinwand, 110 x 171,5 cm, Schloss Charlottenburg, Berlin

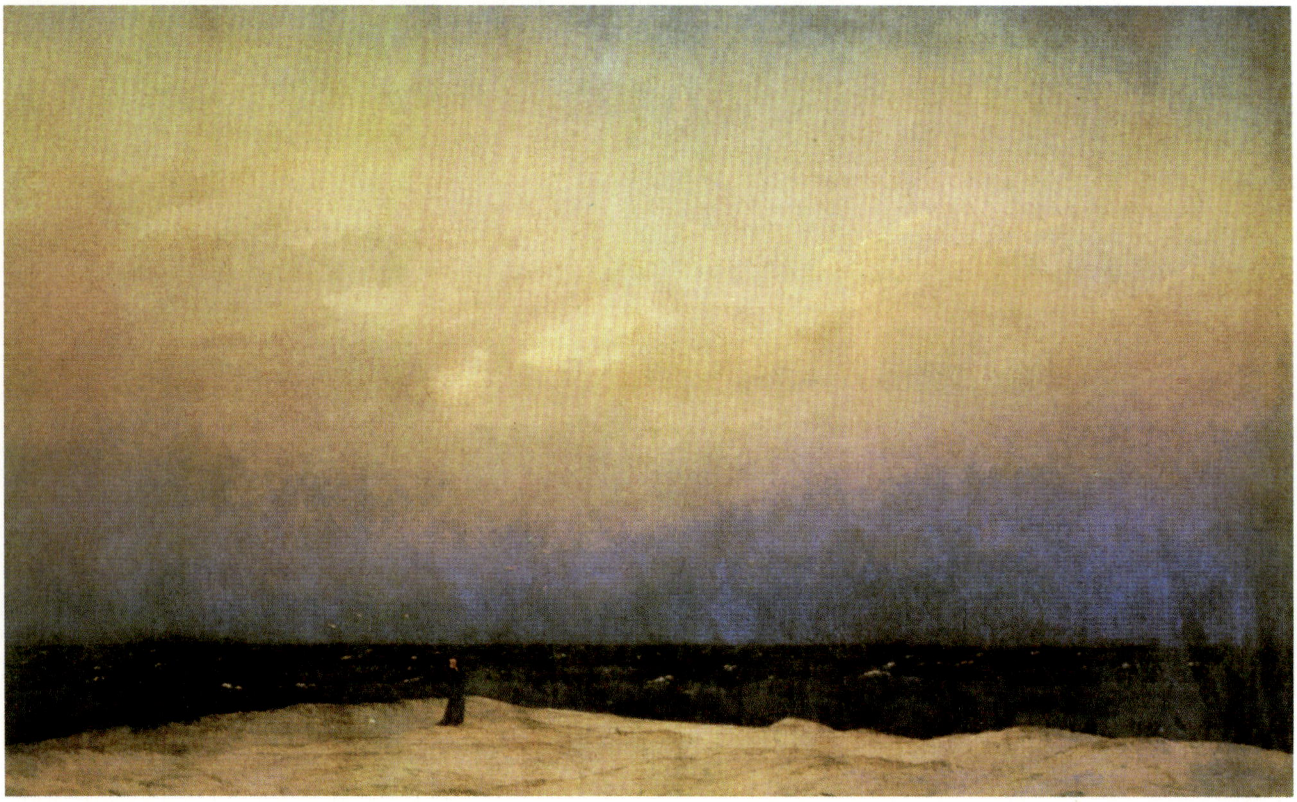

In der Mitte des 19. Jahrhunderts entwickelt sich mit dem zunehmenden Interesse an der Natur und mit den Anfängen des alpinen Tourismus ein eigener Bedarf an Landschaftsbildern. Landstriche mit ausgefallenen und leicht wiedererkennbaren Motiven wurden als „typisch" berühmt. Einzelne Malerinnen und Maler wurden in bestimmten Regionen zu Marktbeherrschern, weil es ihnen gelang, besonders markante und „schöne" Punkte zu finden, die bis heute Vorbild für die Motive von Ansichtskarten geblieben sind. *Markus Pernhart* (1824–1871) spezialisierte sich auf Kärnten. Er sammelte bei seinen fast jährlichen Reisen Motive und dokumentierte z. B. den Zustand der Burgen und Schlösser des Landes. Diese Zeichnungen und Drucke machten vielfach erst bewusst, wie bedroht die Baudenkmäler waren. Bei drei Besteigungen des Großglockners erarbeitete er sich auch das Repertoire für eine Serie von Bildern. Dabei verlässt *Pernhart* die topografische Exaktheit zugunsten einer Stilisierung. Er übersteigert den zentralen Gipfel, die benachbarten Bergmassive werden zugunsten des „Hauptdarstellers" verkleinert und in den Hintergrund gerückt. Bei einigen Bildern werden Entfernungen und Abgründe durch Dunst noch zusätzlich „verunklart". Die Bergsteiger im Vorder- oder Mittelgrund der Bilder sind keine stillen Betrachter, sie machen Pause und beginnen mit der Eroberung des Gipfels, die natürlich mit dem Sieg über die Natur enden wird. Wir dürfen uns in die mutigen Männer hineindenken und den Schwindel in der steilen Wand mitfühlen.

Abb.: Markus Pernhart: Besteigung des Großglockners, um 1860, Öl auf Leinwand, 57 x 72 cm, Landesmuseum Kärnten, Klagenfurt

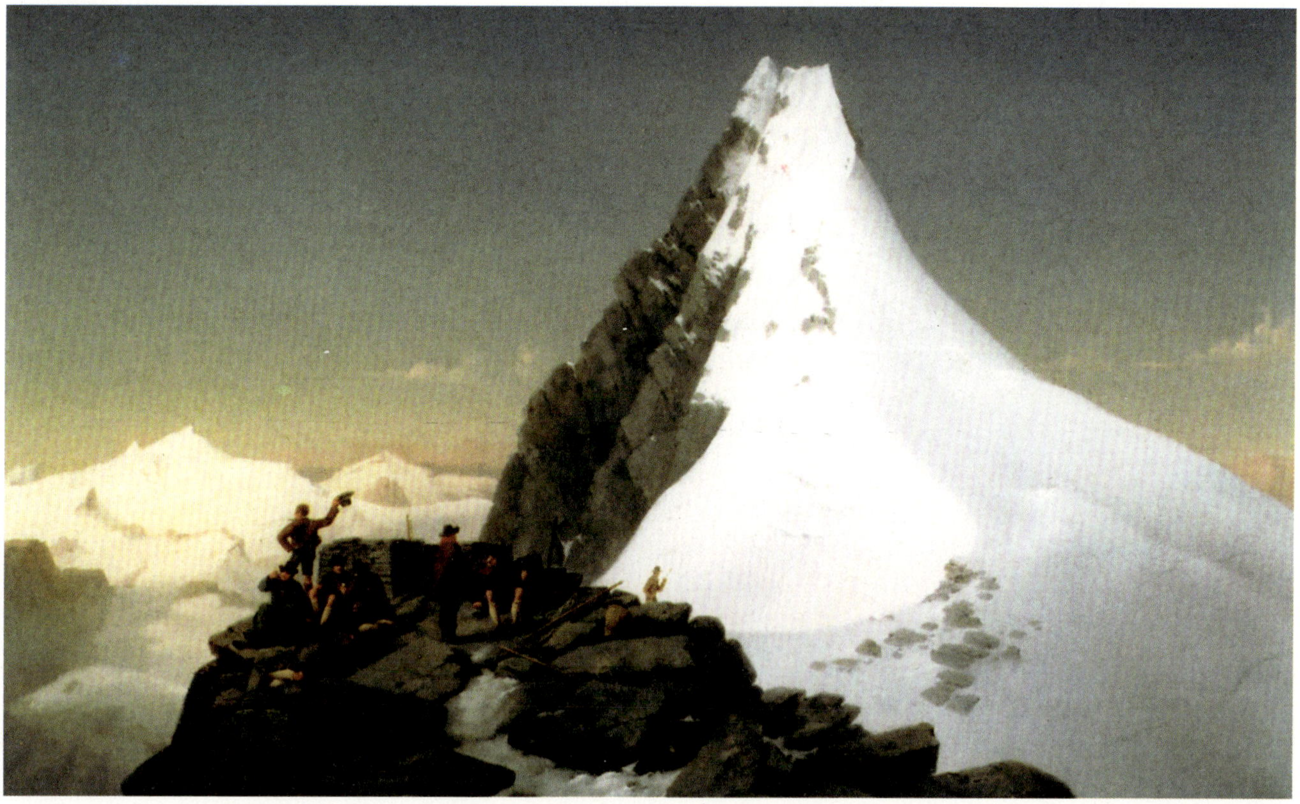

Impressionismus

Claude Monet (1840–1926), einer der bedeutendsten französischen Impressionisten, entfernt sich im Laufe seines Schaffens immer mehr von der Darstellung des Gegenständlichen. Er beschreibt zunehmend die bloßen Eindrücke (Impressionen) von Naturerscheinungen. Licht und Schatten und durch sie veränderte und aufgelöste Farben und Formen sind Gegenstand seiner Malerei. Das wichtigste Motiv des Impressionismus ist die Landschaft, die „en plein air", im Freien, entsteht. Die Landschaft selbst ist nur noch Anlass für das Bild, nicht mehr der eigentliche Inhalt, denn auch die Form löst sich durch den Lichteinfluss auf. Konturen verlieren an Klarheit, und der Eindruck von Flüchtigkeit entsteht. Lokalfarbigkeit wird dabei außer Acht gelassen.

Man musste im Freien aber zweifellos schneller arbeiten als im Atelier, besonders wenn etwas so Vergängliches wie ein bestimmter Lichteinfall zu einer bestimmten Tageszeit festgehalten werden sollte. Dies führte zu einer assoziativen, oft flüchtig wirkenden Malweise.

Das Publikum konnte keine Einzelheiten mehr erkennen und war empört über die freie Verwendung der Farben.

Abb.: Claude Monet: Mohnblumenfeld, 1885, Öl auf Leinwand, 50 x 65 cm, Eremitage, St. Petersburg

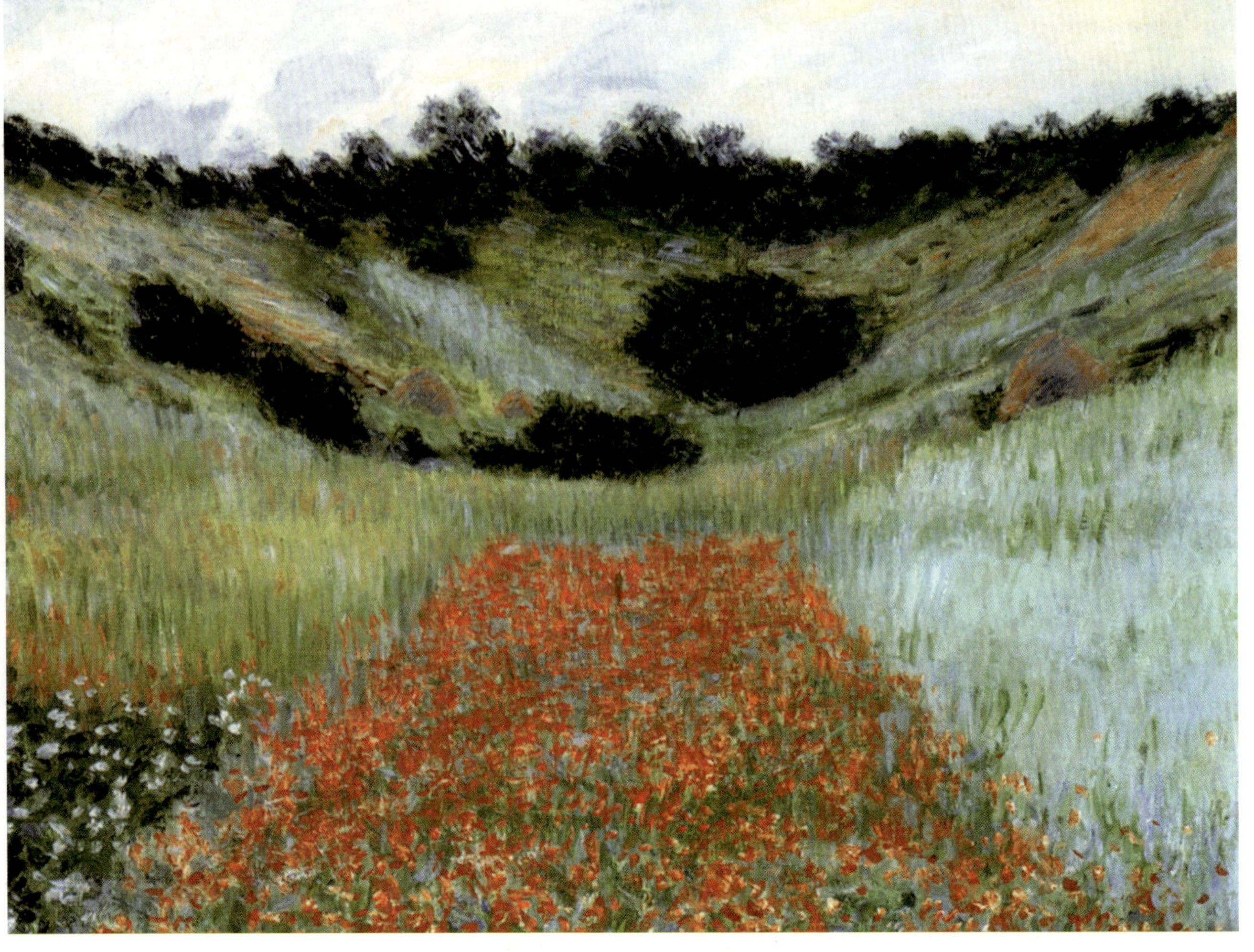

Die Landschaftsmalerei des Österreichers *Herbert Boeckl* (1894–1966) ist beispielhaft für den Einfluss des französischen Malers *Paul Cézanne*, der bis weit in das 20. Jahrhundert hineinreicht. Der Versuch eines neuen umfassenden Raumerlebnisses, wie er auch im Kubismus zu finden ist, sowie die kräftige Palette, die unabhängig von den Lokalfarben zugunsten eines vielschichtigeren Natureindruckes verwendet wird, erinnern ebenso an *Cézannes* Experimente wie das Modellieren der Formen mit Farbe. Letzteres wird bei *Boeckl* besonders deutlich.

Die Reihe seiner „Erzberg"-Bilder, während und kurz nach dem Zweiten Weltkrieg entstanden, gewinnt ihre Körperlichkeit durch pastosen Farbauftrag (siehe S. 160).

Die Spachteltechnik intensiviert den Eindruck von „gebauten" Formen und vermittelt gleichzeitig eine Sinnlichkeit des Naturerlebnisses. Mehr noch als bei seinen Vorbildern ist für *Boeckl* das Naturabbild unbedeutend geworden. Das emotionale und sinnliche Aufschlüsseln der Natur und dessen malerische Umsetzung prägen sein Werk. Interessant sind die Wahl des Landschaftsmotivs und die Betrachtungsperspektive.

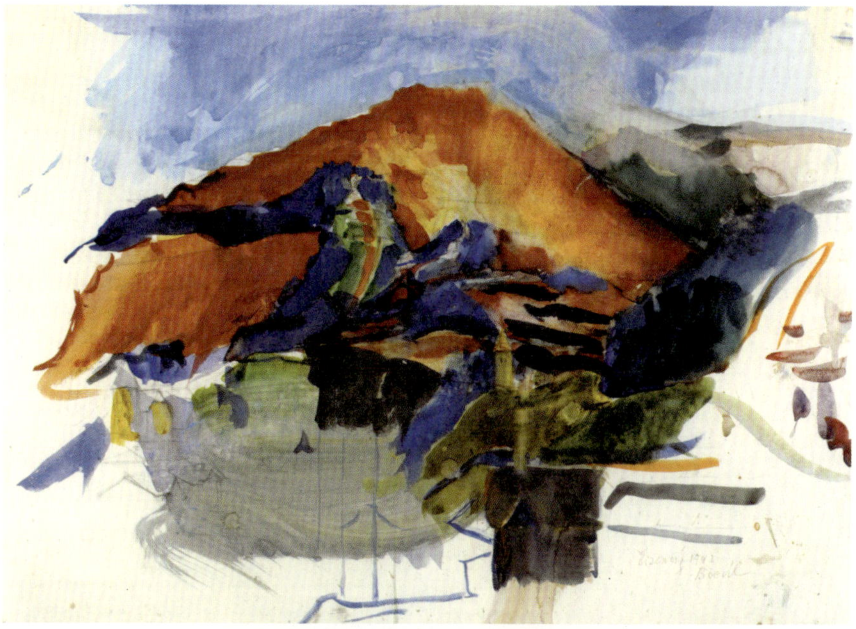

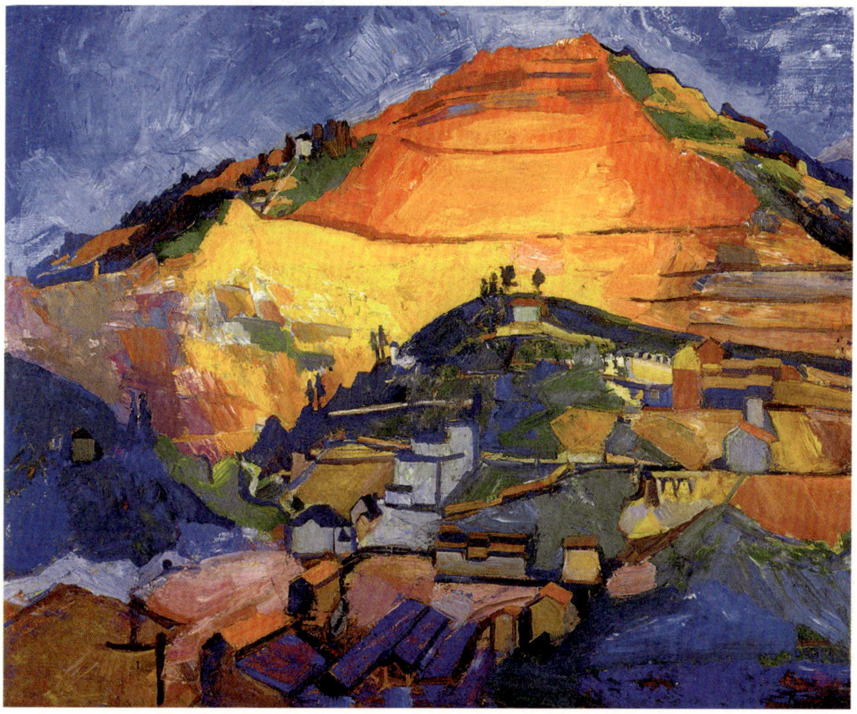

Abb. oben: Herbert Boeckl: Erzberg, 1942, Aquarell, 52,5 x 71,5 cm, Privatbesitz
Abb. unten: Herbert Boeckl: Erzberg I, 1942, Öl auf Leinwand, 116,5 x 136,3 cm, Joanneum, Graz

Aufgabenstellung

Das Motiv der Landschaft wird immer wieder aufgegriffen, um die jeweilige zeitgenössische Weltanschauung ins Bild zu rücken. Erkläre anhand der Abbildungen, inwieweit dieser Umstand formale Veränderungen in der Landschaftsdarstellung bewirkt hat. Gehe dabei auf die beschriebenen Epochen konkret ein.

11.8 Bildgattung Selbstporträt – einige Beispiele

Albrecht Dürer

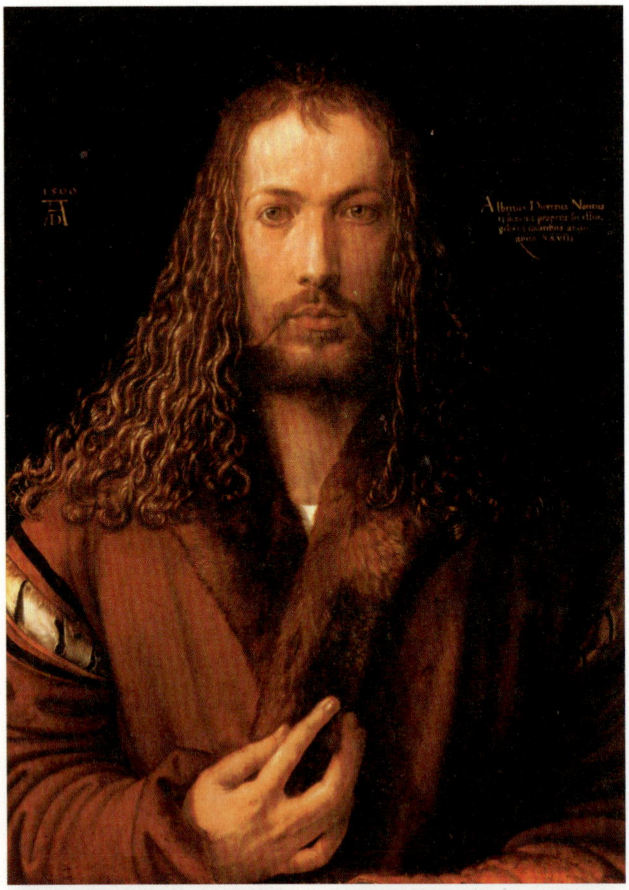

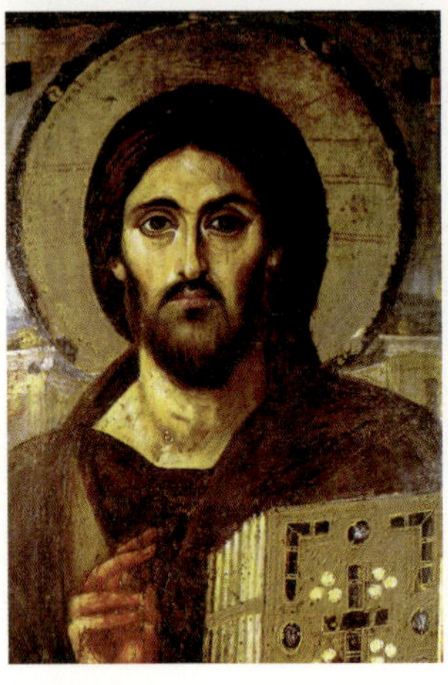

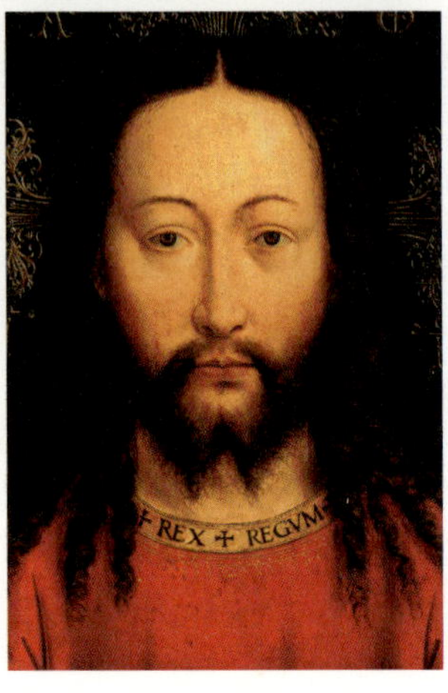

Die Länder nördlich der Alpen waren zur Zeit *Albrecht Dürers* (1471–1528) noch in vieler Hinsicht an mittelalterlichen Traditionen orientiert. Das Zunftwesen der Handwerker, zu denen auch die Künstler zählten, sowie deren traditionelle Ausbildung setzten der Arbeit und der Rolle der Maler, Kupferstecher und Holzschneider einen engen Rahmen. Nach seiner Lehre in Nürnberg verbrachte *Dürer* einige Zeit in Italien. Wie viele seiner Zeitgenossen interessierte auch er sich für die neuen Techniken und Auffassungen der italienischen Renaissancekunstschaffenden. Genaues Naturstudium, perspektivische Darstellung und greifbare Körperlichkeit der Figuren wurden im Norden ebenso aufgenommen und umgesetzt wie das Heraustreten von Kunstschaffenden aus der Anonymität von lediglich Produzierenden. Allmählich konnten auch Künstler Wohlhabenheit und persönliches Ansehen genießen. *Dürer* gehörte bereits zu dieser Generation, die der mittelalterlichen Vorstellung entronnen war und sich als „divino artista", als göttliche Künstler, betrachten konnte. Im Jahr 1500 entstand *Dürers* „Selbstbildnis im Pelzrock". Neu und zugleich Ausdruck jenes individuellen Bewusstseins und Selbstbewusstseins ist die Frontalität des Bildnisses. Sie war bisher vor allem Christusdarstellungen vorbehalten gewesen wie in der Darstellung des Pantokrator links unten zu sehen. Auch das Kompositionsschema entspricht sowohl der westlichen als auch der byzantinischen Tradition. Ein Kreis, ein gleichseitiges Dreieck und ein Kreuz legen den Bildaufbau fest. Im Christusbild des *Jan van Eyck* taucht bereits der Name des Künstlers in der Umrahmung auf. In *Dürers* Selbstporträt finden sich das Kompositionsschema von Kreis, Dreieck und Kreuz wieder und statt der Initialen Christi die des Künstlers samt Jahreszahl sowie eine erläuternde Inschrift: „So malte ich, Albrecht Dürer aus Nürnberg, mich selbst mit unvergänglichen Farben im Alter von 28 Jahren."

Abb. oben: Albrecht Dürer: Selbstbildnis im Pelzrock, 1500, Öl auf Holz, 67 x 49 cm, Alte Pinakothek, München
Abb. links unten: Christusikone (Pantokrator), 6. Jh., Enkaustik, Katherinenkloster, Sinai
Abb. rechts unten: Jan van Eyck (Schule): Antlitz Christi, 1438, Öl auf Holz, 44 x 22 cm, Staatl. Museen Berlin, Preußischer Kulturbesitz

Querverweis

→ *11.5 Funktionen der Malerei:* Kunst und Andacht: Altarbilder

Aufgabenstellung

Erkläre anhand der angegebenen Eckdaten zu *Albrecht Dürer* und seinem Gemälde, was unter dem Begriff „divino artista" zu verstehen ist und inwieweit sich das in der gewählten Darstellung formal niederschlägt.

Der spanische Maler *Salvador Dalí* gehörte der 1924 gegründeten surrealistischen Bewegung an. Die Vertreterinnen und Vertreter des Surrealismus versuchten, angeregt durch die Psychoanalyse *Sigmund Freuds*, den unbewussten Vorgängen des schöpferischen Prozesses oder überhaupt dem Unterbewusstsein mit all seinen schwer ergründlichen Mechanismen auf die Spur zu kommen. Der Surrealismus stellte das Lustprinzip gegen das herrschende und die Kreativität hemmende Realitätsprinzip. *Salvador Dalí* erklärt selbst:

— Der Surrealismus ist kein Scherz, wie manche meinen.
— Der Surrealismus ist ein wichtiges Gift.
— Der Surrealismus ist das gefährlichste Fantasiegift, das bis heute gefunden wurde.
— Der Surrealismus ist wahnsinnig ansteckend. Achtung: Ich habe Surrealismus.

Der Surrealismus wandte sich gegen die bestehende rationalistische Gesellschaft, ihre Werte, ihre Moral, ihre Sichtweisen, denn sie habe, wie beispielsweise der Erste Weltkrieg zeige, so nicht funktioniert. *Dalí* wollte, ganz in diesem Sinne, durch Absurdität, durch irrationale Kombinationen absurder Dinge und Ereignisse, wie man sie manchmal im Traum sieht, irritieren und die gewohnte Wahrnehmung, das gewohnte Denken in Frage stellen. Die von Krücken gestützte weiche Masse, das „Soft Self-portrait", trägt zweifellos die Züge *Dalís*; zumindest an seinem säuberlich gezwirbelten Schnurrbart ist er unbedingt zu erkennen. Der Künstler lässt sich selbst zum Objekt unterbewusster Vorgänge werden. Dies zumindest in der Theorie. Aus diesem Grund nahmen manche Vertreterinnen und Vertreter des Surrealismus Drogen oder arbeiteten mit Hungerhalluzinationen, um das Unterbewusstsein möglichst unbeeinflusst von jeglicher Rationalität künstlerisch produzieren zu lassen. *Salvador Dalís* Malerei ist zwar von Traumbildern inspiriert, er verlässt aber die herkömmlichen Ausdrucksmittel der Malerei nicht. Es sind die „wunderbaren und belebenden Wunden", die der Surrealismus der Gesellschaft mit ihren befangenen und kleinbürgerlichen Vorstellungen von Kunst zufügen wollte. Die Kunstschaffenden hatten begonnen ihrer Außenseiterrolle etwas abzugewinnen, nämlich die Freiheit, nicht nach konventionellen Regeln existieren zu müssen, und amüsierten sich als Bürgerschreck.

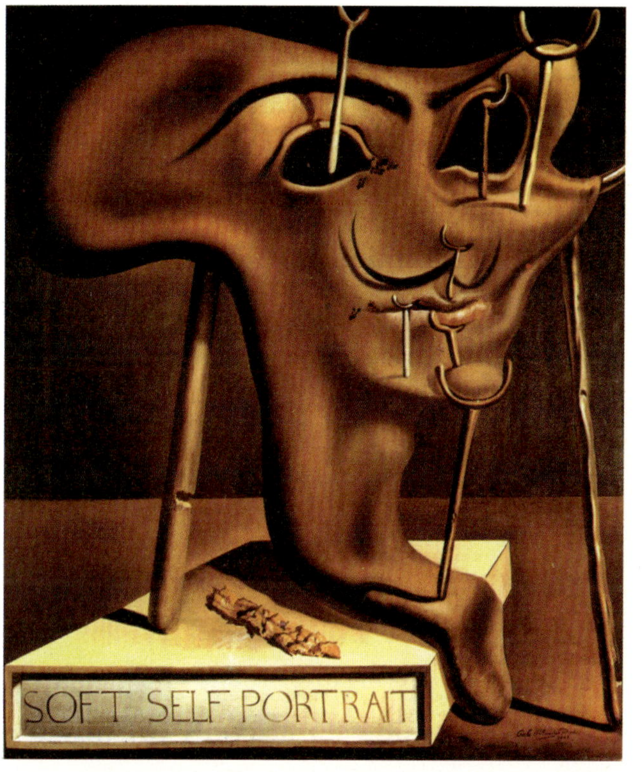

Abb. oben: Weiches Selbstbildnis mit gebratenem Speck, 1941, Öl auf Leinwand, 61 x 51 cm, Privatsammlung
Abb. links unten: Dalí vor „Weiches Selbstbildnis ...", 1941, Foto
Abb. rechts unten: Philippe Halsman: Dalís Schnurrbart, 1954, Foto

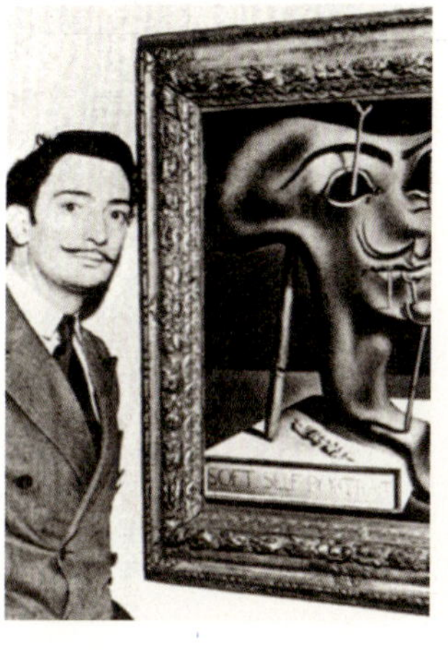

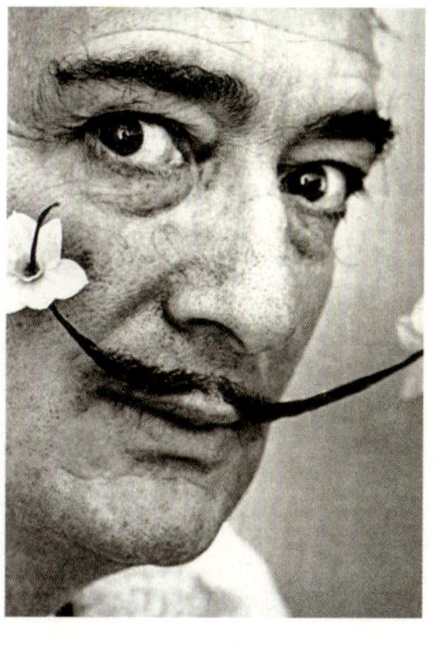

Querverweis

4.7 Formenspiel: Ideen verwerten

Aufgabenstellung

Fasse die zentralen Informationen zu der Strömung des Surrealismus zusammen: zeitliche Eingrenzung, Themen, Vorstellungen etc. Welche für den spanischen Künstler *Dalí* charakteristischen Elemente sind im Selbstporträt wiederzufinden? Vergleiche mit weiterem Bildmaterial.

Maria Lassnig

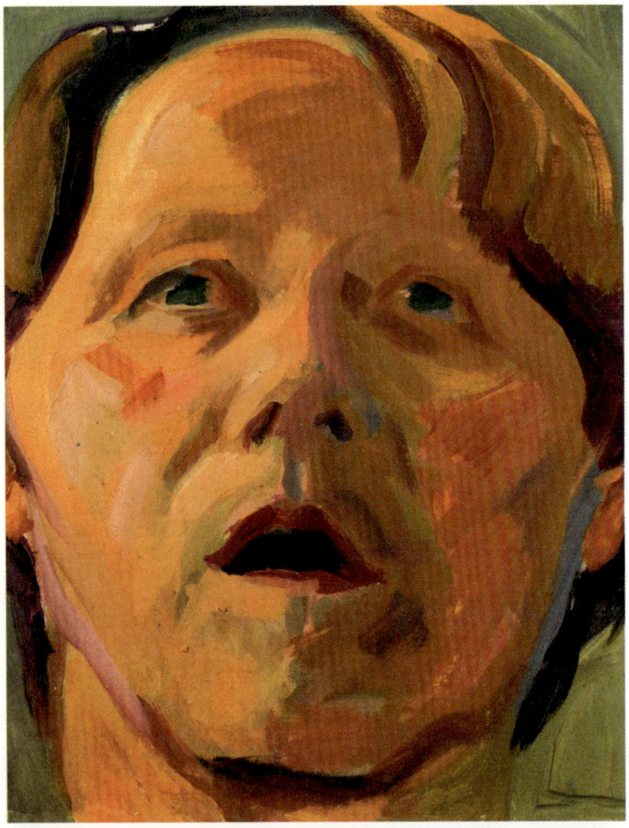

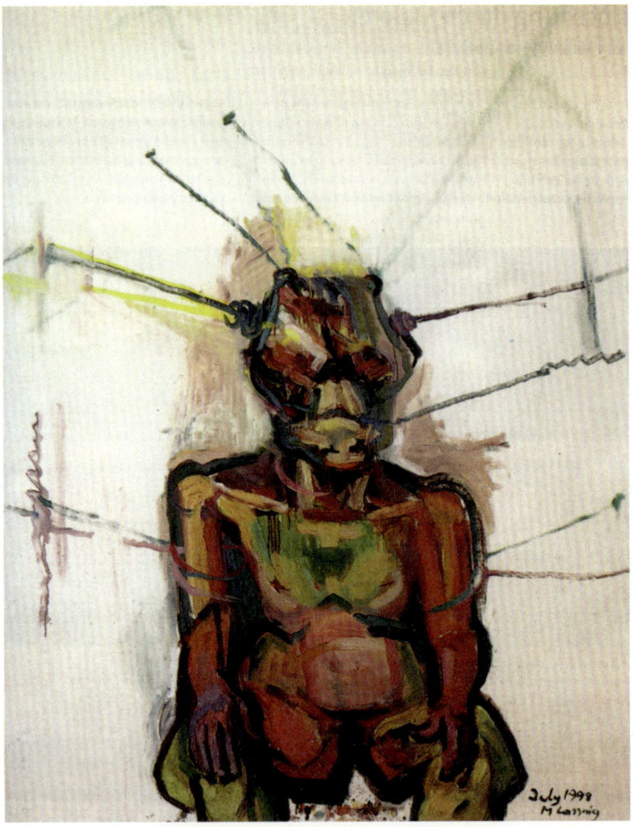

Abb. links oben: Maria Lassnig: Selbstporträt als Blondine, 1981, Öl auf Karton, 45 x 35 cm, Archiv der Universität für angewandte Kunst
Abb. links unten: Maria Lassnig bei der Arbeit, liegend und mit geschlossenen Augen

Abb. rechts oben: Maria Lassnig: Sciencia (Wissenschaft), 1998, Öl auf Leinwand, 200 x 250 cm, Privatbesitz

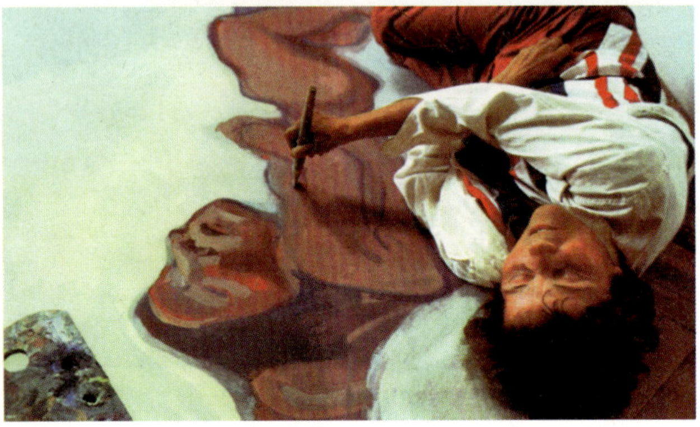

Die in Kärnten geborene *Maria Lassnig* (1919–2014) schien ihre Sicht der Welt ausgehend von ihrem Körper relativieren und darstellen zu wollen. Sie konnte so eine sehr subjektive Malerei jenseits jeglicher Stilzwänge und Moden entwickeln. Ihre Themen sind das Ich, das Selbst, die geistige und körperliche Subjektivität des menschlichen Individuums. *Hanne Weskott*: „Im Malen von Körpergefühlen bekennt sie sich ganz bewusst zum Ich als Zentrum der Welt. Diese Konzentration auf den eigenen Körper, die nicht mit einer sogenannten ‚Malerei aus dem Bauch' zu verwechseln ist, ist eine Leistung, die ganz im Gegenteil nur über den Kopf funktionieren kann."

Die Technik der Übermalung oder Überzeichnung zieht sich bis auf wenige Unterbrechungen durch das gesamte bisherige Werk des Österreichers *Arnulf Rainer*. Er entwickelte sie in den 1950er-Jahren als seine eigene Variante der ungegenständlichen Malerei, die zu dieser Zeit als action painting und Informel in Mode war. Man kann drei Phasen von Überarbeitungen unterscheiden: die Übermalung der eigenen Bilder, die Übermalung der Bilder anderer Künstlerinnen und Künstler und die Übermalung von Fotografien. Daneben veranstaltete *Rainer* im Zuge des Wiener Aktionismus der 1960er-Jahre Selbstbemalungen vor Publikum, ebenfalls eine Form von Überarbeitung, in diesem Fall des eigenen Körpers. Die Handlung des Übermalens kann Löschen, Vernichten, Bedecken, Betonen oder Korrigieren bedeuten. Doch nicht Aggression oder Zerstörung soll das Wesentliche an *Rainers* Bildern sein, er versucht vielmehr eine „Urform der Malerei", eine „Askese der Mittel" zu erreichen. Zu dieser Phase bemerkt *Rainer* selbst: „Man würde übrigens staunen, was sich sehr oft unter der schwarzen Wolke verbirgt: Schätze, Banalitäten, Ansehnliches und Unansehnliches. Wüsste man es nicht aus manchem Titel, nur wenige würden ahnen, dass Rainer ein figurativer Maler ist." *Rainer* besteht darauf, als Maler zu gelten, auch in Zeiten, da die künstlerische Avantgarde die Malerei für tot erklärt hat. Die Manie, alles zu übermalen, alles damit sozusagen in Malerei zu verwandeln, entspringt *Rainers* Idee vom Malen als der „eigentlichen Form des Lebens" und dem Auftrag, den er sich selbst gibt: „Malen, weil man für die Malerei ist." (aus: „10 Thesen zu einer progressiven Malerei", 1958). Den Selbstporträts („Face Farces") liegen ausgewählte Fotografien zugrunde, in denen *Rainer* seine eigene Person inszeniert. Die Übermalungen dienen hier als Dramatisierung der eigenen Grimassen.

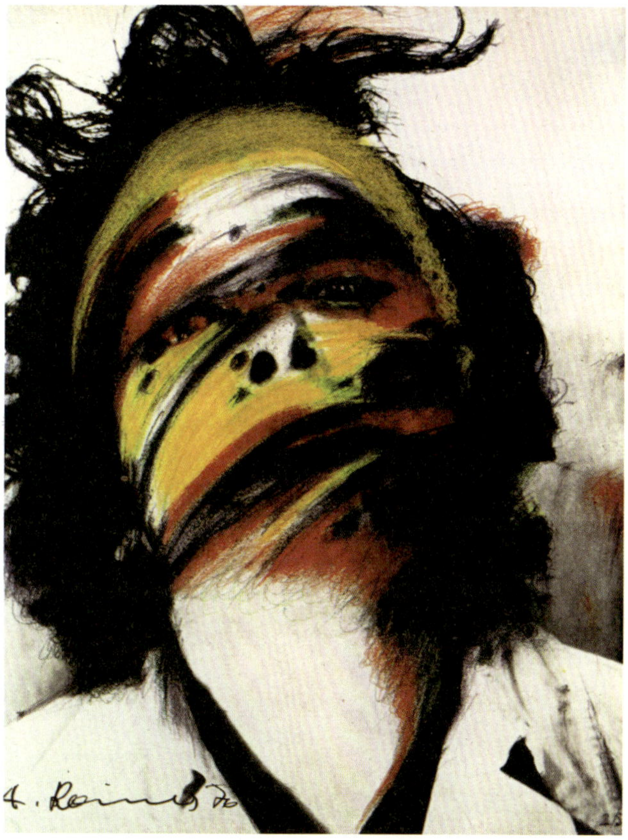

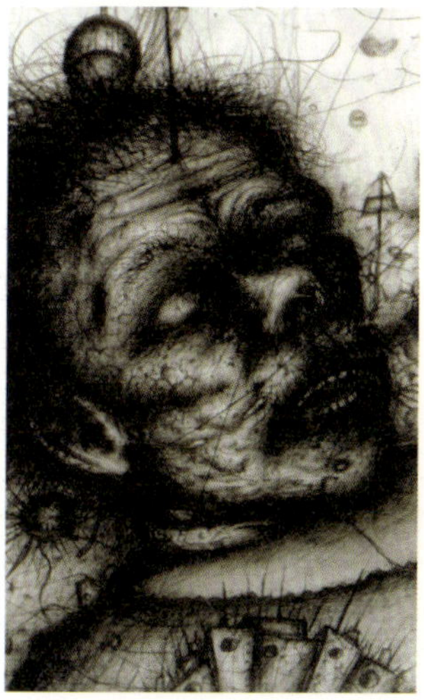

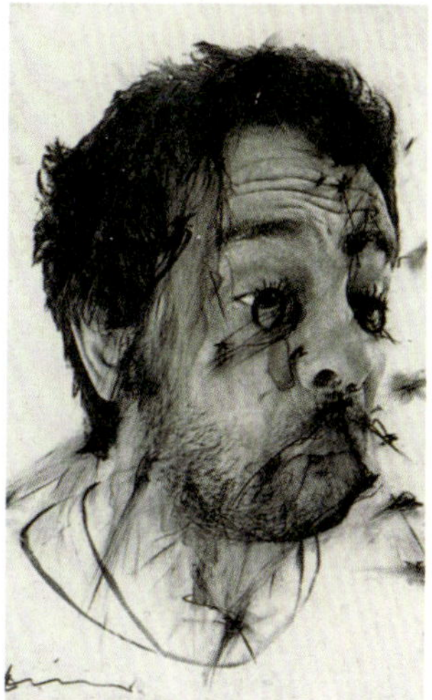

Abb. rechts oben: Arnulf Rainer: Face Farces, 1969–1971, Öl auf Foto auf Holz, Privatsammlung
Abb. links unten: Arnulf Rainer: Sterbender Rainer (Fragment), Ausschnitt, 1949, Bleistift auf Transparentpapier, 28 x 45,5 cm, Sammlung H. W., Wien
Abb. rechts unten: Arnulf Rainer: Grimassenporträt, 1969/71, Überzeichnetes Foto, 61 x 51 cm

Aufgabenstellung

Welche Rolle spielt der eigene Körper für die Arbeiten von *Maria Lassnig* und *Arnulf Rainer*?

Tamara de Lempicka

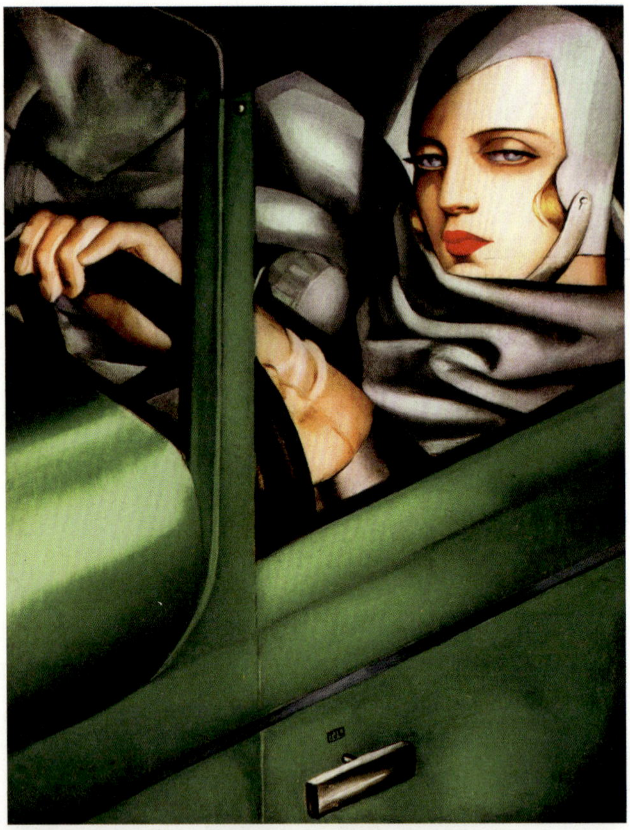

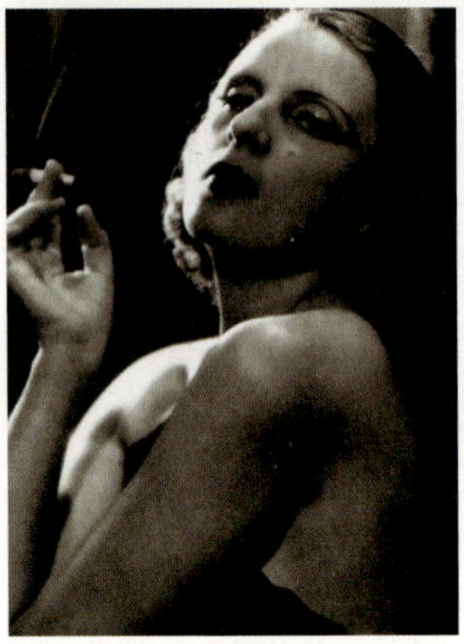

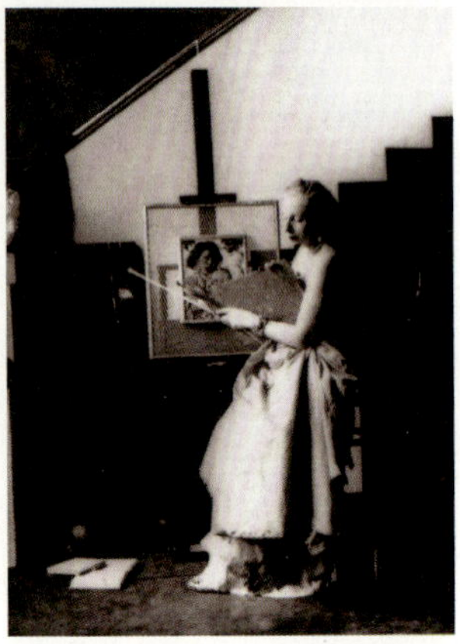

Tamara de Lempicka (1898–1980) ist eine der prägnantesten Erscheinungen in der Kunstwelt der 1920er- und 1930er-Jahre, des Art Déco. Art Déco ist eine Bezeichnung, die sich von der 1925 in Paris abgehaltenen „Exposition Internationale des Arts Décoratifs Industriels" herleitet.
De Lempicka wurde 1898 in Polen geboren, lebte danach in Russland, von wo sie nach der russischen Revolution vor den Bolschewiken nach Paris floh. Dort begann sie sich mit Kunst zu beschäftigen, besuchte eine Kunstakademie und lernte zu malen. Beeinflusst von der damaligen künstlerischen Avantgarde, besonders von *Fernand Léger*, wurde sie bald eine gefeierte Porträtistin. Ihre Kundinnen und Kunden waren Persönlichkeiten der Pariser Haute Volée, die sich in einem idealisierenden, modisch perfekt angepassten Stil dargestellt sehen wollten. Sie inszenierte sich selbst als Mitglied dieser weltbürgerlichen Schicht. Mit dem Auslaufen der Art-Déco-Mode geriet *de Lempicka* in ernst zu nehmende künstlerische und persönliche Krisen. Es folgten längere Aufenthalte in verschiedenen Städten in den USA und in Mexiko, wo sie 1980 starb.
Sie beherrscht die jeweilige künstlerische und soziale Ausstattung ihrer Sujets vollkommen und gestaltet sie im Stil und Zeitgeist des Art Déco der zwanziger und dreißiger Jahre. Mit klaren Linien, wenigen Farben aus einer reduzierten Farbpalette und raffinierten Farbverläufen modelliert sie malend ihre Objekte. Die Porträts und Körperdarstellungen stattet sie mit sparsamen Accessoires aus. Dazu gehören Stoffe, Seiden, Schals und Stolen, die die Körper fließend und modisch, locker und lasziv umspielen oder hauteng einfassen. In jedem Fall sollen Textilien und Garderoben die Vorgaben der Natur betonen und sichtbar werden lassen, anstatt sie zu verbergen.
Die Accessoires liefern Hinweise auf Wesen und Charakter der beteiligten Personen. Die Dargestellten wirken kalt und arrogant distanziert, werfen Schatten und wirken durch die malerische Betonung der vordergründigen Faltungen selbst vordergründig.

Abb. links oben: Tamara de Lempicka: Mein Porträt, 1929, Öl auf Holz, 35 x 27 cm, Privatsammlung
Abb. links unten: Zeppo Camuzzi: Porträtfoto, 1936
Abb. r. u.: W. Maywald: T. de Lempicka in ihrem Atelier, 1949, Paris

Aufgabenstellung

VARS Wie die Analyse zum Selbstporträt auf den Seiten 176 bis 181 zeigt, setzt sich die/der Kunstschaffende in dieser Gattung selbst ins Bild. Dabei geht es um Selbstinszenierung, persönliche Vorstellungen, kunsthistorische Reflexionen. Wie setzt sich *Tamara de Lempicka* ins Bild? Welche Gegenstände werden mitabgebildet? Welchen Eindruck erhalten wir von ihr? Durch welche formalen Charakteristika wird dieser Eindruck unterstützt?

Rudolf Hausner

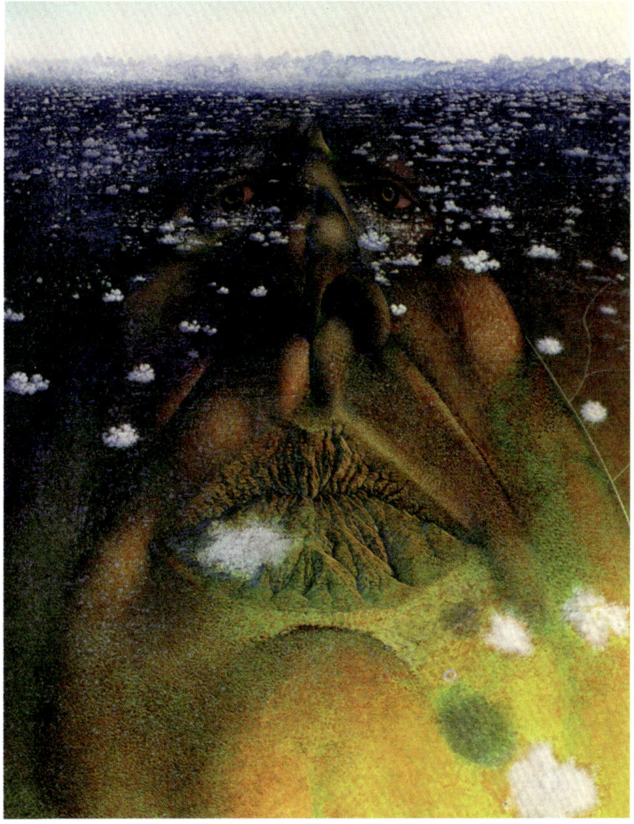

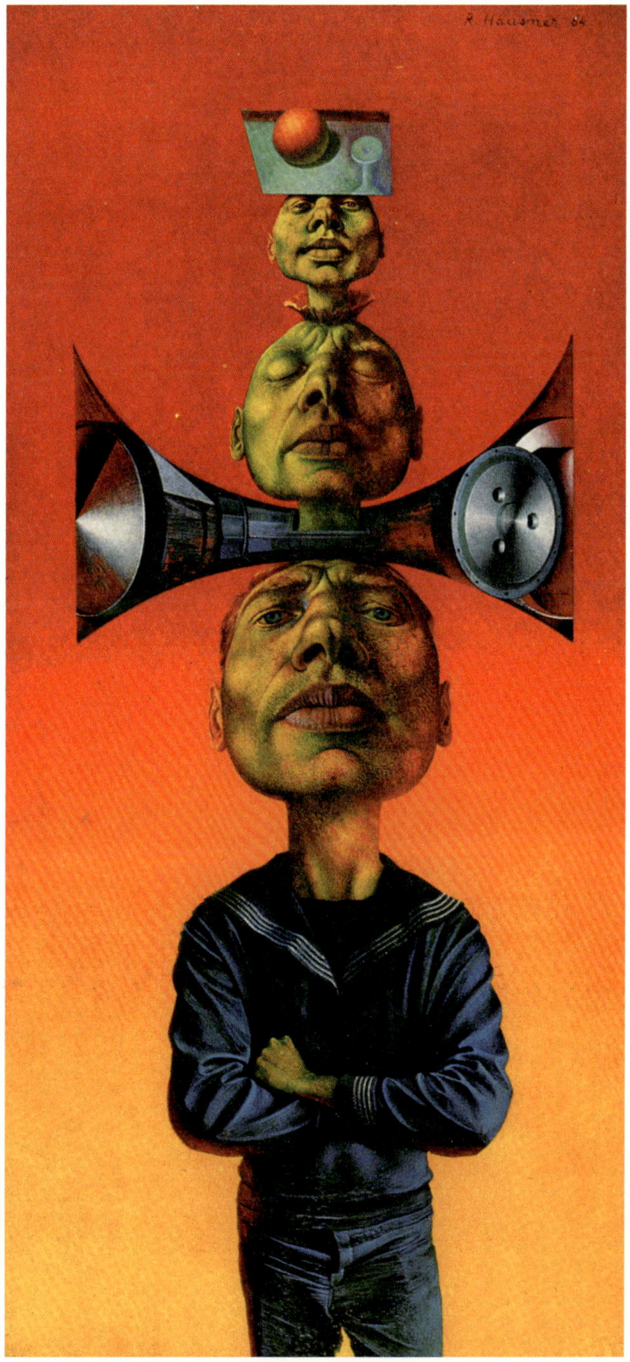

Abb. oben: Rudolf Hausner: Adam Massiv, 1968/69, Tempera auf Leinwand, 102 x 72 cm, Sammlung Infeld
Abb. rechts: Rudolf Hausner: Adam Selbdritt, Mischtechnik, 1964

Als einer der wichtigsten Vertreter der Wiener Schule des Phantastischen Realismus ist der Wiener Maler *Rudolf Hausner* (1914–1996) anzusehen. Er verbindet Elemente des Surrealismus mit realen Komponenten und wendet ihn so ins Gemäßigte. Überwiegend bestimmt die Beschäftigung mit Kindheit, Persönlichkeitsentwicklung und Psychoanalyse *Rudolf Hausners* Bildinhalte. Er verwendet eine extrem lasierende Maltechnik und erreicht dadurch beeindruckende Bildtiefe. Es gelingt ihm so, mit analytischen Verfahrensweisen die kryptischen Schrecken von Existenz aufzuschlüsseln und damit Nicht-Bewusstes bewusst zu machen, eine der zentralen Aufgaben von Kunst.

Aufgabenstellung

Wie setzt du dich ins Bild? Erarbeite ein Malerei-Projekt, bei dem du dich selbst zum Thema wählst. Mache dir zuerst Gedanken über Material und Maltechnik. Arbeite anschließend Skizzen aus und nähere dich der Komposition auch bezüglich der Formatwahl und dem für dich passenden Grad zwischen Abstraktion und gegenständlicher Darstellung an. Überlege außerdem, ob zusätzliche Gegenstände (wie z. B. das Rennauto bei *de Lempicka*) mit aufs Bild kommen.

12.1 Ein Stück – viele Ansichten

Dreidimensionale Objekte

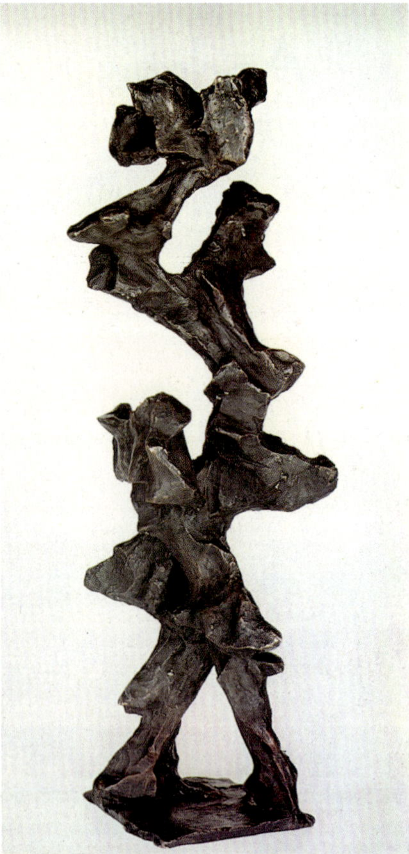

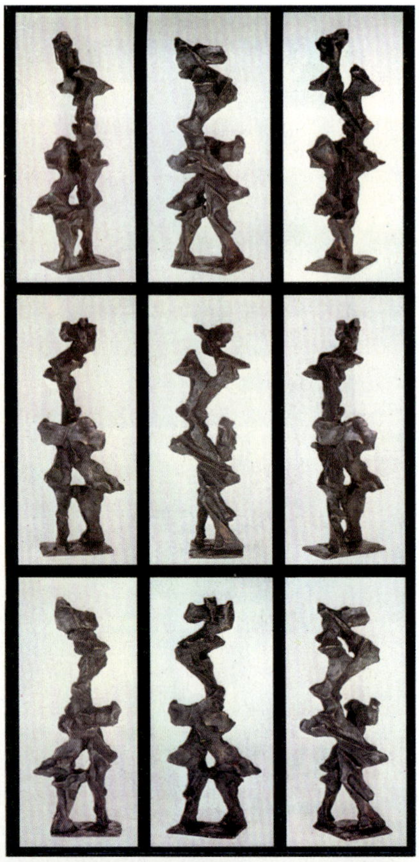

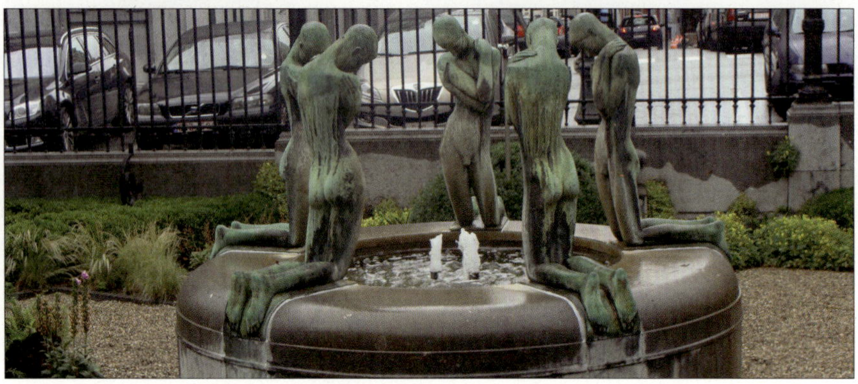

Eine frei stehende Plastik muss von allen Seiten betrachtet werden, damit sie in ihrer dreidimensionalen Qualität erkannt werden kann. Erst beim Herumgehen um das Bildwerk oder beim Drehen eröffnen sich alle Aspekte. Sie unterscheidet sich damit wesentlich von zweidimensionalen Darstellungen, die dem Publikum nur eine Seite zur Ansicht darbieten müssen.

Der Raum rund um das Kunstwerk ist also für das Wirken eines dreidimensionalen Objekts zentral. Die „Figur gedreht" von *Andreas Urteil* ist dafür ein besonders deutliches Beispiel. Die Ansichten ein und derselben Figur, so wie sie hier – zweidimensional – abgebildet sind, könnten durchaus verschiedene Figuren zeigen. Den Bronzeguss kann man mit der Hand drehen.

Die Brunnenfigurengruppe von *George Minne* zeigt scheinbar einen Jüngling aus mehreren Perspektiven, ohne dass wir unseren eigenen Standpunkt verändern müssen. Dreidimensionale Objekte wirken auf Menschen besonders intensiv, da wir sie nicht nur mit den Augen wahrnehmen, sondern auch mit unserem Tastsinn erfühlen können. Formen und Oberflächen sind selbst in der Dunkelheit zu ertasten und zu begreifen, zu voller Wirkung kommen sie aber erst durch das Licht. Hartes Streiflicht z. B. betont die Plastizität und je nach Einfallswinkel immer neue Details.

Abb. oben: Andreas Urteil: Figur gedreht, 1961, Bronze, H 45 cm; Ansichten beim Drehen der Figur

Abb. unten: George Minne: Fontaine des Agenouillés, 1935, Brüssel, Bronze und Stein

Querverweise

→ *1.16 Architektur als Bildhauerei, Bildhauerei als Architektur:* Le Corbusier – Jorn Utzon, Fritz Wotruba

→ *10.5 Kunst im öffentlichen Raum:* Vom Gemeindebau bis zum Event

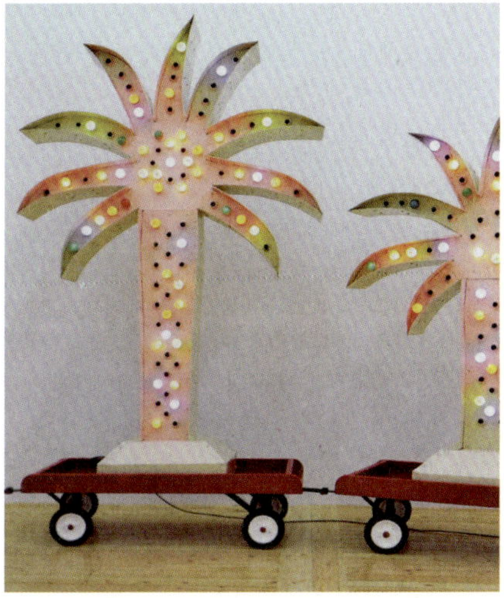

Abb. links: Yto Barrada: Twin Palm Island, 2012

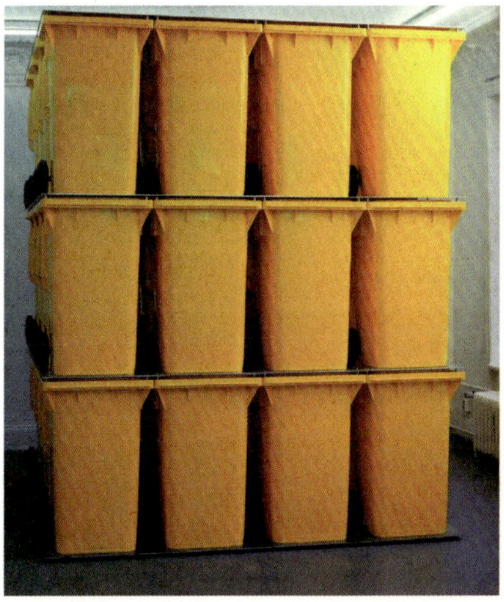

Abb. Mitte: Ottmar Hörl: Yellow security, 1990, 48 Mülltonnen, 300 x 200 x 200 cm

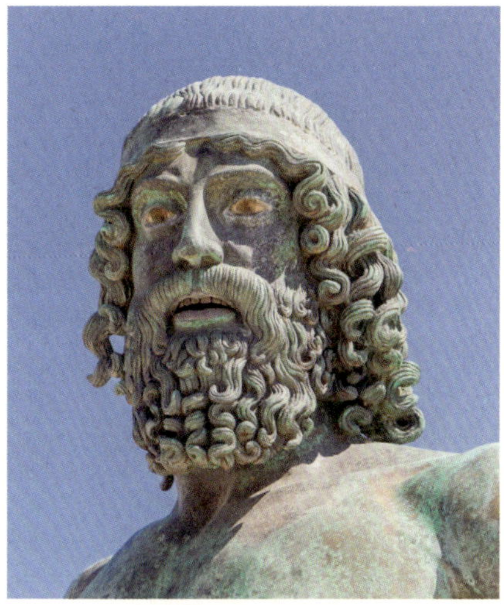

Abb. rechts: Griechische Bronzestatue von Riace, 5. Jh. v. Chr., Reggio Calabria (Italien)

Schon Kleinkinder können zu einer Plastik eine Beziehung entwickeln, ob es nun eine Puppe mit menschlichen Zügen, ein Teddybär oder bunte Bauklötze sind. Plastiken können durch ihre Gestaltung beeindrucken und die Aufmerksamkeit auf sich ziehen. Ob das gelingt oder ob sie uns kalt lassen, hängt aber auch davon ab, aus welchem Material sie sind, welche Farbe bzw. Oberfläche sie haben und wo sie stehen.

Grundsätzlich ist jedes Material geeignet, zu dreidimensionalen Objekten verarbeitet zu werden. Bronze und Marmor gelten noch immer als die edelsten Materialien, auch wenn heute aus nahezu jedem Material räumliche Kunstwerke geschaffen werden. Die Bronze – eine Legierung aus Kupfer und Zinn – erzeugt scharfe, klare Formen, die dunkle Tönung vermittelt fest umrissene Konturen. Der Marmor, ein kristalliner, häufig gemusterter Kalkstein, hat ein anderes Verhältnis zum Licht. Die Oberfläche ist körnig und strukturiert, sodass das Licht viele Tonabstufungen und eine gewisse Transparenz hervorbringt.

Formen aus Stein unterliegen anderen statischen Gesetzen als Bronzefiguren. Der Bronzehohlguss ermöglicht weit ausladende Gesten, die in Stein nicht realisiert werden können. Marmorkopien von Bronzevorbildern benötigen daher oft zusätzliche Stützen. Holz ermöglicht aufgrund seiner Struktur und Elastizität nahezu jede Form, ist meist relativ leicht zu bearbeiten, und Einzelteile sind z. B. durch Dübel oder Verleimen leicht miteinander zu verbinden. Elfenbein wurde, da es sich für das Herausarbeiten feinster Details besonders eignet, hauptsächlich für Kleinplastiken und Relieftäfelchen verwendet, wird aber heute aus Gründen des Artenschutzes weniger benutzt. Ton und Porzellan sind leicht zu formende Erden, die durch Brennen dauerhaft werden. Ton lässt bei entsprechender Verarbeitung auch große Formen zu, Porzellan eignet sich in erster Linie für Kleinplastiken.

Gips wird hauptsächlich zur Herstellung von Modellen benutzt. Er ist billig, leicht zu verarbeiten und kann auch im gehärteten (abgebundenen) Zustand weiterbearbeitet werden. Stuck, mit Leimwasser vermischter Gips, bindet langsamer ab und ist daher länger formbar. Kunststoffe in all ihren Erscheinungsformen eröffnen den Kunstschaffenden heute nahezu unbeschränkte Möglichkeiten.

Seit dem 20. Jahrhundert hat sich die Palette an Materialien, die für dreidimensionale Objekte verwendet werden, stark erweitert. Es gibt keine Grenzen mehr, aus welchem Material ein Objekt bestehen oder sich zusammensetzen kann.

Aufgabenstellungen

Welche Faktoren haben Einfluss auf die Rezeption einer Plastik?

Welche Materialien wurden in der Plastik traditionell gewählt? In welchem Aspekt beeinflusst dabei die Materialwahl auch die Formwahl?

Welche weiteren Materialien werden erwähnt? Suche im gesamten Kapitel „12 Plastik" nach Bespielen dafür.

12.2 Das Relief

Arbeiten aus der Fläche heraus

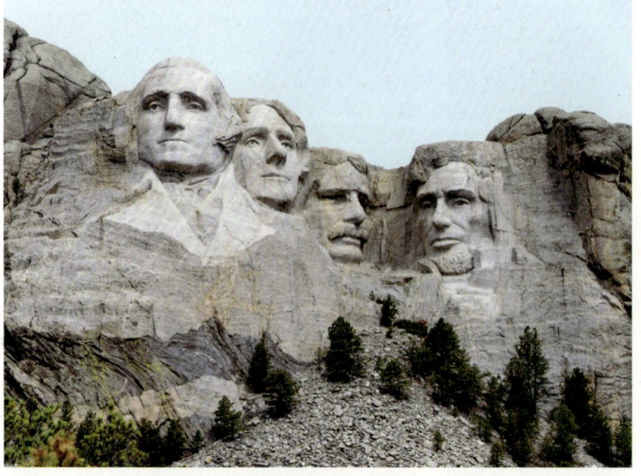

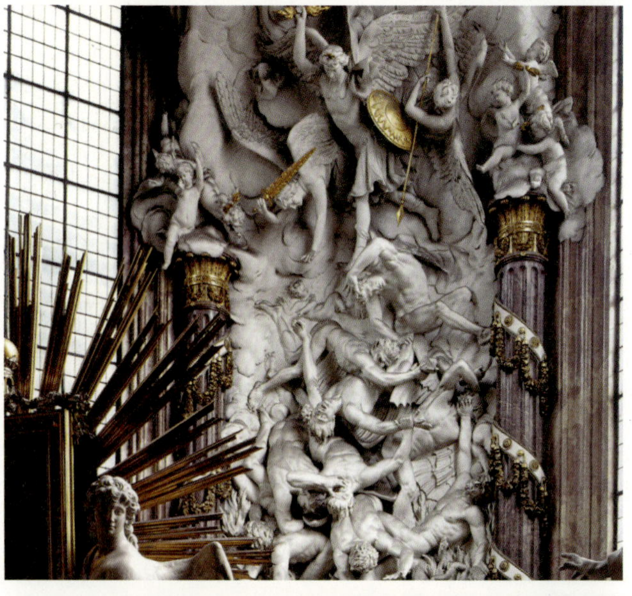

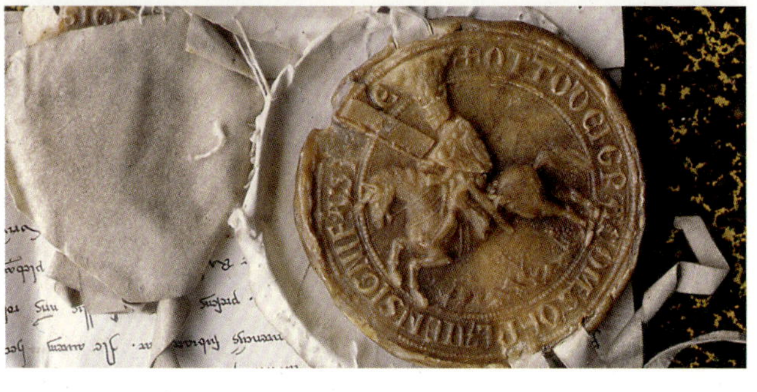

Das Relief ist eine plastische Gestaltungsmöglichkeit, die an eine Hinter- bzw. Untergrundfläche gebunden ist (lat. „relevare" = in die Höhe heben).
Die bekanntesten und alltäglichsten Beispiele dafür sind die Flachreliefs von Münzen. Bei diesen erhebt sich das Motiv nur geringfügig von der Grundfläche, der Umriss des Motivs ist meist klar, um eine rasche Erkennbarkeit zu gewährleisten. Medailleurinnen und Medailleure, die neben dem Hauptmotiv auch ein Hintergrundmotiv darstellen wollen, müssen die einzelnen räumlichen Ebenen deutlich voneinander absetzen und ein Hintereinander durch ein Nebeneinander vortäuschen. Meist greifen sie dabei auch auf Erfahrungen mit der zeichnerischen Perspektive zurück. Reliefs können sich aber auch fast von der Grundfläche lösen und nahezu vollplastische Figuren werden. Dabei werden die Figuren „hinterschnitten"– vom Hintergrund teilweise gelöst – und sind damit fast Vollplastiken.
Die Ägypter entwickelten das „versenkte Relief". Bei dieser Form des Reliefs wird das Motiv nicht „in die Höhe gehoben", sondern in die Fläche hineingeschnitten. Die „Nullebene" liegt nicht hinter, sondern vor dem Motiv. Von der Seite ist in diesem Fall überhaupt nichts zu sehen.
Als Kommunikationsmittel diente das Relief in vielen verschiedenen Kulturen. So auch im prekolumbianischen Zentralamerika. Die Schriftzeichen der Maya bzw. Azteken wurden in Stein festgehalten. Sie werden, wie die ägyptischen Schriftzeichen, mit denen sie keinen Zusammenhang haben, als Hieroglyphen bezeichnet.

Abb. oben: Mount Rushmore National Memorial, 1927–1941, South Dakota (USA)
Abb. Mitte: Karl Georg Merville: Der Engelsturz, 1781, Chorwand der Michaelerkirche, Wien
Abb. links unten: Wachssiegel an einer mittelalterlichen Handschrift
Abb. rechts unten: Relief am Tempel von Abu Simbel, 13. Jh. v. Chr., Ägypten

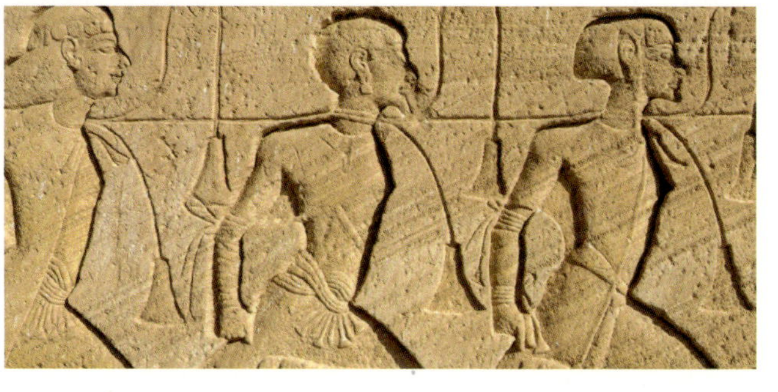

Querverweis

→ *12.5 Aus dem Holzblock:* Der Kefermarkter Altar

Aufgabenstellungen

V A R S — Was versteht man unter einem Relief? Gibt es neben dem künstlerischen Relief auch andere Bereiche, in denen der Begriff verwendet wird?

V A R S — Was bedeutet „Nullebene"? Ordne die Abbildungen davon ausgehend zu: Flachrelief, Hochrelief, versenktes Relief. Bei welcher Reliefart können hinterschnittene Elemente vorkommen?

12.3 Plastik, Skulptur und Installation

Begriffsklärung

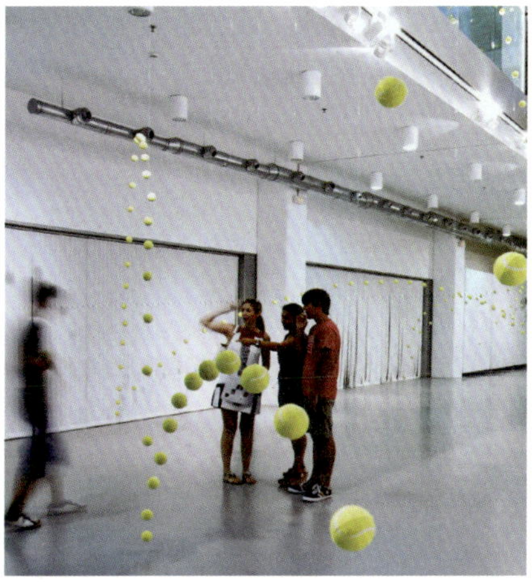

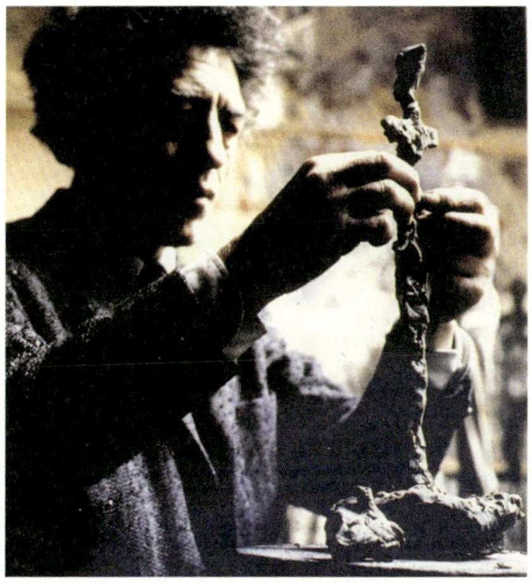

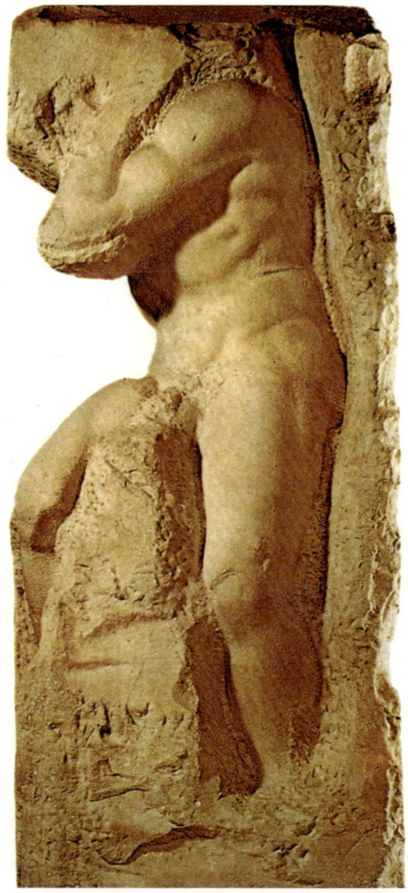

Plastik und Skulptur sind Begriffe, die umgangssprachlich meist ohne Differenzierung verwendet werden. Ihre sprachliche Herkunft ist bekannt: Plastik leitet sich vom griechischen „plassein" (= bilden, formen), Skulptur vom lateinischen „sculpere" (= schneiden, schnitzen, meißeln) ab.

Eine Plastik wird gleichsam anstelle eines „Nichts" aufbauend und modellierend erschaffen. Die am häufigsten verwendeten Materialien dafür sind Ton, Wachs, Gips und andere formbare Werkstoffe. Durch ständiges Hinzufügen von Material – man nennt dieses Verfahren daher auch additiv – wird das Volumen aufgebaut und durch Modellieren in die gewünschte Form gebracht. Um Halt zu gewährleisten, sind die weichen Materialien oft an ein Gerüst – die Armierung – angetragen.

Anders verhält es sich bei der Skulptur. Hier geht der Gestalter von einem vorgegebenen Materialumfang (Steinblock, Holzstamm usw.) aus, von dem weggenommen oder abgetragen werden muss. Dieses subtraktive Verfahren erlaubt keine wesentlichen nachträglichen Korrekturen des Grundkonzepts.

Constantin Brâncuși umschreibt die Schwierigkeiten, denen sich Bildhauerinnen und Bildhauer stellen müssen, so: „Das direkte Behauen ist der wahre Weg zur Skulptur, aber auch der schlechteste für die, die ihn nicht gehen können."

Eine Kombination verschiedener Verfahren ist z. B. beim Arbeiten mit Gips möglich. Gips kann im feuchten Zustand modelliert und im festen (abgebundenen) Zustand wie ein weicher Stein behauen werden.

Die Kunst im 20. Jahrhundert ist geprägt vom Hinterfragen und Aufbrechen der traditionellen Kunstmedien. So steht der Begriff Installation für eine erweiterte Material- und Formwahl und das verstärkte Interesse, sich mit einem gesamten Raum dreidimensional auseinanderzusetzen. Für die Bildhauerei ungewöhnliche Materialien (z. B. Glas, Plastik, Licht, Alltagsgegenstände, Geräusche) werden in Bezug zur Umgebung gesetzt. Die Erfahrungen, die die Betrachtenden beim Betreten und Begehen des Raumes erleben, sind für Installationen zentral. Kunstinstallationen können aufgrund der Vielfältigkeit schwer in Kategorien eingeteilt werden, dennoch haben sich zentrale Unterteilungen gemäß einigen Medien etabliert, wie Rauminstallation, Videoinstallation, Lichtinstallation oder Soundinstallation.

Abb. links: Ana Soler Baena: Cause and Effect, 3000 Tennisbälle auf 3000 m²
Abb. Mitte: Wolfgang Kuehn (Foto): Alberto Giacometti modelliert eine Plastik, 1960, Paris
Abb. rechts: Michelangelo: Sklave als Atlant, H 277 cm, Marmor: Galleria dell'Accademia, Florenz

Querverweise

6.5 Naturphänomene erfahrbar machen

7.8 Farbiges Licht im Raum: Licht in der Architektur – Licht-Skulpturen

13.2 Videoinstallation und Videoskulptur: Reizüberflutung bei Nam June Paik – Technologie und Natur bei Fabrizio Plessi

Aufgabenstellung

Erkläre die in der Überschrift angeführten Termini mit eigenen Worten. Suche im gesamten Buch nach weiteren Beispielen, die deine Erklärung ergänzen.

12.4 Gestaltung der Oberfläche

Einsatz und Wirkung von Material und Farbe

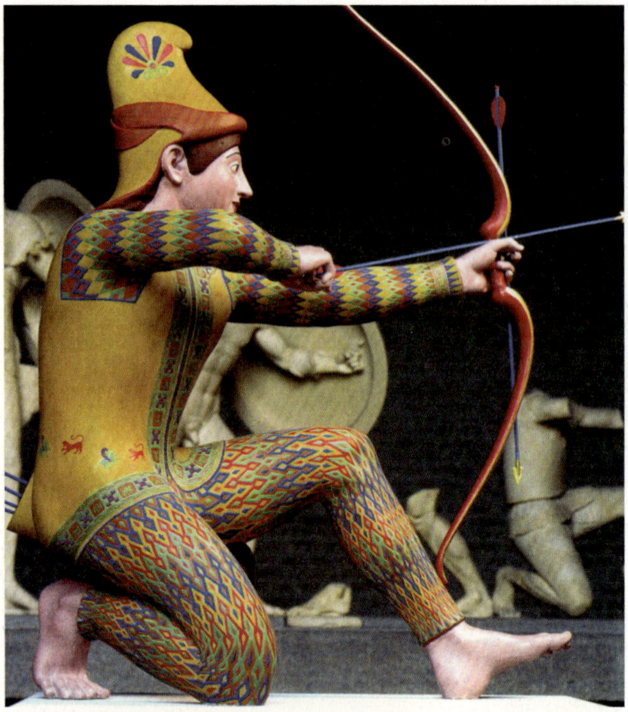

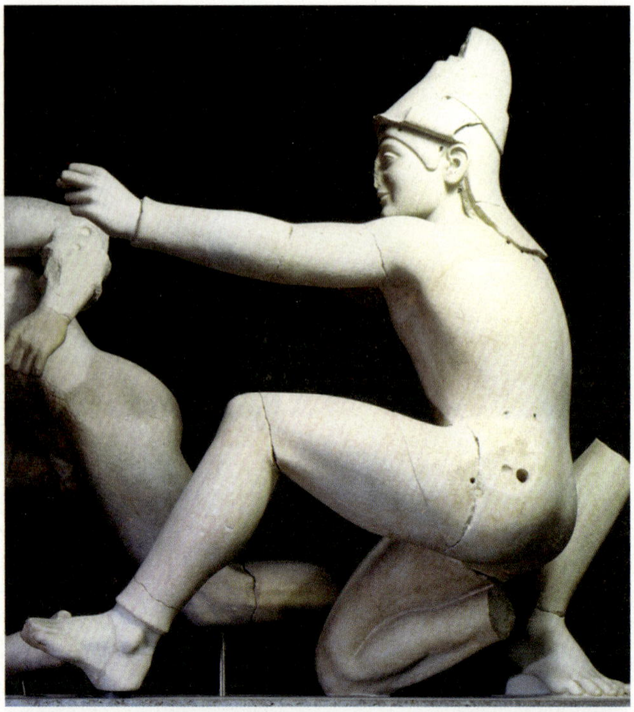

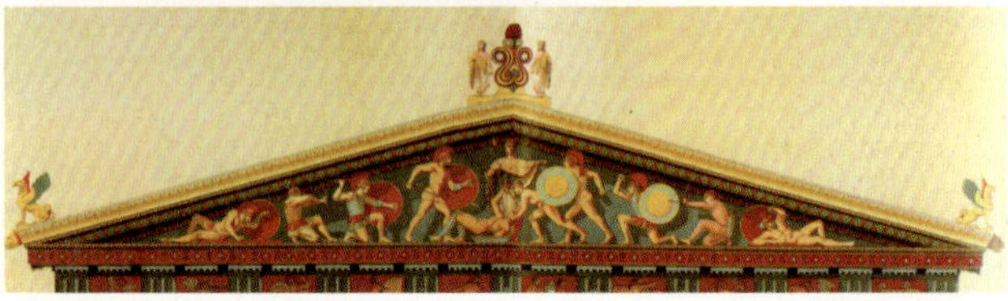

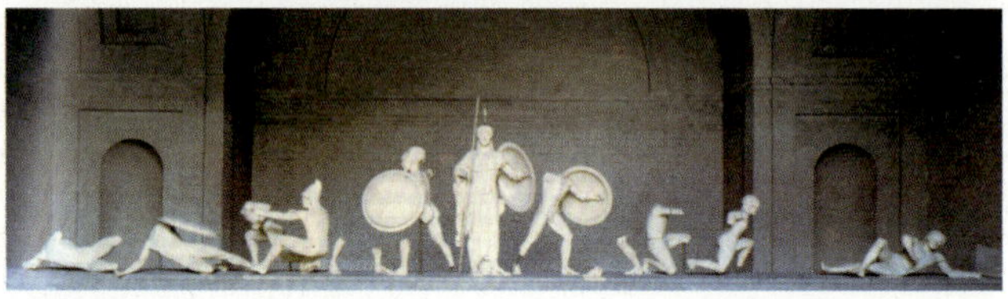

Abb. links oben: Bogenschütze, Farbrekonstruktion nach Verwitterungsspuren, 2003
Abb. links unten: Ch. Garnier: Rekonstruktionsentwurf für den Westgiebel des Aphaia-Tempels, 1884

Abb. rechts oben: Bogenschütze, heutiger Zustand
Abb. rechts unten: Figurengruppe des Westgiebels des Aphaia-Tempels, Ägina, 490–480 v. Chr., heutige Aufstellung, Glyptothek, München

Die Farbe spielte zu allen Zeiten in der Plastik eine große Rolle. Plastiken, gleich, aus welchem Material, waren fast immer bemalt oder wie Bronzen durch Vergoldung, Versilberung und Einsetzen von Halbedelsteinen farbig gestaltet. Bei den Holzstatuen der Pallas Athene im Parthenon (Akropolis, Athen) und des Zeus von Olympia war über dem Holzkern die Haut aus einer Schicht Elfenbein und die Kleidung aus Goldblech hergestellt. Das heutige Erscheinungsbild griechischer Plastik, bei der durch die Verwitterung der Farben allein das verwendete Material und die Behandlung der Oberfläche zur Wirkung kommen, entspricht nicht dem ursprünglich stark farbigen, teilweise fast knallig bunten Aussehen. Die „Fassung" (Bemalung) erhöht die Fernwirkung, betont einzelne Partien und verlebendigt die Figurengruppen oder die einzelne Figur. Besonders wertvolle Farben und Materialien waren mitunter zur besonderen Hervorhebung ganz bestimmten Personen oder Objekten vorbehalten.

Querverweise

→ *7.4 Farbe im Gesicht*

→ *11.3 Das Fresko:* Farbe und feuchter Mörtel

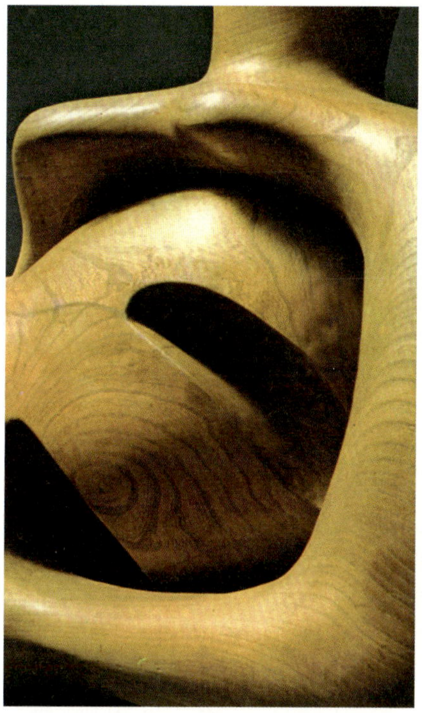

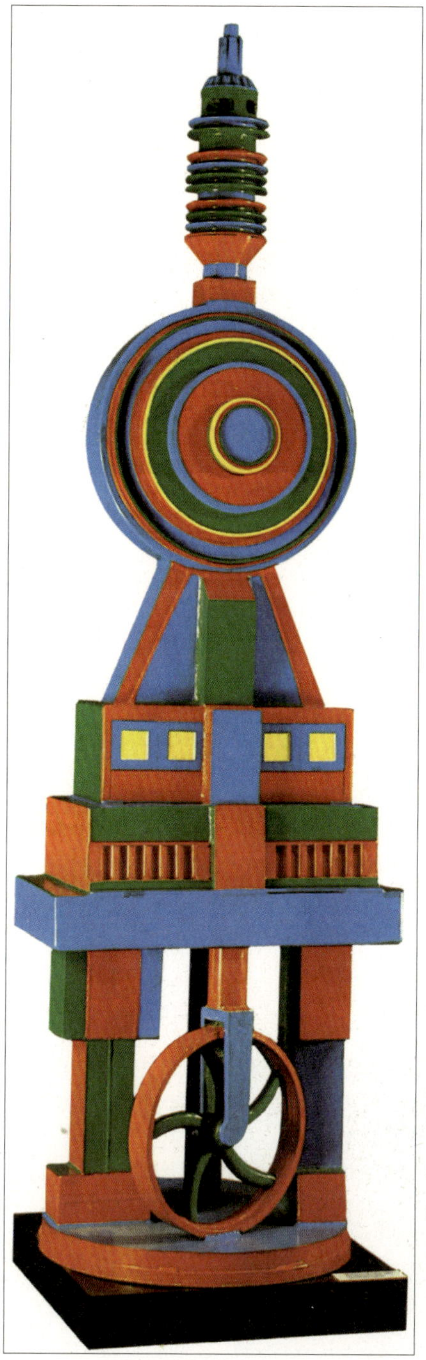

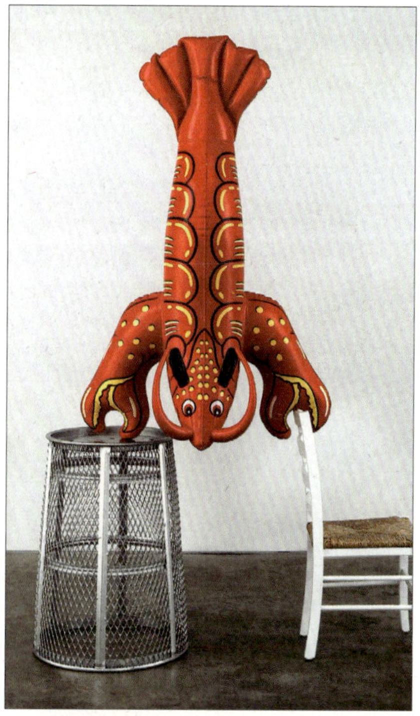

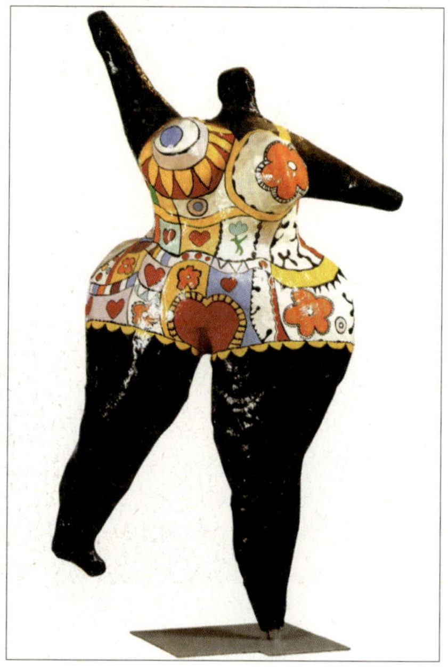

Abb. links oben: Henry Moore: Zurückgelehnte Figur, 1945–1946, Holz, Detail
Abb. Mitte: Eduardo Paolozzi: Das letzte der Idole, 1963, Aluminium und Ölfarbe, H 244 cm, Stiftung Ludwig, Köln
Abb. rechts oben: Jeff Koons: Acrobat, 2003–2009, Aluminium, Stahl, Holz, Stroh, 228,9 x 148 x 64,8 cm
Abb. rechts unten: Niki de Saint Phalle: Schwarze Nana, 1968, Polyester bemalt, H 293 cm, Stiftung Ludwig, Köln

Die Materialfarbe oder eine auffällige Maserung können in das ästhetische Konzept einbezogen oder durch die „Fassung" verdeckt werden. Zeitgenössische Künstlerinnen und Künstler halten sich heute kaum an „klassische Regeln". Sie setzen Farben ein, wie es ihnen wichtig erscheint: naturalistisch, gliedernd, als dekoratives Muster oder wie auch immer kombiniert.

Aufgabenstellungen

Von welcher Oberflächengestaltung griechischer Plastiken geht die Forschung heute aus?

Wähle eine Plastik (evtl. gibt es ein dreidimensionales Kunstobjekt in deinem Wohnort) und beschreibe die Oberflächengestaltung.

12.5 Aus dem Holzblock

Herausgeschlagen, gesägt, gefräst, geschnitzt

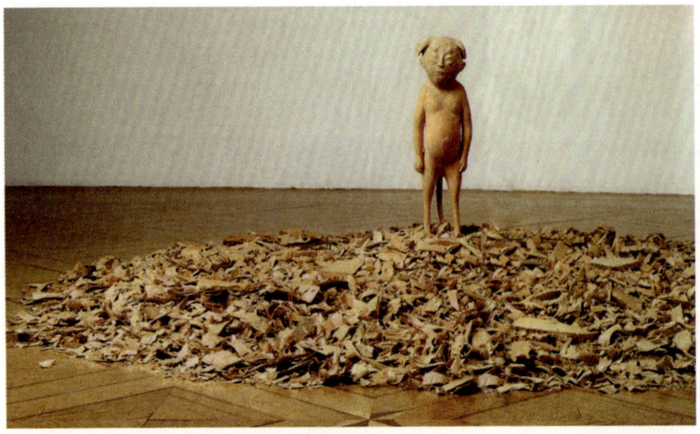

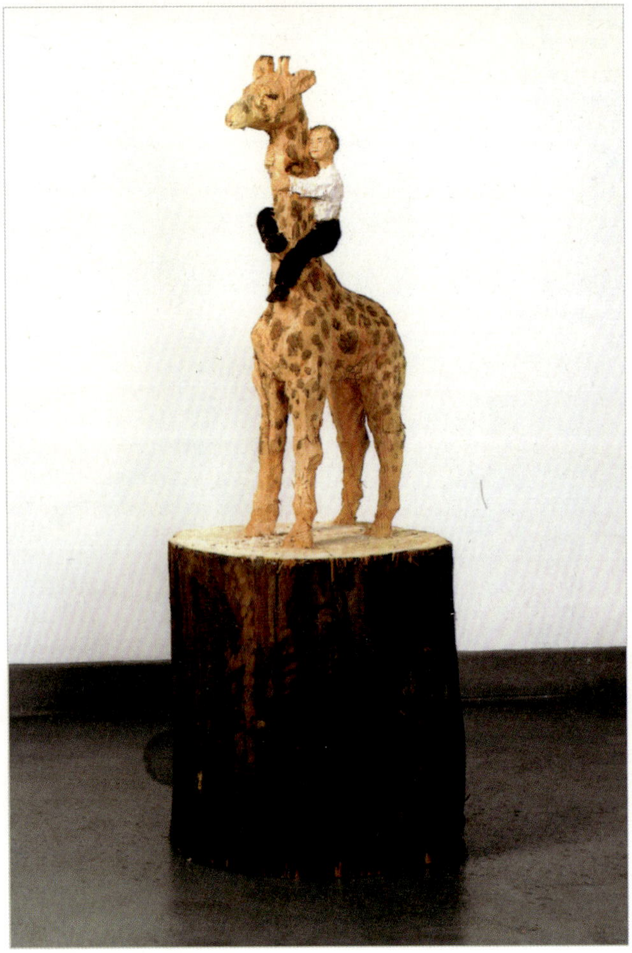

Nach vorbereitenden Entwurfskizzen und der Wahl und Zurichtung des Holzblocks beginnen die meisten Bildhauerinnen und Bilhauer mit der Markierung der wichtigsten Formen auf den Seitenflächen des Holzblocks. Zum Freilegen der groben Formen dienen Äxte und Sägen, die Feinarbeiten werden meist mit Flacheisen und halbrunden Hohleisen durchgeführt, eventuell wird auch geschliffen.
Der „Kampfhund" von *Paloma Varga-Weisz* steht inmitten des Holzabfalles, so als ob er sich selbst aus dem Block herausgebissen hätte.
Die Abbildung kann nur sehr unzulänglich zeigen, ob die Maserungen des Holzes berücksichtigt und zur Unterstützung der Formvorstellungen benutzt wurden oder ob die Bildhauerin den Holzblock einfach als homogene Masse behandelt hat.
Auch die Plastik „Mann auf Giraffe" von *Stephan Balkenhol* zeigt noch Hinweise auf das Ausgangsmaterial. *Balkenhol* lässt den rohen Baumstamm und die groben Bearbeitungsspuren stehen und bemalt die Figuren nur locker. Das Holz bleibt in jedem Detail spürbar.

Der Hochaltar der Pfarrkirche in Kefermarkt (Oberösterreich, Höhe 13,5 m, Breite 6,3 m), gehört zu den bedeutendsten und größten gotischen Flügelaltären. Berühmt ist der Altar vor allem wegen der ausdrucksstarken Schreinfiguren und der zart gearbeiteten Einzelheiten.
Der Ausschnitt auf Seite 191 zeigt einen Teil der 1,9 m großen Christophorusfigur mit dem Jesuskind. „Im faltigen, scharf geschnittenen Antlitz [...] in den halb geöffneten Lippen, denen keuchender Atem zu entströmen scheint, drückt sich schwere Müdigkeit aus, aber auch die unerschütterliche Kraft, der eiserne Wille, seine Aufgabe zu erfüllen." (*Bardachzi,* 1949)
Im 19. Jahrhundert wurde der Altar, vor allem auf Initiative des Dichters und Landesbeamten *Adalbert Stifter*, vor der Zerstörung durch Wurmbefall gerettet. Möglicherweise wurde bei dieser Restaurierung eine ursprüngliche „Fassung" entfernt.

Abb. oben: Paloma Varga-Weisz: Kampfhund, 2000, Lindenholz, H ca. 100 cm, Galerie Fischer, Düsseldorf
Abb. unten: Stephan Balkenhol: Mann auf Giraffe, 1990, Holz

Querverweise

→ *5.2 Der Holzschnitt:* Hinweise zur Technik des Hochdrucks

→ *12.4 Gestaltung der Oberfläche:* Einsatz und Wirkung von Material und Farbe

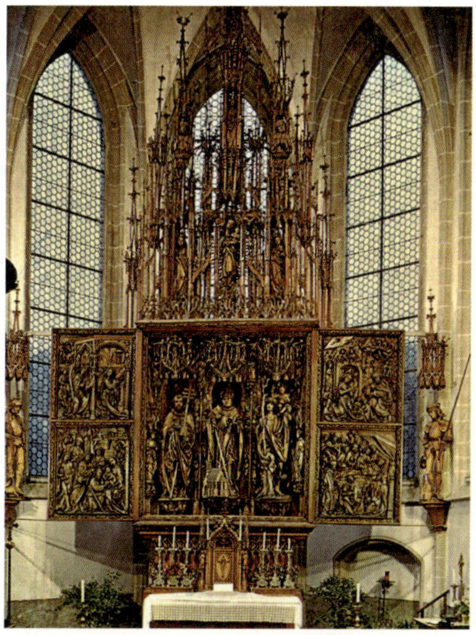

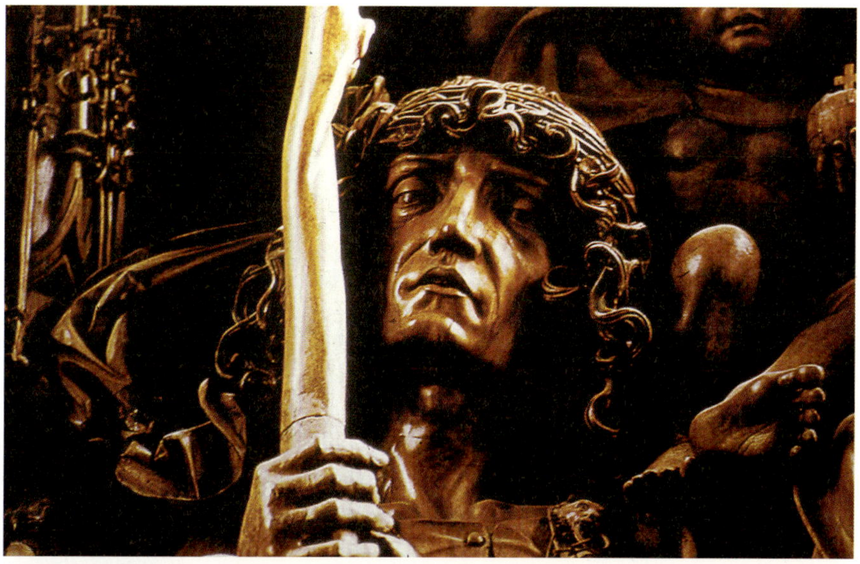

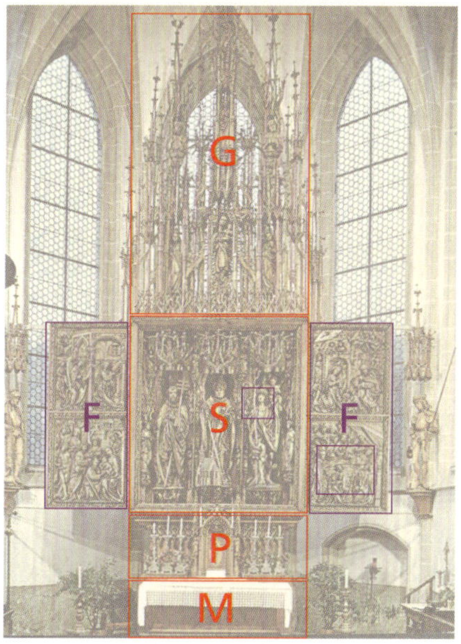

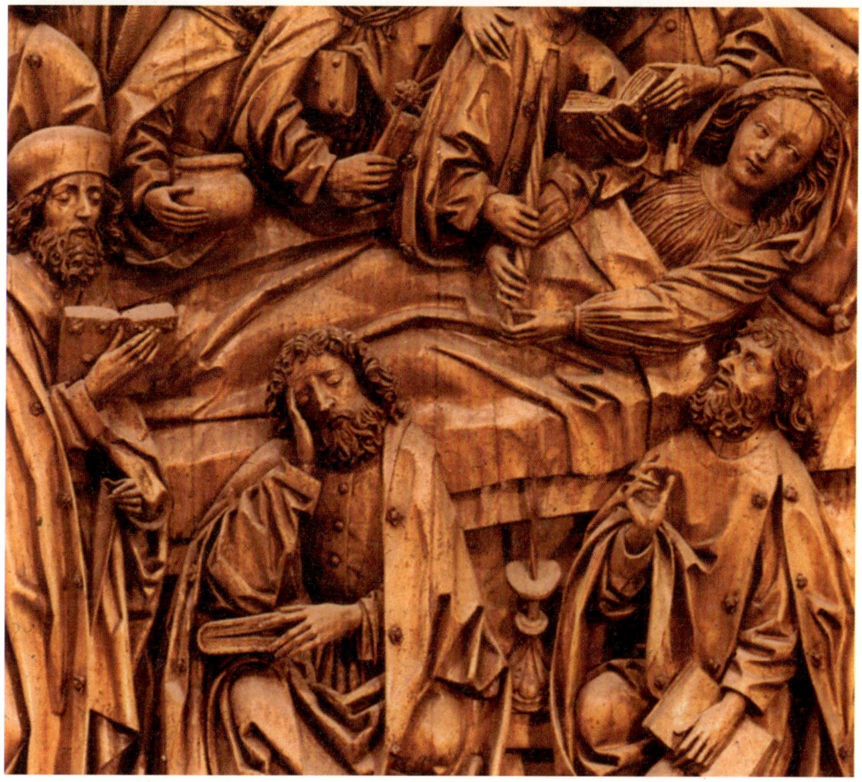

Abb. links: Gotischer Flügelaltar, 1491, Kefermarkt, Gesamtansicht und Benennung der Teile: S: Schrein, F: Altarflügel, P: Predella, M: Mensa, G: Gesprenge
Abb. rechts: Kopf des Christophorus im Schrein, Marientod im Flügelrelief

Aufgabenstellung

Weshalb ist der Kefermarkter Altar kunsthistorisch besonders hervorzuheben? Um welche Reliefform handelt es sich beim Kefermarkter Altar? Vergleiche mit Abbildungen des Kapitels „12.2 Das Relief" und suche nach zusätzlichen Abbildungen im Internet. Was ist ein Flügelaltar und welche Funktion erfüllt er?

12.6 Ein Thema – zwei Lösungen in Stein

Der David des Michelangelo

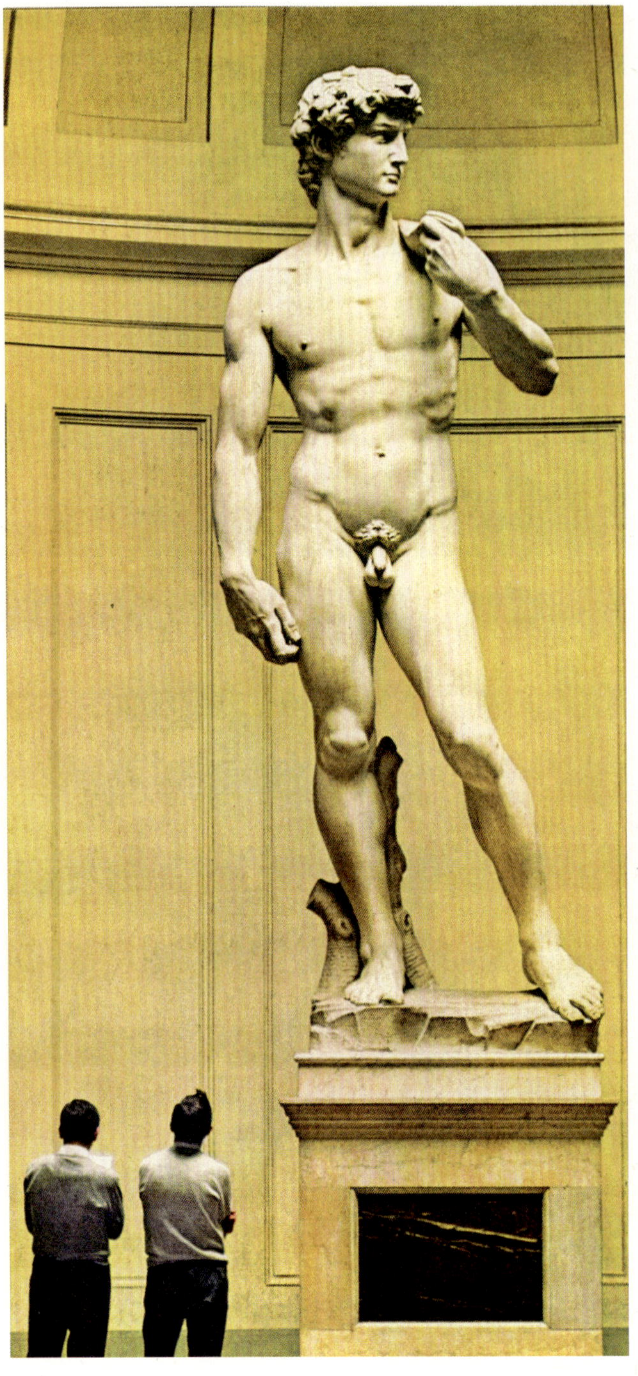

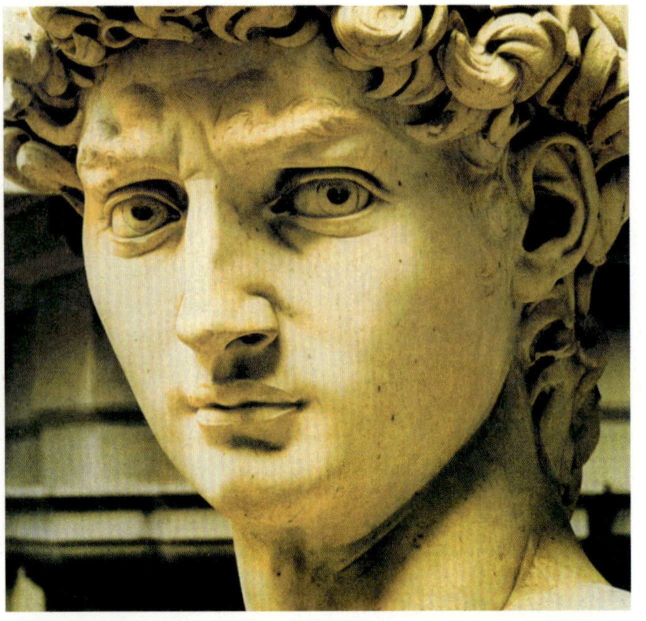

Wie verschieden ein Thema in der Bildhauerei behandelt werden kann, lässt sich besonders schön an *Michelangelo Buonarroti* und *Gianlorenzo Bernini* darstellen. Zwischen den Arbeiten liegen hundertzwanzig Jahre. Sie verwenden das gleiche Material, *Michelangelos* Marmorblock ist mit ca. 4,5 m etwa dreimal so hoch wie der *Berninis*. Sie arbeiten mit der gleichen Technik, kommen aber zu sehr verschiedenen Lösungen.

Michelangelo wählte für seinen David den Augenblick unmittelbar vor Beginn der Auseinandersetzung mit Goliath. „[...] Der geistigen Konzentration des jugendlichen Helden entspricht die eindrucksvolle Anspannung seiner Muskeln. Während die linke Hand langsam nach der Schleuder greift und die Rechte bereits den tödlichen Stein wägt, richtet sich das Auge auf Goliath in genauer Abschätzung der nahenden Gefahr." Der David des *Michelangelo* war nicht nur eine Darstellung der alttestamentarischen Person, die den übermächtig scheinenden Gegner besiegte, für das Florentiner Bürgertum war er in erster Linie ein Muster vorbildlichen Verhaltens und kluger Umsicht, ein Mensch, dem jedes Herrschaftsgebaren fehlte und dem keine irdische Instanz einen Befehl erteilte: das Symbol des mündigen Bürgers (nach *Verspohl*).

„Bei Bernini wird [...] nicht das Ausruhen nach dem Siege oder die Stimmung vor Kampfbeginn gezeigt, sondern der

Querverweise

→ *12.4 Gestaltung der Oberfläche:* Einsatz und Wirkung von Material und Farbe

→ *12.13 Körper und Raum*

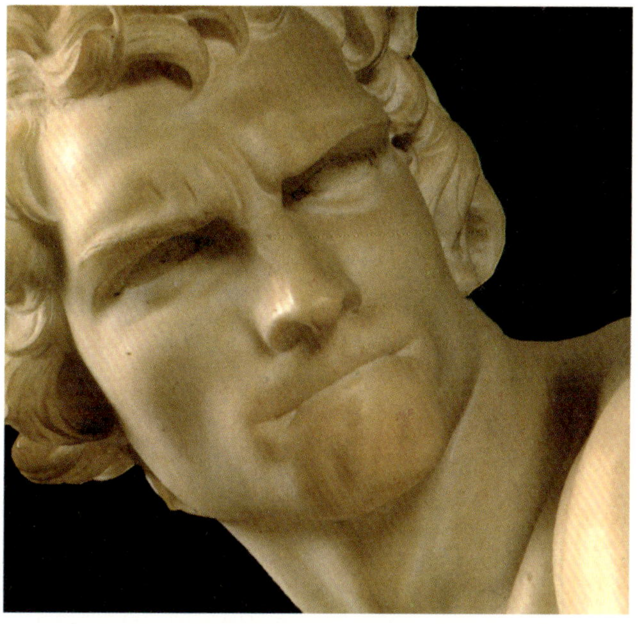

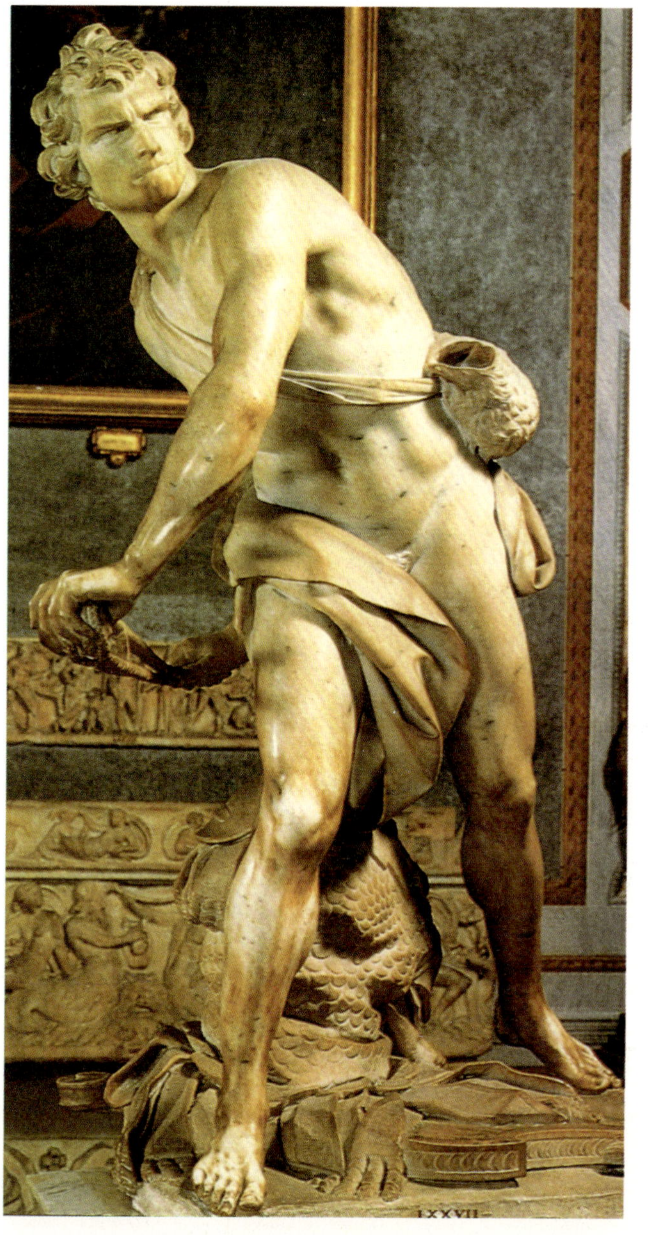

Kampf selbst. Dieser David Berninis ist kein Jüngling mehr – ein Athlet in voller Manneskraft schickt sich an, Goliath zu Boden zu schlagen. Sein Antlitz ist in äußerster Anstrengung verzerrt, seine Muskeln schwellen, und er packt die Schleuder mit nachdrücklicher Bewegung. [...]." (*R. Pfefferkorn*)
Die dynamische Körperdrehung wird durch ein Tuch noch unterstützt. Es ist gleichzeitig ein Zeichen für ein verändertes Schamgefühl.
Die Abbildungen auf dieser und der vorhergehenden Seite zeigen die jeweilige Hauptansicht der Skulpturen, beide Bildwerke sind aber voll durchgestaltet. Der David *Michelangelos* hatte vor der Fassade des Florentiner Rathauses, vor dem er ursprünglich stand, eine eindeutige Hauptansicht-Seite, nämlich die dem Platz zugewandte. Die Abbildung zeigt das Original an seinem heutigen Standplatz in der Akademie, wo sie von allen Seiten betrachtet werden kann.
Der David des *Bernini* ist zum „Darum-Herumgehen" konzipiert und schon immer so in der Mitte eines Saales der römischen Villa Borghese aufgestellt gewesen, dass seine „Vielseitigkeit" voll zur Geltung kommen konnte.

Abb. Seite 192: Michelangelo: David, 1504, Marmor, H 431 cm und Detail, Original in der Galleria dell'Accademia, Florenz
Abb. Seite 193: Gianlorenzo Bernini: David, 1623, Marmor, lebensgroß und Detail, Galleria Borghese, Rom

Aufgabenstellung

Welchen kunstgeschichtlichen Epochen werden die beiden Davids zugeordnet? Woran könnte man dies formal erkennen, wenn die Entstehungsdaten nicht angegeben wären?

VA RS

12.7 Aus dem Nichts: die Aufbauplastik

Zur Herstellung von Tonfiguren

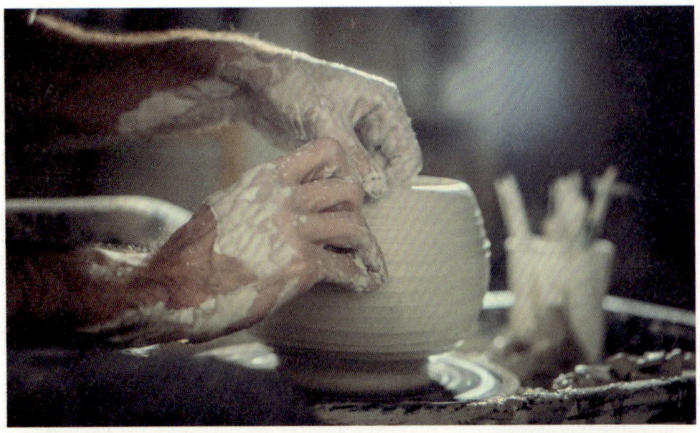

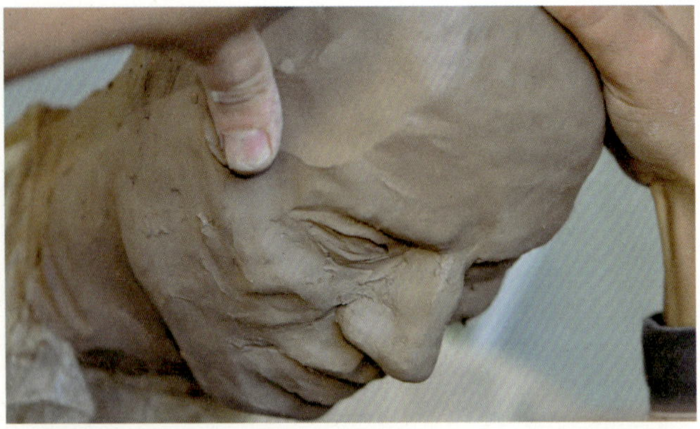

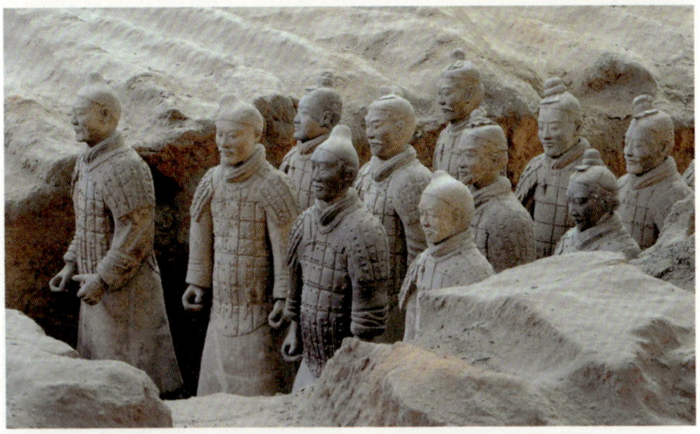

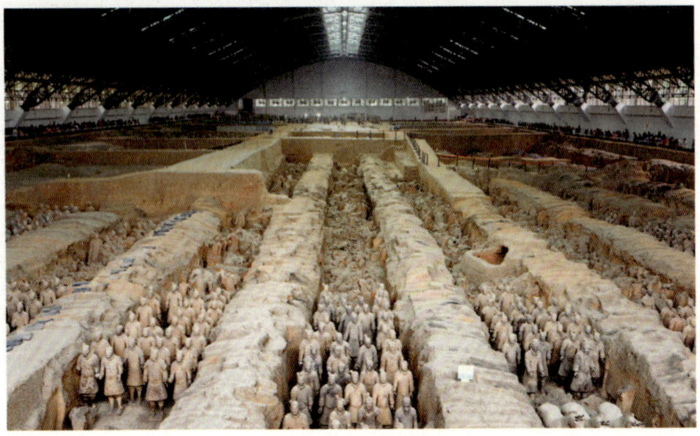

Im Gegensatz zur Skulptur muss die Plastik „aus dem Nichts" aufgebaut werden. Der Arbeit können Skizzen nach der Natur oder aus der Vorstellung vorausgehen, wobei sich die Künstlerinnen und Künstler durch das Zeichnen langsam an die gewünschte Form heranarbeiten. Für Plastiken, die aus Beton, Gips oder Kunststoff modelliert werden, legt meist ein Gerüst aus Stäben, Draht, Holzstücken usw. die Größe und die wesentlichen Elemente der Komposition der geplanten Figur fest. Das Gerüst soll der daran aufgebauten Tonfigur die notwendige Stabilität geben.
Tonfiguren, die gebrannt werden (Terrakotta), dürfen kein Gerüst aus Fremdmaterial enthalten. Kleine Figuren können massiv modelliert werden. Große Figuren werden hohl aufgebaut; große, massive Formen würden beim Brennen reißen.

Abb. oben links: Herstellung eines Gefäßes auf einer Töpferscheibe
Abb. oben rechts: Formen eines Kopfes mit Ton
Abb. links: Terrakotta-Armee im Mausoleum des ersten chinesischen Kaisers Qin Shǐhuángdì (221 v. Chr.)

Querverweis

→ *12.8 Abformen und Ausgießen:* Gusstechniken

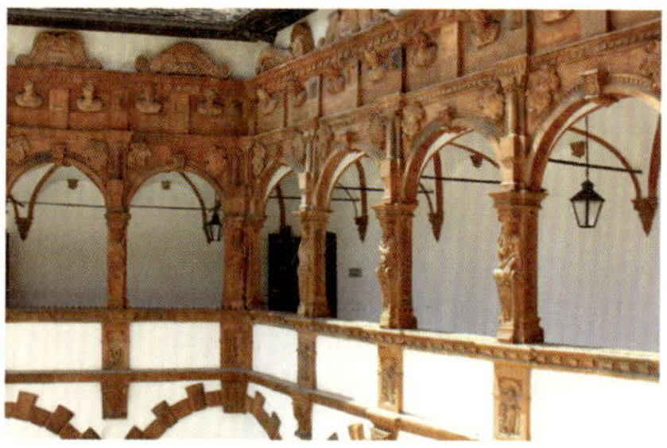

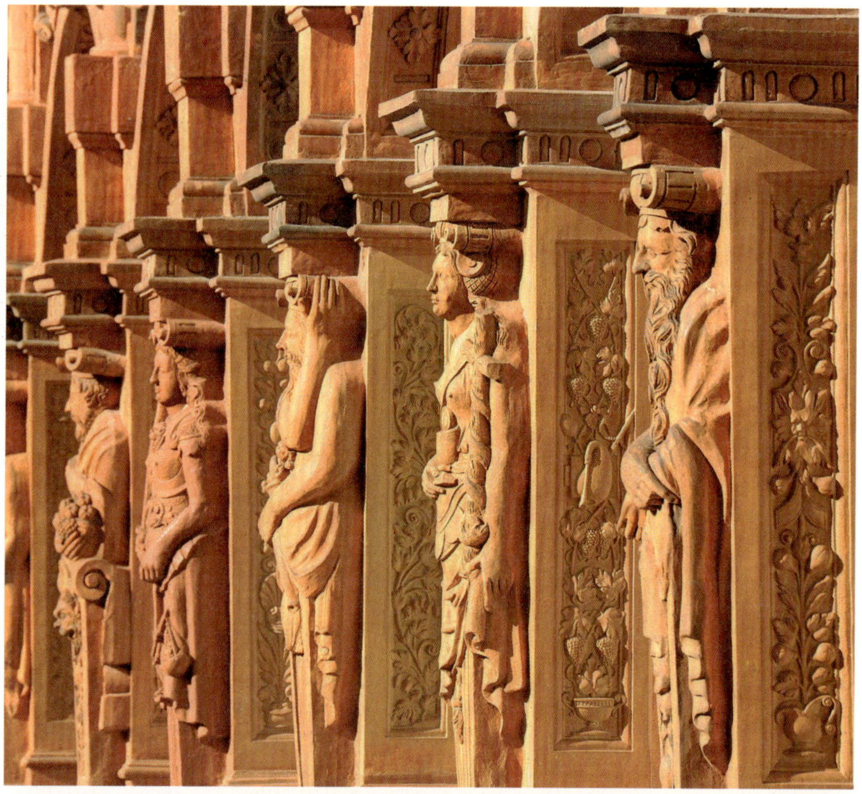

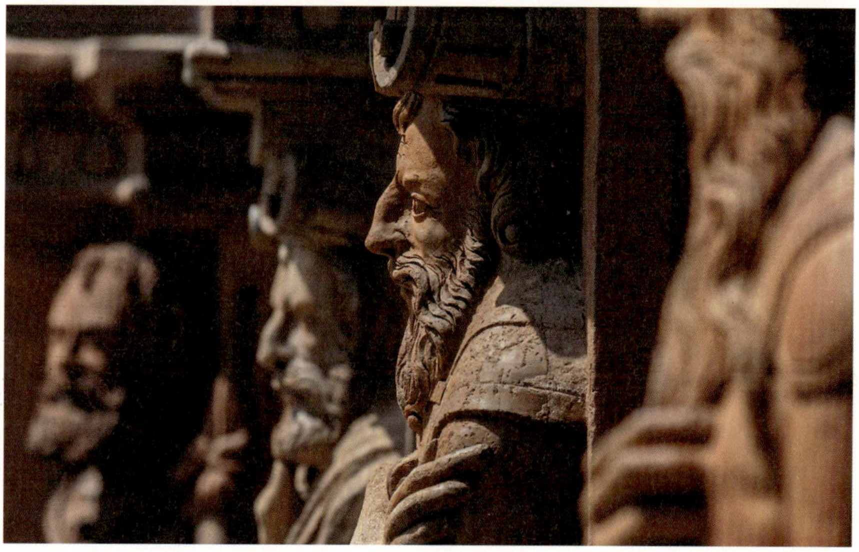

Terrakotta nennt man unglasierte gebrannte Tonerde, deren Farbe durch ihre chemische Zusammensetzung bestimmt wird. Die Form von Terrakotten kann frei modelliert oder, wenn mehrere gleiche Formen benötigt werden, in einen Model gepresst bzw. gegossen werden. Die gebrannten Elemente können wie Ziegel vermauert, aber auch im Nachhinein an einer Wand verankert werden. Formziegel zur abwechslungsreichen Gestaltung von Wänden sind schon im 6. Jahrhundert v. Chr. in Babylon bekannt. Der im späten 16. Jahrhundert errichtete Arkadenhof der Schallaburg bei Melk in Niederösterreich überrascht durch seine vielfältig geformten Terrakottafiguren, die nicht nur Dekor sind, sondern „eine Art Katalog der sittlichen und geistigen Ideale der Zeit" *(U. Stenzel)*. Die Figuren symbolisieren z. B. die sieben Tugenden (Weisheit, Gerechtigkeit, Tapferkeit, Mäßigung und Glaube, Liebe, Hoffnung) und die sieben freien Künste.

Abb.: Ansicht u. Details des Arkadenhofs der Schallaburg, 16. Jh., Niederösterreich

Aufgabenstellungen

Was muss bei der Herstellung von Plastiken beachtet werden? Welche Schwierigkeiten können sich auftun?

Recherchiere zu den Terrakottafiguren der Schallaburg (NÖ) bzw. der Armee Qín Shǐhuángdì s bei Xi'an (China). Welche Funktionen übernehmen die Figuren jeweils?

12.8 Abformen und Ausgießen

Gusstechniken

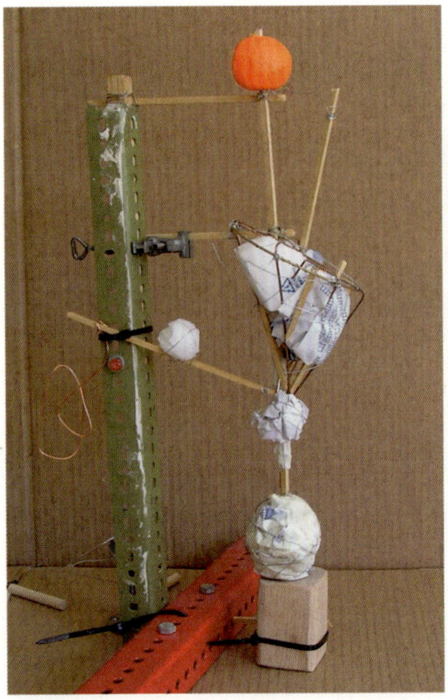

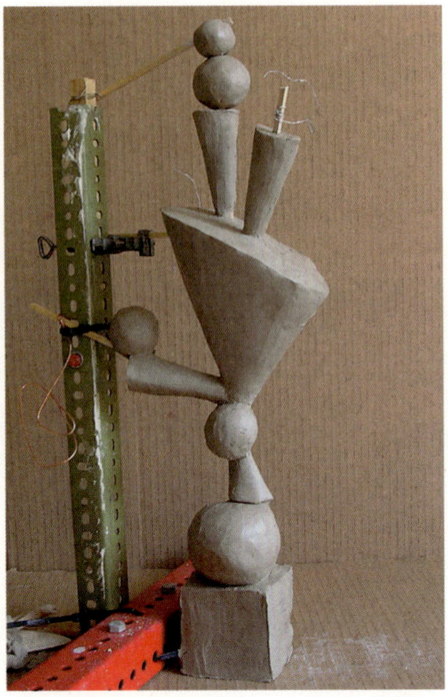

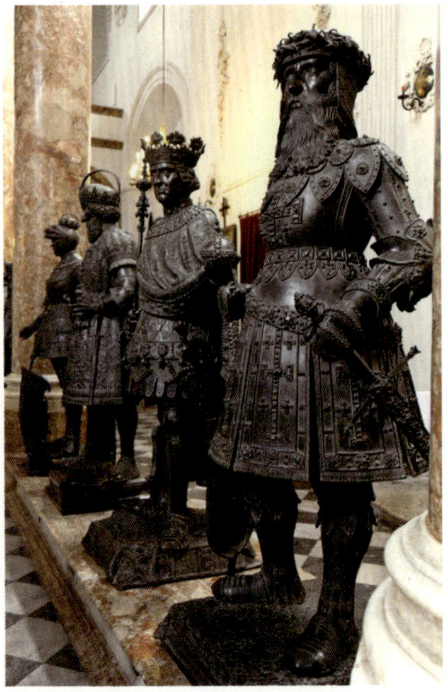

Abb. links und Mitte oben: Stützkonstruktion und Gerüst zu einem Modell für einen Bronzeguss

Abb. rechts oben: Grabmal Kaiser Maximilians I., 1502–1550, Bronzeguss, Hofkirche Innsbruck

Abb. links unten: Rachel Whiteread: Holocaust Denkmal, 2000, Judenplatz Wien

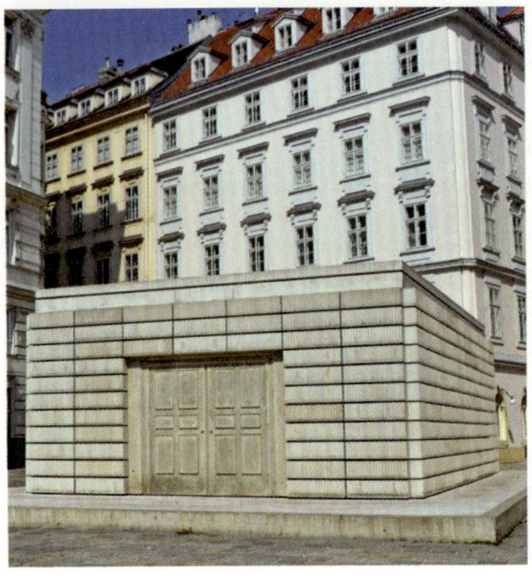

Alle Abgusstechniken folgen einem Grundprinzip: Das Originalmodell – das Positiv – wird mit einem Mantel – dem Negativ – umhüllt, anschließend wird das Positiv entfernt und der Hohlraum des Negativs als Gussform verwendet. Falls nur ein einziger Abguss geplant ist, braucht auf die Erhaltung der Gussform keine Rücksicht genommen zu werden. Das Negativ kann dann nach dem Guss zerschlagen werden und geht verloren. Beim Wachsausschmelzverfahren wird das Modell aus Wachs geformt und mit einem Gipsmantel umgeben. Die Form wird erwärmt, und das Wachs kann über eine Öffnung ausfließen. Durch diese Öffnung wird dann das Gussmaterial, z. B. Bronze, in den Hohlraum gegossen. Bei komplizierten Modellen müssen mehrere Eingusskanäle und Entlüftungskanäle vorgesehen werden. Mit ihnen wird eine gleichmäßige Füllung der Form gesichert und die Bildung von Luftblasen vermieden. Luftblasen würden das vollständige Füllen der Form verhindern. Bei Gussformen, die mehrmals verwendet werden sollen, muss das Negativ ohne Beschädigung vom Guss entfernt werden können. Wird die Gussform aus elastischen Materialien, z. B Silikonkautschuk, hergestellt, lässt sie sich vom Modell und später vom Guss abziehen und wieder verwenden. Feste Gussformen müssen zerlegbar sein und immer wieder passgenau zusammengesetzt werden können. Die Anzahl der Einzelteile hängt von der Komplexität des Modells ab. Der große Aufwand, der zur Herstellung von mehrmals verwendbaren festen Gussformen notwendig ist, lohnt sich in der Regel nur bei einer hohen Zahl von Abgüssen.

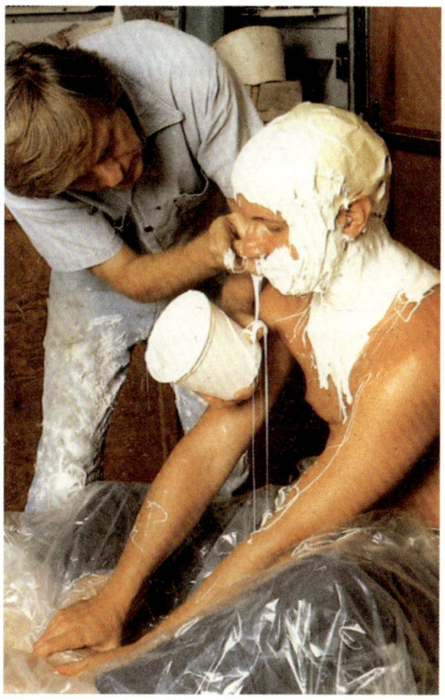

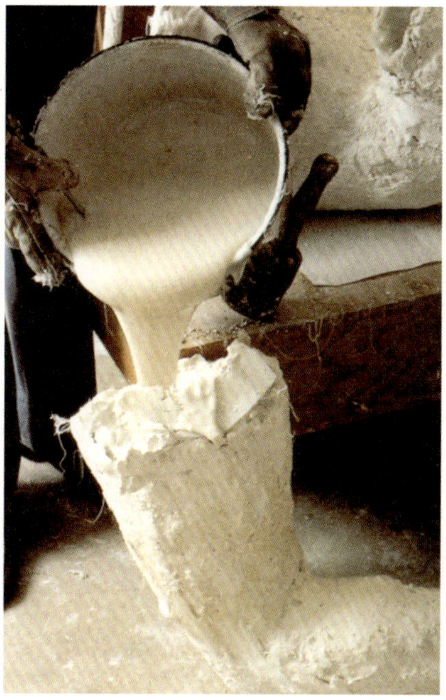

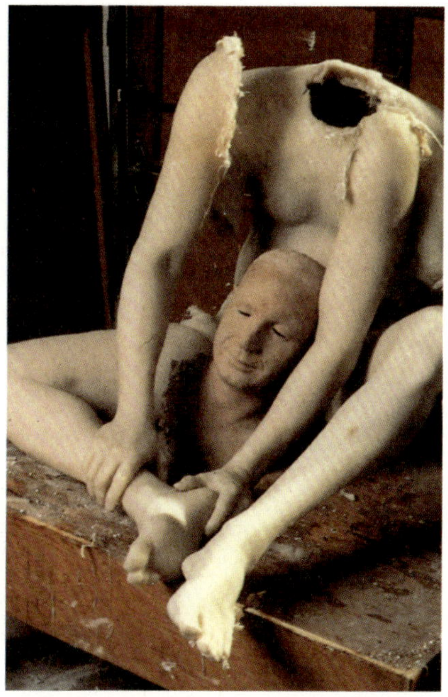

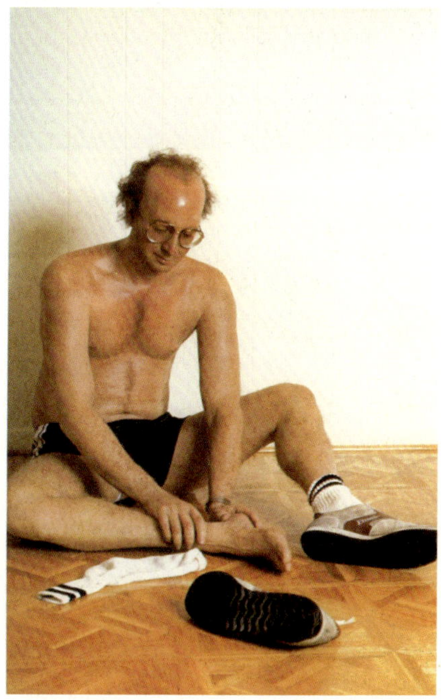

Illusionskunst hat eine lange Tradition. Im Bereich der Plastik beeindrucken vor allem „Wachsfiguren" auf Jahrmärkten und in Wachsfigurenkabinetten.
Als die bildende Kunst sich in den 60er- und 70er-Jahren des 20. Jahrhunderts wieder verstärkt der Abbildung der Umwelt zuwandte (Pop Art, Fotorealismus), machte *Duan Hanson* Alltagssituationen zu seinem Thema und provozierte durch Arbeiten, die gesellschaftliche Missstände aufgriffen. Später wandte er sich thematisch dem typischen „Mann von der Straße" zu und versucht seitdem, durch verblüffend naturgetreue Darstellungen unsere Zeit einzufangen.
Duan Hanson beginnt seine Arbeit mit der Auswahl einer Person, seines Modells, und der Festlegung der wirkungsvollsten Körperhaltung. Der Körper des Modells wird eingeölt, um das Festkleben der Abformmasse zu verhindern, und anschließend Stück für Stück mit Silikongummi, Gips und Fiberglas abgeformt. Nach dem Trocknen werden die Formteile aufgeschnitten, abgelöst und mit Polyvinylacetat ausgegossen. Die Gussstücke werden zunächst gesäubert, geglättet und danach miteinander verbunden.
Die Oberfläche erhält eine Versiegelung aus Schelllack, wird mit Acrylspray in mehreren Schichten grundiert und mit Ölfarben überarbeitet. Zum Schluss werden mit einer Nadel die Haare in kleinen Büscheln eingesetzt, die Figur wird bekleidet und mit den entsprechenden Accessoires ausgestattet.

Abb.: Duan Hanson: Phasen der Herstellung und fertige Figur, „Jogger", 1984, Lebensgröße, Polyvinylacetat, Farben, Haare, Kleidungsstücke

Aufgabenstellung

Beschreibe den Vorgang bei Gussverfahren. Welche Materialien eignen sich dafür? Erkläre dabei die Begriffe Positiv, Mantel, Einguss- und Lüftungskanäle.

V A R S

12.9 Aus vertrauten Teilen etwas Neues schaffen

Montage

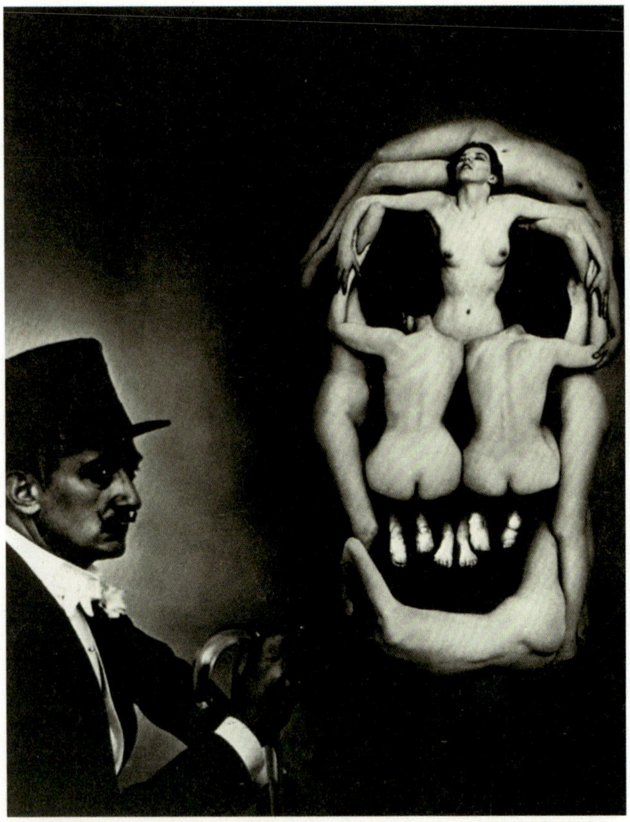

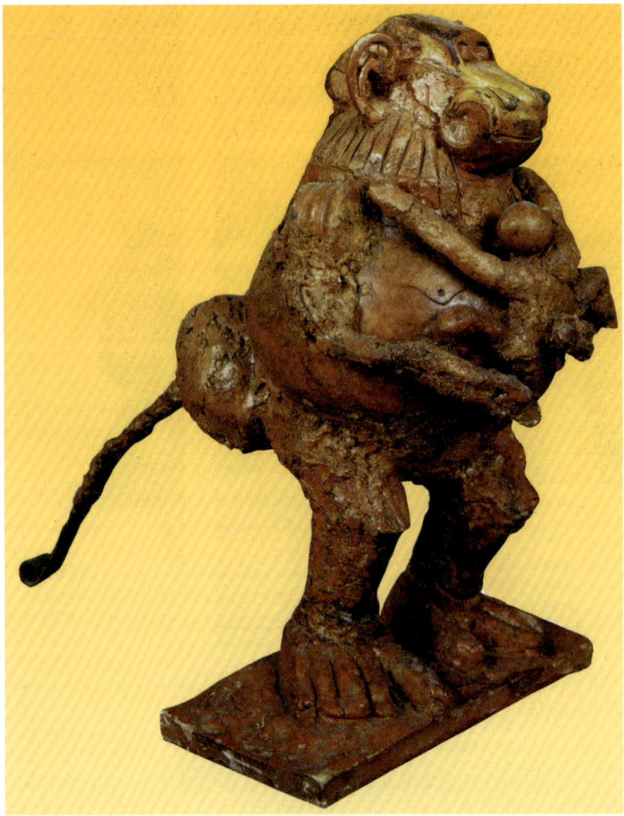

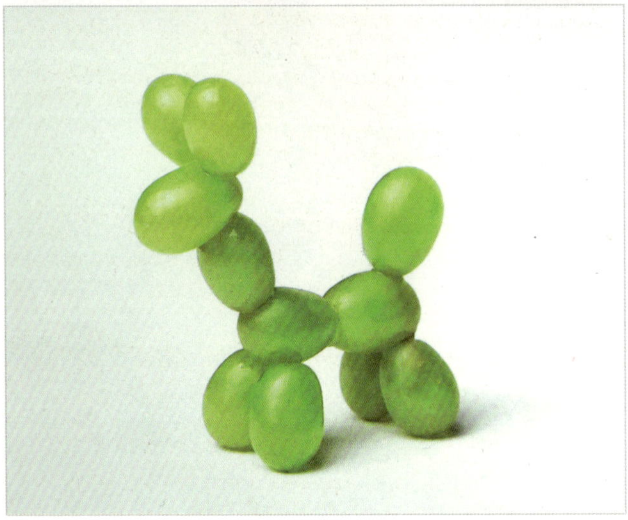

Neben der Möglichkeit, aus formbarem Material etwas vollkommen Neues zu schaffen, greifen Künstlerinnen und Künstler immer wieder auch auf fertige Formen und Gegenstände zurück. Sie bauen sie unverändert oder leicht verändert in ihre Arbeiten ein und erreichen damit oft überraschende Ergebnisse. *Pablo Picassos* „Pavianmutter mit Jungem" hat einen Kopf aus Spielzeugautos, deren Formen im neuen Zusammenhang wie selbstverständlich wirken. *Salvador Dalí* „montierte" für ein Foto mehrere Frauenkörper zu einem Totenschädel. *Davis Brock* setzt die Weintrauben in der Arbeit „Grape Dog" so zusammen, dass sie einem aus einem Luftballon geformten Hund ähneln. Die skurrile Materialentfremdung stellt einen direkten Verweis zu *Jeff Koons* „Balloon Dog" dar, der ebenfalls aufgrund von Materialwahl und Größendimension überrascht.

Abb. links oben: Salvador Dalí: In Voluptate Mors, 1944, Foto von Philippe Halsman

Abb. links unten: Brock Davis: Grape Dog, 2013, iPhone-Fotografie

Abb. rechts oben: Pablo Picasso: Pavianmutter mit Jungem, 1951, Keramik, Spielzeugautos, Metall, Ton (für Bronzeabguss 1952), H 56 cm

Querverweis

→ *9.5 Die Fotomontage:* Wirkungen der fotografischen Bildzusammensetzung

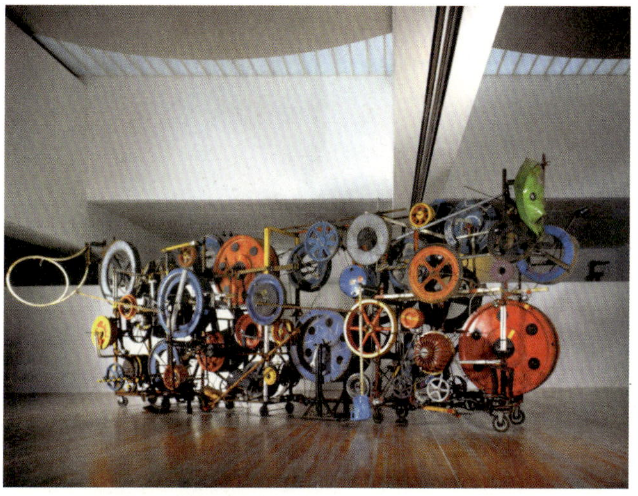

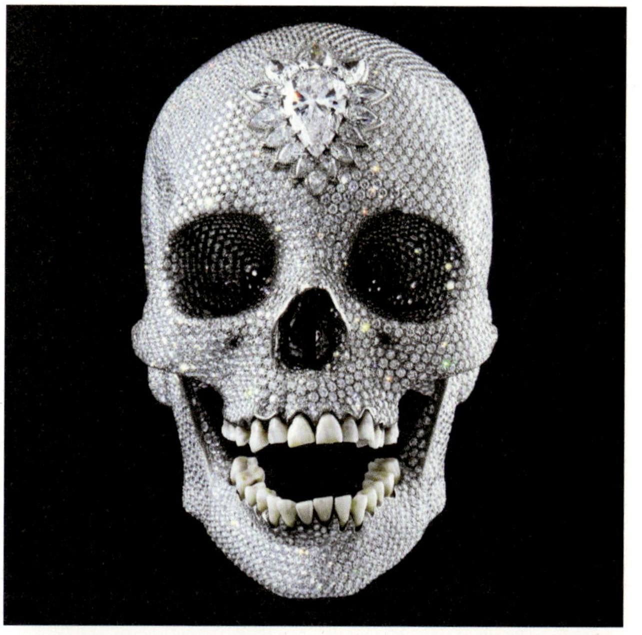

Der Schweizer *Jean Tinguely* (1925–1991) arbeitete mit Industrieabfällen, Maschinenbauteilen und Schrott jeder Art und montierte und verschweißte sie zu beweglichen, oft von Elektromotoren angetriebenen Riesenmaschinen von bizarrer Schönheit. Einige Arbeiten erinnern mit ihren funktionslosen Bewegungen und Geräuschen an Riesenkinderspielzeug, das zum erstaunten Beobachten einlädt. Auf dem Strawinski-Platz vor dem Pariser Centre Pompidou befindet sich die berühmte Gemeinschaftsarbeit mit *Niki de Saint Phalle* (1930–2002). In dem großangelegten Brunnen befinden sich bewegende und wasserspeiende Skulpturen. *Niki de Saint Phalle* ist vor allem für ihre farbenfrohen abstrahierenden Frauenkörper, genannt „Nanas", berühmt. Im Brunnen kontrastieren sie mit *Tinguelys* Metallplastiken.

Der Totenkopf von *Damien Hirst* mit dem Titel „For the Love of God" (2007) besteht aus dem Platinabguss eines menschlichen Schädels und ist mit über 8.000 Diamanten verziert. Der Herstellungswert soll 14 Millionen englischen Pfund entsprochen haben. Mit einem Verkaufswert von 50 Millionen Pfund (ca. 75 Millionen €) gilt der Schädel als eines der teuersten verkauften Kunstobjekte, an dessen Kauf der Künstler selbst beteiligt gewesen sein soll. Es wurde damals auch eine groß angelegte Marketingkampagne mit der kommerziellen Verwertung über Produkte wie T-Shirts, Plakate etc. lanciert. Aufgrund der Positionierung seiner Kunst als Marke wird *Hirst* durchaus auch kontrovers diskutiert.

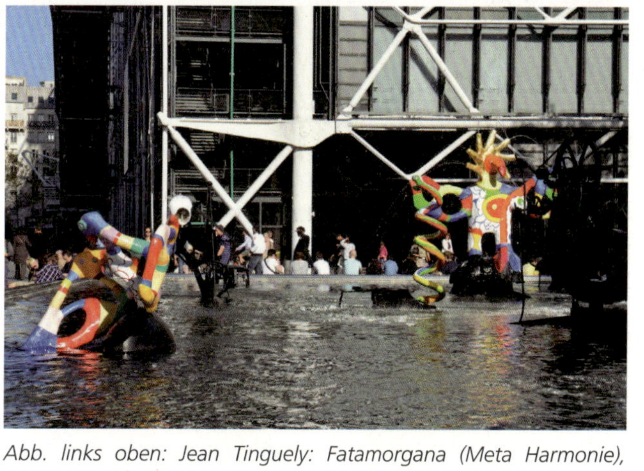

Abb. links oben: Jean Tinguely: Fatamorgana (Meta Harmonie), 1985, verschiedenste Materialien, ca. 8 m lang, Museum Jean Tinguely, Basel

Abb. rechts oben: Damien Hirst: For the Love of God, 2007, Platinabguss und Diamanten

Abb. rechts unten: Niki de Saint Phalle, Jean Tinguely: Skulpturenbrunnen bei Centre Pompidou, verschiedene Materialien, 1982, Paris

Querverweis

10.3 Kunst und Geld: Preise macht der Markt – Vermarktung von Erinnerungen

12.10 Objekte aus dem gewohnten Zusammenhang herausheben

Ready-mades

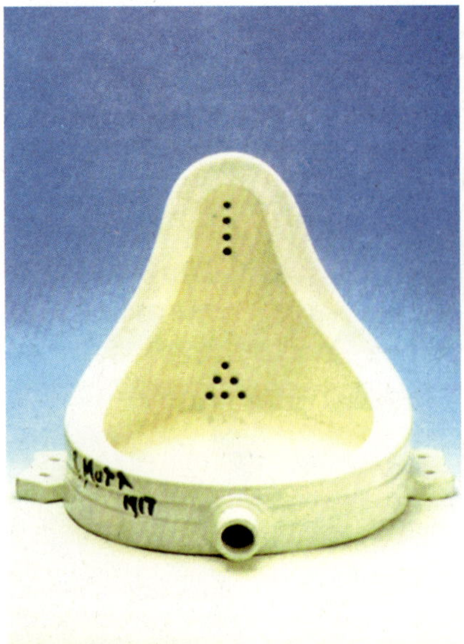

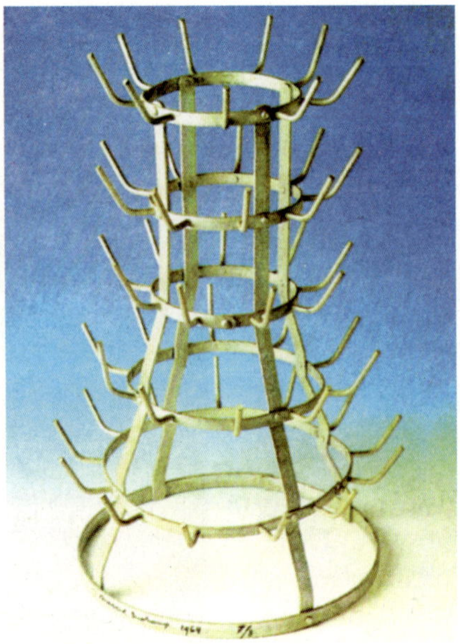

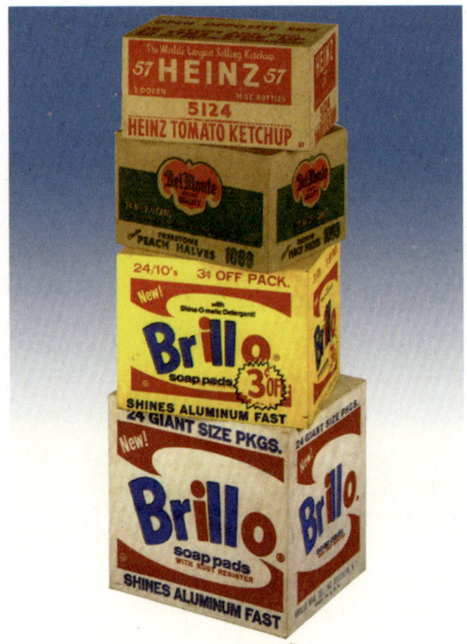

Abb. links: Marcel Duchamp: Springbrunnen. Ready-made, 1917, Urinoir aus Sanitärporzellan, H 62,5 cm, Replik, 1964, Privatsammlung

Abb. Mitte: Marcel Duchamp: Flaschentrockner. Ready-made, 1914, Eisen, H 64,2 cm, Replik, 1964, Musée National d'Art Moderne, Paris

Abb. rechts: Andy Warhol: Brillo-, Del Monte- und Heinz-Kartons aufeinander gestapelt, 1964, Verpackungskartons, Privatsammlung, Brüssel

Der Franzose *Marcel Duchamp* hat zwar nur ein relativ kleines Gesamtwerk hinterlassen, dafür aber mit wenigen entscheidenden Schöpfungen den bis dahin verbindlichen Kunstbegriff in Frage gestellt und bedeutende Anregungen und Denkanstöße für die Entwicklung der Kunst im 20. Jahrhundert geliefert.
Duchamp, der seine künstlerische Laufbahn zunächst als Maler begann, vollzog mit seinen so genannten Ready-mades (engl.: gebrauchsfertige Gegenstände) einen radikalen Schritt. Er erklärte aus der Industrieproduktion stammende Gebrauchsgegenstände zu Kunstwerken, entzog sie ihrer Gebrauchsfunktion und stellte sie ins Museum – allerdings nicht als Beispiele für industrielles Design und unter Angabe des Namens des eigentlichen Entwerfers oder Herstellers. „Seinen" Springbrunnen, ein auf die Rückseite gestelltes Urinoir, signierte er mit seinem Pseudonym „R. Mutt". Der schöpferische künstlerische Akt bestand hier in der Wahl des Gegenstands und der Signatur.

„Die Idee war die", so *Duchamp* 1968, „ein Objekt zu finden, das vom ästhetischen Blickwinkel aus keinerlei Anziehung hatte. Dies war nicht Akt eines Künstlers, sondern eines Nicht-Künstlers, eines Handwerkers, wenn Sie wollen. [...] In manchen Fällen wurden sie (die Arbeiten) dupliziert, um dadurch den Kult der Einmaligkeit, der groß geschriebenen Kunst, zu vermeiden." (nach *Gottlieb Leinz*)

Duchamp löste mit diesen Objekten bei deren erster Präsentation Skandale aus. Noch heute provoziert er damit das unvorbereitete Publikum. Die zwei Abbildungen sind keine Fotos der „Originale". So wurde z. B. der 1914 gekaufte und signierte Flaschentrockner nie fotografiert und ist seit 1916 verschollen. 1921 signierte *Duchamp* ein zweites Exemplar. Die Abbildungen zeigen Repliken (Wiederholungen durch den Künstler) aus dem Jahre 1964.
Andy Warhol nahm diese Idee auf und übertrug sie auf seine Zeit. So kamen Schachteln, Suppendosen und andere Produkte der Massenindustrie zur „Ehre" der musealen Präsentation.
Auch hier spielt die Handschrift des Künstlers keine Rolle.

Querverweise

→ *11.5 Funktionen der Malerei:* Die Malerei erfindet neue Wege: zum Beispiel in die Abstraktion

→ *14.4 Ein Haus wie ein Bild:* Demonstration eines formalen Konzepts

Die künstlerische Handlung, Gegenstände aus der Alltagsumwelt herauszulösen und sie in Galerien oder Museen als eigenständige ästhetische Objekte zu präsentieren, hat inzwischen kaum noch eine provokante Wirkung. Solange die Geschmacksgrenzen des Publikums nicht extrem überschritten werden, werden die Objekte als entweder formal oder inhaltlich anregend akzeptiert und diskutiert.

„Surfacing Composite#10" von *Clay Ketter* kann natürlich nur als Kleiderschrank ohne Türen gesehen werden. Das Interesse könnte sich auf günstige Fachgrößen, pflegeleichte Oberflächen und Kosten konzentrieren. In einem Möbelhaus würde diese Arbeit wohl auch so rezipiert werden. Im Museum ist sie ein abstraktes Relief, das nur als solches gesehen werden kann – eine raffinierte Komposition, die an *Mondrian* denken lässt, mit feinen Farbabstufungen durch Licht und Schatten usw.

Zurückgekehrt in das eigene Wohnumfeld, eröffnen sich danach möglicherweise neue Sichtweisen auf Gewohntes. Ähnliche Reaktionen sind auch bei *Andreas Slominskis* Wischtüchern „O.T." möglich. Neben der ästhetischen Freude an Material- und Farbkombination könnte durch das Objekt aber auch eine Diskussion über Sinn und Unsinn des Staubwischens provoziert werden. Der Künstler hält sich durch den Verzicht auf einen Titel heraus.

Auch die Arbeit „Involuntary Sculptures" der brasilianischen Künstlerin *Rivane Neuenschwander* (*1967) ist in der Tradition der Ready-mades zu sehen. Die Serie besteht aus kleinen Objekten, die sie in Kaffeehäusern und Bars findet – Zahnstocher, Korken, gefalteten Servietten etc. werden dort von den Lokalbesucherinnen und -besuchern meist ohne größere Aufmerksamkeit zu kleinen Skulpturen gestaltet. Mit der Präsentation in einer Galerie erklärt die Künstlerin die aufgelesenen Objekte zu Kunstwerken.

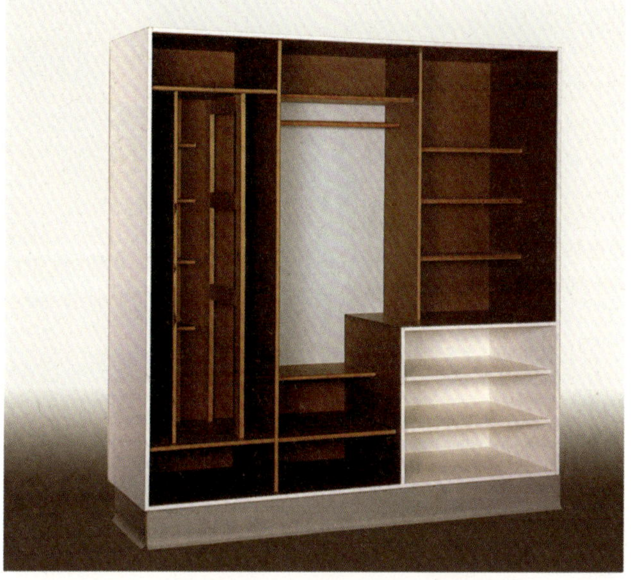

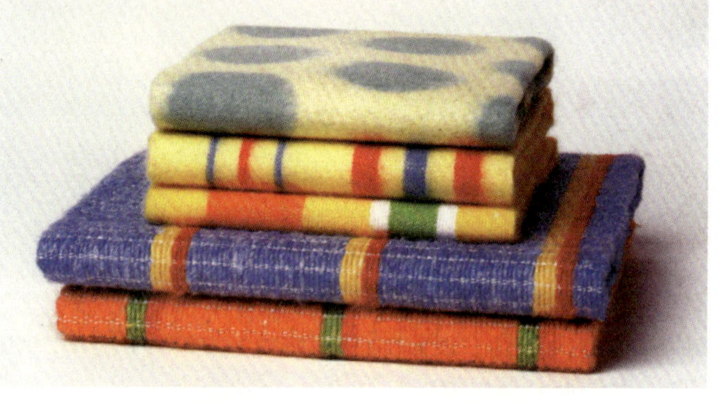

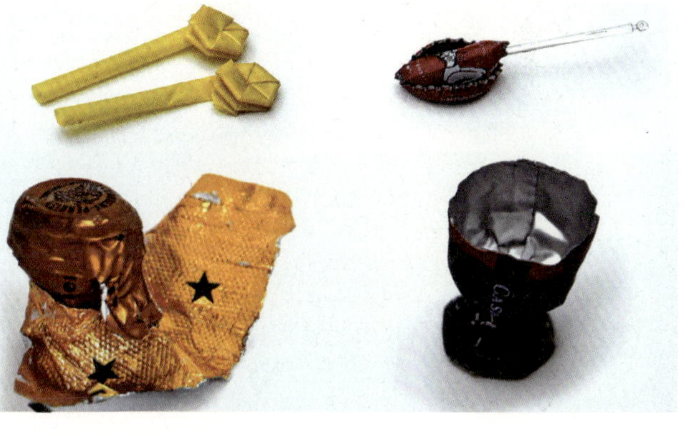

Abb. oben: Clay Ketter: Surfacing Composite#10, 1996, Holzfaserplatten, Farbe, Glas, 210 x 195 x 60 cm, MUMOK, Stiftung Ludwig, Wien

Abb. Mitte: Andreas Slominski: O.T., 1988, 10 x 20 x 19,5 cm

Abb. unten: Rivane Neuenschwander: Involuntary Sculptures (Speech Acts), 2001–2010, verschiedene Materialien

Aufgabenstellung

Ready-mades beleuchten alltägliche Objekte neu. Die Aufmerksamkeit wird auf deren Form und Ästhetik gelenkt – alleine schon deshalb, weil man Objekte im Rahmen von Kunstausstellungen dahingehend betrachtet. Betont werden kann dies auch durch minimale Veränderungen, wie ungewöhnliche Positionierung oder quantitative Steigerung. Nicht die Funktion steht damit also im Vordergrund, sondern die Form. Erarbeite ein Projekt dazu.

V A R S

12.11 Mit dem Raum arbeiten

Environment

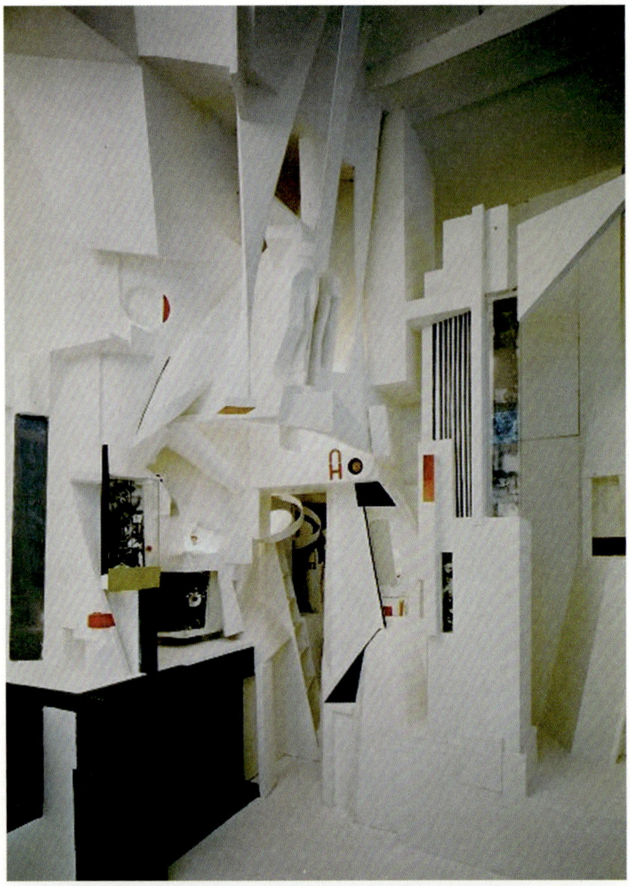

Eine Sonderform der Plastik stellt das Environment (engl.: Umgebung) dar. Wir verstehen darunter Räume, die mit Mitteln der Architektur und Plastik, der Malerei und oft auch unter Zuhilfenahme von Geräuschen und Gerüchen gestaltet sind. Grundsätzlich sind fast alle Räume, die wir nutzen, künstlerisch gestaltet, ob es sich nun um ein Zimmer, ein Geschäftslokal, einen Platz oder eine Straße handelt. Bei den hier gezeigten Environments tritt der „praktische" Gebrauchsnutzen in den Hintergrund.

Kurt Schwitters baute im Laufe seines Lebens mehrere Merzbauten. Durch ständige Um- und Überbauungen änderten sich die Räume laufend, Nischen mit Erinnerungsstücken verschwanden hinter neuen Ebenen, neue raumbildende Elemente und Details traten in den Vordergrund. *Schwitters* lebte und arbeitete in seinen Räumen.

Peter Weibels „Europa(t)raum" mit seinen zunächst willkürlich scheinenden Formen ist eine Arbeit für eine Galerie. Sie zeigt den Besucherinnen und Besuchern nicht erkennbare und zersplitterte Teile einer Europakarte. Sichtbar wird Europa nur über eine Videokamera und einen Bildschirm.

Abb. links oben: Kurt Schwitters: Merzbau Hannover, 1923–1937, Rekonstruktion eines Raumes der 1943 zerstörten achträumigen Anlage, 1980, Sprengel Museum, Hannover

Abb. links und rechts unten: Peter Weibel: Europa(t)raum, bemalte Aluminiumplatten, Kamera und Bildschirm, 1983, Städt. Galerie im Lenbachhaus, München

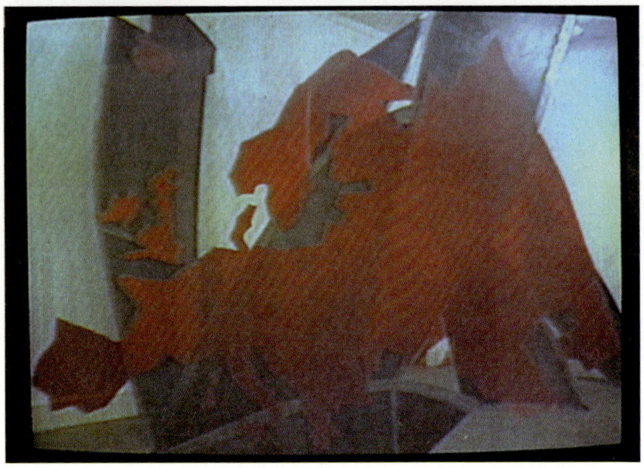

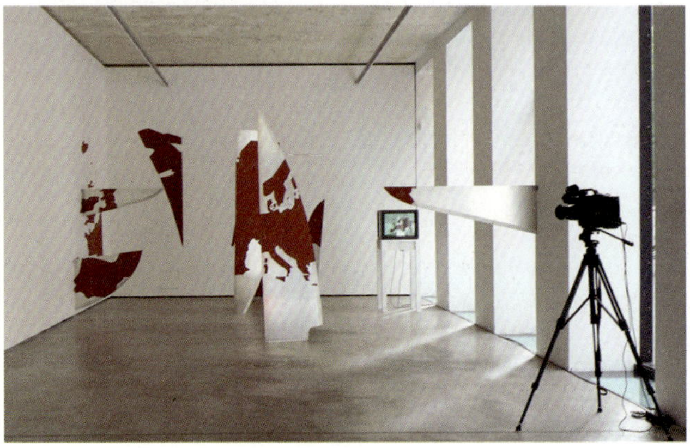

Querverweise

→ *1.18 Urban Art:* Die Straße wird zum Kunstraum

→ *6.4 Mit der Landschaft arbeiten:* Land Art

→ *12.3 Plastik, Skulptur und Installation:* Begriffsklärung

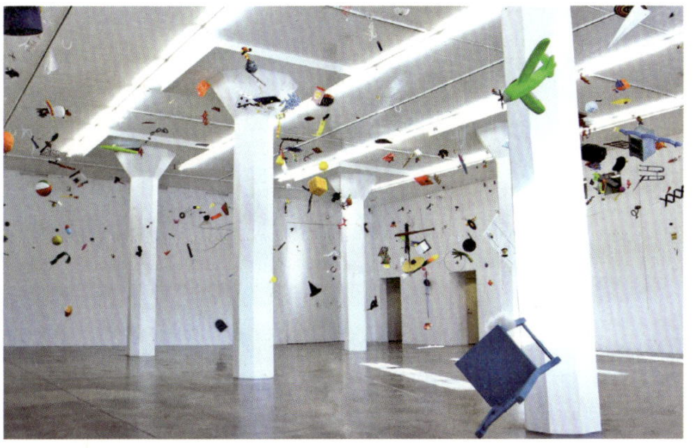

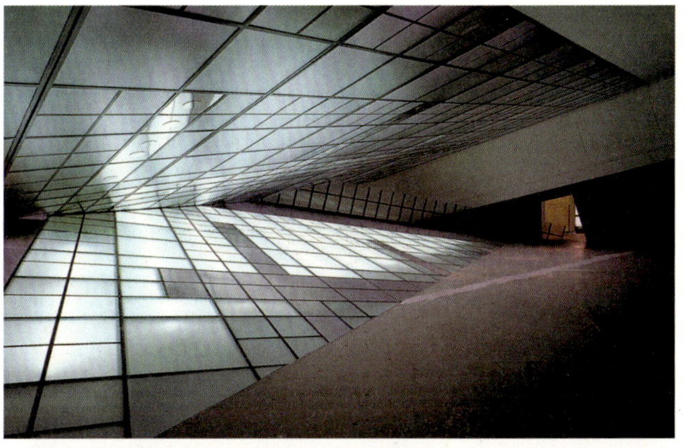

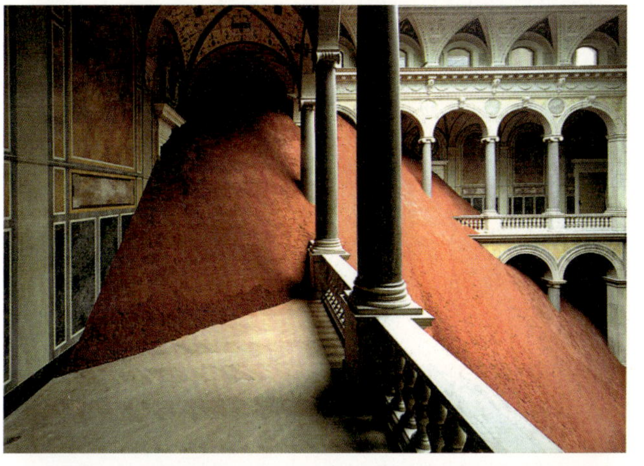

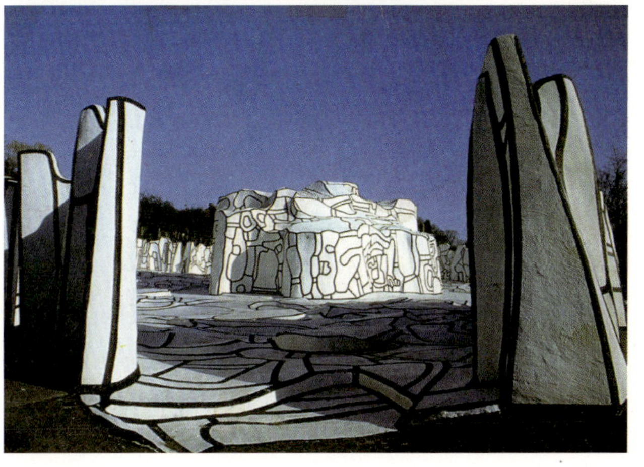

Große, raumgestaltende Projekte können nur selten von den Kunstschaffenden selbst finanziert werden. Um überraschen, irritieren und neue Raumerlebnisse vermitteln zu können, sind meist Sponsoring und/oder öffentliche Gelder von Museen notwendig. In Österreich provoziert und ermöglicht das Museum für Angewandte Kunst in Wien immer wieder solche Kunsträume. *Vito Acconci* spiegelte die riesige Glasdecke der Ausstellungshalle, *Magdalena Jetelova* brach die Harmonie der großen Halle durch eine bedrohliche Pyramidenseite aus rotem Sand.

Weltweit entstehen ständig Environments – für kurze Zeit oder auch auf Dauer. Nicht selten sind sie Bestandteil oder künstlerischer Aufputz von touristischen oder kommerziellen Eventzentren. Die Tiroler Kristallwelt z. B. hat sich zu einem Tourismusmagneten entwickelt. *Dubuffets* „Closerie Falbala" wirkt da schon wieder idyllisch und unaufgeregt. Ein weitläufiger Raum unter freiem Himmel bietet Gelegenheit zum individuellen Verweilen.

Neben dem Begriff des Environments, der jene Objekte zusammenfasst, die sich mit Raum an sich auseinandersetzen, gibt es auch die Termini Installation und Land Art (siehe dazu auch Kapitel „6.4 Mit der Landschaft arbeiten").

Abb. links oben: Tom Friedman: Up in the Air, 2009–2010, mixed media

Abb. rechts oben: Vito Acconci: Temporäre Renovierung, 1993, Installation im MAK, Wien

Abb. rechts Mitte: Magdalena Jetelova: Domestizierung einer Pyramide, 1992, Installation im MAK, Wien

Abb. rechts unten: Jean Dubuffet: Closerie Falbala, 1970–1973, 1.610 m², Fondation Jean Dubuffet, Perigny-sur-Yerres

Aufgabenstellung

Erkläre anhand der Abbildung, was unter dem Begriff Environment zu verstehen ist.

12.12 Den Raum begehen, hören und erfahren

Raum-, Licht- und Soundinstallationen

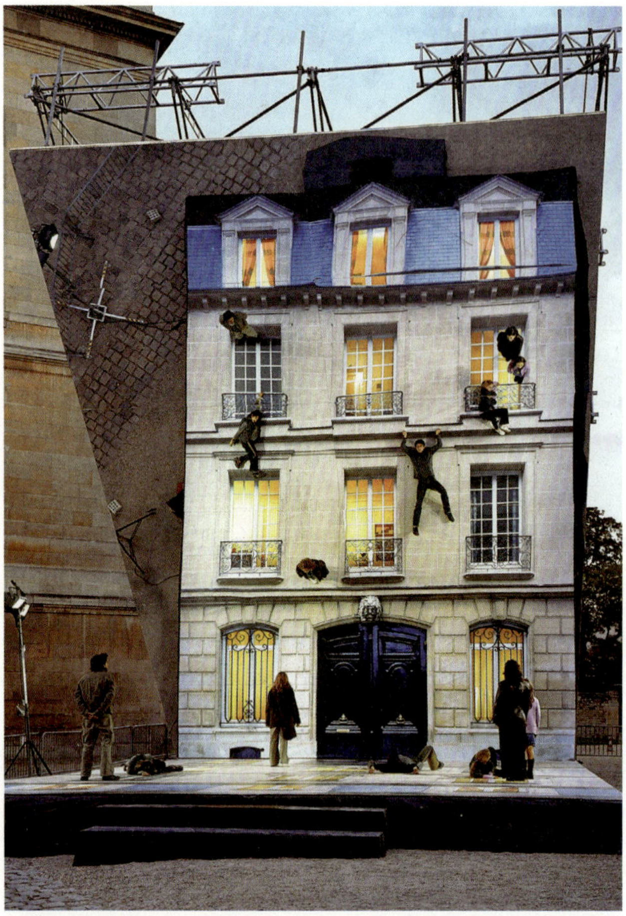

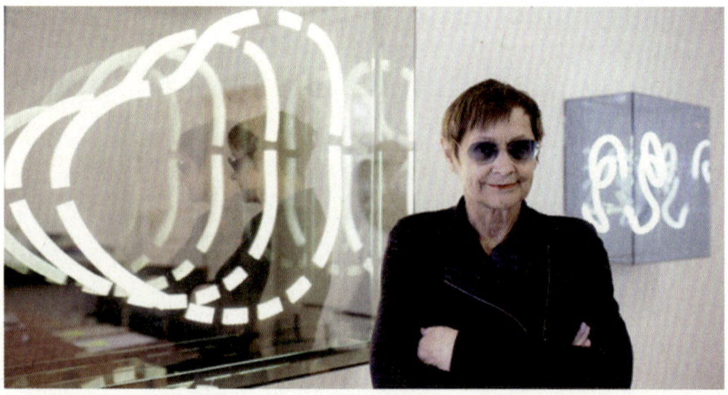

Abb. links oben: Leandro Erlich: Bâtiment (Gebäude), 2004, „Nuit Blanche", Paris
Abb. rechts oben: Brigitte Kowanz: Lichtinstallation, 2016, Beitrag für Biennale, Venedig

Die österreichische Künstlerin *Brigitte Kowanz* (*1957) setzt sich in ihren Arbeiten mit Raum und Licht auseinander. In ihrem Beitrag für den österreichischen Pavillon bei der Biennale 2016 in Venedig stand das Verhältnis von Licht, Reflexion und Widerspiegelung im Zentrum des Interesses. *Kowanz* verwendet Licht als Material – sie zeichnet damit im Raum – und thematisiert gleichzeitig dessen Eindruck von Immaterialität. Licht macht sichtbar und ist selbst unsichtbar. Ausgehend davon beschäftigt sich die Künstlerin mit Codes, wie den Morsezeichen, die sowohl als Licht-, Hör- und Bildzeichen funktionieren in den drei Gegensätzen von hell – dunkel, Laut – Stille und langen – kurzen Zeichen.
Die Partizipation der Besucherinnen und Besucher ist für die Arbeit von *Leandro Erlich* (*1973) unumgänglich. Mit seinen Fassadenspiegelungen stellt er die Perspektive im wahrsten Sinne des Wortes auf den Kopf. Steht man normal auf dem Boden und betrachtet das Werk, bricht die eigene Spiegelung die Illusion der aufrechten Gebäudefassade. Positioniert man sich so, dass man in der Fassadenspiegelung perspektivisch am Balkongeländer hängt, liegt man tatsächlich auf dem Boden. Die Grenzen zwischen Illusion und Realität von Raumerfahrungen werden anhand der Erdanziehungskraft spielerisch ins Bild gesetzt.

Querverweise

→ *6.5 Naturphänomene erfahrbar machen*

→ *12.3 Plastik, Skulptur und Installation:* Begriffsklärung

→ *13.2 Videoinstallation und Videoskulptur:* Reizüberflutung bei Nam June Paik – Technologie und Natur bei Fabrizio Plessi

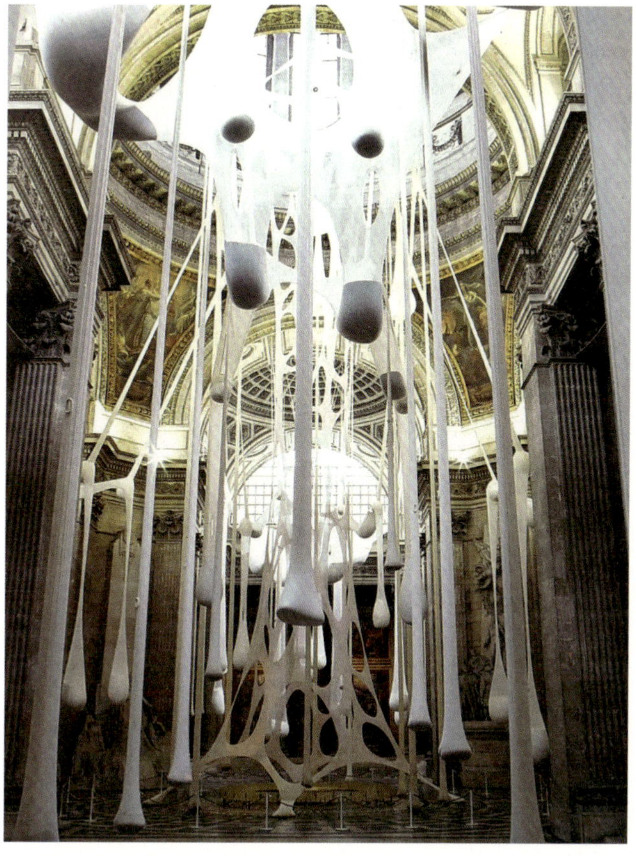

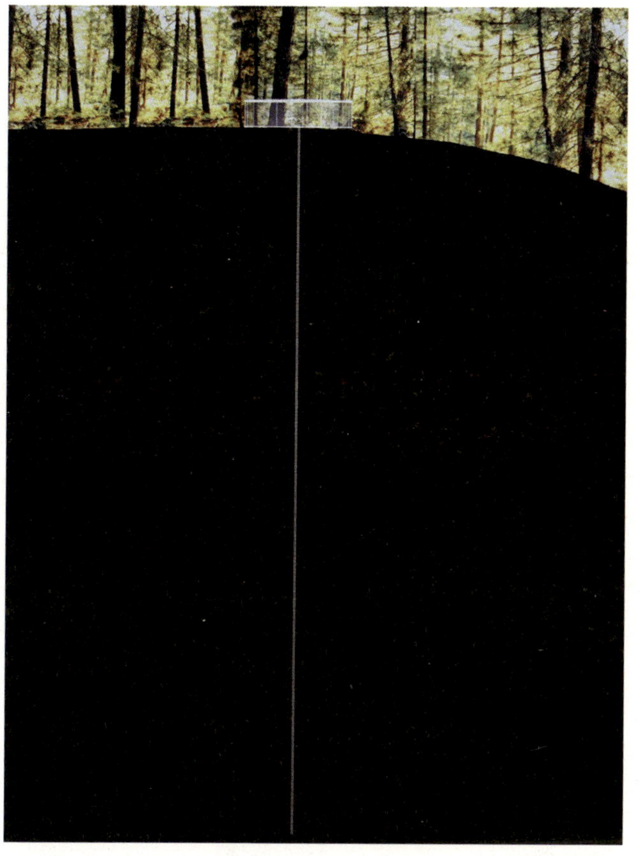

Auch in der Rauminstallation „Leviathan Thot" des brasilianischen Künstlers *Ernesto Neto* (*1964) wird die Schwerkraft thematisiert und nahezu greifbar gemacht. In tropfenförmigen Gebilden hängt die Skulptur schwer von der Raumdecke. Die vertikale Strukturierung der Arbeit, die nach unten zieht, bildet einen Gegenpart zur nach oben strebenden Raumstruktur des klassizistischen Gebäudes (im Stil Ludwigs des XVI.). Die Besucherinnen und Besucher wurden dazu eingeladen, die biomorphen Objekte auch haptisch zu erfahren. Gleichzeitig war die Installation mit Gewürzen gefüllt. Die Arbeit und der sie umgebende Raum werden zu einer Erfahrung für mehrere Sinne.

Die zweidimensionale Abbildung reduziert dreidimensionale Installationen auf deren visuellen Eindruck einer Seitenansicht. Andere Sinneseindrücke können nur beschrieben werden. Abbildungen zu Soundinstallationen sind oft nur unzureichend und werden dem Raumeindruck, wie z. B. in der Arbeit „Sonic Pavilion" von *Doug Aitken*, kaum gerecht. Das abgebildete Rendering zeigt einen Querschnitt durch den begehbaren Pavillon auf der Erdoberfläche und der Erde darunter. Der Sound stammt von einem Mikrofon, das 600 m tief vergraben die unterirdische Geräuschkulisse aufnimmt und in dem darüberliegenden Pavillon zeitgleich wiedergibt. Der Sound variiert zwischen dumpfen, ruhigen und unsteten, schwer einzuordnenden Geräuschen. Mit der zeitgleichen Wiedergabe ist die Hörerfahrung ständig eine neue.

Abb. links: Ernesto Neto: Leviathan Thot, 2006, unterschiedliche Materialien, Festival d'Automne, Paris

Abb. rechts: Doug Aitken: Sonic Pavilion, 2009, Rendering zur Installation Sonic Pavilion, Inhotim Contemorary Art Center, Brumadinho, Brasilien

Aufgabenstellung

Beschreibe anhand der Abbildungen, auf welche Weise in den beschriebenen Arbeiten auf das Erleben des Raumes eingegangen wird. Welche Arbeit spricht dich besonders an? Gib Gründe dafür an.

12.13 Körper und Raum

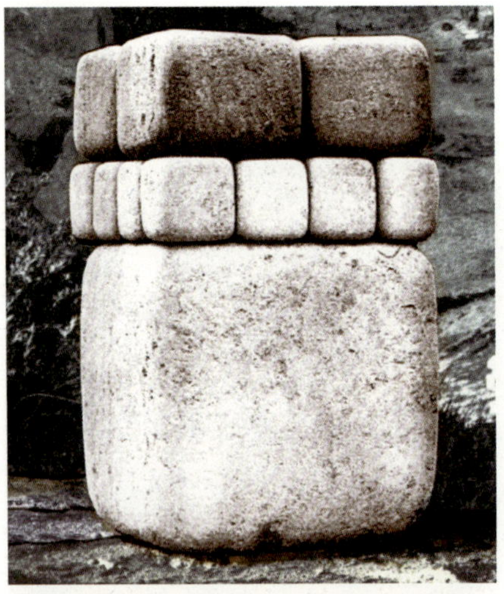

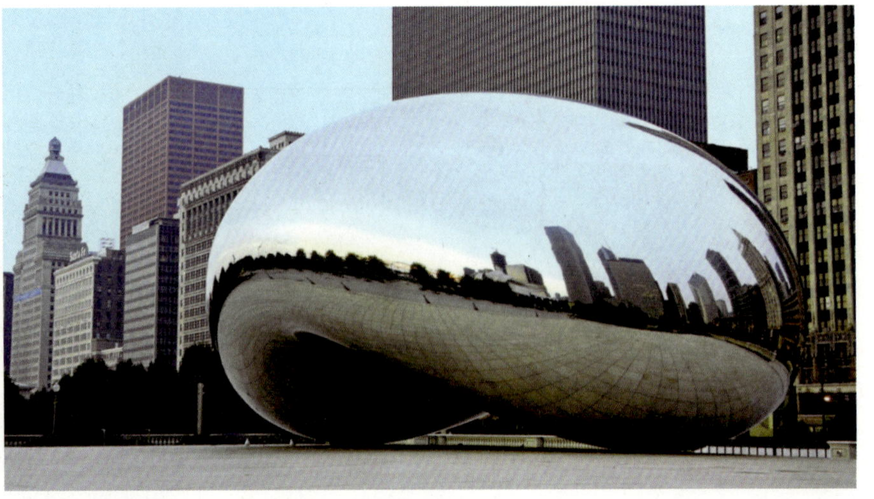

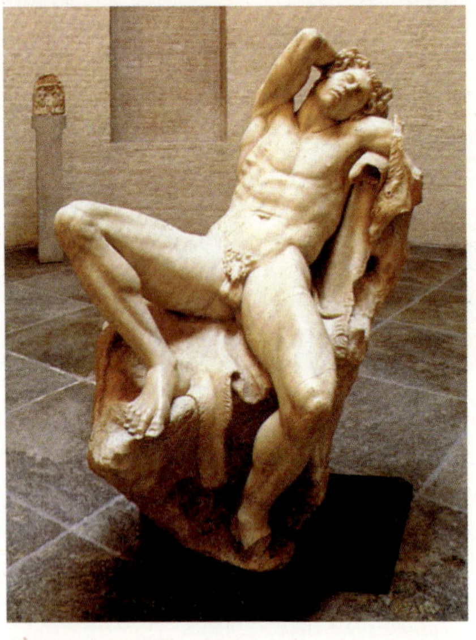

Abb. links oben: Hermann Painitz: Blockhafte Plastik, 1966, Sandstein, H ca. 2 m, St. Margarethen, Burgenland
Abb. links unten: Schlafender Satyr („Barberinischer Faun"), um 220 v. Chr., Marmor, H 181 cm, Glyphtothek, München
Abb. rechts oben: Anish Kapoor: Cloud Gate, 2004, polierte Edelstahlplatten, 20 x 20 x 13 m, ca. 100 Tonnen, Chicago

Eine Grundform von Körpern ist der Block. Kunstwerke, denen der Block als Ursprung noch deutlich anzumerken ist, haben oft geschlossene Umrisse („verschließen sich"), lassen den Raum nicht eindringen und sind raumabweisend. Diese „Abwehr des Raumes" findet extremen Ausdruck bei Idealformen wie der Kugel oder bei kugelähnlichen Formen (Ei, Faust) bzw. deren Abwandlungen. Aufgrund ihrer vorwiegend konvexen Wölbung lassen sie dem Raum wenig „Angriffsfläche". *Hermann Painitz* (*1938) stapelt verschieden große Quader in raffinierten Proportionen aufeinander und schafft damit wiederum einen größeren geschlossenen Quader, dessen Spalten das Blockhafte eher betonen, als dass sie den Quader öffnen würden. Die geschlossene Form in der Arbeit von *Isa Genzken* (*1948) wird durch den feingliedrigen Unterbau verstärkt.
Ausgeglichener als bei blockhaften Formen gestaltet sich das Körper-Raum-Verhältnis bei Werken, die ein deutliches Wechselspiel zwischen konkaven und konvexen Partien aufweisen. Sie öffnen sich und sind damit raumoffen oder raumhaltig. Wie mitgestaltend der (leere) Raum für eine Plastik ist, unterstrich der Bildhauer *Henry Moore* (1898–1986): „Ein Loch kann ebenso viel Formbedeutung haben wie eine feste Masse. Plastik in Luft ist möglich." Die konkave Wölbung in „Cloud Gate" des britischen Künstlers *Anish Kapoor* (*1954) lädt förmlich dazu ein, den leeren Raum darunter zu durchschreiten.
Körper und Raum sind unausweichlich miteinander verknüpft. Auch der Gegensatz von „aktiv" und „passiv" wird zur Beschreibung des Verhältnisses von einem Objekt zum umgebenden Raum verwendet. So kann eine menschliche Körperhaltung raumabweisend oder in den Raum greifend wirken. Je mehr sich ein Körper öffnet und je mehr Teile von seinem Kern wegstreben, desto deutlicher bestimmt er aktiv den Raum, er wird raumgreifend oder raumweisend. Das einfachste Beispiel dafür wäre ein Pfeil, der den Blick in eine bestimmte Richtung lenkt. Dieser Pfeil könnte uns auf ein Ziel hinweisen und uns gleichzeitig die Distanz, den Weg dorthin, bewusstmachen.

Querverweis

→ *10.5 Kunst im öffentlichen Raum:* Vom Gemeindebau bis zum Event

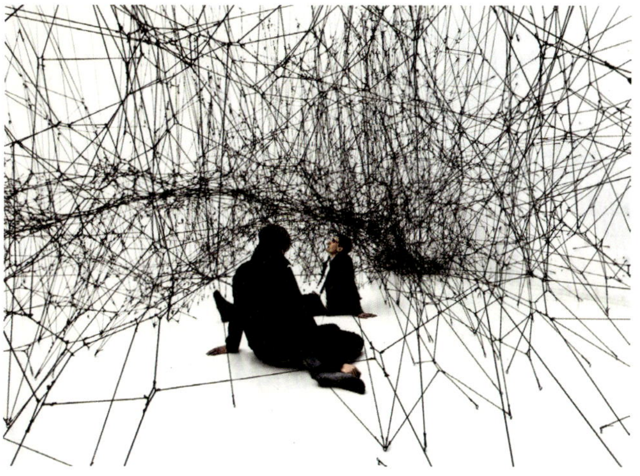

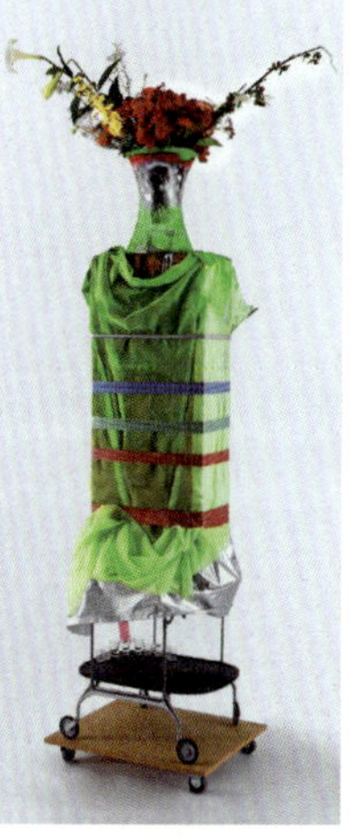

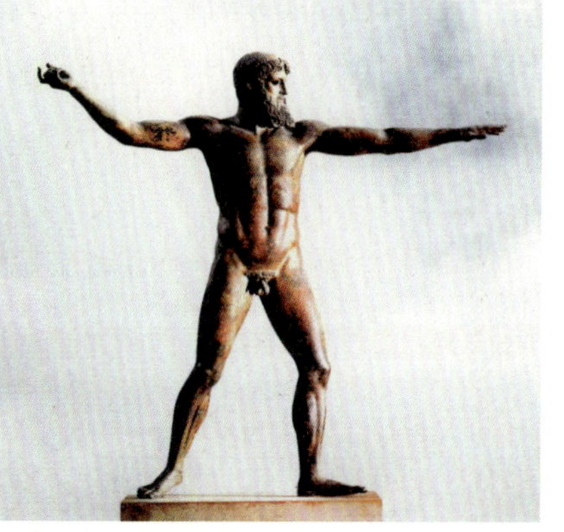

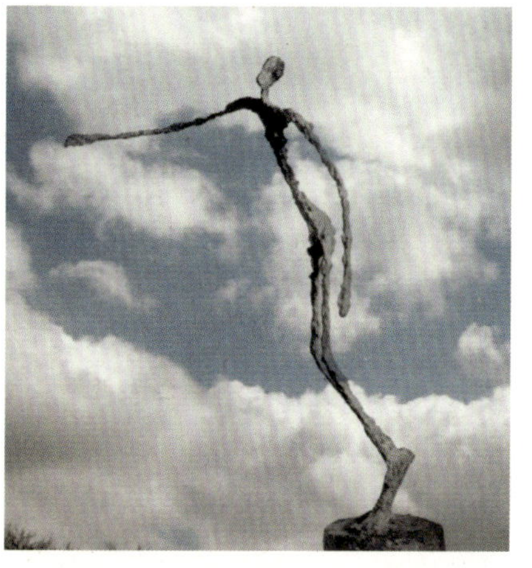

Der „Poseidon" hat viel von der klaren Richtungsweisung eines Pfeils an sich. Auch wenn der Dreizack, den er vermutlich in seiner Rechten hielt, fehlt: Die zielende Linke und die Blickrichtung verleiten uns dazu, das unsichtbare Ziel zu suchen. Die Figur greift nicht nur real in den Raum aus, sie besetzt auch den Platz vor ihr. Obwohl er jedoch in den Raum greift, ist der „Poseidon" gleichzeitig auch raumteilend, denn er steht auf einer Ebene und trennt den Raum vor sich von dem hinter sich wie eine Mauer.

Giacomettis „Taumelnder Mann" hat trotz seiner fragilen Form den vor ihm liegenden Raum „im Griff". Mit den zusammengewachsenen Füßen zeigt er uns zwar seine Unfähigkeit, sich von seinem Platz zu lösen und eine stabilere Haltung einzunehmen, gleichzeitig wird aber durch den ausgestreckten, hilfesuchenden Arm weit über die reale Ausdehnung der Plastik hinausgegriffen.

Beide Plastiken sind mit ihren extrem ausgreifenden Formen am besten als Metallguss realisierbar. Der „Poseidon", eines der bedeutendsten unversehrten Beispiele antiker Bronzegusskunst, wäre in Stein gehauen nicht umsetzbar gewesen. Die Arme wären aufgrund ihres Eigengewichts sofort abgebrochen. Der „Taumelnde" hat eine auf einem Drahtgestell modellierte Tonform als Urform, der erst der Bronzeguss die gewünschte Dauerhaftigkeit ermöglicht hat.

In der Arbeit „14 Billion" von *Tomás Saraceno* wird der ganze Raum zur Skulptur. Zwar kann die Arbeit als Raum begehbar sein und ist somit offen, doch zu einem Punkt verdichtet sie sich und schließt sich nach außen hin ab. Sie thematisiert die Begehung eines Raums.

Zusätzlich sind neben der Form der Plastik auch Material und Oberflächenbeschaffenheit für die Wirkung zu beachten.

Abb. links: Tomás Saraceno: 14 Billion, 2010, schwarze Seile, Verankerungen, variable Dimensionen, Bonniers Konsthall, Stockholm

Abb. Mitte: Isa Genzken: Hospital (Ground Zero), 2008, verschiedene Materialien

Abb. rechts oben: Poseidon, um 560/550 v. Chr., Bronze, H 209 cm, Nationalmuseum Athen

Abb. rechts unten: Algerto Giacometti: Taumelnder Mann, 1950, Bronze, H 60 cm, Kunsthaus Zürich

Aufgabenstellung

Analysiere die abgebildeten Plastiken gemäß den im Text vorgestellten Aspekten. Wähle anschließend weitere in diesem Schulbuch gezeigte Plastiken aus und analysiere sie nach den hier vorgestellten Kriterien.

VA RS

12.14 Licht – Schatten – Oberfläche

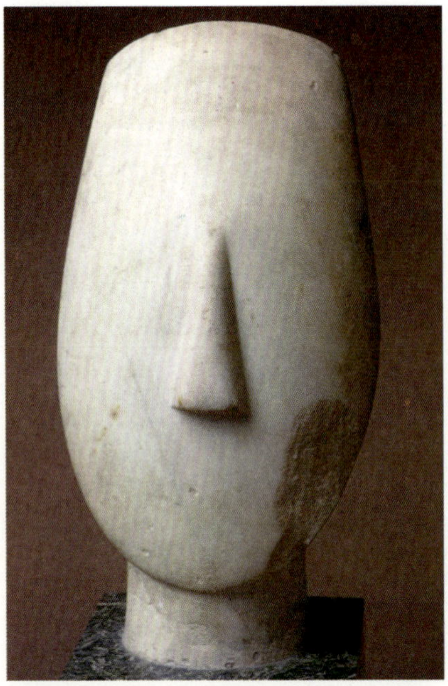

Abb. links oben: Kopf eines Idols, Kykladen, 2500–2200 v. Chr., Louvre, Paris

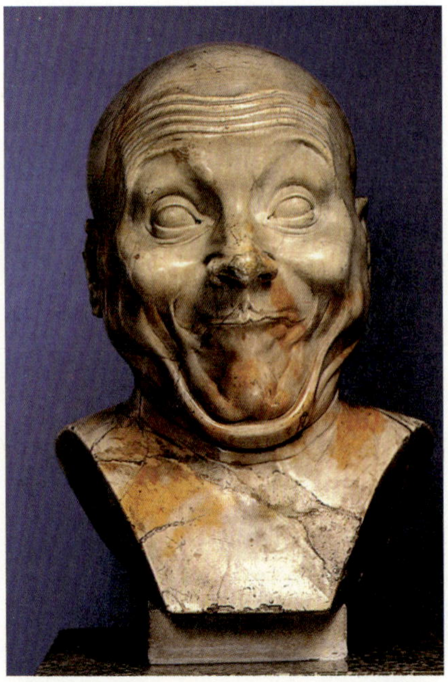

Abb. Mitte: f. X. Messerschmidt: Ein Schalksnarr, 1780, H 42 cm, Österr. Barockmuseum

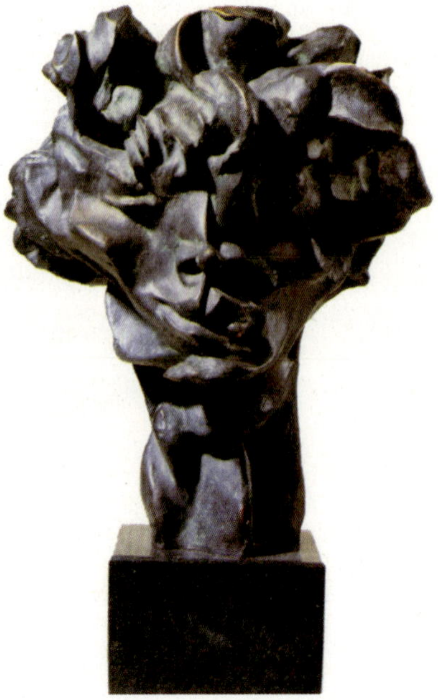

Abb. rechts: Otto Gutfreund: Viky (Kubistischer Kopf), um 1912, Bronze, H 33 cm

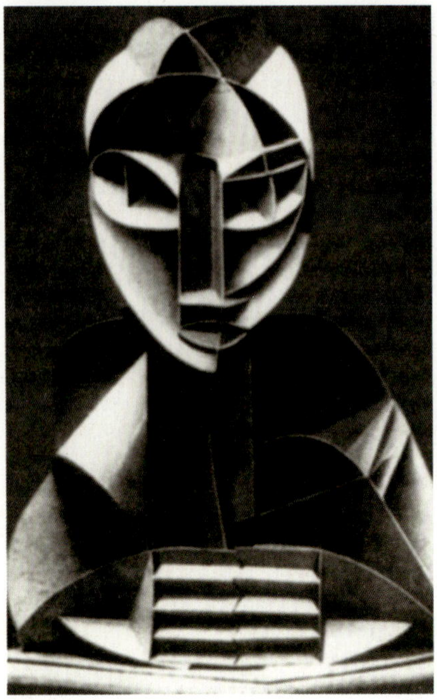

Abb. links unten: Naum Gabo: Kopf, 1916, Eisen, H 45 cm, Privatbesitz

Licht und Schatten machen die Körperlichkeit augenfälliger und beeinflussen die Wirkung dreidimensionaler Objekte. Sie spielen in der Plastik eine andere Rolle als in der Malerei, wo sie unveränderbar in das Bild hineingemalt sind.
„Während Bilder immer in der bestmöglichen Art beleuchtet sind, verwandelt die Plastik sich unter den Zufälligkeiten des Lichts." (*Robert Morris*)

Bei der Betrachtung auf die Ausleuchtung zu achten, ist nicht zuletzt deshalb wichtig, weil z. B. eine starke seitliche Lichtquelle eine ganz andere, dramatischere Wirkung erzeugt als diffuses Licht. Entscheidend für die Wirkung von Plastiken sind die Wahl des Materials und die Oberflächenbearbeitung.
Je nach Material und Bearbeitung kann die Oberflächenstruktur glatt, stumpf, warm, kalt, poliert, rau, feucht, rissig, spröde, rostig etc. sein, wobei verschiedene Oberflächenstrukturen auch nebeneinander eingesetzt werden können. *Auguste Rodin* z. B. stellte gerne grob behauene Partien – die die Spur des Meißels deutlich zeigten – glatt polierten gegenüber. Die „fertigen" Teile erscheinen dadurch umso kunstvoller.
Die Bilder auf dieser Seite zeigen einige Beispiele für die Bedeutung der Oberflächengestaltung. Während der „Kopf eines Idols" durch die Vereinfachung der Formen, den glatt geschliffenen, polierten Marmor und den Verzicht auf alle Details wirkt, bieten die Charakterköpfe *Messerschmidts* durch ihre fein herausgearbeiteten Details überaus lebendige Oberflächen, auf denen sich der Blick immer wieder „fangen" kann. Bei *Otto Gutfreund* erhält ein zerissen und stark bewegt wirkender Kopf seine Lebendigkeit durch eine systematische Licht- und Schattenführung. *Naum Gabo* geht mit seinem Kopf von 1916 noch weiter, indem er auf die Darstellung der Massen des Körpers verzichtet und sie durch ein Gerüst aus ins Innere gerichteten Flächen ersetzt. Die Oberfläche ist eine gedachte, nur Licht und Schatten füllen das Volumen. Bei diffuser Beleuchtung sind fast nur die Kanten sichtbar, im scharfen, Schatten bildenden Licht wechselt der Ausdruck des Kopfes je nach Lage der Lichtquelle.

Aufgabenstellungen

V A R S — Welchen Einfluss haben Material, Oberflächenbearbeitung und Licht auf die Wirkung einer Plastik?

V A R S — Erarbeite eine Kopfplastik mit verstärktem Papier/Karton, ähnlich der Plastik von *Naum Gabo*. Setze sie anschließend in unterschiedliche Lichtverhältnisse und variiere dadurch ihre Ausdrucksmöglichkeit. Dokumentiere dies mit Fotos.

12.15 Einfachheit als Prinzip

Stilisierung, Abstraktion

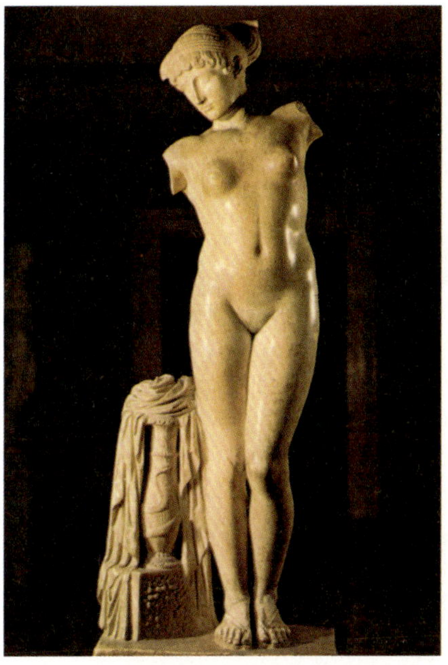

Abb. links: Venus vom Esquilin, 1. Jh. v. Chr., Kopf nicht original, Marmor, lebensgroß, Konservatorenpalast, Rom

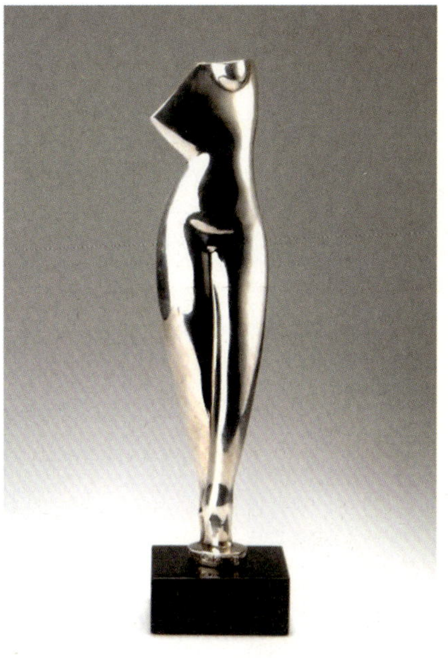

Abb. Mitte: Alexander Archipenko: Flacher Torso, 1914 (1921), Polierte Bronze, H 38 cm, Virginia Museum of Fine Art

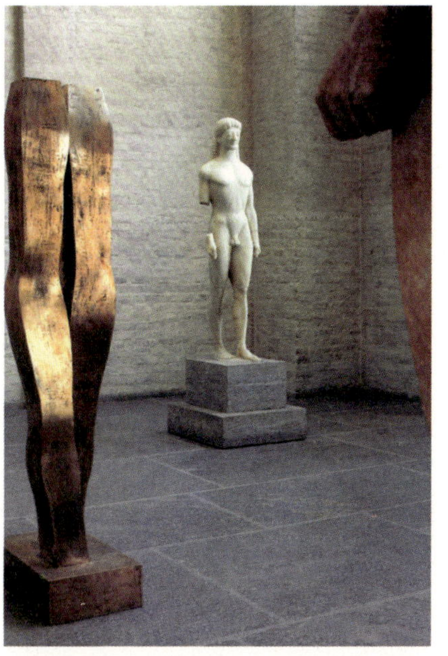

Abb. rechts oben: Joannis Avramidis: Schreitender, 1966, Bronze, H 172 cm, neben einem archaischen Kuros, Glyptothek, München

Seit Menschen dreidimensionale Objekte gestalten, stehen sie vor der Frage, ob sie Bestehendes nachahmen oder neue Formen erfinden sollen. Epochen, in denen die perfekte Nachahmung der Natur oder deren Idealisierung als künstlerisches Ziel vorherrschten, wechselten mit solchen, in denen Kunstschaffende oder Kunstpublikum stilisierte oder abstrakte Formen bevorzugten.

Die Beschäftigung mit den Werken der Antike konfrontiert die Künstlerinnen und Künstler nicht nur mit klassischen, perfekten Vorbildern, sondern immer wieder auch mit beschädigten Figuren, die trotz ihrer Unvollständigkeit beeindrucken. Das Fehlen von Armen, Beinen oder des Kopfes lenkt die Aufmerksamkeit der Betrachterin oder des Betrachters weg von der perfekten Vollständigkeit und hin zu anderen Aspekten. Dadurch angeregt, versuchen einige Künstlerinnen und Künstler, alles aus ihrer Sicht Unwesentliche zu reduzieren oder wegzulassen. *Alexander Archipenko* (1887–1964) ging von einer weiblichen Figur aus. Ihn interessierten die formalen Probleme und Linienführungen des Kontrapost, den er in lang gestreckten schwungvollen Kurvaturen aufbaut.

Im abgebildeten Beispiel nähert sich *Joannis Avramidis* (1922–2016) der menschlichen Figur über die Schrittstellung. Er verstärkt dies noch durch die vertikale Spaltung des Körpers. Die räumliche Nähe zu einer archaischen Figur, zwar selbst unvollständig, verstärkt den Eindruck der Reduktion.

Constantin Brâncuşi (1876–1957) reduziert Naturformen immer wieder auf geometrische Grund- oder „Urformen". Der „Jünglingstorso" ist aus polierter Bronze hergestellt, die das Licht hart und metallisch reflektiert. Die starre Symmetrie war für *Brâncuşi* auch Ausdruck und Symbol der Macht. *Brâncuşi* ist einer der wichtigsten Vorläufer der ungegenständlichen Plastik, für die Formabstraktion und Materialexperiment wichtiger sind als die Auseinandersetzung mit den Vorbildern der Natur.

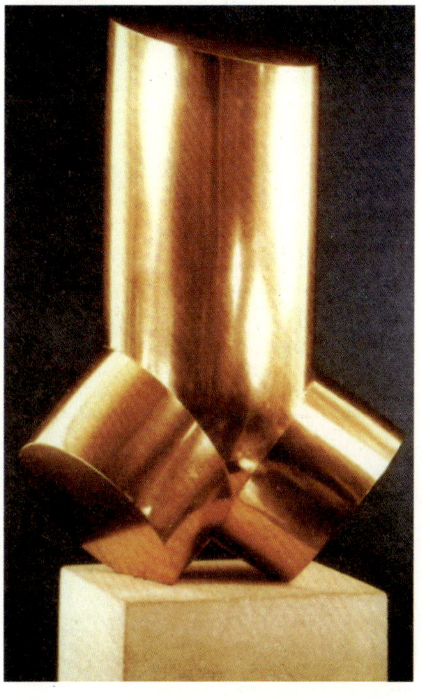

Abb. rechts unten: Constantin Brâncuşi: Jünglingstorso I, 1917, Polierte Bronze, H 46,3 cm, Cleveland Institute of Art

Querverweis

11.5 Funktionen der Malerei: Die Malerei erfindet neue Wege: zum Beispiel in die Abstraktion – mit Überschreitung und Erweiterung

Aufgabenstellung

Recherchiere nach dem Begriff Kontrapost. Welche Körperhaltung ist damit gemeint? Welche Figur einer weiteren Abbildung weist ebenfalls einen Kontrapost auf?

12.16 Anwendungsbereiche und Funktionen von Plastik

Geräteplastik und Bauplastik

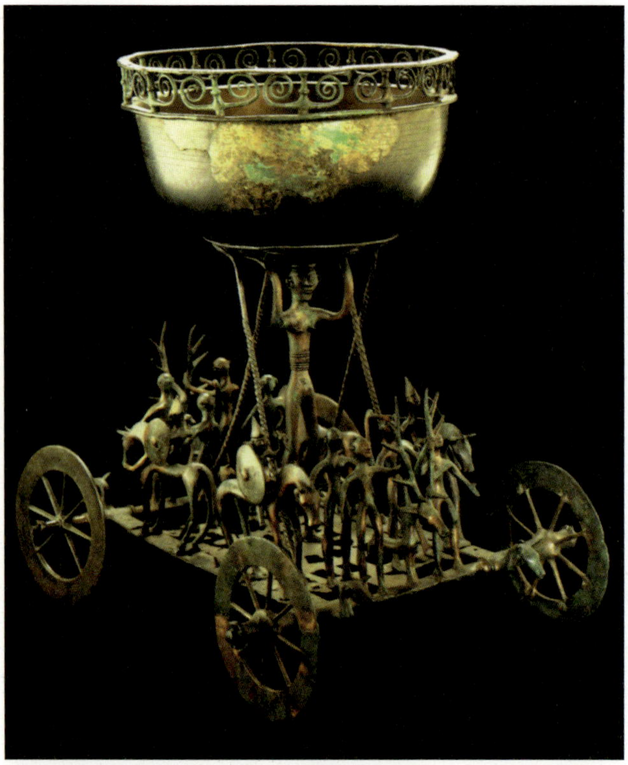

Abb. links: Kultwagen von Strettweg, 7. Jh. v. Chr., Bronze, Joanneum, Graz

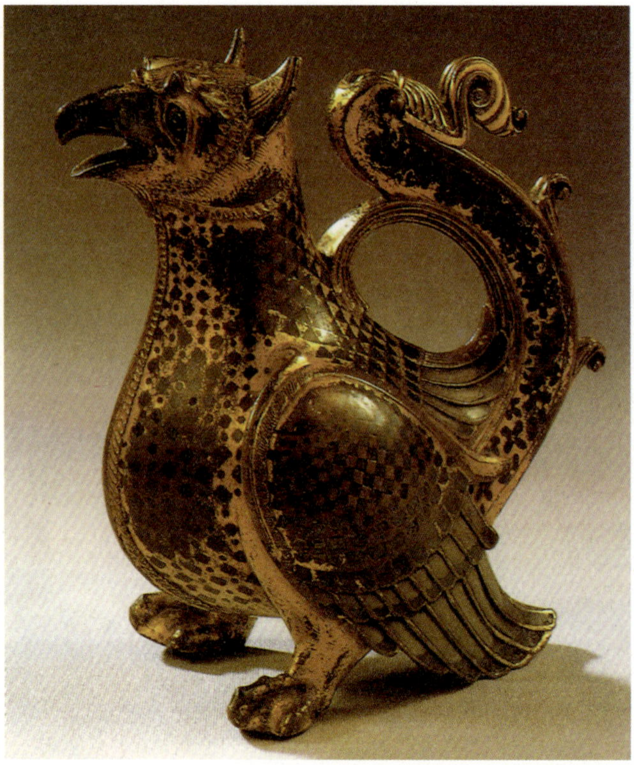

Abb. rechts: Gießgefäß (Aquamanile) in Gestalt eines Greifen, 12. Jh., Bronze, vergoldet, H 17,3 cm, KHM, Wien

Wir sind daran gewöhnt, Plastiken in erster Linie aus dem ästhetischen Blickwinkel zu sehen, vor allem dann, wenn es sich um Werke aus weiter zurückliegenden Epochen handelt, mit deren Kontext, Bedeutung und Funktion wir wenig anfangen können. Auch durch die Präsentation in Museen wird das Objekt aus seinem ursprünglichen Zusammenhang gerissen. Plastiken aus beständigen Materialien eignen sich zur Aufstellung im Freien, doch auch viele Gegenstände für den Gebrauch, sowohl im Alltag als auch z. B. in religiösem Kontext, wurden und werden ästhetisch modelliert. Dies können Griffe eines Gefäßes, Figuren als Mauerstützen oder Tierbeine als Tischfüße sein. Bei manchen Objekten tritt die künstlerische Bearbeitung soweit in den Vordergrund, dass die Funktion fast nicht mehr abzulesen ist.

Denkmäler können aus unterschiedlichen Gründen aufgestellt werden. Bei Objekten, die als Mittel der Politik gedacht sind, kann es um Verehrung einer zentralen Persönlichkeit oder eines politischen Systems gehen. Bei politischen Umwälzungen werden diese daher oft symbolisch gestürzt. Denkmäler fungieren also auch als kulturelles Gedächtnis im Sinne der Dokumentation geschichtlicher Ereignisse und können gesellschaftlich identitätsstiftend wirken. Der Aufstellungsort ist neben der Plastik selbst für die Wirkung wichtig. Auftraggebende und Kunstschaffende sind immer darauf bedacht gewesen, neben der entsprechenden Form und geeignetem Material den günstigsten Standplatz für ein plastisches Kunstwerk zu finden. Nicht umsonst ist die Freiplastik die am häufigsten für Denkmäler genutzte Form. Sie wirkt nach allen Seiten und kann unter Umständen einen ganzen Platz oder eine Landschaft dominieren. Für über 150 Jahre war der Londoner Trafalgar Square unvollständig, denn auf einem der vier Sockel war keine Plastik aufgestellt worden. Zuerst fehlten die finanziellen Mittel und später konnte man sich nicht auf eine Persönlichkeit einigen. Seit 1999 wird nun jährlich eine temporäre zeitgenössische Arbeit aufgestellt. Die deutsche Künstlerin *Katharina Fritsch* (*1956) stellte 2013 einen überdimensional großen blauen Hahn auf. Die durchaus beabsichtigte Zweideutigkeit unterstreicht mit

Querverweise

→ *4.1 Handwerk und Kunsthandwerk:* Einzelstücke

→ *4.3 Funktion, Form und Styling:* Über die Lust, mit Formen zu spielen

→ *12.17 Plastiken als Ausdrucksmittel von Politik:* Irritierend und ausgesetzt – zerstört, umgeformt und kaum bemerkt

einem Augenzwinkern die Tatsache, dass Frauen im öffentlichen Raum bis heute wenig repräsentiert sind.
Unter dem Begriff Bauplastik versteht man Elemente, die an Architektur gebunden ist. Als Schmuck hebt sie sich von ungeschmückten Bereichen ab. An die Fläche gebundene Reliefs können als Friese (Bänder) eine Wand gliedern oder einzelne Partien hervorheben. An einem Privathaus kann Bauplastik den Reichtum der Besitzenden, an einem Palast die Macht der Herrschenden, an einer Kirche religiöse Vorstellungen (z. B. Weg zur Erlösung) symbolisieren. Neben der ästhetischen Funktion sollen Bauplastiken also etwas über das Bauwerk mitteilen. Als konstruktive Bauelemente können Plastiken anstelle von Säulen und Pfeilern eingesetzt werden (als Atlanten – kraftvolle Männerfiguren oder als Karyatiden – weibliche Gewandfiguren) oder als relativ selbstständige Figuren in Nischen. *Antonio Gaudí* fand noch eine weitere Möglichkeit und gab den Stiegenausgängen und Kaminen am Dach der Casa Milà Formen von Wächtern, die vom Dach des Hauses aus die Stadt beobachten.

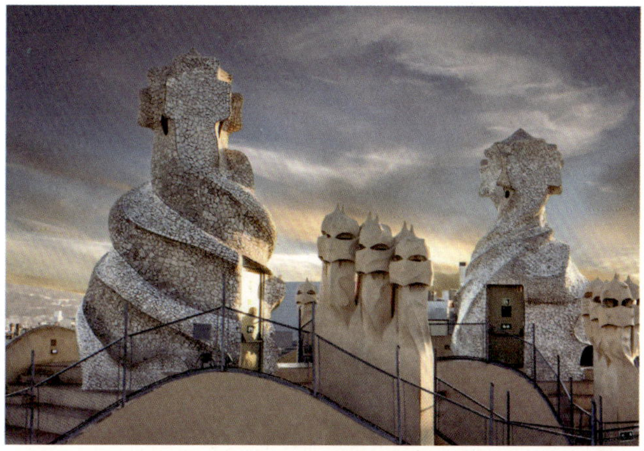

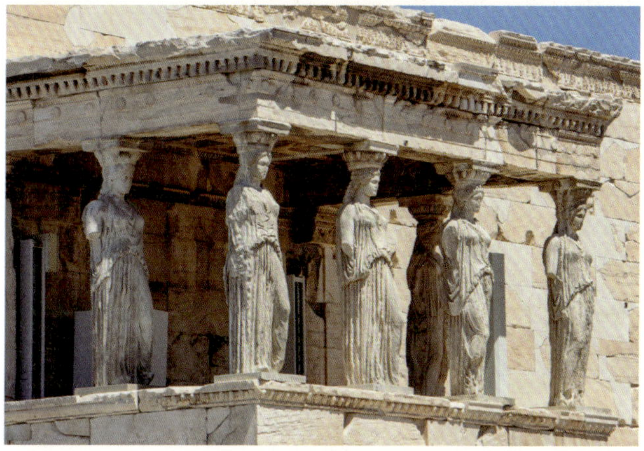

Abb. rechts oben: Antonio Gaudí: Dachlandschaft der Casa Milà, 1906–1910, Barcelona
Abb. rechts Mitte: Karyatiden der Korenhalle des Erechteions, 5. Jh. v. Chr., Akropolis, Athen
Abb. rechts unten: Joh. Lukas v. Hildebrandt: Atlanten in der Sala terrena des Oberen Belvedere, 1721–1723, Wien
Abb. links unten: Katharina Fritsch: Hahn/cock, 2013, Fiberglas, H 472 cm

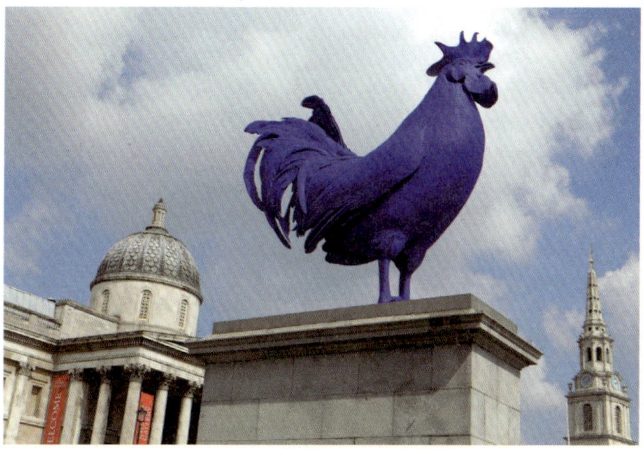

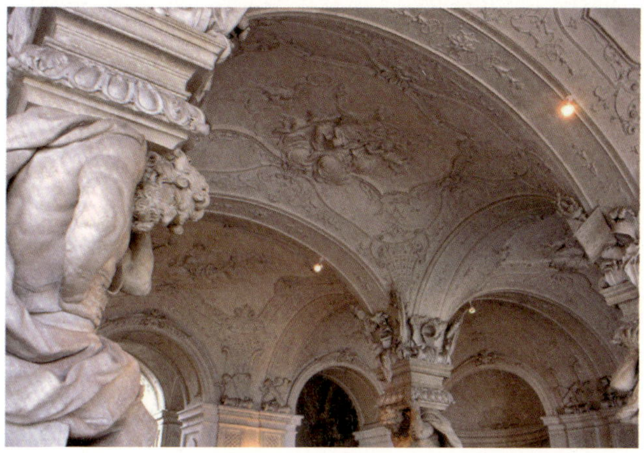

Aufgabenstellung

Welche Funktionen können Plastiken im öffentlichen Raum haben? Welche Plastiken kennst du in deiner näheren Umgebung? Welche Funktion übernehmen diese deiner Meinung nach?

12.17 Plastiken als Ausdrucksmittel von Politik

Irritierend und ausgesetzt

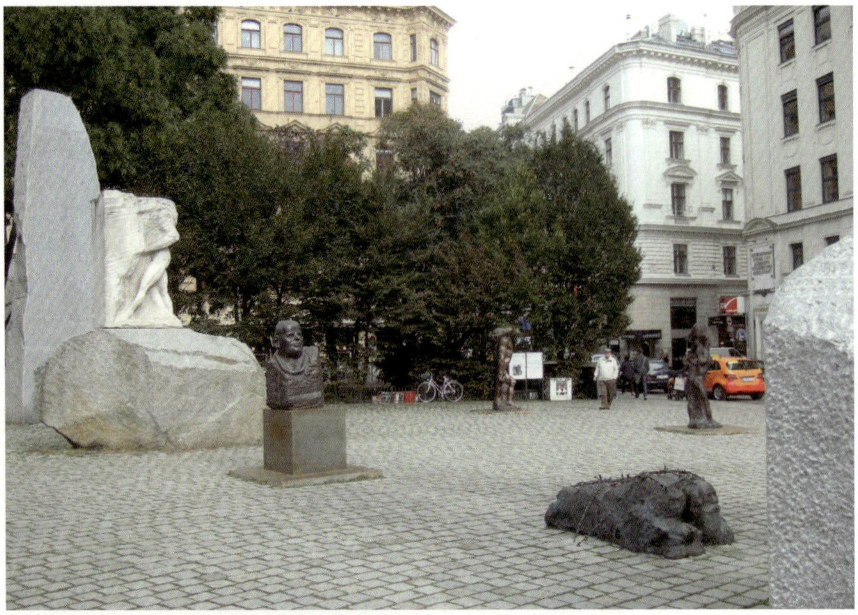

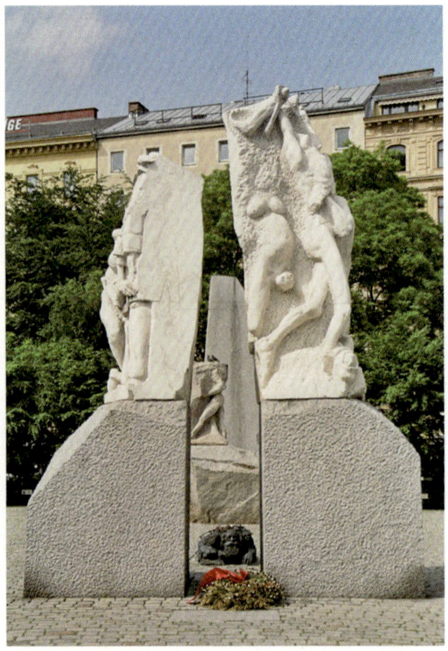

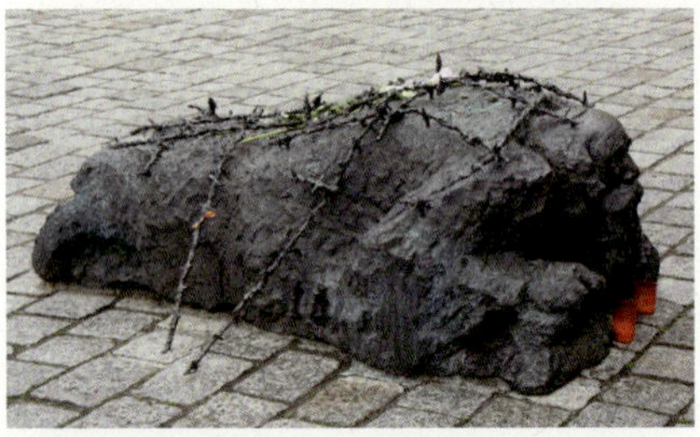

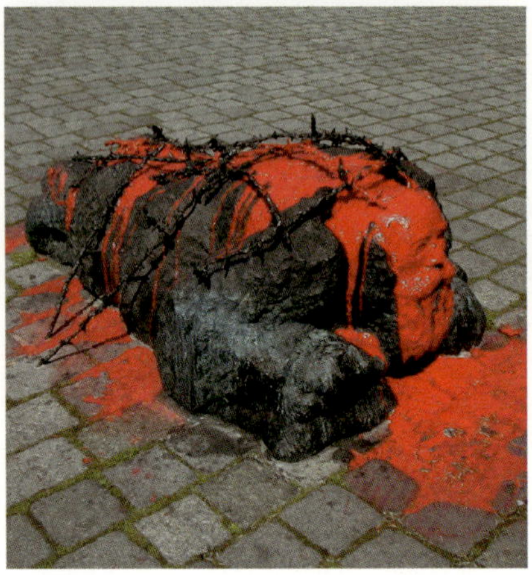

Abb.: Alfred Hrdlicka: Mahnmal gegen Krieg und Faschismus, 1991, Carrara Marmor, Granit, Bronze, Albertinaplatz, Wien

Das „Denkmal gegen Krieg und Faschismus" des österreichischen Bildhauers *Alfred Hrdlicka* (1928–2009) hinter der Wiener Staatsoper, neben der Albertina, ist ein Beispiel deutlicher politischer Stellungnahme der Auftraggebenden und des Künstlers. Es ist daher auch nicht verwunderlich, dass es schon vor seiner Errichtung für heftige Diskussionen sorgte. Einige Gegnerinnen und Gegner hielten das Denkmal für überflüssig und für eine Verschwendung von Steuergeldern, andere hielten den Standort für unpassend. Das „unangenehme" Thema sollte an einem weniger prominenten Platz behandelt werden. Wieder andere kritisierten die künstlerische Lösung des Themas. Der Stil *Hrdlickas* mit seiner expressiven Darstellung des Schreckens war ihnen zu banal, um die Dimension der historischen Ereignisse angemessen zu zeigen. Auch die Darstellung des alten jüdischen Mannes, der gezwungen wird, die Straße zu bürsten, erregte wegen der allzu demütigen Haltung Kritik.

Nach seiner Errichtung im Jahr 1991 musste das fertige Werk vor Passantinnen und Passanten bestehen. Schon bald zeigte sich auch hier, mit welchen Schwierigkeiten Denkmäler bei einem Publikum ohne Vorwissen und Respekt zu kämpfen haben: Touristinnen und Touristen nutzen den alten jüdischen Mann als Sitzgelegenheit. Stacheldrahtstücke verhindern inzwischen diese entwürdigende Behandlung. Attacken von aggressiven Gegnerinnen und Gegnern ist das Werk aber weiterhin ausgesetzt. Für andere Menschen ist es jedoch erst recht eine wichtige Stätte des Gedenkens.

Querverweis

→ *10.5 Kunst im öffentlichen Raum:* Vom Gemeindebau bis zum Event

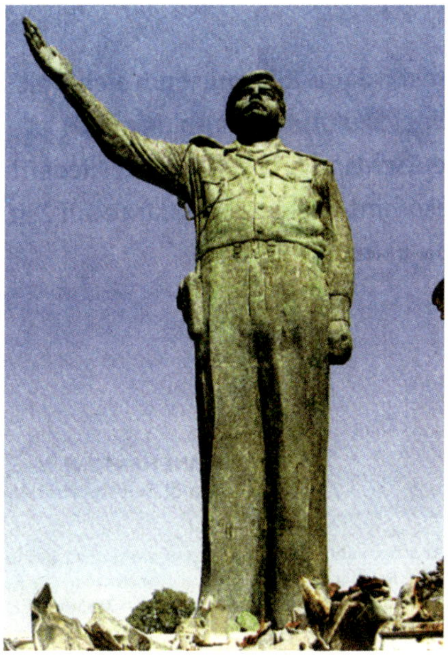

Abb. links: Sadam Hussein, 2003, Bagdad, Statue vor ihrer Zerstörung

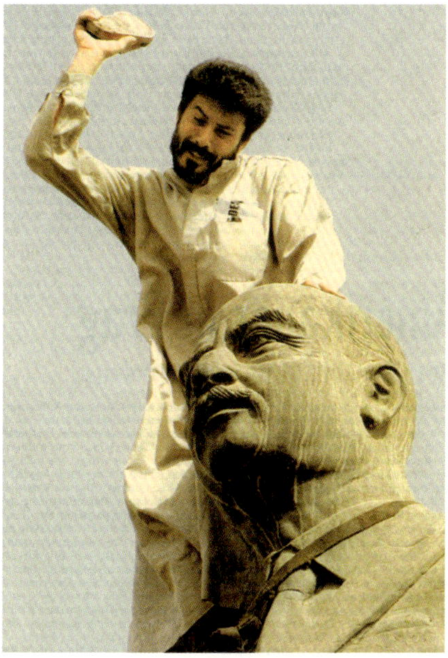

Abb. Mitte: Demonstrative Gewaltanwendung an einer Sadam-Hussein-Statue im Zuge ihrer Zerstörung, April 2003, Bagdad

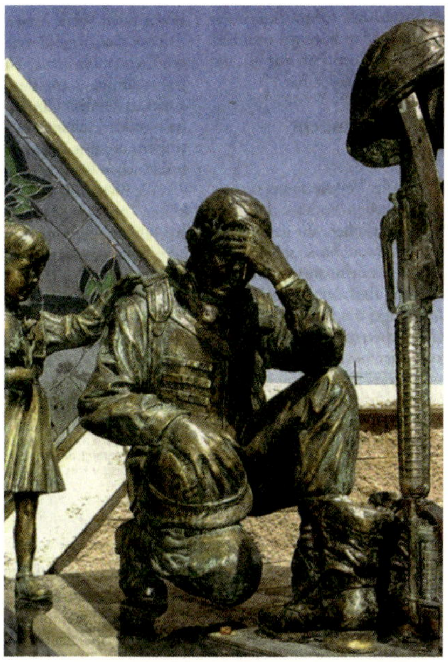

Abb. rechts oben: Denkmal für amerikanische Soldaten, Guss aus dem Metall einer eingeschmolzenen Hussein-Statue, 2004, Texas

Überdimensionale Standbilder von Herrscherpersönlichkeiten gehören – seit sie technisch möglich sind – zum Repertoire aller nicht demokratischen Gesellschaften. Die Materialien sind meist traditionell und versprechen Dauerhaftigkeit. Die Monumente stehen an prominenten Plätzen und fordern von allen Vorbeigehenden Ehrfurcht ein. Jede Verächtlichmachung oder mutwillige Beschädigung hat schwere Strafen zur Folge. Nach dem Sturz des Herrschaftssystems sind sie dann oft bevorzugtes Ziel demonstrativer und symbolischer Entwürdigung oder Zerstörung.

Sie können aber auch erhaltenswert erscheinen – aus künstlerischen Gründen oder als Mahnmal. So gestaltete man in einigen Staaten des ehemaligen „Ostblocks" historische Parks mit aus dem ganzen Land zusammengetragenen Statuen.

Politische Monumente demokratischer Systeme stehen meist für Ideen oder Ereignisse. Sie sind Zeichen und Erinnerungsmale. Um ihre Symbolik zu verstehen, ist historisches Hintergrundwissen unumgänglich, sonst bleibt das Objekt eine Dekoration des öffentlichen Raums. Das Erinnerungsmal an den österreichischen Staatsvertrag ist aber auch als dreidimensionales Objekt „ohne Bedeutung" ein eindrucksvolles Beispiel österreichischer Kunst der 1970er-Jahre.

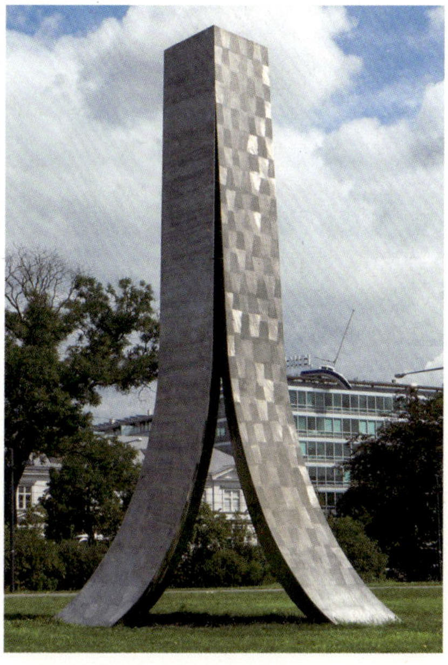

Abb. rechts unten: Gabriel Berthold, Heinrich Deutsch: Gründungsdenkmal der Zweiten Republik, 1967, Nirosta geschliffen, Schweizergarten, Wien

Aufgabenstellung

Beschreibe anhand der Abbildungen, wie in den jeweiligen Beispielen auf politische Kunst reagiert wird.

13.1 Videotechnik und Videokunst

Historische Entwicklung von Kamera und Aufnahmetechnik

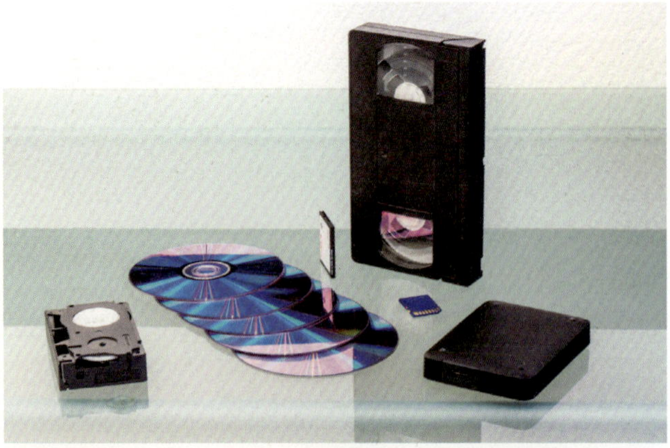

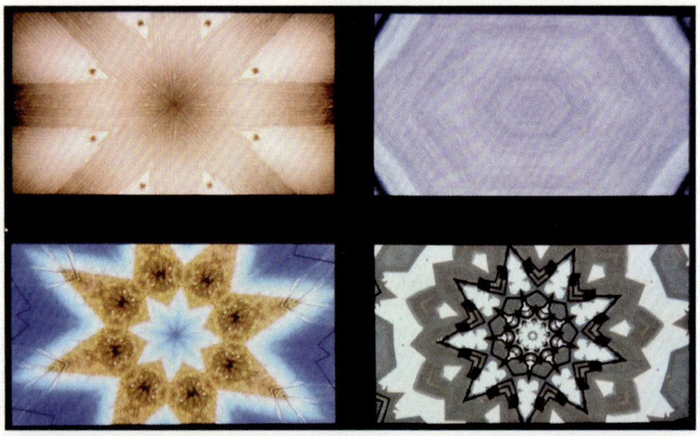

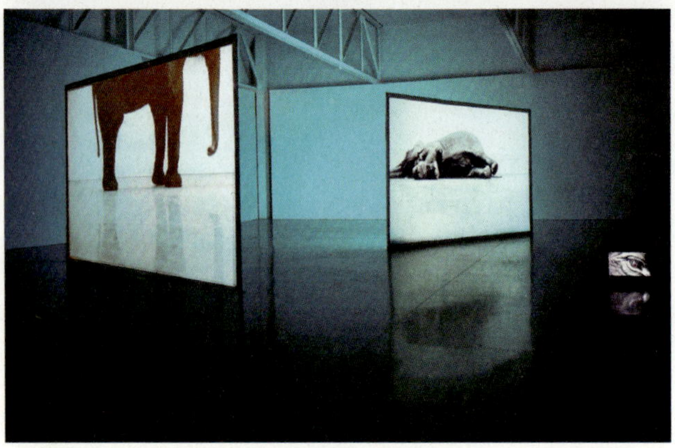

Abb. oben: Diverse Speichermedien
Abb. Mitte: Mary Lucier: Four Mandalas, 2009
Abb. unten: Douglas Gordon: Play Dead; Real Time, 2003

Spricht man von der Videokamera, meint man damit heutzutage ein Gerät, das sowohl Aufnahme als auch Wiedergabe des Gefilmten ermöglicht. Die Bildbearbeitung erfolgt anschließend am Computer. Mit diesen Geräten ist das Filmen zu einem normalen Element unseres Alltags geworden. Mittlerweile bietet fast jedes digitale Gerät auch Videoaufzeichnungen und mit diversen Apps zusätzliche Bearbeitungsfilter an. Die Aufnahme bewegter Bilder war jedoch nicht immer so leicht möglich.

Bevor es digitale Filmvideokameras gab, stellte die Entwicklung der sogenannten Camcorder in den 1980ern eine wesentliche Neuerung dar. Die Benennung ist eine Wortverschmelzung aus „camera" und „recorder" und beschreibt das für heutzutage selbstverständliche Aufnehmen und Abspielen auf einem Gerät. Bei der Aufnahme speichert der Videorecorder die von der Kamera weitergeleiteten Video- und Audiosignale auf Magnetband. So wird z. B. beim analogen VHS-Video synchron zum Bildsignal der dazugehörige Ton auf ein oder zwei Spuren (Stereo) auf dem Magnetband aufgezeichnet. Mit dem 1985 entwickelten Video-8-System von Sony kamen Aufnahmekassetten, die ein ähnlich kompaktes Format wie Musikkassetten hatten, auf den Markt, die das Filmen praktikabler machten. Bis zur Einführung der digitalen Aufnahme in den 1990er-Jahren waren sie daher marktführend. Beim Schneiden einzelner Filmteile wird das Magnetband nicht mechanisch geschnitten. Aus diesem Grund spricht man auch vom elektronischen Schnitt und meint ein Kopieren gespeicherter Szenen oder Einzelbilder von einem Bild- oder Datenträger auf einen anderen. Die Bezeichnung „Schnitt" wurde von früheren Filmbearbeitungen übernommen, als die Filmrolle noch tatsächlich auseinandergeschnitten und geklebt wurde, um Bildsequenzen herauszunehmen oder andere einzufügen. Auch der digitale Schnitt ist klarerweise kein mechanischer. Was bei der digitalen Aufnahme hinzukommt, ist, dass jeder einzelne Bildpunkt modifiziert werden kann. Damit ist die umfassende Verfügung über das Videobild möglich. Parallel dazu sind die Fortschritte in digitaler Bilderstellung und -animation zu beachten, da der Realitätsgrad stark davon abhängig war und ist.

Video ist ein audiovisuelles Medium, das auch künstlerisch genutzt wird. Mit Videos können Geschichten erzählt werden, Videobilder weisen ähnliche ästhetische Kompositionselemente auf wie statische Bilder und der Ton stellt einen weiteren zu beachtenden Aspekt dar. Zusätzlich kann die Positionierung der Ausgabegeräte (Monitore, Projektionen

Querverweise

→ *3.7 Computer und Kunst*

→ *8.1 Ein Film bedeutet bewegte Bilder:* Visuelle Experimente

→ *8.3 Analyse des multimedialen Mediums:* Visuell – auditiv – narrativ

etc.) skulpturalen Charakter haben. Das Medium Video und dessen Analyse sind daher sehr vielschichtig.
Der Einstieg in die visuelle elektronische Kunst erfolgt zu Beginn der 1960er-Jahre etwa durch den Deutschen *Wolf Vostell* oder durch den in Amerika lebenden Koreaner *Nam June Paik*. Diese ersten öffentlichen Videopräsentationen konzentrierten sich auf das Alltagsgerät Fernsehen, das durch verschiedene Formen der Veränderung, der Zweckentfremdung oder auch Zerstörung kritisch hinterfragt wurde. Im Sinne eines „Do-it-yourself-Fernsehens" wählten die Künstlerinnen und Künstler in der Folge unkonventionelle Themen und experimentierten mit den Möglichkeiten von Kamera und Monitor. Auch vorgefundenes Bildmaterial wurde dabei verändert, ungewohnte Bild-, Ton- und Textkombinationen wurden erprobt. In den 1970er-Jahren kommt es zu einer Konkretisierung des künstlerischen Selbstverständnisses in Bezug auf das neue Medium. Im Vordergrund steht hierbei die Suche nach einem eigenständigen Ausdruck, einer individuellen Videosprache jeder und jedes einzelnen Kunstschaffenden. Der Typus der „Medienkünstlerinnen und -künstler" löst damit die experimentierfreudigen Technik-Nutzerinnen und -Nutzer ab. Gegenüber den Realbildern der frühen Jahre tritt nun die Bildmontage ins Zentrum des Interesses. Die Entwicklung der ersten Video-Synthesizer erschließt dann die vielfältigen Möglichkeiten der elektronischen Bildmanipulation.
Ab den 1980er-Jahren leitet die Verschmelzung von Video- und Computertechnologie eine neue Phase in der Geschichte des elektronischen Bildes ein. In den 1990er-Jahren wurde die digitale Videoaufzeichnung und -bearbeitung möglich. Damit sind der Bild(er)findung keine Grenzen mehr gesetzt. Seit den 2000er-Jahren ist eine zeitliche Einordnung aufgrund der Bildästhetik, die einer bestimmten Technik zuschreibbar wäre, nicht mehr möglich. Zeitgenössische Videoarbeiten bedienen sich sämtlicher ästhetischer Mittel, die von der Imitation früherer Bildstile über Integration von realistischen Computeranimationen oder unfertig wirkenden Bildbearbeitungen bis zu interaktiven Videoarbeiten reichen können.

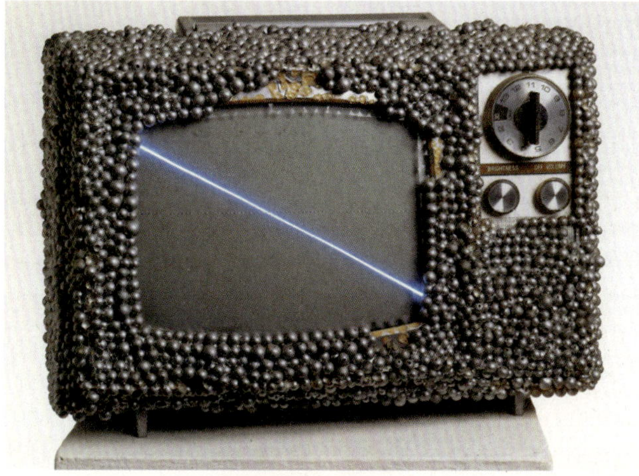

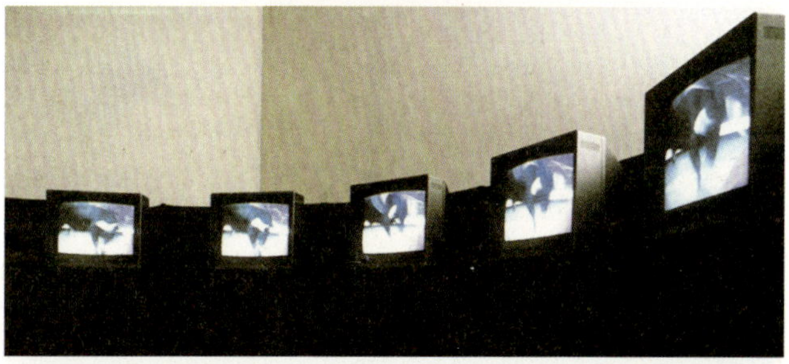

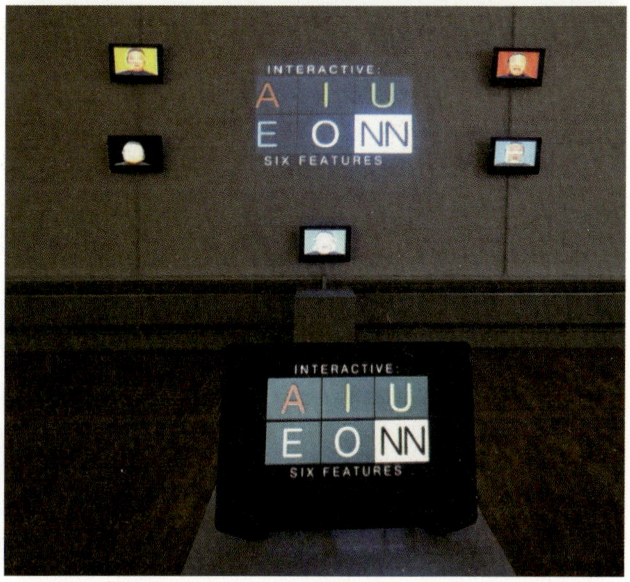

Abb. oben: Nam June Paik (gem. mit Otto Piene): o. T. (Fernsehskulptur), 1968, 23 x 33 x 25 cm, Sammlung Bonino, New York
Abb. Mitte: Marie Jo Lafontaine: A las cinco de la tarde, 1984, Stedelijk Museum, Amsterdam
Abb. unten: Takahiko Iimura, Interactive AIUEONN, Installation in Harris Museum & Art Gallery, Preston for Digital Aesthetic, 2012

Aufgabenstellungen

Beschreibe die Entwicklung der Videoaufnahmegeräte. Inwieweit lassen sich die drei zentralen Entwicklungsschritte mithilfe der Schnitttechnik erklären?

Skizziere die Entwicklung der Videokunst in wenigen Worten.

13.2 Videoinstallation und Videoskulptur

Reizüberflutung bei Nam June Paik

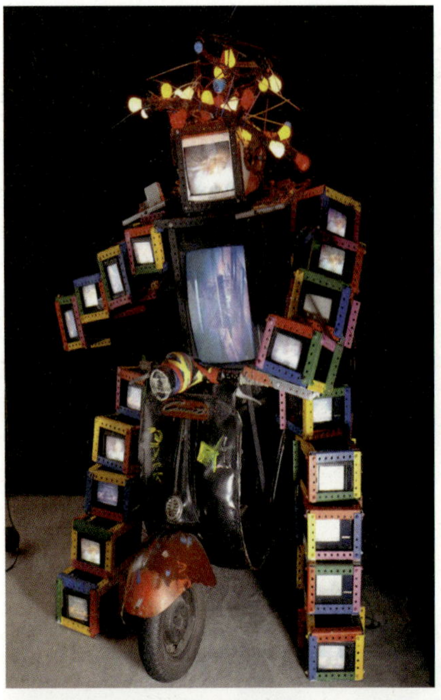

Der in Amerika lebende gebürtige Koreaner *Nam June Paik* (1936–2006) gilt als Vaterfigur der Videokunst und hat zu ihrer Entwicklung als eigenständige Kunstform maßgeblich beigetragen.
Früh schon experimentierte er mit Fernsehgeräten, indem er deren Empfang mit Hilfe eines Magneten störte und die daraus entstehenden Bildmanipulationen mit der Videokamera festhielt.
Als Erster entwickelte er einen Videosynthesizer, der es ihm ermöglichte, übertragene Bilder in Form, Farbe oder Bewegungsablauf zu verändern. In vielen Videoarbeiten widmete er der Einfassung der Monitore bzw. deren Anordnung zueinander besondere Aufmerksamkeit und entwickelte daraus eigenwillige Installationen, die oft menschlichen Wesen ähneln, so sein „Videoscooter" aus dem Jahre 1994. In der Videoinstallation „Fin de siècle II" aus dem Jahre 1989 türmt er 300 Monitore zu einer mosaikartigen Architektur übereinander. *Paik* verwendet die Bildschirme wie Legosteine. Die Betrachterinnen und Betrachter geraten so in die Position von der Reizüberflutung ohnmächtig ausgelieferten Konsumentinnen und Konsumenten. Die gewaltige Bildschirmaddition fesselt mit einem Ansturm ständig wechselnder, bewegter elektronischer Bilder und dazugehöriger akustischer Collagen.

Abb. oben: Nam June Paik: Videoscooter, 1994, Videoinstallation, 182 x 195 x 195 cm, Sammlung Falckenberg, Leipzig
Abb. unten: Nam June Paik: Fin de siècle II., 1989, Videoinstallation im Whitney Museum of American Art, New York

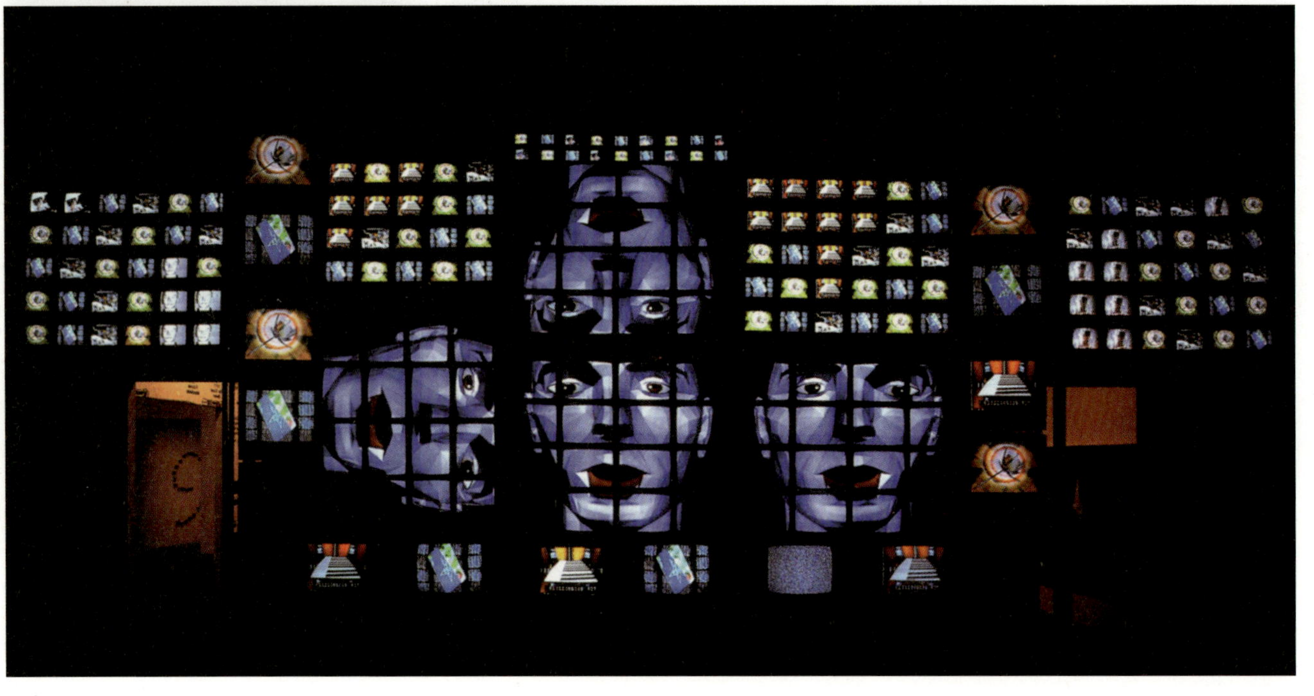

Querverweise

→ *6.5 Naturphänomene erfahrbar machen*

→ *12.9 Aus vertrauten Teilen etwas Neues schaffen:* Montage

Der italienische Bildhauer *Fabrizio Plessi* (*1940) erschafft Skulpturen, in die er Monitore und Videobänder als elektronische Bausteine einbezieht und zur Erfassung eines größeren Gesamtzusammenhanges nutzt. In seinen Werken verwendet er reine Naturmaterialien wie Kohle, Holz, Lehm oder Stein und stellt ihnen Elemente wie Wasser oder Luft gegenüber. Diese konserviert er zuvor auf Video und macht sie später über die eingebauten Monitore sichtbar. Aus dieser Kombination entwickelt er eine poetische Formensprache, die Visionen eines sinnvollen Umgangs mit Technologien entwirft und die Betrachterin bzw. den Betrachter durch ihre unmittelbare Wirkung in Bann zieht.

Seine Videoskulptur „Roma II" aus dem Jahre 1988 besteht aus 27 kreisförmig im Raum angeordneten Monitoren, die über ein Videogerät gleichlaufend gespeist werden. Sie zeigen Aufnahmen fließenden Wassers und erzeugen bei den Betrachterinnen und Betrachtern den Eindruck einer unendlichen Wasserschleife. Der Künstler speichert also zuerst die Bewegung des Wassers auf Videoband, um sie dann seiner Skulptur als Element der Wirklichkeitstäuschung wieder einzufügen.

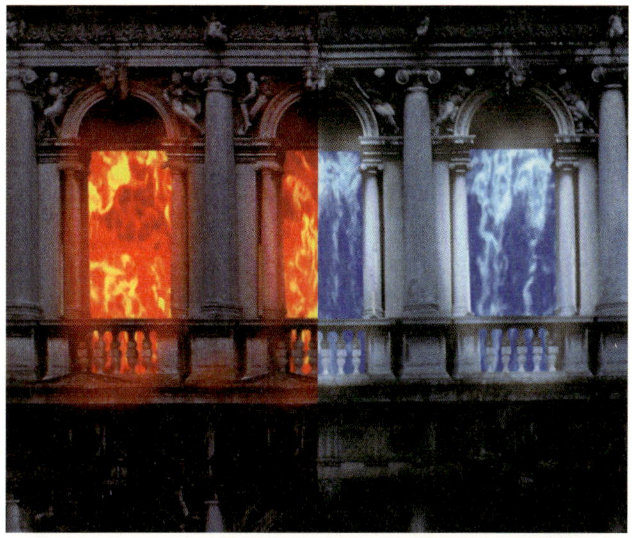

Abb. oben: Fabrizio Plessi: Waterfire, Installation, 2001, Museo Correr, Venedig

Abb. unten: Fabrizio Plessi: Roma II., 1988, Videoskulptur, Museo d'Arte Contemporanea, Pecci Prato

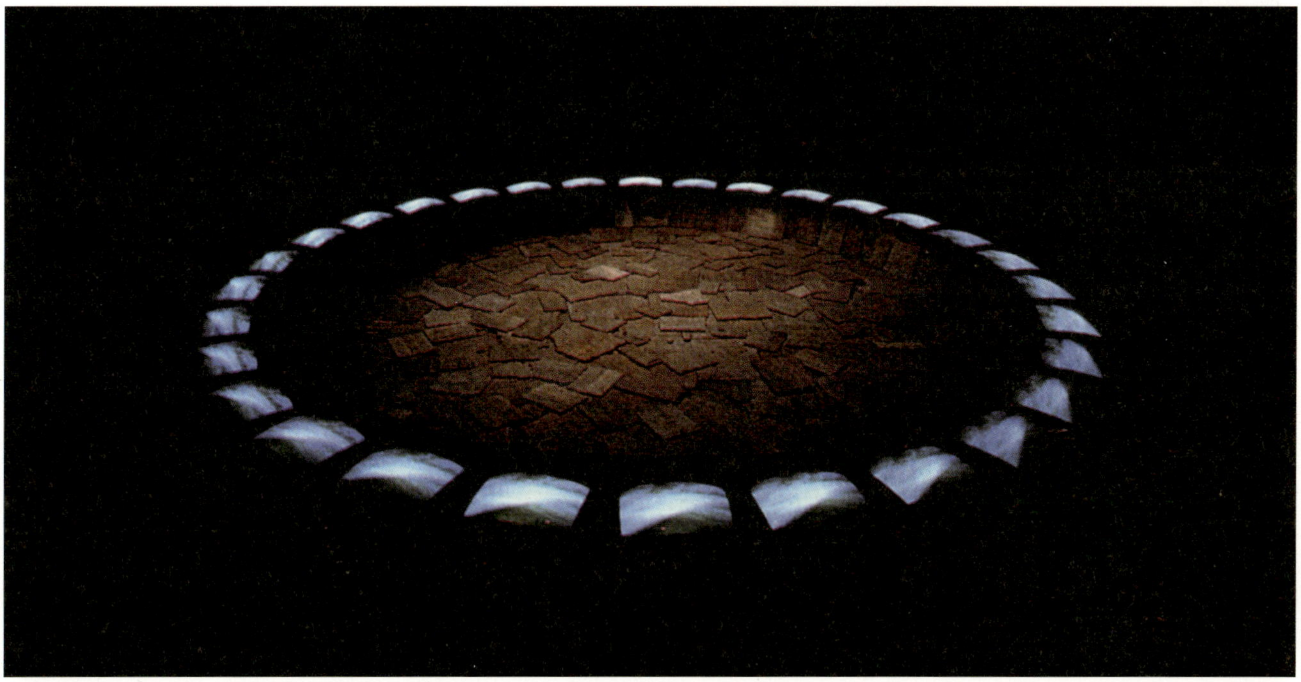

Aufgabenstellung

Beschreibe die Arbeiten von *Nam June Paik* und *Fabrizio Plessi*. Inwieweit spielen Videothema und Bildschirm-Komposition zusammen?

13.3 Video: internationale Tendenzen

Projektionen – Installationen

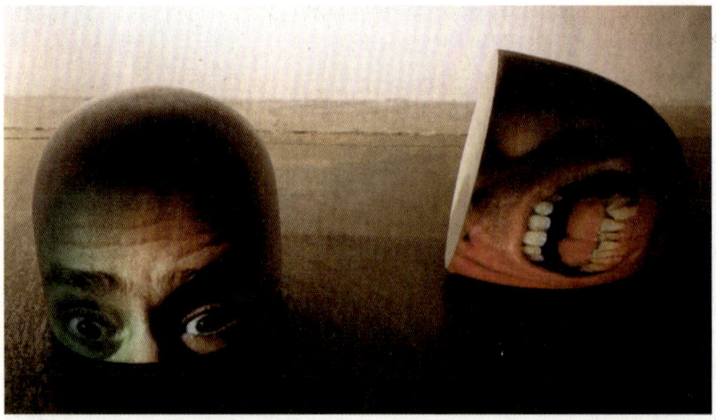

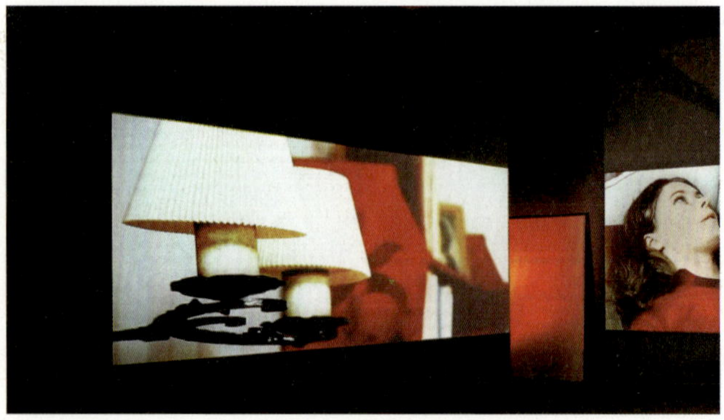

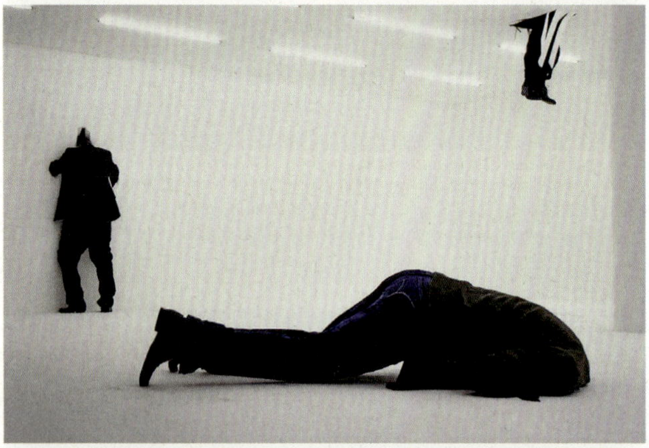

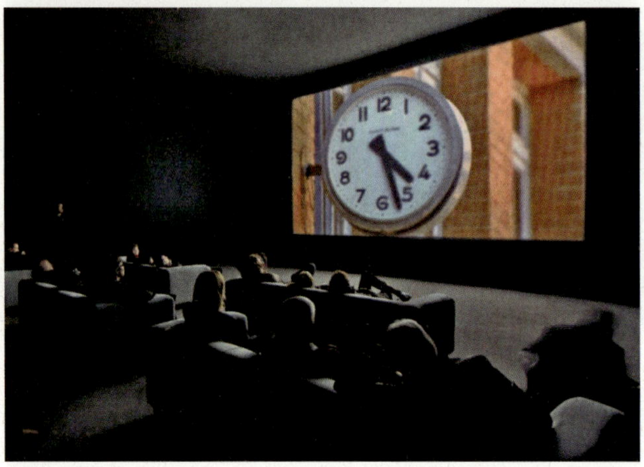

Seit den 60er- und 70er-Jahren des 20. Jahrhunderts wird Video von Künstlerinnen und Künstlern als Medium verwendet. Spätestens seit den 1980er-Jahren erfolgte die Etablierung als eigenständiges künstlerisches Medium und wird seitdem von der Forschung ähnlich wie die anderen Medien diskutiert, da Videoobjektkunst in der Form von Videoinstallationen, Video-Environment und Video-Skulptur sich in die Tradition Bildender Kunst einreiht. Videokunst entwickelt sich also zu einer zentralen Gattung der Gegenwartskunst, die durch die technisch-medialen Produktionsformen eigenständige formale und inhaltliche Bildschöpfungen ermöglicht. Sie umfasst sowohl die gezeigten bewegten Bilder, die formal und narrativ analysiert werden können, als auch die Gesamtkomposition, in der die Videos, z. B. als Multi-Screen- und Multimedia-Installationen, präsentiert werden.

Der amerikanische Videokünstler *Tony Oursler* (*1957) nutzt Bildprojektion als wesentliche Grundlage seiner Arbeit. Seit den 1980ern filmt er Gesichter von Menschen, die er auf unterschiedliche Objekte projiziert. Durch deren Form und Oberfläche werden die bearbeiteten Gesichtsaufnahmen entfremdet. Die Arbeit „House" der finnischen Künstlerin *Eija Ahtila* (*1959) thematisiert den Verlust des Zeit- und Raum-Gefühls einer jungen Frau. Durch die Nutzung von drei Projektionsflächen sind Zeit-, Ort- und Perspektivenwechsel umgesetzt. *Monica Bonvicini* beschäftigt sich mit Aspekten von Räumlichkeit und Konstruktion von Gender.

Abb. rechts oben: Eija Ahtila: Talo/The House, Videoinstallation, 2002
Abb. links oben: Tony Oursler: Hälfte (Gehirn), Videoprojektion, 1988
Abb. links Mitte: Monica Bonvicini: No Head Man, Videoprojektion, 2009
Abb. links unten: Christian Marclay: The Clock, 2010, Dauer: 24 Std.

Querverweis

→ *9.6 Inszenierte Fotografie:* Fotografie zwischen Aktion und Regie

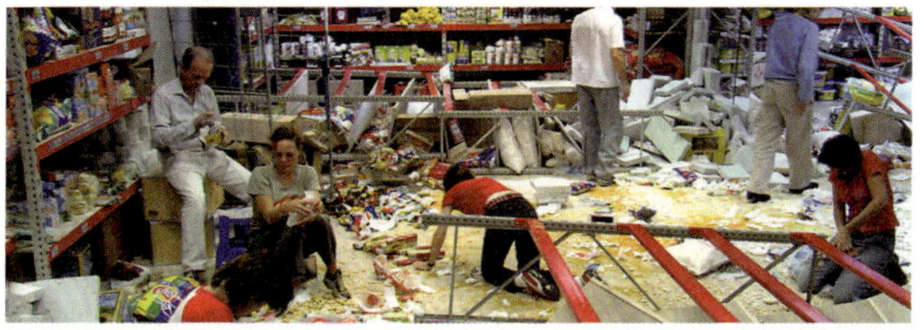

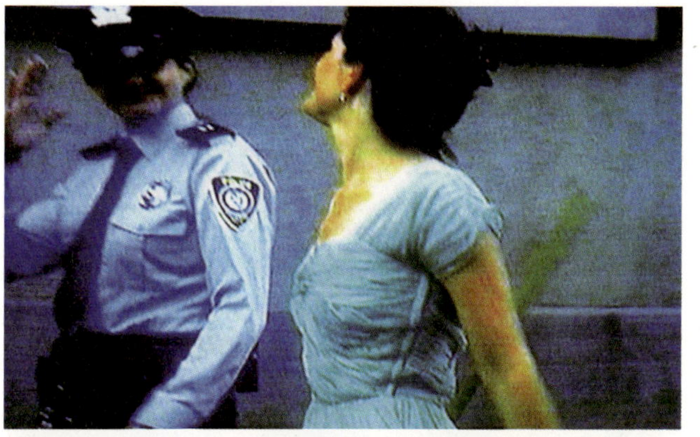

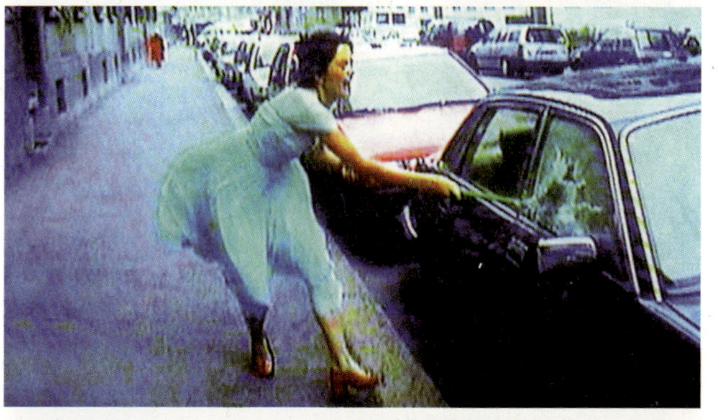

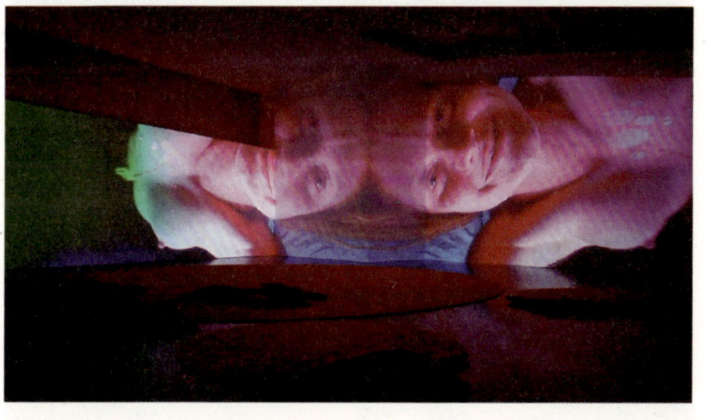

Die Schweizer Künstlerin *Pipilotti Rist* (*1962) ist eine der berühmtesten zeitgenössischen Videokünstlerinnen. International bekannt wurde sie mit der Installation „Pickelporno" (1992), die inhaltlich um das Thema des weiblichen Körpers, der weiblichen Sexualität kreist. „Ever is Over All" ist ein Video, das in Zeitlupe eine junge Frau zeigt, die mit einer großen Blume die Fenster geparkter Autos einschlägt. Eine Polizistin nähert sich ihr und geht freundlich grüßend vorbei. Dieses Video wurde vom Museum of Modern Art (NY) erworben. Auch in der Arbeit „Lungenflügel" von 2009 geht es um den weiblichen Körper. Die Kamera zeigt eine im Wasser schwebende Frau abwechselnd aus der Perspektive von Unter- und Oberwasser, bevor das Bild sich in einem roten Tulpenfeld auflöst. Der Sound trägt zu der träumerischen, psychedelischen Stimmung bei.

Während der Sound in den Arbeiten von *Pipilotti Rist* ein zentrales Gestaltungselement ist, verzichtet *Aernout Mik* (*1962) in Videoinstallationen auf den Ton. Er inszeniert überraschende Alltagssituationen, in denen oft Verhaltensvariationen von Gruppen thematisiert werden. In „Pulverous" (2003) zerlegen Schauspielerinnen und Schauspieler einen Supermarkt und zerpflücken die Waren bis ins kleinste Detail.

Abb. links oben: Aernout Mik: Pulverous, 2003, Videostills
Abb. rechts oben und Mitte: Pipilotti Rist: Ever is Over All, 1997, Videostills
Abb. rechts unten: Pipilotti Rist: Lungenflügel, 2009, Videostill

Aufgabenstellung

Wähle einen der vorgestellten Kunstschaffenden aus und recherchiere zu ihren/seinen Arbeiten. Welche Aspekte werden in ihren/seinen Werken wiederholt thematisiert? Zahlreiche Videoarbeiten sind auf Videoplattformen wie YouTube abrufbar.

13.4 Video in Österreich

Das Thema Körper bei Valie Export und ZYX

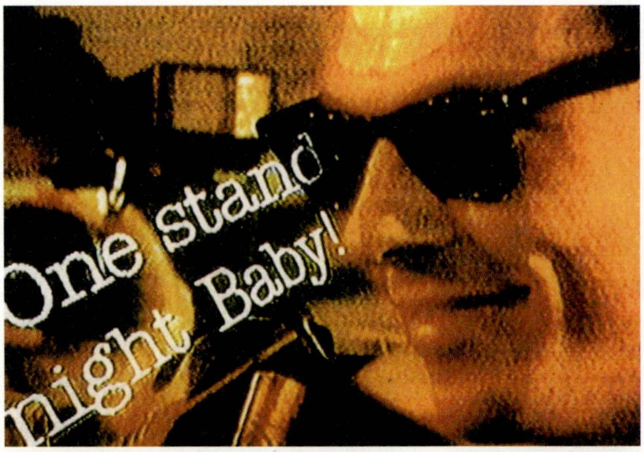

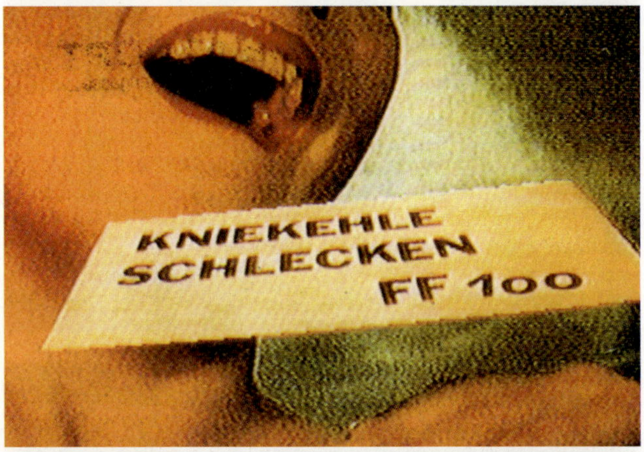

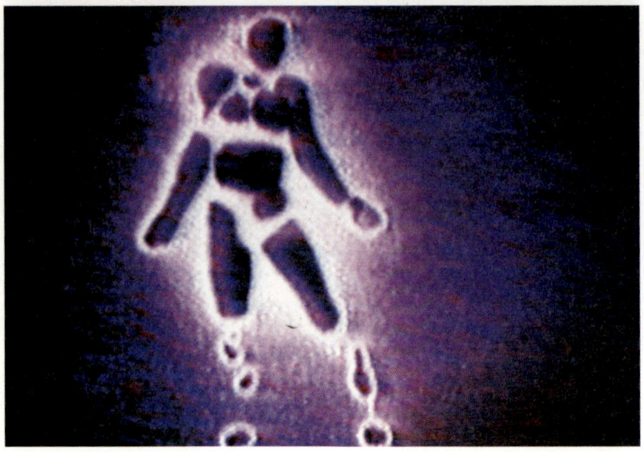

Die künstlerische Auseinandersetzung mit dem Medium Video hat in Österreich im internationalen Vergleich schon relativ früh begonnen. Eine Videofilmerin der ersten Stunde ist *Valie Export* (*1940). Sie gehört zu jener Generation von Künstlerinnen und Künstlern, die bereits zu Beginn der 1970er-Jahre im Rahmen ihrer Aktivitäten Video einsetzten und damit an die Öffentlichkeit traten. Von zentralem Interesse für die Künstlerin ist die Beschäftigung mit der Sprache des Körpers und dabei im Speziellen mit der weiblichen Körpererfahrung. In ihren Arbeiten bringt sie deshalb als zentrales Element häufig den eigenen Körper ein und verwendet ihn als Medium zur Auseinandersetzung mit den gesellschaftlichen Verhältnissen. Dabei geht sie grundsätzlich davon aus, dass der Körper der Frau aus seiner männlich bestimmten Geschichte befreit werden muss. *Export* spricht so aus weiblicher Sicht die innerhalb der Gesellschaft wirkenden Gewaltverhältnisse offen an und wird mit ihren deutlich feministisch geprägten Werken für viele unbequem. Das Videoband „Ein perfektes Paar oder Die Unzucht wechselt die Haut" aus dem Jahre 1986 gehört zu den charakteristischen Werken ihrer Körperkunst. Die Künstlerin behandelt darin den Körper als Ware, als Verkaufsobjekt und beleuchtet in einer Gegenüberstellung die Unterschiede zwischen der männlichen und weiblichen Situation.

Das Künstlerpaar *Inge Graf* (*1949) und *Walter Eberl* (*1950), das unter dem Pseudonym *ZYX* arbeitet, gehört der zweiten Generation von Videokunstschaffenden an. Die Projekte der beiden zeigen gegenüber jenen der Pionierinnen und Pioniere durch das Zusammenfassen verschiedenster Medien eine Tendenz zur medienübergreifenden Arbeit. Raumkonstruktionen werden mit Videoobjekten bestückt, Installationen durch Computer-Video-Collagen erweitert. Dabei geht es immer um die gleichberechtigte Verwendung unterschiedlicher Künste wie etwa Tanz, Film, Musik und eben auch Videotechnik. In „Freizeitprogramm" findet ein fiktiver Kampf zwischen zwei projizierten Boxern statt.

Abb. oben und Mitte: Valie Export: Ein perfektes Paar oder Die Unzucht wechselt die Haut, 1986, Videostills
Abb. unten: ZYX: Freizeitprogramm, 1983, Videoprojektion

Querverweis

→ *9.6 Inszenierte Fotografie:* Fotografie zwischen Aktion und Regie

Der Medienkünstler *Peter Weibel* (*1944), gilt als der entscheidendste Pionier der Videokunst in Österreich. Als einer der Ersten verwendete er das Medium bereits 1969 im Rahmen einer Multimedia-Aktion. Er machte während der Veranstaltung Aufnahmen von den Besucherinnen und Besuchern, interviewte sie dann, führte das Ergebnis anschließend vor und erklärte so das Publikum selbst zum Ausstellungsobjekt.
Weibel vertritt den Standpunkt, dass der Künstler im Zeitalter der elektronischen Medien seine Methoden zeitgemäß einzusetzen hat. Weg vom Papier, den Stiften und Malmitteln und hin zur künstlichen Welt des Bildschirms.
Seine Videoinstallation „Video lumina" aus dem Jahre 1972 ist ein Versuch, den Begriff Video („Ich sehe") anschaulich darzustellen. *Weibel* thematisiert dabei den Akt des Sehens und weist auf dessen räumliche Dimension hin. In einem dunklen Raum platziert er sieben Monitore, die in jeweils verschiedenen Höhen und verschiedenen Winkeln aufgestellt werden. Auf jedem Monitor blinkt ein und dasselbe Auge. Die Bildschirme sind so aufgestellt, dass man aus jeder Position dieser begehbaren Installation jeweils von vier Monitoraugen angeblickt wird. Die Betrachterinnen und Betrachter sehen mit ihren Augen die Augen der Monitore, und diese scheinen sie anzusehen. Dem Titel „Video lumina" („Ich sehe Augen") entsprechend werden sie beim Sehen gesehen und beim Beobachten beobachtet. Bei genauer Betrachtung des Bildschirmauges wird in der Pupille eine Kamera sichtbar. Im Abbild des Auges kommt somit das Abbildungsorgan selbst zum Vorschein und schließt damit den Kreis des gegenseitigen Beobachtens.
Kurt Hentschläger und *Ulf Langheinrich* (*1960) bilden das Künstlerduo *Granular-Synthesis*. Als Pioniere der audio-visuellen Kunst verstehen sie Bild und Ton als untrennbare Synthese. Bilder und Töne werden in Einheiten zerlegt, die ein eigens entwickeltes Computerprogramm neu zusammenfügt. In monumentalen Rauminstallationen und Performances, in die das Publikum eingebunden ist, werden Grenzen der Wahrnehmung erfahrbar gemacht. Eine neue Form virtueller Kunstarchitektur wird hergestellt.

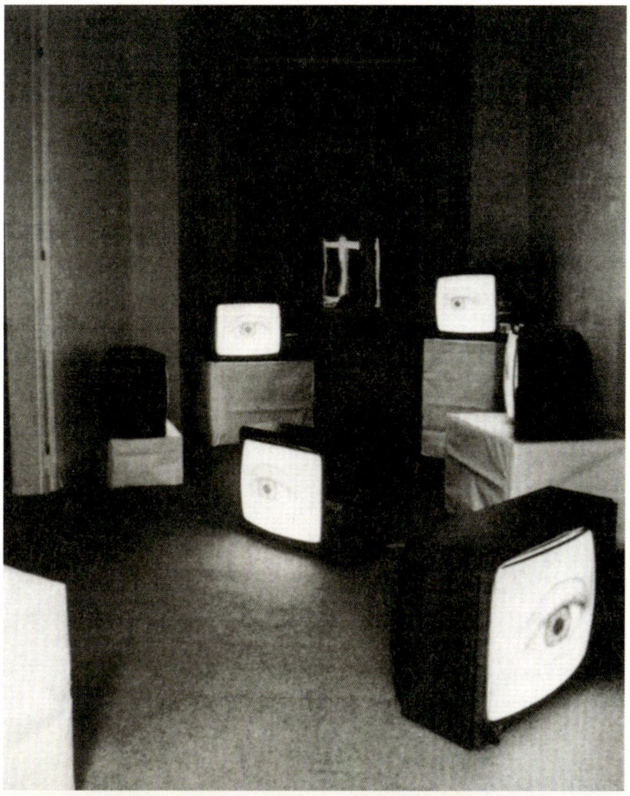

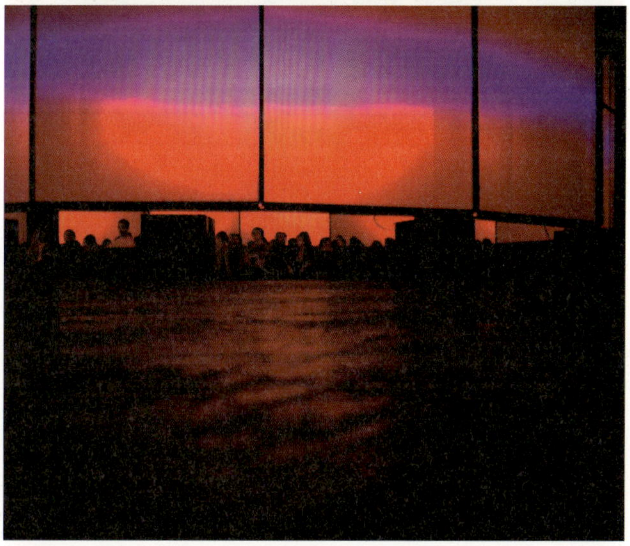

Abb. oben: Peter Weibel: Video lumina, 1972, Videoinstallation
Abb. unten: Granular=Synthesis, <360>, Rauminstallation mit zwölf Projektionsflächen, 2002, „Villette Numérique" Festival, Paris

Aufgabenstellung

Beschreibe, wie *Peter Weibel* den Begriff Video in der Arbeit „Video lumina" umsetzt. Wie positionieren sich die anderen Künstler/innen, welche Themenschwerpunkte setzen sie?

13.5 Visuelle Musik

Zur Geschichte der Farbmusik

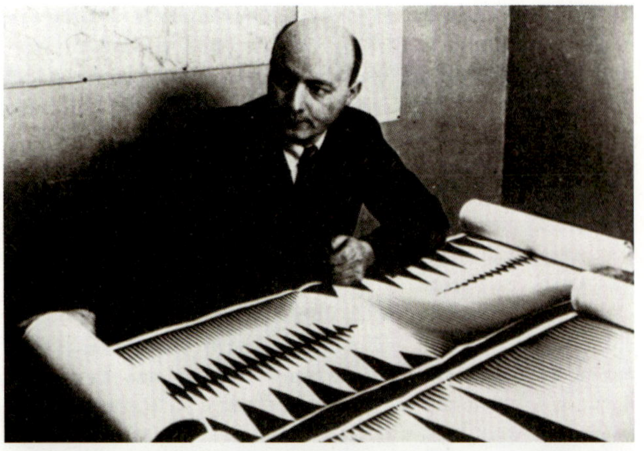

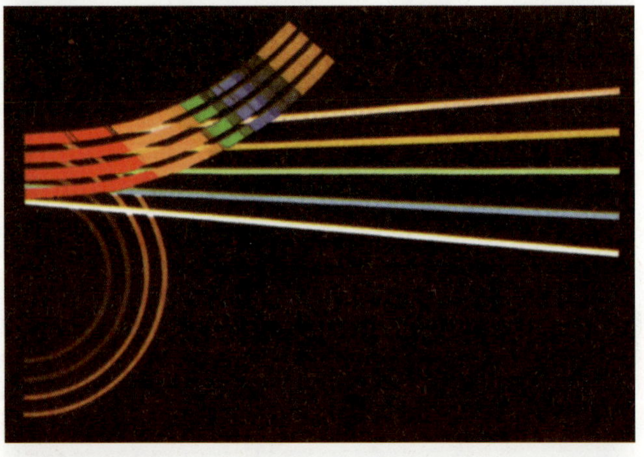

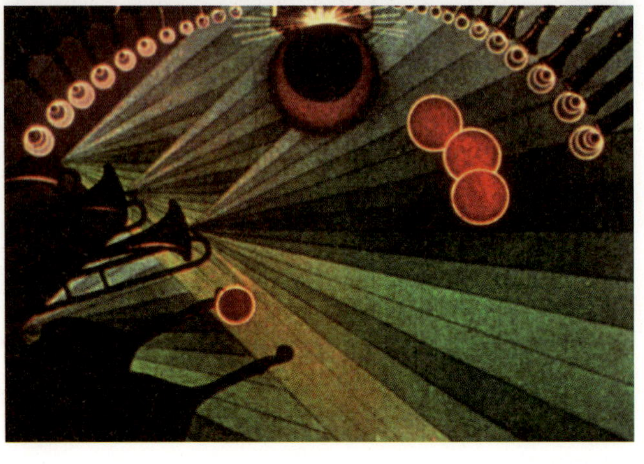

Erstmals konkret aufgearbeitet hat man das gleichzeitige und übereinstimmende Erleben von Tönen und Bildern um die Jahrhundertwende. Zu dieser Zeit experimentierten etwa der Komponist und Maler *Arnold Schönberg* (1874–1951) mit Musik für die Augen oder der Maler *Wassily Kandinsky* (1866–1944) mit Malerei für die Ohren. Eine medienübergreifende Emanzipation der Sinne war das erklärte Ziel derartiger Bemühungen. Die daraus gewonnenen „synästhetischen Erfahrungen", nämlich das Hören von Bildern und das Sehen von Tönen, stehen am Beginn der Geschichte der visuellen Musik. Im experimentellen Stummfilm der 1920er- und 1930er-Jahre entstehen Filme, die auf einem direkten Zusammenspiel zwischen musikalischen und farblich-gestalterischen Formen aufbauen und sich ausdrücklich als Musik zum Sehen verstehen.

Der Deutsche *Oskar Fischinger* (1900–1967) arbeitete um 1925 mit *Alexander Lászlo* (1885–1970) zusammen an einem „Farblichtklavier", dessen Projektionen er entwarf und gestaltete. Im Jahre 1932 erzeugte *Fischinger* für seinen Film „Studio 6" lange Rollen gezeichneten Tons. Er versuchte, ein System von Tönen (Musik) durch ein System von Zeichen (Bilder) darzustellen, Ton sollte auf Bild antworten und umgekehrt. Dabei nahm er die Anordnung der Formen im Sinne einer musikalischen Komposition vor und filmte das Ergebnis danach mit der Kamera ab. Bei Betrachtung des Films werden grafische Bewegungsabläufe sichtbar, die sich rhythmisch verändern. Er beschäftigte sich intensiv mit Ton-Bild-Experimenten und der Herstellung synthetischer Töne und ist der erste, der in den Avantgardefilm ein Drei-Farben-System (Gasparcolor) einführt.

Im Gegensatz dazu zeigte der Schweizer *Charles Blanc-Gatti* in seinem Zeichentrickfilm „Chromophonie" aus dem Jahre 1939, wie Musik abstrakte Formen animiert und in Bewegung versetzt. Die Harmonie von Farbe und Form, Rhythmus und Ton wird dabei über die gesamte Dauer des Films konsequent beibehalten.

Abb. oben: Oskar Fischinger bei der Arbeit an „Studie 6", 1932
Abb. Mitte: Francis Picabia: La musique est comme la peinture, 1914, Lack auf Karton, 120 x 70 cm, Privatsammlung
Abb. unten: Charles Blanc-Gatti: Chromophonie, 1939, Zeichentrickfilm

Querverweis

→ *13.6 Der Musikfilm:* Die ersten Schritte zum Musikvideo

Aufgabenstellungen

VA RS – Fasse die vorgestellten Beispiele für die Visualisierung von Musik zusammen. Sieh dir dazu die Abbildungen genauer an. Welche kompositorischen Gemeinsamkeiten kannst du feststellen?

VA RS – Erarbeite zu einem Musikstück/Song deiner Wahl eine visuelle Sequenz. Welche musikalischen Aspekte geben dem Video „den Ton", den Rhythmus, Wiederholungen?

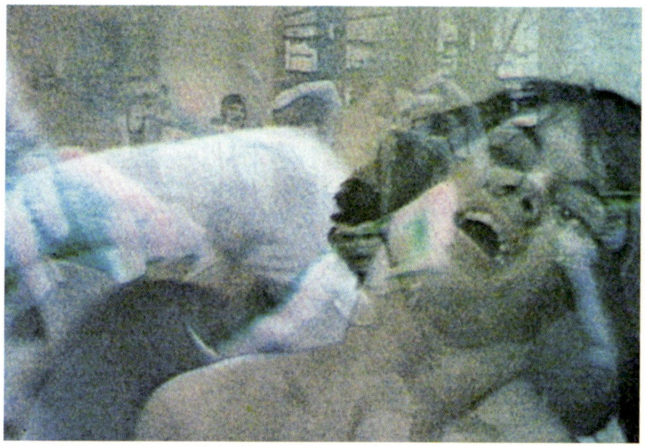

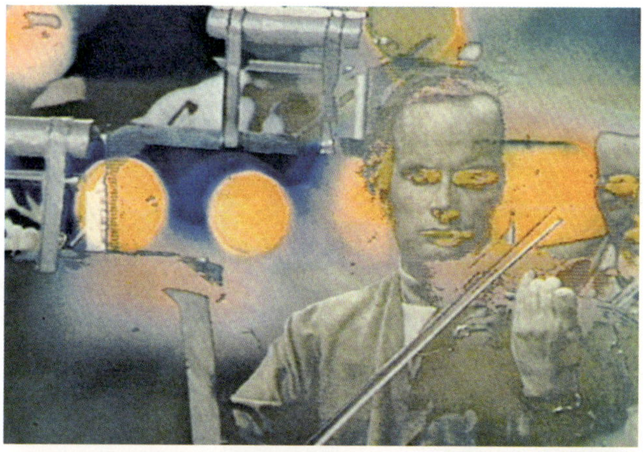

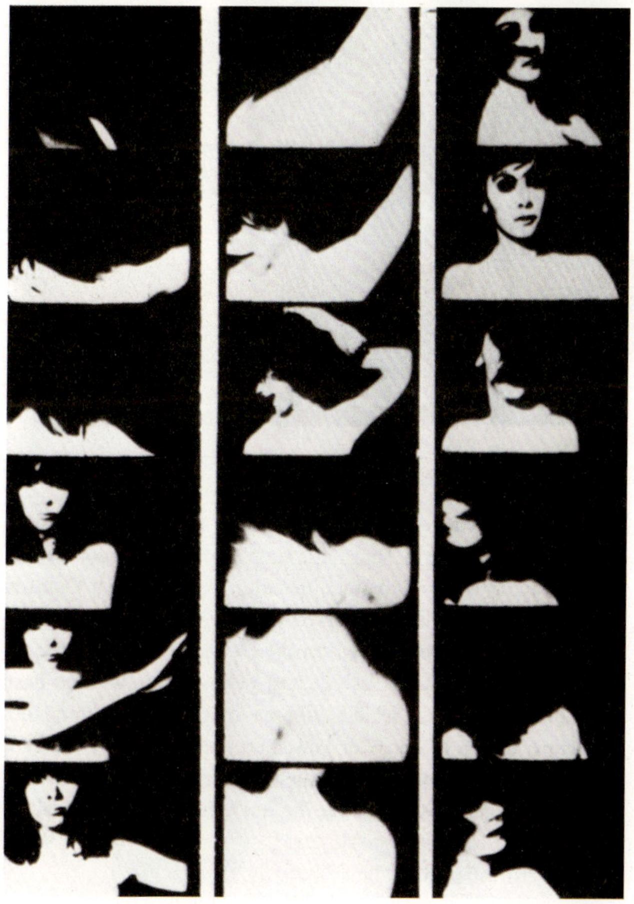

Der Musikfilm als eigenständige filmische Kunstform entstand in den 1960er-Jahren, in denen Rock- und Popmusik zu einer starken sozialen Bewegung wurde. Er stellte eine zeitgemäße Weiterentwicklung der Tradition des Musicals der 1940er- und 1950er-Jahre dar. Die Erfindung des Magnetbandes zur Zeit des Rock'n'Rolls erlaubte erstmals die gleichzeitige Speicherung von Bild und Ton und setzte den entscheidenden Schritt in der Entwicklung zum musikalischen Videoclip. Musikgruppen wie *The Who* oder *The Beatles* leiteten mit ihren Filmen in der Musikbranche das visuelle Zeitalter, wie wir es heute kennen, ein. „Breakaway" (1966) war der erste reine Musikvideoclip und zeigt die Sängerin und Tänzerin *Toni Basil* mit einer choreografisch-musikalischen Darbietung. *Bruce Conners* kombiniert in einer damals neuartigen Kameratechnik häufige Einzelaufnahmen mit schnellen Zoomaufnahmen und verstärkt so die Dynamik der tänzerischen Bewegung. Als wichtigster Vorläufer aller Videoclips gilt der Film „200 Motels" von *Frank Zappa*. In ihm wird schon 1970 in groben Zügen das gesamte Instrumentarium aufgeboten, aus dem Videoclips bis heute gefertigt sind, und alle Möglichkeiten künftiger Videoclips werden vorweggenommen.

Abb. links und rechts oben: Frank Zappa, 200 Motels, 1970, Videoclip, USA
Abb. rechts unten: Bruce Conners: Breakaway, 1966, Videoclip, USA

Querverweis

13.7 Das Musikvideo: Von der Andersartigkeit zum Konsumfaktor – Clip-Produktion zwischen Mainstream und Alternativproduktion

13.7 Das Musikvideo

Von der Andersartigkeit zum Konsumfaktor

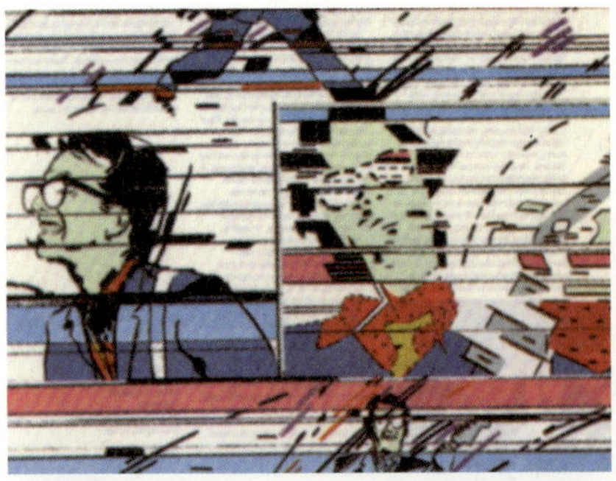

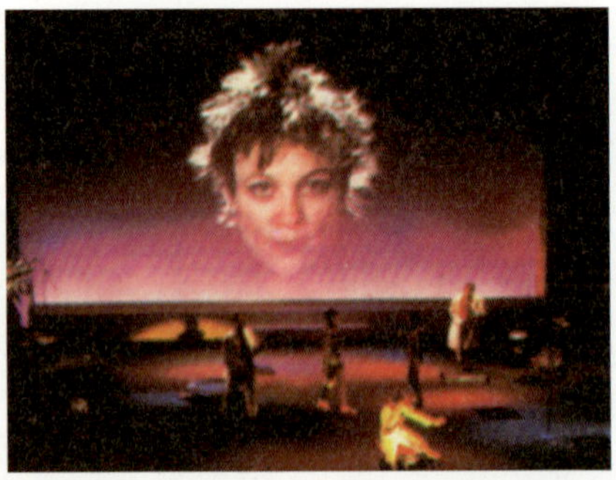

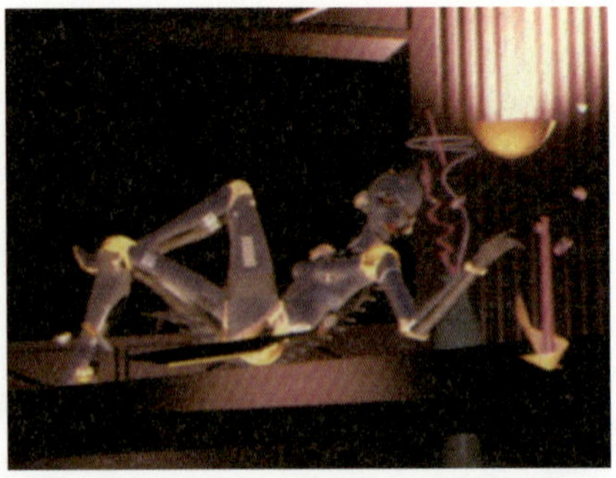

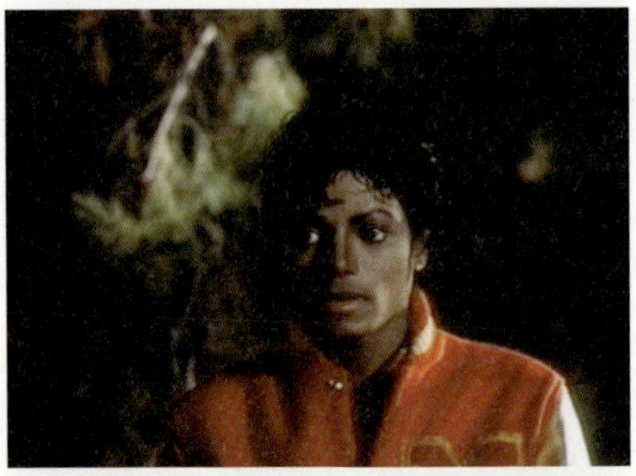

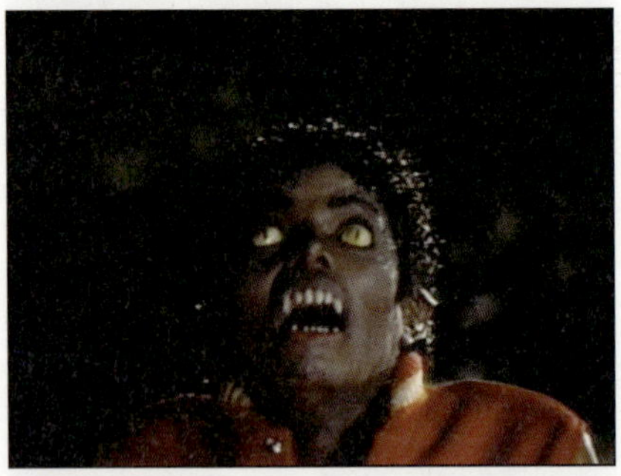

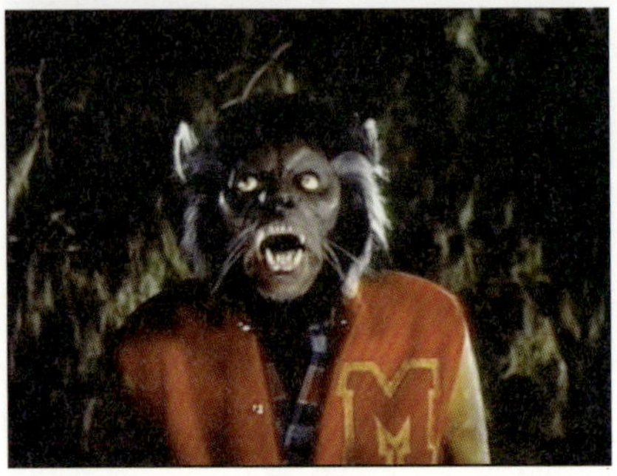

Die ersten Musikvideos im Fernsehen Mitte der 1970er-Jahre stellten eine radikale Abkehr von der bis dahin üblichen Sendekost dar. Ihre Andersartigkeit wurde von Seiten der Musikindustrie inhaltlich jedoch bald abgeschwächt und in kontrollierbare Bahnen gelenkt. Nach relativ kurzer Zeit schon galten sie deshalb als gesellschaftsfähig und wurden in den Musikvermarktungsprozess integriert.

Der New Yorker Fernsehsender MTV ging 1981 auf Sendung und sendete täglich 24 Stunden ausschließlich Musikvideos. Das erste gesendete Video war bezeichnenderweise der Song „Video Killed the Radio Star" von *The Buggles*. Ein Jahr später gab es in den USA bereits mehr als 300 TV-Kanäle, die ausschließlich Musikvideos zeigten. Der kommerzielle Durchbruch war perfekt. Die eigentliche Videoclip-Explosion der 1980er-Jahre wurde durch die fortschreitende Entwicklung des Computersektors und der damit ermöglichten Spezialeffekte vorbereitet. Kinofilme wie die Walt-Disney-Produktion „Tron" (1983) vollzogen die mediale Vereinigung von Video, Film, Videospielen, Computeranimation und elektronischer Musik erstmals deutlich sichtbar.

Bei der Produktion von Videoclips wird eine Vielzahl von Medien miteinander verschmolzen. Anleihen werden bei allen nur irgendwie verfügbaren Quellen genommen. Computerkunst, Multimediakunst, Performancekunst und die Ästhetik von Werbefilmen haben wesentlichen Einfluss auf die Gestaltung und Bildsprache.

1984 kam mit „Thriller" von *Michael Jackson* das bis dahin aufwändigste Musikvideo auf den Markt. Der 13 Minuten lange Clip zeigt im Stil eines Horrorfilms die Verwandlung vom Menschen zum Tier. Dieser Videoclip wurde zum Aushängeschild des einsetzenden Videobooms.

Zu Beginn als zusätzliche Werbemöglichkeit gedacht, hat das Musikvideo seine Funktion erweitert: Im Fokus steht jetzt auch die Fan-Bindung zur Sängerin/Sänger bzw. Musikgruppe oder die visuelle Zuordnung zu einem Musikstil. Innovative Musikclips können wesentliche Trends setzen und zum Aushängeschild einer Epoche oder eines Jahrzehnts werden.

Abb. links oben: Elvis Costello: Accidents will happen, 1978, Zeichentrickfilm
Abb. Mitte oben: Mick Jagger: Sex robot, 1985, computergeneriertes Video
Abb. rechts oben: Laurie Anderson: Home of the brave, 1985, räumliche Videoprojektion
Abb. links unten: Michael Jackson: Thriller, 1984

Querverweise

→ *8.3 Analyse des multimedialen Mediums:* Visuell – auditiv – narrativ

→ *8.5 Die Bewegung im Film:* Grundlegende Elemente der Bewegungserzeugung

Neben den kommerziell ausgerichteten Videoclips legen einige Musikschaffende Wert darauf, sich von der Masse nicht nur musikalisch, sondern auch visuell abzuheben und produzieren alternative Musikclips. Frühe Beispiele für den Bereich des unabhängigen Musikvideos sind die skurrilen Clips der Undergroundband *The Residents* und die fantasievollen Tapes der Schweizer Multimediakünstler *Boris Blank* (*1952) und *Dieter Meier* (*1945), die sich hinter dem Bandnamen *YELLO* verbergen. Ihre Videoclips sind zumeist stilistisch stark vereinfacht und haben eine originelle Note. Im Video zur Single „Tied up" (1988) arbeiten die beiden Künstler mit Projektionen, die sich in mehreren Schichten überlagern und dadurch das filmische Geschehen verdichten.

Da für die Vermarktung einer/eines Musikschaffenden die visuelle Komponente ebenso wichtig ist, wurden seit den 1980ern hohe Budgets zur visuellen Umsetzung bereitgestellt. Zahlreiche Regisseure wie *David Fincher* (Clips z. B für *Madonna*), *Michael Bay* (Clips u. a. für *Tina Turner*) und *Marcus Nispel* (Clips u. a. für *Spice Girls, Puff Daddy*) entwickelten eine neue Bildsprache, deren Grundstruktur durch viele Kamerabewegungen, starke Bildbearbeitung und schnelle Schnitte charakterisiert ist. Das wesentliche Merkmal ist Rasanz. Eine unkonventionelle Kameraführung, computeranimierte Bilder, Detailaufnahmen, Überblendungen, extreme Kamerawinkel, Parallelhandlungen, Splitsceen, Zeitraffer und Videoschnitt bestimmen die neuen ästhetischen Formen. Wichtige Vertreter der Clipregie sind *Michel Gondry* (Clips für *Björk*), *Spike Jonze* (Musikvideos u. a. für *Beastie Boys, Fatboy Slim*), *Chris Cunningham* (Clips für *Aphex Twin, Björk*) oder *Joseph Kahn* (Clips u. a. für *Lady Gaga, Katy Perry, Maroon 5*). Die neuen ästhetischen Formen finden sogar Eingang in Spielfilme. Der Film „Spun" (USA/Schweden, 2002) brachte es z. B. auf eine Rekordzahl von 5.345 Schnitten. Viele Regisseurinnen und Regisseure von Videoclips wechselten in die Spielfilmindustrie und prägen damit eine neue, unkonventionelle Spielfilmästhetik.

Ab den 2000er-Jahren geriet das Musikvideo aufgrund der medialen Veränderungen in eine Krise. Die meisten der auf ausschließlich Musikvideos konzentrierten Fernsehsender stellten ihr Programm entweder ein oder erweiterten es. Musikvideos werden nun über Social-Media-Kanäle wie *YouTube* oder *Dalymotion* verbreitet, über deren Erfolg entscheidet die Klickrate. Musikvideos sind mittlerweile weit mehr als die Visualisierung von Musik. Längst haben sie den simplen kommerziellen Charakter abgelegt und sind erfolgreiche Experimentierfelder für avantgardistische Bild- und Tongestaltung geworden. Sie werden als Kunstwerke gesammelt und in Museen gezeigt. Im New Yorker Museum of Modern Art hat es dazu schon mehrere Retrospektiven gegeben.

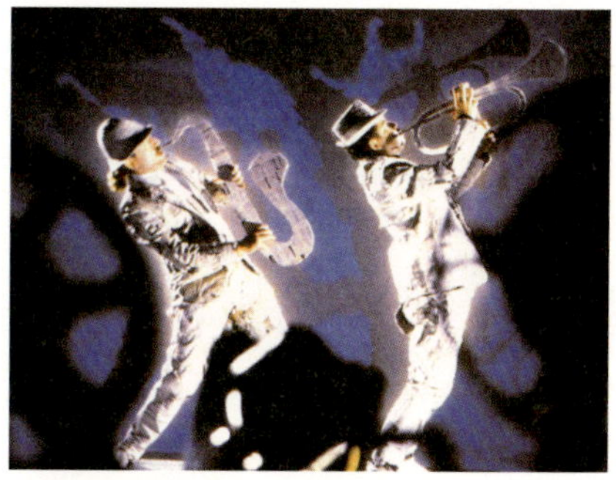

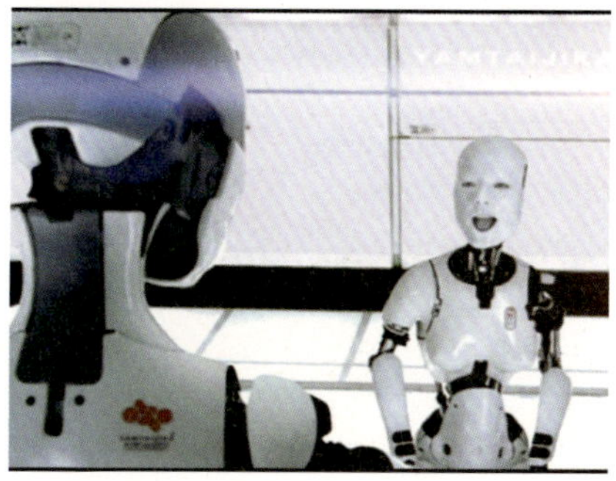

Abb. oben: YELLO: Tied up, 1988
Abb. unten: Chris Cunningham (R.): Björk: All is full of love, 1998

Aufgabenstellung

Zeichne die geschichtliche Entwicklung des modernen Musikvideoclips nach.

14.1 Jeder Mensch wohnt

Villa, Parkbank, Hausboot

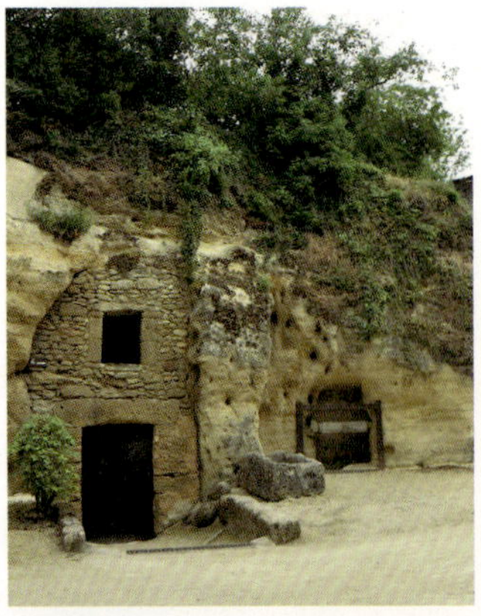
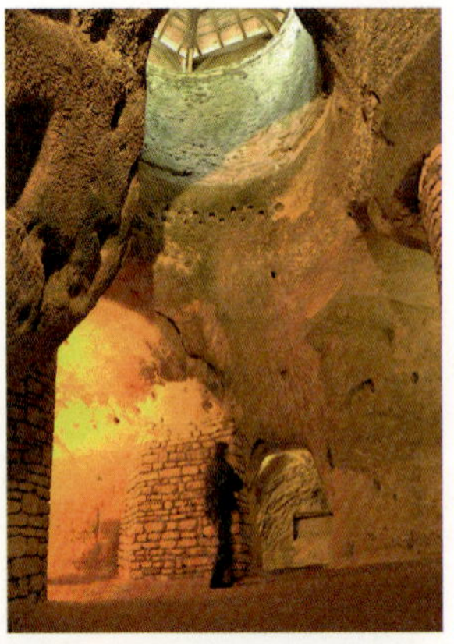
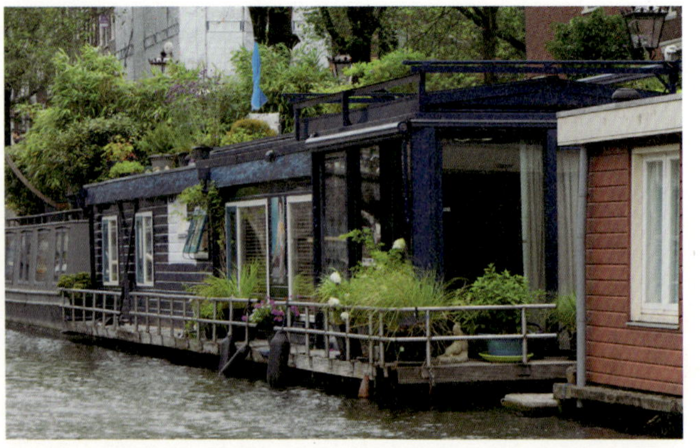
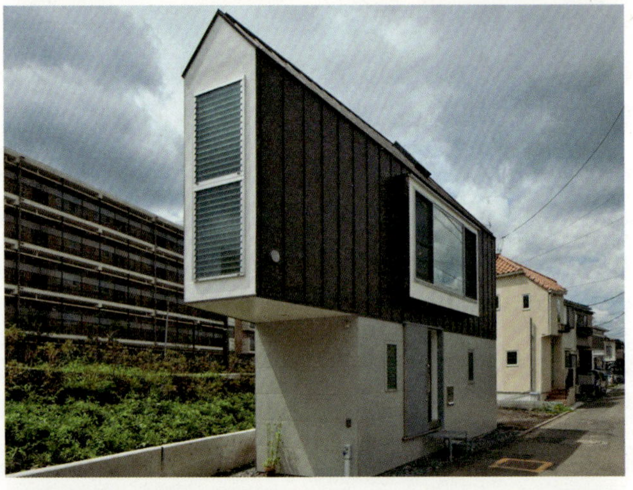
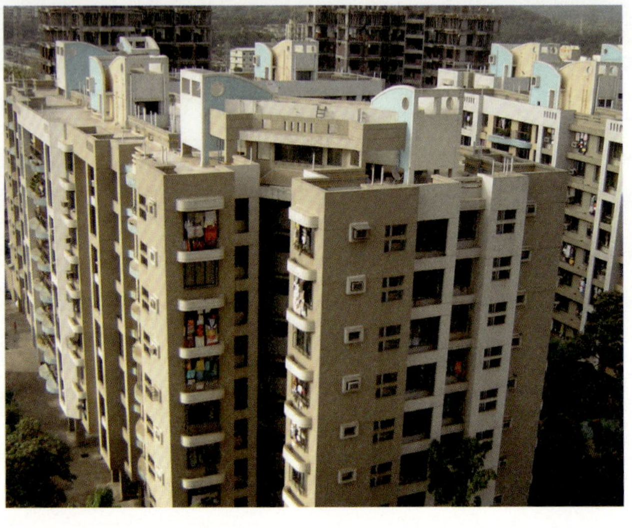

Jeder Mensch braucht einen Ort, an dem er sich, vor Umwelteinflüssen geschützt, erholen kann. Dieser Wohnplatz ist von verschiedenen Faktoren abhängig: geografische Lage, Klima und schließlich Geld. Daher reichen die (freiwillig oder nicht gewählten) Wohnmöglichkeiten von Höhlen oder Baumhäusern, über Boote, Einfamilienhäuser, Parkbänke bis zu Wohnungen in Hochhäusern. In Gegenden am Meer werden oft sogenannte Schwimmhäuser gebaut. Für Höhlenwohnungen lassen sich bis heute Beispiele finden.

Für sein „Palais Stoclet" in Brüssel beauftragte 1905 der Bankier und Industrielle Adolphe Stoclet den österreichischen Architekten *Josef Hoffman*. Dieser konnte ohne Rücksicht auf Kosten planen und gestaltete das Bauwerk von 1905 bis 1911 gemeinsam mit den bedeutendsten Kunstschaffenden der Wiener Werkstätte. Bis hin zu den Türgriffen und Essbestecken wurde jedes Detail eigens entworfen. Das Endergebnis ist eines der bedeutendsten Gesamtkunstwerke des Jugendstils.

Menschliche Gesellschaften kann man auch danach beurteilen, welche Wohnverhältnisse herrschen. Man denke hierbei an die Wohnsituation in Wien im 19. Jahrhundert. Eine Gesellschaft, die das „Recht auf menschenwürdiges Wohnen" ernstnimmt, wird finanzielle Mittel aufwenden, um gute Wohnbedingungen zu schaffen. Wohnen ist aber auch vom vorhandenen Platz abhängig. Tokio gilt als einer der engsten und daher teuersten Wohnräume weltweit, weshalb wesentliche Impulse für die Architektur, was platzeffizientes Bauen betrifft, von dort ausgehen.

Abb. oben rechts: Hausboot in Amsterdam
Abb. oben links: Ehemals genutzte Höhlenwohnungen in Rochemenier, Frankreich
Abb. Mitte links: Kota Mizuishi: Riverside House, 2011, Tokio
Abb. unten links: Wohnsiedlungen in Mumbai, Indien

Querverweise

→ *1.1 Über das Bauen:* Architektur erleben und verstehen

→ *14.4 Ein Haus wie ein Bild:* Demonstration eines formalen Konzepts

→ *14.5 Ein Haus wie ein Fels:* Luxuriöser Umgang mit Natur

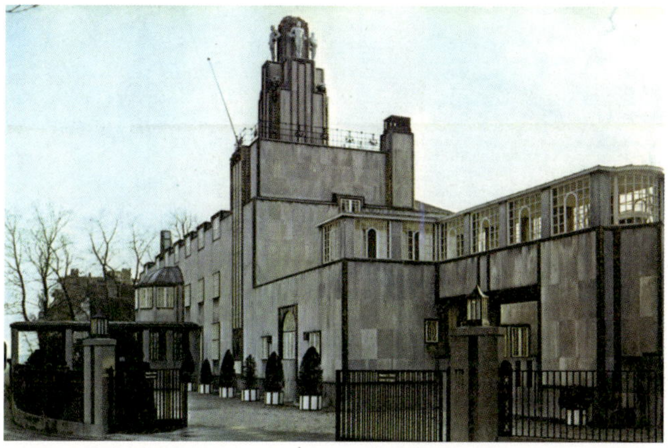

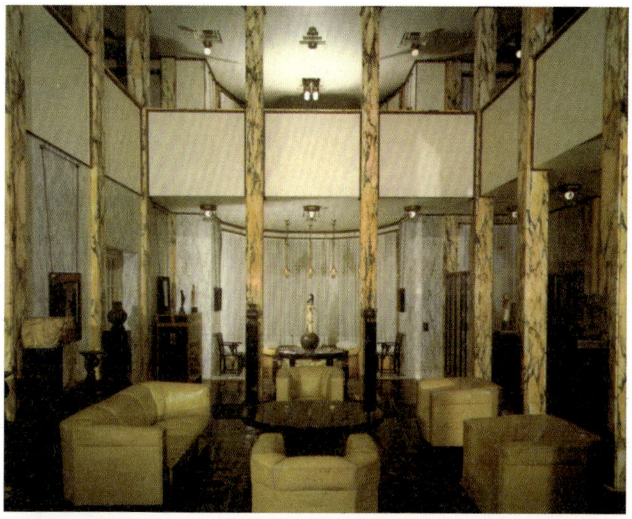

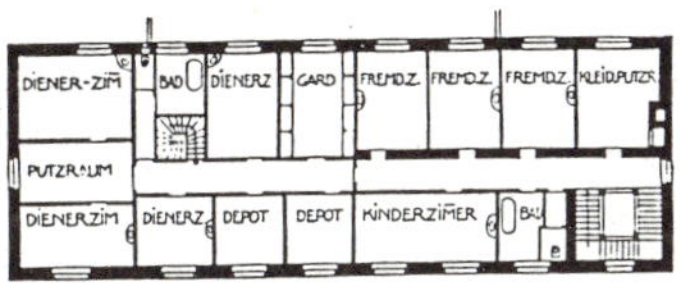

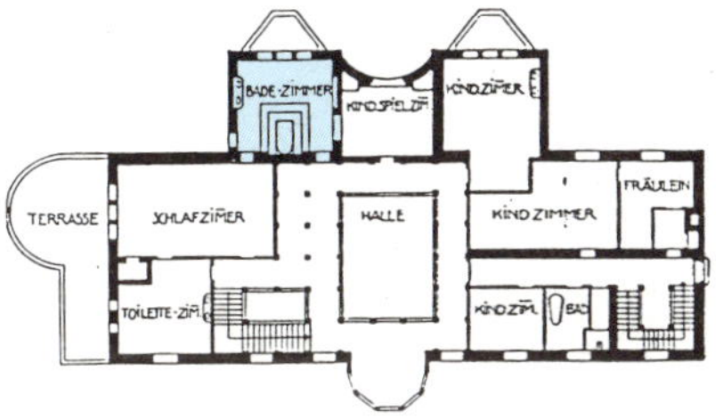

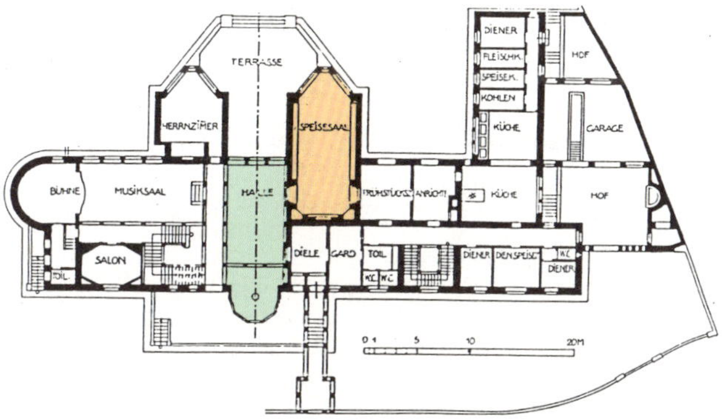

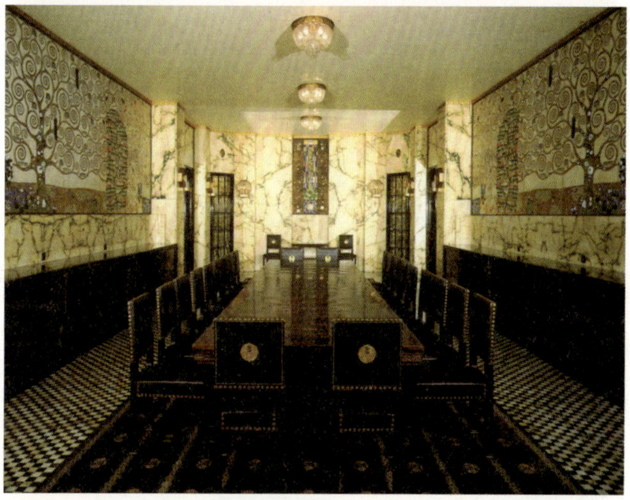

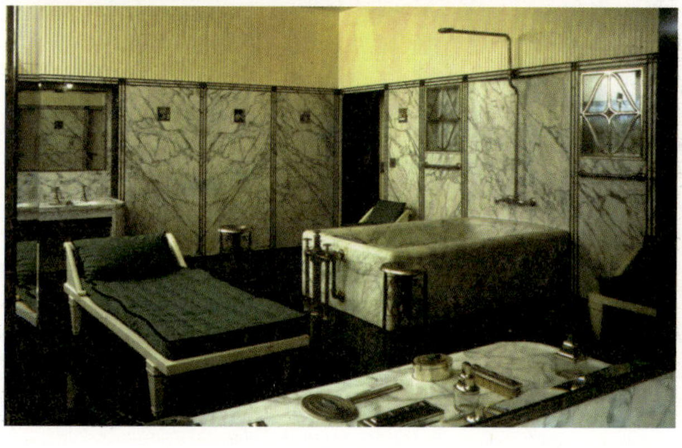

Abb.: Josef Hoffmann und Wiener Werkstätten: Palais Stoclet, Brüssel, 1905–1911, Grundrisse des Erdgeschoßes, des ersten und zweiten Obergeschoßes; Große Halle, Blick auf den Brunnenerker und die Galerie; Speisesaal mit Mosaiken von Gustav Klimt; Hauptbaderaum im 1. Obergeschoß

Aufgabenstellungen

Welche natürlichen und gebauten Unterschlüpfe nutzen Menschen als Wohnraum? Welche Faktoren beeinflussen die Wahl? V A R S

Recherchiere nach traditionellen Wohnhäusern in unterschiedlichen Regionen der Welt. Wähle eine Bauform aus und erstelle eine Präsentation. Welche Baumaterialien finden Verwendung, inwieweit erklärt sich die Form durch Material, Geografie und Wetter? Welche sozialen Strukturen haben zusätzlich Einfluss auf die Bauweise? V A R S

Gibt es in deinem Wohnort aktuell Wohnbauprojekte? V A R S

14.2 Darstellungsmöglichkeiten

Die Vorstellungen von Räumen sichtbar machen – am Beispiel Frank Gehry

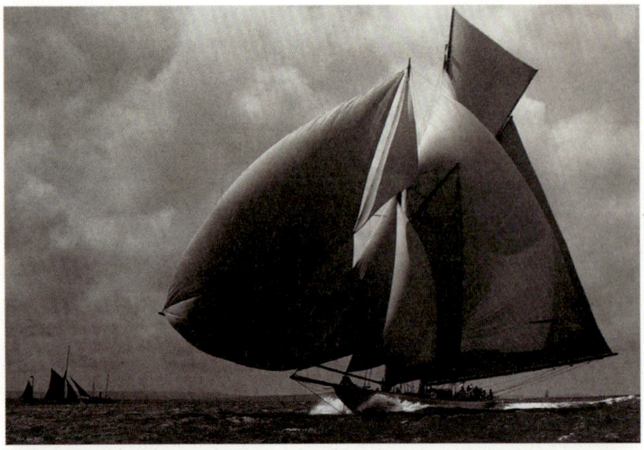

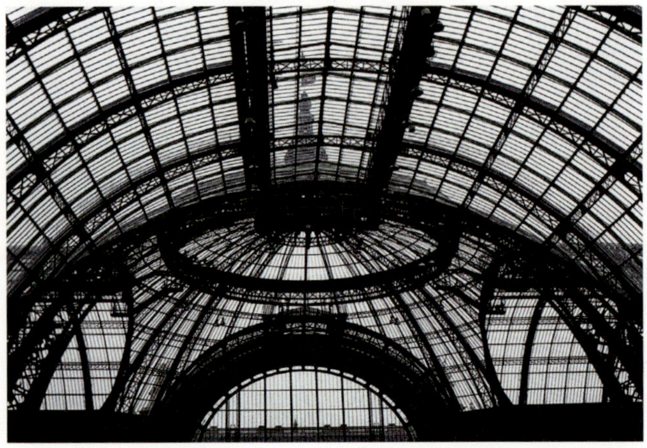

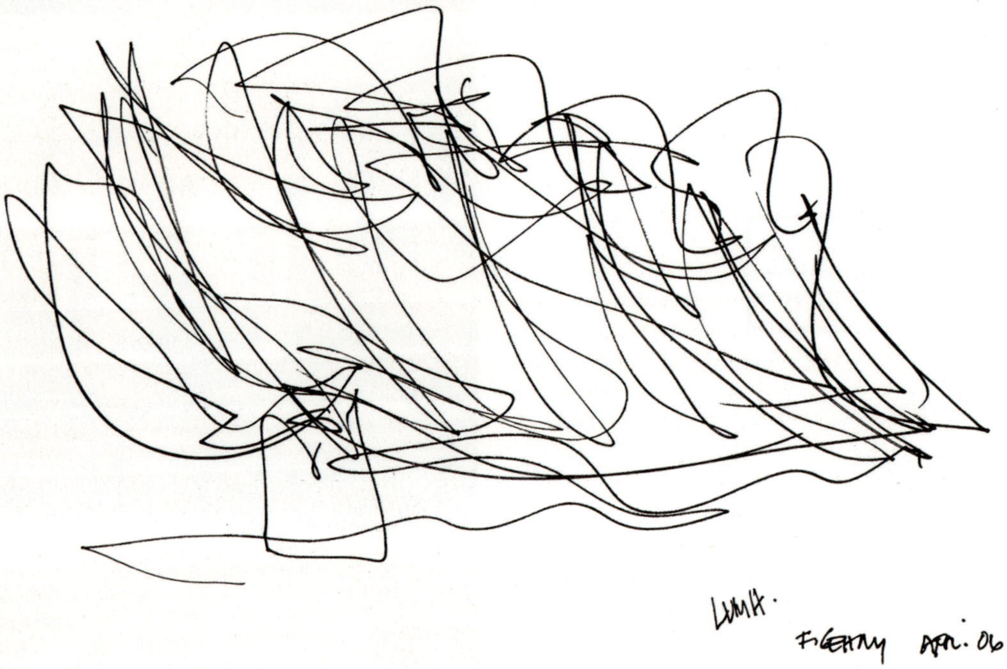

Seite 232:
Abb. links oben: Foto der Yacht Susanne (Inspiration Gehrys für diesen Bau)
Abb. rechts oben: Innenansicht der Glaskonstruktion des Grand Palais, Paris (Inspiration Gehrys für diesen Bau)
Abb. unten: Frank Gehry: Skizzenentwurf zur Fondation Louis Vuitton, 2006

Seite 233:
Abb. oben: Frank Gehry: Planzeichnungen zu Raumverteilung und -verbindungen
Abb. rechts Mitte und unten: Frank Gehry: Modelle in unterschiedlichen Phasen: Die Holzblöcke visualisieren die möglichen Verbindungen zwischen den Gebäudekomplexen, gewölbte Glasstrukturen ermöglichen Blicke nach innen, fertiges Modell

Querverweise

→ *3.5 Computer und Architektur*

→ *10.2 Kunst wird öffentlich zugänglich: Museen und (private) Sammlungen*

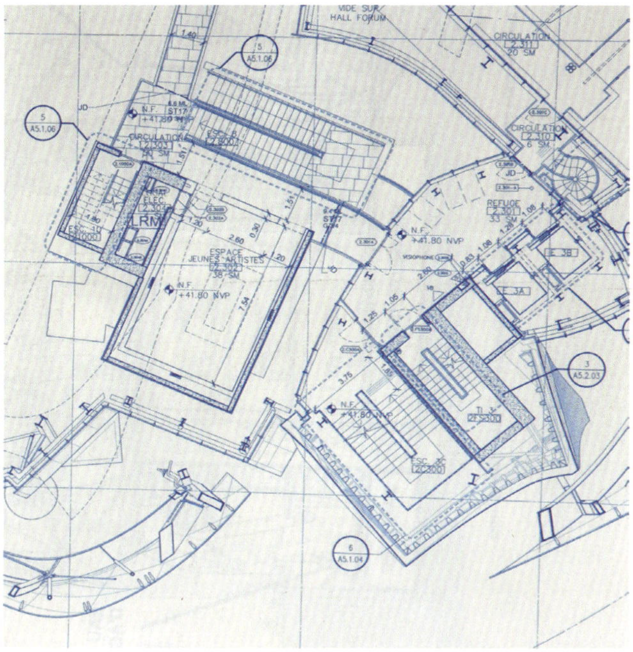

Von der ersten Idee der Architektin oder des Architekten bis zum fertiggestellten Bau sind viele Arbeitsschritte notwendig. Diese Phasen werden in unterschiedlichen Plänen festgehalten. Um zu verstehen, wie der Entwurf ausschauen wird, ist es notwendig, diese Pläne lesen zu können. Der Grundriss zeigt das Gebäude, die Wohnung etc. von oben, vergleichbar mit der Sicht eines Vogels. Gleichzeitig ist dieser Plan ein sehr abstraktes Darstellungsverfahren, das von der Betrachterin und dem Betrachter ein hohes Maß an Vorstellungskraft erfordert. Der Maßstab erschwert zusätzlich die Einschätzung der wirklich zur Verfügung stehenden Fläche. Hilfreich kann hier das Einzeichnen von Möbeln sein. In der Planzeichnung gibt es zahlreiche Symbole, die gelesen werden müssen, z. B. Fenster, Türen, Steckdosen etc. Was in diesem Plan fehlt, ist die Höhe der Räume. Diese kann im Aufriss wiedergegeben werden. Hierbei muss überlegt werden, wo der Schnitt gesetzt wird, um zentrale Informationen transportieren zu können.

Um sich ein plastisches Bild des Bauobjekts machen zu können, werden auch dreidimensionale Modelle erstellt. Renderings, sogenannte Visualisierungen, können zusätzlich einen Eindruck des Raumempfindens geben. Bei der Betrachtung von Plänen, Modellen und Renderings sollte man stets auch bedenken, dass mit diesen, ähnlich wie mit anderen Bildern auch, Haltungen und Überzeugungen vermittelt werden können. Wie offen, gemütlich, lichtdurchflutet oder heimelig ist das zukünftige Gebäude tatsächlich?

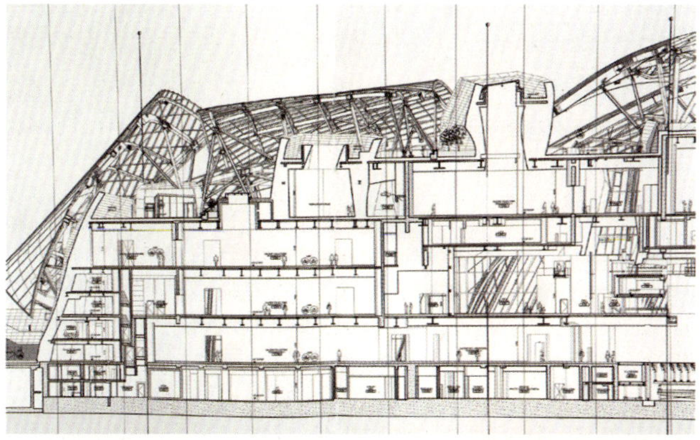

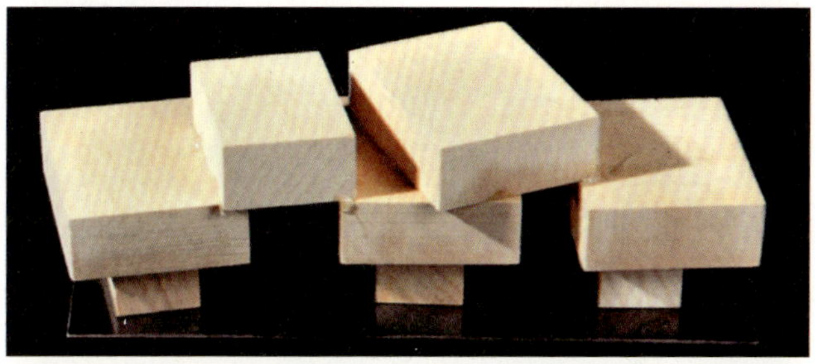

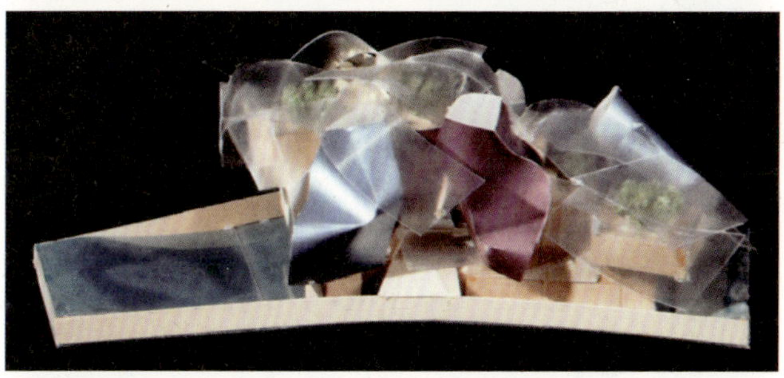

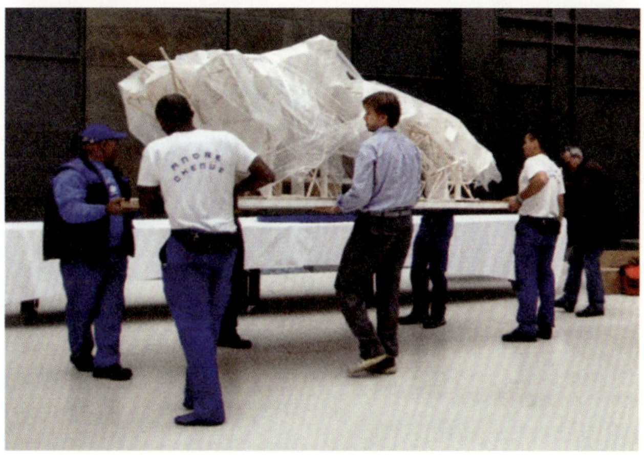

Aufgabenstellung

Erkläre anhand der Abbildungen folgende Fachtermini bzw. suche im Buch nach weiteren Beispielen, die deine Erklärung belegen: Grundriss, Aufriss, Schnitt, Rendering, Modell.

14.3 Bereiche der Wohnung und ihre sinnvolle Kombination

Die „klassische" Familienwohnung

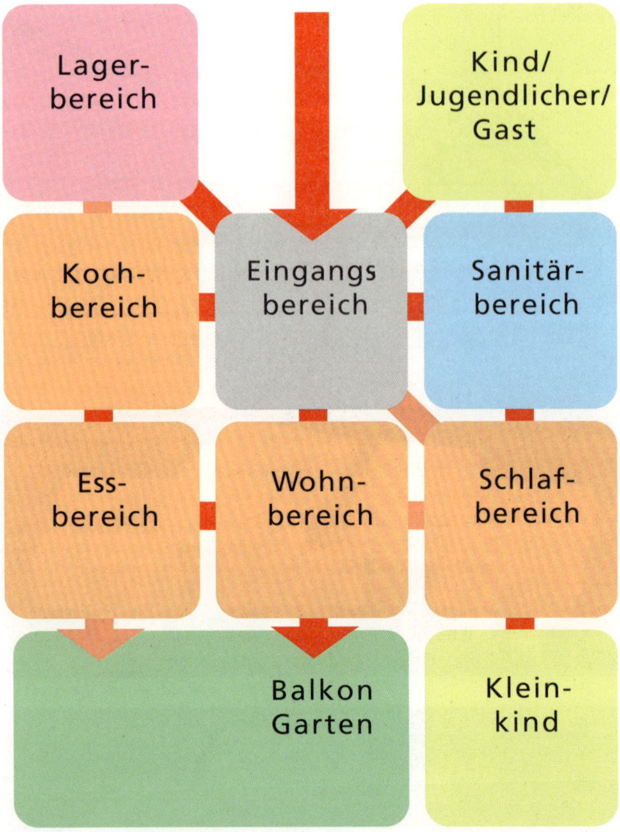

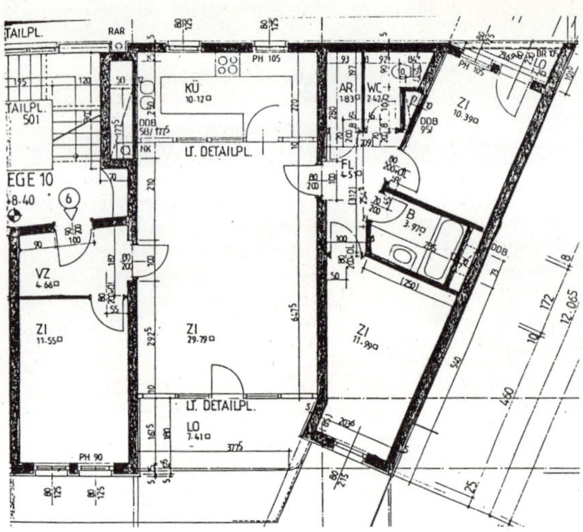

Eine Wohnung sollte Raum für gemeinsames Handeln bieten, gleichzeitig aber auch die Bereiche der einzelnen Bewohnerinnen und Bewohner trennen, um ihnen Platz zur Entfaltung ihrer persönlichen Interessen zu geben.

Wie die Räume gestaltet und miteinander verbunden werden, kann entscheidend für das Wohlbefinden der Bewohnerinnen und Bewohner sein.

Der Eingangsbereich muss ausreichend Platz für Empfang und Ablage bieten und den direkten, störungsfreien Zugang zu möglichst allen Bereichen ermöglichen. Der Wohnbereich – nach Möglichkeit direkt über den Eingangsbereich zugänglich – hat zunächst die Funktion eines Kommunikationsraums. Hier sollte ausreichend Platz für alle Bewohnerinnen und Bewohner und deren Gäste zur Verfügung stehen. Er dient einerseits der Erholung und Entspannung, andererseits auch der Repräsentation.

Der Essbereich – ein eigener Raum oder in den Wohnbereich bzw. die Küche integriert – sollte der Wohngemeinschaft ein intimes Gemeinschaftserlebnis ermöglichen und darüber hinaus genügend Platz zur Bewirtung von Gästen bieten. Eine direkte Verbindung zum Kochbereich ist günstig, um die Arbeitswege möglichst kurz zu halten und die Kommunikation mit dem Essbereich aufrechterhalten zu können.

Schlafbereich und Individualräume sind als Rückzugsräume grundsätzlich keine Durchgangsräume. Hier müssen sowohl Eltern als auch Kinder ungestört allein sein können. Bei Kleinkindern kann eine direkte Verbindung zwischen Elternschlafzimmer und Kinderzimmer sinnvoll sein. Die Sanitärbereiche (WC, Bad) sollten möglichst direkt und ohne Störung der anderen Bereiche erreicht werden können. Das abgebildete Schema ist kein Grundriss, es zeigt nur empfohlene und mögliche Kombinationen und Verbindungen von Räumen. Es sagt nichts über die Form und Größe der Räume bzw. Bereiche aus.

Abb.: Melicher, Schwalm-Theiss, Gresserbauer: Grundriss einer Genossenschaftswohnung mit 91 m², 1985, Wien – und zum Vergleich: *Abb. Seite 235:* *Irmgard Frank, Jörg Friedmann, Hermann Holzknecht, Erich Lengauer, Ewald Tucai, Peter Schneider: Umbauvorschläge, 1989*

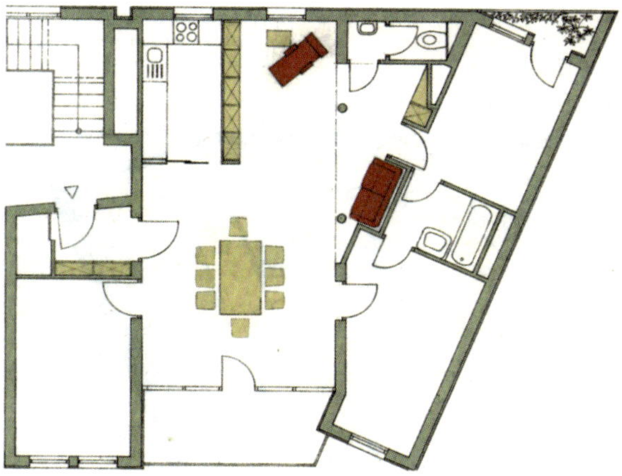

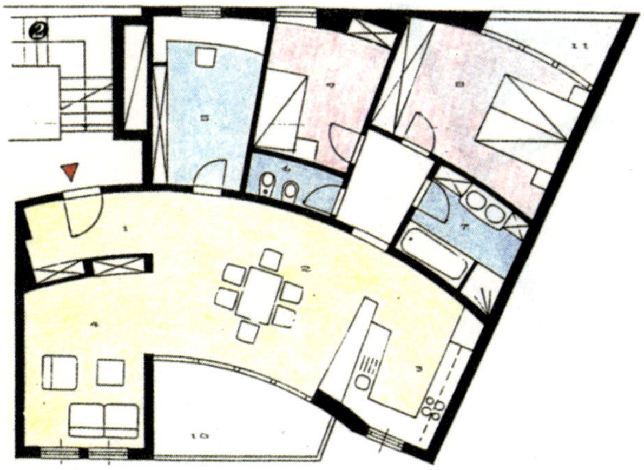

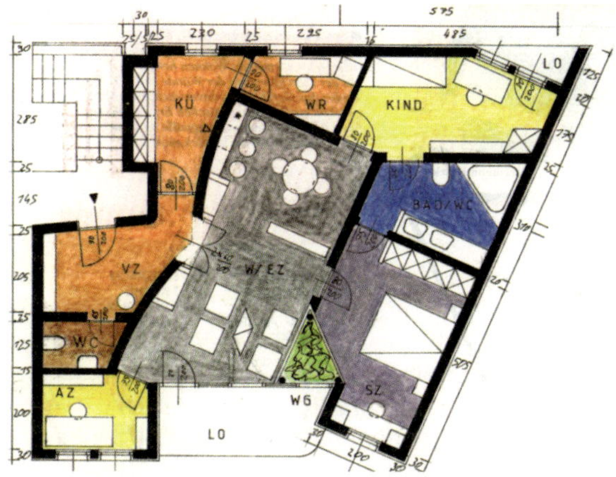

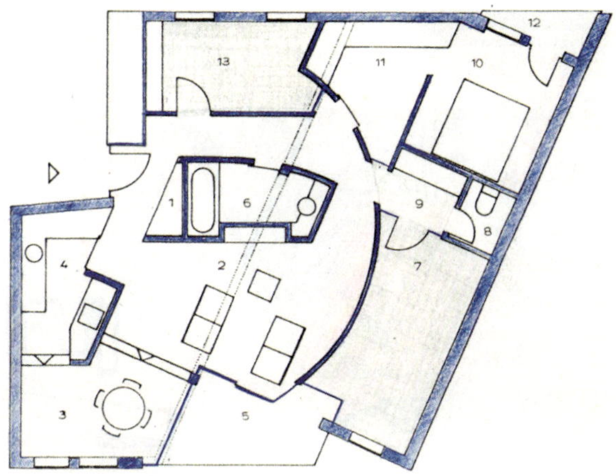

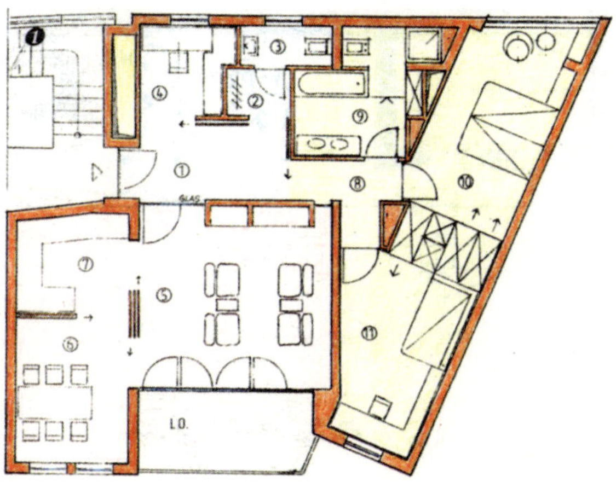

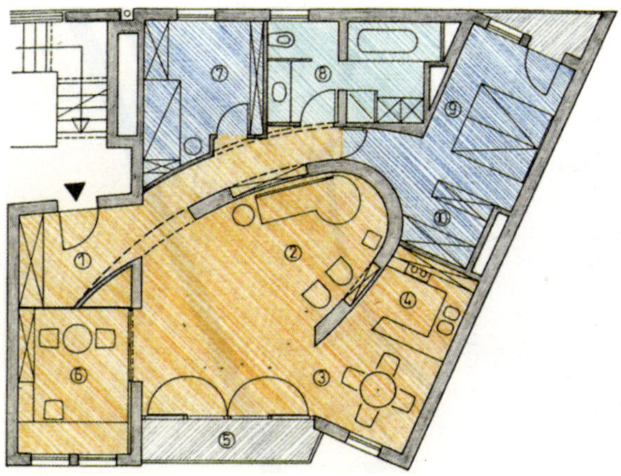

Aufgabenstellungen

Erstelle eine schematische Skizze, ähnlich wie auf Seite 234 vorgestellt, von deinem Zuhause, indem du die Verteilung der Räume und deren Verbindungsmöglichkeiten angibst.

Welcher der Umbauvorschläge überzeugt dich am meisten? Diskutiert anschließend in der Gruppe und vergleicht eure Überlegungen.

14.4 Ein Haus wie ein Bild

Demonstration eines formalen Konzepts

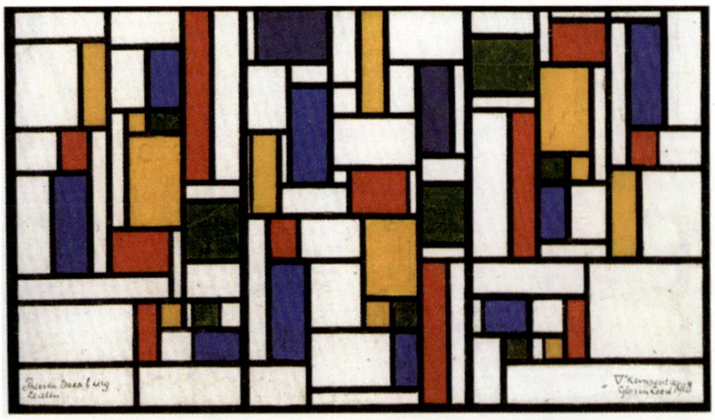

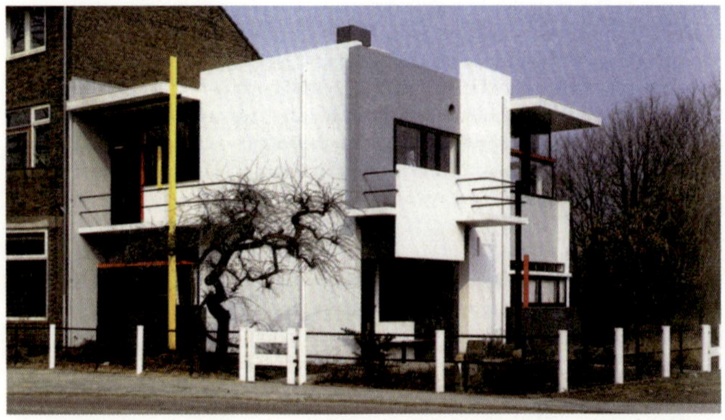

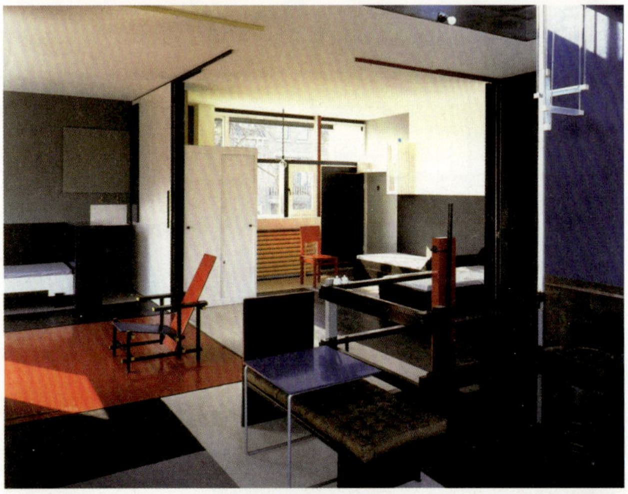

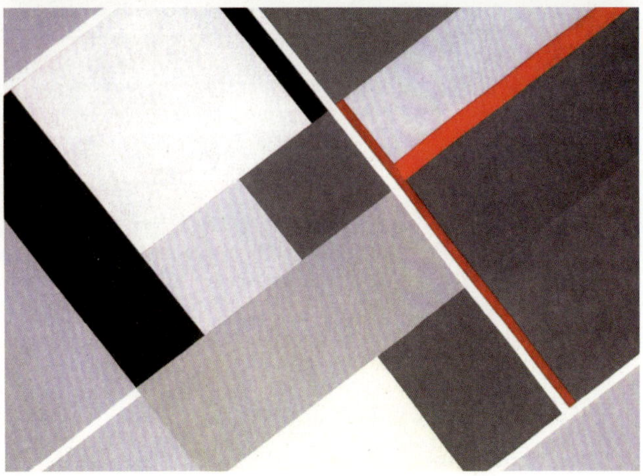

Abb. links oben: Theo van Doesburg: Entwurf für die Buntglaskomposition V, 1918, Gouache, 85 x 50 cm, Kunsthaus, Zürich
Abb. links Mitte und rechts oben: Gerrit Rietveld: Rietveld-Schröder-Haus, Blick auf die Eingangsseite und offene Raumfolge des Obergeschoßes, 1924, Utrecht
Abb. links unten: Friedrich Vordemberge: Komposition Nr. 31, 1927, Öl auf Leinwand, 100 x 130 cm, Den Haag, Gemeentemuseum

Das Haus Schröder in Utrecht (1924), von *Gerrit Rietveld* und der Innenarchitektin *Truus Schröder* entworfen, ist ein Beispiel für die konsequente Umsetzung der Formvorstellung der Künstlergruppe *de Stijl*. Der wichtigste Maler dieser Gruppe, *Piet Mondrian*, beschränkte sich in seinen abstrakten und geometrischen Kompositionen auf schwarze Linien und rechteckige Flächen in den Grundfarben Gelb, Rot, Blau sowie Weiß und Grau. *Rietveld* plante das Haus zwar konsequent von seiner inneren Funktion und der Aufstellung der Möbel her, die endgültige Gestalt wurde aber von den strengen *de-Stijl*-Formprinzipien geprägt. Große, weiß und grau gestrichene Elemente bilden die Wände, Balkone und das Dach. Dagegen sind die horizontal und vertikal verlaufenden linearen Elemente (Stützen, Balkongeländer usw.) durch die Grundfarben abgesetzt.
Die klare Differenzierung der Strukturelemente wird auch in der Innenraumgestaltung konsequent fortgesetzt. Im offenen und durch Schiebewände variabel unterteilbaren Obergeschoß zeigt sich dies am deutlichsten. Der „Rot-blaue Lehnstuhl" *Rietvelds* nimmt das Thema auf.
Im Jahr 2000 wurde das Wohnhaus in die UNESCO-Liste des Welterbes aufgenommen. Die Innenräume können besichtigt werden.

Querverweise

→ *4.5 Die Lust, zu sitzen*

→ *14.1 Jeder Mensch wohnt:* Villa, Parkbank, Hausboot

Aufgabenstellungen

V A R S — Inwieweit wurden gestalterische Prinzipien der Malerei für die Architektur übernommen?

V A R S — Übersetze das architektonische „Gemälde" zurück auf die zweidimensionale Fläche. Kannst du eine Seitenansicht des Gebäudes als *de-Stijl*-Gemälde wiedergeben? Suche eventuell nach weiteren Abbildungen.

14.5 Ein Haus wie ein Fels

Luxuriöser Umgang mit Natur

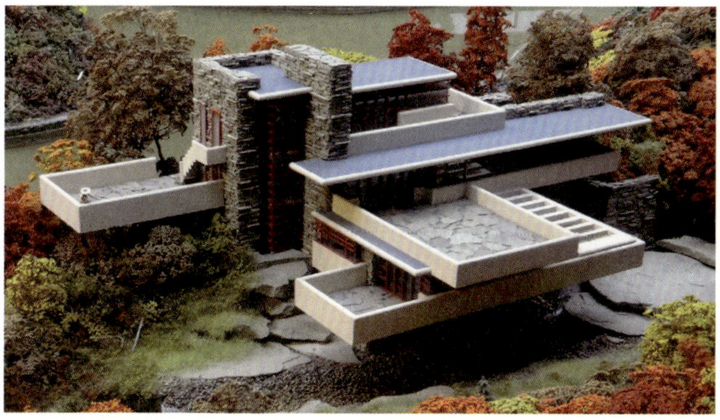

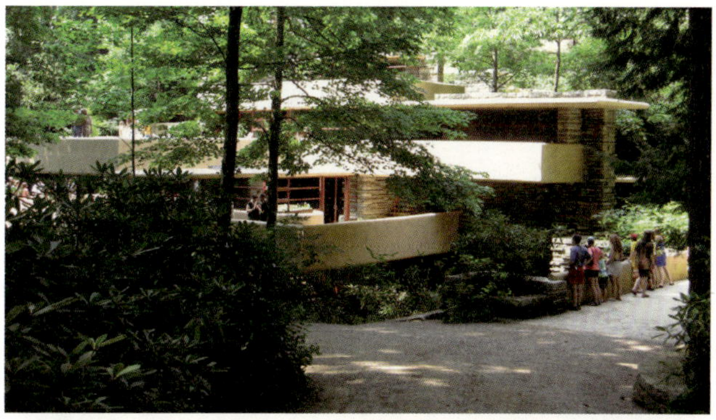

„Fallingwater ist eine große Wohltat, wohl eine der größten, die man hier auf Erden erfahren kann. Vermutlich ist nichts wirklich mit dem Einklang und dem Ausdruck großer Ruhe und Gelassenheit zu vergleichen wie sie dort aus der Kombination von Wald, Fluss und Fels und den Elementen der Struktur entstehen. Obwohl die Musik des Flusses immer da ist, achtet man auf kein Geräusch. Man hört Fallingwater so, wie man die Ruhe des Landes hört." So beschreibt der Architekt *Frank Lloyd Wright* sein Werk aus Naturstein, Beton und edlen Hölzern, den unerfüllbaren Traum aller Einfamilienhausplanerinnen und -planer.
Lego bietet einige Gebäude zum Nachbauen an, unter anderem „Fallingwater".

Abb.: Frank Lloyd Wright: Fallingwater, Haus für E. J. Kaufmann, 1935–1939, Pennsylvania, USA; Modell, Blick von der Zufahrt, Blick aus dem Tal

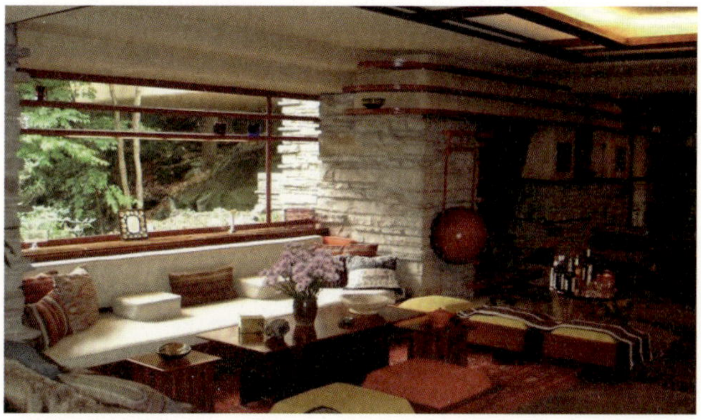

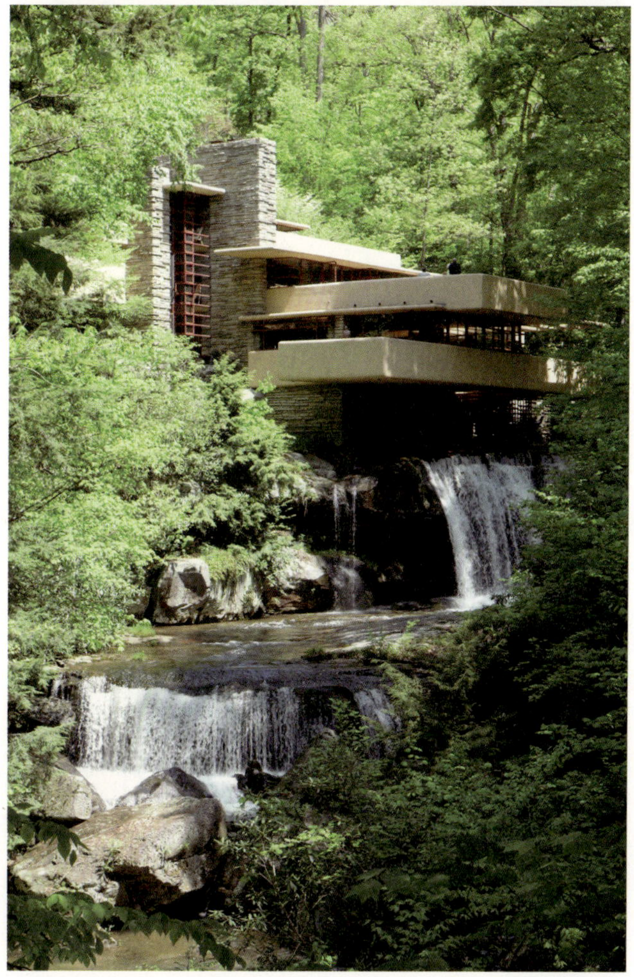

Querverweise

1.2 Material und Technologie: Bauen mit Materialien, die vor Ort zur Verfügung stehen – oder ein Grundmaterial nach Bedarf formen ←

1.16 Architektur als Bildhauerei, Bildhauerei als Architektur: Le Corbusier ←

Aufgabenstellung

Frank Lloyd Wright zählt neben *Ludwig Mies van der Rohe, Le Corbusier, Adolf Loos* und *Walter Gropius* zu den bedeutenden Architekten in der ersten Hälfte des 20. Jahrhunderts. Wähle einen Architekten der Moderne aus und stelle ihn anhand einer Präsentation in der Gruppe vor. Gehe dabei auf biografische Eckdaten, zentrale Bauten/Entwürfe und ästhetische Grundsätze ein.

V A R S

14.6 Genossenschaftsbau und Sozialwohnung

Zwei Möglichkeiten, auf Wohnungsnot zu reagieren: Beispiel Wien

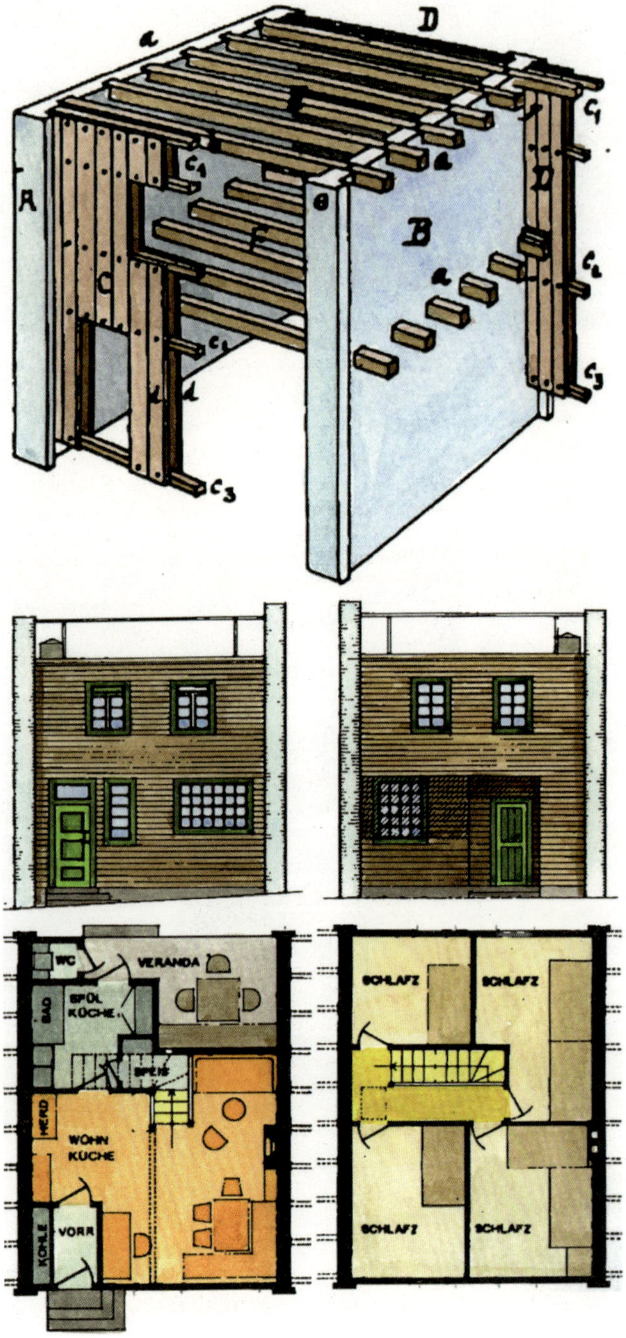

Schon im 19. Jahrhundert war in den meisten Städten durch die Zuwanderung von Arbeiterinnen und Arbeitern die Wohnungsnot groß. In Wien verschärfte sich die Lage nach dem Ersten Weltkrieg noch dadurch, dass die Bundeshauptstadt während der Kriegsjahre und anschließend auch das Ziel zurückkehrender Beamter, entlassener Soldaten und der Flüchtlinge aus der ganzen zerfallenen Donaumonarchie war. Rund um die Stadt entstanden „Brettldörfer" – illegal errichtete Notunterkünfte, wie wir sie auch heute noch aus der ganzen Welt kennen.

Die Stadtverwaltung nahm diese Entwicklung nicht einfach zur Kenntnis, sondern beschloss, die Ausdehnung solcher wilden Siedlungen zu verhindern. Sie entschied sich aber nicht für die Zerstörung, sondern wurde positiv aktiv. Die Siedlerinnen und Siedler erhielten Bauplätze und Baumaterial. Voraussetzung für diese Unterstützung war, dass sie Genossenschaften gründeten, die Häuser gemeinsam bauten und sich an bewilligte Pläne hielten.

Adolf Loos, einer der bedeutendsten österreichischen Architekten des 20. Jahrhunderts, entwickelte 1921 das „Haus mit einer Mauer": „Die Erfindung bezweckt die Herstellung billiger Wohnhäuser [...] namentlich für jene Siedlungszwecke, wo rasche Herstellungsnotwendigkeit und Wohlfeilheit (= Kostengünstigkeit) zur Bedingung gesetzt sind und eine langfristige Dauerhaftigkeit des Baues als nebensächlich erscheint. Ersparnisse beim Hausbau sind unter der Voraussetzung der Unveränderlichkeit der Preise des Grundes, der Baumaterialien und der Arbeitskosten nur möglich, wenn durch die Konstruktion Material- und Arbeitsersparnisse erzielt werden. [...] Die vorliegende Erfindung bezweckt aber die Erzielung noch weiterer Einsparungen bei den kostspieligen Gründungen (= Fundamente), die sich nach der neuen Bauart auf die Fundamente der beiden Feuermauern beschränken. Somit entfallen nach der hier zum Patent angemeldeten Bauweise die Gründungen zweier Fassaden, was erzielt werden kann, indem die Fassadenwände aufgehängt werden, statt wie bisher auf einer Gründung aufgestellt und von dieser gestützt zu werden."

Abb.: Adolf Loos: Haus mit einer Mauer, Reihenhausprojekt, nach der Patentschrift von 1921, Ansichten und Grundrisse

Querverweis

→ *14.7 Wohnung und Wohnumgebung:* Man wohnt nicht nur in der Wohnung

Neben der Förderung von Genossenschaftswohnungen begannen die Städte mit der Errichtung von Sozialwohnungen. Um Baugrund und Kosten für die Infrastruktur (Straßen, Kanalisation usw.) zu sparen, wurden viele Wohnungen zu Wohnblöcken zusammengefasst.

Wien hatte 100.000 Arbeitslose, keine Lebensmittelvorräte und ein riesiges Budgetdefizit.

Dass oft mehr als zehn Menschen in einer Wohnung von 30 m² Fläche lebten, war normal. Fließwasser musste von der „Bassena", einer Wasserstelle am Gang, geholt werden. Das WC erreichte man nur über den Gang und teilte es mit den Mieterinnen und Mietern anderer Wohnungen.

Der Finanzstadtrat der neuen sozialdemokratischen Stadtregierung, Hugo Breitner, führte eine „Wohnbausteuer" ein, die vor allem Wohlhabende belastete, und legte damit den Grundstock zur Finanzierung der neuen Wohnbauvorhaben. Von 1923 bis 1933 entstanden 64.000 Wohnungen; 75 % hatten aus Kostengründen nur eine Wohnfläche von 38 m², aber Fließwasser und WC in jeder, auch der kleinsten Wohnung.

Dies und Waschküchen, Kindergärten, nahe gelegene Gemeinschaftsbäder und großzügige Grünanlagen waren ein bis dahin unvorstellbarer Luxus. Im Gegensatz zum privaten, gewinnorientierten Wohnungsmarkt wurden diese Wohnungen nicht nach der finanziellen Leistungsfähigkeit, sondern nach sozialen Kriterien (Zahl der Kinder, bestehende Wohnverhältnisse, Einkommen u. a.) vergeben.

Der Karl-Marx-Hof in Wien, 1927–1930 erbaut, ist eines der herausragenden Beispiele dieser Wohnbaupolitik. Fast 1.400 Wohnungen wurden zu einem 1.200 m langen „Superblock" zusammengefasst. Der Architekt *Karl Ehn* betonte die Mitte der Anlage mit einem aus dem Schlossbau bekannten Ehrenhof. Weit gespannte Bögen, Balkone, Türme und monumentale Fahnenmasten zeigen deutlich, dass *Ehn* mit diesem „Arbeiterpalast" an die Tradition der historischen Repräsentationsbauten des Adels und des Bürgertums anknüpfte.

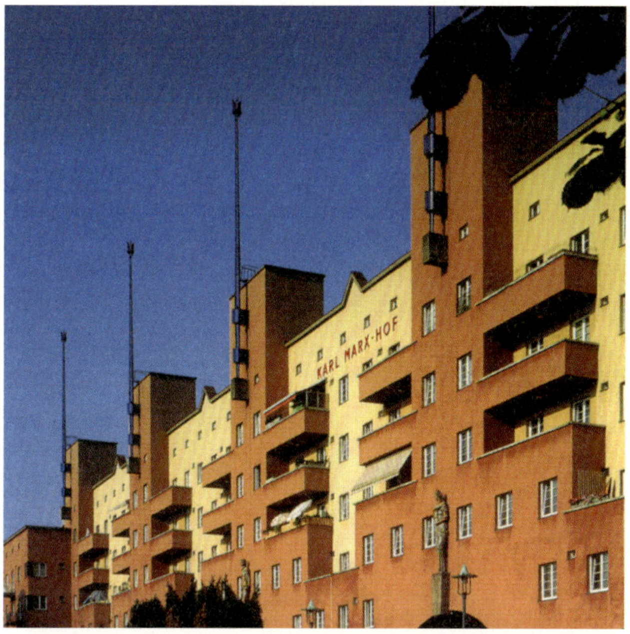

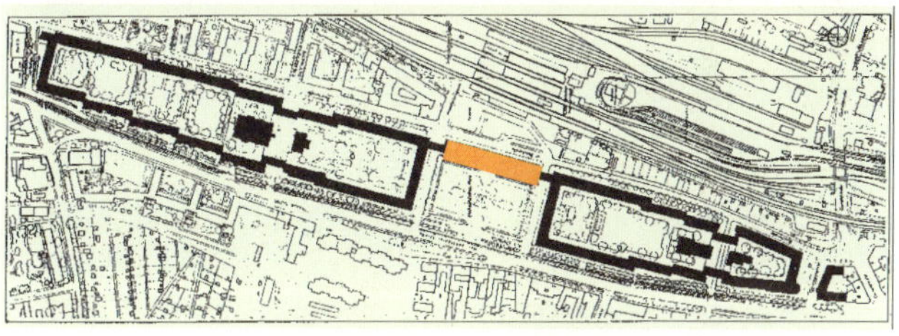

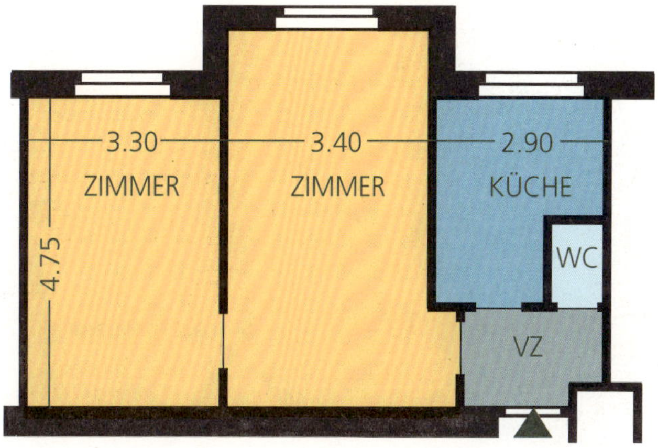

Abb.: Karl Ehn: Karl-Marx-Hof, 1927–1930, Wien, Ansicht des Mittelteils (oben), Grundriss der Gesamtanlage und Grundriss einer Wohnung mit 48 m²

Aufgabenstellung

Welche Gründe für die Entwicklung von Wohnungsknappheit in Wien zu Beginn des 20. Jahrhunderts werden angeführt? Wie wurde darauf reagiert? Erkläre die beiden angeführten Beispiele anhand der Abbildungen. Wie haben sich die Bedürfnisse im Grundriss niedergeschlagen?

VA RS

14.7 Wohnung und Wohnumgebung

Man wohnt nicht nur in der Wohnung

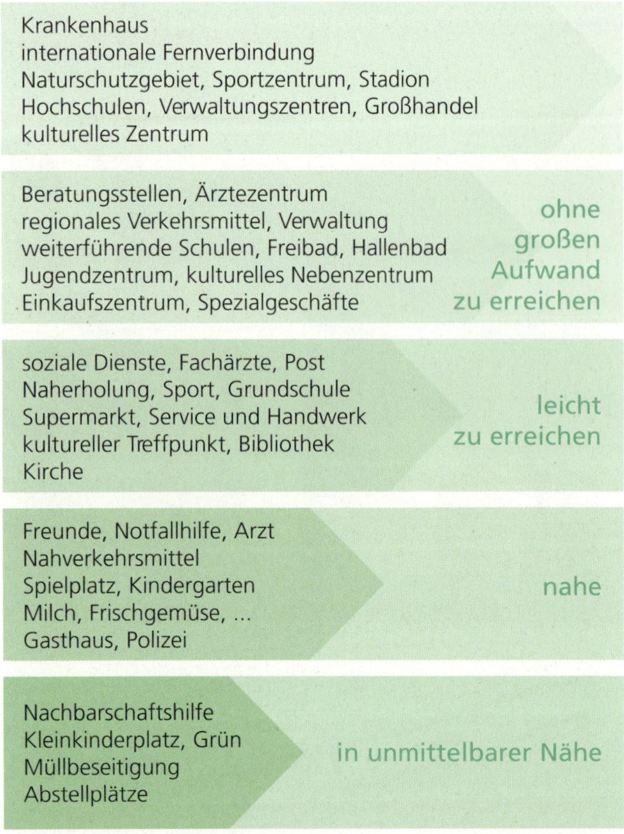

Entscheidend für das Wohlbefinden in einer Wohnung sind ausreichende Größe, erträgliche Kosten und eine sinnvolle, den individuellen Bedürfnissen entsprechende Aufteilung des zur Verfügung stehenden Volumens.

Weitere Qualitätskriterien sind die Abschirmung und die Verhinderung störender Einflüsse, aber auch die Möglichkeit, gewünschte Kontakte zu Nachbarinnen und Nachbarn aufnehmen zu können. Zugangswege und Stiegenhäuser, die Platz für Gespräche bieten, ermöglichen es den Bewohnerinnen und Bewohnern, sich miteinander vertraut zu machen. Leicht erreichbare Gemeinschaftseinrichtungen (Waschküchen, Räume für Hobbies, Versammlungen, gemeinsame Feste usw.) können eine geringe Wohnfläche der einzelnen Wohnungen kompensieren und das soziale Wohlbefinden verbessern. In der näheren Wohnumgebung (Wohnhausanlage, Siedlung) vorhandene Versorgungseinrichtungen für die wichtigsten Güter des täglichen Ge- und Verbrauchs erhöhen die Qualität einer Wohnung genauso wie leicht erreichbare Ordinationen von praktischen oder Kinderärztinnen und -ärzten, Spielplätze, Kindergärten oder Schulen. Günstige Verkehrsverbindungen zu Arbeitsplätzen, Ämtern und kulturellen Einrichtungen sind genauso wichtig wie die leichte Erreichbarkeit von Naherholungsgebieten.

Pläne können keinen umfassenden Eindruck der Wohnumgebung geben. Akustische und ästhetische Eindrücke kann man am besten vor Ort gewinnen.

Abb. unten: Grafik zur Beschreibung der Standortqualität eines Wohnvorhabens, Werbematerial 2004 und Foto des Bauplatzes

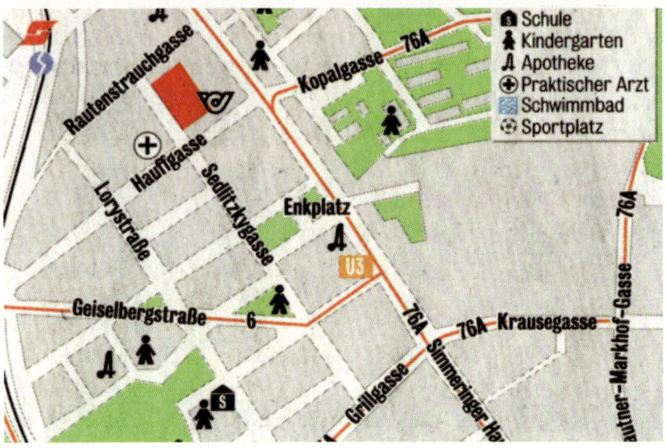

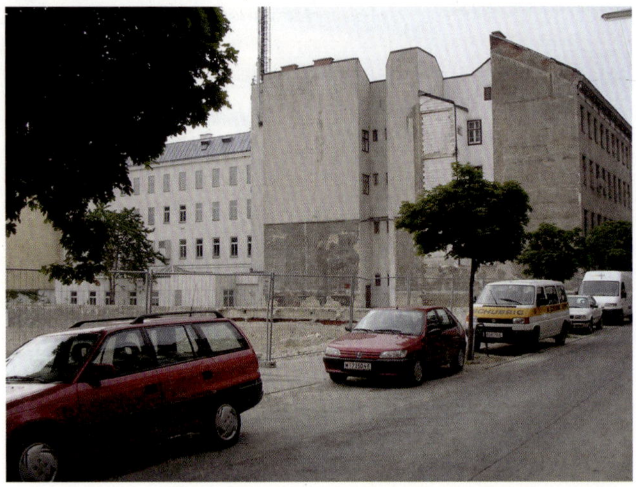

Querverweis

→ *3.5 Computer und Architektur*

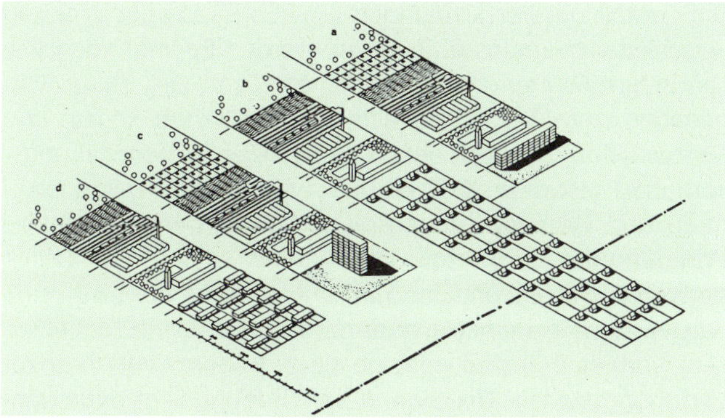

Der Wunsch nach mehr privatem Wohnraum erfordert größere Wohnungen, der vielfache Wunsch nach den „eigenen vier Wänden" mit Garten sehr viel Platz. Nicht nur an den Stadträndern fressen sich Siedlungen mit Einfamilienhäusern immer weiter in das Umland, auch Dörfer explodieren und verbrauchen ihre landwirtschaftlich nutzbaren Flächen und Erholungsräume. Für Bewohnerinnen und Bewohner des Zentrums wird die „Natur" immer weiter weggeschoben, für jene, die nah an der Natur wohnen, dauert es immer länger, ins Zentrum zur Arbeit zu kommen. Dazu muss die Allgemeinheit die Kosten für immer weitläufigere Straßennetze, Energieversorgung, Abwasserentsorgung und deren Erhaltung aufbringen.
Während die einen Hochhäuser mit Blick auf Natur als Lösung anbieten, halten andere, wie *Roland Rainer*, eine konzentrierte Flachbebauung mit Innenhöfen (Atrium) für effektiver (verdichteter Flachbau). Möglicherweise erübrigt sich diese Diskussion zumindest in Europa aber bald. Heute werden schon Konzepte zum Rückbau und zur Wüstung erörtert.
Stadtplanerinnen und -planer (Studium an Technischen Universitäten) beschäftigen sich mit den Entwicklungen von Lebensräumen. Vorausschauendes Planen kann zukünftiges Leben in Wohnräumen (Städte, Dörfer, freie Flächen) positiv beeinflussen.
Eine der jüngsten großen Wohnraumschaffungen stellt die Seestadt Aspern im 22. Wiener Gemeindebezirk dar. Die Entwicklung dieses neuen Stadtteils, der über 20.000 Menschen Wohn- und Arbeitsplatz bieten soll, wird mit über 20 Jahren angegeben. Wie sich dieser Wohnraum entwickeln wird und ob gut geplant wurde, wird sich in der Zukunft zeigen.

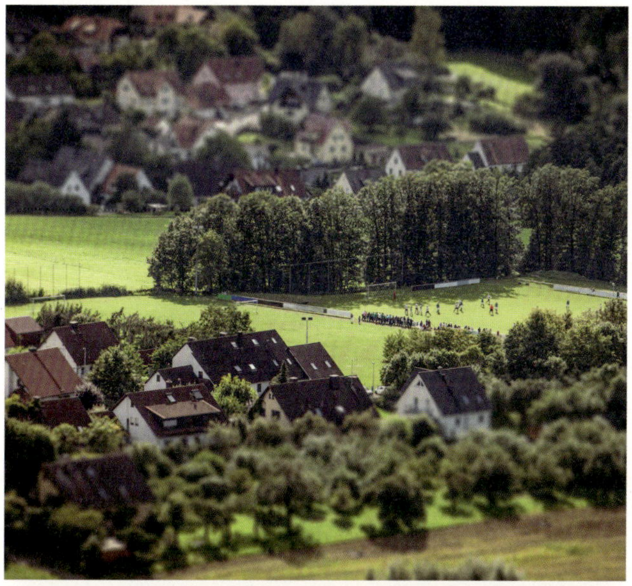

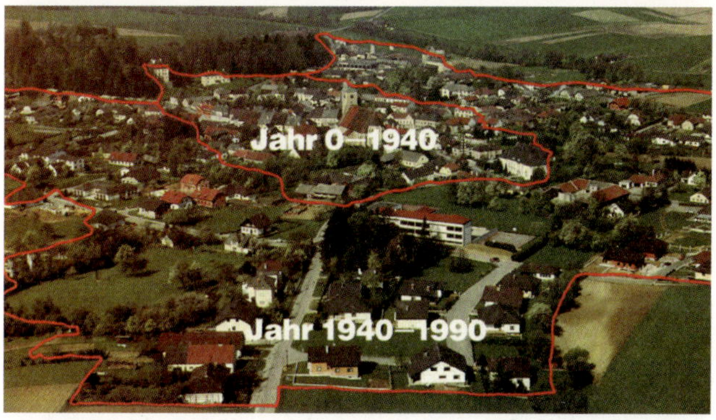

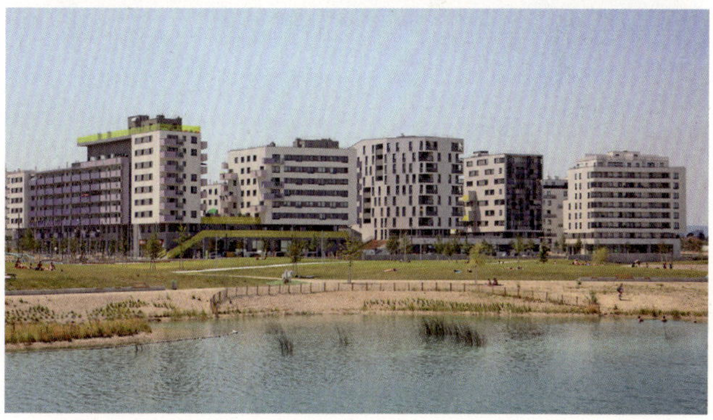

Abb. links oben: Göderitz, Rainer, Hoffmann: Die gegliederte und aufgelockerte Stadt, 1957, Vergleich des Flächenverbrauchs bei verschiedenen Bauformen
Abb. rechts oben: Siedlung aus frei stehenden Einfamilienhäusern
Abb. rechts Mitte: Darstellung des gestiegenen Raumbedarfs einer Landgemeinde
Abb. rechts unten: Seestadt Aspern, Wien

Aufgabenstellung

Wohnen in der Natur, in Zentrumsnähe, Eigenheim oder Wohnung – diskutiert in der Gruppe die Vor- und Nachteile dieser Wohnsituationen für Gesellschaft und Individuum.

14.8 Gebaute Umwelt

Einflüsse auf die Gestaltung unserer Orte

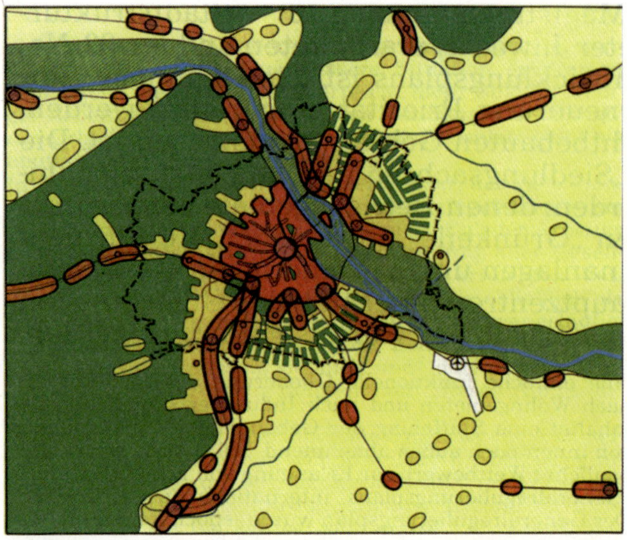

Abb. links oben: Stadtentwicklungsplan für Wien, 1984, räumliches Leitbild, schematische Darstellung

Abb. links unten: Karl Porsch: Flächenwidmungsplan Gmünd, 2000, Farben kennzeichnen die beschlossenen Nutzungen (BW: Wohngebiete, BB: Betriebsgebiete, BA: Agrargebiete, BO: erhaltenswerte Ortsgebiete, Ggü: Grüngürtel usw.)

Abb. rechts unten: Neubebauung am Rande eines Dorfes mit Rücksicht auf die bestehenden Bebauungsstrukturen, um 2000, Niederösterreich

Die Gestalt unserer Siedlungen ergibt sich aus der Wirkung verschiedener Einflüsse. Zum Teil werden Bedingungen wie Landschaftsformen, Wasserläufe usw. von der Natur vorgegeben, zum Teil schafft sich die Gesellschaft Regeln und Ordnungsformen, nach denen die Realisierung von Planungsvorhaben gestattet oder verboten wird. Leitbilder, Raumordnung und Flächenwidmungspläne legen in erster Linie die Widmung des zur Verfügung stehenden Raumes fest. Durch sie wird z. B. bestimmt, ob Flächen vorrangig der Land- und Forstwirtschaft, dem Gewerbe und der Industrie, dem Verkehr vorbehalten sind oder ob sie z. B. dem Wohnbau zur Verfügung stehen. Der Sinn dieser Ordnung liegt darin, längerfristige Planung zu ermöglichen und störende Einflüsse zu minimieren. Änderungen der Flächenwidmung haben entscheidenden Einfluss auf Grundstückspreise. Flächenumwidmungen, z. B. zu Bauland, müssen behördlich genehmigt werden.

Der Bebauungsplan greift unmittelbar in die Gestaltung ein. Er legt z. B. fest, ob das entsprechende Areal in geschlossener oder offener Bauweise bebaut werden muss, wie hoch die Bauten sein dürfen, welche Bebauungsdichte erlaubt ist, und ob Straßenfluchtlinien eingehalten werden müssen. Auch Dachformen, Dachneigungen, Baumaterial, Färbelung usw. können im Interesse einer harmonischen Erscheinungsform vorgeschrieben sein. Hier stoßen Einzelinteressen und individuelle Formvorstellungen oft auf unüberwindliche Hindernisse. Die Gemeinden können aber auch Ausnahmen zulassen.

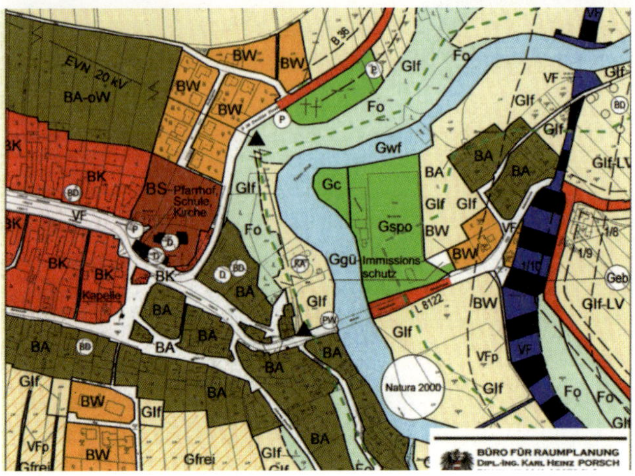

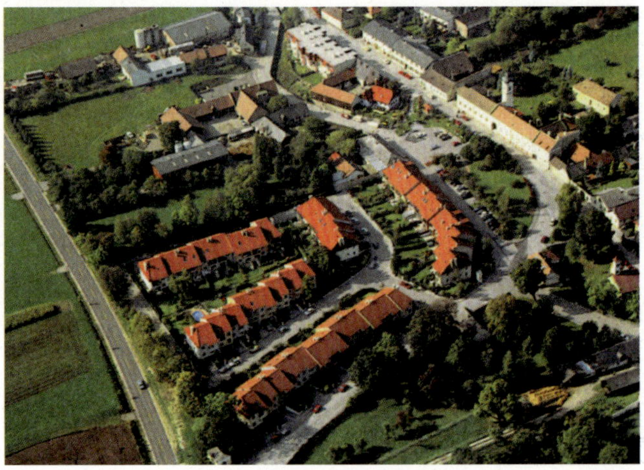

Querverweis

→ *14.10 Idealstadt – Stadtplanung:* Anlagen mit genauen Planungsvorgaben

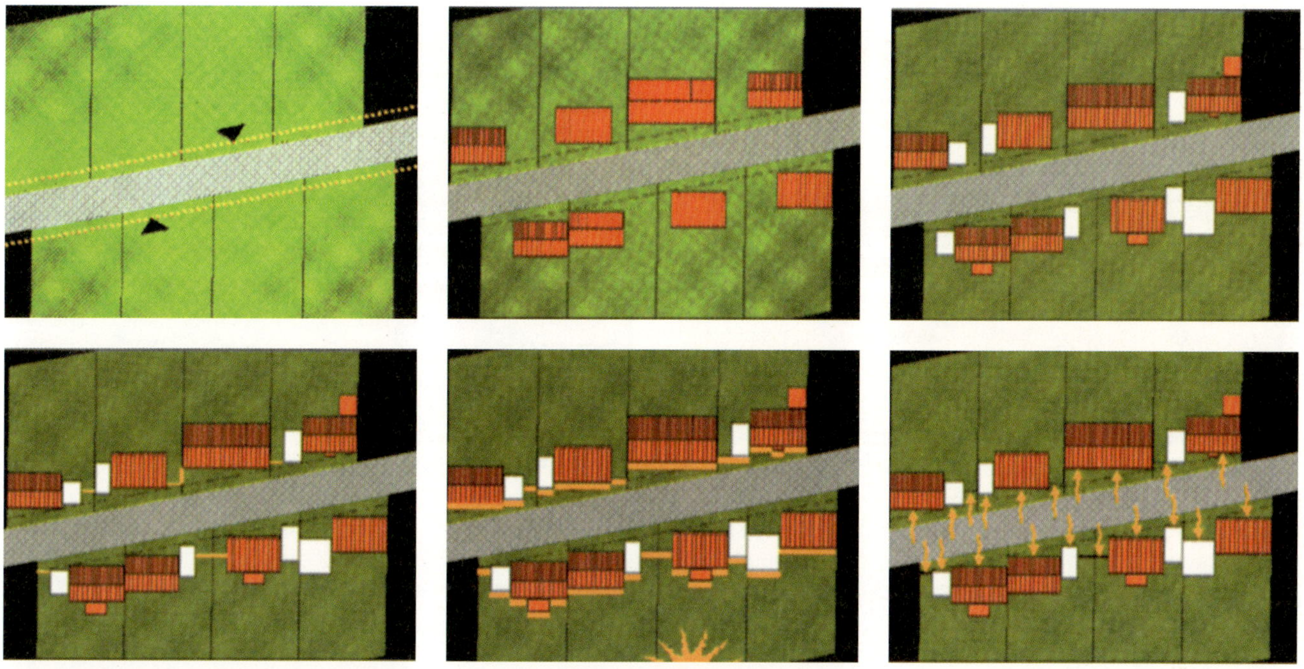

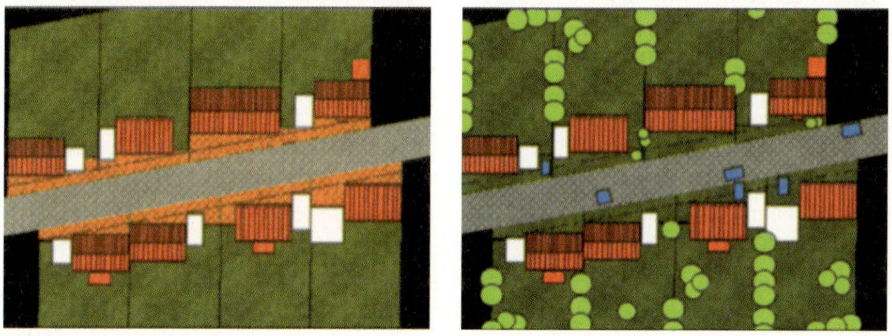

Viele Bundesländer versuchen mit intensiver Beratungstätigkeit, eine für die Ortsgemeinde und für die neuen Siedlerinnen und Siedler günstige Lösung zu finden.
Es geht dabei um die Vermeidung von Platzverschwendung, um möglichst kurze Kanalisationsstrecken, um Wege und Straßen und gleichzeitig um eine möglichst hohe Zufriedenheit der Bewohnerinnen und Bewohner. Das Beispiel aus Niederösterreich zeigt eine Südorientierung der Grundstücke mit schrägen Querstraßen. Jeder beliebige Haustyp und eine Bebauung bis zur seitlichen Grundstücksgrenze ist möglich. Vorgeschrieben ist nur die Anbauverpflichtung an der Baufluchtlinie. So soll eine geschlossene Siedlung entstehen, deren Gärten von der Straße abgewandt sind und die ein hohes Maß an Privatheit und Ruhe verspricht.

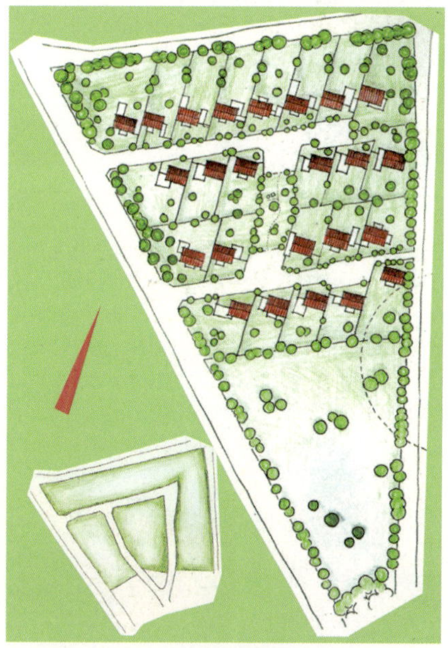

Abb.: NÖ Gestaltungsakademie: Siedlung der Zukunft, 2003

Aufgabenstellung

Was versteht man unter einem „Widmungsplan" und wozu dient er? Inwieweit hat die Widmung Konsequenzen auf die Preisgestaltung? Überlege, welche Grundstücks- und Widmungstypen besonders gefragt sein könnten. VARS

14.9 Historisch gewachsene Städte

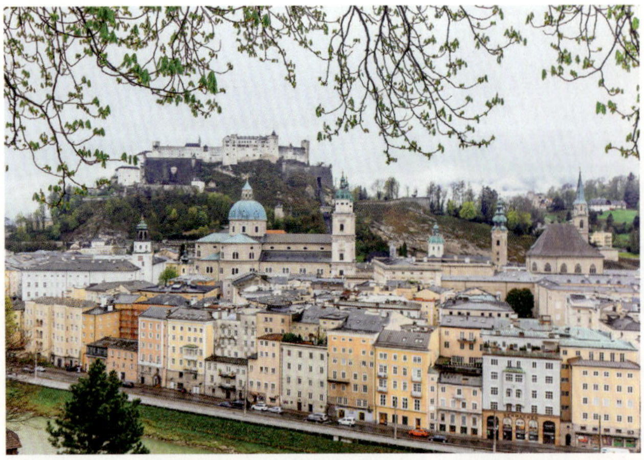

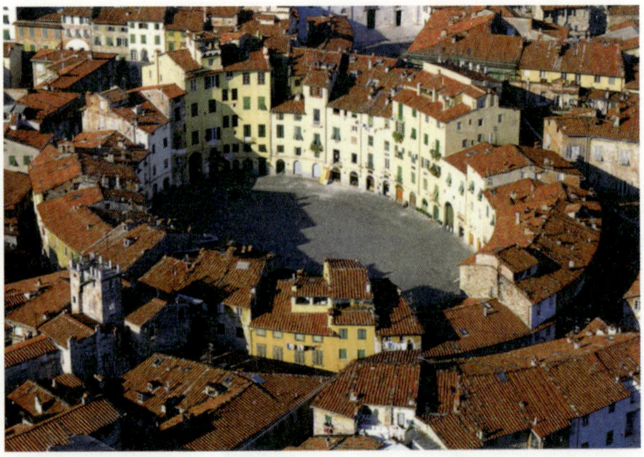

Die meisten Ortschaften sind über viele Jahrhunderte gewachsen. Die verschiedenen Bauepochen haben mehr oder weniger deutliche Spuren hinterlassen. Die Veränderungen gingen allmählich oder sprunghaft vor sich. Topografische Auffälligkeiten, wie Flüsse oder Hügel, haben besonderen Einfluss auf die Entwicklung einer Siedlung.

In der italienischen Stadt Lucca wurden die Ruinen des Amphitheaters einer verfallenen römischen Stadt zu einem günstigen Bauplatz und einem heute sehr lebendigen Platz.

Ein Beispiel für einschneidende Veränderungen eines Stadtbildes ist Salzburg. Bis ins 16. Jh. war das Bild der mittelalterlichen Stadt etwa gleich stark von den Häusern des Bürgertums wie von fürstlichen Bauten geprägt. Im 17. und 18. Jh. wurde die Stadt umgestaltet. Um die Vorstellung einer „Fürstenstadt" mit großen Plätzen und geschlossenen Baukörpern realisieren zu können, wurden 50 Bürgerhäuser abgerissen. In der Mitte des 19. Jh. wurden die Befestigungsanlagen an der Salzach geschleift, ab da blieb das Stadtbild nahezu unverändert und wurde 1967 durch ein Gesetz zur Erhaltung der Altstadt geschützt.

Schon im 19. Jahrhundert galt der Marktplatz von Hildesheim in Deutschland als einer der schönsten Plätze Europas. 1945 durch einen Bombenangriff fast vollständig zerstört, entschied sich die Stadt 1950 für eine autofreundliche Neugestaltung mit Parkplatz und modernem Hotel. Der Platz bewährte sich nun jedoch nicht mehr als emotionales Zentrum der Stadt, weshalb eine Bürgerinnen- und Bürgerinitiative 1970 die Wiederherstellung des ursprünglichen Platzes initiierte. Im Folgenden wurden die Gebäude historisch getreu wieder neu errichtet und Fassaden rekonstruiert. Die Stadt hat ihren Platz wieder.

Abb. links oben: Salzburg, Altstadt zwischen Salzach und Festung

Abb. rechts oben: Lucca, Luftbild mit den ablesbaren Spuren des römischen Amphitheaters

Abb. unten: Bilderreihe zu Marktplatz Hildesheim, vor und nach der Bombardierung 1945 und Neustrukturierung nach 1990

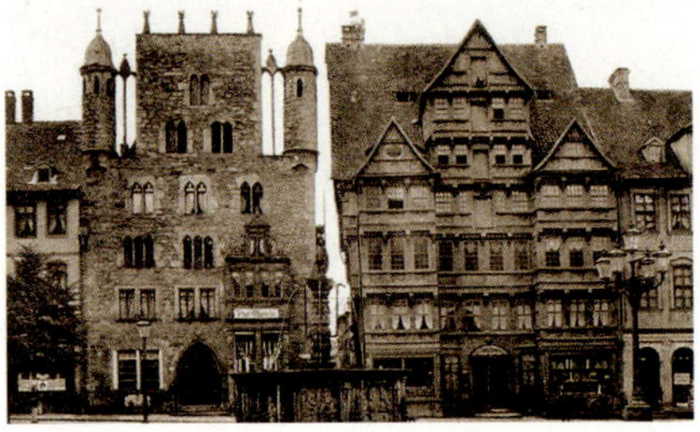

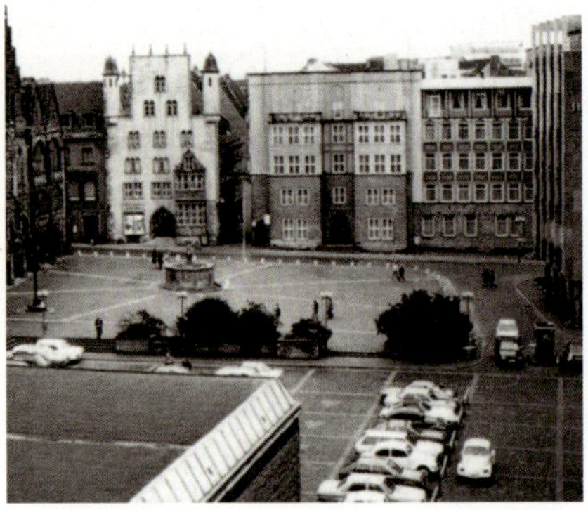

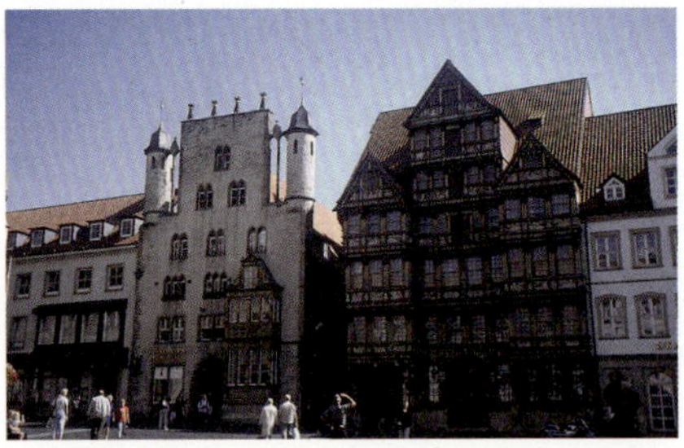

Aufgabenstellungen

V A R S — Schaue dir einen Stadtplan zu Salzburg an. Inwieweit wurde die Vorstellung von großen Plätzen realisiert?

V A R S — Vergleiche mehrere historische Stadtpläne deines Wohnorts. Welche Straßen sind schon länger historisch belegt? Wann wurden Veränderungen vorgenommen, die das Stadtbild entscheidend prägten und warum?

14.10 Idealstadt – Stadtplanung

Anlagen mit genauen Planungsvorgaben

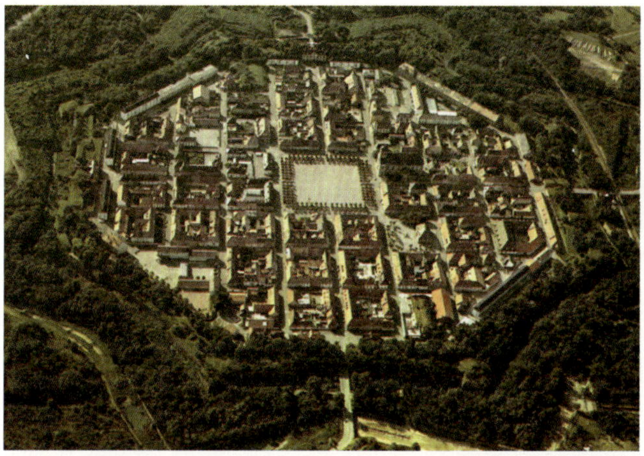

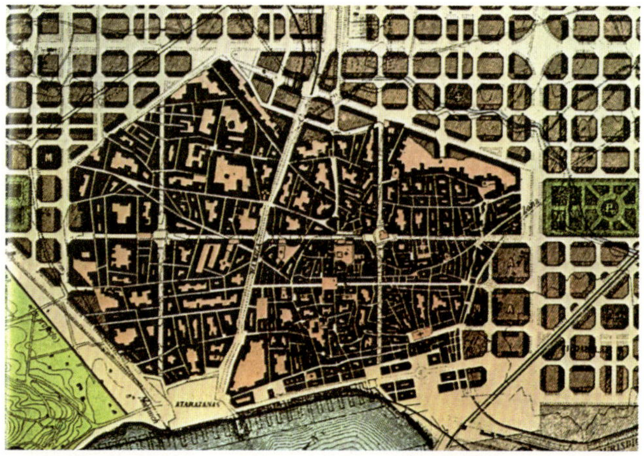

Immer wieder wird versucht, die ideale Stadt zu beschreiben, zu planen und zu realisieren. Diese Versuche zeigen, wie unterschiedliche historische Gegebenheiten, verschiedene Gesellschaftsstrukturen und die sich ändernde Haltung der Menschen zur Stadt zu verschiedenen Stadtformen führen. Die Anlage der Stadtfestung Neu Breisach steht hier als Beispiel einer kompletten Neuplanung der Barockzeit. Der Paradeplatz mit dem Kommandantenhaus bildet das Zentrum, alle Formen sind militärischen Überlegungen untergeordnet. Barcelona steht für Stadterweiterungen des 19. Jahrhunderts. Neben die unübersichtliche Altstadt wird eine klar strukturierte Neustadt mit geraden und breiten Straßen gesetzt. In Berlin wird versucht, neue Zentren, „Städte in der Stadt", zu schaffen. 1956 beschloss die brasilianische Regierung, eine neue, neutrale Hauptstadt zu gründen. Daher wurde der Standort nahe dem geografischen Zentrum des Landes gewählt. Auch sollte das bis dahin wenig erschlossene Binnenland infrastrukturell belebt werden. Der Grundriss entspricht einem gekrümmten Kreuz, wodurch die Wegzeiten kurz sein sollten. Die in der Planung zentralen Architekten sind *Lúcio Costa* und *Oscar Niemeyer*. Letzterer prägt mit seinen Gebäuden, in denen er vor allem auf Beton zurückgreift, das heutige Bild der Planstadt. Die auf dem Reißbrett entworfene Stadt wuchs aufgrund der politischen Bedeutung rasant an. Die Vorstellung einer konstruierten, geordneten Stadt konnte dem Zustrom an Menschen nicht nachkommen. Viele leben heute in Trabantensiedlungen nahe der Hauptstadt, was die Verkehrssituation erheblich beeinflusst.

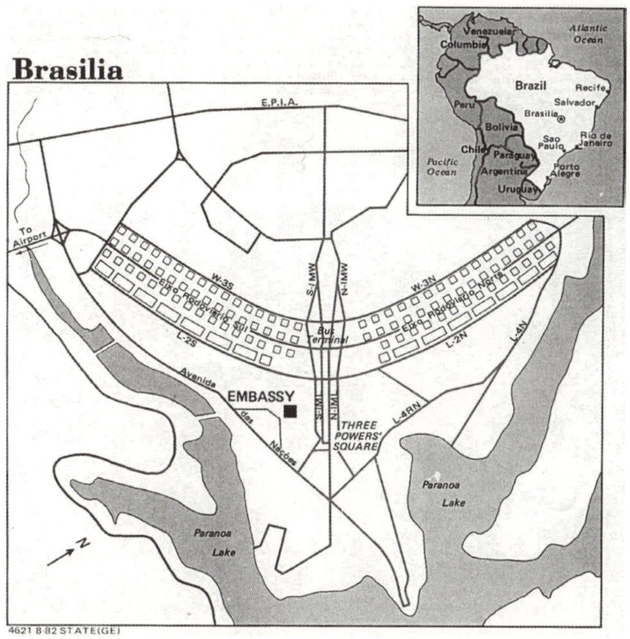

Abb. links oben: Sebastien Vauban: Neu Breisach, 1699–1712 (D)
Abb. rechts oben: Ildefons Cerdà: Plan zur Neugestaltung und Erweiterung der Stadt Barcelona, 1859
Abb. rechts unten: Grundriss von Brasilia

Querverweise

1.3 Beton: Sand + Zement + Wasser – das wichtigste Baumaterial der Gegenwart

14.7 Wohnung und Wohnumgebung: Man wohnt nicht nur in der Wohnung

Aufgabenstellung

Beschreibe anhand der Abbildungen die vorgestellten Beispiele von geplanten Städten. Wodurch unterscheiden sie sich von historisch gewachsenen Städten?

V A
R S

14.11 Der Vergangenheit eine Zukunft

Denkmalschutz, Ensembleschutz und Weltkulturerbe

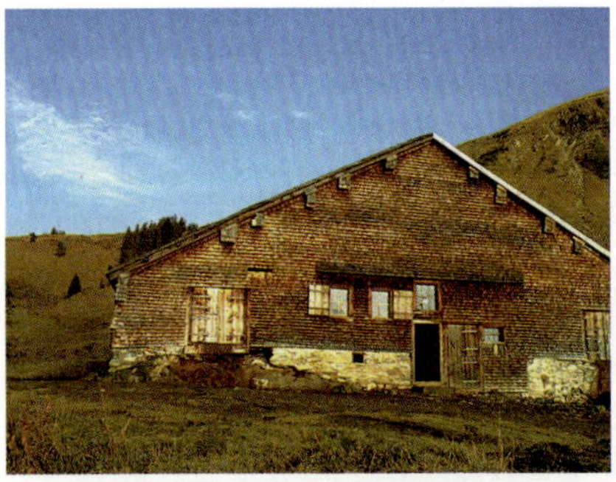

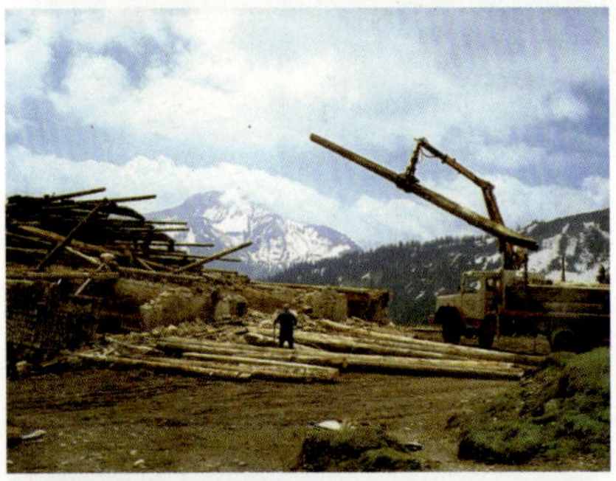

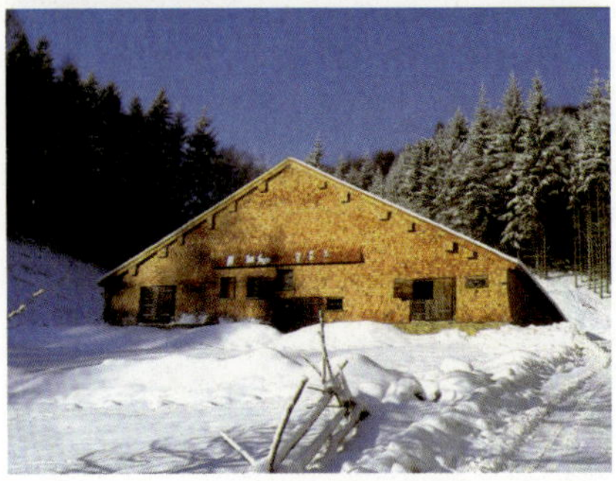

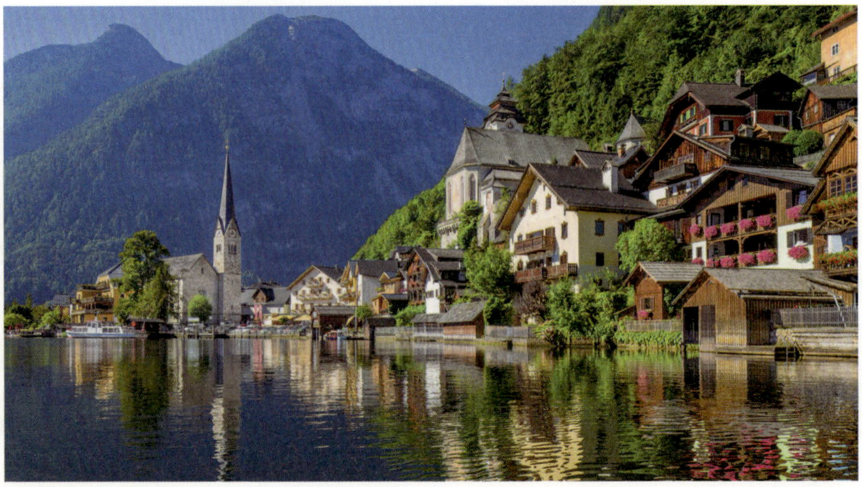

Abb. links, von oben nach unten: Alphütte von Mittelargen, 1641, Au im Bregenzerwald, 1.700 m, 20 x 23 m, 2.400 m³, Abbau: 1978, Freilichtmuseum Stübing
Abb. rechts: Hallstatt (OÖ)

Bauten können aus verschiedenen Gründen für die Allgemeinheit so wichtig sein, dass sie als Denkmal empfunden werden: Ist das Bauwerk historisch, künstlerisch, technisch oder städtebaulich bedeutend, kann es unter Denkmalschutz gestellt werden. Die gesetzliche Unterschutzstellung verbietet den Eigentümerinnen und Eigentümern, das Objekt abzureißen oder zu verändern, und verpflichtet sie, es zu erhalten oder sogar wiederherzustellen.
Eine Sonderform des Denkmalschutzes stellt das Freilichtmuseum Stübing bei Graz dar. Vom Abbruch und Verfall bedrohte Bauten der bäuerlichen Kultur wurden zerlegt, restauriert und hierher gebracht. Heute umfasst die Anlage etwa 60 Objekte.
Seit dem 19. Jahrhundert hat sich die Bedeutung der Erhaltung einzelner Gebäude im allgemeinen Bewusstsein durchgesetzt. Mit den Zerstörungen im Zweiten Weltkrieg, dem leichtfertigen Umgang mit alter Bausubstanz im anschließenden Wiederaufbau und zu Zeiten des „Wirtschaftswunders" wurde deutlich, dass nicht nur Einzelobjekte zu schützen sind, sondern gesamte Bereiche, um die Identität eines Ortes zu wahren. Unter diesen Ensembleschutz können nun auch Einzelbauten mit geringem Denkmalschutz fallen, wenn sie für das Gesamtbild einer Straße oder eines Platzes essentiell sind.
Die Bezeichnung „Weltkulturerbe" stellt solche Bereiche unter internationalen Schutz und ist gleichzeitig eine Art touristisches Gütesiegel. Sie kann die Stadtplanung auch über das eigentliche Schutzgebiet hinaus beeinflussen. Die Neuplanung des Geländes am Heumarkt in Wien wird sehr intensiv diskutiert, da die geplante Höhe eines neuen Hochhauses zur Aberkennung des Weltkulturerbprädikats der Wiener Innenstadt führen kann, weil es die Stadtansicht erheblich beeinflusst. Die UNESCO Welterbestätte Hallstatt–Dachstein/Salzkammergut liegt in den Bundesländern Oberösterreich (ca. 60 %), Steiermark (ca. 35 %) und Salzburg (ca. 5 %). Neben vielen anderen Gemeinden gilt auch der Ort Hallstatt (OÖ) als Kernzone. 2012 wurde in China eine Kopie des Ortes eröffnet.

Querverweis

→ *14.4 Ein Haus wie ein Bild:* Demonstration eines formalen Konzepts

Aufgabenstellung

V A R S Erkläre die im Untertitel genannten Begriffe (Denkmalschutz, Ensembleschutz, Weltkulturerbe). Gib jeweils ein Beispiel dafür an.

14.12 Platz für die Gegenwart

Kreativ und sorgsam mit dem architektonischen Erbe umgehen

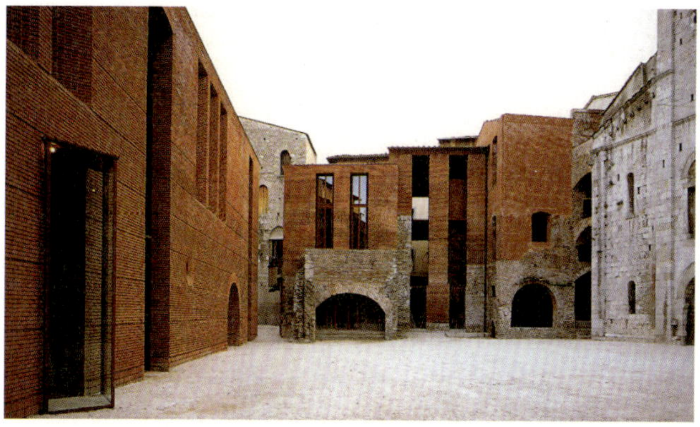

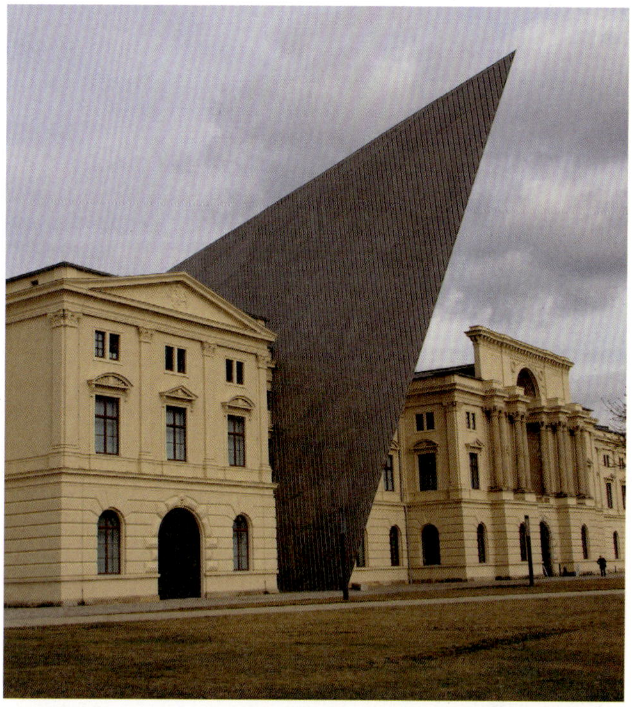

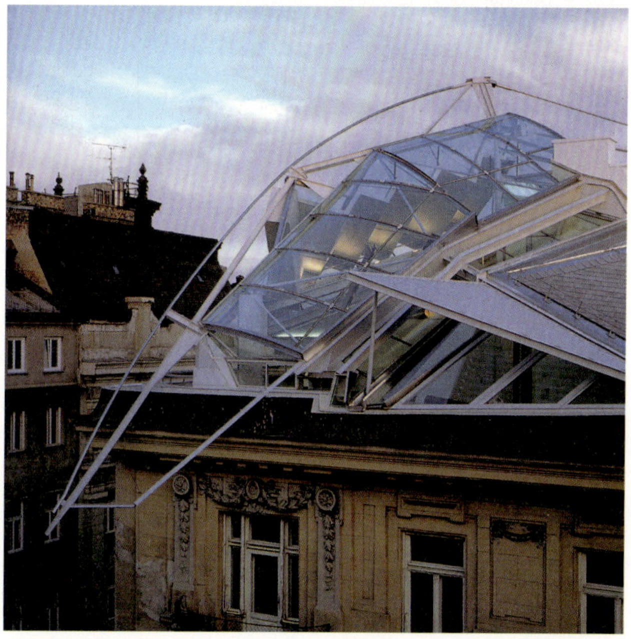

Neben der Instandhaltung und Restaurierung alter Bausubstanz müssen auch Umbauten und Erweiterungen durchgeführt werden. Ein Weg besteht darin, einfach alte Formen zu kopieren und die historischen Entwicklungen zu verleugnen. Daneben suchen Architektinnen und Architekten Wege nach neuen Lösungen, um Alt und Neu in spannende Beziehungen zu bringen. Dabei hat sich gezeigt, dass die Berücksichtigung der Proportionen eine wesentliche Rolle spielt. Die Stadtreparatur in Pisa zeigt eine Möglichkeit. Die neuen Bauteile sind wie die Reste des Altbaus aus Ziegeln, sie halten sich an die alten Baulinien und Grundrisse. Dabei setzen sie sich aber auch klar ab. Die Ziegel sind deutlich als neu zu erkennen, und die Formensprache ist zeitgenössisch.

Der Dachausbau eines Hauses aus dem 19. Jahrhundert in Wien hält sich zwar grob an die umgebende Dachlandschaft, was das Bauvolumen betrifft, durchbricht aber sonst alle Konventionen. Das Architektenteam *COOP Himmelb(l)au* wählte hier den Kontrast.

2011 war der Umbau des Militärhistorischen Museums in Dresden durch den Architekten *Daniel Libeskind* fertig. Der Neubau durchschneidet das Gebäude, das Ende des 19. Jahrhunderts im historistischen Stil erbaut wurde, mit einer scharfen Klinge. Alt und Neu verschmelzen ohne weitere Vermittlung miteinander.

Abb. links oben: Massimo Carmassi: Stadtreparatur Pisa, 1985–2002, Schäden aus dem Zweiten Weltkrieg
Abb. rechts oben: Daniel Libeskind: Umbau des Militärhistorischen Museums in Dresden, 2011
Abb. rechts unten: COOP Himmelb(l)au, Dachausbau, 1989, Wien

Querverweis

14.9 Historisch gewachsene Städte

Aufgabenstellung

Wie wird in den Beispielen auf alte Baustruktur eingegangen?

15.1 Die Zeichnung

Begriffsklärung und Möglichkeiten

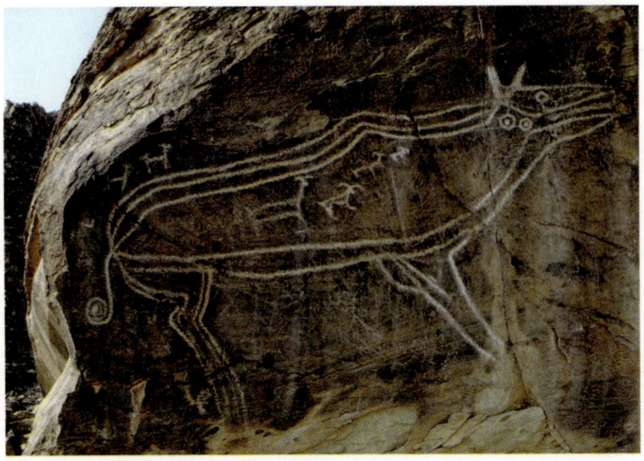

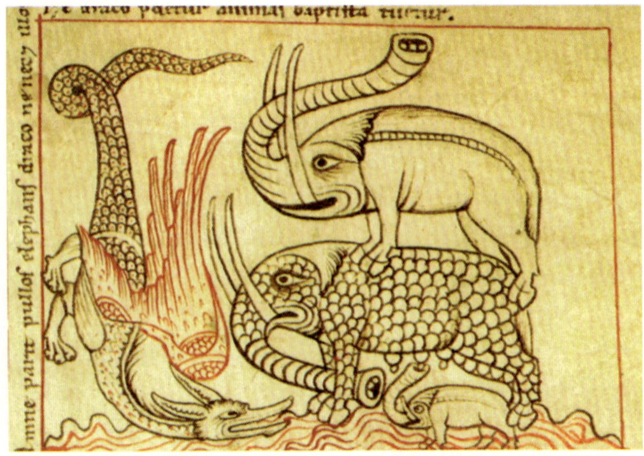

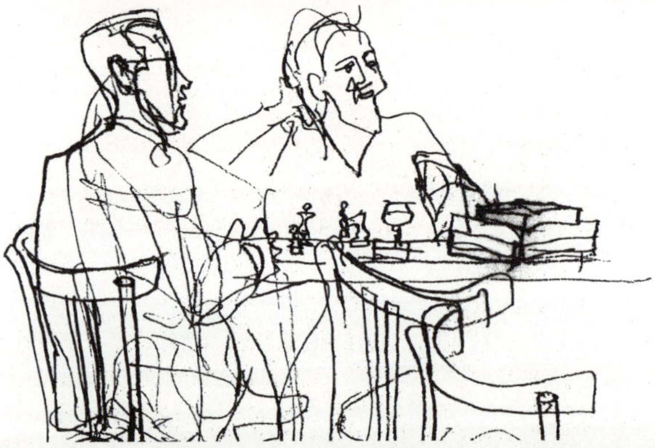

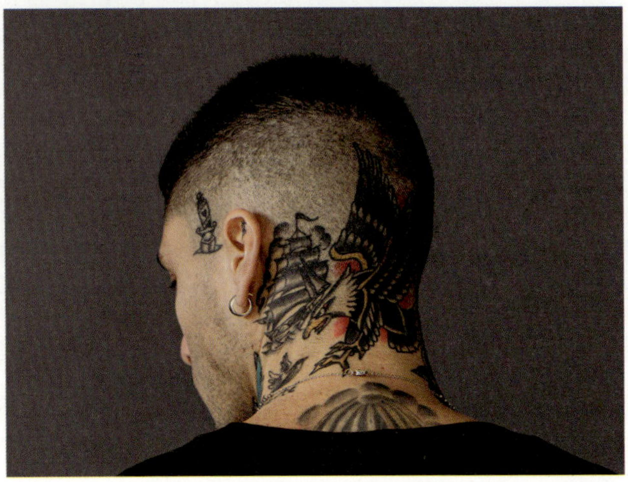

Die Zeichnung ist ursprünglich aus dem Wunsch und Bedürfnis entstanden, die Welt mitsamt ihren sichtbaren Bedingungen und Veränderungen gestaltend zu erfassen. Heute bietet sie sich uns als eine vielseitige Gattung der bildenden Kunst dar und reicht von den frühzeitlichen Ritzzeichnungen in Stein über die hochkünstlerischen Studienblätter etwa der Renaissance bis hin zu den zumeist anonym hergestellten Graffiti moderner Großstädte.

Die wichtigste formale Grundlage der Zeichnung ist immer die Linie. Egal, ob gerade, eckig oder geschwungen, kräftig oder dünn, sie ist immer abstrakt und erscheint als Formgrenze oder Spur eines Bewegungsablaufes. Da die Zeichnung meist rasch entsteht, verzichtet sie auf den Umweg einer mühsamen handwerklichen Prozedur. Ihre lineare Gliederung ist ständig sichtbar und liegt offen vor der Betrachterin bzw. dem Betrachter. Deshalb wird die Zeichnung auch als unmittelbarste persönliche Äußerung künstlerischer Individualität gewertet.

Abb. links oben: Mythisches Tier, ca. 4000 v. Chr., Ritzzeichnung, Helan-Gebirge, China

Abb. rechts oben: Im Fluss gebiert der Elefant seine Jungen, damit sie der Drache nicht töte; Beispiel aus dem Musterbuch des Stiftes Rein, Steiermark, 13. Jh.

Abb. links Mitte: Gerald Brettschuh: Menschenbilder, 1980, Graphit auf Papier

Abb. links unten: Kopftätowierung

Querverweise

→ *2.4 Die Linie*

→ *11.5 Funktionen der Malerei:* Zauber und Magie: Höhlenmalerei

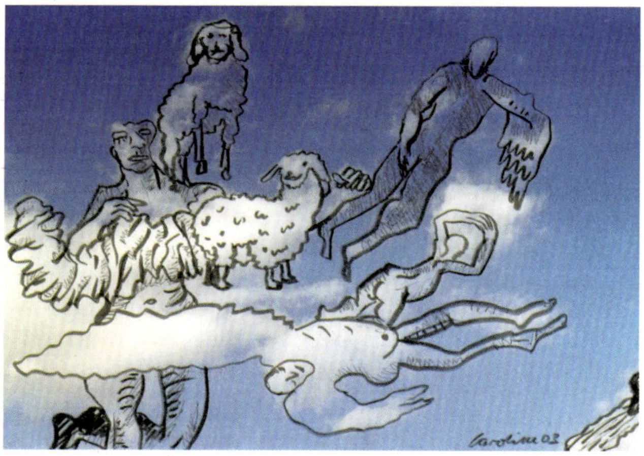

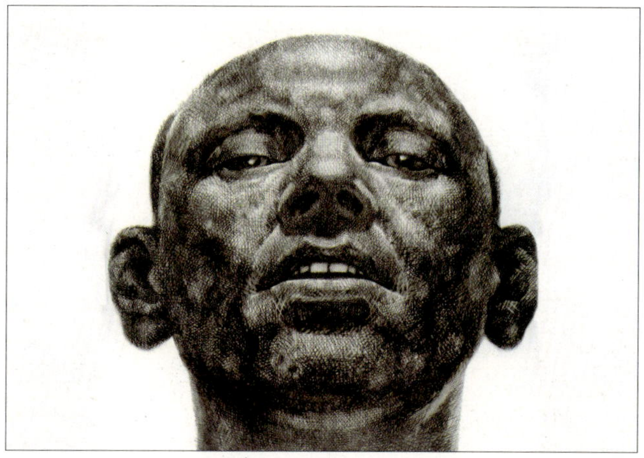

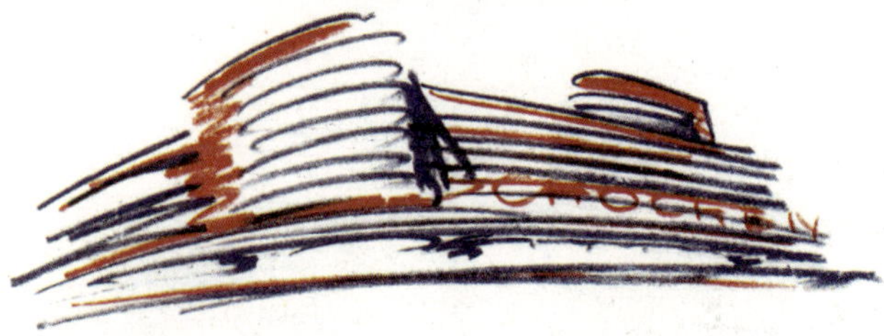

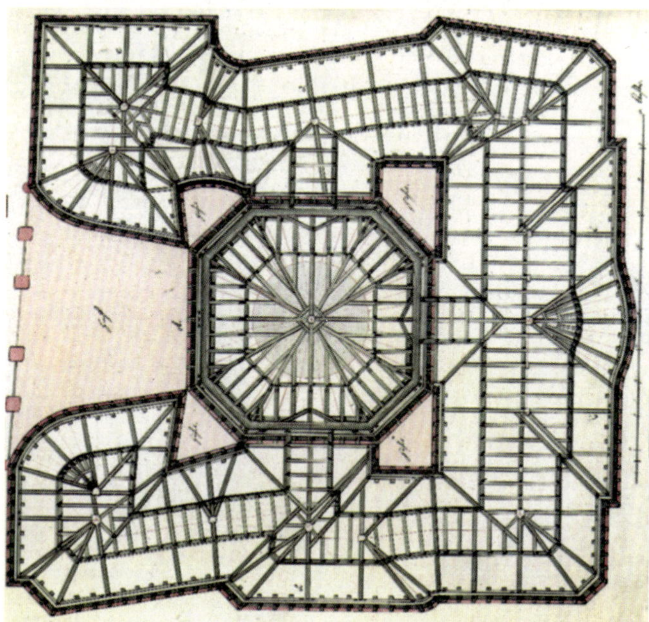

Die Zeichnung erfüllt viele Aufgaben und reicht von der Kinderzeichnung über das Stillleben, die Illustration, die Natur- und Landschaftsdarstellung, die Bildniszeichnung bis hin zur Architekturzeichnung.

Vielfältig wie ihre Anwendungsgebiete sind auch ihre Mittel, von diversen Stiften aus Graphit oder Silber über Kohle, Kreiden, Rötel, Pastellen und die unterschiedlichsten Typen von Federn, Tusche- und Filzstiften bis zum Pinsel oder Spray. Zu einem wesentlichen Teil ist die künstlerische Handzeichnung eine zweckgebundene Kunst, die Teil eines übergeordneten, umfangreicheren Vorhabens ist.
Sofern nicht als autonome Arbeit gedacht, bereitet sie als Skizze, Entwurf, Studie oder Vorzeichnung bzw. Werkzeichnung den oft äußerst arbeitsintensiven Weg zu den Werken der Malerei, Plastik und Architektur.

Abb. links oben: Caroline (Hudelist): Wolkenbilderzeichnung, 2003, Tusche auf Foto, 30 x 20 cm, Privatsammlung, Wien
Abb. rechts oben: Florentina Pakosta: Ich bin doch wer!, 1976, schwarze Kreide, Pinsel laviert, 98,5 x 93,7 cm, Albertina, Wien
Abb. rechts Mitte: Erich Mendelsohn: Entwurfszeichnung für ein Kaufhaus, 1928, Buntstift auf Papier
Abb. rechts unten: Draufsicht einer Dachstuhlkonstruktion, um 1850, Bleistift und rote Tinte auf Papier, 69 x 49 cm, Albertina, Wien

Aufgabenstellungen

Welche unterschiedlichen Funktionen kann Zeichnung übernehmen? Erkläre anhand der Abbildungen. Inwieweit variiert dabei der Einsatz der Linie?

Die Wolkenbilderzeichnung von *Caroline Hudelist* zeigt einen lockeren, intuitiven Zugang zur Zeichnung, der kreatives Denken anregt. Erstelle selbst Wolkenbilderzeichnungen.

15.2 Zeichenmittel

z. B. Papyrus, Pergament und Papier

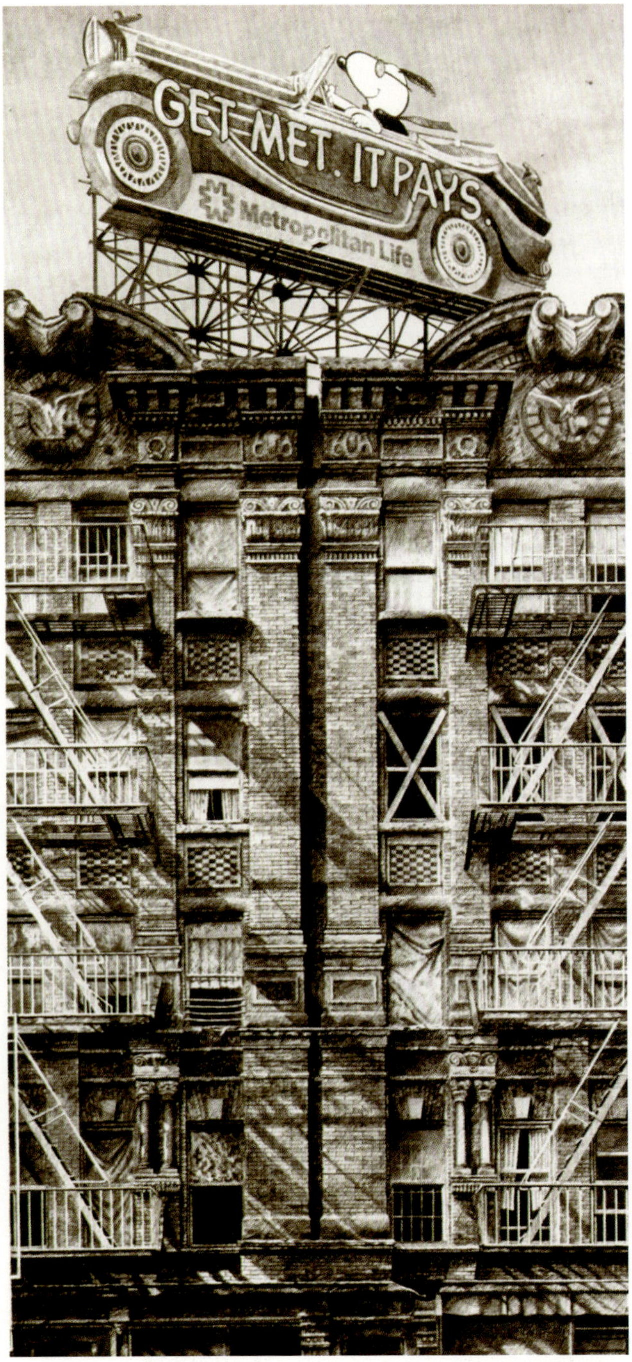

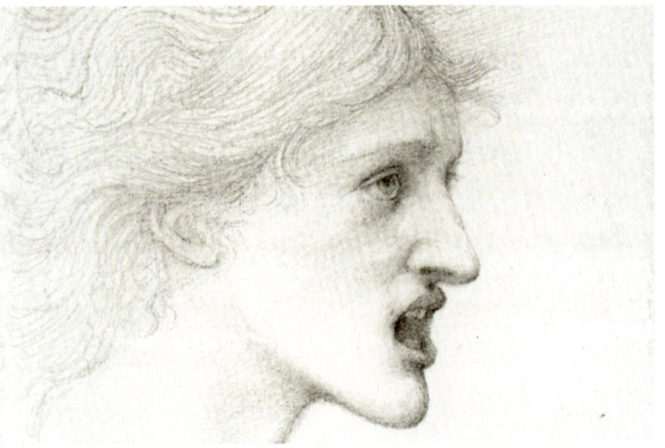

Grundsätzlich kann auf und mit jedem Material gezeichnet werden. Für die künstlerische Handzeichnung ist als Zeichenfläche nach Papyrus und Pergament das in China erfundene und ab dem 13. Jahrhundert in Europa verbreitete Papier von besonderer Bedeutung. Papier wird durch Aufschwemmung und Trocknung zermahlener tierischer oder pflanzlicher Grundmaterialien in verschiedensten Qualitäten erzeugt und mit unterschiedlichen Eigenschaften angeboten. Bei den Zeichenmitteln unterscheidet man selbst zeichnende (Stifte, Kohlen, Rötel, Kreiden) und übertragende (Federn, Pinsel für Tusche, Tinte).

Als dünn zeichnende Stifte sind heute Bleistifte verschiedener Stärken und Härtegrade sowie Buntstifte vorherrschend. Eine weichere Zeichenweise und der Wunsch nach größeren Bildformaten ließen ab dem 15. Jahrhundert breit zeichnende Stifte wie Kohle und Rötel sowie Natur-, Pastell- und Wachskreiden in Gebrauch kommen. Man konnte linear und flächig damit arbeiten. Das damit Gezeichnete lässt sich leicht, fast malerisch verwischen oder korrigieren. Die Arbeiten müssen jedoch vor der Fertigstellung – beispielsweise mit Schellackfixativ – an die Zeichenfläche gebunden werden.

Abb. links: Franz Zadrazil: Metropolitan Life, 1990, Bleistift auf grundierter Faserplatte, 250 x 100 cm, Albertina, Wien
Abb. rechts oben: Edward Burne-Jones: Frauenkopf, 1875, Bleistift, 24,6 x 15,8 cm, Albertina, Wien

Querverweis

→ *15.3 Übertragende Zeichenmittel:* Feder – Pinsel

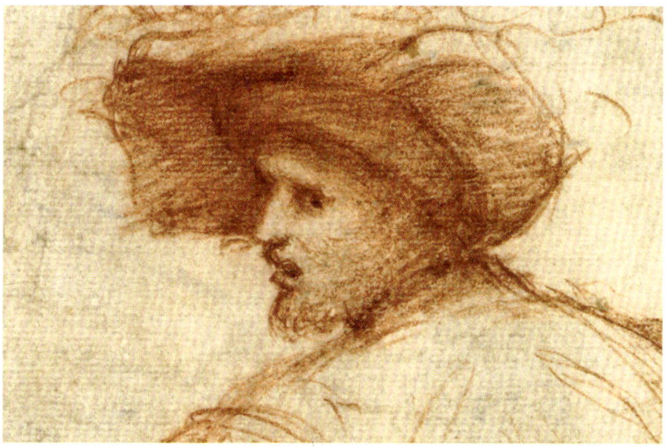

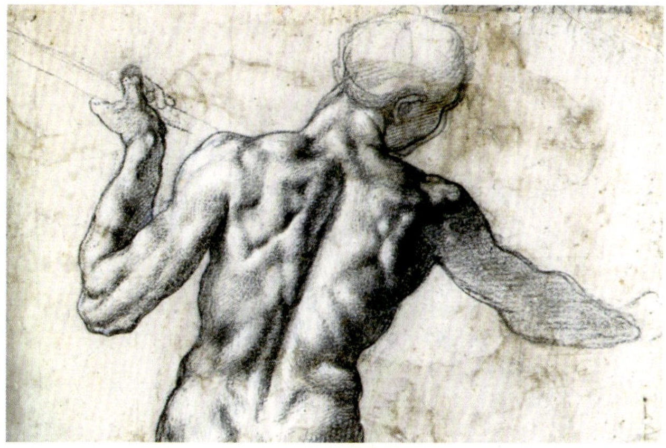

Abb. links oben: Giovanni Pordenone: Halbfigur eines Mannes mit Federhut, o. J., Rötel, 15,6 x 11,8 cm, Albertina, Wien
Abb. links unten: Judie Bamber: Mom Reading 1, 2010, aus der Serie „Are You My Mother?", Graphitstift, 25 x 20 cm, ausgehend von alten Fotos

Abb. rechts oben: Michelangelo Buonarroti: Männlicher Rückenakt, schwarze Kreide, weiß gehöht, 18,8 x 26,2 cm, Albertina, Wien
Abb. rechts unten: Franz Ringel: Die Mutter, 1969, Bleistift und Farbkreiden, 71 x 61,3 cm, Albertina, Wien

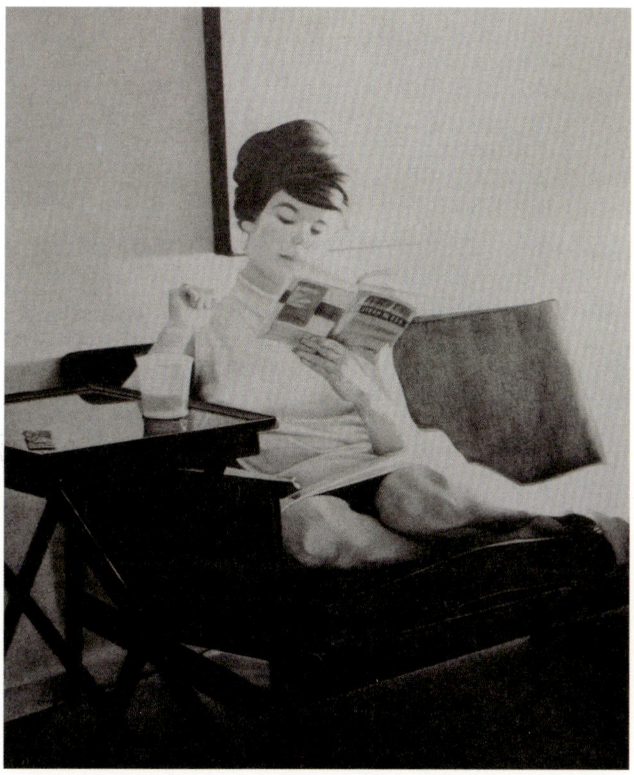

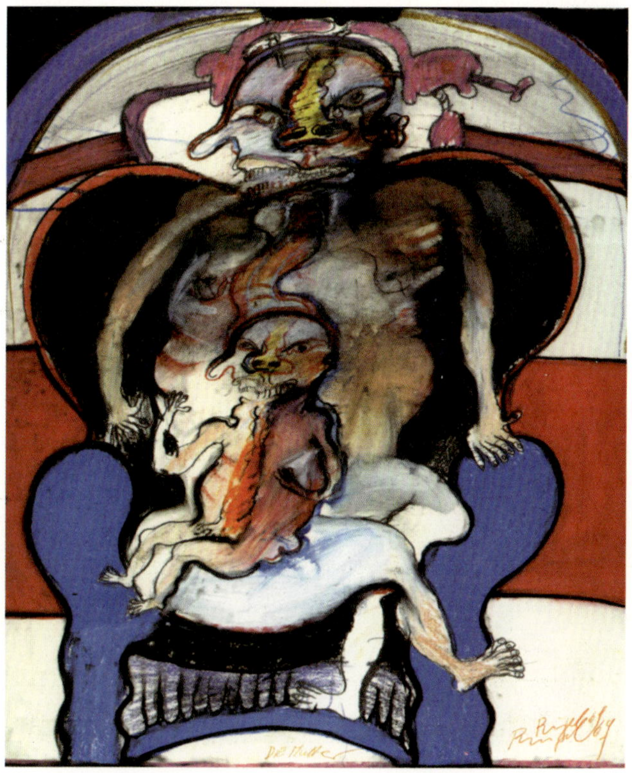

15.3 Übertragende Zeichenmittel

Feder

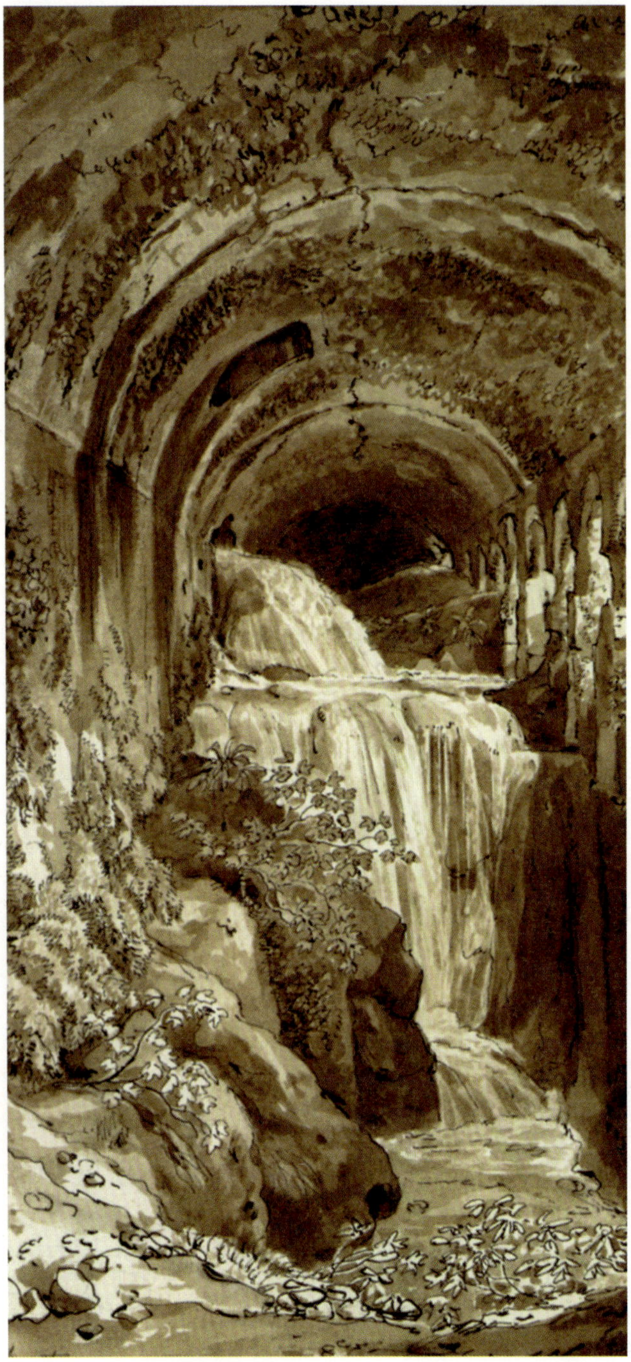

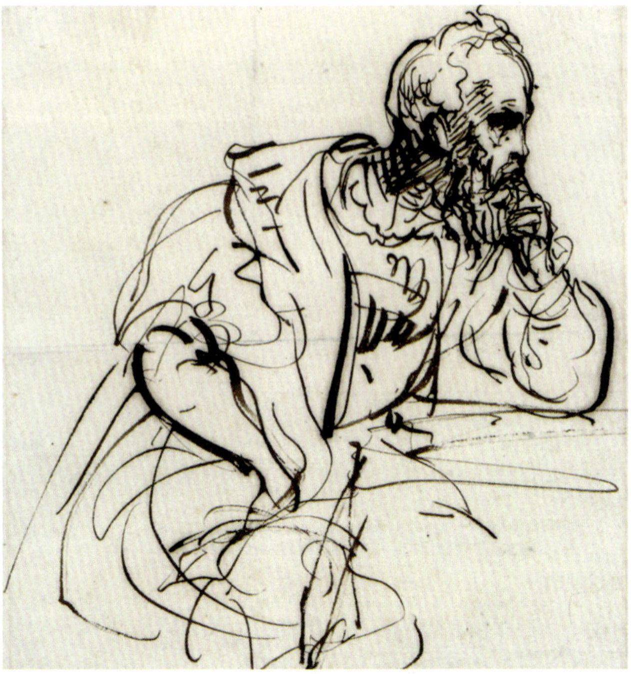

Abb. links: Johann Christian Reinhart: In der Villa Necenate in Tivoli, 1793, Feder in Schwarz, Pinsel in Braun, laviert über Bleistift, 35 x 25,3 cm, Albertina, Wien

Abb. rechts oben: Eugène Delacroix: Studie des Dogen Francesco Foscari, 1847, Rohrfeder, 21,6 x 18 cm, Albertina, Wien

Übertragende Zeichenmittel geben Farbe, Tusche oder Tinte nicht von selbst ab; diese müssen während des künstlerischen Arbeitsprozesses zugeführt werden. Tinten bestehen aus natürlichen Gerbstoffen, Eisensalzen und Farbstoffen, Tuschen aus feinen Rußen, Kohlepigmenten und wasserlöslichen Bindemitteln.

Als ältestes der übertragenden Zeicheninstrumente gilt die aus Schilf oder Bambus gefertigte Rohrfeder. Ein Rohr wird durch einen Schrägschnitt zugespitzt. Durch Eintauchen oder durch Einstreichen mit einem Pinsel wird die Farbflüssigkeit im Rohr gespeichert und fließt langsam über die gespaltene Spitze zur Zeichenfläche ab. Bei geringem Druck entsteht dabei eine zarte Linie, bei höherer Druckausübung wird der Strich breiter.

Querverweis

→ *11.2 Das Aquarell:* Farbe, Wasser und Papier

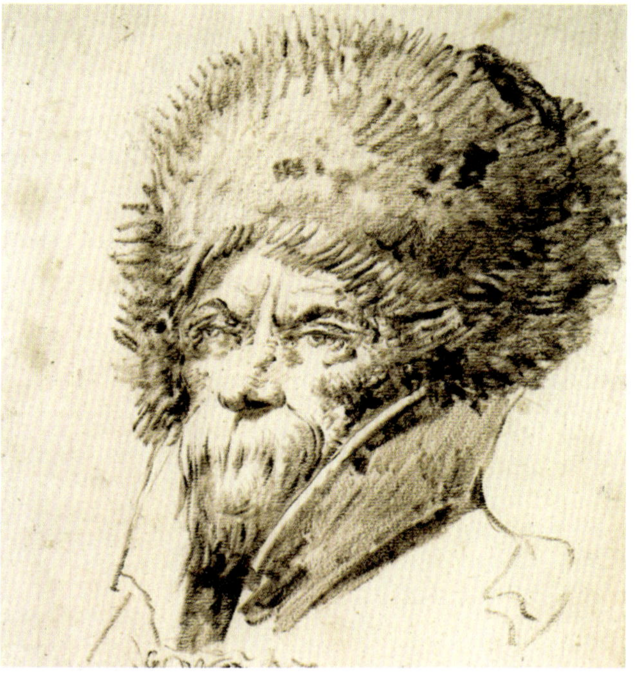

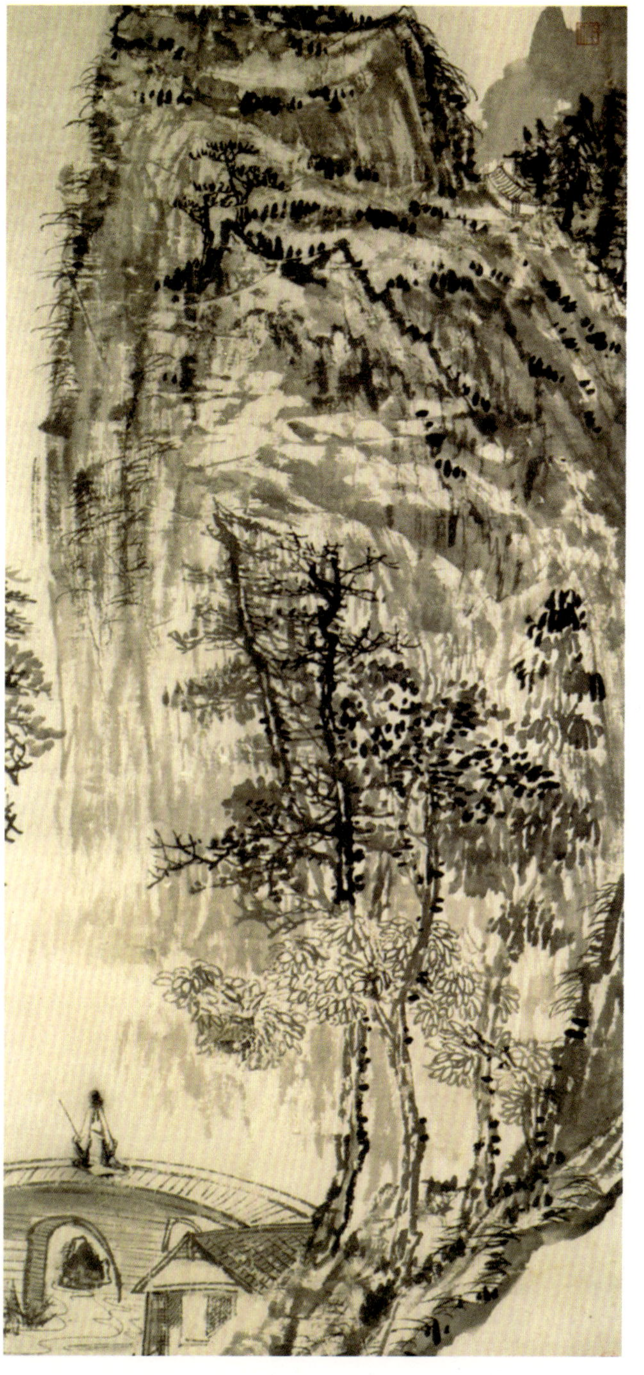

Abb. links oben: Giovanni Battista Tiepolo: Brustbild eines bärtigen Mannes mit Pelzmütze, Pinsel, braune Ölfarbe, 42,3 x 28,9 cm, Albertina, Wien
Abb. rechts: Daquian Zhang: Wanderer auf einer Brücke unter einem Felsmassiv, o. J., Tusche auf Papier, 100 x 40,5 cm, Rollbild, Privatsammlung

Auf demselben Prinzip beruht die Kielfeder, die aus den Schwingenfedern von Gänsen, Schwänen, Raben oder Auerhähnen angefertigt wird. Im 19. Jahrhundert erfand man eine dauerhafte Metallfeder und eine große Vielfalt an Formen, wie Spitz- oder Redisfeder. Sie sind in unterschiedlichsten Größen, Stärken, Arten, Breiten usw. bis heute erhältlich. Eine besondere Rolle beim Zeichnen spielt der Pinsel, der in seinen Linienzügen noch weicher und schmiegsamer ist als die Feder. Dadurch eröffnen sich viele Kombinationsmöglichkeiten, wie etwa die des Zeichnens mit dem Pinsel und des malerischen Lavierens.
Die letzte Entwicklung auf dem Gebiet der übertragenden Mittel stellen hochwertige Tusche- und Filzstifte dar.

Aufgabenstellungen

Was wird unter „übertragende Zeichenmittel" verstanden? Welche Beispiele dafür kennst du? VARS

Vergleiche die Abbildungen von *Delacroix* und *Tiepolo* in der unterschiedlichen Darstellungsweise von Texturen. Wähle eine Textur wie z. B. Faltenwürfe, Haare, Wasser etc. und erstelle dazu mehrere Tuschearbeiten. Suche nach verschiedenen Umsetzungsmöglichkeiten. VARS

15.4 Digitale Zeichenmittel

Computer, Tablet, Grafikprogramm

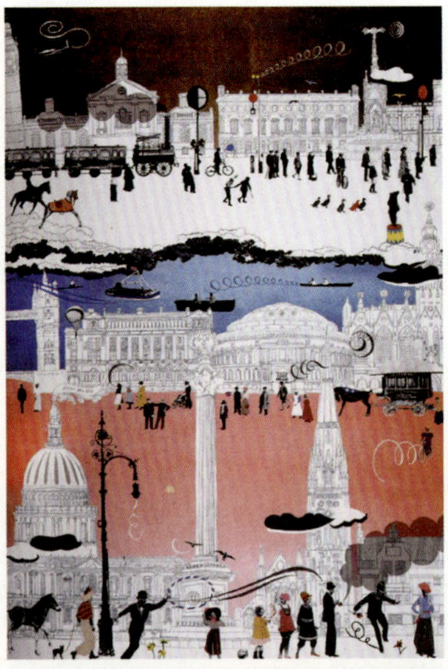

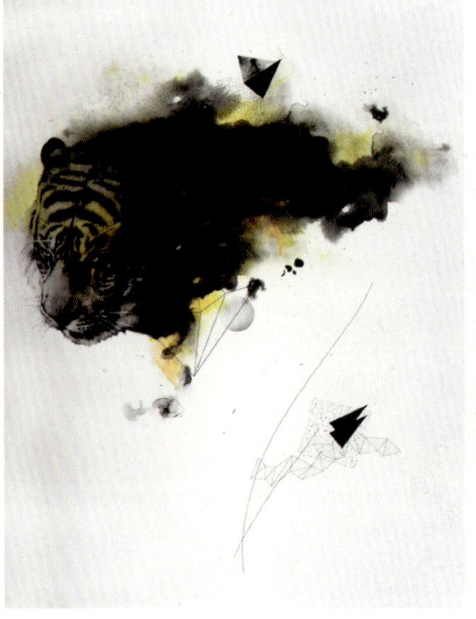

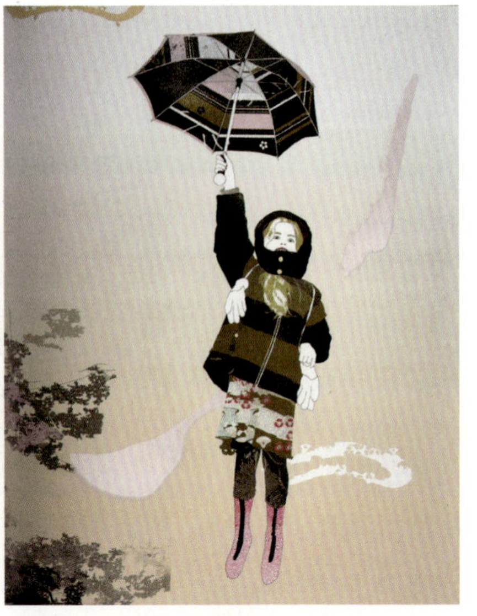

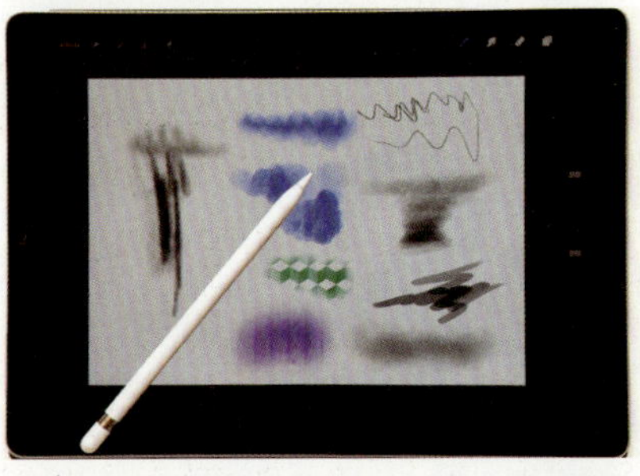

Abb. links oben: Nasko Seki: London, 2007, Werkzeug: Bleistift, Transparentpapier, Adobe Photoshop, Digitalkamera, Wacom tablet
Abb. Mitte oben: Oh Yeah Studio: Tiger, T-shirt illustration, 2008, Werkzeug: Bleistift, Papier, Adobe Photoshop, Adobe Illustrator, Scanner, Digitalkamera, Wacom Tablet
Abb. rechts oben: Pier Fichefeux: Untitled, 2006, Werkzeug: Adobe Photoshop, Wacom tablet
Abb. links unten: iPad Pro und Apple Pencil, Grafikprogramm: Procreate

Das digitale Zeitalter hat auch vor der Zeichnung nicht Halt gemacht. Mit Hilfe diverser Grafikprogramme können digitale Bilder am Computer erstellt werden. Grafiktablets bieten dabei eine dem traditionellen Zeichnen ähnliche Handhabe. Auf einem digitalen Blatt Papier wird mit einem Stift gezeichnet. Abhängig vom Grafikprogramm sind unterschiedliche Stifte auswählbar. Diese empfinden z. B. weiche Bleistifte, Ölpinsel, Kohlestifte ebenso nach wie bereits voreingestellte Texturen. Die Grenze zwischen Zeichnen und Malen verschwimmt. Aufgrund des druckempfindlichen Stifts können, ähnlich wie mit einem analogen, Akzente gesetzt werden. Die Vorteile des digitalen Zeichnens liegen zum einen in der möglichen Speicherung jedes einzelnen Arbeitsschritts. Vorgänge können rückgängig gemacht oder Elemente einfach gelöscht werden. Die Zeichnungen können auch gleich digital weiterverwendet werden, was im Arbeitsalltag von Graphikerinnen und Graphikern eine Vereinfachung darstellt. Es gibt Vektorgrafiken und Rastergrafiken. Erstere lassen sich vergrößern, ohne dass das Bild an Qualität verliert. Rastergrafiken bauen auf Pixeln auf, weshalb eine Vergrößerung auch zur sogenannten „Verpixelung" führen kann. Die Möglichkeit, digital zu zeichnen, bedeutet jedoch nicht, dass auf traditionelles Papier und Bleistift komplett verzichtet wird. Oftmals kommt eine Mischform beider Herstellungsarten zur Anwendung. Bilder werden analog gezeichnet und anschließend am Computer bearbeitet und erweitert. Für die Gestaltung digital bearbeiteter Bilder werden die bildnerischen Mittel ebenso eingesetzt wie bei analogen.

Querverweise

→ *2 Bildnerische Mittel*

→ *3.2 Digitale Bildbearbeitung*

Aufgabenstellungen

- V A R S — Welche Vorteile der digitalen Bildentwicklung werden genannt? Welche möglichen Nachteile können sich deiner Meinung nach daraus ergeben?
- V A R S — Analysiere den Bildaufbau der abgebildeten Beispiele: Linienführung, Flächenstruktur, Perspektive, statisch – bewegt, etc.

15.5 Die Skizze und der Entwurf

Aus den Skizzenbüchern des Pablo Picasso

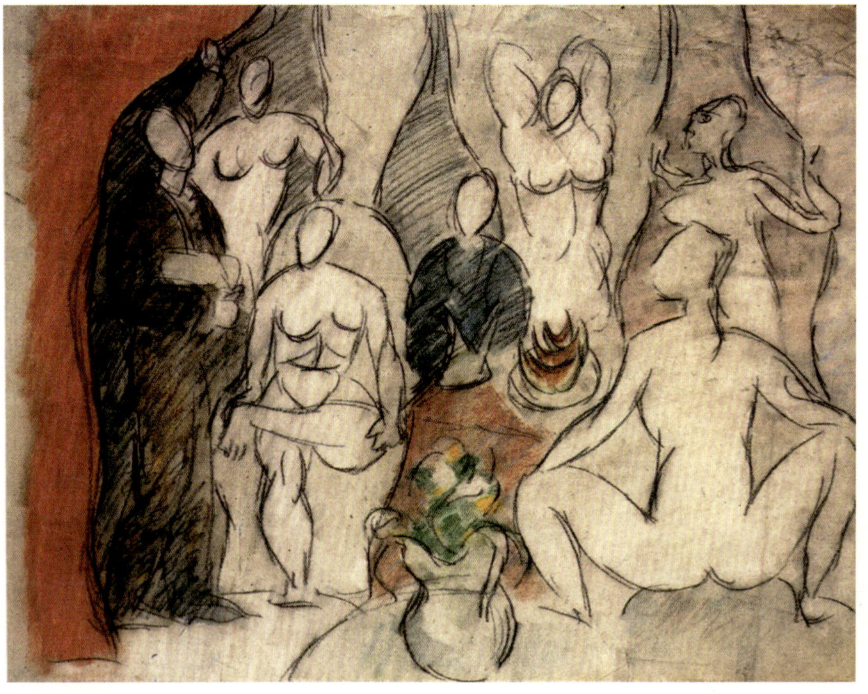

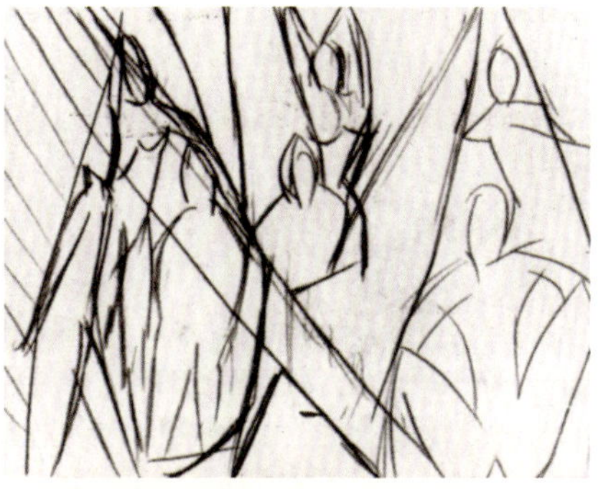

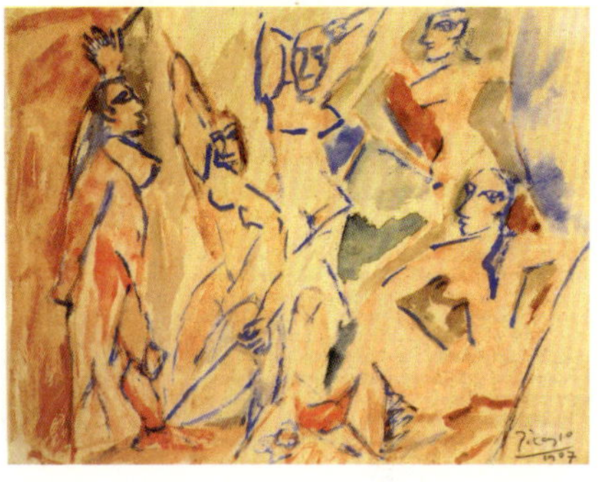

Abb. links oben: Pablo Picasso: Entwurf für „Les Demoiselles ...", März/April 1907, Bleistift und Pastell auf Papier, 47,7 x 63,5 cm, Öffentliche Kunstsammlung, Basel

Abb. rechts unten: Pablo Picasso: Les Demoiselles d'Avignon, Juni/Juli 1907, Öl auf Leinwand, 243,9 x 233,7 cm, Museum of Modern Art, New York

Abb. rechts oben: Pablo Picasso: Skizze, März 1907, Kreide auf Papier, 19,3 x 24,2 cm, Musée Picasso, Paris

Abb. rechts Mitte: Entwurf für „Les Demoiselles ...", Frühjahr 1907, Wasserfarben auf Papier, 17,5 x 22,5 cm, Philadelphia Museum

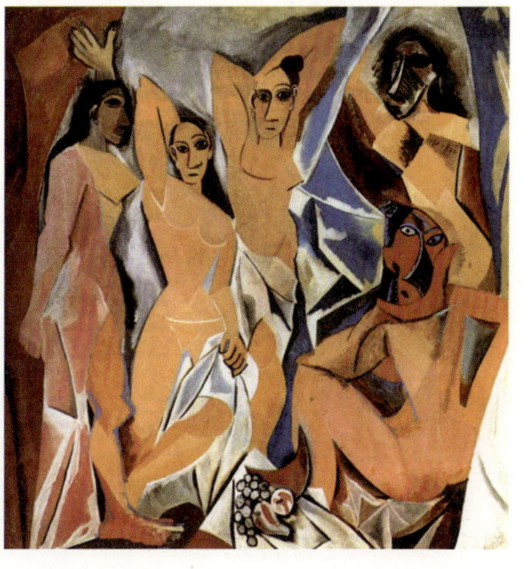

Die Skizze gilt als erster Schritt der Vorzeichnung und ist somit die früheste zeichnerische Festlegung eines Einfalls. Sie dient Kunstschaffenden als Instrument des Sammelns. Von Eindrücken über spontane Ideen bis hin zur schnellen Wiedergabe von Vorgefundenem wird alles von ihr erfasst. Wie beiläufig hingeworfen, zeugt die Skizze von der momentanen Inspiriertheit und streicht die künstlerisch-individuelle Handschrift hervor.

Am Beispiel der Entstehung des Bildes „Les Demoiselles d'Avignon" des Spaniers *Pablo Picasso* (1881–1973) lässt sich erkennen, wie die Lösung für eine endgültige Bildgestaltung mit Hilfe von Skizzen gesucht und gefunden wird. Jede Skizze summiert die Erkenntnisse der vorhergehenden und erweitert sie formal; sie scheinen sich zu addieren. *Picasso* bewegt sich mit seinen Skizzen nicht geradlinig auf die endgültige Bildformulierung zu; er umkreist sie gleichsam. Skizzen können als eigenständiges Werk bestehen oder, als Sammlung unterschiedlicher Entwicklungsschritte, zum Entwurf und anschließend zur Vorzeichnung führen.

Dieses Werk gilt als *Picassos* erstes kubistisches Werk und leitete zugleich eine neue Kunstströmung ein, eben den Kubismus.

Aufgabenstellung

Vergleiche die Skizzen zu *Picassos* „Demoiselles". Analysiere die einzelnen Weiterentwicklungen. Welche neuen Ideen fügt er hinzu, welche verwirft er wieder? Skizzen helfen Kunsthistorikerinnen und -historikern, den Entstehungsprozess eines Gemäldes zu rekonstruieren. In welcher zeitlichen Reihenfolge könnten die drei abgebildeten Skizzen entstanden sein? Welche Elemente geben dir einen Hinweis darauf? Konkret geht es um die Skizze, für deren Entstehung das Frühjahr 1907 angegeben ist.

VA
RS

15.6 Die Vorzeichnung

Die Sternennächte von Vincent van Gogh

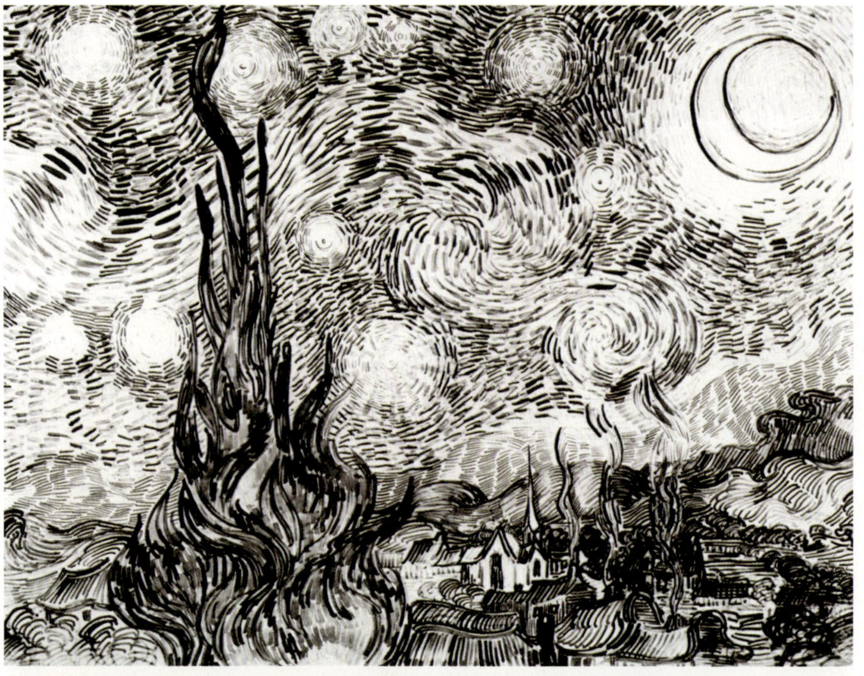

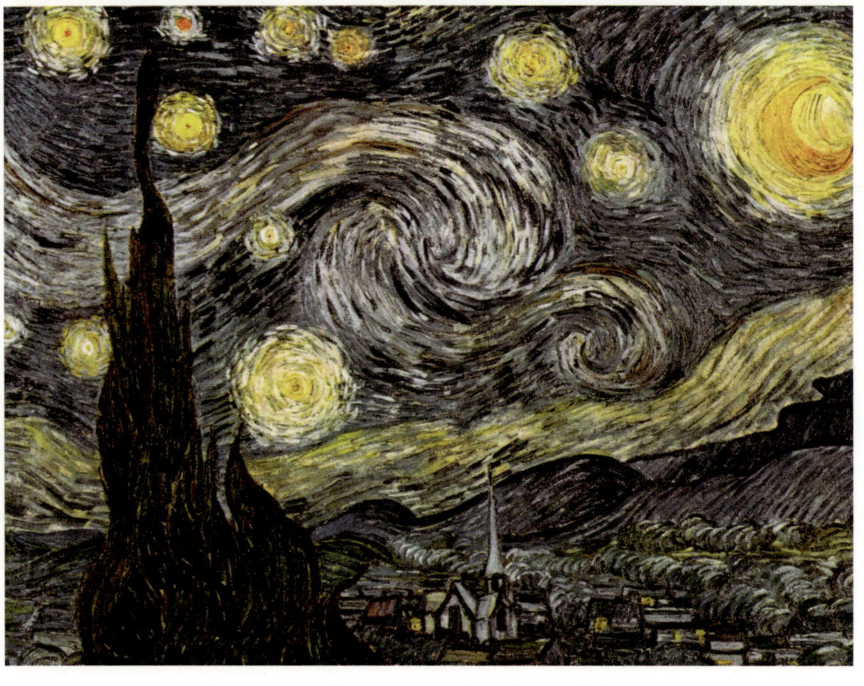

Von einer unmittelbaren Vorzeichnung spricht man, wenn alle Teilbereiche der Bildgestaltung ausformuliert sind und der Prozess des Zeichnens als beendet anzusehen ist. In der Vorzeichnung erreicht die gebundene Zeichnung ihre kompletteste Form. Sie ist in ihrem Erscheinungsbild ein so gut wie abgeschlossenes fertiges Werk und muss nur mehr in ein anderes Medium übertragen werden. Als Beispiel einer Vorzeichnung und deren Übertragung in den Bereich der Malerei mag das 1889 von *Vincent van Gogh* (1853–1890) geschaffene Werk „Sternennacht" gelten. An der direkten Gegenüberstellung der beiden Bilder lassen sich deren Zusammenhänge deutlich erkennen. Da ist beinahe nichts, was die Zeichnung in ihrer Komposition vom später entstandenen Ölbild unterscheidet. Der Künstler überträgt die grafische Vorlage annähernd exakt auf die Leinwand und setzt auch in der Pinselführung ihre linearen Strukturen fort. Als zusätzliches Gestaltungsmittel werden Farben verwendet. Obwohl beide Werke in ihrer Gestaltung übereinstimmen, entfaltet doch jedes für sich eine eigenständige ästhetische Wirkung. *Van Goghs* Vorzeichnung ist von einer so aussagekräftigen künstlerischen Qualität, dass sie einer Übersetzung nicht mehr bedurft hätte.

Abb. oben: Vincent van Gogh: Sternennacht, 1889, Tusche auf Papier, zerstört (ehem. Kunsthalle Bremen)

Abb. unten: Vincent van Gogh: Sternennacht, 1889, Öl auf Leinwand, 73 x 92 cm, MoMa, New York

Aufgabenstellung

VARS Erkläre die im Text erwähnten Fachtermini Vorzeichnung und gebundene Zeichnung.

15.7 Die Studie

Das wissenschaftliche Interesse bei Leonardo da Vinci

Nach der Konkretisierung der Bildidee in der Entwurfszeichnung folgt das zeichnerische Studium der Einzelheiten. Studien entstehen als eigenständige Blätter unabhängig von der übrigen Bildgestaltung. Ihre Ergebnisse finden nach Abschluss eines Sammelprozesses Eingang in die spätere Vorzeichnung. Dort werden sie in die entsprechenden Bildstellen übertragen und den Erfordernissen des Umraumes angepasst.

Der Italiener *Leonardo da Vinci* (1452–1519) weist der Zeichnung durch Hervorhebung ihres Studiencharakters eigene Kompetenzen zu. Die Studie stellt für ihn die entscheidende Methode zur wissenschaftlichen Entdeckung der Welt dar. *Leonardo* verfasst Studien zu vielen Bereichen der Naturwissenschaften. Sie dienten seiner persönlichen Erkenntnisarbeit und waren nicht für die Öffentlichkeit bestimmt.

In seinem Studienblatt zum menschlichen Skelett stellt er dieses von drei Seiten akribisch dar und beweist damit eine für seine Zeit (15. Jh.) bereits erstaunliche Detailkenntnis der menschlichen Anatomie.

Er macht mehrere Seiten des Körpers gleichzeitig sichtbar und verleiht den Abbildungen durch schraffierte Schatten eine besondere plastische Wirkung.

Die aus dem Zeichenprozess gewonnenen Erkenntnisse hält er in Spiegelschrift von rechts nach links fest.

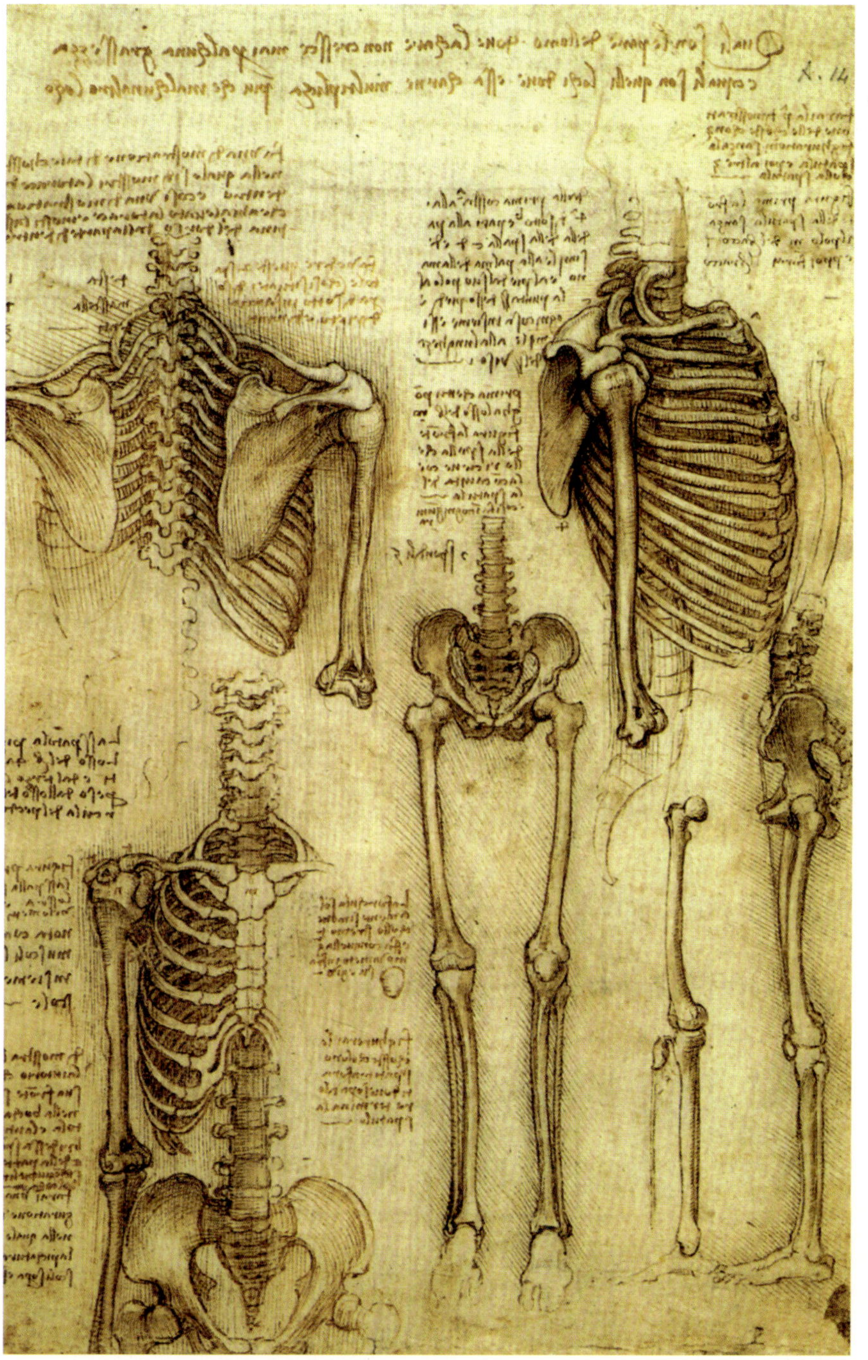

Abb.: Leonardo da Vinci: Anatomische Studien zum Skelettsystem, um 1510, Feder und braune Tinte, 29 x 20 cm, Königliche Bibliothek, Windsor

Querverweise

3.4 Computer und wissenschaftliche Anwendungen: Scientific Visualisation

4.11 Grafikdesign und Kommunikationsdesign: Arbeiten mit Text und Bild: Stefan Sagmeister – Die Entwicklung von Corporate Identity und Logo

Aufgabenstellung

Erstelle eine Studie von einem von dir gewählten Objekt. Wähle verschiedene Perspektiven aus, die für das Erfassen des Gegenstands notwendig sind. Achte, ähnlich dem Studienblatt *da Vincis*, auf ein ansprechendes Layout.

V A R S

15.8 Die Karikatur

Gezeichnete Zeitkritik

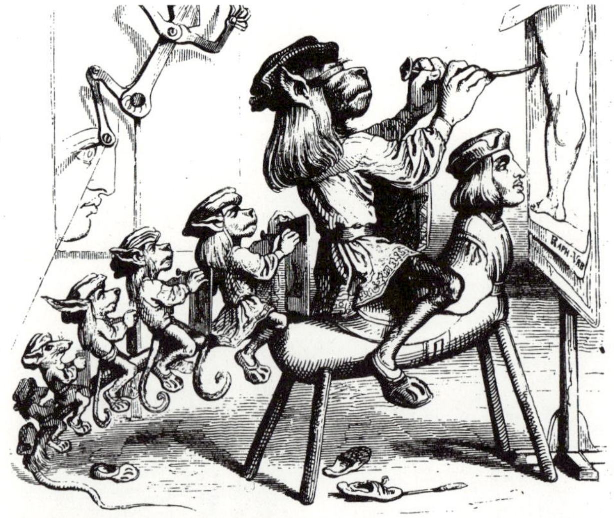

Thema der Karikatur sind komische und satirische Darstellungen von Personen, Situationen oder gesellschaftlichen Umständen. In relativer Einseitigkeit konzentriert sich die Karikatur auf die ihr wesentlich erscheinenden Auffälligkeiten. Charakteristische Merkmale werden dabei übertrieben und verzerrt dargestellt.

Botschaft und Ziel ist die Kritik: an den Zuständen der Zeit, an der Mangelhaftigkeit der Menschen oder am Missbrauch der Macht. Karikaturen haben stets einen aktuellen Bezug und werden im Rahmen der politischen Diskussion besonders in der Publizistik zu einer wirksamen Waffe der gesellschaftlichen Auseinandersetzung. Im Bereich der Tageszeitungen etwa haben Personifizierungen auch die Funktion, tagespolitische Themen in vereinfachter, leicht verständlicher Form kurz und prägnant zu vermitteln und über die Ausdrucksform Karikatur zu interpretieren.

Voraussetzung für die Wirkung der Karikatur ist die Treffsicherheit der Zeichnerin oder des Zeichners. Dabei ist neben der Sinnbildlichkeit des Dargestellten und der Konzentration auf das Wesentliche die Sparsamkeit der eingesetzten Mittel (auf der die rasche Erkennbarkeit und Verständlichkeit der Karikatur beruht) von Bedeutung.

Der Bogen spannt sich dabei von Arbeiten, in denen das Interesse an der Missgestaltung dominiert, über solche, die das Absurde und Groteske hochleben lassen, bis hin zu jener Sorte Humor, der zum Innehalten und Nachdenken veranlasst.

Die Verbreitung von Karikaturen verläuft traditionell über diverse Printmedien (über Flugblätter, Tageszeitungen, Zeitschriften etc.). Klarerweise spielt daneben heute das Internet aufgrund der exponentiellen Verbreitungsmöglichkeit eine zentrale Rolle. Die Karikatur ist sehr stark an das Medium Zeichnung gebunden (wenngleich auch mit anderen Medien karikiert wird) und bekannte Zeichnerinnen und Zeichner sind an ihrem unverwechselbaren Stil erkennbar, wie z. B. *Manfred Deix* (1949–1916) und *Gerhard Haderer* (*1951). Karikaturen werden auch in Sammelbänden herausgegeben und verlassen damit das Feld der aktuellen Reaktion auf das Tagesgeschehen. Mittlerweile ist die Karikatur als Kunstform weitgehend akzeptiert, was diverse Ausstellungen, Bücher und wissenschaftliche Publikationen bestätigen. In Krems widmet sich das Karikaturenmuseum dieser Kunstform. Der 2015 verübte Terroranschlag auf die Redaktion der französischen Satirezeitschrift „Charlie Hebdo" stellt einen traurigen Tiefpunkt in der jüngsten Geschichte der Karikatur dar.

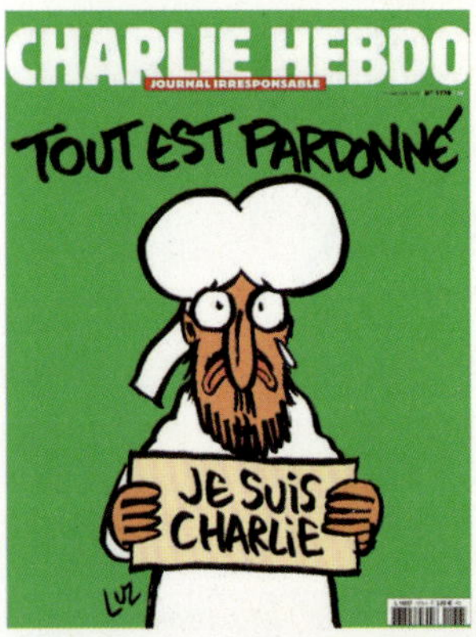

Abb. oben: Grandville: Er war ein großer Meister, denn er zog einen langen Schweif von Schülern und Lehrlingen hinter sich her, 1844, Paris

Abb. Mitte: Titelblatt der ersten Ausgabe von „Charlie Hebdo" nach dem Terroranschlag 2015

Abb. unten: Gerhard Haderer: Zwei Länder, 1987, Illustration

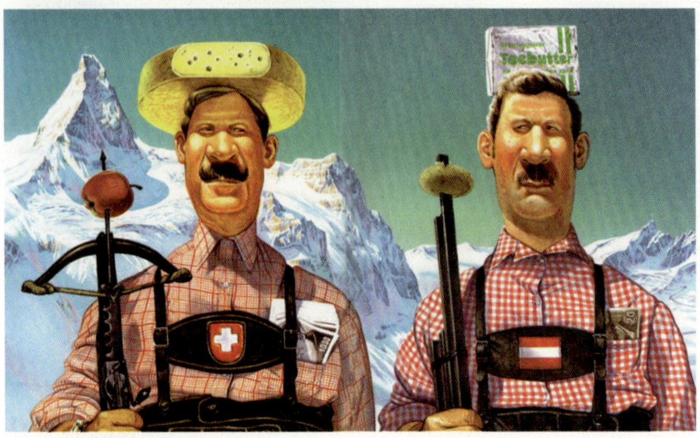

Querverweis

→ *1.9 Sprechende Form oder neutrale Kiste:* Verrät die Form etwas über den Inhalt eines Bauwerks?

Aufgabenstellungen

V A R S — Welche Elemente sind zentral, um den Begriff Karikatur zu definieren und was macht eine „gute" Karikatur aus? Liste gemäß inhaltlichen und formalen Aspekten auf.

V A R S — Zu welchem Thema könntest du eine Karikatur erstellen? Welche Themen bieten sich dafür an und welchen Aspekt davon wählst du aus? Entscheide dich für ein geeignetes Zeichenmaterial.

15.9 Comic, Graphic Novel, Manga, Bandes dessinées

Gezeichnete Geschichten

Comics sind Bilder, Bildfolgen oder Bildgeschichten, die durch Kurztexte und Lautdarstellungen ergänzt sein können und durch zeitliche und kausale Elemente miteinander verknüpft sind. Sie haben das weite Feld des Zeichentrickfilms begründet.

Historische Vorläufer sind Schaubilder von Geschichtenerzählern, die damit ihre Verse oder Erzählungen zu verbildlichen suchten, oder auch die Ablaufdarstellungen von Kreuzwegstationen, Bildzyklen wie *William Hogarths* „Leben eines Wüstlings" oder etwa die Zeichnungsfolgen von *Wilhelm Busch*.

Eine Einteilung erfolgt in Stile, die sich regional herausgebildet haben. Verallgemeinernd kann festgehalten werden, dass in der gezeichneten Welt menschliche Personen, an Tiere angelehnte Charaktere und völlig frei erfundene Figuren vorkommen können.

Als Beginn von Comics, wie sie heute weitläufig verstanden werden, ist die verlegerische Tätigkeit des US-Amerikaners *Joseph Pulitzer* anzusehen, der 1896 die ersten Folgen von „The Yellow Kid" von *Felten Outcult* (1863–1928) veröffentlichte. Es folgen Comic-Klassiker wie „Felix the Cat" (1921), „Superman" (1938) und „Batman" (1940). Weibliche Comicfiguren sind u. a. „Girl Jane" (1932), „Barbarella" (1964) oder „Pravda" (1968). Die Marvel-Comics wie z. B. „Spider-Man" (1962), „Thor" (1962) und „X-Men" (1963) sind vor allem durch jüngere Verfilmungen einem breiten Publikum bekannt.

In Frankreich und Belgien gibt es ebenfalls eine sehr starke Comic-Tradition, die den europäischen Markt dominiert. Hier werden sie „Bandes Dessinées" genannt. Berühmte Beispiele sind „Tim und Struppi" (1929), „Lucky Luke" (1946) und „Asterix" (1959 von *René Goscinny* und *Albert Uderzo*).

Im asiatischen Raum ist vor allem der aus Japan stammende Stil der Mangas vorherrschend.

In den letzten Jahren kam auch die Bezeichnung Graphic Novel (auch Comic-Roman, Grafischer Roman, eine eigentlich schon in den 1980ern in den USA kreierte Bezeichnung) auf. Graphic Novels schreiben sich selbst eine inhaltlich und grafisch komplexere Struktur zu und versuchen sich so, vom klassischen Comic abzugrenzen. Der neue Terminus wird jedoch nicht nur wohlwollend aufgenommen. Positiv bewertet werden kann allerdings das damit einhergehende neu gestärkte Interesse an gezeichneten Geschichten. Der Comic-Roman „Heute ist der letzte Tag vom Rest deines Lebens" (2009) der österreichischen Comiczeichnerin *Ulli Lust* (*1967) wurde in sieben Sprachen übersetzt.

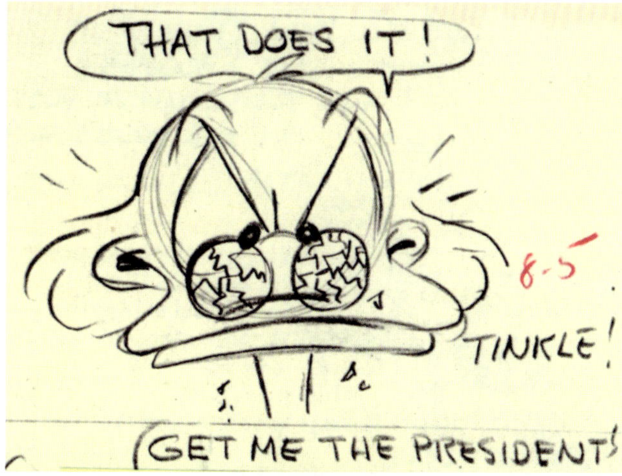

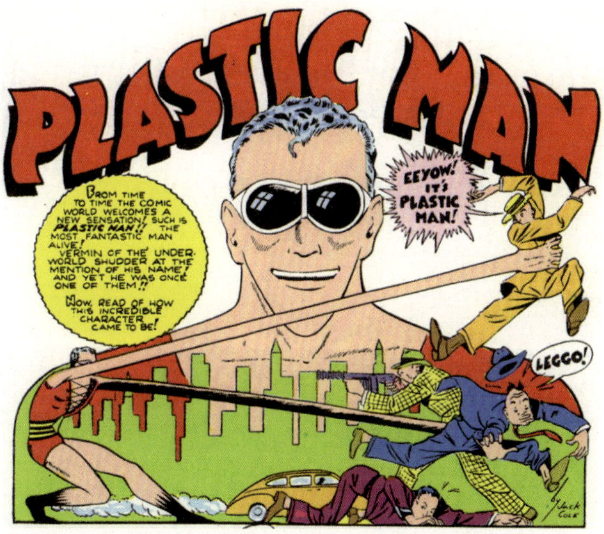

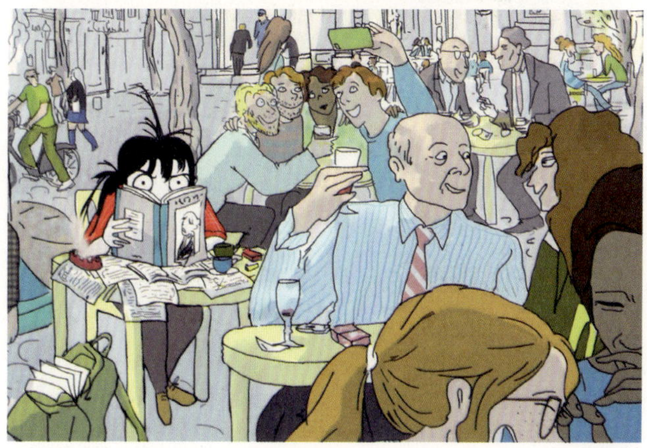

Abb. oben: Walt Disney: Originalentwurf für einen Comic Strip, Dagobert Duck

Abb. Mitte: Cole Jack: Plastic Man, um 1940, USA

Abb. unten: Tiphaine Rivière: Carnet de these (dt. Studierst du noch, oder lebst du schon?), 2015

Querverweis

3.3 Computeranimation: Animationsfilme und Computerspiele

Aufgabenstellungen

Erkläre die im Titel genannten Begriffe (Comic, Graphic Novel, Manga, Bandes dessinées) und gib Beispiele dafür an. V A R S

Entwirf eine eigene Comicfigur. V A R S

15.10 Die autonome Zeichnung

Freie grafische Arbeiten bei August Walla, Johann Hauser,

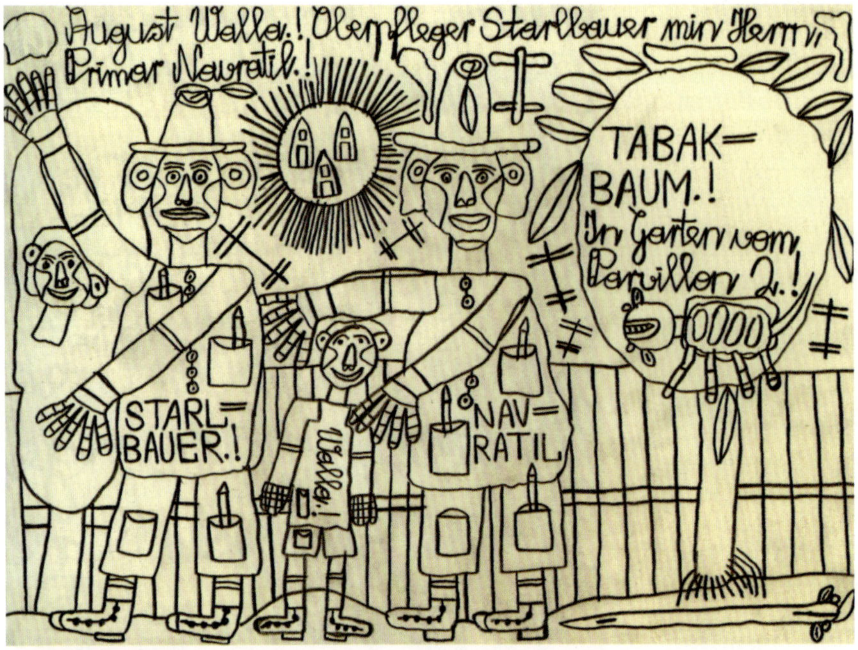

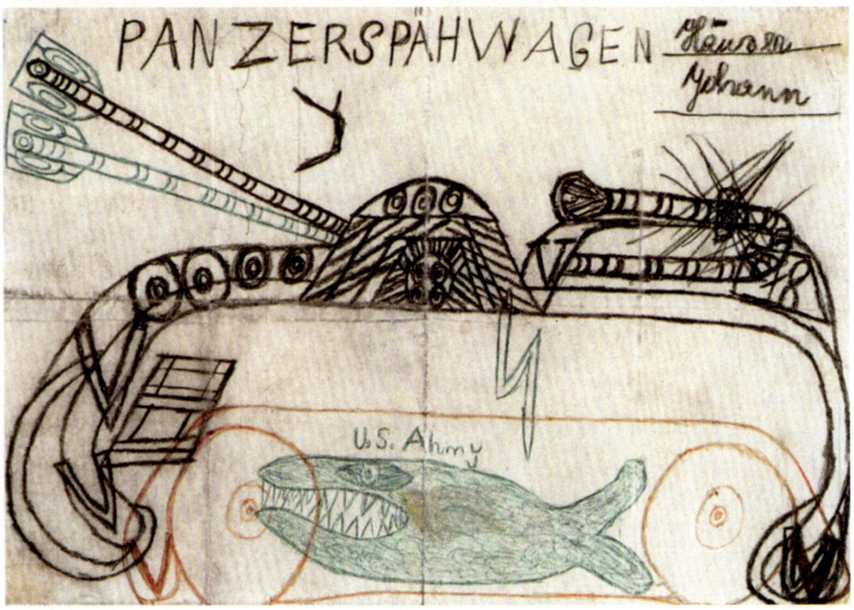

Die autonome Zeichnung entsteht unabhängig von nachfolgenden Verwendungsabsichten und ist ein völlig selbstständiges Werk. Gegenüber der gebundenen Zeichnung, die zumeist das Vorläufige und Unabgeschlossene erkennen lässt, erscheint die autonome Zeichnung auch für die Betrachterin oder den Betrachter als abgeschlossen und zu Ende gedacht.

Heute ist die autonome Zeichnung ein bedeutender Teil des freien Kunstschaffens. Als Beispiele für die Zeichnung als therapeutische Möglichkeit, aber auch als Selbstzweck, sind die Bilder der Österreicher *August Walla* (1936–2001) und *Johann Hauser (1926–1996)* zu sehen. Sie gehörten zu der von *Dr. Leo Navratil* psychiatrisch betreuten Künstlergruppe in Gugging, wie auch *Oswald Tschirtner* oder *Erich Zittra*. Die Arbeiten dieser Künstler waren durch ihre Unmittelbarkeit und Authentizität am Kunstmarkt sehr erfolgreich.

Obgleich als Arbeiten des Augenblicks angelegt, zeigen diese Zeichnungen in ihrer einfachen Linearität eine fertige Gestaltung. Diese bedarf aus der Sicht der Künstler keiner fortführenden Schritte und weiteren Arbeiten mehr. Die Darstellungen zeigen sich in ihrem individuellen Ausdruck nur den Künstlern selbst gegenüber verantwortlich und erscheinen so in doppeltem Sinne als autonom.

Abb. oben: August Walla: August Walla.! Oberpfleger Stadlbauer mit Herrn Primar Navratil.!, o. J., Bleistift, 30 x 40 cm

Abb. unten: Johann Hauser: Panzerspähwagen, o. J., Bleistift, Kugelschreiber auf Papier, 20,9 x 29,8 cm, Privatsammlung

Querverweis

→ *2.4 Die Linie*

Oswald Oberhuber (*1931) ist eine der vielseitigsten Künstlerpersönlichkeiten in Österreich. Er ist Maler, Grafiker, Bildhauer, Designer, Literat, Kunst- und Kulturpolitiker – und eben auch Zeichner. Seine Theorien der „permanenten Veränderung in der Kunst" meinen die Absage an einen geschlossenen Stil, den unausgesetzten Bruch von vorgegebenen Regeln und von zur Regel Gewordenem. Solche Theorien deuten naturgemäß auf eine dynamische und schnelle Arbeitsweise. Dieser wiederum entsprechen das Medium, die Dynamik und auch die Schnelligkeit von Zeichnung in idealer Weise. *Oberhuber* nutzt die vielfältigen Möglichkeiten von Zeichnung. Er fertigt Autobiografisches ebenso wie Tiere oder Stillleben im kleinen Format und gestaltet große Wandflächen im öffentlichen Raum. Er strichelt oder verwendet sichere, durchgängige Linien, er schraffiert, punktiert, kopiert, färbelt. *Oberhuber* zeichnet.

„Mitte der 60er-Jahre des 20. Jahrhunderts findet Fleck zu seinem individuellen Zeichenstil. Seine Bildinhalte bleiben fortan figurativ und gegenständlich, menschlich-animalische Geschöpfe [...]." (*R. Schuler*) Oft veränderte *Karl Anton Fleck* (1928–1983) Personendarstellungen in bizarre, groteske Wesen.

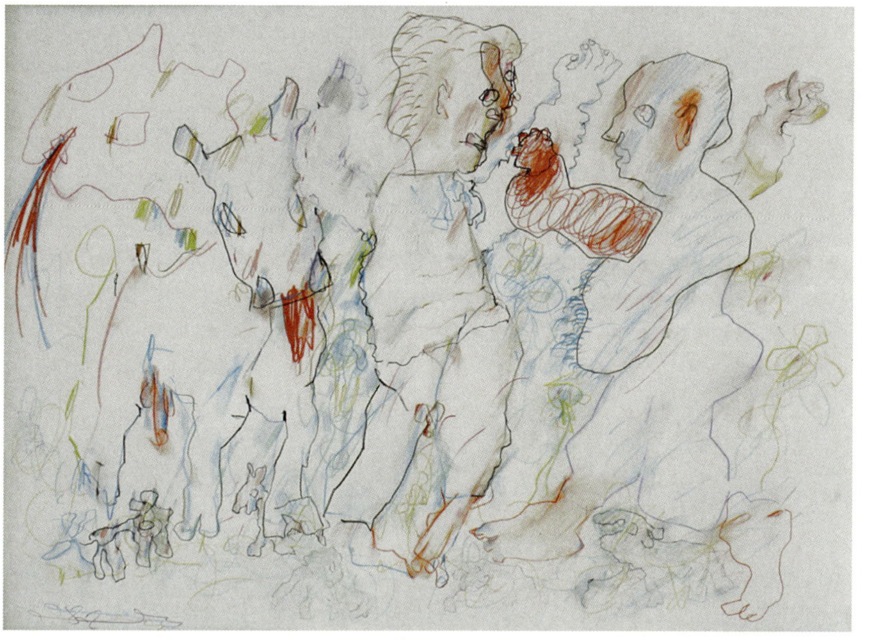

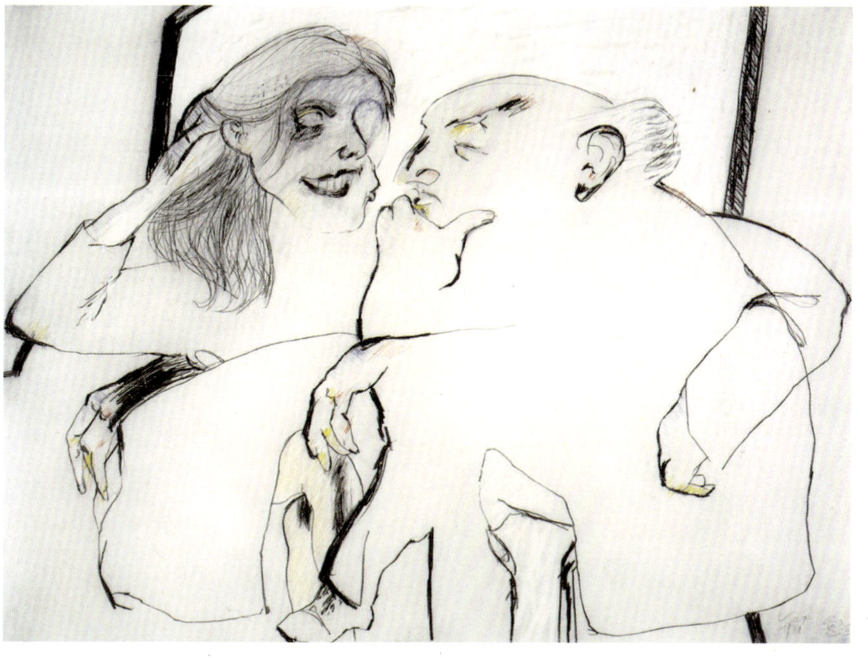

Abb.: oben: Oswald Oberhuber: Eine wichtige Rauferei, 1982, Buntstifte und Bleistift auf Papier, 56 x 42 cm

Abb. unten: Karl Anton Fleck: Martha Jungwirth und Alfred Schmeller, 1971, Graphit und Wachskreide auf Papier, 62 x 82 cm, Museum der Moderne, Salzburg

Aufgabenstellung

Was ist eine autonome Zeichnung?

Die Synchronopse bietet eine Informationsmöglichkeit für eine rasche historisch-chronologische Orientierung und Einordnung. Zur Visualisierung werden epochentypische, und genretypische Bildbeispiele aus den verschiedenen Bereichen von Bildender Kunst herangezogen. Im Register wiederum sind wesentliche Sachbegriffe sowie Namen alphabetisch angeführt.
Gemeinsam mit dem Register zur Informationssuche angewendet, bietet die Synchronopse ein Navigationssystem für die Vielfalt menschlicher Kunst und Kultur.

Synchronopse der bildenden Kunst

Urgeschichte

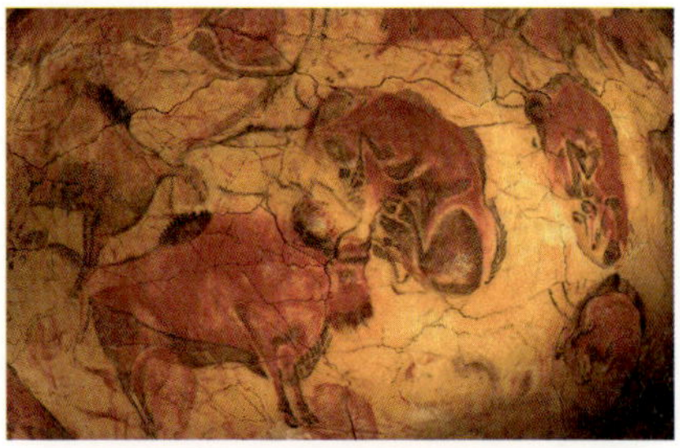

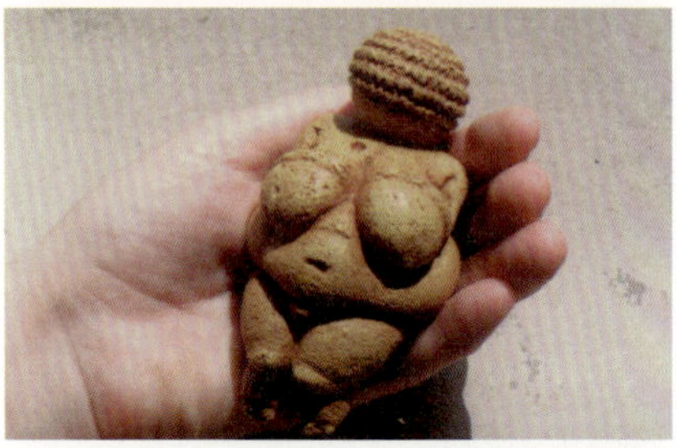

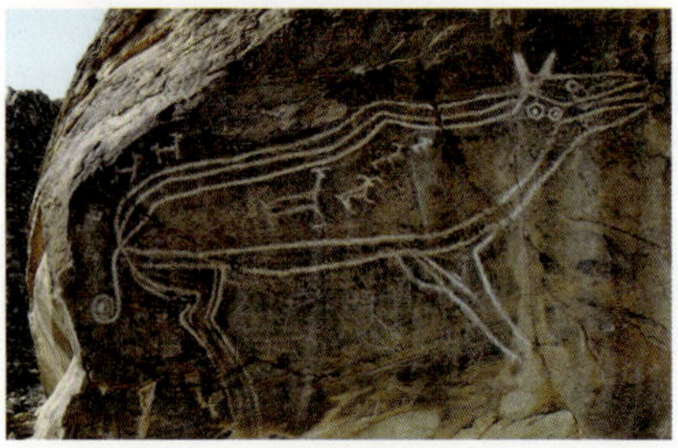

oben: Höhlenmalerei, um 14.000 v. Chr.
Mitte: Venus v. Willendorf, um 20.000 v. Chr.
unten: Myth. Tier, um 4000 v. Chr., China

- erste Darstellungen auf Steintafeln ab 40.000 v. Chr.
- erste farbige Darstellungen und Ritzzeichnungen an Höhlenwänden ab 33.000 v. Chr. (Gravettien)
- Idolfiguren, Höhlenmalereien Lascaux, Altamira, Les Trois Frères um 15.000 v. Chr. (Magdalenien)
- Anbau von Gerste und Weizen
- Haustiere, Zähmung des Pferdes
- erste Keramiken in Japan
- gewebte Wollstoffe, Beginn des Bronzegusses

Frühe Hochkulturen

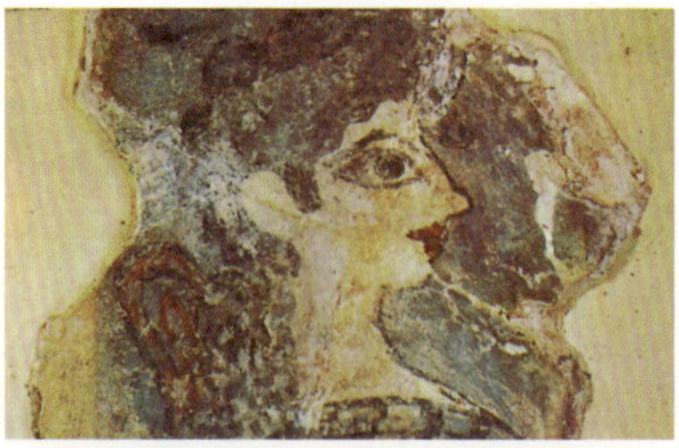

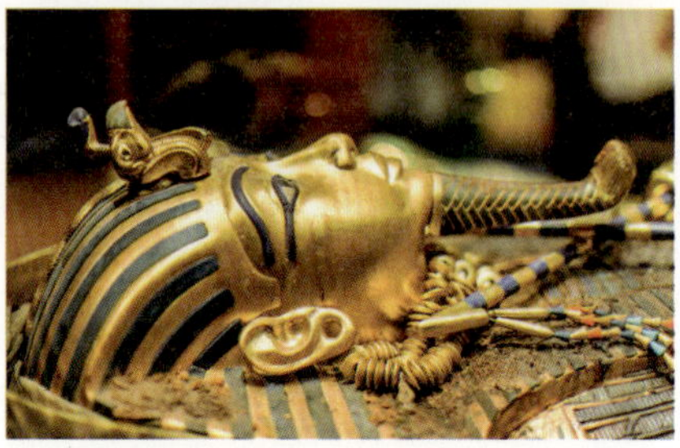

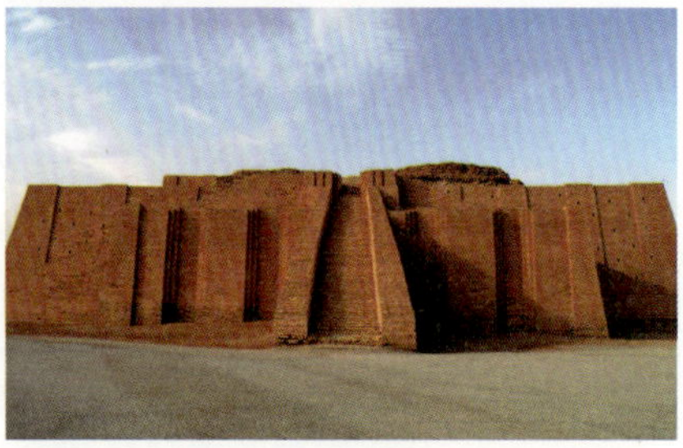

oben: Parisienne, um 1900 v. Chr., Knossos
Mitte: Tut-anch-amon, um 1350 v. Chr.
unten: Zikkurat, um 2100 v. Chr., Ur

- Bilderschriften, Stadtstaaten (Mesopotamien)
- älteste Keramiken in Südamerika
- behauene Steine als Baumaterial um 3000 v. Chr.
- Hieroglyphen, Sphinx und Chephrenpyramide um 2600 v. Chr.
- Stonehenge, um 2000 v. Chr.
- Bronzezeit in Europa ab 2000 v. Chr. bis ca. 900 v. Chr.
- Palast von Knossos um 1700 v. Chr.
- Porzellan in China
- David, König von Israel um 1000 v. Chr.
- Etrusker in Italien um 900 v. Chr.
- Gründung Roms um 750 v. Chr.

Antike/Griechen

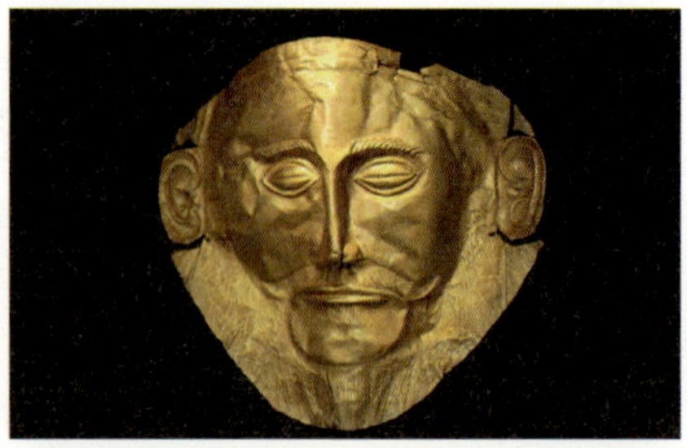

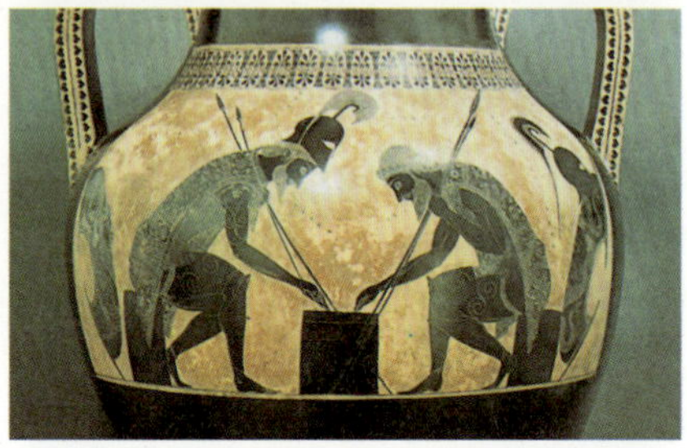

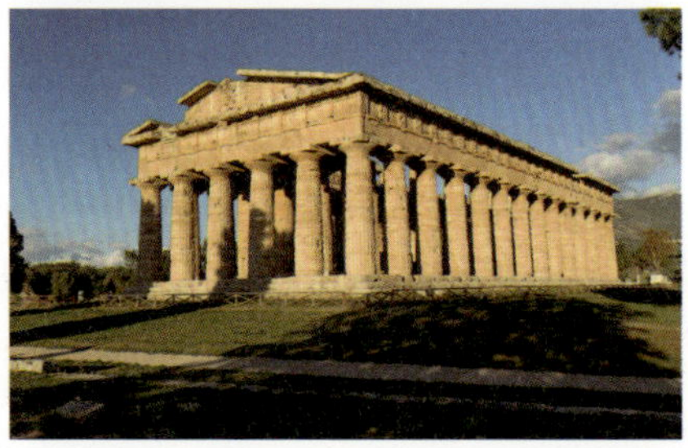

oben: Goldmaske, um 1500 v. Chr., Mykene
Mitte: Bauchamphora, 530 v. Chr.
unten: Heratempel, um 460 v. Chr., Paestum

- Löwentor von Mykene um 1400 v. Chr.
- erste Olympische Spiele 776 v. Chr.
- Heratempel in Olympia 625 v. Chr.
- Perspektive, Licht und Schatten in der griech. Malerei um 450 v. Chr.
- Wiederaufbau der Akropolis, Parthenon
- Alexander der Große bis 323 v. Chr.
- Tod des Sokrates 399 v. Chr.
- Hellenismus (griech.-orient.)
- Sterbender Gallier, Alexandermosaik, Nike von Samothrake um 230 v. Chr.
- Zeusaltar in Pergamon 175 v. Chr.

Antike/Römer

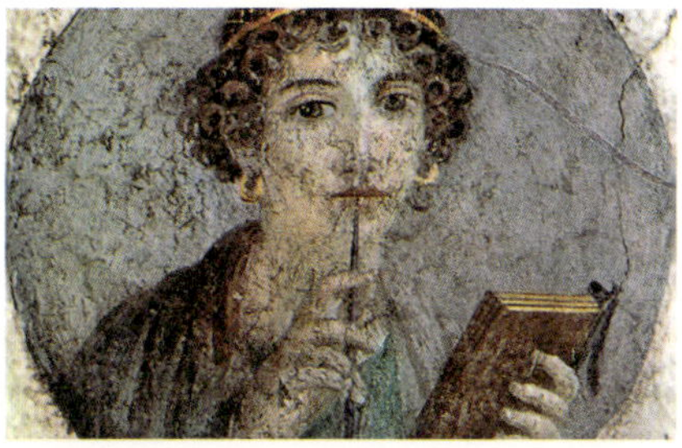

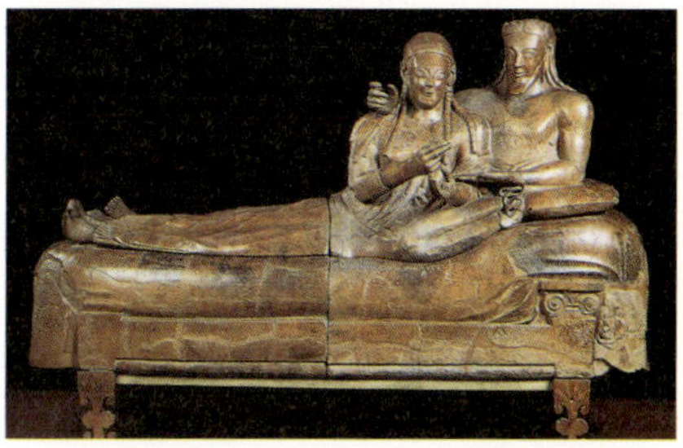

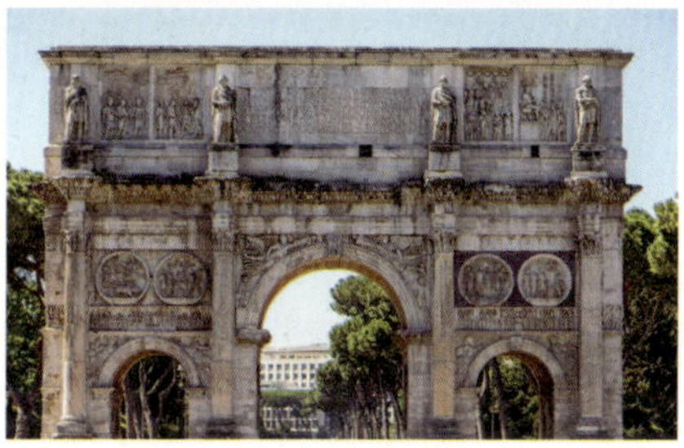

oben: Junge Frau, Fresko, 1. Jh. n. Chr., Neapel
Mitte: Etruskische Grabgruppe, um 520 v. Chr.
unten: Triumphbogen d. Konstantin, 312 n. Chr.

- Hannibal, Alpenüberquerung 218 v. Chr.
- Sklavenaufstand, Spartakus 73 v. Chr.
- Julianischer Kalender, 46 v. Chr.
- Tod des Augustus 14 n. Chr.
- keltische Siedlung, Magdalensberg
- Reisewagenrelief von Maria Saal um 50 n. Chr.
- Kolosseum, Pantheon in Rom
- Diokletian-Thermen 305 n. Chr.
- Edikt von Mailand, 313 n. Chr.
- St. Peter, Rom 320 n. Chr.
- Christentum wird Staatsreligion 391 n. Chr.

Völkerwanderung

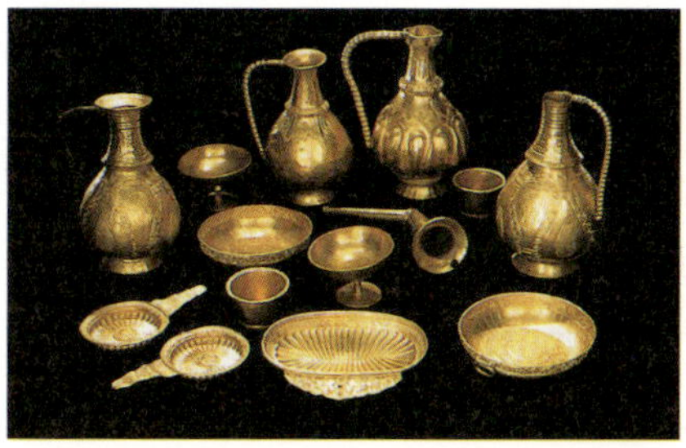

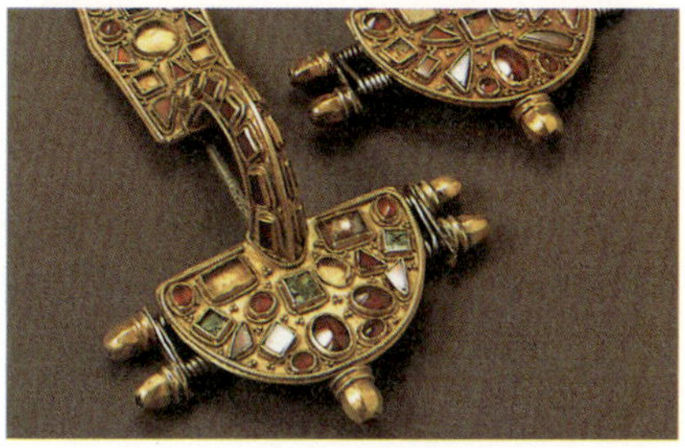

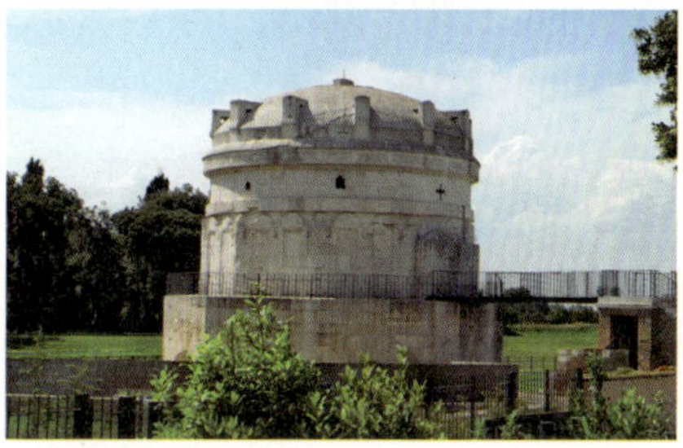

oben: Goldschatz von Nagyszentmiklos, 9. Jh.
Mitte: Fibelpaar, germanisch, Anfang 5. Jh.
unten: Grabmal des Theoderich, 520, Ravenna

- Germaneneinfälle um 270
- Quaden, Ost-, Westgoten durchziehen Noricum 400
- Ende des weströmischen Reiches 476
- Theoderich, Ravenna 493
- Christianisierung der Franken, Chlodwig 496
- Mohammed 622
- Beginn der islam. Zeitrechnung
- Schlacht von Poitiers 732
- Pfalzkapelle, Aachen 792
- Codex Millenarius, Tassilo-Kelch, Kremsmünster
- Kaiserkrönung Karls des Großen 800
- Teilung des Frankenreiches 843
- Ende der karolingischen Mark 907

Byzanz/Frühchristen

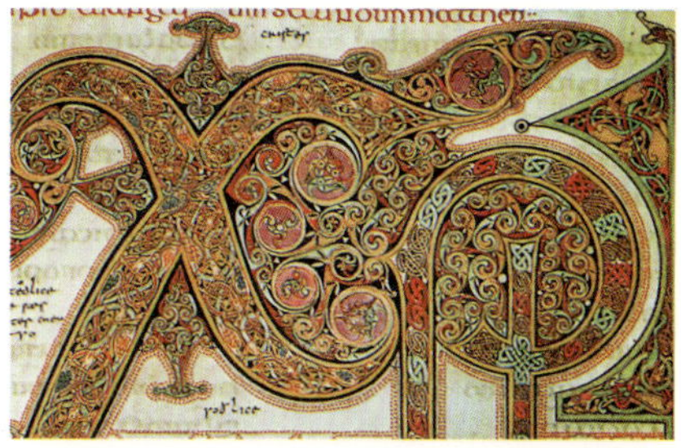

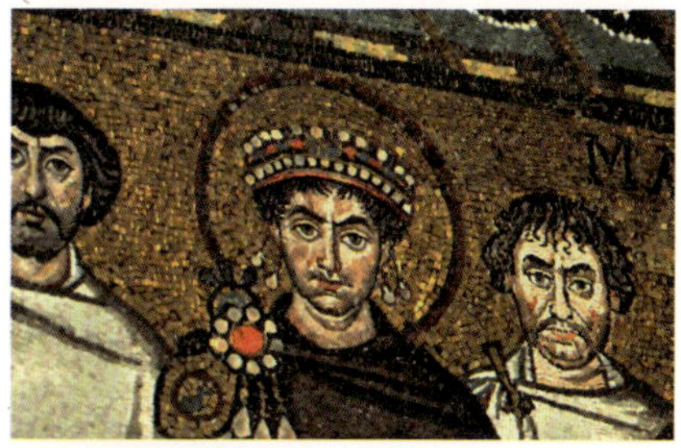

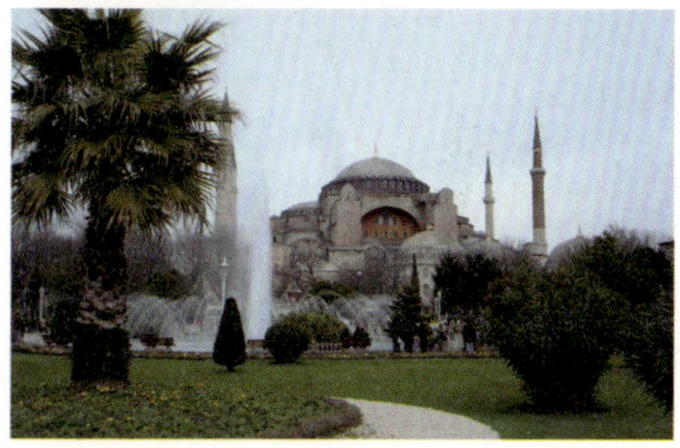

oben: Book of Lindisfarne, 7. Jh.
Mitte: Mosaik, San Vitale, um 547, Ravenna
unten: Hagia Sophia, 537, Istanbul

- erste christliche Gemeinde in Griechenland um 50
- Brand Roms, Nero 64
- Edikt von Mailand 313
- Konstantinopel wird Hauptstadt des römischen Reiches 330
- Teilung des römischen Reiches 395
- Eroberung Roms, Alarich 410
- Mausoleum Galla Placidia, Ravenna um 425
- Sturz des letzten weströmischen Kaisers Romulus Augustulus 476
- Gründung des Ordens der Benediktiner 529
- San Vitale, Ravenna 540

Romanik

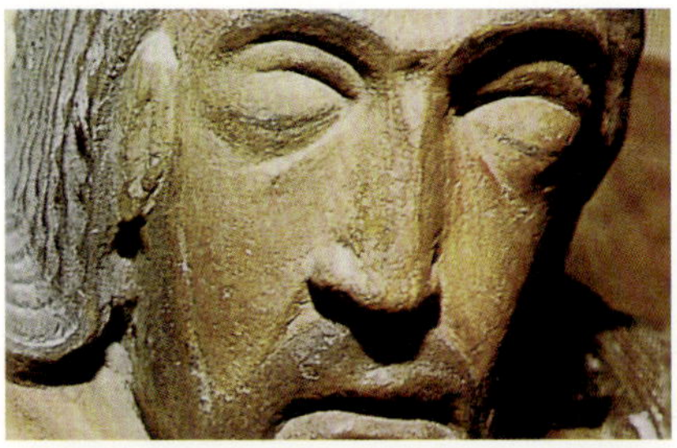

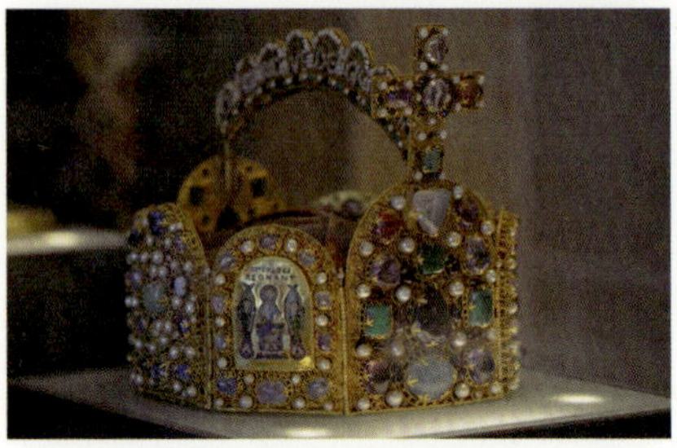

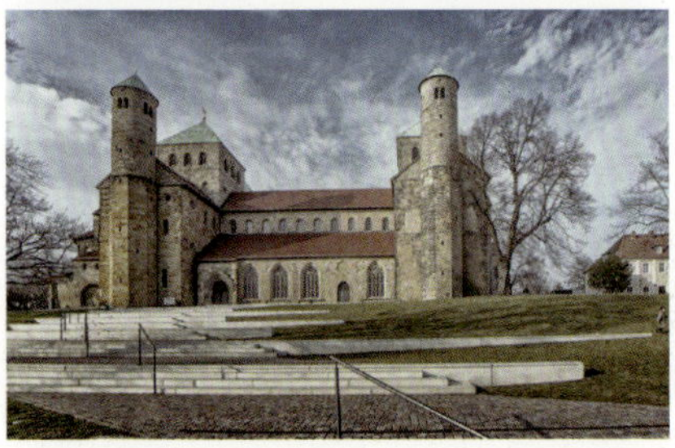

oben: Gerokreuz, Detail, 10. Jh.
Mitte: Reichskrone, 10. Jh.
unten: Romanischer Dom, 12. Jh., Hildesheim

- Herzogtum Kärnten 976
- Klöster Athos um 995
- erste Erwähnung „Ostarrichi" 996
- Niedergang der Araber in Spanien
- Normannen, England 1066
- Dom zu Speyer um 1100
- 1. Kreuzzug, Eroberung Jerusalems 1096
- Teppich von Bayeux 1173
- Krypta Gurk, Stift Zwettl
- Gründung Stift Heiligenkreuz
- Verduner Altar, Klosterneuburg 12. Jh.
- Abteikirche St. Denis 1140
- Gösser Ornat, Freskenzyklus Gurk
- Siftskirche St. Paul 13. Jh.

Gotik

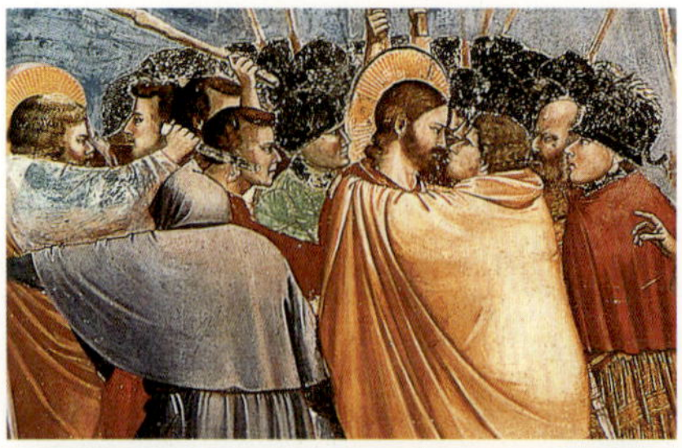

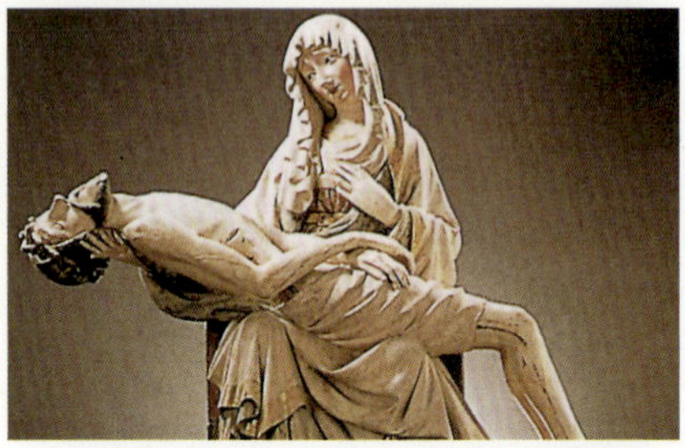

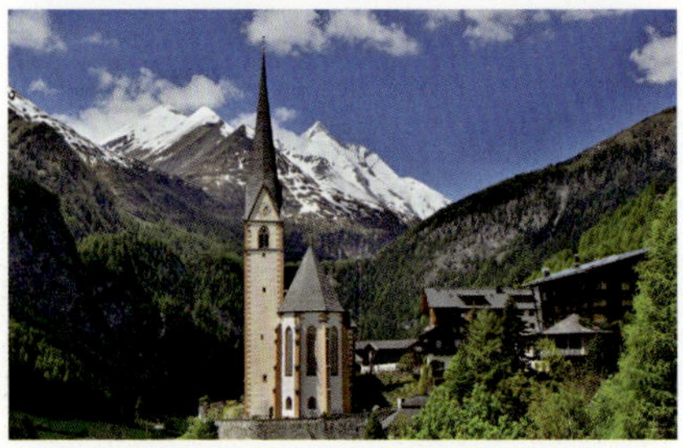

oben: Giotto: Arenakapelle, 1304
Mitte: Pieta, St. Andrä, um 1390, Lienz
unten: Wallfahrtskirche Heiligenblut, 15. Jh.

- Österreich wird Herzogtum 1156
- Thomas Becket 1170
- Kathedrale von Chartres 1194
- Papst Innozenz III. 1198
- Dschingis Khan, Mongolenreich um 1200
- Magna Charta 1215
- Rudolf von Habsburg 1273
- Erfindung der Brille um 1290
- Ende der Kreuzfahrerstaaten 1291
- Dante: „Göttliche Komödie" 1309
- Boccaccio: „Decamerone" 1353
- Deutsche Universität Prag 1348
- Chaucer: „Canterbury Tales" 1387
- Jeanne d'Arc 1431

Renaissance

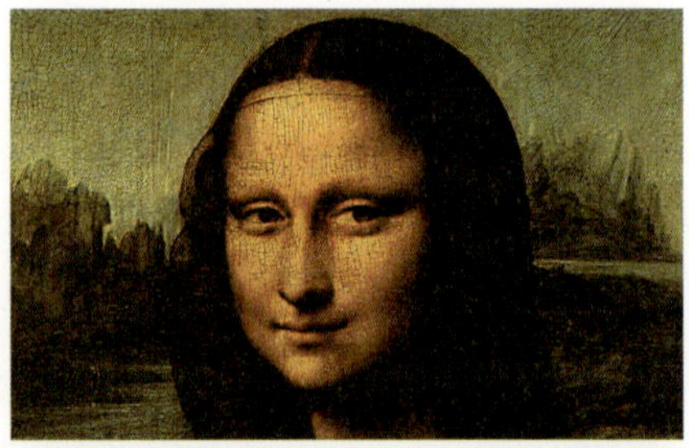

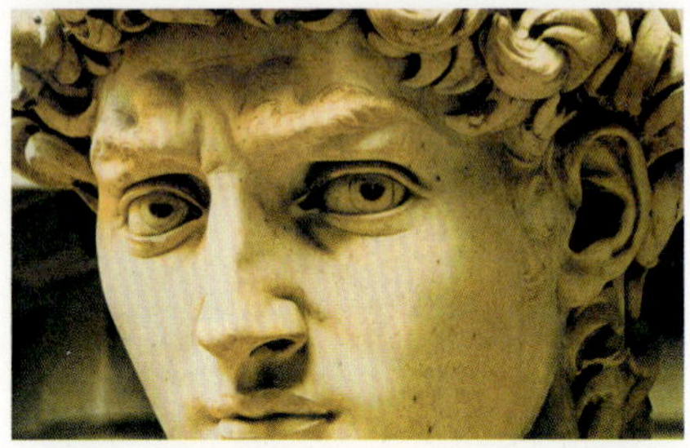

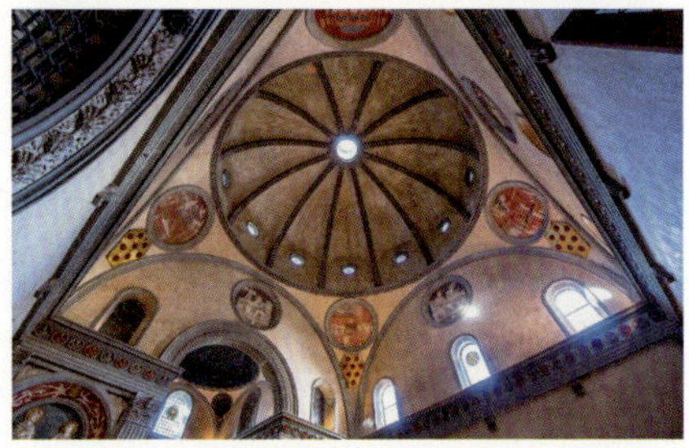

oben: Leonardo da Vinci: Mona Lisa, 1504
Mitte: Michaelangelo: David, 1504
unten: Kuppel, San Lorenzo, 1557, Florenz

- Gebrüder von Eyck: Genter Altar 1433
- Brunelleschi, Pazzi-Kapelle, Florenz 1440
- Gutenberg: Buchdruck 1445
- Türken erobern Konstantinopel 1453
- Ende des byzantinischen Reiches
- S. Botticelli: „Der Frühling" 1478
- Kefermarkter Altar
- Kolumbus 1492
- A. Dürer: Selbstporträt 1500
- Michelangelo: Sixtinische Kapelle 1508
- Raffael: Stanzen, Vatikan
- M. Grünewald: Isenheimer Altar 1510
- Luther: Thesen in Wittenberg 1517

Renaissance

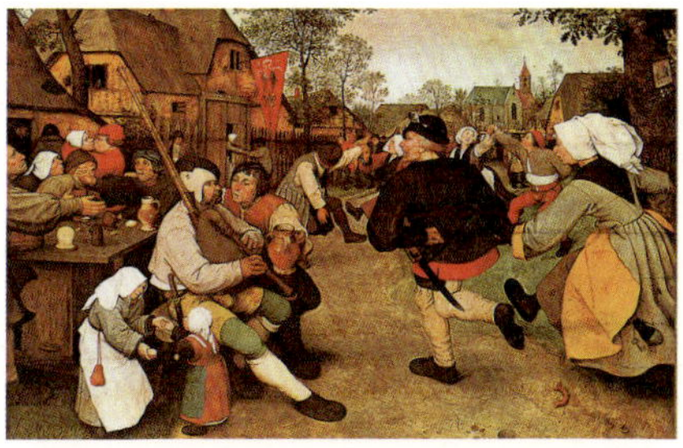

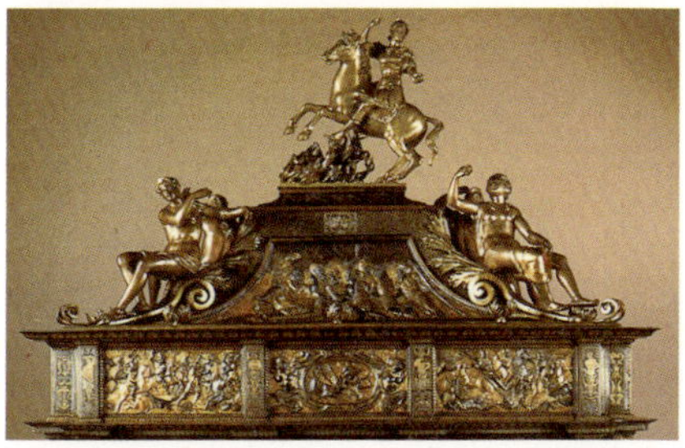

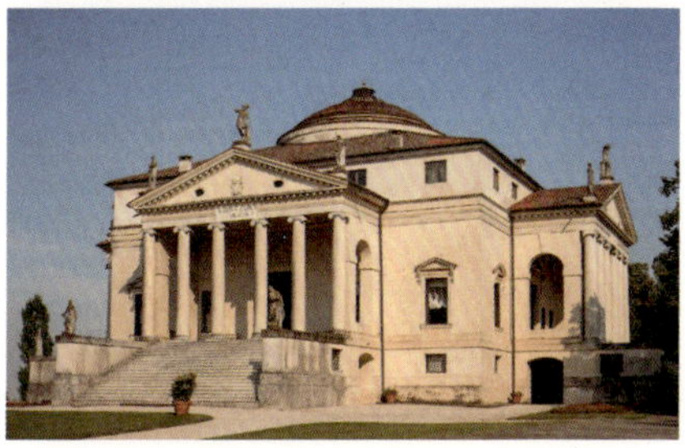

oben: P. Brueghel: Bauerntanz, 1569
Mitte: G. Serebaglio: Kabinettschrank, 1567
unten: Palladio: Villa Rotonda, 1566/70, Vicenza

- Bauernkrieg 1524
- Schloss Porcia 1533
- Augsburger Religionsfriede 1555
- Landhaus Graz, Schloss Ambras
- Il Gesù, Rom 1568
- Shakespeare: „Sommernachtstraum" 1569
- Arkadenhof Schallaburg 1573
- Spanische Armada 1588
- Schloss Hellbrunn, Salzburg 1613
- Prager Fenstersturz, 30-jähriger Krieg 1618
- Artemisia Gentileschi: „Judith und Holofernes"
- Landung der Pilgerväter in New England 1620

Barock

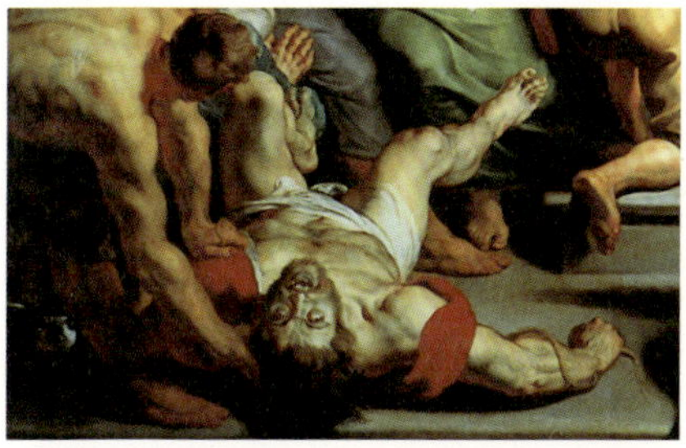

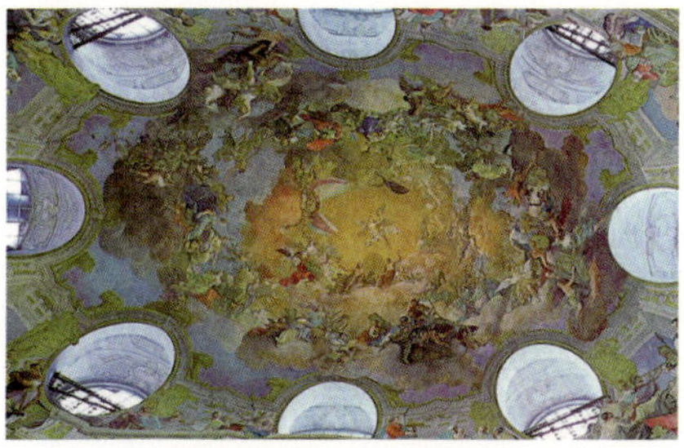

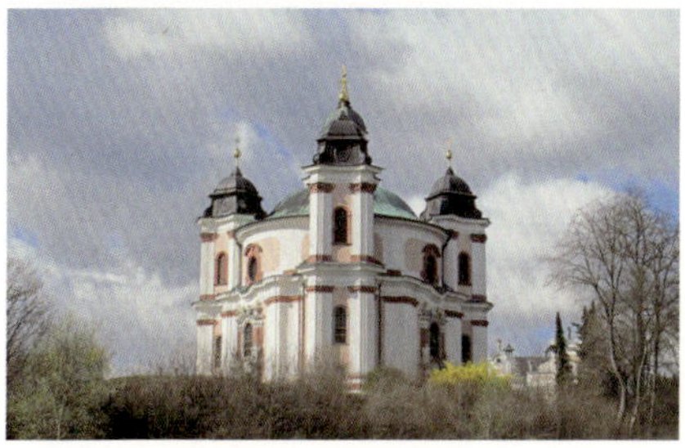

oben: Rubenswerkstatt: Hl. Ignatius, 1619
Mitte: Gran: Kuppelfresko, 1730, ÖNB, Wien
unten: Dreifaltigkeitskirche, 1714, Stadl-Paura

- P. P. Rubens: „Das Pelzchen" 1634
- Velazquez: „Bacchus"
- Bernini: Petersdom 1629
- Callot: Zyklus „Schrecken des Krieges" 1632
- Westfälischer Friede 1648
- „Sonnenkönig" Ludwig XIV. 1661
- Vermeer: „Die Malkunst" 1665
- Spiegelsaal, Versailles 1678
- Großer Türkenkrieg 1683
- Hugenottenvertreibung in Frankreich 1685
- Prinz Eugen
- Zar Peter der Große 1689
- Gründung des Königreiches Preußen 1701
- Spanischer Erbfolgekrieg 1711

Rokoko

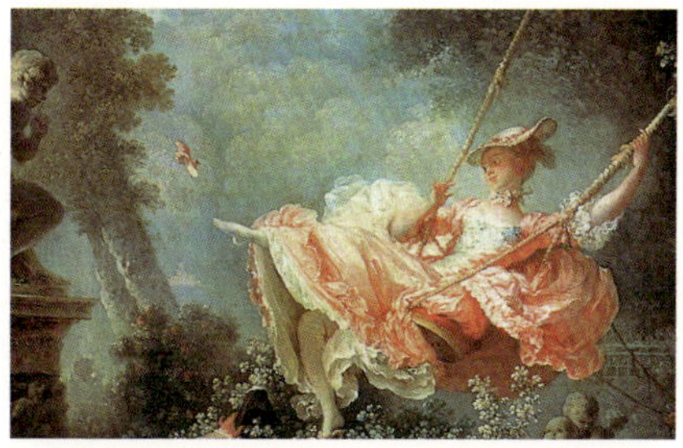

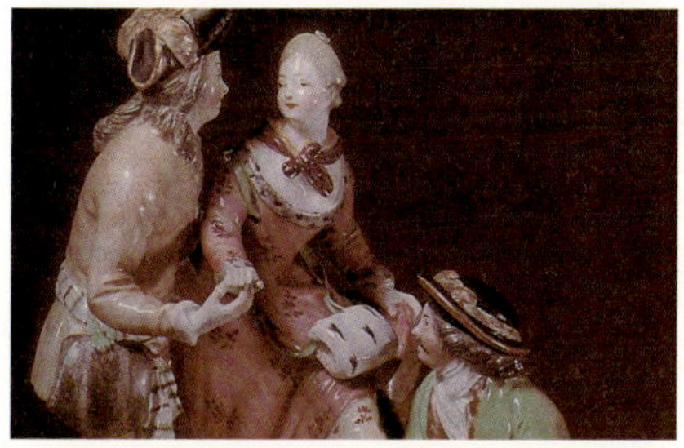

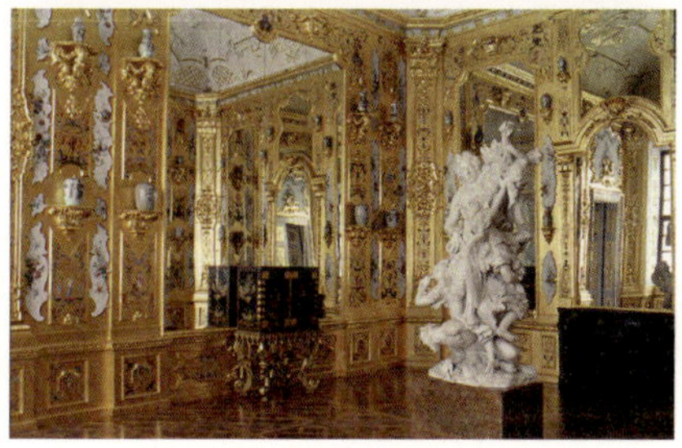

oben: Fragonard: Die Schaukel, 1767
Mitte: Porzellangruppe, um 1760, Wien
unten: Innenraum Unteres Belverdere

- Lukas von Hildebrandt: Belvedere Wien
- Karlskirche Wien, 1717
- D. Defoe: „Robinson Crusoe" 1719
- Semmeringstraße 1728
- Stiftsbibliothek Admont 1745
- Siebenjähriger Krieg 1756
- Kremser Schmidt
- Dampfmaschine von J. Watt 1769
- Beginn der industriellen Revolution
- Boston Teaparty 1773
- amerikanische Unabhängigkeitserklärung 1776
- Revolutionsarchitektur in Frankreich
- J. L. David: „Schwur d. Horatier" 1784
- J. L. David: „Marat" 1793

19. Jahrhundert

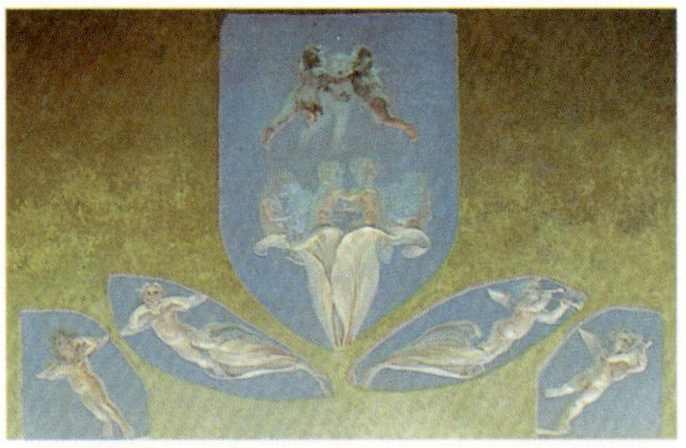

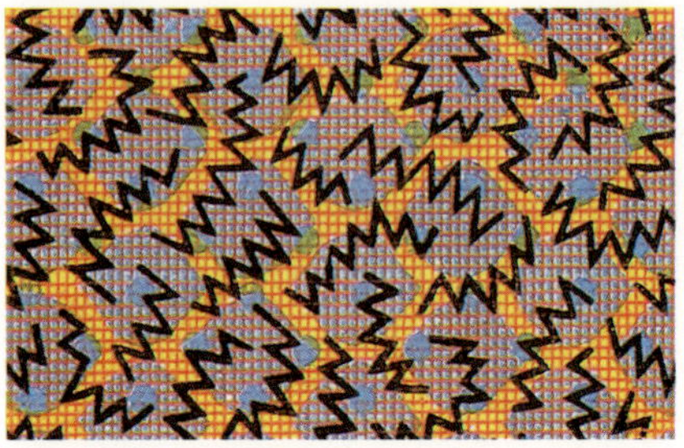

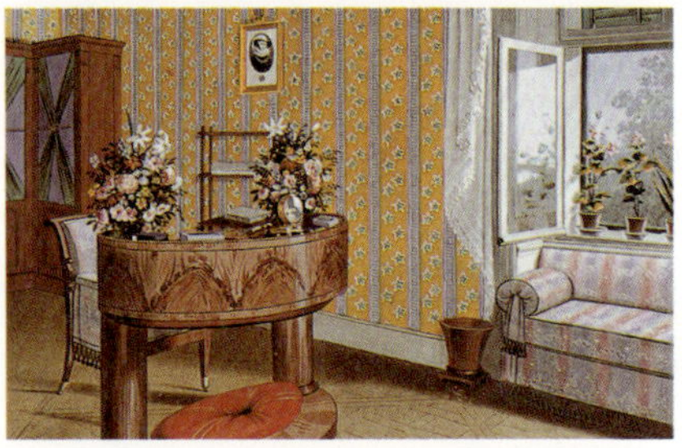

oben: Ph. O. Runge: Großer Morgen, 1809
Mitte: Biedermeier-Tapetenmuster, um 1830
unten: Biedermeier-Schreibtisch

- Napoleon Bonaparte 1799–1814, Kaiserkrönung 1804
- Völkerschlacht bei Leipzig, Befreiungskriege 1813
- Romantik
- Klassizismus
- Goethe: „Faust" 1808
- Goethe: Farbenlehre 1810
- Waterloo 1815
- Wiener Kongress
- Freiheitskampf der Griechen 1821
- Beethoven: „9. Symphonie" 1824
- Victoria, engl. Königin 1837–1901
- K. Marx: „Kommunistisches Manifest"
- Revolutionen in Europa, Franz Josef, Kaiser von Österreich 1848

19. Jahrhundert

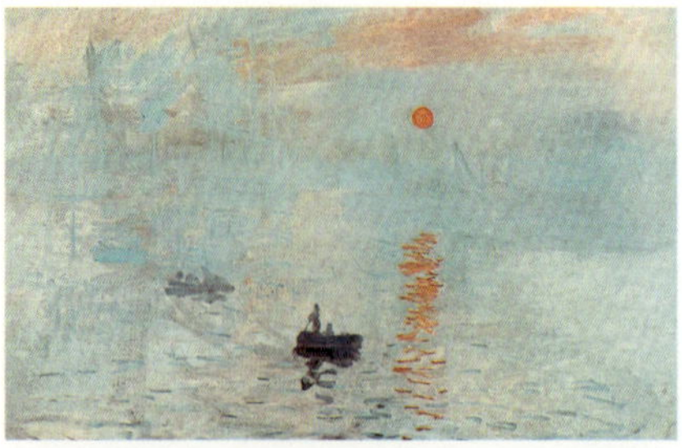

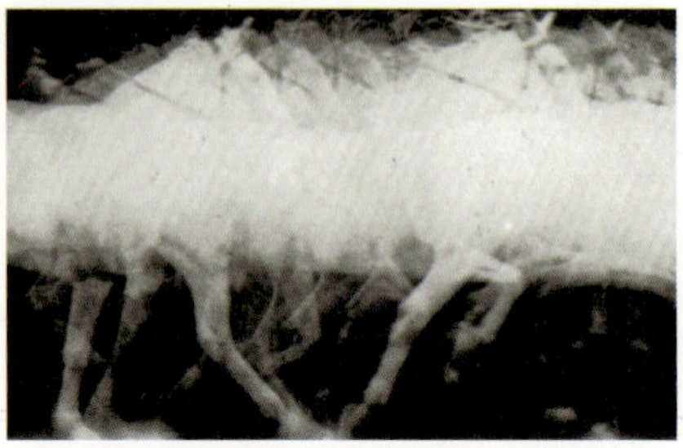

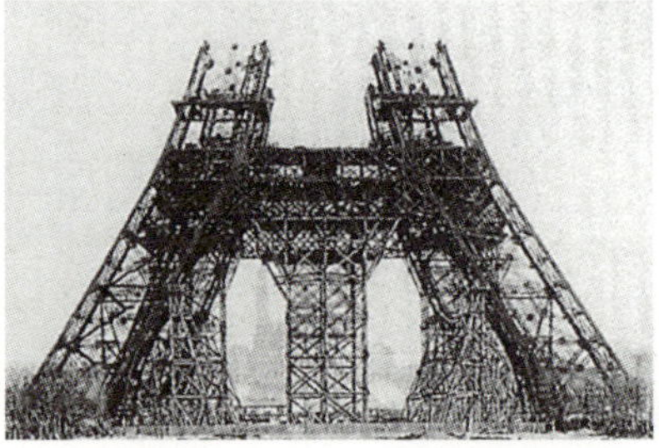

oben: C. Monet: Impression soleil levant, 1872
Mitte: Muybridge: Fotostudien, 1872
unten: Eiffelturm im Bau, 1889, Paris

- 1. Weltausstellung: London
- J. Paxton, Glaspalast 1851
- Wiener Ringstraße
- Gründung der 1. Internationale 1864
- Schlacht von Königgrätz 1866
- Deutsches Kaiserreich, 1871
- Impressionismus: Degas, Manet, Monet, Renoir
- Grand Opéra, Paris 1874
- Th. Edison: elektrische Glühbirne 1878
- F. Nietzsche: „Zarathustra" 1883
- Patent Rollfilm 1884
- V. v. Gogh, P. Gauguin, P. Cézanne
- G. Puccini: „La Bohème" 1896

20. Jahrhundert

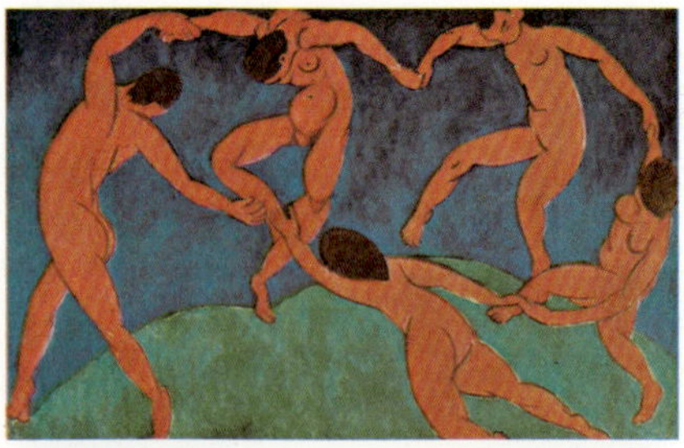

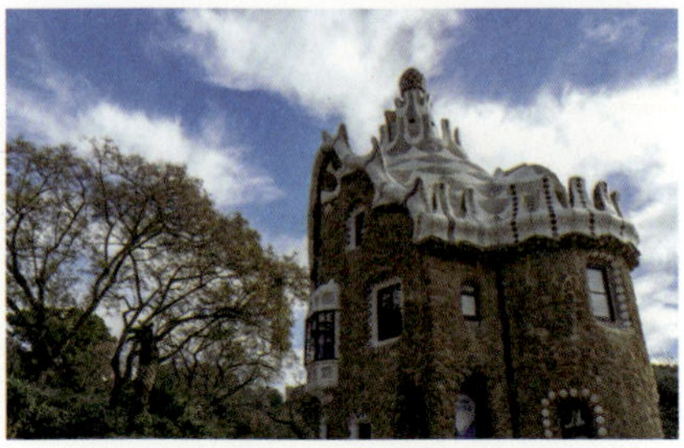

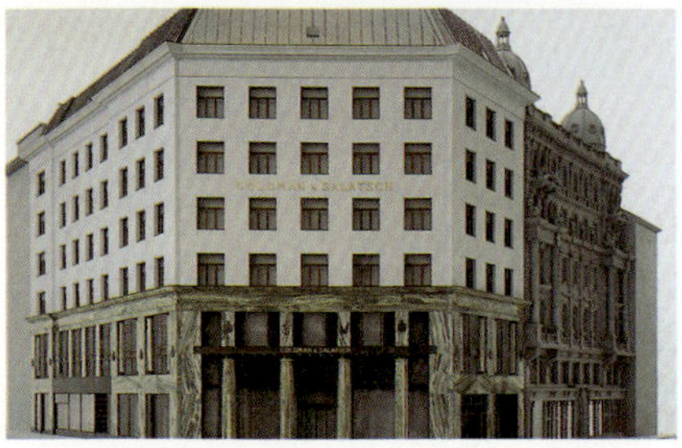

oben: H. Matisse: Der Tanz, 1910
Mitte: A. Gaudi: Park Güell, 1900/14, Barcelona
unten: A. Loos: Haus Michaelerplatz, 1909/11

- Futurismus
- Erster Weltkrieg 1914
- Vertrag von Versailles 1919
- Zwölftonmusik, Bauhaus 1920
- Mies van der Rohe: Glashochhaus 1922
- Mussolini
- Brecht/Weill: „Dreigroschenoper" 1928
- Weltwirtschaftskrise 1929
- F. L. Wright: Haus „Falling Water"
- Spanischer Bürgerkrieg 1936
- Picasso: „Guernica" 1937
- „Anschluss" Österreichs 1938
- Zweiter Weltkrieg 1939–1945
- K. Popper: „The Open Society and her Enemies" 1945

20. Jahrhundert

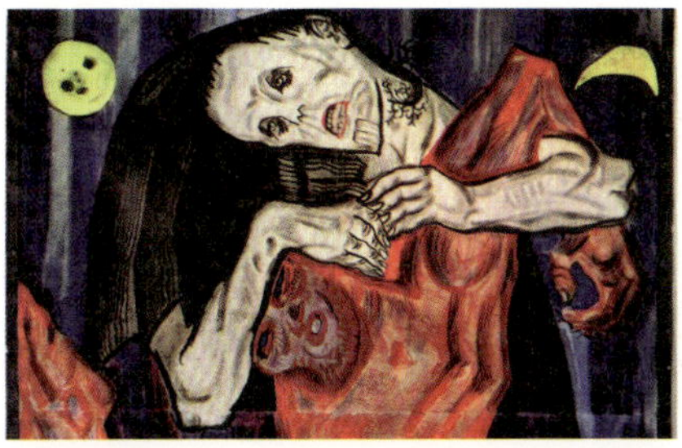

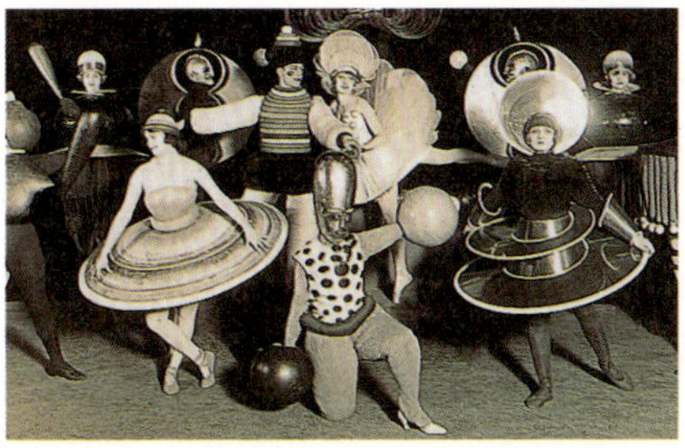

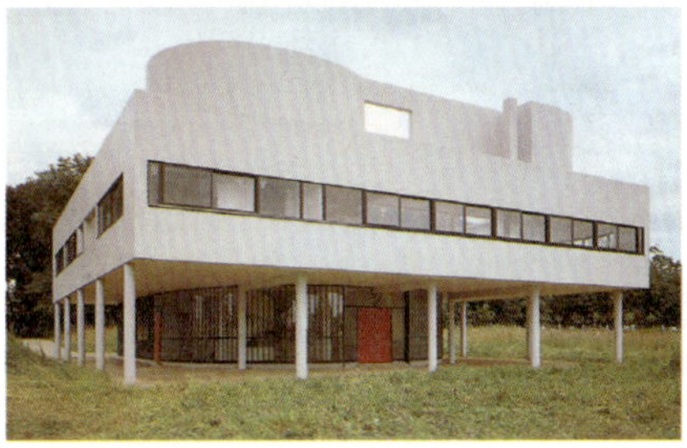

oben: O. Kokoschka: Plakat, 1909
Mitte: O. Schlemmer: Triadisches Ballett, 1926
unten: Le Corbusier: Villa Savoye, 1930, Poissy

- Gründung Israels 1948
- Abstrakter Expressionismus ab 1945
- S. Beckett: „Warten auf Godot" 1953
- I. Bachmann: „Anrufung des großen Bären"
- erster Computer-Magnetplattenspeicher 1956
- F. L. Wright: Guggenheim Museum, New York
- Sputnik 1957
- Kennedy US-Präsident
- B. Britten: „War Requiem" 1962
- Kubakrise 1962
- Vietnamkrieg ab 1965
- P. Handke: „Publikumsbeschimpfung" 1966

20. Jahrhundert

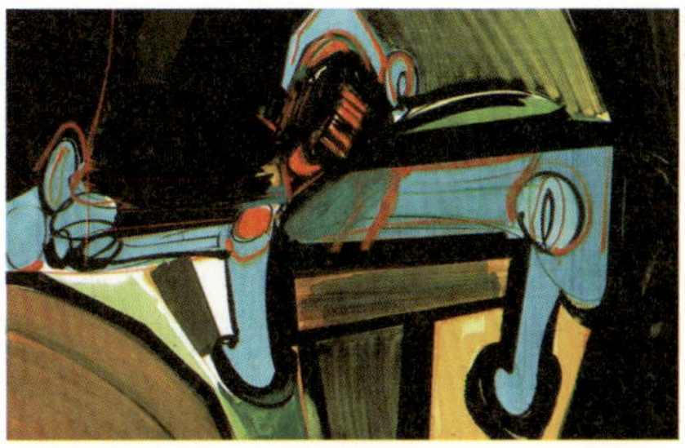

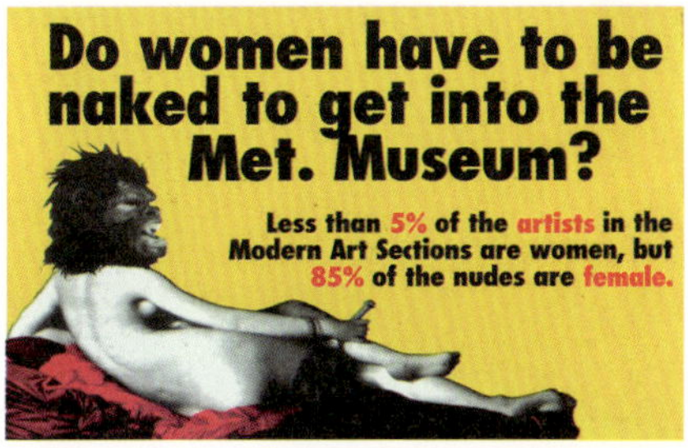

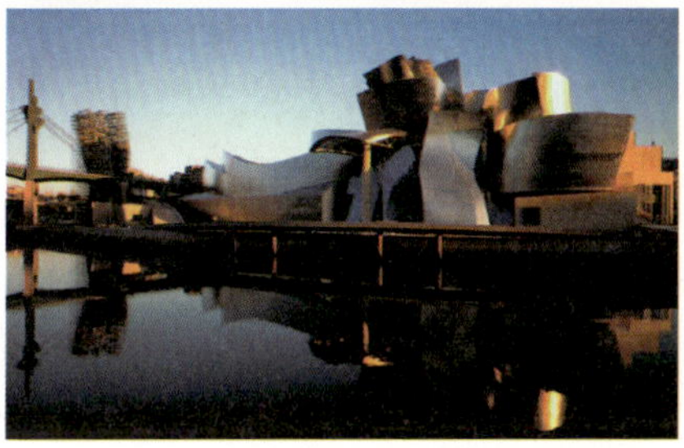

oben: J. Mikl: Figur, 1953
Mitte: Guerilla Girls: Get Naked, 1989
unten: F. Gehry: Guggenheim, 1991/97, Bilbao

- Kulturrevolution, Volksrepublik China
- Th. Adorno: „Negative Dialektik" 1966
- Studentenbewegung 1968
- Entstehung der EU 1969
- Club of Rome: Grenzen des Wachstums 1972
- K. Schwanzer: BMW-Gebäude, München
- J. Utzon: Sidney Opera House 1973
- Piano/Rodgers: Centre Pompidou 1977
- E. Jelinek: „Lust" 1989
- Jüdisches Museum, Wien 1993
- Christo und Jeanne-Claude: Reichstagverpackung 1995
- Guggenheim Museum, Bilbao 1997

21. Jahrhundert

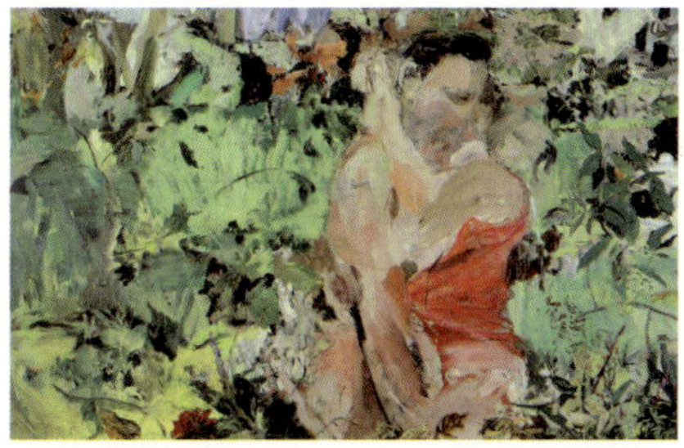

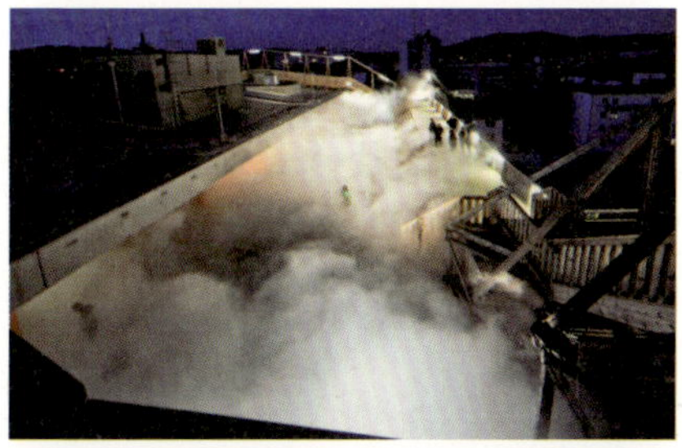

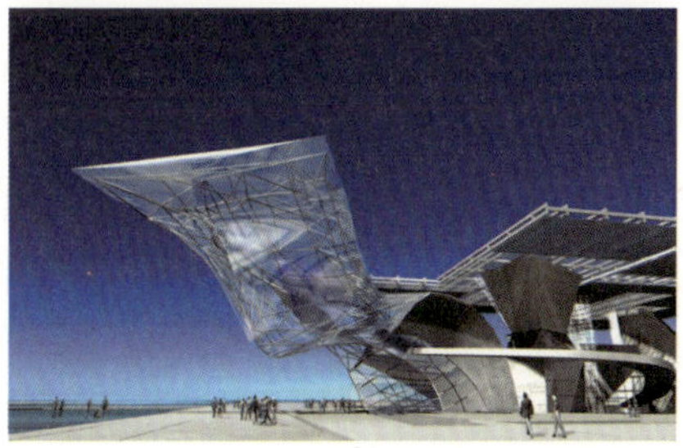

oben: C. Brown: Couple, 2003/04
Mitte: F. Nakaya: Cloud Parking in Linz, Cloud Installation #11060, 2011, OK Linz
unten: CoopHimmelb(l)au: UrbanCenter, 2000

- Weltbevölkerung über 7 Milliarden
- Euro als EU-Währung 2002
- E. Jelinek erhält Literaturnobelpreis 2004
- D. Hirst: „For the Love of God" 2007
- Beginn der Finanzkrise 2008
- Obama wird 1. afroamerikanischer Präsident der USA 2009
- Testfahrten selbstfahrender Autos 2010
- Arabischer Frühling 2011
- Annexion der Krim durch Russland 2014
- M. Houellebecq: „Unterwerfung" 2015
- Flüchtlingswelle nach Europa 2015
- G. Richter: „Abstraktes Bild" für 41 Mio. versteigert 2015
- Großbritannien stimmt für EU-Austritt 2016
- deutscher Bundestag beschließt „Ehe für alle" 2017

Schwerpunktsetzung in den Kompetenzmodulen/Semestern

Bei allen Kompetenzmodulen stellt die theoretische und analytische Auseinandersetzung mit Materialien, Bildgattungen und -traditionen, Werkbetrachtungen und Aufbau eines Fachvokabulars Voraussetzung dar, um bei individuellen Arbeiten den Entwicklungsprozess und Arbeitsergebnisse kommunizieren und präsentieren zu können. Die kompetenzorientierten Aufgabenstellungen zu den einzelnen Kapiteln (siehe dazu Erklärung im **Vorwort** auf Seite II) sollen zu einem reflektierenden, autonomen und die eigenen Projekte dokumentierenden Arbeiten hinführen.
Im Folgenden werden konkrete Aspekte aus dem Lehrplan mit den angebotenen Schwerpunktsetzungen des Buches verknüpft. Eine dementsprechende Zuordnung der Kapitel pro Semester bzw. Kompetenzmodul wird vorgeschlagen. Kompetenzen, die erworben und vertieft werden, sind analog zu den drei im Lehrplan festgeschriebenen Kompetenzbereichen (*Bildnerische Praxis, Reflexion, Dokumentation und Präsentation*) beispielhaft angeführt.

1. Semester (5. Klasse)

Thema: Kommunikation durch Mittel der Bildenden Kunst

2 BILDNERISCHE MITTEL 29–44
4 FARBE 107–118
11 MALEREI 155–182
15 ZEICHNUNG 249–264

Exemplarische Inhalte
- Bildnerische Mittel
- Bildordnung
- Gestaltungsprozesse (Skizze, Studie)
- Farbverwendung
- Bildgattungen
- Epochenraster
- Original und Reproduktion

Vertiefung folgender Kompetenzen

Bildnerische Praxis
- Erweiterung, Differenzierung und Vertiefung der Ausdrucksmöglichkeiten
- Gestaltungsaufgaben aus unterschiedlichen bildnerischen Bereichen
- Studien und Skizzen zu konkreten Gestaltungsaufgaben herstellen
- das Repertoire eigener Bildvorstellungen und Darstellungsmöglichkeiten erweitern

Reflexion
- Kenntnisse über Werkstoffe und Arbeitsmittel der Malerei und Zeichnung
- Bewusstseinsentwicklung für gesellschaftliche Funktionen bildlicher Darstellungen
- Analyse und Reflexion einzelner Bildmittel und Bildkompositionselemente

Dokumentation und Präsentation
- die eigenen Gestaltungsabsichten und Arbeitsergebnisse reflektieren, beschreiben können und bewerten

2. Semester (5. Klasse)

Thema: Der Mensch in seiner Umgebung

1 ARCHITEKTUR 1–26
5 DRUCKGRAFIK 81–96
14 WOHNEN/UMWELT 229–248

Exemplarische Inhalte
- Fachvokabular des Gestaltens und Reflektierens
- Bereiche der Bildenden Kunst und Architektur
- vergleichende Werkbetrachtungen
- Original und Reproduktion

Vertiefung folgender Kompetenzen

Bildnerische Praxis
- Erweiterung, Differenzierung und Vertiefung der Ausdrucksmöglichkeiten
- Gestaltungsaufgaben aus unterschiedlichen bildnerischen Bereichen
- Sachzeichnungen und Raumdarstellungen herstellen
- Kenntnisse über Werkstoffe und Arbeitsmittel der Druckgrafik

Reflexion
- Kenntnisse über Werkstoffe und Arbeitsmittel der Grafik und Architektur
- Einsichten gewinnen in Strukturen der sinnlich erfahrbaren Welt als Voraussetzung für Bildverstehen und -gebrauch
- Bewusstseinsentwicklung für gesellschaftliche Funktionen bildlicher Darstellungen

Dokumentation und Präsentation
- die eigene räumliche Umwelt und deren Gestaltung reflektieren, interpretieren und dokumentieren
- Erweiterung des Dokumentationsspektrums von eigenen künstlerischen Entwicklungen

3. Semester – Kompetenzmodul 3 (6. Klasse)

Thema: Der Körper im Raum und in der Fläche

6 EPHEMERE KUNST 97–106
9 FOTOGRAFIE 131–142
10 KUNSTVERMITTLUNG 143–154
12 PLASTIK 183–214

Exemplarische Inhalte
- performative Techniken (Bewegung im Raum, Tableau vivant)
- visuelle Medien (inszenierte Fotografie)
- Fachvokabular
- Original und Reproduktion
- Manipulation

Vertiefung folgender Kompetenzen

Bildnerische Praxis
- gestalterische Strategien zu Identitätskonstruktionen
- Erweiterung der Wahrnehmungs- und Erlebnisfähigkeit im Visuellen und Haptischen
- Steigerung des Vorstellungsvermögens und Entwicklung einer persönlichen Bildsprache

Reflexion
- Reflexivität und Diskursfähigkeit im Umgang mit Bildmedien
- Fähigkeit, eigene Gestaltungsabsichten und Arbeitsergebnisse unter Verwendung von Fachvokabular zu kommunizieren
- Kenntnisse über Werkstoffe und Arbeitsmittel der darstellenden Kunst (Tableau vivant, Performance), Mode, Fotografie und Plastik

Dokumentation und Präsentation
- die eigenen Gestaltungsbereiche um den dreidimensionalen Raum erweitern und mit den bereits erlernten Präsentationsformen dokumentieren
- Fokus auf die Auseinandersetzung von theoretisch-analytischen Kompetenzen in Bezug zur eigenen künstlerischen Praxis

4. Semester – Kompetenzmodul 4 (6. Klasse)

Thema: Die neuen visuellen Medien

3 COMPUTERKUNST 43–60
4 DESIGN 61–78
8 FILM 113–124
13 VIDEO 215–230

Exemplarische Inhalte
- Informationsdesign
- Text/Bild-Relation
- Werbung
- filmische Codes
- gesellschaftliche Bildproduktionen (Fernsehen, Film, Internet)

Vertiefung folgender Kompetenzen

Bildnerische Praxis
- Informationen medien-, methoden- und themenadäquat visualisieren
- Medienauftritte planen
- zielgruppengerecht Gestaltungsmittel einsetzen
- Erweiterung der künstlerischen Formsprache um den digitalen Raum
- Auslotung der Relation von visuellen und auditiven Aspekten in der künstlerischen Produktion

Reflexion
- visuelle Botschaften dechiffrieren, differenzieren und bewerten
- Wirkung der bildnerischen Mittel im Hinblick auf den Realitätsgehalt medial vermittelter Botschaften erkennen
- visuelle Kommunikation bzgl. ihres Inhalts und ihrer Aussage interpretieren und bezüglich ihrer lokalen und zeitbedingten Besonderheiten erläutern

Dokumentation und Präsentation
- Erweiterung der dokumentarischen Auseinandersetzung mit eigenen künstlerischen Arbeiten um die narrativen und digitalen Medien

Personen- und Sachregister

Weiterführende Literatur

Achleitne F.: Österreichische Architektur im 20. Jahrhundert. Salzburg, 1980.
Ambrose G., Harris P.: Grafikdesign. Reinbek b. Hamburg, 2004.
Fiell Ch. J., Fiell P. M.: Design des 21. Jahrhunderts. Köln, 2003.
Fries Ch., Witt R.: Grundlagen der Mediengestaltung. München, 2004.
Gombrich E. H.: Die Geschichte der Kunst. Berlin, 2001.
Griffin J. (Hrsg.) u. a.: The Twenty-First Century Art Book. New York, 2014.
Howarth E.: Malerei vom Mittelalter zur Pop-Art. Köln, 1992.
Jahn J., Haubenreißer W.: Wörterbuch der Kunst. Stuttgart, 1995.
Kindlers Malerei Lexikon, 15 Bände. Zürich, 1976.
Klotz H.: Von der Urhütte zum Wolkenkratzer. Geschichte der gebauten Umwelt. München, 1991.
Klotz H.: Geschichte der Architektur. München, 1998.
Klotz H.: Kunst im 20. Jahrhundert. München, 1999.
Koch R. (Hrsg.): Foto:Box. Die bekanntesten Fotos der Welt. Köln, 2014.
Kühn H., Knoepfli A., Weiß G.: Reclams Handbuch der künstlerischen Techniken. 3 Bände (Bd. 1: Farbmittel, Buchmalerei, Tafel- und Leinwandmalerei, Bd. 2: Wandmalerei, Mosaik, Bd. 3: Glas, Keramik und Porzellan, Möbel, Intarsie und Rahmen, Lackkunst, Leder). Leipzig, 1997.
Kuittinen R.: Street Art Reloaded. Neue Kunst von der Straße. München, London, New York, 2015.
Melick T., Morrill R. (Hrsg.): Vitamin P3. New Perspectives in Painting. London, 2016.
Monaco J.: Film verstehen. Kunst-Technik-Sprache-Geschichte und Theorie des Films und der neuen Medien. Reinbek b. Hamburg, 2004.
Müller W., Vogel G.: dtv-Atlas Baukunst. 2 Bände. München, 2002.
Österr. Akademie d. Wissenschaften: Geschichte d. bildenden Kunst in Österreich. 6 Bände. Wien/München, 1998.
Pevsner N.: Europäische Architektur von den Anfängen bis zur Gegenwart. München, 1973.
Propyläen-Kunstgeschichte in zwölf Bänden. Berlin, 1984.
Reitz E. (u.a.): Kino. Stuttgart, 1994.
Turner J.: Dictionary of Art. 34 Bände. London, 1996.
Wagner M. (Hrsg.): Moderne Kunst. Funkkolleg zum Verständnis der Gegenwartskunst. 2 Bände. Reinbek b. Hamburg, 1991.